Friedrich Moritz Brauer

Die Zweiflügler des Kaiserlichen Museums zu Wien

Friedrich Moritz Brauer

Die Zweiflügler des Kaiserlichen Museums zu Wien

ISBN/EAN: 9783742896216

Hergestellt in Europa, USA, Kanada, Australien, Japan

Cover: Foto ©berggeist007 / pixelio.de

Manufactured and distributed by brebook publishing software
(www.brebook.com)

Friedrich Moritz Brauer

Die Zweiflügler des Kaiserlichen Museums zu Wien

DIE

ZWEIFLÜGLER DES KAISERLICHEN MUSEUMS ZU WIEN.

I.

1. DIE KAISERLICHE, WINTHEM'SCHE, WIEDEMANN'SCHE UND EGGER'SCHE SAMMLUNG. — 2. SYSTEMATISCHE ÜBERSICHT. — 3. DIE TABANUS-ARTEN DER EUROPÄISCHEN, MEDITERRANEN UND SIBIRISCHEN SUBREGIONEN.

VON

Prof. Dr. FRIEDRICH BRAUER,

CORRESPONDIRENDEM MITGLIEDE DER KAISERLICHEN AKADEMIE DER WISSENSCHAFTEN.

Mit 6 Tafeln.

BESONDERS ABGEDRUCKT AUS DEM XLII. BANDE DER DENKSCHRIFTEN DER MATHEMATISCH-NATURWISSENSCHAFTLICHEN CLASSE DER KAISERLICHEN AKADEMIE DER WISSENSCHAFTEN.

WIEN.

AUS DER KAISERLICH-KÖNIGLICHEN HOF- UND STAATSDRUCKEREI.

IN COMMISSION BEI KARL GEROLD'S SOHN,

BUCHHÄNDLER DER KAISERLICHEN AKADEMIE DER WISSENSCHAFTEN.

1880.

DIE
ZWEIFLÜGLER DES KAISERLICHEN MUSEUMS ZU WIEN.

I.

1. DIE KAISERLICHE, WINTHEM'SCHE, WIEDEMANN'SCHE UND EGGER'SCHE SAMMLUNG. — 2. SYSTEMATISCHE ÜBERSICHT. — 3. DIE TABANUS-ARTEN DER EUROPÄISCHEN, MEDITERRANEN UND SIBIRISCHEN SUBREGIONEN.

VON

Prof. Dr. FRIEDRICH BRAUER,

CORRESPONDIRENDEM MITGLIEDE DER KAIS. AKADEMIE DER WISSENSCHAFTEN.

(Mit 6 Tafeln.)

VORGELEGT IN DER SITZUNG DER MATHEMATISCH-NATURWISSENSCHAFTLICHEN CLASSE AM 22. JÄNNER 1880.

1.

Das kaiserlich zoologische Museum besitzt vier gesonderte Dipteren-Sammlungen: Erstens die sogenannte Hauptsammlung, welche von Schiner vollständig geordnet wurde und die Zweiflügler aller Welttheile aufzunehmen bestimmt ist. In dieser Sammlung finden sich die alten Original-Exemplare, welche Meigen und Wiedemann von Herrn Megerle v. Mühlfeld zur Untersuchung erhielten. Dieselben tragen den Buchstaben *M* auf weissen Zetteln. Manche derselben sind durch die Länge der Zeit zu Grunde gegangen, viele aber noch erhalten. Ausserdem finden sich Originale von Schummel aus der damit vereinigten Schiner'schen Collection. Sämmtliche Arten sind zugleich als Originale von Schiner selbst anzusehen, da dieselben, wie erwähnt, von demselben neu untersucht und bestimmt wurden.

Exemplare, welche aus den unbestimmten Vorräthen der Winthem'schen Sammlung oder aus dieser überhaupt eingereiht wurden, tragen weisse Zettel mit „Winth." bezeichnet. Rothe Zettel mit gleicher Bezeichnung stammen aus der Wiedemann'schen Sammlung. Andere Zettel sind nach der von Schiner leider unvollständig gegebenen Erklärung zu deuten.

Zweitens die Sammlung Winthem's. Diese ist reich an Originalstücken zu Meigen's Beschreibung der europäischen Zweiflügler und zu Wiedemann's aussereuropäischen Dipteren. Letztere finden sich zum grössten Theile hier und nicht in der Sammlung Wiedemanns. Die Originale zu den Beschreibungen haben kleine, rothe, rauhe Zettel ohne Schrift und meist viereckige grössere Etiquetten mit der Schrift Winthem's, Meigen's oder Wiedemann's. Die erste Handschrift ist klein, mit krummen Linien, aber deutlich leserlich; die zweite klein und aufrecht, regelmässig, eckig, sehr schön; die dritte meist auf länglichen Zetteln, ziemlich gross und mehr lang gezogen. Auch ein Theil der Hoffmannsegg'schen Dipteren scheint in diese Sammlung gelangt zu sein, da manche Stücke genau mit den Angaben Meigen's übereinstimmen. Ein Theil der Collection

Winthem wurde schon von Schiner der Hauptsammlung einverleibt (*Asilidae*) und die Arten in den seither entstandenen Gattungen richtig untergebracht. Leider hat Schiner jedoch übersehen, dass die Originale zu den aussereuropäischen Zweiflüglern Wiedemann's in der Regel nicht in dessen Sammlung, sondern in der Winthem's zusuchen waren und ebenso ist ihm das Kennzeichen der Typen, der rothe Zettel, unbekannt geblieben. — Kurz nach Übernahme der Überwachung dieser Sammlungen habe ich mit Herrn Baron Osten-Sacken die Entdeckung dieses Fehlers gemacht. — Die von mir fortgesetzte Vereinigung dieser Sammlung mit der Hauptsammlung wird so durchgeführt, dass eine Trennung beider jeden Augenblick möglich ist. Sämmtliche Arten der Winthem'schen Sammlung werden zuerst katalogisirt, in der Ordnung, wie sie in der alten Collection stecken und in dem Catalog zu jeder Art dann bemerkt, in welcher modernen Gattung der Hauptsammlung sie zu finden sei. Alle eingereihten Arten erhalten besondere Etiquetten mit rother Schrift und jedes Individuum einen kleinen weissen Zettel mit der Bezeichnung „Winth." — War die Art anders benannt in der Collectio Winthem, als sie heute zu nennen ist, so werden beide Namen auf der Etiquette bemerkt. — Originalstücke werden nebst dem rothen Zettel noch besonders als „Type Meigen's" oder „Type Wiedemann's" bezeichnet.

Leider ist dies bei den Asiliden von Schiner nicht geschehen und muss nun nach Schiner's Publication hierüber nachträglich versucht werden.

Drittens, die Sammlung Wiedemann's enthält nur zum Theile die Originale zu seinen Werken, zum Theile aber finden sich an Stelle der Originale ganz andere, wahrscheinlich von fremder Hand eingereihte Arten, die nicht die entfernteste Verwandtschaft haben. Wer diese Manipulation vorgenommen hat, lässt sich nicht bestimmen, da die Sammlung schon mit dieser Verstümmelung hier anlangte. Der Schaden wird aber dadurch gut gemacht, weil sich die fehlenden Thiere, u. zw. dieselben Exemplare meist in der Winthem'schen Sammlung finden.

Die vierte Sammlung ist die des Dr. J. Egger, welche ausschliesslich europäische und zum grössten Theile nur österreichische Dipteren aus Wien's Umgebung enthält. Aus der Schiner'schen Sammlung wurden jene Arten, die der Sammlung Egger's fehlten, hier eingereiht, wodurch manche der österreichischen Arten oft in der Hauptsammlung fehlt. Die von Egger consequent durchgeführten Bezeichnungen der Fundorte und Flugzeiten sind leider bei der Einreihung in neue Schubladen mit der Acquisitionsnummer vertauscht worden. In dieser Sammlung finden sich die Originale zu Egger's neuen Arten, wenn sie nicht in die Hauptsammlung übertragen wurden. Ein grosser Theil der alpinen Dipteren wurden Herrn Dr. Egger seinerzeit vom Verfasser überlassen und sind Typen zu den in den Schriften der k. k. zoologisch-botanischen Gesellschaft erschienenen Arbeiten.

Soll eine so grosse Sammlung für die Wissenschaft nutzbringend verwerthet werden, so genügt nach des Verfassers Ansicht nicht die Anlage eines Cataloges ohne oder mit schlechten, in der Eile gefertigten Beschreibungen, wie sie Walker's Catalog des British Museum in Fülle aufweisen, sondern nur eine monographische Bearbeitung gewisser Gattungen oder Familien, je nachdem das Materiale eine solche Arbeit erlaubt. Ich schliesse mich hier ganz der Ansicht an, welche Gerstaecker in seiner Bearbeitung der Stratiomyiden des Berliner Museums[1] ausgesprochen hat.

Thatsachen beweisen lebhaft, wie schwierig es ist, irgend eine Insectengruppe den Anforderungen der Neuzeit entsprechend zu bearbeiten und dass man nicht — wie dies Walker hinreichend gezeigt hat — ohne sich vorher gleichsam in eine gewisse Insectengruppe hineingelebt zu haben, maschinenhaft Beschreibungen produciren kann, ohne Vergleiche anzustellen.

---

[1] Gerstaecker, Linnaea entomologica, XI, 1859, p. 261: „Übrigens lag es keineswegs in meiner Absicht, hier sämmtliche als neu erkannte oder mit den Beschreibungen der früheren Autoren nicht mit Sicherheit zu identificirenden Arten vorzuführen, wie man dies seit einer Reihe von Jahren in den wahrhaft fabriksmässig gearbeiteten Catalogen des British Museum zu thun beliebt hat. — vielleicht in dem irrigen Wahn, der Wissenschaft damit einen Dienst zu erweisen —; vielmehr liess ich es mir angelegen sein, eine kleine Auswahl typischer Formen zu treffen, durch deren Bekanntmachung das Verständniss und die Einsicht in den Zusammenhang der ganzen Familie gefördert, bestehende Lücken ausgefüllt und unnatürliche Eingriffe in die Systematik widerlegt würden."

Sollen ferner Cataloge von Sammlungen zur Veröffentlichung angelegt werden, so können sie nur dann brauchbar sein, wenn die darin aufgezählten Thiere auch richtig bestimmt wurden. Andere Cataloge erzeugen nur Irrthümer über die geographische Verbreitung etc. Bei der Menge der Gattungen und Arten, welche hier in Betracht kommen und bei der unvollständigen Kenntniss der ausländischen Formen ist es für einen Einzelnen nur möglich, kleine Gruppen genau zu sichten. Dass das Ganze dabei nicht ausser Acht gelassen werden darf, ist wohl selbstverständlich und in dieser Richtung mögen die hier gegebenen Bestimmungstabellen, sowie die systematischen Betrachtungen beweisen, dass der Verfasser ehrlich bemüht war, die Kenntniss der Arten zu erweitern.

Die Kenntniss der Dipteren ist nur für gewisse kleine Gruppen eine so vollständige, dass man ungescheut katalogisiren könnte. Die Mehrzahl der Arten bedarf einer gründlichen Revision. Wäre das nicht der Fall, so hätte sich schon Schiner entschlossen, seinen vollständigen Catalog aller Dipteren zu veröffentlichen. Das Manuscript Schiner's ist bis zum Jahre 1870 vollständig fertig und zeugt von dem Fleisse desselben. — Als unkritischer Catalog würde derselbe immerhin wegen der Literatur für jeden Dipterologen von Nutzen gewesen sein.

Die Zweiflügler sind wenig auf plastische Merkmale untersucht oder diese nur ganz allgemein in den Beschreibungen benützt. Die so charakteristischen Formen ihrer Köpfe sind selten verwerthet und die bisherigen Abbildungen derselben viel zu klein, um die Details zu erkennen. Aus diesem Grunde ist es auch erklärlich, dass die so charakteristische Bogennaht am Kopfe der Cyclorhaphen ganz unbeachtet blieb, dass ferner die Bildung der Scheitel- und Wangenplatten der Muscarien nie genau beschrieben wurden und höchstens die auf denselben sitzenden Tastborsten (Macrochaeten) erwähnt werden. — Ich spreche hier nur von Theilen, welche ohne Zergliederung untersucht werden können und lasse die Mundtheile ausser Acht, die für beide Hauptgruppen höchst interessante Unterschiede zeigen, insoferne bei den Cyclorhaphen stets die Oberkiefer fehlen oder nach Weismann zu einer als Oberlippe bezeichneten Spitze verwachsen sind, während sie bei den Orthorhaphen (*Culex, Tabanus* etc.) stets nebst den Unterkiefern gesondert unter einer spitzen Oberlippe oder einer rundlichen Lippe gelegen sind. Schon Latreille[1] hat auf die Bildung des Rüssels und seiner Theile ein besonderes Gewicht gelegt, doch müssen zur ausgedehnten Verwerthung noch mehr Untersuchungen vorgenommen werden. Auch kommt für ein zur Bestimmung zu verwendendes Merkmal, abgesehen von der verborgenen Lage, noch die grosse Verschiedenheit und Ausbildung dieses Organes innerhalb einer Familie hinzu, so dass für Gattungen mit rudimentärem oder fehlendem Rüssel immer noch andere Merkmale festgestellt werden müssen.

Aus diesem Grunde kann dieses sonst für die Gruppencharaktere so wichtige Organ bei Dipteren nur in zweiter Linie benützt werden.

Ich beabsichtige das mir durch die obgenannten reichen Sammlungen zur Verfügung stehende Material in der Weise zu verwerthen, dass ich, ohne Rücksicht auf eine systematische Reihenfolge, die Arten einzelner Gattungen bespreche. Ich beginne mit den Tabanus-Arten der Palaearctischen Region, da gerade diese grossen Dipteren nur unvollkommen charakterisirt sind.

Dieser speciellen Untersuchung schicke ich eine Charakteristik aller Familien der Zweiflügler voraus, welche in die Gruppe der *Diptera orthorhapha* gehören, ferner eine solche der übrigen Hauptgruppen, so dass das ganze System den Hauptumrissen nach überblickt werden kann.

Nicht für überflüssig halte ich es, zur weiteren Begründung des, von mir und Schiner ausgearbeiteten Systemes, neue Belege zur Kenntniss zu bringen.

[1] Famill. naturelles du Regne animal. Paris 1825.

2. Bemerkungen zur Systematik der Dipteren.

Schon in meiner Monographie der Oestriden habe ich ein Merkmal hervorgehoben, welches für die Systematik der Dipteren von grosser Wichtigkeit ist. Mit meinem seither leider verstorbenen Freunde Dr. Rudolf Schiner[1] habe ich mit Hilfe dieses Merkmales ein neues System der Zweiflügler entworfen, welches zwar von einigen angefochten, aber dennoch selbst von dem eifrigsten Gegner insoferne anerkannt wurde, als derselbe die Gruppirung der Familien nach dem neuen Systeme für eine natürlichere als die frühere erklärt hat.[2]

Die Haupteinwendung drehte sich fast immer um die angebliche Thatsache, dass eine Fliegengattung oder einige Arten dieser Gattung (*Cecidomyia destructor*) dieselbe Verpuppungsart haben sollten, wie die wahren Muscarien, obschon sie nach allen anderen Merkmalen zu den orthorhaphen Dipteren gebracht werden mussten und nicht mit den cyclorhaphen Muscarien vereint werden konnten. Die Mehrzahl solcher, auf mangelhaftem Verständnisse meiner Angaben beruhenden Einwendungen habe ich bereits früher widerlegt.[3]

Heute bringe ich eine neue Thatsache, die hinreichend ist, keine solche einseitige Einwendung entstehen zu lassen. Die beiden Gruppen der *Diptera cyclorhapha* und *orthorhapha* sind nicht nur aus den Larven durch die Art ihrer Häutungen etc., sondern auch durch den Körperbau der vollkommenen Insecten sofort zu unterscheiden.

Wenn das auch von vornherein schon zu erwarten war, so war es bislang doch nicht gelungen, ein Merkmal aufzufinden, welches unbedingt die beiden Gruppen scheidet. Merkwürdiger Weise ist es ein ganz ähnliches als jenes, welches die Larven beider Gruppen trennt: Die Bogennaht am Kopfe der Cyclorhaphen, welche den Orthorhaphen fehlt.[4] Bei den kopflosen Larven der ersteren Gruppe läuft diese Naht um die vier vordersten Segmente herum und schliesst die Felder für die als Deckel abspringenden Theile der Larvenhaut (Tonne, der zum Puparium erhärteten Larvenhaut) ein. Bei den vollkommenen Insecten der cyclorhaphen Dipteren ist der erste Segmentcomplex (Kopf) durch eine Naht oder Spalte oben in zwei Abtheilungen getheilt. Diese Naht steht mehr weniger senkrecht zur Körperlängsachse und verläuft in einer Bogenlinie über die Fühleransatzstelle (Lunula) hinweg oder quer von einem Auge zum andern bei sehr in die Breite gezogenen Köpfen, wie z. B. bei Diopsis. Dadurch entstehen zwei Abtheilungen am Kopfe, von denen die obere den Scheitel, die Stirne, Augen und Wangen, die untere die Lunula mit den Fühlern, das ganze sogenannte Untergesicht, die Backen und Mundtheile enthält. Bei jenen Cyclorhaphen, welche eine grosse Stirnblase besitzen (Muscarien oder Eumyiden), tritt diese Blase aus der Spalte als weichere Hautausstülpung hervor und wird am Ober- und Unterrande von festeren Chitinskelettheilen begrenzt.

Ist die Function der Stirnblase nach dem Auskriechen aus der Tonne vollendet, so tritt dieselbe zurück und ihre festen Ränder schliessen an einander als Begrenzung jener Bogennaht. Bei den Calypteren liegt diese Bogennaht sehr deutlich und überall sichtbar über der sogenannten Lunula oder Mondschwiele, unter welcher die Fühler entspringen, weil die Stirne nicht stark vortritt und der Länge nach durch eine weichere Mittelstrieme getheilt ist, bei den Acalypteren liegt die Stirnblasenspalte oder ihr Rest als Bogennaht sehr oft verborgen unter dem vorgezogenen Stirnrande, so dass sie erst seitlich unter den Wangen in ihren beiden Enden daselbst erkannt werden kann. Die Stirne derselben ist meist sehr breit und der mittlere, gewöhnlich weichere Theil nimmt den grössten Raum ein und drängt die härteren Chitintheile, welche von der Wange bis zum Scheitel verlaufen, an den Augenrand oder ganz gegen das Hinterhaupt zurück, wo deren Reste besondere borstentragende Felder bilden. In einigen Fällen erscheint die Stirne aber ganz und höchstens mit einer

---

[1] Schiner, Ein neues System. Verhandl. d. zool.-bot. Gesellsch. Wien 1864. Bd. XIV, p. 201. — Schiner, ebenda, 1867, Bd. XVII, p. 651. — Brauer, ebenda, 1869, Bd. XIX, p. 843.

[2] Gerstaecker, Archiv f. Naturg. — Troschel, Bericht f. 1863 u. 1864.

[3] Brauer, Verhandl. d. zool.-bot. Gesellsch. Wien 1867, p. 737 u. 739.

[4] Die Stirnblase wurde von mir jedoch gleich zuerst als Merkmal festgestellt. — Monogr. d. Oestriden. 1863.

mittleren Längsnaht (Platystoma). In dieser Hinsicht bietet die Stirne der Acalypteren ein gutes Object zur weiteren Eintheilung derselben in natürliche Gruppen.

Eine Mittelgruppe zwischen den cyclorhaphen und orthorhaphen Dipteren bilden die Syrphiden. Bei ihnen ist die Stirnblasenspalte kleiner, sie besitzen über den Fühlern die Lunula und eine kurze, letztere oben begrenzende Bogennaht, die aber so kurz ist, dass an den Wangen nichts mehr von ihr zu bemerken ist und dieselben direct in die Backen übergehen. Diese Bildung wird besonders auffallend bei den nach dem Typus von Microdon gebauten Syrphiden, bei welchen beide Fühler in einer unpaaren, runden Grube entspringen, so dass sie gleichsam aus einem Loche hervorkommen, wodurch die oben geschilderten Verhältnisse undeutlich erscheinen. Auch erscheint die Lunula oft so verflacht, dass ihre Grenze nicht genau erkannt werden kann. Die Entwicklung aber zeigt, dass die Syrphiden [1] dem Principe nach einen ebenso gebauten Kopf besitzen wie die übrigen Cyclorhaphen und sich diesen daher näher anschliessen als irgend einer Gruppe der Orthorhaphen.

Mag es immerhin beim Bestimmen trockener Insecten schwer fallen, diese Verhältnisse klar zu erkennen, so kann das doch nicht massgebend sein für die natürliche Eintheilung und den Werth eines Merkmales. Bestimmungstabellen sind immer etwas anderes als natürliche Verwandtschaftstabellen und haben doch nur für die Wissenschaft einen minderen Werth, wenn sie auch noch so brauchbar sind. Es ist ferner eine weitere Aufgabe für die Systematiker, solche secundäre und leicht kennliche Merkmale zu finden, welche zu den primären constant hinzutreten und dann als Hauptcharaktere für die Bestimmung verwendet werden können.

Die orthorhaphen Dipteren haben über den Fühlern nie eine Lunula [2] und nie eine Bogennaht als Rest der Stirnblasenspalte, sondern einen ungetheilten Kopf. (Ein Zweifel könnte bei bloss äusserer Betrachtung der Nemestriniden entstehen, deren breite Stirne eine tiefe Querfurche, aber keine Lunula zeigt. Diese Furche ist aber nicht homolog mit jener der Cyclorhaphen und schliesst keinen Rest einer Stirnblase ein.)

S c h i n e r hat für die vollkommenen Insecten (Verh. d. k. k. zool. bot. Ges. W. 1864, p. 193 et 201) noch andere Momente hervorgehoben, welche in den meisten Fällen zur Unterscheidung einer cyclorhaphen von einer orthorhaphen Fliege ausreichen werden, bei gewissen Gattungen aber im Stiche lassen.

Man wird sofort einen Dolichopoden von einer Ephydrine unterscheiden durch den Bau des Kopfes, nicht aber durch das Fehlen der hinteren Basalzelle bei ersterem, da auch die Ephydrinen eine nur undeutlich abgegrenzte solche Zelle besitzen. Auch fehlt die hintere Basalzelle, wie S c h i n e r selbst hervorhob, einigen Gattungen der cyclorhaphen Dipteren, oder die sie begrenzende Querader wird derartig rudimentär und blass, dass S c h i n e r selbst und seine Vorgänger sie übersehen haben. Bei Diopsis soll nach W i e d e m a n n, W e s t - w o o d und S c h i n e r die Discoidal- und hintere Basalzelle nicht durch eine Querader getrennt sein, daher die letzteren Zellen fehlen.

Bei genauer Untersuchung sieht man aber bei jeder Art der Gattung über dem Ende der Analzelle, meist noch etwas weiter gegen die Flügelspitze zu, eine blasse schiefe Querader zwischen der vierten und fünften Längsader, welche die Discoidalzelle von der hinteren Basalzelle trennt. Die Stellung dieser Gattung im Systeme blieb S c h i n e r, der dieses Merkmal nicht kannte, desshalb zweifelhaft. Ob die merkwürdige Gattung Diopsis zu den cyclorhaphen Dipteren gehöre, entscheidet aber sogleich die quer verlaufende Spalte über den Fühlern in der ganzen Kopfbreite, die bisher nicht weiter gewürdigt wurde.

Die Discoidalzelle wird bei den Eumyiden niemals von der Discoidalader (vierten Längsader) allein gebildet, sondern stets von ihr und der fünften Längsader, und die hintere Basalzelle wird bei allen Cyclorhaphen nie von der hinteren Querader aussen abgegrenzt, sondern diese Querader, wenn sie vorhanden, schliesst die Discoidalzelle.

Durch die Gabelung der Discoidalader bei Orthorhaphen und Syrphiden wird nämlich die hintere Querader gleichsam in zwei Stücke gerissen und das äussere Ende der hinteren Basalzelle liegt etwas hinter dem Grunde der Discoidalzelle,[1] während die hintere Basalzelle bei Cyclorhaphen, exclusive *Syrphidae* und theilweise *Conopidae*, eigentlich nur das, durch eine Querader abgeschiedene, innere Ende der Discoidalzelle bildet. Fehlt diese letztere Querader, so verschmelzen hintere Basal- und Discoidalzelle in einen Raum.

Dieser Fall findet sich unter den Cyclorhaphen sehr selten, bei den Orthorhaphen kommt er als Regel bei den Dolichopoden vor. Es entsteht dadurch eine Ähnlichkeit und nahezu Gleichheit im Flügelgeäder beider Hauptgruppen, die aber durch die Bildung des Kopfes und der Stirnblasenfurche sofort als Analogie erkannt wird.

Wollte man für die Systematik nur das Flügelgeäder verwerthen, so würden durch diese einseitige Betrachtung die natürlichen Verwandtschaften verwischt werden. Zur Bestimmung von Zweiflüglern nach äusseren Merkmalen, die leicht sichtbar sind und ohne Zerstörung der Objecte erkannt werden können, eignet sich allerdings das Geäder der Flügel vorzüglich. Schiner hat l. c. eine vortreffliche Darstellung des Flügelgeäders gegeben, aber leider den Syrphidenflügel vergessen.[2] Die Richtigstellung der Namen der Adern ist sehr wesentlich und ich kann nur beistimmen, wenn Schiner beim Studium der Homologie der Flügeladern die Spitzenquerader und hintere Querader der Musciden als Endgabeln von Längsadern deutet[3] und nicht als Queradern. Man vergleiche die Flügel von Tabanus und Volucella und wird sofort erkennen, dass die Gabel der dritten Längsader in Bezug der hinteren Zinke identisch sei mit der Spitzenquerader und einem mit ihr zusammenlaufenden Ast der Discoidalader und dass ebenso die geschlossenen Hinterrandzellen der Musciden dadurch entstehen, dass die Enden der Längsadern nicht zum Hinterrande gehen, sondern diesem parallel laufend sich mit einander verbinden.[4] Schiner betrachtet aus dem Grunde die hintere Querader der Musciden nach Meigen nicht für homolog mit derjenigen der Orthorhaphen. Homolog mit letzterer ist die Querader, welche oben erwähnt wurde und bei Cyclorhaphen am Grunde der Discoidalzelle zwischen dieser und der hinteren Basalzelle gelegen ist (conf. Zool. bot. Ges. W. 1864, Taf. III g. Fig. 7 y, Fig. 8 u. s. w.). Es ist Schiner übrigens entgangen, dass bei den Syrphiden, wie bei wahren Orthorhaphen die Discoidalzelle von der Discoidalader allein gebildet wird, ganz wie bei *Tabanus*, nur endet bei letzterem die Posticalader mit einer Gabel, während sie bei Syrphiden einfach bleibt, wodurch dort zwei, hier nur eine Zelle zwischen Discoidal- und Analzelle zu liegen kommen.

Charakteristik der Hauptgruppen der Dipteren im Allgemeinen und der Familien der *Diptera Orthorapha.*

1. (36.) Stirne ohne Spalte und Furche und ohne Lunula über den Fühlern, Fühler drei- bis vielgliedrig, einfach oder zusammengesetzt. Flügelgeäder entweder sehr einfach, fast ohne Queradern und im äussersten Falle durch Aneinanderlagerung der dritten und vierten Längsader, ohne kleine Querader — (bisher fälschlich gedeutet als Fehlen der vierten oder Discoidalader, die aber mit der dritten eine Ader mit zwei Wurzeln bildet, von denen die hintere als kleine Querader angegeben wird) — oder sehr complicirt und vieladerig und vielzellig. Die Discoidalzelle stets von der vierten Ader allein gebildet. Das äussere Ende der hinteren Basalzelle liegt stets, nach aussen gezogen, mehr weniger hinter der

---

[1] Dieses Merkmal erwähnt zuerst Van der Wulp in seiner Arbeit über die niederländischen Dipteren. I.

[2] Vergleiche Taf. VI, I u. II.

[3] Auch die kleine Querader der Musciden ist nur ein Gabelast der dritten Längsader, und liegt oft sehr schief; bei *Glossina* ist sie sehr charakteristisch, und durch die nach vorne concave vierte Längsader vor der kleinen Querader entsteht das merkwürdige Geäder, wodurch bei *Glossina* die vierte Längsader als eine Fortsetzung der kleinen Querader erscheint.

[4] Bei Syrphiden gabelt sich die dritte Längsader oft zweimal, und die kleine Querader, als erster Gabelast, verschwindet gewöhnlich; an ihre Stelle tritt eine Falte, Vena spuria. Die sogenannte kleine Querader derselben ist aber der weiter aussen liegende Gabelast der dritten Längsader, und die Spitzenquerader ein nächster Ast letzterer.

Discoidalzelle oder die Zelle fehlt gänzlich, d. h. Discoidal- und hintere Basalzelle verschmolzen, oder besser nur die Analzelle allein vorhanden *(Dolichopodae)*.

Die Nymphe ist entweder eine freie, sogenannte Mumienpuppe oder sie bleibt eingeschlossen in der Larvenhaut und sprengt beim Auskriechen diese am Rücken in Form einer „T"-förmigen Spalte oder am Kopfende unregelmässig deckelartig. Imago stets ohne Stirnblase.   Subordo: *Orthorhapha.*

2. (3.) Analzelle weder gegen den Hinterrand zu stark verengt, noch geschlossen oder gestielt. Taster selten kurz und dreigliedrig, meist lang, drei- bis fünfgliedrig. Fühler vielgliedrig, einfach, d. h. ausser der Basis gleichartig gegliedert, entweder lang oder sehr lang, oft aber auch kurz und dick und zuweilen auch kürzer als der Rückenschild.   *Nematocera.* [1]

  I. (XIX. XX.)[2] Beide Quernähte des Rückenschildes rudimentär, in der Mitte unterbrochen, oft ganz undeutlich oder nur die vordere vollständig. U-förmig, zwischen die getrennte hintere Quernaht hinein bis nahe an das Schildchen reichend.

  II. Flügel wenig geadert, indem die dritte und vierte Längsader in eine Ader zusammenfliessen, deren Ursprung doppelt erscheint, die vordere Wurzel kommt von der ersten, die hintere Wurzel (fälschlich kleine Querader bei Schiner u. A.) von der fünften Längsader. Discoidalzelle und kleine Querader fehlend. Ocellen oft fehlend. Hüften nicht verlängert, Schienen ohne Sporne, Schenkel dünn.

Gruppe: Oligoneura.
Fam. Cecidomyidae.

  III. Flügel meist mehraderig, dritte und vierte Längsader getrennt oder höchstens ein kleines Stück vereinigt, am Ende getrennt, dann die kleine Querader fehlend, sonst vorhanden. Ocellen fehlend oder vorhanden. Häufig die zweite und dritte Ader nicht abgezweigt von einander.   Gruppe *Eucephala.*

  IV. (XII.) Nebenaugen fehlend.

  V. Flügel ohne Queradern, durch Gabelung in der Endhälfte mit zehn parallelen Längsadern, stark behaart oder beschuppt, lanzettförmig, spitz. Keine Discoidalzelle. Randader ringsherumlaufend. Schienen ohne Sporne.   Fam. *Psychodidae.*

  VI. Flügel immer mit einigen Queradern und von anderer Form.

  VII. Randader um den ganzen Flügel herumgehend, Flügel stark behaart oder beschuppt auf den Adern.

Fam. Culicidae.

VIII. Randader nur den Vorderrand einsäumend, der Hinterrand ungesäumt.

 IX. (XI.) Thoraxnähte nicht entwickelt.

  X. *a)* Körper schlank, Beine sehr dünn, Hinterschienen und Metatarsus der Hinterbeine nicht erweitert. Fühler zart, oft buschig. Hinterleib dünn und verhältnissmässig lang. Flügel schmal. Adern nach hinten kaum blässer und dünner.   Fam. *Chironomidae.*

     b) Körper gedrungen, Beine stark, Hinterschienen und Metatarsus der Hinterbeine erweitert. Fühler dick, mit dicht aneinander gedrängten Gliedern. Flügel breit, kahl, die vorderen Adern sehr stark und dunkel, die hinteren auf der Fläche sehr dünn und häutig, weisslich. Kopf ziemlich breit. Hinterleib länglich, eiförmig.   Fam. *Simulidae.*

 XI. (IX.) Thoraxnähte entwickelt, die vordere vollständig, sehr vertieft, die hintere undeutlich, unterbrochen. Sechste Längsader rudimentär, häufig.   Fam. *Psychopteridae.*

XII. (IV.) Zwei bis drei Nebenaugen vorhanden.

XIII. (XVIII.) Discoidalzelle fehlend.

XIV. (XVI.) Erste Rückenschildnaht deutlich, stark vertieft.

XV. *a)* Flügel breit, nackt, nebst den gewöhnlichen Adern mit zarten Falten, welche ein blasses, spinnen-
gewebeartiges Netz bilden. Drei Ocellen. Fam. *Blepharoceridae.*

b) Flügel mässig breit, ohne zartes, falsches Zwischengeäder. Fam. *Pachyneurinae.*

XVI. (XIV.) Thoraxnähte nur ganz seitlich entwickelt oder ganz fehlend.

XVII. *a)* Hüften sehr verlängert. Thorax dadurch stark keilförmig, oben buckelig. Alle Schienen mit Endspornen. Zwei bis drei Nebenaugen. Fühler zart, borsten- oder schnurförmig, oder eine platte, vielgliedrige Spindel bildend. Beine zart. Fam. *Mycetophilidae.*

b Hüften kurz. Thorax rundlich. Körper überhaupt plump, Kopf bei dem Männchen durch die
grösseren Augen sehr gross. Fühler dick, kurz, Glieder gedrängt. Drei Nebenaugen. Beine kräftig und
häufig die Vorderschenkel verdickt. Drei Haftlappen oder nur ein grosses Empodium. Adern am Vorderrande dick, auf der Fläche und hinten sehr zart. Flügel meist breit. Fam. *Bibionidae.*

XVIII. (XIII.) Discoidalzelle vorhanden. Drei Nebenaugen. Empodium allein gross. Fam. *Rhyphidae.*

XIX. (I.) Erste Rückenschildnaht rudimentär, nur ganz seitlich schwach sichtbar; zweite Naht an der
Flügelbasis sehr vertieft, „V"-förmig, quer vor dem Schildchen liegend. Ocellen meist fehlend (bei
Trichocera vorhanden). Gruppe *Polyneura.*

a) Hilfsader in die erste Längsader, nicht in den Rand, mündend; zwischen ihr und der Costa nur
die Basalquerader. Letztes Tasterglied sehr lang, peitschenförmig, länger als die drei vorhergehenden
Glieder zusammen. Fam. *Tipulidae.*

b) Hilfsader in die Randader (Costa) mündend, zwischen ihr und der zweiten Längsader eine Querader, entweder am Ende der ersten oder mehr gegen den Grund zu. Letztes Tasterglied kurz, oder,
wenn lang, kann länger als die drei vorhergehenden Glieder zusammen. Fam. *Limnobidae.*

XX. (I. u. XIX.) Alle drei Thoraxringe durch seitliche Quernähte deutlich getrennt. Oben Meso- und
Metathorax vereint. Flügel fehlend, Halteren vorhanden, Fühler heteronom gegliedert, Beine kräftig,
spinnenartig, ziemlich lang. Fam. *Chionidae.*

Durch den Mangel der Flügel ist die verschiedene Thoraxbildung begründet. Durch die Larven
schliesst sich die Gattung *Chionea* direct den Tipuliden s. str. an.

1. Anmerkung. Die Gattung *Epidapus* Halliday, welche Winnertz zu den Sciarinen rechnet, ist ebenfalls ungeflügelt,
besitzt aber keine Halteren, wodurch sie von allen Nematoceren abweicht, und gleicht ausser den kürzeren Hüften ganz den
Sciarinen. Es ist bis jetzt nur das Weibchen bekannt. Das Männchen dürfte vielleicht geflügelt sein. (Siehe Winnertz, Beitr.
zur Monographie der Sciarinen. Zool.-botan. Gesellsch. in Wien. Separat herausgegeben. Wien 1867.)

2. Anmerkung. Löw und Osten-Sacken scheiden die Tipuliden im weiteren Sinne, d. h. *Tipulidae et Limnobidae*
zusammen mit Ptychopteriden von den übrigen Nemoceren durch die „V"-förmige Quernaht des Rückenschildes ab. — Da ich
früher durch die Untersuchung der Larven (l. c. nachgewiesen habe, dass *Ptychoptera* durch den vollständig entwickelten
Kopf der Larve zu den Mücken (Eucephalen) und nicht zu den Schnaken (Tipuliden oder *Polyneura*) zu stellen sei, so lag
mir daran, auch für die vollkommenen Thiere ein Merkmal hiefür aufzufinden. Es zeigte sich nun, dass man am Thorax
dieser Thiere zwei Nähte oder Furchen zu unterscheiden hat, die oft einen ganz gleichen V-förmigen Verlauf nehmen. Die
„V"-förmige Naht der echten Tipuliden (exel. *Ptychoptera*) liegt genau mit ihren beiden vorderen Enden an der Flügelbasis,
und reicht mit dem Winkel nach hinten bis nahe gegen das Schildchen. Vor dieser Naht sieht man am Rückenschilde,
näher zum Prothorax, seitlich eine oben unterbrochene unvollständige Naht oder Furche. Dieses ist die in der Tabelle als
erste Naht bezeichnete, während Löw's „V"-Naht als zweite Naht aufgeführt ist. Bei *Ptychoptera*, *Blepharocera*, *Pachyneura*
und *Spalius* ist die erste Naht deutlich tief gefurcht und reicht durch die „V-förmige Biegung genau so wie die zweite
nahe ans Schildchen. Die zweite Naht ist durch sie unterbrochen und endet neben ihr jederseits mit einem Grübchen.
Es scheinen mir diese Nähte einen interessanten und weiter zu verfolgenden Weg zur Deutung des Thoraxcomplexes der
Dipteren zu eröffnen. Es scheint, als ob der Theil des Rückenschildes hinter der zweiten Naht dem Metathorax angehöre,
und die erste Naht das Schildchen des Mesothorax anderer Insectenordnungen begrenzen würde. Die Flügel sind mit ihrem
Ursprung zum zweiten Brustringe gehörend, aber zurückgeschoben, durch das am Rücken über sie nach vorne gerückte Metanotum und Scutellum. Später verwachsen Meso- und Metanotum, das Mesoscutellum verschwindet oder ist nur durch eine
Quernaht des Rückenschildes angedeutet, während das Metascutellum als eigentliches Schildchen der Dipteren aufzufassen
wäre. Bei *Chionea* ist noch eine vollständige seitliche Trennung der Thoraxringe durch drei Furchen, am Rücken sind Meso-
und Metathorax verwachsen und zeigen die erste und zweite unterbrochene Naht.

Nur durch diese Auseinandersetzung wird man Osten Sacken's Charakter der Ptychopteriden klar verstehen, da man die „V‑förmige Naht des Rückenschildes" vergeblich an derselben Stelle wie bei den Tipuliden suchen wird. *Ptychoptera* hat durch diese Thoraxbildung das Rudimentärwerden der zweiten Naht, mehr Verwandtschaft zu den Bibioniden, Blepharoceriden und Pachyneurinen, überhaupt zu den Eucephalen, als zu den Tipuliden im Sinne Löw's. Der Hinterrücken unter dem Schildchen wäre nach obiger Auseinandersetzung die Rückenplatte des ersten Hinterleibsringes. Die Bauchplatte hiezu ist bei einigen Dipteren erhalten und erscheint z. B. bei *Tabanus* an der Unterseite des sogenannten ersten Segmentes. Schiner nennt diese erste Bauchplatte (Novara, Dipteren *Tabanus*) eine Klappe, und will auf deren Form und Grösse Gruppen bilden. Nach Allem wäre der Thorax bei Dipteren in der Zusammensetzung dem der *Hymenoptera aporita* (Gerstaecker: Die Gattung *Oxybelus*) ähnlich.

3. (2.) Analzelle gegen den Hinterrand verengt oder geschlossen, oder gestielt, oder anders geformt, zuweilen fehlend, dann aber die Fühler stets kurz dreigliedrig. Taster kurz, ein- bis dreigliedrig. Fühler selten lang und vielgliedrig, meist kurz, dreigliedrig, oder die auf das zweite Glied folgenden Glieder anders geformt, ein geringeltes oder mehrere heteronom gebildete Glieder darstellend und in der bisherigen Beschreibung als geringeltes drittes Glied. Borste oder Griffel aufgefasst, nur bei wenigen gleichartig, einfach, eine geringelte Geissel darstellend. (Zur leichteren Bestimmung sind einige Formen aus den Gruppen ausgeschieden [Nr. 4– 9]. Man kann auch gleich auf Punkt 10 übergehen.) *Brachycera.*

4. (7.) Die aus der Discoidalzelle entspringenden Adern laufen dem Hinterrande parallel nach aussen. (Siehe auch unter *Orthocera* und 24.)

5. (24.) Tarsen mit drei Haftlappen. Fühler kurz, dreigliedrig, mit einer Endborste. Schienen ohne Endsporne. Fam. *Nemestrinidae.*

6. (27.) Tarsen mit zwei Haftlappen. Fühler am Ende verdickt oder geknöpft, keulenförmig, vier- bis fünfgliedrig. Vierte Flügellängsader in den Vorderrand vor der Flügelspitze mündend, vorgebogen. Unterlippe fleischig, gelappt. Empodium rudimentär. Fam. *Midaidae.*

7. (4.) Die aus der Discoidalzelle entspringenden Adern in den Hinterrand mündend oder demselben zulaufend, nicht parallel zu demselben verlaufend. Vierte Längsader in den Hinterrand mündend.

8. Fühler kurz geknöpft, drei Haftlappen. Schienen ohne Endsporne. (Siehe *Stratiomyidae*). Gatt. *Alliocera.*

9. Fühler nicht kurz und abgestutzt geknöpft, oder dann die Tarsen mit zwei Haftlappen oder ohne alle solche.

10. (25.) Füsse mit drei Haftlappen von nahezu gleicher Entwicklung.

11. (21.) Fühler zusammengesetzt, das dritte Glied mit allen folgenden zusammen, oder mit mehreren derselben entweder einen Complex bildend (ein sogenanntes geringeltes drittes Fühlerglied), der rundlich, mond- oder keulenförmig, auch spindelförmig sein kann und oft noch die letzten feinen borstenartigen, vereinigten Endglieder (als sogenannte Fühlerborste) trägt, wenn nur ein Theil der Glieder den Complex bildete; oder das dritte Glied ganz, mit dicken, drei- bis viergliedrigen Endgriffel (*Tabanus*) oder einer langen Borste (*Acanthomera setticornis*). Trib. *Cyclocera.*

12. (20.) Flügelschüppchen klein, oft verkümmert. *Nothacantha.*

13. (17.) Hinterleib fünf- bis sechsringlig.

14. Der gemeinsame Stamm der zweiten und dritten Längsader entspringt aus der ersten unmittelbar vor dem inneren Ende der Discoidalzelle und vor dem Randmale, welches von der zweiten Längsader hinten begrenzt wird, und ist der Stamm somit nach aussen gegen die Spitze des Flügels gerückt. Die zweite und dritte Ader sind gegen den Vorderrand gedrängt und die Discoidalzelle ist kurz und klein, hinter dem Randmale gelegen.

15. (16.) Leib schlank und nicht stets metallisch, oder breit gewölbt, nicht schlank, aber immer metallisch.

   a) Aus der Discoidalzelle entspringen drei Adern. Fam. *Pachygastrinae.*

   b) Aus der Discoidalzelle entspringen vier Adern. Fühler ohne Borste, mit einer stark gefiederten oder breiten, nackten Endlamelle. Fam. *Hermetinae.*

   c) Aus der Discoidalzelle entspringen vier Adern; drittes Fühlerglied ein Complex aus mehreren Gliedern, mit Borste oder ohne Endlamelle. Fam. *Sarginae: Rhaphiocerinae.*

16. (15.) Leib kurz, breit, platt, nicht metallisch.   Fam. *Stratiomyinae* (incl. *Allocera* v. supra).

17. (13.) Hinterleib mit sieben Ringen (nebst einer Legeröhre).

18. Stamm der zweiten und dritten Längsader unmittelbar vor dem Pterostigma und vor dem inneren Ende der Discoidalzelle entspringend. Aus der Discoidalzelle entspringen nur drei Adern, die erste, zweite und vierte, die dritte fehlt.

     a) Randmal deutlich.   Fam. *Beridae.*

     b Randmal undeutlich.   Fam. *Chiromyzidae.*

19. Der gemeinsame Stamm der zweiten und dritten Längsader entspringt weiter nach innen, als das innere Ende der Discoidalzelle, beiläufig über (oder vor) dem äusseren Viertel oder Drittel oder über der Mitte der hinteren Basalzelle. Aus der Discoidalzelle entspringen vier Adern.

     a. Der Stamm der zweiten und dritten Längsader entspringt fast über der Discoidalzelle.

                                                       Fam. *Acanthomeridae.*

     b. Der Stamm der zweiten und dritten Längsader entspringt über der Mitte der hinteren Basalzelle.

                                         Fam. *Coenomyidae; Xylophagidae.*

20. (12.) Flügelschüppchen gross, der gemeinsame Stamm der zweiten und dritten Längsader über der hinteren Basalzelle entspringend, weit nach innen der Flügelwurzel zu gerückt. Discoidalzelle mehr nach hinten liegend, nicht nahe an den Vorderrand gezogen. Hinterrand der Flügel mit deutlicher Randader. Hinterleib siebenringlig. Rüssel compress, zweilappig oder sehr lang, röhrig. Vier Adern aus der Discoidalzelle.   Fam. *Tabanidae.*

     (Bildet mit der folgenden Familie die Gruppe *Tanystoma.*)

21. (11.) Fühler mit einfachem dritten Gliede, das entweder eine undeutlich gegliederte Borste oder einen kurzen eingliedrigen Griffel trägt.

22. Aus der Discoidalzelle entspringen vier zum Hinterrande laufende Adern, Rüssel fleischig, zweilappig, breit. Schienen mit Endspornen. Leib schlank. Beine zart.   Fam. *Leptidae* (excl. *Lampromyia*).

23. Aus der Discoidalzelle entspringen nur drei oder noch weniger Adern, oder die Zelle fehlt ganz, oder die Adern der Discoidalzelle sind zwar zu vieren vorhanden, aber nur am Grunde angedeutet, gegen den Rand verschwindend, oder durch Vereinigung vor dem Rande scheinbar reducirt.   *Orthocera* pp.

24. Die aus der Discoidalzelle kommenden Adern laufen parallel dem Hinterrande gegen die Spitze zu. Kleine Querader rudimentär, kurz oder punktartig, durch Anlagerung der dritten und vierten Längsader fehlend, wenn vorhanden, deren Stelle am äusseren Ende der Discoidalzelle.

                                         Fam. *Nemestrinidae* (vide supra).

     Die aus der Discoidalzelle kommenden Adern laufen dem Hinterrande nicht parallel, sondern gegen denselben, die dritte und vierte sind oft vereint vor dem Rande und bilden eine gestielte Zelle; höchstens die erste Ader vor der Discoidalzelle ist parallel dem Hinterrande (*Psilodera*). Kleine Querader an der Theilung der dritten und vierten Längsader, am inneren Ende der Discoidalzelle gelegen, wenn letztere vorhanden. Geäder sehr variabel nach Gattungen und oft sehr reducirt. Dicke, kurzbeinige, kugelige Fliegen mit sehr grossen Schüppchen.

                                         Fam. *Acroceridae* (Gruppe *Procephala* pp.).

25. (10.) Füsse ohne, oder nur mit zwei Haftlappen, oder drei sehr ungleich entwickelten Haftlappen, der mittlere Lappen (Empodium) sehr dünn und nur am Ende etwas erweitert oder viel kürzer als die seitlichen, rudimentär oder auch borstenartig.   *Orthocera* pp.

26. (35.) Flügel gewöhnlich geformt mit rundlicher Spitze.   (*Procephala* pp.)

27. Fühler vier- bis fünfgliedrig, keulenförmig oder geknöpft. Die aus der Discoidalzelle kommenden Adern (drei bis vier) laufen dem Hinterrande zum Theile parallel oder verbinden sich. (Siehe oben Nr. 6) — (Bei *Molas* fehlt die zweite Ader und die Discoidalzelle; bei *Apocera* ist sie vorhanden, die erste, dritte und vierte vereinigen sich.)   Fam. *Midaidae.*

28. Fühler dreigliedrig, mit oder ohne Griffel oder Borste.

29. Beine kräftig, mit starken Klauen, zu Raubfüssen ausgebildet. Augen vorgequollen, mit eingesatteltem Scheitel zwischen denselben. Fühler mit Endborste oder Griffel. Rüssel stark, röhrig, stechend, Unterlippe eine hornige Scheide bildend. Discoidal- und hintere Basalzelle deutlich, erstere sendet drei bis vier Adern zum Flügelrande. Sind nur drei Adern bis zum Rande laufend, so ist das durch Verbindung der dritten und vierten Ader vor dem Rande entstanden. Fam. *Asilidae.*

30. Beine zart, mit zarteren Klauen und zuweilen auffallend plattgedrückten Gliedern oder besonderen Auszeichnungen bei den Männchen.

31. (32.) Analzelle stets lang, gegen den Hinterrand spitz ausgezogen, dort offen oder geschlossen und gestielt mündend.

 a. Aus der Discoidalzelle drei Adern zum Hinterrande gehend. Zwei Haftlappen an den Füssen. Fühler mit Endborste oder Griffel. Empodium rudimentär. Fam. *Bombylidae.*

 b) Aus der Discoidalzelle nur zwei Adern zum Hinterrande gehend.

  α) Leib gedrungen, Thorax dick, Beine schlank, aber nur mässig lang. Rüssel lang. Fühler spitz. (*Toxophora*, *Usia*, *Geron* u. a.). Fam. *Toxophorinae.*

  β) Leib schlank, Beine sehr lang und dünn, Fühler mit lanzettlicher Endlamelle. Rüssel lang. Fam. *Systropinae.*

  γ) Leib schmal, Thorax und Abdomen fast gleichbreit. Beine sehr zart und kurz, Fühler ohne Griffel und ohne Borste, kurz, dick. Fam. *Scenopinidae.*

  c) Aus der Discoidalzelle gehen vier Adern zum Hinterrande. Beine ziemlich lang und schlank. Leib ebenso schlank, hinten cylindrisch oder kegelförmig. Fühler ohne Griffel und Borste. Fam. *Therevidae.*

32. (31.) Analzelle entweder fehlend oder, wenn vorhanden, kurz; selten mehr entwickelt und dann der hinteren Basalzelle parallel und meist nicht länger und hinten eigenthümlich bogig begrenzt, nicht gegen den Hinterrand spitz ausgezogen, sondern demselben mehr parallel. Zwei oder drei ungleiche Haftlappen an den Füssen, der mittlere schmal oder rudimentär.

33. Analzelle immer ganz kurz. Discoidalzelle nicht vorhanden, d. h. mit der hinteren Basalzelle in eine grosse gemeinsame Zelle verschmolzen. Hilfsader nicht in den Vorderrand, sondern in die erste Längsader mündend, oder allmälig häutig werdend und verschwindend. (Vierte Längsader einfach, daher keine Discoidalzelle vorhanden und auch keine Äste aus der hinteren Basalzelle zum Hinterrande.) Drei ungleiche Haftlappen. Fam. *Dolichopidae.*

34. Analzelle, wenn vorhanden, verschieden (siehe oben 32 *c*; meist eine Discoidal- und hintere Basalzelle getrennt vorhanden, aus ersterer zwei bis drei Adern zum Rande gehend. Hilfsader in den Vorderrand gehend. Nur zwei oder drei ungleiche Haftlappen. Fam. *Empidae.*

35. (26.) Flügel auffallend spitz, lanzettförmig, mit ganz am Grunde entspringenden, auf der Fläche fast ungetheilten Adern und keiner Querader in der Mitte, weil die dritte Längsader mit der vierten am Grunde verschmilzt, ungetheilt bleibt und beide zusammen nur eine Längsader mit zwei Wurzeln bilden. Analzelle wie bei Empiden hinten bogig. *Acroptera* (Fam. *Lonchopteridae*.

36. (1.) Stirnblasennaht oder Spalte stets, Lunula gewöhnlich vorhanden (die Lunula fehlt bei Diopsis durch die eigenthümliche Kopfbildung, die Stirnblasenspalte ist aber sehr deutlich). Kopf durch die Stirnblasennaht oben aus zwei Abtheilungen bestehend, deren eine die Stirne über der Lunula, Scheitel, Ocellen, Wangen und Augen enthält, während die andere das Untergesicht mit Einschluss der Lunula und die Fühler umfasst. Beide Abtheilungen sind unten vereint, da die Naht nicht soweit herabreicht. Letztere verläuft in hufeisenförmig oder im Halbkreise gerade über der Lunula, unter welcher die Fühler sitzen und endet seitlich am Vorderrande der Wangen, oder umzieht eng die Fühlerbasis, und zwar zuweilen in einer Grube, aus welcher dann die Fühler heraustreten (Microdon). In beiden letzteren Fällen sind die Wangen und Backen nicht durch die Stirnblasennaht getrennt, sondern gehen

direct in einander über und die beiden eingangs erwähnten Abtheilungen des Kopfes sind nur im geringeren Grade geschieden (Syrphiden).

Die Verpuppung erfolgt stets in der Larvenhaut, welche erhärtet und zur Tonne wird. Schon die Larve besitzt an den vier bis fünf vorderen Ringen eine bogenförmige, horizontal über dem Munde hinweggehende Naht, welche bei der Tonne genau die Gegenden umschliesst, die von den auskriechenden Fliegen mittelst der Stirnblase als Deckel abgesprengt werden. (Siehe Einleitung.)

Subordo: Cyclochapha.

37. (41). Kopf nicht plattgedrückt, mehr weniger halbkugelig, senkrecht gestellt zur Längsachse des Körpers. Mund nach unten gelegen, Augen stets vorhanden. Rücken- und Bauchplatten der Hinterleibsringe stets entwickelt, selten schmal und die Verbindungshaut meist seitlich oder unten gelegen, selten sehr breit, gewöhnlich schmal. Larven stets mit Schlundgerüst, ausserhalb der Mutter aufwachsend. Imagines gewöhnlich freilebend.   *Cyclochapha ovi- et ovivivipara* (vel *Proboscidea* pp. fälschlich).

38. Stirnblasennaht nur um die Fühlerbasis oben herumlaufend, die Lunula eng umschliessend, die Blasenspalte daher eng, die Blase vorhanden oder rudimentär. Backen von den darüberliegenden Wangen nicht getrennt. Discoidalzelle allein von der vierten Längsader gebildet. Hintere Basalzelle lang und aussen ein Stück hinter die Discoidalzelle reichend. Gemeinsamer Stiel der zweiten und dritten Längsader (*Sector radii*) meist sehr lang und erst gegen die Mitte der Flügellänge in die zweite und dritte Ader getheilt. Kleine Querader selten vorhanden (*Graptomyza* Wd.), meist rudimentär, an ihrer Stelle an der Theilung der zweiten und dritten Längsader eine Längsfalte mit chitinisirten Rändern beginnend, die sogenannte *Vena spuria*. Ein oder zwei Äste der dritten Längsader bilden manche kleine Queradern. Fünfte Längsader stets einfach, mit der Discoidalzelle durch eine Querader verbunden. Analzelle lang und spitz. Erste Hinterrandzelle stets geschlossen. Stirne beider Geschlechter verschieden, beim Weibchen mehr weniger breit, beim Männchen die Augen genähert oder in einer vollständigen Naht zusammenstossend.   Fam. *Syrphidae.*

39. Flügel wie bei Syrphiden, nur die erste Hinterrandzelle offen und nicht gestielt, doch fehlt die *Vena spuria* und ist die kleine Querader vorhanden. Augen der Männchen in einer Naht eng und lang verbunden, oft sehr gross und die Augenfelder vorne bedeutend grösser.   Fam. *Platypezidae* et *Pipunculidae.*

40. Stirnblasennaht halbkreisförmig, über der Lunula einen deutlich abgegrenzten senkrechten Bogen bildend und meist tief herab über die Mitte des Untergesichtes laufend, meist getheilt und seitlich Wangen und Backen deutlich trennend. Stirnblase immer sehr gross. Fühler nie gemeinschaftlich aus einer Grube heraustretend, stets in zwei, mehr weniger durch eine Leiste oder einen Kiel getrennten, Grübchen gelegen. Gemeinsamer Stiel der zweiten und dritten Längsader (Sector) meist sehr kurz, und bald getheilt. Discoidalzelle von der vierten und fünften Längsader gebildet, indem der Gabelast der vierten Ader ganz an der Flügelwurzel sich mit der fünften Längsader vereinigt und dadurch die hintere Basalzelle abschliesst, so dass dieselbe nicht hinter die Discoidalzelle vorgeschoben sein kann, sondern einfach an deren innerem Ende gelegen ist. Analzelle meist kurz und oft mit der hinteren Basalzelle gleichlang, seltener lang und spitz nach hinten ausgezogen. Kleine Querader stets vorhanden. Dritte Längsader im Verlaufe einfach. Selten sind Discoidal- und hintere Basalzelle in eine Zelle vereinigt.   Gruppe: *Eumyidae.*

NB. Nur bei Myopinen ist die hintere Basalzelle noch etwas von der Discoidalzelle gesondert und mit ihr durch eine kurze Querader verbunden, ähnlich wie bei Syrphiden, aber die Stellung des Astes der vierten Längsader, welcher die hintere Basalzelle von der Discoidalzelle trennt, ist eine solche, dass die hintere Wand letzterer Zelle nicht allein von dieser Querader gebildet werden kann, denn die Verlängerung dieser Wand fällt mit der Richtung des vorderen Astes der fünften Längsader zusammen, der eben die Querader zwischen beiden Zellen bildet. Wollte man diesen Unterschied der Syrphiden und Eumyiden nicht aufrecht erhalten, so würden die Myopinen dennoch wegen ihrer Kopfbildung und Stirnblasenspalte zu den Eumyiden gerechnet werden müssen.

A) Stirne bei beiden Geschlechtern verschieden, beim Manne stets schmäler und oft die Augen dadurch sehr genähert und fast zusammenstossend, doch stets durch eine schmale Spalte getrennt;[1] beim Weibchen stets breit und zwar durch Breiterwerden der Seitentheile, welche als Wangen in der Höhe der Lunula am breitesten sind und diese fast oder ganz berühren. Stirne dadurch oben dreitheilig, die Seiten bilden die Wangen-Scheitelplatten, die Mitte zwischen diesen fällt ein weicherer striemenartiger Theil zwischen Ocellenhöcker und der Lunula aus, der meist anders gefärbt und meist nackt ist, bei den Männchen nur eine Spalte darstellt, die von den Borsten der Wangen-Scheitelplatten begrenzt wird. Lunula immer deutlich sichtbar, vorne oder oben gelegen.   Gruppe: *Schizometopa.*

Hieher die Familien:

Anthomyzinae.

    Hiezu ? *Heteromyza* FII.

Tanypezinae.

    (*Tanypeza* allein; excld.: vide *Holometopa.*)

Muscinae.

Sarcophaginae.

Dexinae.

Tachininae.

Phaninae.

Oegpterinae.

Gymnosominae.

Phasinae.

Ostridae.

B) Stirne in beiden Geschlechtern gleich breit, — oder wenn bei dem Weibchen breiter, dieses nur durch Erweiterung der Mittelstrieme, nie durch breitere Wangenplatten, — ganz aus der mittleren oberen Partie der Schizometopen fast allein gebildet, die Wangenscheitelplatten meist sehr schmal,[2] an den Augenrand gedrängt, oder von einander getrennt, theils am Hinterkopf neben dem Ocellenhöcker, theils gegen das Untergesicht gerückt und besonders beborstete Felder bildend. Lunula vorhanden, oft deutlich, oft verborgen unter dem Stirnrande. Zuweilen die Stirne über den Fühlern ganz fest chitinisirt und höchstens eine feine Mittelnaht zeigend, die vom Ocellenhöcker zur Lunula zieht. Diese Naht ist aber kein Rest der Spalte der Schizometopen, da nebst derselben noch Wangenplatten schmal am Augenrande verlaufen können.   Gruppe: *Holometopa.*

    a, Stirne vorgezogen mit einer, oft nur hinten gegen die Ocellen zu vorhandenen Mittellängsnaht oder Leiste und zuweilen neben dieser mit zwei nach vorne convergirenden Längsfalten, oder die Stirne oben ganz ohne Mittelnaht.

Mit den Familien:

Conopidae.

Doryceridae. (Anzuschliessende sub *b.*)

Tetanocerinae.

Sciomyzinae. (Excl. *Cormoptera* Schin.)

    ?Gruppe *c.*

Sepsinae.

    Hiezu: *Carnus* Egger[3] (non Nitsch).

Anomioptera S.

Platystyla Meq.

Nerius Fbr.

Cardiacephala Meq.

Micropeza Meig.

Chloropinae. (Wahrscheinlich mit Ausschluss von *Oscinis* Ltr. und *Hippelates* L.w.

Hieher von den Agromyzinen:

Desmometopa L.w.

    b) Stirne ganz, fest chitinisirt, mit oder ohne feiner Mittelnaht; die Mitte der Stirne nicht weicher oder häutig.

---

[1] Bei Anthomyziden, besonders bei einigen *Hydrotaea*-Arten stossen die Augen der Männchen eine kurze Strecke fast nahtartig zusammen (*H. meteorica* L.)

[2] Wenn die Wangenplatten breiter sind, so sind sie immer in beiden Geschlechtern gleich breit, ebenso die Mittelstrieme, oder nur letztere wird etwas breiter beim ♀.

[3] Die junge Larve hat die Hinterstigmen röhrenförmig ausgezogen und breit getrennt von einander, als fest chitinisirte Cylinder abstehend. — Die Gattung ist *aciviripar* aber nicht *pupipar.*

Hieher die Familien:

Clidinae.

Platystominae.

  Hiezu von den

Scatophaginen: *Rhopalomera* West., Wd.

      Rhinothora R. D.

Anthomyzinen: *Lispe* Ltr.

Dorycceriden: *Senopterina* Mcq.

      Enicomera Mcq.

      Camptoneura Mcq.

      Pterocalla Rond.

Ortaliden: *Dichromyia* Rob.

Achiinae:

  mit: *Achias* Fabr.

     Dopsis L. Duhl.

     Richardia Rob.

     Celyphus Wd.

Michogastrinae.

     Teroastongia Big.

     Enicoptera Mcq.

Ephydrinae.

  Hiezu von den

Drosophiliden: *Aulacigaster* Mg.

Helomyziden: *Curtonotum* Mcq.(? *Actora* Mg.)

c) Stirne oben breit, kurz, hinten neben dem Ocellenfelde am Scheitel mit zwei oder vier dreieckig vorspringenden, beborsteten Platten, dadurch hinten die Stirne zwei- bis viertheilig.

Familie:

Helomyzinae.

  Hiezu von den

Chloropinen: *Oscinis* Ltr.

     Hippelates Lw.

Cordyluriden: *Pogonota* Ztt.

     Norellia R. D.

(Auszuschliessen sind: *Thelida, Prosopomyia, Heteromyza* und *Actora.*)

d) Mittelstirne oben breit, ganz, kurz, nicht oder kaum vorgezogen, zuweilen mit einer feinen Mittelleiste. Wangenplatten schmal, am Augenrande verlaufend, zuweilen mit Borsten. Diese Gruppe geht unmittelbar in die Gruppe *b)* über (conf. *Lauxina* Mcq.).

Die Familien.

Dryomyzinae.

Scatophaginae. (Mit Ausschluss der bei „*b*".)

  Hiezu jedoch von

Helomyzinae: *Thelida* Rob.

     Prosopomyia Lw. (? *Actora* Mg.)

Thyreophorinae.

Calobatinae. (Mit Ausschluss von Tanypeziden.)

    conf. *Schizometopa*.)

Sapromyzinae. (Excl. *Lonchaea*.)

Geomyzinae.

Drosophilinae. (Excl. *Curtonotum* Mg., *Phortica* S., *Aulacigaster* Mg.)

Agromyzinae. (Excl. *Desmometopa* Lw.)

Psilinae. (Hiezu ? *Camptoneura* Mcq.)

Borborinae. (Hiezu die Phoriden.)

Heteroneurinae. (Excl. *Amphipogon* Whtbg.)

Ortalinae.

  Hiezu: *Cephalia* Meig.

    Leptoxyda Macq.

    Dacus. (? *Camptoneura* Fbr.)

Trypetinae.

Cordylucinae. (Excl. *Pogonota, Norellia.*)

Ochthiphilinae.

N. B. 1. Die Gruppe *Bupsera* (*Phora* Schiner) scheint mit den Borborinen verwandt zu sein, doch haben die Larven viele Beziehungen zu den Ephydrinen. Andererseits liessen sich die Phoriden auch noch mit den Platypeziden vergleichen. Vorläufig scheint ihre Stellung zweifelhaft.

  2. Eine ebenso zweifelhafte Stellung haben die Milichinen und sind vielleicht *Schizometopa*-Fliegen, oder einzelne Gattungen derselben, z. B. *Lobioptera*.

41. (37.) Kopf plattgedrückt, flach, oder cylindrisch, in der Längsachse des Körpers gelegen, zuweilen gegen den Thorax zurückschlagbar: Mund und Rüssel in der Längsachse des Kopfes gerade nach vorne gerichtet. Augen vorhanden oder fehlend. Rücken- und Bauchplatten des Hinterleibes sehr klein oder fehlend, der Leib ungegliedert, häutig erscheinend, durch Überwiegen der Verbindungshaut. Larven ohne Schlundgerüst, innerhalb des Mutterleibes vollkommen aufwachsend, zur Verpuppung abgehend. Imagines ectoparasitisch lebend.　　　　　　　*Cyclorhapha pupipara.*

3. Die europäischen Arten der Gattung *Tabanus* L. s. str. mit Rücksicht auf die Arten der mediterranen und sibirischen Subregionen.

Die von Linné in seinem „Systema naturae" (1735 und ed. XII, 1767—1770) aufgestellte Gattung *Tabanus* schliesst noch die Gattungen *Pangonia* Ltr., *Haematopota* Meig. und *Chrysops* Meig. ein. Von europäischen Arten enthält sie aus der engeren Gattung *Tabanus* nur sechs, und zwar den *Tabanus bovinus*, *autumnalis*, *tarandinus*, *rusticus*, *bromius* und *tropicus*. — Die kurzen Art-Diagnosen erlauben es nur zwei dieser Arten mit vollkommener Sicherheit zu deuten, nämlich den *T. autumnalis* und *tarandinus*. Beide erkennen wir als keine Mischarten, die andern sind bei genauer Prüfung als solche aufzufassen und in alten Sammlungen auch als solche nachzuweisen. Ihre Diagnose kann eben leicht auf mehrere Arten bezogen werden. So passt die des *T. bovinus* auf *bovinus* Löw und *sudeticus* Zeller gleich gut, die von *bromius* ebenso gut auf *maculicornis* Ztt., die von *tropicus* auch auf *lucidus* Fall., *solstitialis* Meig., *montanus* Meig. u. m. a. A.; die von *rusticus* könnte ebenso auch auf *fulvus* bezogen werden. — Der *T. bovinus* L. in der *Fauna Suecica* könnte als *sudeticus* Zeller gedeutet werden, da Linné in der Anmerkung sagt: in genere suo hic maximus est. Ohne absolute Massangabe lässt sich diese Stelle aber auch nicht sicher deuten. Bestimmt aber wird die Deutung bei der folgenden Art durch eben diese Bemerkung, nämlich bei dem *T. autumnalis*, da es bei uns nur eine Art von dieser Grösse und Färbung gibt. Letzterem kommt in der Grösse auch der *T. tarandinus* nahe. — Im Ganzen sind in der *Fauna Suecica* mit Ausnahme des *T. rusticus* die Arten des Systema naturae angeführt.

Ebenso wenig ist ein sicheres Erkennen der Arten nach anderen Autoren jener Zeit möglich und das um so begreiflicher, als ja auch die genaueren Diagnosen Meigens, des eigentlichen Begründers der Dipterologie, nicht ausreichen, die Thiere sicher bestimmen zu können.

Ich habe die mir bekannt gewordenen Artnamen in alphabetischer Ordnung aufgeführt und die entsprechende Synonymie beigefügt.

Durch spätere, auf Meigen folgende Monographen sind viele seiner Arten gedeutet oder durch Vergleich von Originalexemplaren sichergestellt worden. Da das kaiserliche Museum in Wien die Originale Megerle's, ferner in der Winthem'schen Dipterensammlung manche Originale Meigen's besitzt, so war es auch mir möglich, noch einige Zweifel in dieser Richtung zu beseitigen und das um so mehr, als weder Zeller, noch Löw, noch Schiner diese Sammlungen zu ihren Arbeiten hinreichend benützt haben.

Von den bei Meigen in seiner Classification der Zweiflügler (1804) und systematischen Beschreibung (1818—30) aufgezählten 45 Arten sind mir nur wenige zweifelhaft geblieben und zwar der *T. rufipes* und *dimidiatus*. — *T. cinctus* und *ochroleucus* sind von Meigen selbst im sechsten Bande p. 320 als nordamerikanische Arten ausgeschieden worden. Zu den übrigen Arten bemerke ich hier nur Weniges, da man die Synonymie aus dem vorerwähnten Verzeichnisse ersehen kann.

Der *T. carbonarius* (p. 33) ist unzweifelhaft gleich *nigritus* Fabr., der als Type oder Originalexemplar in der Winthem'schen Sammlung mit rothem Zettel steckt und gleich *gagates* Löw. Es ist dasselbe Exemplar von *T. ater*, welches Wiedemann ebenda. p. 33 irrthümlich als Varietät von *ater* erwähnt. — Löw hat die etwas verworrene Darstellung Wiedemann's umgangen und die Art in seiner Weise neu benannt.

Tabanus signatus Wiedm. p. 34 in Meigen ist gleich *auripilus* Meig. var. und die Anmerkung p. 35 ist durch einen Fehler entstellt. In der zweiten Zeile soll es statt: „dessen Fühler" „die Fühler" (des *signatus* nämlich) heissen und die ganze Beschreibung bezieht sich somit auf *signatus* und nicht auf *micans* Meig. Eine Folge dieses Fehlers ist es, dass Schiner und Andere den *signatus* Wiedm. als synonym zu *micans* stellen. — Auch in der Winthem'schen Sammlung findet sich *T. auripilus* als *T. austriacus* gleich *signatus* und daneben *T. micans* mit dem Namen *signatus* Wiedm. — *T. borealis* Meig. ist eine Mischart von *borealis* Löw (♀) und *maculicornis* Ztt. (♂) und nicht *borealis* Fabr., welcher gleich *lapponicus* Ztt. ist.

T. scalaris ist nach dem Originalexemplar der Winthem'schen Sammlung gleich dem *T. bromius* aut. — *T. macularis* Fabr. fand sich in einem weiblichen Exemplare in der Coll. Winth.

T. bovinus Meig. ist nach den Originalen in der Coll. Winthem, und nach der Beschreibung eine Mischart von *T. sudeticus* Zll. und *bovinus* Löw.

T. nemoralis Meig. in der Coll. Winth. stimmt vollkommen mit Meigens Beschreibung überein. Diese Art ist ganz in Vergessenheit gerathen, Löw kannte sie nicht. Man kann sie nicht mit *T. quatuornotatus* vereinigen, da bei letzterem das Stirndreieck auch bei ganz frisch der Puppe entschlüpften Exemplaren kahl und glänzend schwarz ist.

T. glaucus Meig. halte ich nach den Originalen in der Coll. Winth. nur für eine Varietät von *bromius* aut. Sämmtliche Stücke sind Männchen. Die Weibchen, welche Schiner und Egger zu dieser Art brachten, waren durchgehends Weibchen des *T. maculicornis* Zll. in etwas abgeriebenem Zustande.

T. graecus Meig. ist nicht die Fabricische Art, letztere ist gleich *T. ferrugineus* Meig. Das Original zu der Beschreibung befindet sich in der Winthem'schen Sammlung, ist ein Männchen und sehr verwandt mit *T. tergestinus* Egger, von dem es sich durch die langen schwarzen Haare am Oberrande des Hinterhauptes und die viel grösseren Augenfelder sogleich unterscheiden lässt. — Das Weibchen in der Coll. Winthem, welches bei dieser Art steckt, ist kein Originalexemplar und eine andere Art, nämlich mein *T. latistriatus*. Das am Schlusse der Meigen'schen Beschreibung erwähnte Exemplar aus Österreich von H. Megerle v. Mühlfeld gehört zu einer anderen Art, die ich *T. Mühlfeldi* genannt habe. Das Originalexemplar befand sich in der kaiserlichen Sammlung. Es bleibt somit der Name *T. graecus* Fabr. dem *T. ferrugineus* Meig. Der *T. graecus* Meig. erhält den neuen Namen *T. Miki*, da derselbe wiederholt von H. Prof. Mik in Österreich gefangen wurde. Auch in der Sammlung Egger's, welche sich im kaiserlichen Museum befindet, fand sich ein Paar dieser Art unter dem *T. tergestinus* eingereiht. Durch dieselbe Vermischung dieser Art mit *tergestinus* wird es erklärlich, warum Schiner in seiner Fauna die Augenbinden des *tergestinus* als kein sicheres Merkmal antührt. — Dem Weibchen des *T. Miki* fehlen nämlich die Augenbinden.

T. montanus Meig.: ein Originalexemplar in der Coll. Winth. ist die von Schiner als *T. tropicus* beschriebene Art, aber nicht der *tropicus* Meigens und Panzers (siehe unten). Das Original ist frisch ausgeflogen, die Schenkel dadurch heller, etwas röthlich grau. Diese Art und die folgenden: *luridus* Fall., *solstitialis* Meig., *tropicus* Meig. und *lateralis* Mg. sind ohne Berücksichtigung der Taster und Stirnstrieme nicht zu unterscheiden und in den meisten Sammlungen confundirt worden. Ebenso unsicher bleibt man darüber, welche Art den älteren Autoren vorgelegen hat.

T. luridus in der Coll. Winth. ist der von Fallen beschriebene, während *lateralis* Mg. mit *pilosus* Löw identisch ist (nach Original der kaiserlichen Sammlung). Der *T. luridus* Schiner ist eine grössere Art und auch von Löw mit *tropicus* Meig. Pz. confundirt. Schiner's *luridus* und der der Wiedeman'schen Sammlung gehören der von Panzer und Meigen als *tropicus* beschriebenen Art an. Nach Fallen's Beschreibung ist *luridus* eine kleinere Art und diese befindet sich auch als solcher in der Coll. Winth.

Ob *T. solstitialis* Meig. identisch sei mit Schiners gleichnamiger Art, kann nicht nachgewiesen werden, da kein Originalexemplar Meigens vorliegt. In der Coll. Winth. ist der *solstitialis* Schin. als *tropicus* bezeichnet. Zwei Exemplare des *T. luridus* der Wiedemann'schen Sammlung gehörten ebenfalls zu *solstitialis* Schiner. Nebst *montanus* Meig. steckt in der Coll. Winth. auch der *tropicus* Schin., den ich davon nicht trennen kann, wogegen der *tropicus* Meig. Pz. nichts anderes ist, als die von Schiner und theilweise von Löw als *luridus* aufgeführte Art, nicht aber der *luridus* Fall. *T. tropicus* Schin. ist demnach nach der Type Meigens *montanus* zu nennen. — *T. chlorophthalmus* Mg. ist nach einem Originalstücke gleich *T. glaucopis* Meig. — *T. rufipes* dürfte wohl mit *T. fulvus* var. zusammenfallen. Der *T. paganus* Fabr. kann ebenso gut auf *T. tergestinus* Egger, als auf eine Varietät des *T. tropicus* Pz. bezogen werden; doch habe ich aus England von beiden angegebenen Arten nur die letztere erhalten.

Von den nach Meigen erschienenen Arbeiten über die Gattung sind die von Zeller (Isis von Oken, 1842) und Löw (Verhandl. zool.-bot. Ges. Wien 1858) die wichtigsten. Obschon jedoch Zeller die zur Charakteristik der Arten verwendbarsten Merkmale zusammengestellt und zum grossen Theile entdeckt hat, sind doch die Arten nicht streng nach diesem Plane, oder doch nur mit zu relativen Angaben beschrieben. Ebenso lag wohl ein zu geringes Materiale vor.

Löw geht leider bei den bekannten Arten sehr wenig in eine detaillirte Beschreibung ein, die doch vor allem nothwendig ist, wenn man neue Arten beschreibt. Trotz der genauen Charakteristik der Arten muss man aus dem Grunde bei manchen derselben in Zweifel bleiben. Da Löw's Arbeit die Basis für Schiner's Tabellen bildete (Dipt. Austr. I, 1862), so will ich die Arten der Reihe nach besprechen, wie sie bei Löw aufgeführt sind.

T. micans ist die bekannte Art Meigens.

T. auripilus Fabr., *lugubris* Ztt. und *aterrimus* Meig. werden von Löw selbst nur als zweifelhafte Arten angesehen; es sind Varietäten einer Art, deren extreme Formen *aterrimus* und *auripilus* sind, je nachdem die Goldfarbe der Haare ganz fehlt oder solche am reichlichsten erscheint. Häufiger gehören die Weibchen zur *forma auripila*, die Männchen zur *forma aterrima*, doch kenne ich auch Männchen, die so reich goldhaarig sind, wie die gewöhnlichen Weibchen. Plastische Merkmale habe ich unter diesen drei Formen nicht entdecken können und nenne die Art daher *aterrimus* Meig.

T. vittatus Fabr. kenne ich nicht.

T. spilopterus Löw besitzt das kaiserliche Museum aus dem Amurlande. Er ist gleich *T. Astur* Erich.

T. albipes ist die bekannte Art, die, wie Löw schon andeutet, den Namen *gigas* Herbst zu erhalten hat.

T. tricolor Zeller ist neuester Zeit von einem russischen Entomologen ganz unberechtigt für eine Varietät des *gigas* erklärt werden, aber nur aus dem Grunde, um eben dieselbe Art sogleich mit einem anderen Namen neu beschreiben zu können.

T. brevis Löw, eine sehr merkwürdige Art, von der mir nur ein Stück von H. Meade ohne Fundortangabe vorlag.

T. tarandinus L. die bekannte Art. Leider ist das Männchen unvollständig bekannt und nur von Zetterstedt kurz beschrieben.

T. tropicus und *luridus* Löw sind Mischarten, erstere mit *montanus* Meig., *solstitialis* und *luridus* Schin. (non Fall.), letztere mit *tropicus* Panzer. — *T. borealis* Löw ist wohl die bekannte Art Meigens und durch die Taster charakteristisch. Der *T. borealis* Fabr. (Entomol. syst.) scheint der *T. lapponicus* Ztt. zu sein, da er nur die Grösse des *T. pluvialis* haben soll (*Haematopota*). *T. borealis* Meig. ist eine andere grössere Art.

T. pilosus und *decorus* Löw sind gut auseinander zu halten, doch heisst es in der Beschreibung des letzteren, dass er grösser sei, als der erstere, was ich nicht zutreffend finde. *T. pilosus* Löw ist übrigens gleich *lateralis* Mg.

T. acuminatus Löw, eine sehr charakteristische Art, die ich aus Sibirien kennen gelernt habe.

Die Bestimmung von *T. quatuornotatus* Meig. wird nach der Tabelle Löw's oft nicht gelingen, da die Art im Flügel häufig einen Aderanhang an der Gabel der dritten Längsader zeigt, der in der Gruppe ...lª fehlend angegeben wird.

T. nigricornis Ztt. ist nicht genau bekannt und wird mit nordamerikanischen Formen noch weiter verglichen werden müssen.

T. septentrionalis aus Nordamerika dürfte zur Unterscheidung naheverwandter europäischer Arten noch genauer auf die Gestalt der Taster und die Stirnbreite sowie den Ocellenhöcker geprüft werden.

Für *T. anthophilus* Löw hat nach dem Originalexemplar der Name *lunatus* Wiedm. einzutreten. Sowohl bei dieser Art als auch bei den folgenden Arten ist das Fehlen oder Vorhandensein des Aderanhanges der dritten Längsader nicht constant (spec. 21 *bifarius* bis 24 *plebejus*). Ich kenne *T. rusticus* und *fulvus* ebenso ohne Anhang.

Die Gruppe II mit kahlen Augen nach Löw. hat Arten mit behaarten Augen beigemengt. *T. taurinus* Meig., welcher den Namen *barbarus* Coqueb. erhalten muss, hat stets zerstreute Haare am unteren Drittttheile der Augen (siehe w. u.). *T. pulchellus* Löw kenne ich nur in einem weiblichen Exemplare, das mir Herr Kowarz mittheilte.

T. bromius Löw ist nicht genügend beschrieben und eine Mischart mit dem Zetterstedt'schen *maculicornis*. Da Löw die Behaarung des Oberrandes des Hinterkopfes nicht beschreibt und überhaupt nicht berücksichtigt hat, so mussten ihm die Arten zweifelhaft bleiben. *T. sublunaticornis* Ztt., welchen Löw hier ebenfalls anzieht, kann wegen seiner behaarten Augen hier nie in Betracht kommen. Die Unterschiede hat zuerst Dr. Egger bei Beschreibung seines *T. nigricans* (gleich *maculicornis* Ztt.) hervorgehoben. Für die Weibchen beider Arten habe ich ein sicheres Unterscheidungsmerkmal aufgefunden (siehe die Beschreibung). — *T. unifasciatus* Löw ist eine wohl begründete Art.

T. cordiger Meig., die bekannte Art. — *T. lunulatus* Meig. und *cognatus* Löw halte ich nach später angegebenen Gründen nur für Varietäten Einer Art. — Zu *T. rectus* Löw, *autumnalis* L. und *spectabilis* Löw habe ich bei den Beschreibungen die nothwendigen Ergänzungen beigefügt. *T. sudeticus* Zell. ist, wie bemerkt, wahrscheinlich der *T. borinus* L., ferner der *T. borinus* Meig. zum Theile. Des Verständnisses wegen belasse ich ersteren Namen und nenne die von Löw zuerst gut charakterisirte Art *T. borinus* Löw (L. pp.). — Es entstand zwar später die Ansicht (Jännicke), dass der *T. borinus* Löw einerlei sei mit *spodopterus* Löw, Meig., diese beruht aber auf ungenügender Untersuchung, nach welcher die Farbe der Fühler allein als Artunterschied angenommen wurde. Dass beide Arten verschiedene Augenfelder (♂) und verschieden geformte Taster und Stirnschwielen (♀) besitzen, blieb unbeachtet. Auch Schiner hat beide Arten vermengt und seine Männchen von *spodopterus* in der von ihm geordneten kaiserlichen Sammlung gehörten ausschliesslich zu *borinus* Löw.

T. ferrugineus Löw., Meig., der wahre *graecus* Fabr. nach dem von Fabricius angegebenen Masse und der *macula nigra inter oculos*, ist durch den stärkeren Haken des dritten Fühlergliedes gut von *infuscatus* Löw zu unterscheiden. Letzterer ist nach der genauen Beschreibung bei Meigen der bis jetzt nicht erkannte *T. apricus* Meig. Es gibt keine mitteleuropäische Art wie diese und *graecus* Fbr., welche eine lineare Stirnschwiele, ohne besonders erweiterter Augeneckenschwiele besässen. Meigen's Beschreibung stimmt vollständig auf ein getrocknetes Exemplar des *infuscatus* Löw, ich nehme keinen Anstand, den alten Namen in seine Rechte einzusetzen.

In der Gruppe „*B*" H haben *T. umbrinus* Meig., *ater* Rossi und *obscurus* Löw entschieden und oft ziemlich dicht behaarte Augen, die schon bei drei- bis viermaliger Vergrösserung sichtbar sind. Für *obscurus* Löw muss der Name *anthracinus* Hffgg. in seine Rechte treten, ebenso ist *T. gagates* Löw der *nigritus* von Fabricius. — Löw hat somit 42 Arten aus Europa beschrieben, viele vorhandene ältere Namen aber ganz unberücksichtigt gelassen und die von Anderen so strenge geforderte Kenntniss der Literatur bei dieser Arbeit nirgends gezeigt.

Schiner führt in seiner Fauna Austriaca 33 Arten auf und behält mit kleinen Ausnahmen die von Löw angenommenen Namen bei. Von *T. borealis* ist dasselbe zu bemerken wie bei Löw, es ist die grössere von Meigen beschriebene Art. *T. solstitialis* Meig. wird neu hinzugefügt. Löw hat die Art mit *tropicus* sibi vereinigt. Ob die Deutung als die Meigen'sche Art richtig sei, kann nicht bewiesen werden, da kein Originalexemplar Meigen's vorliegt. Auf die Beschreibung passt auch *T. tergestinus* Egger, weil die Behaarung der Augen unerwähnt blieb. Ich bezeichne daher die Art als *solstitialis* Schin. — *T. luridus* Schin. ist gleich *tropicus* Meig., Pz. und *T. tropicus* Schin. ist gleich *montanus* Meig. — *T. vicinus* Egg. ist nach der Type das Männchen von *cordiger* Meig. — Schiner hat zuerst wieder den *T. maculicornis* Ztt. erkannt und mit Egger richtig von *bromius* abgetrennt. *T. glaucescens* Schin., der *T. glaucus* Meig., ist als Männchen von *bromius* bereits erwähnt (siehe oben). In Bezug auf die bei Schiner aufgezählten anderen europäischen Arten verweise ich auf die synonymische Tabelle. — Mehrere neue Arten wurden später von Jännicke in der Berliner entomologischen Zeitung (1866. X) beschrieben und auch bekannte Arten besprochen. Durch Vermittlung des Herrn v. Bergenstamm erhielt ich von Herrn v. Heyden die leider sehr schlecht erhalten gebliebenen Originalexemplare von Jännicke's Arten. Dieselben wurden von Herrn v. Heyden dem kais. Museum zum

Geschenke gemacht. Durch diese mir sehr werthvolle Sendung bin ich in der Lage, über einige sehr merkwürdige neue Arten genaue Auskunft geben zu können. Da die Arten früher auch Herrn Dir. Löw vorgelegen hatten, der jedoch meines Wissens nichts darüber veröffentlicht hat, so kenne ich auch dessen Ansicht, indem derselbe auf kleinen Zetteln seine Bemerkungen zu den Exemplaren schrieb.

Rondani hat unbeachtet der früheren Eintheilungen der Arten ein Schema der zunächst mit *Tabanus* verwandten Gattungen entworfen und die Arten der Gattung *Tabanus* L. in 4, theils schon bekannten Gattungen untergebracht: *Dichelacera*, *Aydanius*, *Tabanus* und *Bellardia*. — Die Gattung *Aydanius sibi* umfasst die Gattungen *Therioplectes* Zeller und *Atylotus* O. S., *Tabanus* die Arten mit nackten Augen, die anderen beiden nur exotische Formen. *Dichelacera* ist nur durch den langen Fortsatz des 3. Fühlergliedes verschieden, *Bellardia* durch eine Differenz im Flügelgeäder. (Arch. f. Zool. von Canestrini, III, 78.)

Die Monographie, welche Baron Osten-Sacken über die Tabaniden der Vereinigten Staaten von Nordamerika veröffentlicht hat (Mem. Boston, Soc. Nat. Hist. Vol. II, 1875, 1876) enthält wichtige Angaben über die Gruppenunterschiede in der Gattung *Tabanus* und eine bestimmtere Charakteristik der Arten durch Benützung von bisher wenig oder gar nicht beachteten Merkmalen, so z. B. die Beharrung der Augen, das Verhältniss der grösseren und kleineren Augenfelder, das Vorhandensein oder Fehlen eines Ocellenrudimentes am Scheitel. Vergleicht man die Angaben früherer Beschreiber, so bleibt man über die Beharrung oder Nichtbeharrung der Augen bei vielen Arten in Zweifel, und einige Autoren geben sogar an, dass alle Arten beharrte Augen hätten, die Haare bei den kahl angegebenen aber zerstreuet sässen und kürzer seien. Andere wollen wieder beweisen, dass die Arten mit kahlen Augen bei mikroskopischer Untersuchung keine Spur von Beharrung zeigen. Nach meiner Erfahrung gibt es Arten, welche absolut kahl sind, solche, welche kurz- und zerstreut-behaart sind, solche welche dicht- aber hinfällig-behaart sind und solche, welche dicht- und constant-behaarte Augen zeigen, ebenso solche, wo die Männchen dicht und lang, die Weibchen ganz kurz- und unansehnlich behaarte Augen haben. In vielen Fällen wird es daher Mühe machen, sich zu orientiren, ob man die Art zu den kahläugigen oder behaarten zählen soll. In dieser Richtung bietet das von Osten-Sacken entdeckte Merkmal der Ocellenhöcker am Scheitel der Weibchen in vielen Fällen einen ausgezeichneten Anhaltspunkt, indem mit dessen Entwickelung in der Regel auch die Beharrung der Augen zusammen trifft, wenigstens gibt es keine Art, die einen Ocellenhöcker besässe und dabei nackte Augen hätte; aber es gibt Arten mit behaarten Augen ohne Ocellenhöcker. Nach diesen Merkmalen unterscheidet Osten-Sacken drei Gattungen: *Therioplectes* Zell pp. , *Atylotus* sibi und *Tabanus* s. str. — Derselbe gibt noch andere hinzutretende Kennzeichen dieser Gattungen an, die jedoch auf die europäischen Arten nicht mehr anwendbar sind.

Da nur die Weibchen nach diesen Merkmalen zu bestimmen sind, so kann ich vorläufig darin keine natürlichen Gattungscharaktere sehen, obschon sie zur Bestimmung von grosser Wichtigkeit sind.

In Bezug des Ocellenhöckers muss in Betreff der europäischen Arten bemerkt werden, dass derselbe wohl zu unterscheiden ist von der sogenannten Ocellenschwiele Löw's. Ersterer ist ein rundlicher oder linsenartiger scharf begrenzter Höcker, der einem einzigen Nebenauge ähnlich sieht und unpaar die Mitte des Scheitels einnimmt; letztere wird von Löw jedesmal da vorhanden angegeben, wo der Scheitel statt dessen ist und eine flache oft glänzende paarig angelegte Schwiele zuweilen in der ganzen Breite zeigt (*T. quatuornotatus*). Einen charakteristischen Ocellenhöcker zeigt dagegen *T. montanus* Meig. — Auch Osten-Sacken hat diesen Unterschied nicht genug hervorgehoben. Wenn letzterer angibt, dass auch den Männchen ein Ocellenhöcker zukomme, so ist das ganz richtig, aber hiezu muss bemerkt werden, dass dieser auch den Männchen jener Gattungen zukommt, in welchen das Weibchen denselben nicht besitzt, dass ferner derselbe den Männchen höchst selten fehlt und zwar wahrscheinlich auch in solchen Fällen nur so tief zwischen die Augenspalte eingedrückt ist, dass er nicht erkannt werden kann (*T. quatuornotatus* und *nemoralis*). Die Bestimmungstabelle, welche Osten-Sacken entworfen hat, ist für unsere Arten, abgesehen von diesen Merkmalen, nicht mehr anwendbar, da Amerika nur ganz im Norden und Westen Anklänge an europäische Typen besitzt. Arten, bei denen die Stirnbreite der Weibchen und die Form der Taster von grosser Wichtigkeit sind, wird man ohne bestimmtere Angaben nicht nach seiner Tabelle bestimmen können, z. B. *T. abdominalis* Fabr., *exul.* und *tectus* O. S.

Interessant bleibt, dass unter den vielen von Osten-Sacken untersuchten Arten keine einzige mit einer europäischen Art identificirt werden konnte, obschon in anderen Dipterengruppen europäische Formen nicht fehlen, sowie dies in anderen Insectenordnungen auch der Fall ist. Der Grund hievon scheint in der mangelhafteren Erforschung der Fauna der Westküste und des hohen Nordens zu liegen, wo aber schon verwandtere Formen *(T. socius* und *sonomensis* O. S.) bekannt wurden. Diese Arten, welche das Wiener Museum besitzt, sehen dem *T. tropicus* Meig. und *montanus* Meig. sehr ähnlich, sind aber dennoch als Arten sicher zu unterscheiden. Da Löw die Arten dieser europäischen Gruppe nur ungenügend charakterisirt und nicht gekannt hat so war mir eine Untersuchung um so interessanter. — Bei einer genaueren Durchforschung Nordasiens dürften sich indess manche der von Osten-Sacken und Anderen beschriebenen Amerikaner auf der östlichen Halbkugel wiederfinden. Höchst überraschend war mir die Entdeckung des *T. flavipes* Wiedem. in einer zweifellos vom Amur herstammenden Sendung (siehe die Art). — Da die Art mit *T. Astur* Erich. — *T. spilopterus* Löw zusammen gesammelt wurde, so habe ich sie in diese Arbeit mit aufgenommen, sie ist der wahre *flavipes* Wiedem. und nicht der *T. zonalis* Kirby, den ich durch Osten-Sacken's Bestimmung genau kenne.

Mehrere von Zetterstedt beschriebene Arten können aus dem Grunde nur mit Vorsicht gedeutet werden, weil sie mit nordamerikanischen Arten verglichen werden sollten. Von diesen sind namentlich folgende mir nicht klar geworden: *T. confinis, sublunaticornis, albomaculatus* und *flaviceps.*.

In der vorliegenden Arbeit sind 63 Arten charakterisirt. Von diesen gehören 21 in die Gruppe *Therioplectes* Zell., 18 in die Gruppe *Atylotus* O. S. und 24 in die Gruppe *Tabanus sensu strictiori*. Von 54 Arten sind beide Geschlechter bekannt geworden, von 8 Arten sind nur die Weibchen (*pusillus* Egg., *brevis* Löw, *macularis* Fabr., *rupium* m., *latestriatus* m., *vittatus* Fabr., *regularis* J., *fraterculus* Wiedem.); von einer Art ist nur das Männchen bekannt *(cyanops* m.). — Nur eine Art kenne ich nicht in natura und nur aus den Beschreibungen von Fabricius und Löw *(rätatus)*. — Dem kais. Museum fehlen von den 63 Arten nur 3, nämlich *T. brevis* Löw, *pulchellus* Löw und *vittatus* Fabr.

Die beigegebenen Abbildungen der Taster der Männchen und Weibchen, sowie der Stirnstriemen der letzteren sind mit der *Camera lucida* von Zeiss bei neunmaliger Vergrösserung gezeichnet. In Betreff der Stirnstrieme des Weibchens ist zu bemerken, dass die Breite am unteren Augenwinkel als Maass für die Länge derselben benützt wurde. Letztere erscheint, da die Stirnstrieme einen Bogen beschreibt, von vorne gezeichnet geringer als in der Beschreibung angegeben wird. Der Raum zwischen den unteren Augenecken und dem Scheitel wird als Stirnstrieme bezeichnet, das abgestutzte dreieckige Feld unter derselben und über den Fühlern ist das Stirndreieck. Durch eine Furche seitlich von den Fühlern wird das Stirndreieck von den Wangen getrennt, die längs des unteren Augenrandes verlaufen. Unter der äussersten Grenze der Augen an der Seite liegen die Backen, die bald mehr, bald weniger vortreten. Unter den Fühlern verläuft eine schildartige Fläche oder Furche bis zu dem *Praelabium* Löw's, über und zwischen den Tastern, hinter welchen (♀) oder zwischen welchen (♂) der Rüssel mit seinen Theilen gelegen ist. — Hinten seitlich und nach oben werden die Augen manchmal durch einen breiteren Schläfenrand oder Oberrand bis zum Scheitel eingefasst, dessen Breite für einige Arten wichtig ist. — An diesem Oberrande sitzen bei einer Anzahl von Arten (besonders der Gruppe *Atylotus* und *Tabanus*) und namentlich bei den Männchen stärker entwickelte lange, aufrechte und vorgekrümmte schwarze Haare in der ganzen Breite des Oberrandes, die wohl zu unterscheiden sind von einer gleichmässigen seidenartigen Behaarung, die vom Hinterkopf hinaufzieht und den Rand des Kopfes wenig überragt, oder von längeren Haaren, welche wie ein Schöpfchen in der Gegend des Scheitels allein oder um den Ocellenhöcker herumsitzen. Ebenso sind sie, bei Arten mit lang und dicht behaarten Augen, von den Haaren auf der Augenfläche selbst zu unterscheiden. — Die Augen selbst müssen zum Erkennen der Haare so untersucht werden dass man das gut beleuchtete Thier auf dunklen Hintergrund hält und dabei hat man sich wohl vorzusehen, dass man nicht die Spitzen solcher Haare, die an der Wange oder Stirnstrieme etc. stehen, für Haare der Augenfläche ansieht. Zu dieser Untersuchung, sowie für die Bestimmung der relativen Grösse der Augenfelder muss man sich einer stärker vergrössernden (c. 5—6mal) Lupe bedienen. — Haare, welche bei 5—6maliger Vergrösserung nur sehr kurz und undeutlich oder gar nicht sichtbar sind, habe ich als mikroskopisch bezeichnet. Solche Haare kann man z. B. bei *cordiger* ♂ auffinden.

Frühere Beschreiber erwähnen bei den Männchen nur dann den Grössenunterschied der Augenfelder, wenn er sehr bedeutend ist, z. B. wie bei *cordiger* oder *lunulatus*, wo die kleinen Felder gewisse Augenzonen einnehmen und dann unter scharfer Brechung der Linien die grösseren Felder beginnen. Die nähere Untersuchung aber zeigt, dass der grösste Theil der Männchen ungleiche Augenfelder besitzt, aber die grösseren liegen oft nur in der Mitte eines Auges und gehen allmälig nach den Rändern in kleinere Felder über, oft reichen sie bis zur Augennaht und bilden dann einen ovalen Fleck über die Mitte der vereinigten Augen, oft sind auch an der Naht beiderseits wieder kleinere Felder. Bei einer kleinen Zahl von Männchen gehen die kleinen Augenfelder am Schläfenrande und Oberrande der Augen in einer breiten Zone bis zum Ocellenhöcker *(autumnalis)*, bei anderen hören sie am Schläfenrande auf weiter in die Höhe zu ziehen und die grossen Felder schliessen sich hinten an den Oberrand an *(sudeticus)*. — Die Bezeichnungen der Körpertheile sind dieselben, welche Löw und Schiner gebrauchen, ich verweise in dieser Hinsicht auf die allgemeine Terminologie der Dipteren. — Die angegebene Körperlänge ist stets so gemessen, dass die Fühler nicht in Betracht gezogen wurden. Die Kopfbreite ist mit einem Zirkel von der äussersten Krümmung der Augen gemessen.

Die Angaben über Fundorte und Flugzeiten sind nur von verlässlichen Quellen angenommen und dort nicht berücksichtigt, wo Zweifel über die Bestimmung obwalten.

Ich habe es unterlassen, die oft recht merkwürdigen Geschlechtszangen der Männchen zur Charakteristik der Arten zu verwenden, da diese Organe nicht stets hervorgeschoben sind und bei vielen Individuen nur nach vorgenommener Präparation beschrieben werden können. Zweifellos finden sich auch an diesen Organen sichere Artcharaktere, aber bei der Seltenheit mancher Männchen schien mir eine Verstümmlung derselben um so weniger geboten, als die sichtbaren Körpertheile hinreichende Merkmale zur Unterscheidung abgaben. Bei der Verschiedenheit beider Geschlechter würde dieses nur die Männchen charakterisirende Merkmal ohnehin nur theilweise genügt haben. Secundäre Geschlechtscharaktere finden wir ebenso sicher in dem Bau der Taster, die bei den Männchen und Weibchen und nach Arten sehr verschieden geformt sind, merkwürdigerweise wurden diese bei den Tabaniden nur sehr selten zur Unterscheidung von Arten (Löw bei *T. bifarius* ♂) benützt.

Es scheint, wenn man die gewöhnlich bedeutende Grösse der Tabanus-Arten in Betracht zieht, fast unglaublich, dass gerade diese Thiere so unvollkommen in Bezug ihres Körperbaues untersucht sind und gewagt, nach einer Arbeit des gewiegten Dipterologen Löw, sobald wieder mit einer neuen Untersuchung vorzutreten. Es liegt der Grund einer solchen Möglichkeit wohl darin, dass gerade diese grossen Fliegen nur durch Messungen einzelner Körpertheile sicher zu unterscheiden sind und dass hiezu eine mindestens 4- bis 10-malige Vergrösserung nothwendig wird. Bei gewöhnlicher Lupenvergrösserung sind manche Unterschiede nicht mehr deutlich zu erkennen. Die Färbungen sind zwar ziemlich constant, bei manchen Arten aber bestimmten Schwankungen und Wechseln unterworfen, z. B. geht Roth in Grau oder Gelb, Roth in Schwarz über u. s. w.

Kurze Charakteristik der Männchen von 55 Arten.

Unbekannt sind die Männchen von 8 Arten:

T. brevis Lw., *regularis* J. m., *Gierkei* m., *latestriatus* m., *pusillus* Egg., *vittatus* F., *macularis* F. und *rupium* m.

Nur mangelhaft bekannt sind die Männchen von *flavipes* Wd., *pulchellus* Lw., *tomentosus* Meq. und *tarandinus* L.

Die Charaktere sind nach der natürlichen Zahlenreihe auf einander folgend, die Zahlen sind sämmtlich links vorgesetzt.

Die Gegensätze sind durch die eingeklammerten Zahlen neben den ersteren ersichtlich gemacht, u. z. in auf- und absteigender Reihe. Die eingeklammerten Zahlen über oder hinter dem Speciesnamen zeigen die Nummer an, unter welcher die Art beschrieben oder abgebildet ist.

1. (12.) Beine ganz schwarz oder schwarzbraun.
2. (9.) Kopf nicht auffallend gross im Vergleich zum Thorax oder Körper; Augenfelder in der Mitte des
   Kopfes zu beiden Seiten der Augennaht grösser, gegen den Rand zu nach aussen und unten allmälig
   kleiner werdend, zuweilen der Übergang in die kleineren Felder gegen den Aussenrand zu etwas
   rascher und deutlicher.
3. (4.) Drittes Fühlerglied oben am Grunde mit einem starken krummen, vorne ausgeschnittenen Hakenfortsatz, fast halbmondförmig.

   a, Flügel in der Basalhälfte dunkler rauchgrau; Thorax bleigrau dunkel behaart. Kopf ziemlich
   breit, nicht vorgezogen.   1. *ater* Rossi (21).

   b, Flügel in der Mitte und gegen den Grund zu heller, gelblichgrau hyalin, am Spitzen- und Hinterrande rauchgrau. Thorax oben schwarzbraun, schwarzhaarig. Kopf klein, dreieckig vorgezogen (im
   Profile).   2. *anthracinus* Hgg. (22).
4. (3.) Drittes Fühlerglied oben am Grunde nur eckig abgehackt, stumpf oder rechtwinkelig, wenig ausgeschnitten oder fast flach.
5. (6.) Augen dicht und lang behaart. Flügel nicht geschwärzt, höchstens blass graulich oder bräunlich
   hyalin.

   a Vorderfüsse (Tarsen) nur mit gewöhnlicher gleichförmiger kurzer Behaarung.

   　　　　　　　　　　　　　　　　　　　　　　　　　　　　　3. *aterrimus* Meig. (6).
   　　　　v. *auripilus* Meig., v. *lugubris* Löw, v. *nigerrimus* Ztt.

   (Diese Art könnte mit den — von *pilosus* und *ungricornis* Lw., welche oft dunkelbraune Schienen
   zeigen, verwechselt werden, hat aber in der Dorsallinie des Hinterleibes keine weissen
   Dreiecke.)

   b Vorderfüsse mit langen, die gewöhnlichen kurzen Haare weit überragenden Borstenhaaren.

   　　　　　　　　　　　　　　　　　　　　　　　　　　　　　4. *micans* Wd. in Mg. (1).
6. (5.) Augen kurz, aber ziemlich dicht behaart, Flügel schwärzlich hyalin mit heller Spitze, oder alle
   Adern breit schwarzgrau beraucht.   5. *alexandrinus* Wd. (23).
7. (6.) Augen sehr kurz und zerstreut behaart, nackt erscheinend. Flügel hyalin, am Grunde gelblich, am
   Vorderrande braun und am Randmale eine braune Wolke. Oberrand des Hinterkopfes mit längeren
   aufrechten Haaren.   6. *umbrinus* Hgg. (24).
8. (6.) Augen fast nackt, Flügel schwarz.   7. *nigritus* Fbr. (51).
9. (2.) Augen sehr gewölbt und der Kopf dadurch auffallend gross im Verhältniss zum Körper. Die Augenfelder in den zwei oberen Dritteln oder den drei oberen Vierteln viel grösser als unten und aussen, die
   grossen Felder von den kleinen scharf getrennt, durch rasches Übergehen in dieselben. Oberrand des
   Hinterhauptes kurzhaarig. Schienen der zwei vorderen Beinpaare am Grunde oft heller, braun.
   (10. (9.) Augen nackt, die Felder sehr ungleich, ohne Binden (oder mit einer Binde?)

   　　　　　　　　　　　　　　　　　　　　　　　　　　　　paradoxus J. (40).)
11. (10.) Augen behaart, u. z. dicht und lang mit 1—3 Purpurbinden.

   a) Oberrand des Hinterkopfes kahl oder sehr kurzhaarig.   8. *lapponicus* Whlbg. in Zett. (2).

   (b) Oberrand des Hinterkopfes mit langen aufrechten, vorgebogenen Haaren besetzt.

   　　　　　　　　　　　　　　　　　　　　　　　　quatuornotatus var. — Meig. (36).)
12. (1.) Beine zweifärbig: schwarz oder gelb, im ersteren Falle die Schenkel ganz oder zum Theile schwarz,
   die Tarsen meist schwärzlich oder braun und die Schienen zum Theile heller gelb oder weisslich, in
   letzterem Falle zum mindesten die Basis der Schenkel schwärzlich. Seltener die Beine schwarzbraun,
   nur die Basis der Vorder- und Mittelschienen heller, braun.
13. (44.) Augenfelder ungleich, die grossen Felder scharf von den kleinen abstehend, mit Ausnahme des
   Randes, die zwei oberen Drittheile des Auges oder mehr einnehmend.
14. (27.) Augen behaart.

15. (20.) Oberrand des Hinterhauptes mit langen aufrechten Haaren, die sich nicht auf den Ocellenhöcker allein beschränken.

> (*T. flavipes* Wd. (5.) kann in die Tabelle nicht aufgenommen werden, da aus der Beschreibung dieses Merkmal nicht entnommen werden kann. [1]

16. (17.) Fühler schwarz oder nur das dritte Glied mehr weniger braun oder gelb. Ocellenhöcker nicht sichtbar, die Gegend eine tiefe Spalte darstellend. Augen dicht und langhaarig. Schwarze, graugelb gefleckte dunkle Arten mit bandirten Augen.

> *a)* Letztes Tasterglied schlank, am Ende feinspitzig. Fühler kurz, nur circa zwei Drittel der Kopflänge erreichend. Die Flecke der Seitenreihen des Hinterleibes berühren meist breit den Hinterrand der Ringe.
> 9. *nemoralis* Meig. (37).

> *b)* Letztes Tasterglied dick und kurz, am Ende stumpfkegelig. Fühler fast von Kopflänge. Die Flecke der Seitenreihen des Hinterleibes berühren den Rand der Segmente kaum.
> 10. *quatuornotatus* Meig. (36).

17. (16.) Fühler rothgelb, höchstens die Basis oder der Griffel dunkler, hell.

18. (19.) Kleine, sehr langhaarige, gelbgraue Art mit grossem Ocellenhöcker, und zum grössten Theile gelben Schenkeln. Fühler gelb. Augen mit Einer oder keiner Binde. 11. *plebejus* Fll. (30).

19. Mittelgrosse Arten mit sehr kleinem Ocellenhöcker. Augen mit 2—3 Purpurbinden, grün.

> *a)* Taster am Ende in eine lange, feine Spitze ausgezogen. Augenfelder in den drei oberen Viertheilen viel grösser (circa 4—6 mal) als im unteren Viertel. 12. *bifarius* Löw. (35).

> *b)* Taster am Ende stumpf, abgerundet, oval; Augenfelder in den drei oberen Fünfteln nicht sehr bedeutend grösser als unten und am Rande. 13. *lunatus* F. Wd. (34).

20. (15.) Oberrand des Hinterkopfes nur kurz oder gar nicht behaart, höchstens am Ocellenhöcker selbst längere schwarze Haare.

21. (26.) Schenkel schwarz, höchstens die äusserste Spitze gelblich.

22. Tasterendglied fast kugelig, dick. 14. *solstitialis* Schin. (Meig.?) (12).

23. Tasterendglied länglich eirund.

24. Hinterleibsspitze auffallend compress, wie zusammengezwickt. Kopf nicht sehr gross und nicht stark gewölbt. Augenfelder in den zwei oberen Dritttheilen des Auges grösser.
15. *acuminatus* Lw. (19).

25. Hinterleibsspitze nicht auffallend compress, platt oder kegelig. Kopf gross und stark gewölbt; Augenfelder in den drei oberen Viertheilen grösser. 16. *rusticus* F. (31).

26. (21.) Schenkel, namentlich die der Mittel- und Hinterbeine in der Endhälfte oder fast bis zum Grunde rothgelb.

> *a)* Kopf im Verhältniss gross und stark gewölbt. Augen unbandirt, oder mit einer feinen, grauen Linie und Schillerpunkten; die Felder in den oberen drei Viertheilen grösser als am Rande und unten. Körper goldgelb haarig und bestäubt. Meist ein Anhang an der vorderen Zinke der Gabel der dritten Längsader. Taster länglich-elliptisch. 17. *fulvus* Meig. (32).

> *b)* Kopf im Verhältniss nicht gross, flach gewölbt; Augen im unteren Drittel mit zwei Purpurbinden, grün. Augenfelder in den zwei oberen Dritteln sehr gross (circa 6 mal so gross) als unten und am Rande. Taster breit, am Ende abgestutzt. 18. *Esbeci* m. (13).

> *c)* (Hieher scheint auch *T. flavipes* Wd. zu gehören, da er zum Theile rothgelbe Schenkel zeigt. Conf. descript.) 19. *flavipes* Wd. (5).

27. (14.) Augen kahl oder nur mikroskopisch behaart.

28. (38.) Oberrand des Hinterhauptes mit langen aufrechten Haaren.

29. (37.) Flügel ungefleckt an den Queradern und ohne Wolkenfleck, ebenso ohne Anhang an der Gabel der dritten Längsader. Die kleinen Felder am Hinterrande der Augen laufen in einer schmalen Zone bis oben zum Ocellenhöcker.

30. (31.) Taster dick und kurz, fast kugelig, weiss, Augen ohne Binde oder nur mit einer schwärzlichen Linie an der Grenze der verschiedenen Felder. Antennen fast ganz schwarz oder nur theilweise gelbbraun, dunkel. Eine braune Querbinde über die Fühlerwurzel bis zum Wangenrande der Augen, Ocellenhöcker klein aber deutlich. 20. *cordiger* Meig. (55).

31. Tasterendglied oval oder citronenförmig, nicht kugelig, Augen mit Einer oder mehreren Purpurbinden.

32. (35.) Tasterendglied klein, elliptisch, weisslich, gelblich oder grau.

33. (34.) Augen unten in der Region der kleinen Felder mit 2—3 Purpurbinden. Antennen vorherrschend gelb. Ocellenhöcker in eine Spalte eingesenkt nicht oder kaum vorragend.

 a) Die gelben oder grauen Flecke der seitlichen Reihen am Hinterleibe berühren den Hinterrand der Ringe. Hellere graue Art. 21. *glaucopis* Meig. (*lunulatus* Meig.) (54.)

 b. Die gelben Flecke der seitlichen Reihen des braunen Hinterleibes sind klein, rundlich und berühren den Hinterrand der Ringe nicht. 22. *cognatus* Lw. (54 *a*).

34. Augen nur mit Einer Purpurbinde an der Grenze der verschiedenen Augenfelder im unteren Drittel, Antennen vorherrschend gelb; Ocellenhöcker klein aber vorragend, in keiner Spalte vertieft liegend, braun. Hinterleib ziegelroth mit schwarzer Dorsalstrieme und Spitze. Bauch rothgelb.
 23. *Miki* m. (52).

35. (32.) Tasterendglied citronenförmig, in eine stumpfkegelige etwas hakig gekrümmte Spitze auslaufend, bräunlich weiss. Augen mit Einer Purpurbinde. Ocellenhöcker in einer Spalte vertieft liegend, nicht über die Augenfläche vortretend, aber deutlich. Fühler gelb bis schwarzbraun.
 24. *maculicornis* Ztt. (53).

36. (35.) Tasterendglied oval, am Ende in eine lange feine Spitze ausgezogen, gelblich. Augen mit zwei Purpurbinden in den kleinen Feldern. 25. *haematopotoides* J. (57.)

37. (29.) Flügel punktirt an den Queradern und an der Basis der Gabel der dritten Längsader, deren vordere Zinke einen deutlichen Anhang trägt. Ocellenhöcker nicht sichtbar. Taster dick, oval. Die grossen Augenfelder reichen bis an den Oberrand der Augen, die kleinen hören am Aussenrande auf emporzusteigen. 26. *Sujis* J. (59).

 (Hieher scheint der einen Aderanhang zeigende, aber keine punktirten Flügel besitzende *T. pulchellus* Lw. zu gehören. Der Oberrand des Hinterhauptes ist in Betreff der Behaarung leider nicht beschrieben.) 27. *pulchellus* Lw. (60).

38. (28.) Hinterrand des Hinterhauptes oben ohne längere aufrechte Haare, nackt oder nur gleichmässig kurz behaart.

39. (40). Die kleinen Augenfelder scharf von den grossen geschieden, einen Ring um dieselben am unteren, äusseren und oberen Rande bildend und namentlich am Oberrande in einer fast gleichbreit bleibenden Zone bis zum Ocellenhöcker reichend, so dass die Breite der Zone ca. den vierten Theil der Länge der Augenmalt dort beträgt. — Weissgraue, selten etwas braun gefärbte Arten, mit unbandirten Augen.

 a) Hinterleib oben mit drei Längsreihen heller Flecke und hellen Seitenrändern auf schwarzem, grauem oder bräunlichem Grunde. 28. *autumnalis* L. (49).

 b) Hinterleib sammtschwarz mit zwei weissen Längsstriemen und weissem Seitenrande.
 29. *spectabilis* Lw. (47).

 c) Hinterleib mit aus weissen Dreiecken zusammengesetzter Mittellängsstrieme, sonst sammtschwarz mit weissen Seitenrandflecken. 30. *rectus* Lw. (48).

40. (39.) Die kleinen Augenfelder in der Regel nicht so plötzlich geschieden von den grösseren, und namentlich die Zone der kleinen Felder am Hinterrande nach oben gegen den Ocellenhöcker allmälig an Breite abnehmend und nicht bis an denselben reichend.

11. Grössere Arten mit unbandirten Augen. (16—25ᵐᵐ Länge).

   a) Bauch einfärbig ziegelroth. Kopf eigenthümlich platt und dreieckig vorgezogen.

                                         31. *intermedius* Egg. (42).

   b) Bauch rothbraun, silbergrau schimmernd, mit dunkler Längsmittelstrieme. Segmentränder weisslich an der Seite.   32. *spodopterus* Meig. (41).

   c) Bauch schwarz oder schwarzbraun mit gelben Hinterrandsäumen der Ringe. Sehr grosse Art.

                                     33. *sudeticus* Zeller. (43).

42. Mittelgrosse Art mit fast ganz schwarzbraunen Beinen, der Grund der Vorderschienen kaum heller braun mit wenigen weisslichen Seidenhaaren. Hinterleib schwarzbraun mit weisser continuirlicher Dorsallängsstrieme aus zusammengeflossenen weissen Dreiecken. Bauch schwarzgrau. Augen mit Einer dunklen

                                     34. *paradoxus* J. (40).

43. Kleine bis mittelgrosse Art (bis 14ᵐᵐ), Augen kahl oder mikroskopisch behaart mit Einer schiefen Purpurbinde. Hinterleib grau oder gelblich, auf schwärzlichem Grunde drei Längsreihen grauer oder gelber Flecke. — selten am Grunde etwas rothgelb, oft stark silberschimmernd. Beine schwarz mit hellen Schienen. Bauch grau mit dunkler Mittelstrieme oder ohne dieser, selten am Grunde rothgelb. (Confer. T. Miki m.).   35. *bromius* L. (45).

44. (13.) Augenfelder zwar ungleich, in der Mitte zu beiden Seiten der Augennaht etwas grösser, aber die grösseren Felder allmälig in die kleinen Felder des Unter-, Aussen- und Oberrandes übergehend, oft nur gegen den Aussenrand etwas schärfer abgehoben, oder die Felder am ganzen Auge fast gleich klein.

45. (57 und 58.) Augen dicht und deutlich meist heller grau oder gelbgrau behaart.

46. (49, 50.) Augen ohne Binden.

47. (48.) Sehr grosse Arten mit aufrechten längeren Haaren am Oberrande des Hinterhauptes und einer braunen Wolke hinter dem Flügelrandmale. Augenfelder fast gleich klein. (Körperlänge 20ᵐᵐ und darüber.)

   a) Brustseiten, Schildchen und Rückenschild hinter der Quernaht und der erste Hinterleibsring weisshaarig, Hinterleibsspitze rothhaarig. Körper sonst fast überall schwarzhaarig.

                                   36. *tricolor* Zll r. (28.)

   b) Brustseiten, Schildchen, Rückenschild in ganzer Ausdehnung und der erste Hinterleibsring gelbhaarig. Hinterleib sonst schwarz, an der Spitze weiss, gelblich, selten etwas röthlich behaart.

                                 37. *gigas* Herbst (27).

48. (47.) Kleinere Arten mit grösseren mittleren Augenfeldern.

   a) Drittes Fühlerglied am Grunde breit, oben mit breiter rechtwinkelig abgehackter Ecke daselbst. Hinter dem Randmale der Flügel eine gelbliche oder bräunliche Wolke. Taster schwarz. Behaarung des Hinterhauptes unbekannt. (Der Type fehlt der Kopf.)   38. *tomentosus* Mcq. = *apiarius* J. (25).

   b) Drittes Fühlerglied lang, oben und am Grunde kaum erweitert, die Ecke am Oberrande in einen stumpfen Höcker verflacht. Über die Queradern im Flügel eine rauhige Binde. Taster graugelb. Hinterhaupt nicht länger behaart als die Augen.   39. *decorus* Lw. (14).

49. (46.) Augen blaugrün mit Einer schmalen gelben Binde und anschliessend darunter eine breite, blaue Binde. Schenkel, mit Ausnahme der Basis, Taster und Fühler bis zum dunklen Griffel, gelb.

                        40. *cyanops* m. (? *decorus* var.) (15).

50. (46.) Augen mit Einer, zwei oder drei Purpurbinden.

51. Grosse Art mit ganz honiggelben Tastern und Fühlern. Augen mit zwei Purpurbinden (teste Zetterstedt). Körper schwarz, Hinterleibsringe mit breiten gelben und ebenso behaarten Hinterrändern. Flügel grau mit gelber Basis und solchem Vorderrande.   41. *tarandinus* L. (3).

52. Kleinere mittelgrosse Arten mit schwarz, weiss und grau- oder ziegelroth und schwarz geflecktem Hinterleibe.

53. (56.) Taster oval am freien Ende stumpfkegelig oder abgerundet, nicht sehr dick.

54. Taster am Ende stumpfkegelig, grau. Augen sehr dicht und langhaarig, Fühler meist ganz schwarz, nur das erste Glied meist grau, nicht kappenartig, sondern becherförmig, am freien Rande eingezogen und vorher meist etwas wulstig, bauchig. Augen mit 2—3 Purpurbinden.

    a, Drittes Fühlerglied sehr dünn, ohne Griffel circa dreimal so lang als breit. Griffel dünn, ¹⁄₂ kürzer als das Glied. Hinterleib schwarz, mit breiten weissen Basalseitenflecken.   42. *lateralis* Mg. (16).

    b Drittes Fühlerglied ohne Griffel nur 2mal so lang als breit, oben abgerundet, nicht eckig. Flügel an den Queradern und Gabeln rauchfleckig. Hinterleib oben fuchsroth, unten schwarz behaart. Fühler und Taster schwarz, dicht behaart. Höchstens das 2. Fühlerglied rothbraun. 2. und 3. Hinterleibsring oben seitlich rothgelb oder braun.   55. *Astur* Er. (4.)

    c) Drittes Fühlerglied ohne Griffel nur zweimal so lang als breit, Griffel gleich lang. Hinterleib schwarz, am Grunde beiderseits (2—5. Ring) rothbraun.   43. *nigricornis* Ztt. = *alpinus* Ztt. (17.)

55. 54.) Taster oval, klein. Erstes Fühlerglied nicht wulstig, schwarz oder rothbraun, selten grau bestäubt. Augen dicht, aber nicht sehr lang behaart.

    a, Augen mit Einer oder zwei Purpurbinden, grün. Die oberen Augenfelder auffallend grösser und diese Felder bis zur Augennaht und zum unteren Augenwinkel an der Stirne reichend. Antennen schwarz, selten braun, das dritte Glied am Oberrande nur mit kleinem Basalhöcker. Bauch rothgelb mit schwarzer Mittelstrieme und Spitze.   44. *borealis* (Fbr.?) Lw. Meig. (7).

    b, Augen grün mit drei Purpurbinden, die mittleren Felder wenig grösser und gegen die Naht in kleinere Felder übergehend. Antennen schwarz und rothgelb gefärbt, das dritte Glied oben mit deutlicher winkelig abgehackter Ecke am Grunde. Bauch und Oberseite des Hinterleibes rothgelb mit schwärzlicher Mittellängsstrieme und Spitze.   45. *montanus* Meig. (8).

56. (55.) Tasterendglied dick oval, blasig, fast kugelig oder keulenartig am Ende am dicksten, gross.

    a) Augen grün, im unteren Drittel mit zwei Purpurbinden und seitlich von der Spitze des Stirndreieckes eine rudimentäre dritte Binde durch rothen Schimmer angedeutet. Augenfelder in der Mitte etwas grösser. Hinterleib hell gelbbraun, mit sehr schmaler schwarzer Rückenstrieme und Spitze. Bauch gelb mit schwarzer Spitze.   46. *Mühlfeldi* m. (11).

    (Durch die viel geringere Grössendifferenz der Augenfelder, durch die nicht rothgelbe Farbe und die Kopfform von *solstitialis* verschieden.)

    b) Augen grün mit drei vollständigen Purpurbinden und rothem Unterrande. Augenfelder fast ganz gleich, klein. — Augennaht kaum länger als das Stirndreieck, Kopf niedrig und breit. Hinterleib dunkel kastanien- oder rothbraun, mit breiter schwärzlicher Längsstrieme, in welcher am Rande der Ringe keine hellen Dreiecke liegen, höchstens am zweiten Ringe eine Spur davon am weissen Hinterrande. Bauch rothbraun oder gelbbraun mit schwarzer Basis und Spitze und solchem breiten Fleck in der Mitte des zweiten Ringes. — Kleinere gedrungene Art.   47. *luridus* Fall. (10).

    c, Augen grün mit drei vollständigen Purpurbinden, die Felder fast gleich, etwas grösser und gröber in der Mitte. Augennaht circa zweimal so lang als das Stirndreieck, dadurch der Kopf höher erscheinend. Hinterleib am Grunde ziegelroth oder bleigrau mit dunkelgrauer Mittelstrieme, am Ende schwarzgrau. In der Mittelstrieme eine Linie von blassgrauen Dreiecken und an den letzten Ringen auch solche Seitenflecke zuweilen. Bauch ziegelroth mit schwarzer Spitze und sehr kleinem solchen Basaldreieck, oder einfarbig grau.   48. *tropicus* Panz.; Meig. (9).

57. (45.) Augen fast kahl, die Haare sehr kurz oder nur unten und aussen zerstreut und länger. Augenfelder fast oder ganz gleich klein.

    a, Grosse lebhaft gelbscheckige und fuchsroth behaarte Art mit einer Anhangszinke an der Gabel der dritten Längsader.   49. *barbarus* Coqu. (29).

    b Kleinere mittelgrosse Art von schwarzer Farbe mit grauen oder gelbgrauen Flecken am Hinterleibe. Augen mit Einer dicken nach aussen spitzen dunklen Purpurbinde.   50. *unifasciatus* Löw. (56).

58. Augen gänzlich kahl.

59. (63., 64.) Augen einfarbig ohne Binden.

60. (62.) Mittelfelder neben der Augennaht etwas grösser oder bedeutend grösser als die Randfelder.

(61. Felder an der Augennaht und in der Mitte des Auges bedeutend grösser. Hinterleib rothbraun mit hellen weissen Dreiecken in der Dorsallinie, und weissem, an der Seite dreieckig erweitertem Hinterrand der Ringe. Fühler ganz schwarz. Bauch rothbraun mit dunkler Mittellängsstrieme, silbergrau schimmernd. Augen kupferbraun, dunkel.)   *spodopterus* Meig. (41).

Mittelfelder der Augen wenig, aber doch deutlich grösser als die Randfelder. Hinterleib gelbbraun oder rothgelb mit hellen gelblichweissen Hinterrändern der Ringe, die in der Mitte etwas dreieckig erweitert sind, aber doch nie hellweiss erscheinen und an der Seite niemals dreieckige Flecken bilden. Bauch gelbbraun, die letzten Ringe schwarzbraun, keine Längsmittelstrieme.

  a, Dunklere Art, Fühler dunkel rothgelb, zum Theile schwarz. Vorderrand der Flügel bräunlich. Drittes Fühlerglied oben mit starker, vorne fast rechtwinkelig abgehackter Ecke. Taster klein. Endglied stumpfkegelig, spitz, schmutzig-weiss oder gelblich. Augen grün.

                                                      51. *apricus* Meig. = *infuscatus* Lw. (38).

  b, Hellere, gelbliche Art mit brennend rothgelben Fühlern, deren drittes Glied oben einen etwas krummen, hakig vorgebogenen Fortsatz zeigt. Vorderrand der Flügel rothgelb. Taster klein. Endglied oval, gelb. Augen hellgrün.   52. *graecus* Fbr. (39).

62. (60.) Augenfelder alle gleich klein. Hinterleib rothgelb mit dunkler Längsstrieme und weissen Dorsaldreiecken. Bauch gelbbraun mit schwarzer Längsstrieme. Augen hellgrün.   53. *borinus* Löw. (44).

63. (59.) Augen mit 2—3 Purpurbinden auf grünem Grunde. Felder in der Mitte und an der Naht etwas grösser als am Rande. Hinterleib rothgelb, fleckig, silberschimmernd, mit schwärzlichen Längsstriemen. Bauch einfarbig ziegelroth. Hinterkopf kahl und kurzhaarig.   54. *tergestinus* Egg. (46).

(64. Augen mit einer dicken dunklen Purpurbinde auf grünem Grunde. Hinterkopf mit langen aufrechten schwarzen Haaren. Augenfelder in der Mitte unbedeutend grösser. Körper schwarz, Hinterleib mit drei Reihen grauer Flecke. Bauch schwarzgrau. Die Augen sind bei genauer Betrachtung an frischen Stücken kurz und dicht behaart.)   *unifasciatus* Löw. (56).

Kurze Charakteristik der Weibchen von 62 Arten.

(Von einer Art ist das Weibchen unbekannt — *T. cyanops.*)

1. (10.) Beine schwarz oder schwarzbraun, einfarbig.

2. (6.) Ocellenhöcker rundlich, deutlich. Augen behaart, mit drei Purpurbinden.

3. (5.) Mittelgrosse Arten (circa 14—15ᵐᵐ lang) mit ganz tiefschwarzen Schienen und dicken schwarzen Tastern.

4. Stirnstrieme 2½mal so lang als unten breit, Stirndreieck glänzend schwarz. Taster kurz, am Grunde dick, dann stumpfspitzig am Ende. Hinterleib schwarz, meist mit grauen Flecken.   1. *micans* Meig. (1).
Stirnstrieme dreimal so lang als unten breit, Stirndreieck grau, matt. Taster am Grunde kaum dicker, lang, im Ganzen ziemlich gleichdick, gekniet, stumpfspitzig. Hinterleib schwarz und ebenso behaart oder mit goldhaarigen Säumen an den Segmenten. Der 1. Ring oft seitlich braun.
                                                      2. *aterrimus* Meig. (6).

5. Kleinere Arten (13—14ᵐᵐ) mit am Grunde etwas helleren schwarzbraunen Vorderschienen und sehr dünnen, schlanken, nur ganz am Grunde etwas dickeren, braunen Tastern.

  a, Hinterleib schwarz mit milchweissen Hinterrändern der Segmente und oft grauen Flecken. Fühler zum Theil rothbraun.   3. *lapponicus* Whlbg. (2).

4 *

b, Hinterleib schwarz mit drei Reihen grauer Flecke, Fühler schwarz, Stirne fast viermal so hoch als breit. Ocellenhöcker fehlend, aber durch eine Wölbung ein falscher, nicht begrenzter Ocellenhöcker vorhanden. Augen nur mit einer rudimentären Binde. *rapium* m. (26!).

6. (2.) Ocellenhöcker fehlend, höchstens am Scheitel eine paarig angelegte dunkle oder schwarze, schwielige, flachgewölbte Stelle, oder der flache Scheitel verdunkelt, schwarz behaart, ohne rundliche ocellenartig begrenzte Erhabenheit. Augen behaart oder kahl.

7. (9.) Hakenfortsatz am Oberrande des dritten Fühlergliedes sehr stark gekrümmt vortretend, das dritte Glied dadurch halbmondförmig.

8. Flügel in der Basalhälfte und am Vorderrande dunkler rauchgrau als am Ende. Thorax blei- oder aschgrau behaart. Flügel mässig lang. 4. *ater* Rossi (21.)

Flügel im Verhältniss zum Körper sehr lang, in der Basalhälfte in der Mitte heller gelblichgrau hyalin, gegen die Spitze und den Hinterrand zu rauchgrau; Vorderrand gelbbraun. Thorax oben graubraun behaart. 5. *anthracinus* Hffgg. (22.)

9. (7.) Drittes Fühlerglied am Oberrande stumpf, mit abgehackter Ecke, winklig oder fast flach mit stumpfem Höcker.

a, Augen kahl, Flügel schwarz. 6. *nigritus* Fbr. (51.)

(*b,* Augen kahl, Flügel hyalin, höchstens bräunlich. Vorderschienen meist am Grunde heller, braun. *paradoxus* J. (40!.)

c) Augen zerstreut aber deutlich behaart. Taster und Beine ganz schwarz, Flügel mit einem schwarzbraunen Wolkenfleck hinter dem Randmale. 7. *umbrinus* Hffgg. (24.)

d, Augen kurz und dicht grau behaart. Flügel zum grossen Theile schwarz, nur die Spitze oft heller. 8. *alexandrinus* Wd. (23).

(*e,* Augen dicht behaart, Flügel hyalin, höchstens etwas bräunlich. Vorderschienen am Grunde meist heller, bräunlich. Hinterleib mit drei Reihen grauer Flecke. Ein falscher Ocellenhöcker durch den wulstigen Scheitel gebildet. *rapium* m. (26!.)

10. (1.) (70.) Beine zum Theile gelb, gelbbraun oder rothgelb, besonders die Schienen stellenweise (am Grunde) oder ganz heller gelb oder gelbbraun, oft auch weiss und seidenglänzend. Rücken mit 3—5 dunkleren Längsstriemen oder einfärbig, niemals aber mit einer einfachen, auch über das Schildchen ziehenden dunkelbraunen Dorsalstrieme.

11. (29.) Ocellenhöcker vorhanden, Augen behaart.

12. Hinterleibsspitze auffallend compress, wie zusammengezwickt. Hinterleib rothgelb mit dunkelgrauer Mittellängsstrieme und Spitze. Augen mit drei schmalen Purpurbinden. Mittlere Stirnschwiele einen Fleck bildend, nicht linear und nicht mit der unteren verbunden. 9. *acuminatus* Lw. (19.)

13. (12.) Hinterleibsspitze nicht in der Weise compress.

14. (15.) Taster schwarz.

a, Hinterleib schwarz, am Grunde oft mit orangerothen Seitenflecken, gelbgrau behaart. Flügel an den Queradern und an den Gabeltheilungen der Adern mit deutlichen dunklen Rauchflecken. 10. *Astur* Erichs. = (*spilopterus* Löw) (4.)

b, Hinterleib schwarz mit goldgelber Behaarung. 1. und 2. Ring oft seitlich gelbroth. Flügel gelblich längs des Vorderrandes, ohne Flecken. Schulterbeule schwarz, Schienen gelb. 11. *flavipes* Wd. (5).

c) Hinterleib zum grossen Theile rothgelb, wie bei *T. graecus* F.; Augen bandirt; Fühler ganz gelb oder rothgelb. Taster schwarz. 12. *brevis* Löw. (8a.)

15. Taster graubraun. blassbräunlich, weiss oder gelb. Flügel hyalin, gelblich oder graulich, oder an den Queradern und Gabeln sehr blass beraucht.

---

1 Um schlecht conservirte Exemplare noch bestimmen zu können, ist diese Art und sind einige andere auch an Stellen in Klammern angeführt, wo sie streng genommen nicht hingehören.

16. (17.) Augeneckenschwiele hell rothgelb oder hellbraun, Taster schmal, gelb. Körper schwarz mit goldgelb behaarten Querbinden.   13. *tarandinus* L. (3).

17. Augeneckenschwiele glänzend schwarz, Taster bräunlich, weisslich oder blassgelb.

18. (21.) Stirnstrieme niedrig und breit, 2—2½ mal so hoch als unten breit. Augen sehr dicht und langhaarig.

19. (20.) Stirnstrieme 2½ mal so hoch als unten breit. Augeneckenschwiele ebenso hoch als breit oder schmäler. Taster nicht sehr dünn, aber am Grunde nicht blasig, schlank, bräunlichweiss oder rein weiss, hakig. Drittes Fühlerglied schmal, am Oberrande stumpf mit sehr kleinem, niedrigen Basalhöcker, fast flach.

   a) Augen grün mit blauen Reflexen und einem Rudiment einer schmalen, gelben Binde. Hinterleib grau, am Grunde mit gelben Seitenflecken, die oft durch Bestäubung verdeckt grauweiss erscheinen. Körper lang greis behaart.   14. *decorus* Löw. (14.)

   b) Augen grün, mit drei Purpurbinden. Hinterleib schwarz, mit weissen oder kastanienbraunen, weiss schimmernden Flecken.   15. *lateralis* Mg. in Meig. (16).

20. (19.) Stirnstrieme nur noch einmal so hoch als unten breit. Augen mit drei Purpurbinden.
   16. *macularis* Fbr. (20).

21. (22.) (18.) Stirnstrieme 2½—3½ mal so lang als unten breit. Augen mässig lang oder kurz behaart, mit drei Purpurbinden.

   a) Stirnstrieme 2½—3mal so hoch als unten breit. Taster sehr breit, fast halbkreisförmig am Vorderrande, am freien Ende sehr spitz endend, bräunlich weiss. Drittes Fühlerglied am Oberrande deutlich eckig abgehackt.   17. *luridus* Fallén, non Schin. (10).

   b) Stirnstrieme 3—3½ mal so lang als unten breit. Augen kurz behaart, mit drei Purpurbinden. Taster weiss, schwarz kurz behaart, hakenförmig, am Grunde etwas verdickt. Hinterleib mit drei Längsreihen grauer Flecke. Drittes Fühlerglied oben stumpf höckerig.   18. *nigricornis* Lw. (17).

   c) Stirnstrieme 3—3½ mal so hoch als breit. Augen kurz behaart, mit drei Purpurbinden. Taster braun, dünn und schlank, am Grunde nicht verdickt, hakenförmig. Hinterleib schwarz, am Grunde seitlich braun, vom dritten Segment an die Hinterränder weiss, Bauch schwarzgrau, weiss gesäumt.
   19. *borealis* (F.?) Meig. Lw. (7).

22. Stirnstrieme 4—5mal so hoch als unten breit.

23. (24.) Augen einfarbig, ohne Binden, dunkelgrün. Hinterleib schwarz mit drei Längsreihen graugelber Flecken. Taster dick, weiss. Kleine Art.   20. *pusillus* Egg. (18).

24. Augen mit drei Purpurbinden.

25. (26.) Taster grauweiss, sehr breit vom Grunde bis zur Mitte, und von da ziemlich rasch in eine scharfe Spitze auslaufend, fast gerade. Stirnstrieme meist unten verengt, 4—4½ mal so lang als breit.
   21. *tropicus* Panz. Meig. (9).

26. Taster schlank, am Grunde wenig oder kaum dicker, bis zur Spitze allmälig verdünnt, oder ziemlich gleich dick bleibend.

27. (28.) Stirnstrieme nur 4mal so hoch als unten breit. Taster dünn, stumpfspitzig.

   a) Hinterleib mit schmaler, schwarzer Dorsalstrieme am 2. und 3. Ringe; Bauch gelb, am Ende schwarz. Taster weiss.   22. *Mühlfeldi* m. (11).

   b) Hinterleib mit breiter, schwarzgrauer Dorsalstrieme an den vorderen rothgelben Ringen. Bauch rothgelb mit breiter, schwarzgrauer Längsstrieme. Taster dünn, gelblich oder weisslichgelb.
   23. *montanus* Meig. (8).

28. (27.) Stirnstrieme 5mal so lang als unten breit. Taster schlank, grau oder weisslich, hakig gekniet, die Biegung über der Mitte, die Basis etwas verdickt, das Ende spitz.

   a) Bauch rothgelb oder grau, meist ohne scharf begrenzter Mittellängsstrieme. Schenkel schwarz, nur die äusserste Spitze gelblich.   24. *solstitialis* Schin. (Meig.?) (12).

b, Bauch mit glänzend schwarzer Mittellängsstrieme vom Grunde bis zur Spitze, sonst rothgelb, Schenkel im Enddrittel rothgelb. 25. *Ebereï* m. (13.)

29. (11.) Ocellenhöcker fehlend, der Scheitel flach oder etwas gewölbt, oder mit einer paarig angelegten flachen Schwiele, aber fast stets dunkler und schwärzlich behaart.

30. (33.), (35.) Taster schwarz, Augen behaart, ohne Binden. Flügel mit einer braunen Wolke hinter dem Flügelmale.

31. (32.) Sehr grosse Arten (über 15ᵐᵐ lang).

    a, Brustseiten, Schildchen und Rückenschild hinter der Quernaht, sowie der erste Hinterleibsring weisshaarig, Hinterleibspitze rothhaarig. 26. *tricolor* Zllr. (28.)

    b, Brustseiten, Schildchen, Rückenschild und Hinterleibsbasis gelbhaarig. Analende weiss- oder gelbhaarig. 27. *gigas* Herbst. (27.)

32. (31.) Kleinere mittelgrosse Art bis zu 15ᵐᵐ Körperlänge, von grauer Farbe.
    28. *tomentosus* Mcq. = *apiarius* J. (25.)

(33. (30.) Taster schwarz, Augen nackt, ohne Binden. *paradoxus* J. (40.))

34. Taster schwarz, Augen nackt, mit vier Purpurbinden. *cognatus* Lw. (vide *lunulatus* Meig.) (54 u.)

35. (33. 30.) (29.) Taster bräunlich, gelb, weiss oder grau, überhaupt hell erscheinend.

36. (60.) Mittlere Stirnschwiele linear, mit der Augeneckenschwiele verbunden und eine von dieser nach oben ziehende Linie oder dreieckige Leiste darstellend oder ganz fehlend.

37. (44.) Augen deutlich behaart. (Wenn die Behaarung sehr kurz ist und die Augen nackt erscheinen, wie bei *fulvus* ♀ , so ist der Körper stets goldgelbhaarig und gelb bestäubt, ferner sind die Schenkel fast ganz rothgelb.)

38. (39.) Beine fast ganz schwarz, namentlich die Hinterschienen ganz schwarz, ebenso die Fühler. Mittelgrosse, schwarze, grauscheckige Art, mit einer rudimentären Purpurbinde auf den dunkelgrünen Augen. 29. *rupium* m. (26.)

39. Beine zum grossen Theile, namentlich an den Schienen, gelb oder weiss. Fühler zum Theile oder ganz rothgelb oder braun.

40. (41.) Tasterendglied kaum mehr als zweimal so lang als an der dicksten Stelle breit, spitz, kurz, weiss. Kleine, langzottig behaarte, mäusegraue Art mit längeren aufrechten schwarzen Haaren am Oberrande des Hinterhauptes. 30. *plebejus* Fall. (30.)

41. Tasterendglied 3–5mal so lang als an der dicksten Stelle breit, schlank und lang.

42. (43.) Augen ohne dunkle Binden oder nur mit einer Binde. Taster 4–5mal so lang als breit. Drittes Fühlerglied am Grunde breit, die Ecke am Oberrande deutlich und der Rand vor derselben buchtig. Augen kurz behaart, zuweilen nackt erscheinend. Mehlartig gelb oder gelbgrau bestäubte Arten, ohne längere schwarze Haare am Oberrande des Hinterkopfes. Meist an der dritten Längader ein Anhang.

    a, Schenkel bis zur Spitze grau. 31. *rusticus* L. (31.)

    b, Schenkel rothgelb, am Grunde grau. Stirnstrieme 4–5mal so hoch als unten breit.
    32. *fulvus* Mg. (32.)

    c, Schenkel rothgelb, am Grunde grau. Stirnstrieme nur 3mal so hoch als unten breit.
    33. *latestriatus* m. (33.)

43. (42.) Augen mit drei Purpurbinden auf grünem Grunde. Drittes Fühlerglied schmal, am Oberrande mit kleiner Ecke.

    a, Tasterendglied kurz, am Grunde innen verdickt, am Ende stumpfspitzig; Stirnstrieme kaum mehr als 4mal so hoch als breit. Augeneckenschwiele schwarz; drittes Fühlerglied so lang als der Griffel. Hinterleib mit drei Längsfleckenreihen, von denen die seitlichen meist röthlich-, die mittleren graugelb erscheinen. 34. *lunatus* Wd. (34.)

    b, Tasterendglied länger (circa 3½mal so lang wie breit), vom Grunde an allmälig dünner, nicht blasig daselbst, mit stumpfer Spitze, schlank. Stirnstrieme 5–6mal so lang als unten breit. Fühlergriffel kürzer oder eben so lang als das dritte Fühlerglied. Augeneckenschwiele meist hellbraun. Hinterleib oben meist gelbgrau mit zwei schwarzgrauen Längsstriemen.

35. *bijarius* Lw. (35).

44. (37.) Augen nackt oder nur sehr zerstreut und dabei sehr kurz, nur mikroskopisch behaart. (Eine Lupe, die bis 4mal vergrössert, zeigt keine Haare.)

45. (50.) Schwarze oder graue Arten mit grauen, weissen oder graugelben Flecken am Hinterleibe. Der Bauch zuweilen röthlichgrau, indem die rothe Grundfarbe durch den grauen Beleg durchschimmert.

46. (47.) Grosse Arten von kaum weniger, meist mehr als 17ᵐᵐ Körperlänge. Augen ohne Binden.

   a) Hinterleib oben mit drei Längsreihen heller, weisslicher Flecke und hellen Seitenrändern auf schwarzem Grunde. Die Mittelreihe aus grossen Dreiecken gebildet. Taster weiss.

36. *autumnalis* L. (49).

   b) Hinterleib sammtschwarz mit zwei breiten weissen Längsstriemen, weissem Seitenrande und dunkler Mitte, mit rudimentärer, zuweilen aus sehr kleinen weissen Dreiecken gebildeter, oder ohne helle Mittellängsreihe. Taster weiss.

37. *spectabilis* Lw. (47).

   c) Hinterleib schwarz, mit einer aus grossen weissen Dreiecken gebildeten Mittellängsstrieme, ohne Seitenstriemen, aber mit weissen dreieckigen Flecken am Seitenrande der Ringe. Taster graulich.

38. *rectus* Löw (48).

   (*d)* Hinterleib ganz schwarz oder schwarzbraun, längs der Mitte weissgraue Dreiecke. Beine fast ganz schwarz, nur die Vorderschienen am Grunde heller braun. (Confer. Punkt 9.)   *paradoxus* J. (40).

47. (46.) Kleine Arten von höchstens 16ᵐᵐ Körperlänge.

48. (49.) Augen ohne Binden, einfärbig.

   a) Hinterleib mit drei, aus zusammengeflossenen Fleckenreihen entstandenen weissen Längsstreifen. Fühler schwarz. Stirnstrieme schmal und lang, circa 5mal so hoch als breit. Taster weiss.

39. *regularis* Jaenn. = (*albostriatus*) m. (50).

   (*b)* Hinterleib rothgelb oder graugelb, oben mit drei Fleckenreihen. Bauch rothgrau oder gelbgrau. Stirnstrieme breiter und niedriger. Augen erzbraun, kupferglänzend.   *Miki* m. (52).

49. Augen mit Einer schiefen Binde. Hinterleib mit drei Reihen grauer oder gelblicher Flecken, selten röthlich oder stark silberschimmernd.

   a) Schläfenrand und Oberrand des Hinterkopfes breit, wulstig, circa ¹⁄₄ der Scheitelbreite betragend, die Augen hinten breit einfassend, mit längeren schwarzen Haaren. Augen eben so breit als hoch im Profile. Taster meist bräunlichweiss und dünn, am Grunde kaum verdickt, stumpfspitzig. Augen wenig herabgezogen. Kopf unten flach.   40. *maculicornis* Ztt. (53).

   b) Schläfen- und Oberrand des Hinterkopfes sehr schmal, haarartig fein. Augen im Profile höher als breit (respective lang). Taster weiss oder bräunlichgrau, besonders innen am Grunde blasig verdickt. Augen herabgezogen, der untere Augenwinkel circa 135° betragend.   41. *bromius* L. (45).

50. (45.) (59.) Schwarzbraune oder schwarzgraue Arten mit zum grossen Theile braunem oder rothgelbem, weisslich und schwärzlich geflecktem oder gelblich fleckigem Hinterleibe.

51. Augen mit drei Purpurbinden, grün; Bauch einfärbig, rothgelb.   42. *tergestinus* Egg. (46).

52. Augen ohne Purpurbinden, einfärbig grün, braun oder schwärzlich, mit Schillerflecken.

53. (58.) Stirnstrieme mit ovaler oder eckiger Augeneckenschwiele, die nach oben in eine Linie verlängert ist.

54. (57.) Hinterleib längs der Dorsallinie mit hell weissen oder gelben deutlichen dreieckigen Flecken. (Grosse Arten von über 15ᵐᵐ Länge.)

55. (56.) Untere Augeneckenschwiele unten am breitesten, daselbst quer abgestutzt, meist mit Zacken. Stirnstrieme meist gelblich.

   a) Die Dreiecke der Dorsallinie des Hinterleibes erreichen den Vorderrand nicht und sind kurz, gleichseitig. Bauch meist dunkel, schwarz oder schwarzbraun mit breiten, gelben Segmenträndern, zuweilen aber auch gelbbraun mit dunkler Mittelstrieme und hellen Säumen. Oberseite eben so dunkelbraun, selten gelbbraun, die Hinterränder der Hinterleibssegmente deutlich abgesetzt, gelb oder weisslich. Taster breit und stumpf, gelb, gelbbraun bis schwarzbraun oder graubraun. Augen im Leben stets schwarzbraun, kupferglänzend. 43. *sudeticus* Zllr. (43).

b, Die Dreiecke der Dorsallinie des Hinterleibes erreichen fast den Vorderrand, sind lang und meist länger als die Basis breit ist, besonders deutlich am 4. und 5. Ringe in die Länge gezogen. Die Hinterränder der Ringe sind oben milchweiss und nach vorne von der rothgelben Farbe nicht scharf abgegrenzt, sondern in diese verwaschen. Der Bauch ist röthlichgelb, mit schwärzlicher Mittellängsstrieme oder gelbgrau. Augen im Leben smaragdgrün. 44. *borinus* Löw (44).

56. (55.) Untere Augeneckenschwiele länglich oval, in der Mitte am breitesten, unten durch Verkürzung der Seitenecken abgerundet. Stirnstrieme grauweiss oder gelbgrau.

a, Bauch einfarbig rostgelb. 1. Hinterrandzelle geschlossen oder verengt. Schienen zum grossen Theile weissgelb. 45. *intermedius* Egg. (42).

b, Bauch rothbraun mit silbergrauem Schimmer, fast rosenfarbig (nie gelb), meist mit dunkler Mittellängsstrieme. Schienen der Mittel- und Hinterbeine zum grossen Theile hellbraun oder weisslich. Fühler schwarz. Taster weissgrau oder graubräunlich, blass. 46. *spodopterus* Meig. (41).

c, Bauch grau, mit hell weissgrauen Segmenträndern und schwarzer Mittellängsstrieme. Beine fast ganz schwarzbraun, höchstens die Vorder- und Mittelschienen am Grunde heller braun.

47. *paradoxus* J. (40).

57. (54.) Hinterleib ohne scharfbegrenzte weisse Dreiecke in der Dorsallinie, grau oder schwärzlich mit drei Reihen gelblicher oder grangelber Flecken, zuweilen an der Basis jederseits rothgelb. Bauch grau oder rothgelb. Kleinere 15ᵐᵐ lange Art. 48. *Miki* m. (52).

58. (53.) Stirnstrieme mit Einer nach unten allmälig dickeren schmalen leistenartigen Schwiele, durch Zusammenfliessen der Augenecken- und mittleren Schwiele. Hinterleib in der Dorsallinie höchstens mit schwachen grauen, graugelben oder bleichen, milchigen Dreiecken, welche kaum vortreten, oder nur durch filzige Behaarung deutlicher werden.

a, Hellere gelbliche Art, mit hell rothgelben Fühlern, deren drittes Glied am Oberrande stark bogig ausgeschnitten ist und am Grunde einen etwas vorgebogenen krummen, spitzwinkligen Hakenfortsatz trägt. Flügel besonders am Vorderrande gelblich. Taster gelb. 49. *graecus* Fbr. (39).

b, Dunklere graubraune und gelbe Art mit dunkleren Fühlern, deren Basal- und Griffelglieder meist schwärzlich sind. Das dritte Glied am Oberrande fast gerade, mit fast rechtwinklig abgehacktem Fortsatz. Vorderrand der graulich hyalinen Flügel bräunlich. Taster schmutzig graugelb mit vielen schwarzen Börstchen. 50. *apricus* Meig. = (*infuscatus* Lw.) (38).

59. (50.) Schwarze, am Rückenschilde fuchsroth behaarte Art, mit sammtschwarzen, hellgelb geflecktem Hinterleibe. Flügel gelblich mit rostgelben Adern. Ein Anhang an der vorderen Gabelzinke der dritten Längsader. Taster und Fühler schön gelb. Drittes Fühlerglied sichelförmig mit dickem, spitzen, krummen Hakenfortsatze. 51. *barbarus* Coqub. (29).

60. (36.) Mittlere Stirnschwiele einen rundlichen oder breiten viereckigen oder herzförmigen Fleck darstellend, meist schwarz.

61. (62.) Augen behaart, Scheitl mit einer flach gewölbten, paarig angelegten, glänzend schwarzen Schwiele. 3—4 Purpurbinden an den blaugrünen Augen.

a, Stirndreieck grau bestaubt. 52. *nemoralis* Meig. (37).

b, Stirndreieck nach oben immer glänzend schwarz. 53. *quatuornotatus* Meig. (36).

62. Augen nackt, oder doch nur mikroskopisch behaart.

63. Augen einfarbig ohne Binden. Stirnstrieme breit, nur dreimal so hoch als unten breit, nach oben erweitert. Stirndreieck grau. Quer über die Wurzel der Fühler eine braune Binde bis zum Wangenrande der Augen. 54. *cordiger* Meig. (55).

64. (65.) Augen mit Einer schiefen Purpurbinde.

  a) Körperlänge mindestens 12—13ᵐᵐ. Stirndreieck und Querbinde über die Fühler, wie bei *Cordiger*. Stirnstrieme schmäler, circa 3¹₂—4mal so hoch als unten breit, fast parallel randig. Fühler schwarz, Taster weiss. Kein Aderanhang an der dritten Ader.   55. *unifasciatus* Lw. (56).

  b) Körperlänge höchstens 10ᵐᵐ. An der vorderen Gabelzinke der dritten Längsader meist ein Anhang. Fühler blassgelb, Taster weiss. Schenkel zum grossen Theile gelb. Stirne weiss, Stirnstrieme 4mal so hoch als unten breit.   56. *pulchellus* Löw. (60).

65. Augen mit 2—3 Purpurbinden.

66. (69.) Stirndreieck grau. (Kleinere Arten von circa 12ᵐᵐ Körperlänge.)

67. (68.) An der vorderen Zinke der Gabel der dritten Längsader ein Anhang.

  a) Stirnstrieme zweimal so hoch als unten breit, sehr breit. Drittes Fühlerglied am Oberrande nur mit einem stumpfen Höcker. Mittelschenkel grau.   57. *Gerkei* m. = *fraterculus* Wd. litt.) (58).

  b) Stirnstrieme 2¹₂mal so hoch als unten breit. An der Gabel der dritten Längsader und an den Queradern schwärzliche Nebelpunkte. Mittelschenkel gelb.   58. *Sufis* J. (59).

68. (67.) Keine Anhangszinke an der Gabel der dritten Längsader.   59. *haematopotoides* J.

69. (66.) Grössere Arten von mindestens 14ᵐᵐ Länge. Stirndreieck nach oben immer glänzend schwarz. Stirnstrieme 4—6mal so hoch als unten breit.

  a) Dunklere Art; die gelben Flecke oder runden Punkte der Seitenreihe am Hinterleibe oben sind isolirt und mit dem Hinterrande nicht verbunden. Taster lang und schmal, sehr allmälig in eine stumpfe Spitze auslaufend, bräunlich weiss.   60. *cognatus* Lw. (54a).

  b) Hellere graue Art, die hellgelben Fleckenreihen des Hinterleibes verschwommen, mit dem Hinterrande der Ringe verbunden. Taster vor der Beugung dicker, dann allmälig, nicht scharf zugespitzt, weiss.   61. *glaucopis* Meig. (*lunulatus* Meig. Löw.) (54).

70. (10.) Beine zum Theile gelb gefärbt, Augen behaart; Rückenschild mit breiter, brauner, auch über das Schildchen gehenden Mittelstrieme. Hinterleib mit zwei weissen Längsstriemen.

   62. *rotatus* Fbr. (57a).

Therioplectes Zell.

Augen in beiden Geschlechtern behaart, Ocellenhöcker in beiden Geschlechtern vorhanden, beim Weibchen oval oder rundlich, meist rothgelb; beim Männchen oft klein, aber stets kugelig am Scheitel vortretend, nicht oben flach gedrückt.

1. *micans* Meigen Classif. 1804. Beschreibung europäischer Zweiflügler II. 34. 4.

   Löw. Verh. zool. botan. Gesellsch. Wien VIII. 1858. 579
   Schiner. Fauna austr. Dipt. I. 291 (excl. Meig. Wiedm. *signatus*.)
   signatus Panzer 110. 20.
   austriacus Fabr. Syst. Antl. 96. 17 non austr. Wd.)

Männchen: Flügel hyalin, höchstens graulich, gegen den Vorderrand bräunlich.

Augen in der unteren Hälfte mit drei Purpurbinden auf hellgrünem Grunde und purpurfarbigem Unterrande, oder blauviolett, unten mit drei grünen rothgesäumten Binden.

Kopf beim Männchen nicht grösser als beim Weibchen. Augen dicht und lang behaart, die Felder auf der Fläche bedeutend grösser als gegen den Rand, hier nach oben, aussen und unten sehr klein, und zwar oben in einer schmalen Zone, aussen und unten in einer breiteren Zone, die fast ein Viertel des Querdurchmessers beträgt. Wangen neben den Fühlern buschig schwarzhaarig.

Taster schwärzlich, letztes Glied gross, länglich eiförmig, am Ende ziemlich spitz, schwarz und greis gemischt behaart. Kopf unten greishaarig. Thorax schwarz und ebenso behaart. Hinterleib schwarz, am Hinterrande des zweiten bis sechsten Ringes in der Mitte ein kleines Büschel weisser Haare, gegen das Licht betrachtet erscheinen graue Flecke an den Seiten.

Beine schwarz, Tarsen mit langen schwarzen Endborsten am ersten bis fünften Gliede, die länger als die Glieder und aufrechtstehend sind. Bauch schwarz, mit weissen Randhaaren der Segmente. Fühler schwarz, drittes Glied oben am Grunde wenig dreieckig erweitert, kaum ausgeschnitten.

Körperlänge 13^{mm}. Flügellänge 12^{mm}.

Weibchen: Augen mit drei bis vier Purpurbinden. Stirnstrieme grau, breit und kurz, parallelrandig, zweiundeinhalbmal so hoch als unten breit, mit drei Schwielen, die untere quer in der ganzen Breite, mit der kleinen mittleren Schwiele durch eine Leiste verbunden, und die spindelförmige, fast lineare mittlere wieder so mit der Ocellenschwiele zusammenhängend. Stirndreieck nur über den Fühlern grau, nach oben glänzend schwarz, mit der unteren Schwiele der Stirnstrieme an einer Furche zusammenstossend.

Taster schwarzbraun, schwarzborstig und gegen den Grund zu lang weiss behaart, Endglied ziemlich schlank, vom breiten Grunde an unter der Bengung ziemlich rasch verdünnt, nach unten in eine stumpfe Spitze endend, etwa viermal so lang, als am Grunde dick.

Behaarung an den Wangen kürzer, nicht büschelig wie beim Manne, Brustseiten mit grosser, weisser Haarflocke unter der Flügelwurzel; Augenfelder überall klein.

Am Hinterleibe erscheinen die weissen Seitenflecke am zweiten Ringe deutlicher als beim Manne. Fühler schwarz, Flügel wie beim Manne.

Körperlänge 15—16^{mm}. Flügellänge 13—14^{mm}.

Die Exemplare im kaiserl. Museum sind theils von mir am Jauerling am linken Donauufer bei Melk, theils von H. Rogenhofer bei Troppau im Juni gesammelt. H. Mann fing die Art in Tirol am Schluderbach, Dalmatien um Ragusa und in Sicilien. — Böhmen, Asch (Kowarz). In der Winthem'- und Wiedemann'schen Sammlung befinden sich Exemplare von H. Saxesen aus dem Harze. Bei Schiners Exemplaren ist der Fundort nicht angegeben. Bei Wien selbst und auf den südlichen Gebirgen um Wien habe ich die Art nie gesehen, obschon ein Exemplar von Schiner mit Klosterneuburg bezeichnet ist.

England: Juni Lyndhurst. (Verrall, Meade). *Var. palpis albomicans* Italien (Coll. Winth.)

2. *lapponicus* Whlbg. in Zetterstedt Dipt. Sc. VIII. 2938.

> *borealis* Fabr. Ent. syst. IV. 369. 30.
> „ Fallén. Dipt. Sc. I. p. 6 u suppl. des II. Bd. p. 2.
> „ Zetterstedt. Dipt. Sc. I. 113. 114. p. p.
> ? *albomaculatus* Ztt. Dipt. Sc. 116. 17. var.

Männchen: Kopf grösser als beim Weibchen, auffallend gewölbt. Augen bandirt (eine Binde im unteren Drittel, die Felder in den drei oberen Vierteln mit Ausnahme des Aussen- und äussersten Hinterrandes viel grösser (circa dreimal) als im unteren Viertel, aber auch hier nicht sehr klein, deutlich von den grösseren abgehoben. Behaarung der Augen, dicht und kurz, grau. Stirndreieck silberglänzend, Ocellenschwiele braun, deutlich, Backen nicht vorgetrieben, im Profile nicht, oder nur als Linie vortretend; Kopf unten flach, grau und durch die vielen schwärzlichen und weisslichen Haare grau behaart erscheinend. Taster tiefschwarz und ebenso behaart, letztes Glied klein, länglich oval, in der Mitte am breitesten. Fühler schwarz, drittes Glied am Grunde rothbraun oder auch schwarzbraun, nicht oder kaum länger als breit, oben mit deutlicher, vorne rechtwinklig abgehackter Ecke und daselbst ziemlich breit. Griffel kurz und dick, kaum so lang als das dritte Fühlerglied. Thorax schwarz, Rückenschild schwarz, lang und dicht schwarzhaarig, mit drei, wenig durch lange dunkelgraue Behaarung markirten Längsstriemen, sonst sammt dem Schildchen und den Schultern schwarz und ebenso behaart. Brustseiten schwarz mit langen, bald grauen, bald schwarzen Haaren. Beine ganz schwarz, Hinterschenkel und Tarsen bräunlich, die Tarsen heller filzig, alles Übrige fein, etwas zottig schwarzhaarig.

Hinterleib kurz eiförmig, schwarz, jeder Ring mit feinem, weisslich gelben Hinterrande und an diesem mit eben solchen, sonst überall mit ziemlich langen schwarzen Haaren. Erster und zweiter Ring ganz an der Seite und zuweilen auch unten dunkel kastanienbraun.

Flügel graulich hyalin mit dicker, tiefschwarzbrauner erster Längsader. Gabel der dritten Längsader ohne Anhang. Schwinger schwarzbraun.

Körperlänge 12—13·5ᵐᵐ. Flügellänge 9·5—12ᵐᵐ. Kopfbreite 4—5ᵐᵐ.

Zwei Exemplare aus Finnland durch H. Gerke erhalten.

Weibchen: Stirnstrieme grau, oben fein schwarzhaarig, breit und kurz, parallelrandig, kaum dreimal so hoch als breit. Augeneckenschwiele viereckig, glänzend schwarz, nach oben in eine schmale dreieckige Strieme verlängert und bis zu der kleinen braunen Ocellenschwiele reichend.

Augen mit drei Binden, fein grau behaart. Untergesicht grau, gelblichgrau behaart, Stirndreieck grau. Tasterendglied lang, leicht gebogen und fast gerade nach unten laufend, schmal, ganz am Grunde etwas gekniet und dicker, dann allmälig verdünnt, stumpfspitzig, schwarzbraun. Behaarung kurz, schwarz. Fühler vom Grunde bis in die Mitte des dritten Gliedes rothbraun, dann schwarz. Drittes Glied wenig erweitert, oben eckig, Griffel kürzer als das dritte Glied, dick.

Thorax schwarzgrau, Rückenschild mit fünf grauen Längsstriemen, im Ganzen kürzer- und heller behaart als beim Manne. Beine schwarz, zuweilen die Vorderschienen am Grunde, und die Mittelschienen ganz heller schwarzbraun, die Hinterschienen aber schwarz.

Hinterleib glänzend schwarz, die Hinterränder der Segmente fein weisslich gesäumt wie beim Manne, aber glatter, nicht so dicht und lang behaart. Zweiter Ring ganz an der Seite mit dunkelbraunem Fleck, der mit dem weissen Hinterrande durch eine Erweiterung des hellen Saumes nach vorne verbunden ist. Gut erhaltene Exemplare zeigen drei Reihen grauer Flecke, die bei Beleuchtung von hinten deutlicher werden, und am zweiten Ringe drei mit dem Hinterrande verbundene, neben einander liegende Dreiecke bilden. Flügel wie beim Manne.

Körperlänge 12—12·5ᵐᵐ. Flügellänge 10·5—11ᵐᵐ. Kopfbreite 3·7—4ᵐᵐ.

Ein Exemplar von H. Professor Mik aus Oesterreich (Alpen); eines von H. Mann aus Istrien vom Monte Maggiore, und eines von H. Ullrich, ohne Fundortangabe. Letzteres ist von H. v. Mühlfeld als *T. istriensis* bezeichnet und war in Folge dessen von Schiner irrthümlich bei *T. umbrinus* untergebracht.

Drei Stücke (ein Männchen, zwei Weibchen) erhielt ich durch H. Schnabel aus Lithauen und vom Bai-kalsee; zwei Männchen von H. Gerke aus Finnland. Das kais. Museum besitzt das 2., 3. und 4. Exemplar(?).—

3. *tarandinus* L. Fauna Suec. 1884. Syst. Nat. 1735.

Fabr. Sp. Ins. II, 457, 8. Ent. Syst. IV, 364, 10. Syst. Antl. 95, 8.
Zett. Dipt. Sc. I, 109, 7.
Löw. Verh. z. b. G. W. VIII, 585.

Weibchen: Augen behaart, mit drei Purpurbinden.

Stirnstrieme breit, parallelrandig oder unten kaum verengt, circa dreimal so hoch als breit, gelbfilzig behaart. Untere Augeneckenschwiele klein, nach unten mit dem Stirndreieck zusammenfliessend, beide rothgelb, letzteres am Rande etwas dunkler. Mittlere Schwiele linear, in der Mitte etwas rinnenartig erweitert, nach oben eine Linie bis zum Ocellenhöcker bildend, glänzend schwarz. Ocellenhöcker oval, rothgelb.

Oberrand des Hinterkopfes kurz gelbhaarig. Wangen und Untergesicht goldgelb und letzteres ziemlich lang ebenso behaart.

Antennen meist ganz hell rothgelb, erstes Glied becherförmig, zweites napfförmig, beide am freien Rande fein schwarz behaart, drittes Glied, stark erweitert, am Oberrande mit fast rechtwinklig abgehackter Ecke, halb mondförmig, stark ausgebuchtet. Unterrand etwas erweitert. Griffel dick, hell rothgelb, kürzer als das dritte Glied. Taster honig- oder wachsgelb. Basalglied lang gelbhaarig, mit sehr wenigen schwarzen Haaren untermischt. Endglied kurz seidenartig gelbhaarig, lang und schlank, vom Grunde an sehr wenig und langsam verdünnt, leicht s-förmig geschwungen mit stumpfer Spitze. Thorax schwarzbraun, die Schulterbeule und die Brustseiten nach oben heller braun und meist rothgelb. Rückenschild kurz- aber dicht fein goldgelb und schwärz-

5 *

lich behaart, ungestriemt, von oben schwarzgrau erscheinend. Brustseiten mit goldgelben Flocken unter den Flügeln und an den Hüften. Schwinger gelbbraun. Beine hell rothgelb, nur die Hüften und die Schenkel bis zum Endviertel oder zur Hälfte schwarz. Flügel gelblich hyalin oder bei einer Varietät rauchbraun, gegen den Vorderrand rothgelb mit rothgelben Adern, nur die Randader und die Äste der übrigen gegen den Hinterrand zu braun, überall aber gelbbraun beraucht. Hinterleib sammtschwarz, alle Ringe mit sehr breiten, bleichen, dicht gelbfilzigen Hinterrandbinden an der Rücken- und Bauchseite. Meist kein Anhang an der Gabel der dritten Längsader.

Körperlänge 19—21—22^{mm}. Flügellänge 17—18—19^{mm}. Kopfbreite 7—7·5^{mm}.

Im kaiserlichen Museum von Bohemann aus Lappland und vom Amur (Bujana Ussuri). — Von H. Schnabl aus Litthauen (Minsk), Ostsibirien (Ussurifluss) und vom Baikalsee (Kustuk).

Männchen: Das Männchen kenne ich nicht. Nach Zetterstedt (Dipt. Sc. I. p. 109) ist dasselbe sehr selten, auf Weidenblättern nur einmal gefangen worden. Es gleicht in der Färbung dem Weibchen, die gold-kupferfarbigen Augen zeigen nur zwei Purpurbinden. Es scheint somit, dass die oberen Augenfelder grösser seien.

4. *Astur* Erichson: Middendorff Sibirische Reise. Bd. II. p. 66. 1851.

spilopterus Löw. Verh. zool. botan. Gesellsch. W. VIII. 581. 6.

Männchen. Kopf nicht grösser als beim Weibchen, Augen dicht und lang graugelb und schwärzlich behaart, blaugrün, unter der Mitte mit drei breiten Purpurbinden, von denen die unterste am Augenrande liegt. — Augenfelder in der Mitte an der Naht etwas grösser, gegen den Rand allmälig kleiner. Ocellenhöcker gross, deutlich vorspringend, braun, mit langen schwarzen Haaren. Stirndreieck kurz, glänzend schwarz, unten gekerbt, zwei Drittel so lang als die Augennaht. Hinterhaupt am Oberrande ohne längere Haare als jene auf den Augenfeldern. Fühler schwarz, nur das 2. Glied oft rothbräunlich. 1. Glied dick becherförmig, nicht kappenartig vorgezogen, zweites klein, oben spitz ausgezogen, beide mit langen, buschig gespreizten schwarzen Haaren. 3. Glied etwa zweimal so lang als breit, der Oberrand rundlich verdickt und erweitert, nicht eckig. Griffel kürzer als das 3. Glied, dick, schwarz. — Untergesicht und Wangen schwarz und ebenso vorstehend behaart, in der Mitte oft wenige gelbliche Haare. Taster ziemlich dick, schwarz und ebenso ziemlich lang und gespreizt behaart. Endglied oval, gegen das freie Ende kegelig, stumpfspitzig. Thorax glänzend schwarz, unten ganz schwarzhaarig, oben am Rückenschilde längs den Seiten dicht schwarz, längs dem mittleren Drittel und am Schildchen gelbgreis oder rothgelb behaart und der Rückenschild und das Schildchen dort bräunlich gefärbt. Schwinger schwarzbraun. Schüppchen hellgrau oder weisslich, oben schwarz behaart. Vorderbeine ganz schwarz, nur die Schienen ganz am Grunde gelbbräunlich. — Mittel- und Hinterbeine schwarz, mit hellgelben und so gewimperten Schienen und gelbbraunen Tarsen. Spitzen der Schienen und Tarsenglieder schwärzlich. Flügel genau wie beim Weibchen gezeichnet. Hinterleib schwarz, 1. Ring oben am Hinterrande, 2. und 3. Ring oben an den Seitendritteln gelb- oder rothbraun. Behaarung überall dicht, oben lang gelb oder fuchsroth, die Segmentgrenzen deutlich durch Büschel markirend, unten kürzer, tief schwarz.

Körperlänge 14^{mm}. Flügellänge 11·5^{mm}. Kopfbreite 5^{mm}.

Drei Exemplare von Herrn Staudinger, gesammelt von Herrn Haberhauer bei Lepsa in der Songarei am Fusse des Ala-Tau.

Weibchen: Augen mit drei breiten Purpurbinden, behaart. Stirnstrieme breit (circa dreimal so hoch als unten breit), graugelb; Augeneckenschwiele glänzend schwarz, die ganze Breite der Stirnstrieme einnehmend, viereckig, nach oben in eine Linie verlängert, die in der Mitte der Strieme etwas spindelförmig erweitert ist und nach oben bis zum Ocellenhöcker reicht, welcher braun und deutlich ist. Antennen rothbraun, Grund und Spitze schwarz, erstes und zweites Glied schwarz und ebenso borstig behaart, ersteres nicht kappenartig vorgezogen, drittes am Oberrande geschwärzt, die Ecke im ersten Drittel gelegen, stumpfwinklig, der Oberrand vor derselben fast gerade. Griffel viel kürzer als das dritte Glied, schwarzbraun. Stirndreieck grau. Wangen und Untergesicht ebenfalls grau mit langen zottigen gelbgreisen Haaren. Taster schwarz und ebenso kurz und dicht behaart, bei vielen Stücken aber das Endglied aussen mit vielen langen greisgelben Haaren. Endglied hakenartig stumpfwinklig gekniet, das Knie im oberen Drittel gelegen, im Ganzen am Grunde nicht blasig, allmälig verdünnt, unten in eine Spitze auslaufend.

Körper glänzend schwarz. Thorax seitlich und bei reinen Stücken auch oben ziemlich lang gelbgreis und schwarz gemischt behaart, ebenso der Hinterleib am Seitenrande und an den Hinterrändern besonders vom dritten Ringe an breit greishaarig, die Haare sehr hinfällig und lang, die Segmentränder kaum merkbar sehr schmal hell gesäumt. Bei einigen Stücken zeigt der zweite Ring oben an der Seite einen ziemlich breiten, halbrunden und der dritte Ring am Vorderrande seitlich einen kleinen, hell orangerothen Fleck, bei vielen ist nur ein orangerother Punkt an der vorderen Seitenecke des zweiten Ringes und bei anderen fehlen diese Flecke, wie es scheint (ob auch im Leben?), ganz, daher sie von Löw wohl in der Beschreibung übergangen wurden. Bauch schwarz oder etwas bräunlich, glänzend, mit feinen, aber nicht sehr dichten gelbgreisen Haarsäumen an den Segmenträndern.

Beine schwarzbraun. Vorderschienen in der Basalhälfte, Mittel- und Hinterschienen mit Ausnahme der Spitze gelbbraun. Behaarung an den Schenkeln und hellen Stellen der Schienen gelb, an den Enden derselben und den Tarsen schwarz.

Flügel rauchbraun, hyalin, das Randmal, die Queradern und Gabeltheilungen intensiv rauchbraun gefärbt, gefleckt erscheinend. Adern schwarzbraun. Schwinger schwarzbraun.

Körperlänge 14·5ᵐᵐ. Flügellänge 12·5ᵐᵐ. Kopfbreite 5ᵐᵐ.

Sibirien: Udskoj-Ostrog (Erichson).

Im kaiserlichen Museum vom Amurflusse (Bajana Ussuri) 11 Stücke.

Sibirien (Löw).

5. *flavipes* Wd. Ausserentrop. Zweifl. I. 137. 41.

Weibchen: Augen mässig fein und kurz gelb behaart, mit drei Purpurbinden. Stirnstrieme breit gelbgrau (circa 3¹⁄₂mal so hoch als unten breit), Ocellenhöcker glänzend schwarzbraun, deutlich, rundlich, ziemlich flach. Untere Augeneckenschwiele schmäler als die Stirnstrieme, unten meist zweispitzig, oben rundlich, oder viereckig nach oben in eine glänzend schwarze Leiste bis zur Mitte der Stirne verlängert. Neben dieser Leiste die Stirnstrieme verdunkelt. Scheitel kurz schwarz behaart. Oberrand des Hinterkopfes kurz goldgelbhaarig. Stirndreieck und Untergesicht gelbgrau, Wangen ebenso und schwärzlich fein behaart, Untergesicht dicht goldgelbhaarig.

Fühler rothbraun, die Basalglieder oben nicht kappenartig vorgezogen, kurz schwarzhaarig, drittes Glied am Oberrande stumpfwinklig, die Ecke klein, dick, am Basaldrittel gelegen. Tasterendglied vom Grunde an allmälig, aber wenig verdünnt, mit stumpfgerundeter Spitze, schwarz, an der Spitze kaum heller, kurz schwarz und wenig gelb gemischt behaart.

Thorax glänzend schwarz, Rücken vorne und seitlich sowie das Schildchen dichter goldgelbhaarig, die Mitte des Rückenschildes mit vielen schwarzen Haaren. Unter der Flügelwurzel an den Brustseiten goldgelbe Haarflocken, Hüften und Brust zum grossen Theile schwarzhaarig, sowie die Basis der Schenkel. Schienen aller Beine, Spitze der Vorderschenkel, Endhälfte der Mittel- und Hinterschenkel, Mittel- und Hintertarsen hellgelb und ebenso behaart. Hinterschienen mit goldgelbem Haar bewimpert. Vordertarsen schwarzbraun. Schwingerstiele gelb, Knöpfchen schwarz. Flügel am Grunde gelblich, ebenso am Vorderrande daselbst, am Hinterrande etwas graulich hyalin, die Adern in der Basalhälfte rothgelb, sonst braun und schwach braun beraucht, aber ohne dass dadurch eine besondere Fleckung oder Binden an den Queradern entstünden.

Hinterleib sammtschwarz, erster und zweiter Ring seitlich gelbbraun, Hinter- und Seitenränder aller Segmente gelb gesäumt und hell goldgelb behaart; Bauch schwarz, die Ringe ebenso goldhaarig gesäumt.

Körperlänge 15ᵐᵐ. Flügellänge 14ᵐᵐ. Kopfbreite 5·6ᵐᵐ.

Im kaiserlichen Museum vom Amur (Bujana Ussuri) mit *T. Astur* Erich. = *spilopterus* Löw zugleich gesammelt. Ein zweites Exemplar sah ich durch H. Meade, es stammte wahrscheinlich aus Nordamerika. Ein drittes erhielt ich von H. Schnabl vom Ussuriflusse in Ostsibirien.

T. zonalis Kirby soll von dieser Art nach Osten-Sacken durch die rothgelbe Schulterschwiele verschieden sein, welche auch das Exemplar der Winthem'schen Sammlung zeigt. Ob sich ein solcher Artunterschied als hinreichend zeigen wird, müssen weitere Untersuchungen ergeben. Bei unseren Arten ist die Farbe der Schulterschwiele eine sehr wechselnde. Nach dem genannten Autor ist übrigens bei *T. zonalis* die Stirne schmäler. Am ähnlichsten sieht *T. floripes* nach Wiedemann's richtiger Bemerkung dem *T. auripilus* Mg., von welchem ihn aber die gelben Schienen trennen. Nach Wiedemann und Osten-Sacken findet sich die Art in Labrador.

Männchen: Das Männchen (von Packard bei Straits of belle Isle gefangen) erwähnt Osten-Sacken l. c. p. 463. Hinterleib an den Seiten der ersten zwei Ringe röthlich, wie bei obigem Weibchen, sonst schwarz.

Kopf mässig breit, der Unterschied der Grösse der Augenfelder deutlich, die kleinen von den grossen Feldern scharf geschieden, aber nicht bedeutend kleiner.

6. *aterrimus* Meigen. Syst. Beschr. 33. 3.

> *auripilus* Mg. Syst. Beschr. 41. 15.
> *signatus* Wiedm. in Meigen. Syst. Beschr. 34. 5. p. p.
> *lugubris* Ztt. I. 114. 11.
> — Löw. Verh. zool. botan. Gesellsch. Wien. VIII. 580.
> *aethiops* Ztt. Ljungh. D. Sc. I. 110. ♂
> *auripilus* Ztt. D. Sc. I. 109. ♀
> — Schiner. D. A. I. 29. 2.
> *aterrimus* Löw. Verh. zool. botan. Gesellsch. Wien. VIII. 580.
> *auripilus* Löw. Verh. zool. botan. Gesellsch. Wien. VIII. 579.
> *austriacus* Wd. p. p. Meig. 35. 5.

Flügel hyalin, gegen den Vorderrand bräunlich, und zuweilen die Queradern sehr leicht angeraucht. Körper schwarz, mit schwarzen, grauen oder goldgelben Haaren.

Männchen: Kopf kleiner als beim Weibchen, Augen ziemlich dicht grau behaart, die Felder auf der oberen Hälfte der Augen in der Mitte grösser, längs einer schmalen Zone am oberen Rande und in der unteren Hälfte kleiner, aber die grösseren Felder allmälig in die kleineren übergehend, nicht sehr scharf abgegrenzt davon. Gewöhnlich sind die Augen schwärzlich grün mit drei Purpurbinden und rothem Unterrande an der Wange, die Mittelbinde ist zuweilen fast schwarz, breit, die obere Binde ist verschwommen, die feine untere Binde meist hell purpurroth, der Unterrand röthlich.

Wangen büschelig schwarzborstig. Taster schwarz oder grau, zuweilen durch die lange schwarze Behaarung grauweiss durchscheinend, letztes Glied dick eiförmig, am freien Ende fast gespitzt. Kopf unten schwarz-, greis- oder goldgreis gemischt behaart. Hinterleib schwarz, am zweiten und dritten Ring oben zuweilen seitlich dunkelrothbraun oder kastanienbraun. Hinterrand des zweiten bis sechsten Ringes in der Mitte mit weissem Haarbüschel, zuweilen auch mehr goldgelb behaart. Bauch schwarz mit hellen Haarsäumen an den Segmenträndern. Tarsen ohne lange Borsten an den Gliedern; an den Schenkeln und an der Aussen- und Innenseite der Hinterschienen längere feine Haare, Wimpern bildend. Fühler schwarz, zuweilen das dritte Glied im Grunde rothbräunlich, dieses kaum erweitert, daselbst nach oben mit einem kleinen stumpfen Höcker. Zuweilen überwiegt am ganzen Körper die gelbgreise Behaarung, namentlich am Thorax und an der Unterseite des Kopfes (*T. auripilus* Meig.)

Ich kenne nur ein einziges Männchen dieser Farbe aus Winthem's Sammlung, und es scheint diese Färbung beim Manne seltener als beim Weibchen vorzukommen, bei welchem im Gegensatze die schwarzen Varietäten selten sind.

Körperlänge 15^{mm}. Flügellänge 12^{mm}.

Weibchen: Augen dunkelgrün, kupferglänzend, neben dem Scheitel am Oberrande und unten am Wangenrande schwarz oder purpurroth, auf der Fläche mit drei schwarzblauen oder purpurrothen Binden. Stirnstrieme breit und kurz, parallelrandig oder ausnahmsweise unten verengt, die Breite circa $2\frac{1}{2}$ bis 3mal in der Höhe enthalten. Von den drei Schwielen ist die untere quer viereckig nach oben in eine lanzettliche Spitze ausgezogen und mit der mittleren undeutlich spindelförmigen, oft mehr grau bestäubten Schwiele verbunden. Ocellenhöcker meist gross, braun. Stirndreieck stets ganz grau bestäubt.

Taster schwarz oder grau, schwarz kurz behaart. Endglied ziemlich lang, deutlich aber wenig gekniet, allmälig verdünnt in eine ziemlich dicke Spitze auslaufend, am Grunde mässig dicker, kaum viermal so lang als am Grunde dick. Leib blauschwarz, schwarz oder mehr weniger goldgelb oder greishaarig, eine gelbe oder greise Flocke unter der Flügelwurzel. Augenfelder gleich klein. Von der rothbraunen Farbe am zweiten Hinterleibsringe ist sehr selten eine Spur vorhanden. Fühler wie beim Manne.

Körperlänge bis 16ᵐᵐ. Flügellänge 13·5ᵐᵐ.

Vorkommen: *Forma „auripilus"*: Niederösterr.; Schneeberg; Steiermark (Egger), Kärnthen, Böhmen: Asch (Kowarz), Tirol, Dalmatien (Mann); Sicilien (Mann).

Deutschland, Harz. (Type v. *T. austriacus = micans u. signatus* Wiedm. non Meig. [Coll. Winth.]) Schlesien, Riesengebirge (Schummel).

Norwegen (Coll. Winth.). Lappland (Boheman).

Forma lugubris Ztt.: Grossglockner (Mann).

Forma „aterrimus" s. str. Ztt.: Österreich: Melk, Gresten (Rogenhofer) Tirol, Böhmen, Steiermark (die ♂ auf Bergspitzen bis über 6000′ hoch, Schneeberg bei Wien, Grossglockner, Montepiano, Schluderbach; Mehlbek, Hochmölbing in Ober-Steiermark. Juli, August).

Norwegen (Coll. Winth.) Lappland.

Balkan (Haberhauer); Caucasus (Wagner).

7. *borealis* Meig. Syst. Beschr. II. 37. 10. p. p.

Löw. Verh. zool. botan. Gesellsch. Wien. VIII. 586. 13.
Schiner. Fauna Austr. I. 30. excl. syn. Fabr.

Männchen: Kopf nicht grösser als der des Weibchens, Augen mit einer oder zwei Purpurbinden, grün, grangelb behaart, die Augenfelder an der Naht und in den zwei oberen Dritteln ziemlich gross und grobkörnig erscheinend, bis an die Mittelnaht reichend, im unteren Drittel, an der Aussenseite und am äussersten oberen Rande klein. Beide Arten von Feldern ziemlich deutlich von einander abgesetzt. Wangen grau mit schwarzen Borstenhaaren, Kopf unten grau, weisslich behaart. Taster klein, das letzte Glied länglich eiförmig, bräunlich oder weisslich grau, lang schwarz behaart. Fühler ganz schwarz, nur das dritte Glied zuweilen am Grunde rothbraun, der Oberrand desselben kaum eckig vortretend. Beine schwarz, die Schienen am Grunde braun oder am zweiten und dritten Paare ganz rothbraun, die hintersten kurz gewimpert. Bauch rothbraun, erster Ring, eine breite Mittelstrieme längs des zweiten Ringes, der Hinterrand des vierten und die folgenden Ringe schwarzgrau mit hellen Säumen. Rückenschild schwarzbraun haarig, grau gestriemt. Hinterleib oben schwarz, die Seiten des zweiten und dritten und ein Punkt am vierten Ringe rothbraun. Alle Hinterränder hell gesäumt. Flügel graulich hyalin mit bräunlichem Randmale, Schwinger schwarzbraun mit an der Spitze weisslichem Köpfchen.

Dem Männchen des *T. montanus* Meig. sehr ähnlich, aber durch das schmälere dritte Fühlerglied, und die grösseren Augenfelder sowie die geringe Zahl der Purpurbinden etc. verschieden. Die männlichen Geschlechtsanhänge ragen bei einem Exemplare weit heraus und bestehen aus zwei oberen zweigliedrigen Theilen und zwei unteren hakig gekrümmten kürzeren Stücken. Das Basalglied der oberen Theile ist lang cylindrisch, das Endglied eiförmig und lang behaart.

Körperlänge 14—15ᵐᵐ. Flügellänge 12ᵐᵐ. Kopfbreite 5ᵐᵐ.

Weibchen: Augen grün mit drei breiten Purpurbinden, zuweilen sehr dunkel. Stirnstrieme sehr breit und kurz, höchstens $2^{1}/_{2}$ bis 3mal so hoch als breit; Augeneckenschwiele viereckig, quadratisch, über derselben eine lineare Leiste als Mittelschwiele, die oft isolirt steht. Ocellenhöcker braun, wulstig. Stirndreieck hellgrau. Taster grau oder mehr bräunlich, Endglied sehr dünn, parallelrandig, am Ende spitz, am Grunde nicht erweitert, fast sechsmal so lang als dort breit, im Bogen nach abwärts laufend. Fühler rothbraun, am Grunde und der Spitze schwarz oder fast ganz schwarz, drittes Glied mässig erweitert, oben am Grunde mit stumpfem Höcker. Hinterleib schwarzgrau oder braun, oben und unten gleich gefärbt, an allen Segmenten helle, weissliche Hinterränder, welche nicht durch Behaarung, sondern durch die Grundfarbe der Ringe gebildet werden. Erster und zweiter Ring gewöhnlich seitlich kastanienbraun. Beine schwarzbraun oder ganz schwarz, gewöhnlich die Schienen zum Theil am Grunde heller braun. Flügel bräunlich hyalin mit dunklerem Vorderrande. Bei sehr hellen Exemplaren erweitern sich die Hinterrandsäume der Hinterleibsegmente in der Mitte etwas nach vorne zu weisslichen Dreiecken.

Genau die Farbe dieser Art zeigen Varietäten des *T. solstitialis* Schin., *tropicus* Meig. und *lapponicus* Ztt., erstere unterscheiden sich aber durch die lange schmale Stirnstrieme und die kürzeren, am Grunde dickeren, meist helleren Taster.

Körperlänge 14^{mm}. Flügellänge 13^{mm}. Kopfbreite 5^{mm}.

Fundorte: Wien (Schneeberg), oberösterreichische, kärnthnerische, steirische und salzburgische (Gastein Girand) Alpen; Schlesien (Reinerz). Juli, August; Böhmen (Kowarz).

Coll. Winthem; Lappland.

Schweden (Zttst.).

8. *montanus* Meig. Syst. Beschr. II. 55, 31.

    tropicus Löw. Verh. zool. botan. Gesellsch. VIII. 586. p. p.

      „   Schiner, Fanna Austr. I. 31.

    ? paganus Fbr. Spec. Ins. (Von den Arten mit rothem Unterrande der Augen und rothbraunem Hinterleibe findet sich nur diese in England.)

Männchen: Kopf nicht grösser als beim Weibchen, Augen grün mit drei Purpurbinden und rothem Unterrande an der Wange, die Felder fast überall gleich gross, nur in der oberen Hälfte in der Mitte etwas grösser und allmälig gegen den Rand und die Augennaht verkleinert. Stirne silberschimmernd, Wangen schwarzhaarig. Backen bei seitlicher Ansicht ziemlich breit unter dem Auge vortretend, grau und ebenso weisslich gemischt behaart.

Taster klein, das Endglied länglich eiförmig, weisslich, gelblich oder grau, lang grauweiss und schwarz behaart, Ocellenschwiele kugelig vortretend, braun. Fühler rothbraun, Basalglieder und Griffel schwarzbraun, erstere grau schimmernd, drittes Glied am Grunde stark erweitert, oben mit stark vortretender, fast rechtwinklig abfallender Ecke, vor dieser leicht ausgeschnitten. Thorax schwarzbraun, dicht und kurz graubraun behaart, Rückenschild, mit schwachen grauen Längsstriemen. Schulterschwiele meist schwarz. Beine schwarzbraun, Vorderschienen am Grunde, Mittel- und Hinterschienen ganz rothbraun, ebenso die Hintertarsen; selten die Mittelschenkel in der Endhälfte rothgelb. Hinterleib rothgelb, oben mit, am Grunde und an der Spitze erweiterter, an den Hinterrändern der Ringe durch den gelblichen Saum unterbrochener, mässig breiter schwarzer Rückenlängsstrieme, in welcher gelblich filzige, hellere Dreiecke vom zweiten bis vierten Ringe erscheinen. Die Strieme ist am dritten Ringe am schmälsten. Erster bis vierter Ring seitlich rothgelb, am Seitenrande schwarzhaarig. Bei gewissen Varietäten ist die rothe Farbe auf den zweiten Ring beschränkt. Bauch rothgelb, erster Ring grau, am zweiten Ringe ein grosser viereckiger schwarzer Mittelfleck, die drei letzten Ringe schwarzbraun oder grau, am dritten und vierten Ringe zuweilen ein mit der Spitze nach vorne sehender dreieckiger Mittelfleck oder eine ganze breite graue Mittelstrieme. Flügel etwas graulich hyalin, gegen den Vorderrand zu oft stark gebräunt, bei alten Thieren die Queradern mehr weniger beraucht, ebenso die Gabel der dritten Längsader. Schwinger schwarzbraun, an der Spitze weisslich.

Körperlänge 15—16^{mm}. Flügellänge 12—13^{mm}. Kopfbreite 5—5·4^{mm}.

Weibchen: Augen smaragdgrün mit drei linienförmigen karminrothen Binden, die mittlere den hinteren Augenrand oft nicht erreichend, Ober- und Unterrand smaragdgrün. Stirnstrieme mässig breit, ziemlich parallelrandig, circa viermal so hoch als unten breit, graugelb; Augeneckenschwiele glänzend schwarz, viereckig, nach oben in die spindelförmige lineare Mittelschwiele auslaufend. Ocellenhöcker braun, oval. Stirndreieck gelbgrau. Wangen und Backen gelbgrau mit feinen weissen und wenigen schwarzen Haaren. Taster gelbgrau oder weiss, ebenso behaart, ausserdem mit kurzen schwarzen Börstchen, Endglied lang und schmal, am Grunde kaum dicker, allmälig verdünnt, am Ende stumpfspitzig, schwach hakig gebogen. Thorax und Hinterleib genau wie beim Manne, nur ersterer heller grau, letzterer stumpfer und breiter. Der Bauch meist ziegelroth mit grauer breiter, am zweiten Ringe einen schwarzen 4-eckigen Fleck bildenden Längsstrieme. Spitze schwarz. Vom vierten bis sechsten Ringe oben oft drei Reihen gelbgraue Flecke, die bei Beleuchtung von hinten auch auf der rothen Grundfarbe der vorderen Ringe erscheinen. Beine und Flügel wie beim Manne. Flügeladern rothbraun bis schwarzbraun. Bei dunklen Varietäten erscheint der Hinterleib in geringerer Ausdehnung roth (nur der erste oder erste und zweite Ring) und gewöhnlich sind die Fühler dann schwarz. Diese Form ähnelt dem *T. borealis* Meig..

Körperlänge 13—17^{mm}. Flügellänge 11—14^{mm}. Kopfbreite 4—5·4^{mm}.

Var.: Aus Freiwaldau in Schlesien besitze ich durch Herrn Latzel ein Weibchen dieser Art mit einer Anhangszinke an der Gabel der dritten Längsader.

Fundorte: Wiens Umgebungen (Mödling, Scheiner, Egger), Schneeberg (Mann); Steiermark, Oberösterreich, Juli, August; Krain: Wippach (Bergenstamm); Croatien; Finme (Mann); Böhmen: Asch (Kowarz); Schlesien (Schummel).

Deutschland: Harz (Saxesen Coll. Winth. *tropicus*), hohen Veen bei Montjoie in der Eifel (Type *montanus* Meig. Coll. Winth.).

Schweden, Russisch-Lappland, Sibiria or. (Coll. Winth.); Südrussland (Pallas, Coll. Wiedm.)

England (Verrall u. Meade).

8 *a. brevis* Lw. Verh. zool. botan. Gesellsch. Wien. VIII. 1858. p. 584.

Weibchen: Augen grün mit drei Purpurbinden, gelbgrau behaart. Stirnstrieme ziemlich breit, circa viermal so hoch als unten breit, parallelrandig, graugelb filzig. Untere Augeneckenschwiele quadratisch, gross, braun glänzend; mittlere Schwiele getrennt davon, linear oder etwas spindelförmig, matt schwarz. Ocellenhöcker rundlich, gross, rothbraun, dahinter längere feine vorgekrümmte schwarze Haare, sonst am Oberrande des Hinterhauptes kurze gelbe Haare. Stirndreieck graugelb, ebenso die Wangen und das ganze Untergesicht. Letzteres nur mässig lang gelb behaart, erstere fein schwarz-, gelb untermischt, behaart. Taster schwarz, seidenartig anliegend gelb behaart; Endglied schmal hakenförmig, die Beugung weit über der Mitte gelegen, gegen das Ende sehr wenig und langsam schmäler, das freie Ende stumpf. Fühler rothgelb, erstes und zweites Glied oben mit wenigen kurzen schwarzen Börstchen, nicht kappenförmig vorgezogen, drittes Glied am Löw ziemlich stark ausgeschnitten. Thorax schwarzbraun. Rückenschild graugelb behaart, mit fünf undeutlichen dunkelbraunen Längsstriemen; Brustseiten grau, unter der Flügelwurzel zwei graugelbe Flocken. Schwinger schwarzbraun, der Stiel am Grunde gelblich. Vorderbeine schwarz, Schienen in der Basalhälfte gelb; Hinterschenkel schwarz, gelb behaart. Schienen rothgelb, Tarsen braun. Flügel am Grunde gelblich, am Hinterrande und der Spitze graulich hyalin, die Adern gelblich, erst im Hinterrande die feinen Äste dunkler braun.

An der Gabel der dritten Längsader keine Anhangszinke, aber der vordere Gabelast am Grunde steil abgehend. Randmal bei Löw's Exemplar dunkelbraun.

Erster, zweiter und dritter Hinterleibsring oben rothgelb, längs dem mittleren Drittel eine breite schwarze Strieme, in welcher vom gelbhaarigen Hinterrande her ein, am zweiten und dritten Ringe ziemlich nahe an den Vorderrand reichendes, graues, gelbfilziges Dreieck einspringt. Die folgenden Ringe schwarz, oder der vierte noch an der Seite schwarzbraun; am vierten bis sechsten Ringe ebenso wie an den vorderen in der Mitte ein graues gelbfilziges Dreieck und alle Hinterränder dicht gelbfilzig. Der Bauch erscheint vorne rothgelb, hinten schwarzgrau, alle Ringe mit gelbgrauen breiten Hinterrändern. Der erste Ring ist fast ganz schwarz, nur am Hinterrande seitlich roth, der zweite ist am Grunde in der Mitte breit schwarz, dann tritt vom Hinterrande her ein schwarzgraues Dreieck nach vorne. Der dritte Ring ist in der ganzen Mitte breit schwarzgrau. Löw's Exemplar zeigte nach der Beschreibung einen ganz grauen Bauch mit gelblichen Säumen der Ringe und einen gelben Fleck an den Hinterecken des zweiten Ringes. Im Ganzen ist der Hinterleib breit, oval und nur zwei Drittel so lang als die Flügel.

Wie Löw richtig bemerkt, sieht die Art dem *T. ferrugineus* Meig. = *graecus* Fabr. gleich, ist aber bei genauerer Untersuchung sehr verschieden und einer ganz anderen Gruppe, nämlich *Therioplectes* Zell. angehörend. Bei *T. ferrugineus* sind die Augen nackt, einfärbig grün, hier behaart, mit Purpurbinden, bei ersterem fehlt der Ocellenhöcker, letzterer besitzt denselben. Jener hat gelbe, dieser schwarze Taster.

Körperlänge 15ᵐᵐ. Flügellänge 13ᵐᵐ. Kopfbreite 5ᵐᵐ. Hinterleib 7ᵐᵐ.

Ich erhielt die Art von H. Meade ohne Angabe des Fundortes. Meade gibt an, dass die Art wohl europäisch sei, aber nicht aus England. Sie steht zusammen mit *T. flaripes* Wied., der auch am Amur gefunden wird. Löw gibt Sibirien als Vaterland an.

9. *tropicus* Meig. Syst. Beschr. II. 57. 34. Meig. Class. 1804. excl. syn. Panzer, Fauna Germ. XIII. 22. Sehr gelungene Figur.

luridus Schin. Faun. I. 31. p. p.
　Löw. Verh. zool. botan. Gesellsch. Wien. VIII. 586. 12. p. p.
bisignatus Jaennicke. Berl. Ent. Zt. X. 74. (var. *melanochroatica* m.)
borealis Jaennicke l. c.
signatus Schiner. l. c. p. p.
tropicus L. F. S. 1761. Nr. 1886?
? *bimaculatus* Meq. Dipt. d. N. d. France. 1826. var. Meig. VII. 59.

Männchen: Kopf nicht grösser als beim Weibchen, Augen dicht und fein graugelb behaart, mit drei Purpurbinden, der Unterrand grün, ohne Binde. Die Felder alle fast gleich, klein, bei genauer Betrachtung nur in der Mitte etwas grösser und gegen den Rand allmälig verkleinert. Angemalt viel länger als das Stirndreieck, dieses silberschimmernd, Wangen grau, ebenso schimmernd, lang buschig schwarzhaarig.

Taster kurz, grau, das Endglied kugelig, am Ende blasig dick mit einem kleinen, stumpfen Knötchen, mit langen weissen und schwarzen Haaren. Ocellenhöcker braun, deutlich. Backen schmal, grau und ebenso behaart. Fühler rothgelb, mehr weniger geschwärzt, erstes Glied schwärzlich grau mit längeren gespreizten schwarzen Haaren; Griffel braun; drittes Glied am Grunde breit, oben mit fast rechtwinklig abgehackter starker Ecke und vor derselben etwas ausgeschnitten.

Rückenschild mit undeutlichen grauen Längsstriemen; Thorax dunkel schwarzgrau und ebenso behaart, die Schulterschwiele meist schwarz. Beine schwarz, die Vorderschienen am Grunde, die Mittelschienen fast ganz hell braungelb, die Hinterschienen dunkler braun und fein und lang zottig schwarz gewimpert; Tarsen schwarzbraun. Schwinger schwarzbraun. Die Brustseiten heller weissgrau behaart.

Bauch rothgelb, erster Ring schwarz, zweiter ganz rothgelb oder mit kurzem, schwarzen mittleren Basaldreieck, das oft in eine kurze, schmale Längslinie übergeht, die drei letzten Ringe und die äussersten Seitenränder der vorhergehenden schwarzgrau mit feinen weissen Hinterrändern, seitlich abwechselnd weiss und schwarz behaart. Oberseite des ersten bis dritten Ringes rothgelb mit breiter, fast ein Drittel der Ringbreite einnehmender, schwarzer Dorsallängsstrieme; vierter bis letzter Ring schwarz, am zweiten und dritten Ringe dreieckige, mit der Spitze nach vorn gerichtete, silbergraue Mittelflecke, von denen der erste der grösste ist, am vierten, fünften und sechsten Ringe erscheint nur ein weissgrauer Punkt mit ebensolcher Behaarung am feinen weissen Hinterrande. Hinterränder übrigens weisslich und schwarz gemischt behaart und auch an den rothgelben Stellen heller, welche, von hinten beleuchtet, weisslich schimmern.

Flügel graubräunlich hyalin mit schwacher rauchbrauner Trübung hinter dem Flügelmal und bei alten Thieren berauchten Adern.

Körperlänge 14—15^{mm}. Flügellänge 12^{mm}. Kopfbreite 4·5—5^{mm}.

Weibchen: Stirnstrieme grauweiss, mehr als viermal so hoch (fast fünfmal) als unten breit und an der Augenecke circa $^1/_2$ verengert. Untere Augenreckenschwiele klein, viereckig, mittlere linear, Ocellenschwiele braun, oval. Wangen und Untergesicht silbergrau, weiss behaart. Augen mit drei Purpurbinden, grün. Stirndreieck silbergrau, sehr selten abgerieben und theilweise schwarz.

Taster blass bräunlichgrau, kurz, schwach gekniet, am Grunde sehr dick und blasig, unter der Bengung in eine scharfe, feine, gerade Spitze auslaufend, Basis lang weiss-, Spitze kurz schwarz behaart. Schwinger schwarzbraun, an der Spitze kaum heller, alles Übrige wie beim Manne. Bei einer Varietät ist der Bauch ganz grau, nur an der Verbindung des zweiten und dritten Ringes neben der Mittellinie je ein rundlicher ziegelrother Fleck.

Körperlänge 16—17^{mm}. Flügellänge 12—13^{mm}. Kopfbreite 5—5·5^{mm}.

In Bezug der Varietät mit schwarzem, der Bestäubung beraubten, abgeriebenen Stirndreieck, siehe die Bemerkung bei *T. luridus* Fall.

Das kaiserliche Museum besitzt ausserdem eine sehr merkwürdige Varietät dieser Art, die theils Ähnlichkeit mit *lateralis* Meig., theils mit *micans* Meig. hat. Zu letzterer wurde sie auch von Schiner und Anderen gebracht. Der Hinterleib ist an allen, bei andern, rothgelben Stellen nur aschgrau, ohne Spur von Braun oder Roth. Das Weibchen von *micans* ist sofort durch die breitere Stirnstrieme, die ganz schwarzen Beine und das oben kahle, glänzend schwarze Stirndreieck zu unterscheiden.

Ebenso verschieden ist die Varietät von *T. lateralis* Meig. durch die Stirnstrieme, die Form der Taster und Fühler. Bei einem russischen Exemplare des *T. tropicus* ist das Roth auf Punkte reducirt, die auf grauem Grunde stehen, einer oben neben dem grauen Mitteldreieck des zweiten Ringes und einer an dessen Vorderecke. Letztere Form ist von Jaennicke als *T. bisignatus* aus Paris beschrieben worden.

Exemplare der ersteren ganz grauen Form erhielt ich durch die Herren Meade und Verrall aus England, fraglich als *micans* bestimmt. Die Augen sind bei dieser Form blau mit drei schiefen, grünen, längs der Mitte je einen Purpurstreif zeigenden Binden und grünem Ober- und Unterrande. Schon Jaennicke beschreibt eine Form aus Deutschland (p. 75 l. c.), bei welcher die gelbrothen Seitenflecke nur am ersten Ringe gelegen sind, der zweite aber nur grau gefleckt erscheint. Im Wiener Museum findet sich weiters ein Exemplar, bei dem der erste und zweite Ring allein rothgelb, der dritte und die folgenden schwarz, dreieckig grau gefleckt erscheinen.

Ich halte somit den *T. bisignatus* Jaenn. nur für eine melanochroitische Form des *tropicus* Pz., so lange nicht das von dieser Form noch unbekannte Männchen eine weitere Aufklärung gibt. Die Stirnstrieme ist bei *bisignatus* fast fünfmal so lang als breit. Der Bauch ist nicht, wie Jaennicke sagt, stets hellgrau, sondern zeigt oft am zweiten und dritten Ringe rundliche, gelbrothe Flecke neben der grauen Mittelstrieme. Im Übrigen stimmt die Form besonders durch die Taster vollkommen mit *tropicus* Pz. überein. Auch von *T. lateralis* Meig. gibt es eine Varietät, bei welcher an Stelle der weissgrauen Flecke des Hinterleibes kastanienbraune Flecke auftreten und dies gerade bei dem von Meigen beschriebenen Exemplare aus Österreich von H. Megerle v. Mühlfeld. Auch scheint das Grau nur ein Beleg zu sein, der die braune Grundfarbe mehr weniger verdeckt. Einen ähnlichen Farbenwechsel zeigt der nordamerikanische *T. rhombicus* O. S.

Vorkommen: Wiener Umgebungen, Mödling, Baden etc. (Egger, Schiner).
Schlesien (Schummel); Krain: Laibach, Krimberg (Rogenhofer).
Deutschland: Tübingen (Krauss), Juli.
Schweden (Coll. Wiedm.).

England: Worcester, Lyndhurst, Essex. Juli, August (Verrall; Meade).

Forma *melanochroitica* — *T. bisignatus* Jaenn. Frankreich: Paris (Type Jaennicke's); Schlesien (Schummel); England (Meade, Verrall. Juli).

Asiatisches Russland vom Amurgebiet.

10. *luridus* Fallén. Dipt. Suec. 5. 4.

> Meig. Syst. Beschr. II. 55. 32.
> Zett. Dipt. Sc. I. 112. 14.
> *borealis* Zett. Dipt. Sc. I. 113. var. a et c. callo didymo.
> *luridus* Löw. Verh. zool. botan. Gesellsch. Wien. VIII. 586. p. p. (♀ var.)
> „ Schiner. Faun. Austr. I. p. p.

Männchen: Kopf nicht grösser als beim Weibchen, auffallend niedrig. Augen dicht und lang graugelb behaart, grün mit drei Purpurbinden und rothem Wangenrande. Augenfelder überall fast gleich, sehr klein, Augennaht viel kürzer als der Querdurchmesser eines Auges und kaum länger als das Stirndreieck.

Taster ziemlich gross, weisslich oder bräunlich grau, das letzte Glied gross, kurz eiförmig, lang weiss- und schwarz gemischt behaart. Stirndreieck silbergrau. Antennen rothbraun, das erste Glied grau und lang schwarzbehaart, drittes Glied rothbraun, am Grunde mit deutlicher Ecke am Oberrande, vor dieser gebuchtet. Griffel dunkelbraun, Wangen grau, lang schwarzhaarig, Untergesicht silbergrau, Backen ziemlich dick und vortretend.

Thorax schwarzbraun, Rückenschild lang zottig behaart, schwarz mit braungrauen Längsstriemen. Brustseiten und Unterseite heller grau behaart, zottig.

Beine schwarzbraun, Vorderschienen am Grunde. Mittel- und Hinterschienen, sowie die Tarsen braun, Behaarung besonders an den Mittel- und Hinterschienen lang und fein, schwarz. Schwinger braun mit hellem Knopfe. Bauch rothbraun, erster Ring schwarz, zweiter mit breiter drei- oder viereckiger Längsstrieme, dritter und vierter Ring ganz rothgelb, die folgenden schwarzbraun, alle mit hellen Hinterrändern und die vorderen Ringe dort fein gelbhaarig gesäumt. An der Oberseite ist der erste Ring schwarz, nur der Hinterrand seitlich roth, zweiter und dritter Ring rothbraun, weisslich silberschimmernd, mit breiter schwarzer Dorsalstrieme, die ein Drittel der Breite einnimmt und vom Vorderrande des zweiten Ringes noch weit breiter beginnt; im ersten Drittel des Ringes stufig und buchtig bis auf ein Drittel der Ringbreite verengt wird und am dritten Ringe dieselbe Breite behält oder etwas schmäler erscheint. Die Seiten der Segmente sind buschig schwarz- und an den hellen Hinterrändern gelbweiss behaart; der vierte bis letzte Ring sind schwarz mit weisslichen Hinterrändern, welche auch die vorigen Segmente zeigen. Diese hellen Hinterränder sind seitlich ganz gelblich behaart, in der Dorsallinie aber reducirt sich die Behaarung auf einen Punkt, von welchem nach vorne sehr schwache Spuren eines grau schimmernden Dreieckes zuweilen erscheinen. Flügel bräunlich hyalin, der Vorderrand, die mittleren Queradern und die Basis der Gabel der dritten Längsader stets braun beraucht.

Körperlänge 12—13^{mm}. Flügellänge 10—11^{mm}. Kopfbreite 4·5—5^{mm}.

Weibchen: Augen grün, mit drei Purpurbinden. Stirnstrieme breit und niedrig, unten kaum verengt, kaum 2½ mal so hoch als unten breit, grau, die Augeneckenschwiele nur durch eine Querfurche von dem Stirndreieck geschieden, beide glänzend schwarz, letztere nur über dem Fühleransatze in einer schmalen Querbinde grau, erstere viereckig oder oben etwas gerundet, durch eine Linie mit der spindelförmigen, schwarzgrauen, mehr weniger ausgebreiteten Mittelschwiele verbunden. Ocellenhöcker deutlich, rundlich, glänzend braun. Untergesicht und Wangen gelbweiss und ebenso fein und lang behaart. Fühler wie beim Manne. Taster ziemlich kurz, das letzte Glied breit, dreieckig, unten scharfspitzig, bräunlich weiss, weiss seidenartig kurz-, nur am Hinterrande länger behaart, mit wenigen kurzen schwarzen Börstchen auf der Fläche. Der Hinterrand desselben fast gerade, der Vorderrand im Bogen verlaufend.

Thorax etwas heller grau als beim Manne, die Striemen deutlicher und zuweilen die Schwiele vor der Flügelwurzel braun. An den Beinen sind die Schienen kurz gelblich seidenhaarig, sonst ist alles wie beim Manne. Am Bauche ist der zweite Ring oft dunkler in der Mitte und am Vorderrande, zuweilen eine blasse, schmale, graue Längsstrieme über alle Ringe, oder am dritten Ringe ein, mit der Spitze nach vorne sehender dreieckiger Mittelfleck, oder auch der vierte Ring noch zum grossen Theile rothgelb, bisweilen der Bauch fast ganz grau. Rückenseite des Hinterleibes oft wie beim Manne, gewöhnlich mehr grau durch weisslichen Schimmer auf den rothen Stellen. Die rothe Farbe am zweiten und dritten Ringe an der Seite vom Vorderrande durch dunkle Farbe verdrängt, fleckenartig schief gestellt und mit grauen Flecken am vierten, fünften und sechsten Ringe jederseits eine Fleckenlängsreihe zusammensetzend.

Im Habitus dem *T. lateralis* Meig. ähnlich, aber durch das dritte Fühlerglied sehr verschieden.

Körperlänge 13—14^{mm}. Flügellänge 11—12^{mm}. Kopfbreite 4—5^{mm}.

Flügel und deren Zeichnung wie beim Manne.

Diese Art ist auch von Schiner in der kaiserlichen Sammlung mit seinem *luridus* gleich *tropicus* Pz. vermengt worden. Löw erwähnt (Verh. zool. bot. Ges. 1858) die Weibchen mit glänzender Stirne als Varietät seines *T. luridus*, die sich dann von *tropicus* Meig. Pz. durch die längere Stirnstrieme unterscheiden. Das kaiserliche Museum besitzt ein solches Weibchen des *tropicus* Pz. mit schwarzem Stirndreieck vom Amurgebiete. Bei *luridus* Fall. ist aber das Stirndreieck niemals grau bestäubt, sondern immer schwarz. Zetterstedt's *T. borealis* var. „callo frontis didymo" gehört hieher und nicht zu *luridus* Löw. welcher gleich *tropicus* Meig. ist. Fallén's Worte: „oculi hirti, lineis tribus picti, quarum prima in medio oculi est sita; tertia autem oculum terminat" — kann nur auf diese Art und nicht auf Schiner's und Löw's *luridus* bezogen werden, der am Unterrande der Augen keine rothe Binde zeigt. Nur *montanus* Meig. = *tropicus* Schin., non Meig., hat auch am unteren Augenrande einen rothen Saum (♀).

Vorkommen: Böhmen, Asch (Kowarz); Schlesien (Schummel); Polen (Schnabl); Schweden (Coll. Winth.); Schwedisch-Lappland (Boheman).

11. *Mühlfeldi* m.

graecus Meig. p. p. Syst. Beschr. II. p. 51.
Schiner, Fauna Austr. I. 56.

Männchen: Kopf klein und nicht so breit, als bei dem Männchen von *tropicus*. Augen blaugrün, im untern Drittel mit zwei Purpurbinden und rothem Schimmer an der Grenze der grösseren Felder, fein gelblich behaart. Die Felder zwar ungleich, aber nicht bedeutend; an der Naht und von da nach aussen in den zwei oberen Drittheilen in der Mitte etwas grösser als im unteren Drittel und am Rande; die grösseren Felder allmälig in die kleineren übergehend.

Fühler rothgelb, an der Basis und Spitze schwärzlich, drittes Glied am Grunde wenig erweitert, die Ecke am Oberrande sehr klein, aber deutlich. Taster klein, das Endglied eiförmig, am freien Ende etwas dicker und dort oben stumpf gespitzt, unten mit einer kleinen Kerbe, grau, an der Spitze hell, lang weisslich behaart; Stirndreieck silberweiss.

Thorax schwarz, grau behaart, besonders seitlich; Schulterschwiele meist gelbbraun. Hinterleib hell braungelb, von hinten her beleuchtet silberschimmernd, mit schmaler schwarzer unterbrochener Rückenstrieme und Spitze. Die Strieme beginnt breit am ersten Ringe, wird gegen den Hinterrand desselben verengt, setzt sich am zweiten Ringe parallelrandig und sehr schmal fort, ist in der Mitte linear silberschimmernd, wird am dritten Ringe oft nur eine feine Längslinie, erweitert sich am vierten zu einem mit der Basis nach hinten liegenden Dreiecke, an das sich die schwarze Spitze des Hinterleibes schliesst. Die Hinterränder aller Ringe sind heller und an den Endsegmenten silberweiss.

Bauch gelb, am Grunde ein schwarzes Dreieck vom ersten Ringe beginnend und mit der Spitze auf den zweiten Ring übertretend. Die drei letzten Ringe schwarz und stark kegelig zulaufend.

Flügel hyalin, Adern braun. Beine schwarzbraun, Basis der Vorderschienen und fast die ganzen Mittel- und Hinterschienen gelbbraun.

Körperlänge 15^{mm}. Flügellänge 11^{mm}. Kopfbreite 4·5^{mm}.

Es bezieht sich diese Beschreibung auf das Originalexemplar Meigen's, welches derselbe von H. Megerle von Mühlfeld erhielt, und in der Anmerkung zu seinem *T. graecus* erwähnt, von dem sich aber unsere Art durch die behaarten Augen, die kleineren Augenfelder und die Purpurbinden unterscheidet. Das Männchen erinnert sehr an jenes des *T. cinctus* Fabr. aus Nord-Amerika, der jedoch ganz schwarze Beine und Taster, sowie dunklere Flügel zeigt.

Der *T. graecus* Meig. (non F.) wird durch diese Anmerkung zu einer Mischart von *Mühlfeldi* und *Miki* m.

Weibchen: Stirnstrieme grau, schmal, unten etwas verengt, circa viermal so hoch als unten breit. Augeneckenschwiele glänzend schwarz, viereckig mit einer nach oben laufenden schwarzen Linie; Ocellenhöcker gross, oval, rothbraun. Stirndreieck grau, schimmernd. Taster weiss, aussen mit kurzen, schwarzen Börstchen, letztes Glied fast im rechten Winkel gekniet, vom Grunde an allmälig verdünnt und dort nicht aufgetrieben, unter der Beugung in eine gerade Spitze auslaufend. Backen grau, kaum unter den Augen vortretend. Augen mit drei Purpurbinden. Thorax und Rückenschild schwarzgrau, letzterer hinter der Quernaht am Seitenrande und die Schulterschwiele gelbbraun. Hinterleib oben wie beim Manne. Bauch gelb, an der Basis in der Mitte des ersten Ringes und am zweiten eine undeutlich begrenzte dunkle Stelle. Der drittletzte Ring ist schwarz, am Grunde mit zwei viereckigen, rothgelben Flecken neben einander, die letzten Ringe sind ganz schwarz. Schwinger weiss, das Köpfchen am Grunde schwarz, Beine schwarz, Vorderschienen an der Basalhälfte, Mittel- und Hinterschenkel an der Spitze, Mittel- und Hinterschienen ganz hellgelb, Tarsen an den zwei hinteren Paaren gelbbraun. Fühler schwarz, rothbraun und gelb gezeichnet, und zwar das erste Glied am Ende und der vorgezogenen oberen Spitze schwarz, am Grunde gelb, aussen grau; zweites Glied gelb, drittes in der Basalhälfte bis über den dreieckigen Vorsprung am Oberrande hinaus hellgelb, in der Endhälfte schwarz, gegen den Griffel zu rothbraun. Das dritte Glied überdies kurz, nur wenig länger als an der breitesten Stelle breit, stark erweitert, aber wenig ausgeschnitten.

Körperlänge 14·5. Flügellänge 13^{mm}. Kopfbreite 5^{mm}.

Vorkommen: Klein-Asien, Brussa (Mann), am Amurflusse (Gerke).

Das Original von Mühlfeld in der Hauptsammlung ist ohne Fundortangabe.

12. **solstitialis** Schiner, Fauna Austr. I. 30.

? *solstitialis* Meig. 56. 33.
tropicus Lw. p. p. Verh. zool. botan. Gesellsch. Wien. VIII.

Männchen: Augen dunkelgrün, oben stark purpurglänzend mit zwei Purpurbinden im unteren Drittel und einem solchen Rudiment an der Grenze der grösseren Felder; Kopf grösser und gewölbter als beim Weibchen, die Felder in den zwei oberen Dritteln mit Ausnahme der Randzone grösser als im unteren Drittel. Taster weiss oder grau, lang weiss- und schwarz gemischt behaart, letztes Glied sehr gross, fast kugelig angeschwollen, Fühler rothgelb, die Spitze und Basis mehr weniger geschwärzt, drittes Glied am Grunde etwas verdickt, oben mit deutlicher Ecke. Wangen mit feinen, nicht stark vorstehenden schwarzen Haaren. Thorax schwarzgrau mit undeutlichen Längsstriemen. Schulterschwiele meist gelblich. Hinterleib rothgelb mit schmaler oft linearer, am Grunde und vom vierten Ringe an breiterer Rückenstrieme von schwarzer Farbe, in welcher oft auf den einzelnen Ringen silberschimmernde, lineare und oder etwas dreieckige Flecke erscheinen. Bauch rothgelb, der erste Ring oft mit schmalem, meist dreieckigem Mittelfleck, der zuweilen auf den zweiten Ring etwas hinüberreicht. Die drei letzten Segmente grau, die Ringe heller gerandet. Schwinger schwarzbraun, die Endhälfte des Köpfchens weiss.

Schenkel schwarzgrau, Schienen rothgelb, die vorderen in der Endhälfte graubraun. Vordertarsen braun, die übrigen heller.

Körperlänge 15—18^{mm}. Flügellänge 12—13^{mm}. Kopfbreite 5—6^{mm}.

Weibchen: Augen hellgrün, kupferglänzend oder blaugrün mit drei schmalen, oft gelb gesäumten Purpurbinden. Stirnstrieme gelbgrau, schmal und hoch, unten etwas verengt, circa fünfmal so hoch als daselbst breit. Augeneckenschwiele glänzend schwarz, viereckig, nach oben in eine Linie auslaufend, Ocellenhöcker braun, rundlich. Stirndreieck grau bestäubt. Taster grau oder weiss, das Endglied ziemlich lang, leicht gekniet und vom Grunde an allmälig verdünnt, nach unten in eine scharfe, gerade Spitze auslaufend, nur an der Innenseite am Grunde etwas verdickt. — Alles Übrige wie beim Manne.

Wie bei *tropicus* findet sich bei dieser Art eine dunkle Varietät, deren Bauch fast ganz schwarzgrau mit hellen Segmentsäumen ist und nur am zweiten und dritten Ringe neben der dunklen Mitte röthlich erscheint. Diese Form unterscheidet sich von *boreales* durch die schmälere Stirnstrieme und die am Grunde breiteren spitzen Taster, von *montanus* ebenso durch die höhere schmälere Stirne und die am Ende feinspitzigeren Taster.

Körperlänge 15—16^{mm}. Flügellänge 12—15^{mm}. Kopfbreite 5^{mm}.

Fundorte: Wien: Prater, Mödling etc. Mai, Juni. (Die Nymphe im Wasser, grün, mit grossen ohrenförmigen Vorderstigmen.) Schlesien (Schummel); Ungarn: Neusiedlersee, Pest (Egger, Mann); Tirol: Schluderbach (Mann); Böhmen (Kowarz); Frankreich: Paris (Coll. Winth.); England, Schottland, Juni, Juli (Verrall, Meade); Klein-Asien: Brussa (Mann); N.-Asien vom Amurfluss.

Var. *Palpis nigrocinereis*; Saalberg bei Liezen, Obersteiermark. August.

Forma melanochroitica; Paris (Coll. Winth.); Sibiria or. (Coll. Winth.); Schluderbach (Mann); Schneeberg bei Wien.

13. *Erberi* m.

Männchen: Dem *T. solstitialis* Schin. sehr verwandt. Augen mit zwei Purpurbinden im unteren Drittel, oben bleichgrau. Kopf nicht grösser als beim Weibchen, die Augen gelblich behaart, mit sehr ungleichen Feldern, diese in den zwei oberen Dritteln mit Ausnahme einer schmalen Randzone viel grösser als im unteren Drittel (circa viermal). Augennaht sehr lang, Ocellenhöcker braun. Taster weiss, kurz, das Endglied klein, eiförmig, fast walzig, am Ende etwas abgestumpft, fein und lang weisslich- und schwarz gemischt behaart. Wangen weisslich- und grau behaart. Fühler rothgelb, die Basalglieder kurz schwarzbehaart, dass dritte Glied am Grunde kaum breiter, oben mit sehr kleiner, fast rechtwinkelig abgehackter Ecke von dunkler Farbe. Griffel länger als das dritte Glied, schwarz, Stirne und Untergesicht silbergrau, weisshaarig; Backen klein.

Thorax gelblich graubraun, an der Seite silberschimmernd und weissgrau behaart. Schulterschwiele und Vorderstigma hell gelbbraun. Rückenschild fast ungestriemt, kurz gelbgrauhaarig. Beine rothgelb, die Hüften ganz, die Vorderschenkel in den drei Basalvierteln, die Mittel- und Hinterschenkel nur in der Basalhälfte und die Vorderschienen in der Endhälfte schwarzbraun. Vordertarsen ganz, Mittel- und Hintertarsen an der Spitze dunkler braun. Flügel etwas getrübt, gegen den Vorderrand und am Randmale gelblich. Alle Adern braungelb, nur die Vorderrandader dunkler. Schwinger hell rothgelb. Hinterleib rothgelb, von hinten beleuchtet silberschimmernd, die Hinterränder der Segmente heller gelbgesäumt, fein kurz gelbhaarig. Vom ersten bis vierten Ringe eine lineare graue Längsstrieme in der Dorsallinie; fünfter bis siebenter Ring graubraun. Die Dorsalstrieme am dritten Ringe am schmälsten. — Bauch ebenso gefärbt, die schwarze lineare Mittelstrieme reicht nur bis zum dritten Ringe exclusive. — Form des Hinterleibes kegelförmig, aber nicht so schlank und nicht compress wie bei dem, durch die Fühler und Taster, verwandten *acuminatus* Löw. — Die Fühler dürfter übrigens bei älteren Individuen dunkler werden (schwarzbraun?).

Körperlänge 15^{mm}. Flügellänge 12^{mm}. Kopfbreite 5^{mm}.

Weibchen: Augen mit drei Purpurbinden, Stirnstrieme schmal und hoch, circa fünfmal so hoch als breit, parallelrandig, gelbgrau. Augeneckenschwiele klein, viereckig, glänzend schwarz, nach oben von ihr eine feine schwarze Linie, welche fast bis zum kleinen, schwärzlichen Ocellenhöcker reicht. Stirndreieck gelblichgrau. Antennen fast ganz schwarz, das dritte Glied am Grunde etwas erweitert, die Ecke am Oberrande stumpf, Griffel schwarz, länger als das dritte Glied. Wangen und das ganze Untergesicht gelblich weiss weisslich behaart. Taster weiss, Endglied lang und schmal, vom Grunde an allmälig verdünnt, dort nur etwas verdickt, fast wie bei *montanus*; die Spitze nicht scharf, etwas durch schwärzliche Borsten markirt; Beugung sehr schwach, am Oberrande vorgewölbt, die untere Hälfte am Anfang kaum ein Drittel dünner als die Basis.

Thorax, Schwinger und Flügel genau so gefärbt wie beim Manne, ebenso die Beine mit dem Unterschiede, dass die Mittelschenkel nur im letzten Drittel gelb sind. — Hinterleib rothgelb mit am ersten Ringe breit beginnender, am zweiten in der Mitte stark buchtig verengter, am dritten ziemlich breiter Dorsalstrieme (ein Drittel der Breite des Ringes einnehmend); vierter, fünfter und sechster Ring an den Seitendritteln gelbgrau, in der Mitte mit breiter schwarzer, vom dritten Ringe her fortgesetzter Dorsalstrieme, in welcher eine gelbgraue Längslinie und helle Säume der Segmente hervorschimmern. Am zweiten und dritten Ringe finden sich Spuren von helleren Dreiecken vor den lichten Randsäumen. Bauch ziegelroth mit überall gleichbreiter, glänzend schwarzer Längsmittelstrieme vom Grunde bis zur Spitze. Vierter, fünfter und sechster Ring neben der Strieme grau, gelblich schimmernd; vierter mit je einem rothen Punkte vor dem Hinterrande.

Körperlänge 16ᵐᵐ. Flügellänge 15ᵐᵐ. Kopfbreite 6ᵐᵐ.

Das Weibchen unterscheidet sich von *montanus* Meig., mit dem es eine ähnliche Zeichnung des Bauches gemein hat, sogleich durch die schmälere Stirnstrieme, die am Enddrittel rothen Mittelschenkel, die rothgelben Schwinger, die viel mehr gelblichen Flügel, die viel schmäleren Antennen und den im Verhältniss sehr breiten Kopf.

Beide Geschlechter von Herrn Erber in Corfu gefangen.

14. *decorus* Löw. Verh. zool. botan. Gesellsch. Wien. VIII. 1858. p. 588. 15.

Männchen: Kopf nicht grösser als beim Weibchen. Augen dicht und sehr lang grauweiss behaart, blaugrün, ohne Binden, die Felder ganz in der Mitte etwas grösser, aber allmälig in die kleineren Randfelder übergehend. Augennaht kurz, kaum länger als das silberweisse, vor der Spitze eine dunkle Querbinde zeigende Stirndreieck und stets viel kürzer als der Querdurchmesser eines Auges an der Stirnecke. Wangen silberweiss, lang und abstehend schwarz- und weiss gemischt behaart, Backen dick, ziemlich weit unter die Augen herabgehend, silbergrau und lang weisslichbehaart. Taster kurz, das Endglied gross, dick, oval, gelblichweiss, lang weisslich- und schwärzlichbehaart. Fühler meist ganz schwarz, lang und dünn, das dritte Glied am Grunde kaum dicker, am Oberrande mit sehr kleiner Ecke, stumpfwinkelig, so lang als der Griffel. Erstes Glied grau bestäubt und wie das kleine zweite mit langen, gespreizten, feinen, weissen und grauen Haaren besetzt. Ocellenhöcker gross, braun. Thorax schwarzgrau, Rückenschild, besonders nach vorne, mit fünf grauweissen Längsstriemen und mit sehr langen, aber nicht sehr dicht stehenden gelbgreisen Haaren besetzt. Brustseiten mit weisslichen Haaren, die unter der Flügelwurzel eine Flocke bilden. Vorderbeine schwarzbraun, Basalhälfte der Schienen gelbbraun, Schenkel lang- und fein-weisshaarig. Mittel- und Hinterbeine an den Hüften und Schenkeln schwarz, an den Schienen und Tarsen braungelb, sehr fein und langzottig gelblichweiss und grau behaart.

Hinterleib rothgelb mit schwarzer Spitze und breiter schwarzgrauer Rückenstrieme, und zwar der erste Ring schwarzbraun, jederseits der Hinterrand rothgelb; zweiter, dritter und oft noch der vierte Ring in den seitlichen Dritteln rothgelb, von hinten belenchtet silberschimmernd, besonders am zweiten Ring, dadurch zwei schiefe helle Flecken jederseits von der Mittelstrieme erscheinend. In der Rückenstrieme vom hellen Hinterrande her ein nach vorne laufender schwacher Silberschimmer in Form eines Dreieckes. Die Hinterränder aller Ringe gelblichweiss schmalgesäumt und bald mehr greis-, bald mehr fein goldgelb-behaart. Nach hinten die ganze Behaarung dichter und an den schwarzen Vorderrändern der Segmente viele schwarze Haare beigemischt. Bauch rothgelb mit hellen Hinterrandsäumen der Segmente. Erstes Segment fast ganz und zweites am Vorderrande schwarzgrau schmalgesäumt, die drei letzten Ringe schwarz mit weissen Hinterrändern. Flügel hyalin, am Vorderrande gelblich und vom Flügelmal quer über die Queradern ein rauchiger gelber

Wisch, und zuweilen an der Gabel der dritten Längsader ein rauchiger Punkt. Schwinger schwarzbraun, an der Spitze weisslich.

Körperlänge 13ᵐᵐ. Flügellänge 11ᵐᵐ. Kopfbreite 4·6ᵐᵐ.

Weibchen: Stirnstrieme breit und niedrig, parallelrandig, die Breite circa 2¹⁄₂mal in der Höhe enthalten. — grau, greis behaart. Augenerkenschwiele gross, viereckig oder quer oval, glänzend schwarz, mittlere Schwiele linear oder spindelförmig, die erstere mit der Ocellenschwiele unvollständig verbindend; Ocellenhöcker gross, schwarzbraun. Stirndreieck hellgrau. Wangen und Untergesicht weissgrau, lang und fein weiss bebartet. Antennen wie beim Manne, der Höcker am Oberrande des dritten Gliedes fast verschwunden. Taster lang und ziemlich schlank, weiss, am Vorderrande oben längere weisse Haare. Endglied wenig und ganz am Grunde gekniet, fast gerade nach abwärts laufend, sehr allmälig verdünnt, am Ende stumpf. Beine wie beim Manne, jedoch die Vorderschienen fast bis zur Spitze hell, die Mittel- und Hinterschienen hellgelb, weisshaarig, die Tarsen braun.

Thorax wie beim Manne, etwas dichter graugelb behaart und heller gestriemt.

Hinterleib glänzend schwarz mit feinen weisslich behaarten Hinterrändern der Segmente. Der erste und zweite Ring sind hell grauweiss durch Bestäubung der rothgelben Stellen, mit breiter schwarzer Mittellängsstrieme (ein Drittel der Breite einnehmend), in welcher am zweiten Ringe vom Hinterrande her ein grosser grauer, schwach schimmernder dreieckiger Fleck gelegen ist. Am dritten und vierten Ringe sind zuweilen Spuren eines kleineren solchen Fleckes. Bauch schwarz, aber überall hellgrau bestäubt, die Hinterränder der Segmente weisslich. Augen blaugrün mit einer grüngelben schmalen Querbinde, stark und lang greis behaart. Flügel wie beim Manne. Schwinger schwarzbraun mit weisser Endhälfte des Knopfes.

Körperlänge 14ᵐⁱᵃ. Flügellänge 13ᵐᵐ. Kopfbreite 5ᵐᵐ.

Vorkommen: Syrien (Baron Gödl), Libanon (Beytmary Appl.). —

15. *cyanops* m.

Männchen: Augen dicht und ziemlich lang gelb behaart, grün mit blauen Reflexen und einer schmalen gelben, unten blaugesäumten Binde und blauem Unterrande. Augenfelder an einer ovalen Stelle in der Mitte der Augennaht, grösser als unten und am Rande, die grösseren Felder allmälig in kleinere übergehend. Ocellenhöcker rothbraun, klein, aber deutlich vortretend. Oberrand des Hinterhauptes kurz und fein gelbhaarig. Stirndreieck und Untergesicht grau. Wangen schwärzlich behaart, Untergesicht greishaarig. Taster klein, gelblich, goldgelb behaart, das Endglied länglich oval. Fühler rothgelb, der Griffel schwarz. Erstes Glied oben kaum erweitert, becherförmig, ziemlich lang, oben kurz schwarz behaart. Drittes Glied mehr als zweimal so lang als am Grunde breit, schmal, am Oberrande kaum erweitert, am Grunde daselbst mit ganz niedrigem stumpfem Höcker.

Thorax schwarz, Rückenschild dicht und lang goldgelb behaart, bei gewisser Beleuchtung treten schwarze Längsstriemen, die nicht durch Haare gebildet werden, vor. Schwinger schwarzbraun. An den Brustseiten eine hellgelbe Flocke. Beine rothgelb, die Tarsen etwas gebräunt, die Hüften und die Basis der Schenkel schwarz. Behaarung der Beine an den Schienen goldgelb, an jenen des dritten Paares längere schwarze Wimpern, an den Tarsen kurze schwarze Haare. Flügel etwas graulich hyalin, gegen den Vorderrand zu etwas gelblich, die Randader aber braun, erste, zweite, dritte und fünfte Ader gelblich, vierte, sowie die feineren Äste schwärzlich. Queradern in der Mitte des Flügels und die Gabeltheilung der dritten Längsader sehr schwach beraucht, letztere ohne Anhangszinke oder eine kleine Spur derselben.

Hinterleib rothgelb mit breiter, am dritten Ringe verengter, gegen die Spitze zu wieder erweiterter schwarzer Mittelstrieme, die nur durch den schmalen rothgelben Hinterrand aller Ringe etwas unterbrochen wird. Am zweiten und dritten Segmente in dieser Strieme ein grauer Längswisch als Spur von den gewöhnlichen Dorsalflecken. Die Seiten des dritten bis sechsten Ringes zeigen an der vorderen Hälfte einen durch buschige Haare gebildeten schwarzen Fleck, der am fünften Ringe beinahe die ganze Oberseite bis zur Mitte bedeckt, während er am dritten und vierten Ringe allmälig weiter nach aussen gerückt und ganz seitlich gelegen ist. Die Hinterränder, sowie die Spitze des Leibes sind hellgelb behaart. Bauch rothgelb, nur die zwei vorletzten Ringe ganz an der Seite und die Spitze schwärzlich. Behaarung kurz, gelb, ganz unansehnlich.

Körperlänge 13^{mm}. Flügellänge 10·5^{mm}. Kopfbreite 4·5^{mm}.

Das Exemplar stammt aus Syrien von Baron Gödl und war von Schiner nicht von *T. decorus* Löw ab-getrennt worden. Die Farbe der Beine, Fühler und Augen lassen jedoch vermuthen, dass es keine blosse Varie-tät dieser Art sei.

16. *lateralis* Megerle in Meigen. Syst. Beschr. II. 58. 35.

    pilosus Löw. Verh. zool. botan. Gesellsch. Wien. VIII. 1858. p. 587.
    – Schiner. Faun. Austr. I. 32.

Männchen: Augen grün, in der unteren Hälfte mit zwei Purpurbinden, der Unterrand roth, in der oberen Hälfte durch röthlichen Schimmer eine dritte Binde angedeutet.

Kopf nicht grösser als beim Weibchen, Augen sehr dicht und lang greis behaart, die Felder überall klein, nur ganz in der Mitte allmälig und unbedeutend erweitert. Stirndreieck und Untergesicht silbergrau, ersteres hell silberschimmernd, in gewisser Stellung eine dunkle Querbinde zeigend. Augennaht etwas länger als das Stirndreieck. Ocellenhöcker kugelig, deutlich, braun. Wangen buschig schwarzhaarig, Backen und Kinn lang weissbartig. Taster gross, Basalglied schwarz und ebenso lang behaart, Endglied hellgrau, länglich eiförmig, mehr als doppelt so lang als breit, am Ende stumpfkegelig, sehr lang schwarz behaart; Fühler schwarz, die zwei Basalglieder lang- und gespreizt schwarzhaarig, erstes Glied wulstig becherförmig, am freien Rande ein-gezogen, weissgrau, nicht kappenartig, drittes Glied schmal, viel länger als breit, oben am Grunde mit sehr kleiner zahnartiger Ecke und kurzen Börstchen, dort kaum breiter als an der Spitze. Griffel kürzer als das dritte Glied.

Thorax schwarz, mit langer schwarzgrauer zottiger Behaarung. Am Rückenschilde fünf silberschimmernde Längsstriemen. Brustseiten mit grauen Flocken. Beine schwarz, Vorderschienen an der Basalhälfte schwarz-braun, Mittel- und Hinterschienen dunkelbraun, Tarsen schwarzbraun. Schienen mit langen schwarzen Haaren gewimpert, an den Schenkeln eben solche und weissgraue Haare. Flügel hyalin, gegen den Vorderrand gelb-bräunlich und vom Flügelmale her an den Queradern und an der Gabel der dritten Längsader stark braun beraucht. Schüppchen weiss, Schwinger schwarzbraun, Spitze des Knopfes hell schimmernd.

Hinterleib tief schwarz, zweiter und dritter Ring an der Seite braun, diese Farbe jedoch meist durch weissen Schimmer verdeckt und nur gegen den Seiten- und Vorderrand etwas vortretend, woselbst buschige schwarze Haare stehen, während die weisse Stelle am Hinterrande und nach innen weisshaarig ist. Erster Ring ganz an der Seite weiss schimmernd und so behaart, sonst schwarz. Am vierten Ringe kaum Spuren von hell schimmernden Seitenflecken oder deutliche Flecke. In der Dorsallinie am helleren Hinterrande jedes Segmentes ein kleiner, dreieckiger, weisser und ebenso behaarter Mittelfleck. Hinterränder der Ringe und die Spitze des Abdomens buschig weisshaarig. Bauch braun, hellgrau bestäubt. Seiten des Abdomens abwechselnd buschig weiss- und schwarzhaarig.

Körperlänge 13—14^{mm}. Flügellänge 12—13^{mm}. Kopfbreite 4·8—5^{mm}.

Weibchen: Stirnstrieme kurz und breit, circa 2½ mal so hoch als breit, parallelrandig, gelbgrau, mit vielen nach vorne gekrümmten schwarzen Haaren. Untere Augeneckenschwiele glänzend schwarz, viereckig, mittlere Schwiele linear spindelförmig, jene mit dem grossen braunen, auf schwarzem Grunde liegenden Ocellenhöcker verbunden. Augen grün, mit drei Purpurbinden, dicht und lang gelbgreis behaart. Stirn-dreieck gelbgrau, Wangen und Untergesicht grau, lang und fein gelbgreishaarig. Taster bräunlichweiss, mit seidenartigen, anliegenden weissen Haaren und wenigen schwarzen Börstchen. Endglied lang und schmal, sanft im Bogen nach unten gehend, vom Grunde an allmälig dünner, am Ende stumpfspitzig.

Thorax heller grau als beim Manne, weniger zottig behaart und deutlich grau gestriemt. Beine wie beim Manne, nur die Schienen heller gelbbraun. Schwinger an der Spitze breit weiss.

Hinterleib schwarz mit drei Reihen weissgrauer Flecke. Letztere sind am zweiten und dritten Ringe sehr gross und nehmen das ganze seitliche Drittel ein, nach vorne verdunkeln sie sich; das mittlere Dreieck berührt am zweiten Ringe fast den Vorderrand. Am vierten und den folgenden Ringen sind die zwei seitlichen Fleckenreihen oft verschwunden und nur bei Beleuchtung von hinten schwach vortretend, während die Mittelflecke grell weiss dreieckig erscheinen. Bauch wie beim Manne eintönig grau bestäubt. Behaarung des Abdomens seitlich kürzer weiss und schwarz buschig als beim Manne. Fühler schwarz, doch die Basalglieder nicht so dicht und lang behaart und oft nebst dem dritten Gliede braun.

Körperlänge 14^{mm}. Flügellänge 12·5^{mm}. Kopfbreite 4·5^{mm}.

Es gibt eine Varietät des *T. tropicus* Pz., bei welcher am Hinterleibe alles Roth verschwunden ist und dieselben Stellen hell grau sind. Dadurch entsteht eine grosse Ähnlichkeit mit dieser Art, doch ist bei *tropicus* Pz. die Stirnstrieme des Weibchens mehr als viermal so hoch als breit und das dritte Fühlerglied am Grunde breit mit deutlicher Ecke am Oberrande, ferner sind die Taster spitz und sehr breit an der Basis des zweiten Gliedes.

Vorkommen: Krain: Wippach, Mai (Bergenstamm); Croatien: Josephsthal, Fiume (Mann), Görz (Mik), Dalmatien (Mann).

17. **nigricornis** Ztt. ♂ *alpinus* Ztt. D. Sc. I, 116 ♂.

luridus Schiner, p. p. Coll. Mus. caes. Vindob.

Männchen: Kopf nicht grösser als bei dem Weibchen und nicht auffallend gewölbt. Oberrand des Hinterhauptes ohne lange aufrechte schwarze Haare; Ocellenhöcker stark kugelig vortretend, braun. Augen grün mit drei Purpurbinden und rothem Unterrande. Die Felder in den zwei oberen Dritttheilen in der Mitte bis zur Augennaht etwas grösser, unten und in einer schmalen Zone am Hinterrande klein. Die grossen Felder nicht auffallend scharf von den kleinen getrennt, sondern in letztere allmälig übergehend. Behaarung der Augen sehr dicht, aber nicht sehr lang, dunkel mit etwas gelblichem Glanz.

Stirne ein Drittel kürzer als die Augennaht, grau; Untergesicht grau, sparsam mit eben solchen und schwarzen Haaren besetzt. Wangen mit dichten, vorstehenden, schwarzen Haaren.

Fühler schwarz, das dritte Glied ganz am Grunde oft rothbraun; erstes Glied nicht kappenartig, sondern sehr dickbauchig becherförmig, meist grau bestäubt und wie das zweite schwarz gespreizt behaart, am freien Rande etwas zusammengezogen; zweites Glied klein, napfförmig; drittes Glied schmal, etwa doppelt so lang als an der erweiterten Stelle breit, der Oberrand flach stumpfwinkelig, die Ecke am Basaldrittel gelegen; Griffel dick, so lang als das Glied, schwarz.

Taster schmutzig weiss oder grau, das letzte Glied lang, mehr als doppelt so lang als breit, eiförmig, ziemlich spitz, innen flach, der Unterrand fast gerade, der Oberrand stark gebogen, das Ende in eine nach vorne stehende Spitze ausgezogen. Behaarung desselben lang, gespreizt, schwarz.

Thorax schwarz, glänzend; Rückenschild sehr schwache Striemen zeigend, vorne greis-, sonst lang aufrecht schwarzhaarig, fast zottig. Brustseiten spärlich greis und schwarz gemischt behaart; unter der Flügelwurzel und vor dem Schüppchen hellere Haarlocken. Schwinger schwarzbraun. Beine schwarz, die Vorderschienen am Grunde, die Mittelschienen bis zur Mitte oder Spitze und die Hinterschienen fast ganz pechbraun oder etwas heller gelbbraun. Haftlappen bräunlich grau, hell schimmernd. Behaarung nur am Grunde der Schenkel und Hüften greis, sonst schwarz, an den Schenkeln lang, an den Hinterschienen aussen eine Reihe schwarzer Wimpern. Flügel etwas graulich hyalin mit schwarzbraunen Adern, die Queradern und die Gabel der dritten Längsader meist etwas beraucht. Erste Hinterrandzelle weit offen.

Hinterleib schwarz, überall lang schwarz behaart, zweiter, dritter und vierter Ring an den seitlichen Dritteln kastanienbraun, von hinten her beleuchtet daselbst neben der schwarzen Mittellängsstrieme ein schiefstehender, silberschimmernder Fleck, der aussen durch einen schwarzen, schiefen Haarfleck begrenzt wird.

7 *

Hinterränder der Ringe sehr fein weisslich gesäumt und in der Mitte ebenso kurz seidenartig behaart, wodurch vom zweiten bis fünften Ringe eine Längsreihe von hellen Punkten entsteht. Am zweiten Ringe zieht sich von diesem Punkte ein graues, schwach ausgedrücktes schmales Dreieck gegen den Vorderrand. Bauch rothbraun, am Grunde und der Spitze schwarz, glänzend, am zweiten Ringe ein schwarzer, breiter, viereckiger Mittelfleck, auf den folgenden Ringen eine Andeutung einer unterbrochenen Längsstrieme oder die Ringe ganz rothbraun. Hinterränder der Segmente fein gelblichweiss gesäumt und ebenso kurz seidenartig behaart.

Körperlänge 13—14^{mm}. Flügellänge 11^{mm}. Kopfbreite 4·5^{mm}.

nigricornis Ztt. Dipt. Scand. I. p. 112. 12. ♀

Löw. Verh. zool. botan. Gesellsch. Wien. VIII. 592.

Weibchen: Kopf zum Körper im Verhältniss klein und schmal. Augen behaart mit drei Purpurbinden. Stirnstrieme gelbgrau, oder weissgrau, ziemlich breit und circa 3½mal so hoch als unten breit, unten etwas verengt, mit fast viereckiger, glänzend schwarzer, querrunzeliger Augeneckenschwiele, die sich nach oben oft mit einer Unterbrechung in eine lineare mittlere Schwiele fortsetzt, die meist schwärzlich gesäumt erscheint. Ocellenhöcker deutlich, oval, rothbraun. Stirndreieck hellgrau bestäubt. Antennen schwarz, dass dritte Glied am Grunde meist etwas braun. Erstes Glied nicht kappenförmig vorgezogen, sondern schalenartig, am Rande etwas wulstig eingebogen, oben fein, aber ziemlich lang schwärzlich, unten etwas grauhaarig. Zweites Glied klein, drittes am Grunde kaum erweitert, der Oberrand ganz stumpf, am Grunde kaum eine Ecke bildend. Griffel dick, so lang wie das dritte Glied. Untergesicht gelblichweiss bestäubt, silberschimmernd und weisslich behaart. An den Wangen wenige schwarze Haare.

Taster ziemlich kurz, weiss, das Endglied leicht hakig gekrümmt, in der Basalhälfte verdickt, in der Endhälfte in eine scharfe feine Spitze ausgezogen, aussen mit vielen kurzen, schwarzen Haaren besetzt. Der Winkel des Innen- und Unterrandes, die sogenannte Augenecke, beträgt circa 120°.

Thorax schwarzgrau, Rückenschild mit fünf helleren Längsstriemen, schwach greishaarig. Beine schwarz, Schenkel an der äussersten Spitze, Vorderschienen in der Basalhälfte gelb, Mittel- und Hinterschienen gelbbraun, an der Spitze wie die Tarsen dieser Beine pechbraun. Schwinger schwarzbraun.

Flügel hyalin, Randmal braun, die Hilfsader und erste Längsader heller, die anderen dunkelbraun, an der Gabel der dritten Längsader etwas rauchig und zuweilen an der vorderen Zinke derselben ein kleiner Anhang. Erste Hinterrandzelle breit offen.

Hinterleib platt und fast parallelrandig, breit, schwarz, mit drei Reihen hellgrauer Flecke, die durch gelbgraue, aber hinfällige Behaarung deutlicher werden. Die Mittelflecke sind dreieckig und erreichen den Vorderrand der Ringe nicht, die seitlichen sind rhombisch und berühren wie jene den Hinterrand. Alle Hinterränder der Ringe sind kurz und fein weisslich bewimpert, der erste und zweite Ring sind seitlich grau. Bauch grau mit hellen weisslichen Segmenträndern, welche hell weisslich behaart sind.

Körperlänge 11—12·3^{mm}. Flügellänge 10·-11^{mm}. Kopfbreite 3·6—4^{mm}.

Beschrieben nach zwei Exemplaren, welche von Löw als *nigricornis* bestimmt wurden, die jedoch Jännicke früher für eine neue Art hielt und *T. engadinensis* benannte. Mitgetheilt von H. v. Heyden.

Schweden, Lappland (Zett.); Schweiz (Jaennicke); Ungarn (Frauenfeld); Böhmen (Kowarz), im Heuthal bei Asch am 4. und 8. August in beiden Geschlechtern gefangen.

Von dem nordamerikanischen *Tabanus rhombicus* O. S. hauptsächlich durch das kürzere und am Grunde viel dickere zweite Tasterglied unterschieden, sonst aber demselben sehr ähnlich.

18. *pusillus* Egger.

Verh. d. zool. botan. Gesellsch. IX. 393. 1859.
Schiner. Fauna austriaca. I. Bd. p. 51. Note.

Weibchen: Augen einfarbig grün, schwach und kurz behaart; Stirnstrieme gelbfilzig, parallelrandig, höchstens viermal so hoch als unten breit; untere Augeneckenschwiele viereckig, glänzend schwarz, oben mit einer dunklen Linie, die bis über die Mitte der Strieme hinaufläuft; Ocellenhöcker auf einer grauen Stelle etwas angedeutet. Stirndreieck gelbfilzig, ebenso die fast nackten Wangen und das Untergesicht, letzteres mit feinem, dünnem, weissen Barte. Antennen schwarz. Basalglied oben mit einer kurz-schwarzborstigen Ecke vortretend, drittes Glied compress, oben stumpfwinkelig mit einer deutlichen kleinen Ecke vor der Mitte, unten etwas convex. Griffel dick und so lange als das dritte Glied. Taster rein weiss, mit kurzen, weissen, seidenartigen und wenigen kurzen, schwarzen Haaren besetzt. Endglied ziemlich kurz, wenig im Knie gebogen, aber vom Grunde an bis unter die Beugung stark blasig aufgetrieben und das Enddrittel dann auffallend verdünnt, eine feine Spitze bildend. Rückenschild durch die auf demselben stehenden dunklen und gelblichen Härchen schwarzbraun und nicht gestriemt erscheinend. Brustseiten grau etwas silberglänzend, mit weissen Haaren an den Hüften und unter der Flügelwurzel. Beine schwarzbraun. Vorderschienen in der Basalhälfte weissgelb, Mittel- und Hinterschienen braungelb, am Ende schwarzbraun, deren Tarsen braun oder schwarz.

Schwinger schwarzbraun, das Köpfchen in der Endhälfte hell gelbweiss, Flügel hyalin, Adern braun, Randmal gelblich, zuweilen ein kleiner Anhang am vorderen Gabelast der dritten Längsader.

Hinterleib platt und ziemlich gleich breit, schwarz mit hellgelbfilzigen Hinterrändern der Segmente und drei Längsreihen von grangelben, gelbfilzigen Flecken, von denen die dorsalen dreieckig, die lateralen rundlich und isolirt erscheinen. Rand des Leibes länger weisshaarig. Bauch hell aschgrau, die Säume der Segmente weisslichgelb. Zweiter Ring oben seitlich in der vorderen Hälfte kastanienbraun.

Körperlänge 12^{mm}. Flügellänge 9^{mm}. Kopfbreite 4^{mm}.

In der kaiserlichen Sammlung befinden sich die beiden Originalexemplare von Dr. Egger aus Triest. Von Herrn Gerke erhielt ich ein Stück aus Griechenland.

Das Männchen dieser Art ist unbekannt.

19. **acuminatus** Löw. Verh. zool. botan. Gesellsch. Wien. VIII. 1858. p. 590.

Schiner. Faun. Austr. i. 30.

Hinterleib bei beiden Geschlechtern hinten spitz, vom fünften Ringe an auffallend compress, zapfenartig auslaufend. Augen bandirt, Schulterschwiele meist rothgelb.

Männchen: Augen mit zwei Purpurbinden, die Felder in den zwei oberen Dritteln, mit Ausnahme des schmalen Randes, viel grösser als unten, im Ganzen der Kopf des Männchens grösser als der des Weibchens, vorgewölbt. Antennen schmal und lang, schwarz, das dritte Glied am Grunde wenig breiter, oben mit sehr kleiner Ecke und kaum ausgeschnitten, ganz an der Basis oft röthlich.

Taster weiss, durch das längere Grundglied vorstehend, Endglied länglich eirund, nicht sehr dick, lang weiss- und etwas schwarz gemischt behaart.

Hinterleib am ersten, zweiten und dritten Ringe ziegelroth, oben mit breiter, scharf und gerade begrenzter, unten mit eben solcher unterbrochener schwarzer Längsstrieme, die Spitze schwarz. Schienen fast ganz gelb, die hintere schwarz gewimpert, Schenkel schwarz.

Körperlänge 15^{mm}. Flügellänge 12^{mm}.

Weibchen: Augen mit drei Purpurbinden; Stirnstrieme ziemlich breit, unten etwas schmäler, circa dreimal so hoch als breit, gelbgrau. Augenreckenschwiele gross, viereckig, oben eingeschnitten, unten gegen das gelbgraue Stirndreieck manchmal spitz, mittlere Schwiele etwas kleiner, am Ober- und Unterrande zackig, oft sehr klein und rund, schwarz; Ocellenhöcker ziemlich gross, braun, oval, vom Hinterrande des Kopfes weit nach vorne gerückt.

Taster ziemlich lang, weiss und ebenso seidenartig behaart, mit einigen schwarzen Haaren untermischt, das Endglied leicht S-förmig geschwungen, wenig gekniet, in der Basalhälfte wenig verdickt, dann allmälig verdünnt, mit spitzem Ende; alles Übrige wie beim Manne.

Körperlänge 13—14^{mm}. Flügellänge 12^{mm}.

Im kaiserlichen Museum von H. Finsch aus Nor-Saissan in Sibirien. Nach Löw in Dalmatien. Zwei Stücke aus Dr. Egger's Sammlung im kaiserlichen Museum, leider ohne Fundortsangabe, aber wahrscheinlich sind es die Exemplare, welche, nach Schiner, Frauenfeld in Dalmatien gesammelt hat.

20. *macularis* Fabr. Ent. Syst. IV. 370. 36.

Fabr. Syst. Antl. 108. 43.

Weibchen: Augen grün, lang zottig und dicht gelblich behaart, mit drei schiefen Purpurbinden. Kopf breit und niedrig, Stirnstrieme gelbgrau, sehr breit und kurz, nur noch einmal so hoch als breit. Untere Augeneckenschwiele breiter als hoch, in der Mitte durch zwei senkrechte Furchen und Grübchen in drei Wülste getheilt, runzelig, durchaus glänzend schwarz; von ihrer Mitte oben zieht eine schwarzgraue Linie bis zum grossen rothbraunen Ocellenhöcker. Stirndreieck gelbgrau, in der Mitte getheilt und von den Wangen durch eine sehr tiefe Furche getrennt. Wangen und das ganze Untergesicht grau, mit gelblichem Schimmer, sehr lang zottig graugelb behaart. Taster schmutzig gelblichweiss, lang weisslich behaart mit wenigen kurzen schwarzen Börstchen; Endglied ziemlich dick, circa viermal so lang, als am Grunde breit, vom Grunde an wenig und allmälig verdünnt, sehr schwach gekrümmt, stumpfspitzig. Hinterkopf mit langen aufrechten, den oberen Augenrand weit überragenden, gelbgreisen und gegen den Ocellenhöcker zu schwarzen Haaren. Fühler schwarzbraun, das zweite Glied und die Basis des dritten gelbbraun. Erstes Glied lang ($^3/_4$ so lang als das vierte), cylindrisch, lang schwarz- und greis gemischt behaart; zweites sehr kurz, napfförmig, drittes oben ganz flach und stumpfwinkelig, die stumpfe Ecke mit einer sehr kleinen Borste. Griffel kürzer als das dritte Glied, sehr dick.

Thorax schwarzgrau, lang zottig gelbgreis- und etwas schwarz gemischt behaart. Rückenschild mit vier dunkleren ziemlich breiten Längsstriemen.

Beine schwarzbraun, die Vorderschienen bis über die Mitte, die Mittelschienen mit Ausnahme der Spitze, die Hinterschienen, Mittel- und Hintertarsen ganz gelbbraun. Schenkel und Schienen mit langen, feinen, unregelmässig abstehenden, greisen und schwärzlichen Haaren. Schwinger schwarzbraun, das Köpfchen am Ende etwas heller schimmernd. Flügel hyalin. Adern gelbbraun und fast alle sehr blassbraun beraucht. Erste Hinterrandzelle weit offen; vordere Zinke der dritten Längsader ohne oder nur mit der Spur eines Anhanges.

Hinterleib platt, breiter als der Thorax, nach hinten gleich breit bleibend, schwarzgrau, bei Beleuchtung von hinten erscheint derselbe blaugrau, mit breiter, schwarzgrauer Mittellängsstrieme, welche dunkelgraue Dreiecke einschliesst und vom dritten Ringe an mit dunkler, schwarzgrauer Seitenrandstrieme. Die Hinterränder der Ringe vom dritten angefangen hellgelblich schmal gesäumt und ebenso kurz behaart. Die Behaarung wird nach hinten zu länger und ist vorne (erster bis dritter Ring) seitlich gelbgreis, hinten (dritter bis letzter Ring) gegen den Vorderrand zu schwärzlich, nach hinten zu gelbgreis, an der Seite lang und zottig, die schwarzen Haare mit den weissen alternirende Flecken bildend. Bauch einfärbig schwarzgrau, durchaus, besonders an den Hinterrändern und seitlich, dicht gelbgreis behaart.

Körperlänge 12—13^{mm}. Flügellänge 11·5^{mm}. Kopfbreite 4^{mm}.

Diese Art befand sich in den Nachträgen der Winthem'schen Sammlung. Als Vaterland ist Barbaria (Berberei) angegeben.

Atylotus Ost. Sack.

Augen in beiden Geschlechtern behaart, die Haare zuweilen dunkel, kurz und zerstreut, zuweilen ziemlich, oder selbst sehr, dicht. Beim Weibchen die Augen zuweilen viel kürzer behaart und bei abgeflogenen Stücken nackt erscheinend *(fulvus)*. Ocellenhöcker beim Weibchen stets fehlend, der Scheitel etwas dunkler oder daselbst eine paarige flache dunkle Schwiele. Ocellenhöcker des Männchens zuweilen fehlend, zuweilen vorhanden, aber selten gross und stets oben platt, kaum vortretend.

Die Männchen dieser Gruppe zeigen keinen auffallenden Unterschied von denen der Gruppe *Therioplectes*. Der flache Ocellenhöcker wird kaum zur Bestimmung ausreichen, zudem da er bei einigen Arten doch gewölbt erscheint *(plebejus)*.

21. *ater* Rossi. Fauna etr. 1790.

> *ater* Meigen. Syst. B. II. 32. 1.
> *morio* Meigen. Class. I. 167. 4.
> *nigrita* Meigen. Class. I. 172. non Fbr.
> *ater* Löw. Verh. zool. botan. Gesellsch. VIII. 610. cum varietat.
> – Schiner. Fauna. I. 33.
> *fuscatus* Meq. Dipt. d. Nord. d. France. 152. 2. Meig. VII. 59. 45.

Augen einfarbig, dunkelgrün.

Männchen: Kopf breit und nicht stark vorgezogen; Augen sehr kurz-, aber ziemlich deutlich schwarz behaart, besonders auf der Mitte; die Felder auf letzteren etwas grösser, nach aussen ziemlich deutlich begrenzt, nach unten und vorne weniger schnell in die kleinen Felder des unteren und äusseren Drittels übergehend.

Stirndreieck grau, in gewisser Stellung weisslich silberschimmernd, die Spitze flach, unterhalb derselben aber die Stirne stark rundlich gewölbt, im Profile vorspringend. Antennen schwarzbraun, erstes Glied cylindrisch, oben nicht erweitert, zweites mit zahnartigem, bald längerem bald kürzerem Fortsatz, beide nicht sehr lang schwarzborstig. Drittes Glied halbmondförmig, durch den starken, krummen Hakenfortsatz und tiefen Ausschnitt des Oberrandes. — Griffel dick, so lang als das dritte Glied, schwarz. Wangen und Untergesicht grau, dunkel und schwach silberschimmernd, beide ziemlich dicht und fein schwarzhaarig. An den Backen oft hellere, bräunliche oder gelbgreise Haare. – Am Hinterhauptrande oben, neben dem deutlichen braunen Ocellenhöcker, längere wenige schwarze und viele greise aufrechte Haare.

Taster schwarz und lang schwarzbehaart. Endglied dick, oval, an der Spitze abgerundet und etwas einwärts gebogen.

Thorax schwarz, Rückenschild sehr dunkel und undeutlich grau gestriemt, dunkel bleigrau behaart, am Rande über der Flügelwurzel und vor dem Schildchen hellere Haare; der dort befindliche Höcker am Seitenrande des Rückenschildes vor dem Schildchen meist rothbraun, Schildchen schwarz wie der Rückenschild. Brustseiten tief schwarz und dicht schwarzbehaart, vor der Flügelwurzel scharf vom grauen Rückenschild abgegrenzt. Beine ganz schwarz, und ebenso behaart, nur die Hafttlappen braun. Schwinger schwarzbraun. Flügel schwarzbraun u. z. am intensivsten am Vorderrande, heller am Hinterrande und der Spitze; Randmal schwarzbraun. Die Hilfsader, 1., 2. und 3. Längsader oft heller braun, oft aber auch schwarzbraun. Hinterleib platt und stumpfkegelig, bis zum 5. Ring fast parallelrandig, die folgenden Ringe eine abgesetzte kegelige Spitze bildend; ganz glänzend schwarz und so behaart, nur seitlich am Hinterrande des 1. Ringes und am 6. Segmente bis zur Spitze weisse Haare, die aber nur bei gewisser Beleuchtung und besonders am Rande deutlich hellschimmernd bemerkbar sind. Bauch schwarzbraun, die hellen Haare am 1. Ring in der Spitze auch bei dieser Ansicht bemerkbar. Die weissliche Behaarung wechselt in der Ausbreitung und kann auch fehlen. — Siehe die Variationen, welche Löw l. c. anführt.

Körperlänge 17—19^mm. Flügellänge 15—16·5^mm. Kopfbreite 6—6·5^mm.

Weibchen. Augen schwarzgrün, sehr wenig und kurz-, immerhin aber noch deutlich behaart, klein gefeldert, der Hinterrand oben mit etwas längeren aufrechten schwarzen Haaren. — Stirnstrieme ziemlich breit, nach oben schmäler, fast parallelrandig, hell aschgrau, etwa 4 mal so hoch, als unten breit. Augeneckenschwiele schwachglänzend, schwarz, runzlich, viereckig, breit, oben verlängert und allmälig in eine Leiste verschmälert, die bis über die Mitte der Strieme nach oben reicht. Scheitel schwarzhaarig. Stirndreieck glänzend schwarz, am Rande silbergrau schimmernd. — Antennen und Untergesicht wie beim Manne, letzteres aber kürzer behaart. — Taster schwarz und anliegend behaart. Endglied wenig hakig gebogen, fast gerade. vom dickeren Grunde ganz allmälig verdünnt, stumpfspitzig.

Thorax wie beim Manne, nur der Rückenschild und das Schildchen viel dichter und heller aschgrau behaart, gegen das Schildchen fast weiss glänzende Haare, vorne eine Andeutung von Striemen. Hinterleib breit und platt, parallel randig, hinten stufig abgerundet, Farbe und Behaarung wie beim Manne, ebenso die Flügel und Beine.

Körperlänge 18—19^{mm}, Flügellänge 16·5—17^{mm}, Kopfbreite 6·3—6·6^{mm}.

In der kais. Sammlung aus Krain, Istrien, Dalmatien (Ragusa), aus der Dobrudscha, aus Tirol (Bozen) von Mann gesammelt, aus Italien (Sicilien), Griechenland und Spanien (Andalusien), aus Gibraltar (als *T. algirus* Meq. bestimmt).

In der Wiedemann'schen Sammlung aus Italien.

In der Winthem'schen Sammlung aus den Pyrenäen und aus Süd-Frankreich (Marseille). Ein Stück aus Paris (als *T. morio* und *ater* Fbr. bestimmt).

Schiner bemerkt in der Novara Reise l. c., dass *T. algirus* Meq. den er aus Gibraltar erhielt, einen schlankeren, spitzen, am Ende gelblich behaarten Hinterleib besitze. Ich kann das Exemplar sonst von *T. ater* nicht unterscheiden.

22. *anthracinus* Hgg. Mg. Syst. B. II. 36, 7.

obscurus Löw. Verh. d. zool. botan. Gesellsch. VIII. 1858. 612.
atropos Jaen n. Berl. Ent. Z. X. 87.

Männchen. Kopf verhältnissmässig klein und von oben dreieckig erscheinend, Augen sehr dunkelgrün, kurz- aber deutlich und ziemlich dicht schwarz behaart; die Felder in der Mitte zu beiden Seiten der Naht grösser als im unteren Drittel und aussen, die Grenze zwischen den verschiedenen Feldern aber nur gegen aussen zu schärfer, nach vorne durch allmäligen Übergang der grösseren in die kleineren Felder undeutlich. Ocellenhöcker deutlich, rundlich, schwarzbraun und schwarz behaart, hinter demselben der Hinterrand des Kopfes mit langen aufrechten gelbgreisen Haaren. Stirndreieck schwarzgrau in gewisser Richtung hell silberschimmernd, überall flach, unter der Spitze sehr wenig vorgehoben, so dass die Fläche im Profile von einer geraden Linie begrenzt wird. Fühler schwarzbraun. Grundglieder schwarzborstig behaart, das 1. nicht erweitert, das 2. oben in eine Spitze ausgezogen. Drittes Glied halbmondförmig, durch den starken krummen Hakenfortsatz und Ausschnitt am Oberrande. Wangen und Untergesicht schwarzgrau, etwas silberschimmernd, schwarz- und greis gemischt behaart u. z. stehen nach aussen an den Wangen und nach unten an den Backen viele gelbgreise Haare. Taster schwarz und ebenso behaart. Endglied oval, das Ende etwas einwärts gebogen und kegelig.

Thorax schwarz, Rückenschild mit undeutlichen dunkelgrauen Längsstriemen und vorwaltend graubraun behaart, in der Mitte viele schwarze Haare, am Rande vor der Flügelwurzel ein Saum von helleren gelblichgrauen Haaren. Brustseiten in der Mitte schwarzhaarig, nach vorne und unter der Flügelwurzel gelblichgrau behaart, an letzterer Stelle in Form von zwei Flocken, die hinter einander liegen. Die schwarze Behaarung bildet eine Strieme von der Flügelwurzel bis zu den Mittelhüften. Helle, gelbgreise Haare stehen auch an den Deckschüppchen der Flügel. Beine schwarz und ebenso behaart, nur an den Hüften greise Haare. Schwinger schwarzbraun, hell glänzend und der Stiel gelbbraun.

Flügel verhältnissmässig lang, vom Grunde bis zum Randmale heller, gelblichgrau hyalin, vom Vorderrande bis zur Analzelle und dort die Längsadern (1.—5.) heller braun; an der Spitze und am ganzen Hinterrande etwas dunkler, rauchgrau getrübt.

Hinterleib glänzend schwarz und so behaart, die Hinterränder des 2.—5. Ringes grau und mit hell weissschimmernden Haaren, besonders breit gegen die Seiten, und in der Mitte in Form eines hellen Punktes gesäumt. Erster Ring nur seitlich seidenartig weisshaarig, 2. und 3. seitlich oft kastanienbraun. Spitze des Abdomens ebenfalls seitlich deutlicher greishaarig. Die ganze Form des Hinterleibes kurz kegelig oder halbeiförmig, vom 3. Ring an verengt, die Spitze nicht so stark stufig abgesetzt und der Seitenrand mehr convex.

Bauch schwarz, die Ränder kaum heller, aber mit kurzen in gewisser Richtung hell weisslich schimmernden Haaren gesäumt. Spitze graubaarig.

Körperlänge 15—16ᵐᵐ. Flügellänge 13·5—15ᵐᵐ. Kopfbreite 5·3—6ᵐᵐ.

Weibchen. Augen sehr dunkel grün, klein gefeldert, sehr kurz- aber doch deutlich schwarz haarig. Stirnstrieme breit, nach oben schmäler, circa 3—3¹⁄₂ mal so hoch als unten breit, gelbgrau. Augeneckenschwiele mattglänzend, runzlich, schwarz, unten breit und viereckig, nach oben allmälig verschmälert in eine schwarze Leiste auslaufend, die weit über die Mitte der Strieme hinauf reicht. Ocellenschwiele fehlend, die Stelle runzlich und etwas dunkler grau. Behaarung daselbst und am Hinterrande des Kopfes oben gelbgreis. — Taster schwarz, wenig hakig oder S-förmig gebogen, schlank, vom etwas dickeren Grunde allmälig in eine stumpfe abgerundete Spitze auslaufend. Thorax wie beim Manne, die Brustseiten oft ohne hellere Flecken, und der Rückenschild kaum oder nicht heller gelbgrau behaart als beim Manne. Hinterleib ziemlich gewölbt und stumpf abgerundet, glänzend schwarzbraun, besonders hinten oft mit vielen gelbgreisen Haaren und die Haarflecke in der Dorsallinie, von hinten her beleuchtet, deutlich gelbe Dreiecke bildend, auf sehr wenig abgehobener grauer Grundfarbe. Die Hinterränder der Ringe seitlich breit mit hellschimmernden gelben Haaren besetzt, die nach oben einen schmalen und gegen die Mittellinie schwindenden Gürtel bilden. — Flügel, Beine und das Übrige wie beim Manne.

Körperlänge 16—18·5ᵐᵐ. Flügellänge 15—16·5ᵐᵐ. Kopfbreite 3·7—6·3ᵐᵐ.

Im kais. Museum aus Sicilien, Corsica, Livorno, Griechenland (Tinos) von den Herren Mann und Erber gesammelt.

Ein Weibchen in der Winthem'schen Sammlung aus Sicilien als *ater* bestimmt.

23. *alexandrinus* Wd. Aussereurop. Zwfl. II. 624. 23.
    carbonatus Macq. S. a. Buffon. I. 199. s. Meig. VII. 58.

Flügel schwarzbraun hyalin, oder alle Längs- und Queradern breit schwarzbraun beraucht, die Spitze allein bis in die Gabel der 3. Längsader hinein hell.

Männchen. Kopf nicht grösser als beim Weibchen, Augen dunkelgrün, kurz behaart, die Felder überall fast gleich, klein, nur in der Mitte neben der Naht etwas grösser. Wangen mit längeren schwarzen Borsten. Taster schwarz, das Endglied eiförmig, schwarz behaart. Kopf unten, sowie die Brustseiten und der ganze Körper schwarzhaarig. Beine schwarz, nur an den Schenkeln länger feinhaarig; Bauch ganz schwarz. — 3. Fühlerglied am Grunde kaum erweitert, ohne Hakenfortsatz, nur eine stumpfe kleine Ecke fast in der Mitte des Oberrandes. Alle Glieder schwarz.

Körperlänge 13ᵐᵐ. Flügellänge 11ᵐᵐ.

Weibchen. Augen kurz behaart, dunkelgrün; Stirnstrieme breit und lang, parallelrandig (die Breite mehr als dreimal (c. 3¹⁄₃ mal) in der Höhe enthalten) und wie das Stirndreieck glänzend schwarz, nur bei Betrachtung von oben erscheint der Scheitel und ein schmaler Saum am Augenrande grau bestäubt. Die Gegend über der unteren Augenecke ist in der Mitte schwielig erhöht und durch zwei, dem inneren Augenrande parallele, aber nicht bis an die Augenecken nach unten reichende Furchen begrenzt. Unter diesen Furchenenden liegt die viereckige Augeneckenschwiele, die sich zwischen denselben in eine dreieckige Strieme nach oben verlängert. Ocellenschwiele fehlend. — Taster schwarz und ebenso kurz behaart, sehr dünn und schlank, etwa fünfmal so lang als am Grunde dick, gar nicht im Knie gebogen, sondern kaum geschwungen, fast gerade, sehr allmälig in eine zarte Spitze auslaufend, daher überall dünn. — Rückenschild mit dünner greiser Behaarung am Rande. Brustseiten schwarzhaarig.

Fühler schwarz und wie beim Männchen geformt. Augenfelder alle ziemlich klein.

Körperlänge 14ᵐᵐ. Flügellänge 12·5ᵐᵐ.

Im kais. Museum aus Syrien von Herrn Baron Gödl und aus Italien von Frauenfeld; in der Coll. Wiedemann aus Alexandrien ohne Bestimmung.

24. *umbrinus* Hoffgg. in Meigen. Syst. B. II. 35. 6 (Wiedm.)

> *istriensis* Meig. (Megerle). l. c. II. 36. 8.
> *marolipennis* Brulle. Exp. d. Morée. III. 305. 660.
> *umbrinus* Löw. Verh. d. zool. botan. Gesellsch. VIII. 609.
> Schiner. Fauna I. 83.

Männchen. Kopf nicht grösser als beim Weibchen, Augen unbandirt. dunkelgrün, zerstreut grangelb behaart, oft fast kahl erscheinend, die Felder in den zwei oberen Dritteln bedeutend grösser und von den unteren ziemlich scharf getrennt, aber gegen den Hinterrand oben allmälig kleiner werdend. Ocellenhöcker schwarzbraun, tief eingesenkt in die Augenspalte und von vorne kaum zu sehen, gelblich behaart; Augennaht tiefspaltig, gelb behaart. Oberrand des Hinterkopfes mit langen aufrechten feinen gelben Haaren. Stirndreieck an der Spitze platt und flach, unten stark gewölbt vortretend, grau, in gewisser Stellung oben schwärzlich und über den Fühlern hell silberschimmernd. — Fühler schwarzbraun, die Basalglieder nicht kappenförmig, das erste fast cylindrisch, beide kurz schwarzhaarig. Drittes Glied etwa dreimal so lang als breit, schmal, am Oberrande stumpfwinklig, ziemlich flach, die Ecke fast in der Mitte des Oberrandes, Griffel ebenso lang als das 3. Glied, dick. — Untergesicht grau mit vielen gelbgreisen oder weissen, mit schwarzen gemischten Haaren. Taster kurz, klein, schwarz, greis und schwarz gemischt behaart. Das Endglied oval, etwa doppelt so lang als breit. — Thorax grauschwarz, glänzend, Rückenschild am Rande grau schimmernd und heller grau-, oben mehr schwärzlich behaart. Brustseiten mit hell weissgrauen Flocken, in denen meist gelber Blüthenstaub sitzt und die Farbe verändert. Schwinger schwarzbraun. Beine ganz schwarz und ausser den greisbehaarten Hüften ganz schwarzhaarig. Hinterschienen mit längeren schwarzen Wimpern innen. Haftlappen weisslich. Flügel hyalin, die Adern braun, der Vorderrand gebräunt und hinter dem Randmale eine braune Wolke bis zur Discoidalzelle. Basalhälfte zuweilen etwas gelblich hyalin. Schüppchen mit weissen Flockenhaaren. Anhang der Gabel der 3. Längsader meist fehlend. Hinterleib spitzkegelig, glänzend schwarz, der erste Ring an der Seite ganz blaugrau, der 2., 3., 4. u. 5. mit in der Mitte schmalen, an den Seiten stark nach vorne erweiterten blaugrauen, fein und hinfällig weissbehaarten Hinterrändern, grell weiss schimmernd, Spitze ebenso gesäumt. Selten ist der graue Hinterrand in der Mitte zu einem kleinen, kaum merkbaren Dreieck vorgezogen. Der 2. Ring ist manchmal bräunlich. — Bauch glänzend grauschwarz, die Segmente mit feinen grauen, hinfällig kurz und fein weiss behaarten Säumen.

Körperlänge 13ᵐᵐ. Flügellänge 12ᵐᵐ. Kopfbreite 1·5ᵐᵐ.

Weibchen. Das Weibchen gleicht dem Männchen ausser den anzugebenden in allen Theilen. — In der Regel ist der Kopf breiter, die Augen sind gleichfelderig, dunkelgrün, die Stirnstrieme ist circa dreimal so hoch als breit, parallelrandig, grau, ohne Ocellenhöcker, aber der Scheitel geschwärzt. Untere Augeneckenschwiele schmäler als die Stirnstrieme, unten gerade abgestutzt, oben lanzettlich oder dreieckig bis über die Mitte verlängert, glänzend schwarz und meist ihre Umgebung auf der Mitte der Strieme noch etwas dunkler grau. Stirndreieck glänzend schwarz, nur am Rande grau bestäubt. — Oberrand des Hinterkopfes kurz gelbhaarig. Taster schwarz, etwas grau silberschimmernd, kurz schwarz behaart; das Endglied schmal, ganz am Grunde kaum gekniet, darum ganz gerade erscheinend, an der Spitze kaum merklich dünner, stumpf spitzig, etwas abgerundet, circa viermal so lang als breit, sehr zart. Hinterleib breiter als der Thorax, kurz eiförmig, hinten abgestumpft. Färbung wie beim Manne, nur am 3., 4. und 5. Ringe ein kleines weisshaariges Dreieck in der Mitte des Hinterrandes meist deutlich, u. z. meist erst vom 3. Ringe an, am 2. selten oder kleiner. Körper häufig mit gelbem Blüthenstaube bedeckt. Rückenschild oft heller bleigrau.

Körperlänge 13—14ᵐᵐ. Flügellänge 13—13·5ᵐᵐ. Kopfbreite 5—5·3ᵐᵐ.

Im kais. Museum aus Sicilien, Istrien (Fiume), Dalmatien (Spalato); Kärnthen, Croatien (Josephsthal), Tultscha, Brussa und Amasia (Mann).

In der Winthem'schen Sammlung aus Italien (Type).

25. *tomentosus* Macq. Expl. d. Algerie. T. III. p. 424. 1849. Atlas. *Diptera.* Taf. I. Fig. 7 (♂)

T. apiarius Jaennicke. Berlin. Ent. Zeit. X. 68.

Weibchen. Augen behaart, unbandirt, grün mit blauen Reflexen. Stirnstrieme gelblich grau, breit, kaum dreimal so lang als breit, parallelrandig. Untere Augeneckenschwiele glänzend schwarz, viereckig, unten zackig, schmäler als die Stirnstrieme, nach oben bis über die Mitte der letzteren hinauf in eine, fast mit ihr gleich breite, nach oben langsam verschmälerte schwarze Mittelstrieme verlängert, die oft bis zum Scheitel reicht. Ocellenschwiele rudimentär, durch schwarze Haare und eine furchige Stelle bezeichnet. Hinter dem oberen Augenrande etwas vorragende gelblichgreise Haare. Stirndreieck grau. Antennen schwarz, erstes Glied fast cylindrisch, oben nicht erweitert, zweites oben in eine Spitze verlängert, drittes breit am Grunde, der Oberrand fast ganz im letzten Viertel mit etwas vortretender, fast rechtwinklig abfallender Ecke und vor derselben der stark abfallende Rand etwas buchtig. Griffel dick, länger als das 3. Glied. Wangen und Untergesicht gelbgrau, greisbehaart. Taster schwarzbraun, gegen die Spitze weisslich und aussen anliegend weiss behaart. Endglied schwach gebogen, schlank, vom Grunde allmälig verdünnt, stumpfspitzig. — Thorax grauschwarz, hellgrau bereift und gelbgreis behaart; die Behaarung oft abgeriebener, am Rückenschilde seitlich und an den Brustseiten deutlich. Schwinger schwarzbraun, der Stiel gelblich, die Spitze des Köpfchens hell weisslich. — Beine schwarz, die Vorderschienen am Grunde vorne, die Mittel- und Hinterschienen fast bis zur Spitze weisslich gelb und dort hell weissgelb behaart. Schenkel hell greishaarig. Flügel, über dunklen Grund gehalten, gelblich hyalin bis zur Discoidalzelle (inclus.), dann der ganze breite Hinterrand graulich getrübt. Das Randmal rauchbraun, dahinter bis über die kleine Querader eine blass rauchbraune Wolke. 4. und 5. Längsader etwas beraucht. Hülfsader und Grundstamm der 3. und 5. Längsader gelbbraun, die andere schwarzbraun, besonders die 4. tief schwarzbraun. Gabel der dritten Längsader ohne Anhang und nicht beraucht. 1. Hinterrandzelle kaum verengt gegen den Rand. — Hinterleib schwarzgrau, gegen die Hinterränder der Segmente hellgrau bereift. Das Graue bildet einen breiten Hinterrandsaum, der in der Mitte breit dreieckig gegen den Vorderrand gezogen ist; der Rand selbst schmal, weisslich und besonders nach hinten zu immer dichter seidenartig hell gelbgreis behaart und gesäumt. Bauch grau, die Hinterränder der Ringe weisslich und ebenso behaart.

Körperlänge 13ᵐᵐ. Flügellänge 11·5. Kopfbreite 5ᵐᵐ.

Zwei Weibchen. Von Frauenfeld aus Calabrien.

Die Reste, welche von dem Original-Exemplare Jaennicke's noch vorhanden sind (Flügel und Thorax) lassen mit Zuhülfenahme der Beschreibung keinen Zweifel in der Richtigkeit der Bestimmung aufkommen. Dasselbe ist ein Männchen, die Flügel sind etwas heller, namentlich die braune Wolke und der Rückenschild seitlich etwas gelblich. Am Kopfe an den Wangen sollen nach Jaennicke schwarze Haare stehen. Das 3. Fühlerglied soll am Grunde dunkelrothbraun sein. Augen dunkelblaugrün, weisslich behaart, unbandirt. Die Felder in der Mitte etwas grösser, allmälig in die kleineren Randfelder übergehend. Hinterleib etwas bläulich schimmernd und am 2. Ringe seitlich Spuren eines braunen Fleckes, wie beim Weibchen weiss und gelb behaart. Alles Übrige wie beim Weibchen. Das Exemplar wurde von Homeyer in der Stadt Algier gefangen, woher sie auch Macquart beschrieb. — Die Art soll in Menge auf Blumen sitzen. — Jaennicke vermuthete ganz richtig, dass dieselbe auch in Süd-Europa sich finden dürfte.

Die Abbildung des Männchens von Macquart l. c. ist eine vorzüglich gelungene zu nennen.

26. *rupium* n. sp.

Männchen. Unbekannt.

Weibchen. Augen ziemlich lang grau behaart, schwärzlich dunkelgrün mit etwas röthlichem Schimmer und einer schiefen halbmondförmigen rudimentären, nur in der Mitte deutlichen breiten Purpurbinde. Oberrand

8 *

des Hinterkopfes mit langen vorgekrümmten schwarzen Haaren, sonst kurz- und fein grau behaart. — Stirnstrieme grau, parallelrandig, oben am Scheitel stark gewölbt, schwärzlich, öfters grau bestaubt, dicht schwarz behaart und dadurch fast einen Ocellenhöcker vortäuschend. Stirnstrieme sonst ziemlich breit, circa viermal so hoch als unten breit. Untere Augeneckenschwiele breit, nach oben dreieckig und von der Spitze in eine Linie ausgezogen, glänzend schwarz, am Unterrande zackig. Stirndreieck grau, in der Mitte meist abgerieben, und glänzend schwarz. Fühler ganz schwarz. Erstes Glied lang, becherförmig, ringsum fein schwarz behaart, 2. Glied sehr klein napfförmig, drittes Glied mässig breit am Grunde, am Oberrande daselbst stumpfwinklig erweitert, aber kaum abgehackt, nach vorne von der dicken Erweiterung der Rand fast geradlinig schief abfallend; Griffel dick, fast so lang als das 3. Glied und etwas aufgebogen. Wangen und Untergesicht weissgrau, erstere mit feinen kurzen schwarzen, letzteres mit gelbgreisen Haaren. — Taster mässig lang, schmutzig bräunlich weiss, oder bräunlich, aussen am 2. Gliede kurz- und ziemlich dicht schwarz behaart, das Basalglied lang- weisshaarig mit schwärzlichen Haaren untermischt. Zweites Glied hakig gekniet am Grunde ziemlich dick, etwa ein Drittel dicker als in der Mitte, aber von der Basis allmälig verschmälert in eine stumpfe gerade Spitze nach unten verlaufend. Thorax schwarzgrau. Rückenschild etwas glänzend mit fünf deutlichen grauen Längsstriemen, auf diesen und den Rändern abfällig greis-, sonst schwarzhaarig; Brustseiten länger weissgrau behaart, in Form von Flocken unter der Flügelwurzel und an den Hüften; in der Mitte der Seiten kurze schwarze Haare. — Schwinger glänzend schwarz. Beine schwarz oder schwarzbraun. Vorderschienen in der Basalhälfte am Vorderrande gelbbraun, Mittelschienen dunkelbraun, an der Spitze schwarz, Hinterschienen schwarz oder schwarzbraun. Behaarung der Beine schwarz, an den Schenkeln länger und daselbst am Grunde des ersten Paares und an der Hinterseite des 2. und 3. Paares längere greise Haare. Flügel fast vollkommen hyalin, mit tief schwarzen Randmale und schwarzen Adern. Kein Anhang an der Gabel der dritten Längsader. Hinterleib platt oval, tief schwarz, mit sehr feinen, nicht scharf begrenzten, grauweissen Hinterrändern der Ringe und drei Reihen weisslich oder bläulich grauen Flecken, von denen der mittleren Längsreihe am 2., 3. und 4. Ring dreieckig sind, die übrigen rundlich oder punktartig erscheinen, alle den Hinterrand berühren und bis über die Mitte nach vorne reichen. Die Flecke der Seitenlängsreihen sind rundlich und berühren vom 3. Ringe an, weder den Vorder- noch Hinterrand. Sie werden vom 2. an, wo sie noch dem Hinterrande genähert, oder etwas damit verbunden sind, allmälig kleiner. Die Behaarung ist ziemlich lang, schwarz, an den hellen Flecken und Rändern hinfällig weisslich grau. Bauch schwarzgrau mit feinen weissgrauen Segmenträndern.

Körperlänge 14^{mm}. Flügellänge 13^{mm}. Kopfbreite 5^{mm}.

Zwei Exemplare von Herrn Studiosus Holztrattner, auf dem Geisberge bei Salzburg im August gefangen, wurden dem kais. Museum überlassen.

Ein Stück fand Herr P. Mik am 17. Juli auf der Spitze desselben Berges an Steinen des verfallenen Schwarzenberghauses.

Herr von Bergenstamm fing die Art bei Politsch in Krain.

Diese Art ist dem *T. nigricornis* Löw und *lapponicus* Ztt. sehr verwandt. Von ersterem unterscheidet sie sich durch den viel breiteren Kopf, durch die dunklen Schienen, die an den Hinterbeinen ganz einfärbig schwarzbraun sind, ebenso wie durch die am Grunde dickeren, grauen oder graubraunen Taster. Ferner berühren bei *nigricornis* die Seitenflecke des Hinterleibes den Hinterrand fast an allen Ringen und sind rhombenförmig, wie bei dem sehr ähnlichen amerikanischen *T. rhombicus* O. S. — Von *lapponicus* Ztt. unterscheiden sie die schmälere Stirnstrieme, der schwarze, aber stark vortretende Scheitel ohne Ocellenhöcker, die viel dickeren Taster und die schwarzen Fühler, deren 3. Glied oben einen stumpfen Höcker zeigt. Auch sind die Hinterränder der Hinterleibsringe bei *T. rupium* viel feiner weiss begrenzt und nicht so breit und deutlich wie bei *lapponicus* gesäumt. Von *T. micans* ist die Art durch helle Taster und am Grunde gelbbraune Vorderschienen, sowie durch die Stirnstrieme ohne Ocellenhörker verschieden. Ich kann selbst mit dem Mikroskope keinen begrenzten Ocellenhöcker wahrnehmen, obschon bei geringer Vergrösserung die dunkle Behaarung des Scheitels irreführt und einen solchen vortäuscht. — Die Stirnstrieme gleicht durch die dreieckig nach oben laufende Augeneckenschwiele der des *T. umbrinus.* — Durch die Form und Farbe der Taster, sowie durch die Flecken des Hinterleibes ähnelt die Art auch dem *maculicornis* Ztt., der jedoch nackte oder nur sehr zerstreut behaarte Augen hat. An den Augen konnte ich durch Aufweichen nur eine rudimentäre Purpurbinde entdecken, die auf der Mitte einen länglichen Fleck bildet. Die oben angegebene Färbung der Augen ist einer Notiz des Herrn Prof. Mik entnommen, welche derselbe nach dem lebenden Thiere gemacht hat.

27. *gigas* Herbst. Gemeinnützige Naturg. des Thier. VIII. 112. Taf. LXVII. Fig. 2. 1787.

> *albipes* Fabr. Ent. Syst. 1794.
> *ignotus* Rossi. Fauna etrusc. II. 320. Nr. 1546. 1790.
> *albipes* Meig. Syst. B. II. 45. 20.
> „ Löw. Verh. zool. botan. Gesellsch. VIII. 582 (*gigas* Herbst 583.
> *gigas* Schiner. Fauna I. 29.
> ? „ Portschinsky. Arbeiten der russ. entomol. Gesellsch. Bd. X. Taf. III. Fig. 1. ? *tusdor* Z.

♂♀: Augen nicht bandirt, schwarz; in der Flügelmitte eine braune Wolke, Basis weissgelb.

Männchen. Kopf nicht so breit als beim Weibchen mit ganz gleichen Augenfeldern, die nicht sehr stark gelb behaart sind. Behaarung überall am Kopf sonst lang und gelblich oder schwarz untermischt. Haare an den Wangen abwärts geneigt, fast anliegend, oft ganz schwarz. Taster weisslich braun oder schwarzbraun, schwarz behaart, 3. Glied birnförmig am freien Ende etwas zugespitzt, kurz. Fühler schwarzbraun, 3. Glied am Grunde sehr wenig erweitert, oben mit kleiner dreieckiger Spitze. Bauch tief schwarz, am 2. Ring jederseits ein weisslicher Haarsaum am Hinterrande. Oben am Hinterleibe der 1. und 2. Ring stark gelbhaarig, die folgenden schwarz, nur am Ende gelbliche, weissliche oder rothgelbe Haare, die Haare an der Spitze sehr dünn. Brustseiten, Schildchen und Rückenschild ganz dicht gelbhaarig. Schwinger weiss. Beine schwarz, Vorderschienen am Grunde, Mittel- und Hinterschienen, mit Ausnahme der Spitze auffallend weissgelb und so behaart.

Körperlänge 20ᵐᵐ. Flügellänge 17ᵐᵐ.

Weibchen. Stirnstrieme sehr breit und kurz, die Breite höchstens 2½ mal in der Höhe enthalten, überall ziemlich dicht gelblich oder schwärzlich (nach oben) behaart. Die Schwielen dadurch mehr weniger verdeckt. Untere Schwiele nach oben spitz, dreieckig, in eine Linie verlängert. Scheitel mit schwarzen, nackten, meist rudimentären und in Flecken getheilten Schwielen. Stirndreieck mehr weniger grau bestäubt, oder dieses nur am Rande, nach oben und auf der Fläche abgerieben, matt schwarz. Taster braun, schwarz kurz behaart, am Grunde im Knie gebogen und fast überall gleich breit, gegen das Ende kaum schmäler und am freien Ende stumpf abgerundet, c. 4 mal so lang als an der dicksten Stelle breit. — Alles Übrige wie beim Manne.

Körperlänge bis 23½ᵐᵐ. Flügellänge 19ᵐᵐ.

Fundorte:

Im kais. Museum: Wiener Umgebung (Kahlenberg, Bisamberg, gelber Berg (Juni) etc.), Kärnthen, Dalmatien (Ragusa), Griechenland (Tinos), Syrien, Klein Asien (Brussa), Sicilien.

Coll. Winthem. Paris.

Coll. Wiedm. Russland, Taurien, (Pallas.)

28. *tricolor* Zeller. Isis v. Oken. 1842. 819.

> Löw. Verh. zool. botan. Gesellsch. VIII. 583.
> Schiner. F. A. I. 36.
> ?*carabaghensis* Portschinsky. 1876/77. Труды энтомологическаго общества въ С.-ПЕТЕРБУРГЬ Р. X. Arbeiten der russisch-entomol. Gesellsch. Bd. X. p. 151. Taf. III. Fig. 2.

♂, ♀: Augen nicht bandirt; in der Flügelmitte eine braune Wolke, Basis gelblichweiss.

Männchen. Kopf fast kleiner als beim Weibchen, mit ganz gleichen kleinen Augenfeldern; Wangenhaare abwärts gerichtet, ziemlich anliegend, schwarz, wie die ganze Unterseite des Kopfes. Taster kurz, das letzte Glied birnförmig am Ende spitz, dick, lang schwarzhaarig. Antennen schwarzbraun, das 3. Glied kaum erweitert am Grunde, oben mit kleiner dreieckiger Spitze. Brust vorne unten tief schwarzhaarig, Brustseiten unter der Flügelwurzel mit gelbweisser Haarlocke. Rückenschild vor der Quernaht gelbhaarig, mit schwarzhaarigen Längsstriemen, hinter derselben neben der Flügelwurzel oft ganz schwarzhaarig, hinten und das Schildchen, sowie der 1. Hinterleibsring gelbweiss behaart, der 2. und die folgenden Ringe glänzend schwarz und so behaart bis zum 4. Ringe, von da an die Spitze rothhaarig.

Körperlänge 20—21ᵐᵐ. Flügellänge 15—17ᵐᵐ.

Weibchen. Stirnstrieme des Weibchen höchstens 2¼ mal so hoch als breit, sehr breit und kurz, dicht gelblich behaart, untere Augeneckenschwiele nach oben spitz, dreieckig; mittlere undeutlich. — Taster schwarzbraun und kurz schwarz behaart, Endglied ziemlich breit am Grunde und gegen die dünnere abgerundete zungenförmige Spitze allmälig schmäler, deutlich geknickt. Sonst Alles wie beim Manne, nur erscheinen die Binden am Hinterleibe durch dessen grössere Breite am Ende deutlicher.

Körperlänge 23ᵐᵐ. Flügellänge 19ᵐᵐ.

Fundorte: im kais. Museum Taurien (Krimm), Brussa, Erzerum (Malinowsky); Sicilien (Mann).

Ich unterscheide diese Art sehr wohl, wie auch Löw l. c. von den ähnlichen Varietäten des *T. gigas*. Der *T. tricolor* Zeller ist nicht als Varietät des *gigas* einzuziehen, wie dies Portschinsky gethan hat.

T. caralaghensis Portsch. l. c. unterscheidet sich von *tricolor* Zllr. und *gigas* Herbst durch Folgendes: Rückenschild ganz weisshaarig, Hinterleib oben und unten schwarz, die 3 letzten Ringe rothgelb behaart, 1. und 2. Ring schwarz ohne weisse Haare, 3. Fühlerglied kürzer und nach vorne weniger zugespitzt — Ich halte die Art für eine Varietät des *tricolor*.

29. **barbarus** Coquebert. Illustr. Iconogr. Taf. 25. Fig. 2. 1799.

　　　mauritanus Fabr. Syst. Antl. 1805. 95. 2.
　　　taurinus Meigen Classif. 1804.
　　　　„　　Löw. Verh. zool. botan. Gesellsch. VIII. 596. 25.
　　　　„　　Meig. Syst. Beschr. II. 42. 17.

Männchen. Kopf nicht grösser als beim Weibchen. Augen nach unten sehr zerstreut und kurz-, aber deutlich gelb behaart, oben nackt erscheinend, unbandirt.

Die Felder an der Naht etwas grösser als am äussersten Rande, aber ganz allmälig in kleinere unmerklich übergehend. Ocellenhöcker deutlich vortretend, rothbraun. Oberrand des Hinterkopfes dicht gold- oder rothgelb behaart. Stirndreieck goldgelb. Wangen scharf getrennt durch eine Furche, wie das Stirndreieck grau, oben schwarz-, unten goldgelb behaart. Backen und das ganze Untergesicht schwarzbraun und schwarz behaart. Taster kurz, das Grundglied versteckt im schwarzen Haare, das Endglied citronenförmig, honiggelb, kurz seidenartig gelbhaarig, spitz. — Antennen rothgelb, erstes Glied stark kappenartig über das 2. vorgezogen, mit wenigen schwarzen Haaren, 3. Glied halbmondförmig, am Oberrande stark ausgeschnitten mit krummen hackigen Fortsatze, der spitz und stark vorgezogen ist. Thorax unten tief schwarz und ebenso behaart, nur in der Mitte der Brustseiten eine kleine Reihe gelblichrother Haare. Rückenschild schwarzbraun, wie das Schildchen an den Seiten röthlich mit rothgelben Schulterschwielen. Flügelwurzel schwarz behaart, auf der Schulterschwiele fuchsrothe oder rothgelbe Haare, ebenso am Rückenschilde und dem Schildchen, mit schwärzlichen untermischt. Schwinger gelbbraun. Beine hell rothgelb, kurz goldhaarig, nur die Schenkel und Hüften bräunlich, erstere gegen die Basis zu und da kurz schwarzhaarig. Flügel bräunlich hyalin, die Adern gelbbräunlich berancht, die vorderen rothgelb, das Randmal und ein Wisch dahinter hellrauchbraun, die Vorderrandzelle ganz gallengelb, hyalin, etwas getrübt. An der vorderen Zinke der Gabel der dritten Längsader ein deutlicher Anhang. Hinterleib sammtschwarz, an den vorderen Ringen oft dunkelkastanienbraun, 1., 2. und 3. Ring mit je drei grossen, hell goldgelben, dicht filzigen dreieckigen Flecken, von denen einer die Mitte, die beiden andern je eine Seitenecke des Segmentes einnehmen. Vom 4. Ringe an fliessen diese 3 Flecke zu einer gelben Hinterrandbinde jedes Ringes zusammen, deren Vorderrand in der Mitte dreieckig vortritt und ebenso an der Seite vorgezogen ist. Bauch schwarz, vom 2. Ringe an alle Segmente mit geradrandigem, breiten, goldgelbfilzigen Hinterrande.

Körperlänge 22ᵐᵐ. Flügellänge 17ᵐᵐ. Kopfbreite 7ᵐᵐ.

Weibchen. Das Weibchen gleicht in der Färbung und Zeichnung, sowie in der Form der Fühler ganz dem Manne. Der Ocellenhöcker fehlt, die Stirnstrieme ist goldgelb dicht behaart, circa 3½—4 mal so hoch als breit. Die Augeneckenschwiele ist schmal, rundlich und eigentlich nur das untere kolbige Ende der nach oben allmälig dünner werdenden linearen Stirnleiste, die bis über die Mitte der Stirnstrieme nach oben reicht und glänzend schwarz ist. Die Taster sind lang und schlank, honiggelb, allmälig verdünnt, fast gerade, stumpfspitzig.

Im kais. Museum aus Andalusien, im April von Dr. Staudinger gesammelt und aus Ragusa von Herrn Mann.

30. *plebejus* Fallén Dipt. Suec. 8. 9.
  Meig. Syst. B. II. 62. 12.
  Zetterstedt. Dipt. Sc. 121. 24.
  Löw. Verh. zool. botan. Gesellsch. Wien. VIII. 596.
  Schiner. F. A. I. 31.
  laniger Wffg g. in Meig. l. c. 63.

Männchen. Kopf grösser und gewölbter als beim Weibchen; Augenfelder in den drei oberen Vierteln viel grösser als im untern Viertel; Augen dicht und lang grau behaart. Hinterrand der Augen mit langen buschigen, schwarzen, aufrechten, nach vorne gekrümmten Haaren dicht besetzt. Stirndreieck weisslich grau, ebenso die Wangen, letztere mit langen, feinen, vorstehenden schwarzen Haaren. Antennen rothgelb, Basalglieder lang gespreizt schwarzhaarig. 1. Glied oben nicht kappenartig vorstehend. 3. Glied wenig erweitert, der Oberrand stumpfwinklig. Griffel etwas kürzer als das 3. Glied, gelb, fein und kurz schwarzborstig. Untergesicht grauweiss, dicht und lang zottig weiss und etwas schwarz gemischt behaart. Taster kurz, weiss, das Endglied ziemlich dick, oval, mit vielen gespreizt stehenden weissen und besonders gegen das freie Ende mit solchen schwarzen Haaren. Ocellenhöcker gross, deutlich gewölbt, oben platt, braun. Thorax schwärzlich grau, sehr lang- und zottig-, seitlich weiss-, oben mänsegrau behaart. Beine schwarz, Vorderschienen in der Basalhälfte, Mittel- und Hinterschienen mit Ausnahme der Spitze hell gelbweiss, ebenso der Metatarsus des 2. und 3. Beinpaares. Überall an den Beinen, doch nicht sehr dicht, lange Haare, die an den Schenkeln mehr weisslich, die an den Schienen und Tarsen allmälig kürzer und schwärzlich. Flügel hyalin, die Adern gelbbraun, die Endgabeln dunkler, braun. Schwingerstiel gelb, Köpfchen dunkelbraun. Hinterleib platt kegelig, mänsegrau, die Hinterrandsäume der Segmente weisslich behaart, längs der Mitte eine undeutliche, durch jene unterbrochene, schwarze Strieme. 2. und 3. Ring an den Seiten rothgelb. Überall lange, graue und an der Spitze schwärzliche Haare. Bauch schwarzgrau, die Hinterränder der Segmente weisslich gesäumt und behaart. Bei allen vorliegenden österreichischen Stücken fehlt der Aderanhang an der Gabel der 3. Längsader, der von Löw für diese Art als constant angegeben wird.

Körperlänge 11ᵐᵐ. Flügellänge 9ᵐᵐ. Kopfbreite 4ᵐᵐ.

Weibchen. Dem Weibchen von *T. fulvus* ähnlich, jedoch kleiner, und der Hinterleib oben einfärbig. Stirnstrieme breit und kurz, parallelrandig, graugelb (c. 3—4 mal so hoch als breit). Die Schwielen entweder ganz durch Bestäubung verdeckt, oder die untere punktartig klein, die mittlere noch kleiner. Augen mit einer schiefen, schmalen Binde, kurz- aber ziemlich dicht behaart. Haare am Hinterrand der Augen viel kürzer als beim Manne, aber dicht, schwarz. Untergesicht graugelb, kurz weisshaarig. Backen ziemlich dick, unter die Augen herabreichend. Antennen wie beim Manne. — Die Ecke am 3. Gliede, stumpf, in der Mitte des Oberrandes. Taster weiss und ebenso mit Schwarz gemischt behaart. Endglied fast gerade nach unten gerichtet, schlank kegelig, am Grunde besonders nach innen zu etwas blasig, unten ziemlich spitz, nicht gekniet oder gebogen. Beine von verschiedener Farbe, bald so wie beim Manne, bald mehr oder fast ganz rothgelb, wie bei *rufrus*, u. z. so, dass die Schenkel nur am Grunde, oder da und am Ende schwärzlich sind und die Tarsen bis fast zur Spitze rothgelb werden, oder die Schenkel sind graubraun, an der Spitze gelb, wie bei *rusticus*. Bei dem Exemplare aus der Winthem'schen Sammlung sind die Beine fast ganz rothgelb, nur die Spitze der Vorderschienen und Vordertarsen und die Basis aller Schenkel schwarz. Schwinger wie beim Manne oder das Köpfchen etwas heller. Thorax wie beim Manne, aber die Behaarung viel kürzer, besonders der Rückenschild heller. Hinterleib fast einfärbig mäusegrau, mit weisslichen feinen Hinterrandsäumen der Segmente und sehr undeutlicher dunkler Dorsalstrieme. Der 1., 2. und 3. Ring nur ganz am äussersten Seitenrande rothgelb, oder auch hier mäusegrau oder der 1. Ring allein seitlich rothgelb. Bauch schwarzgrau, oft etwas gräulich.

Körperlänge 10·5ᵐᵐ. Flügellänge 10ᵐᵐ. Kopfbreite 4ᵐᵐ.

Vorkommen: Frankreich, Ungarn, Deutschland (Harz), Ober- und Nieder-Österreich, Schweden.

In der Coll. Winthem vom Harz als *T. longus* Hffgg.; ferner ♂ und ♀ als *plebejus*, das ♂ mit dem Aderanhang.

Im Hochsommer auf Blumen.

31. *rusticus* Fabr. Spec. Ins. II. 458. 17.

Meigen. Syst. Beschr. II. 60. 39.
Zetterstedt. D. Sc. 119. 21.
Fallén. Dipt. Suec. 8. 8.
Schiner. F. A. I. 32.
Löw. Verh. zool. botan. Gesellsch. VIII. 596.

Mehlig bestaubte graue Art.

Männchen. Kopf gewölbter, und zuweilen grösser als beim Weibchen, zuweilen aber kaum grösser, da auch die Weibchen sehr verschieden grosse Köpfe zeigen. Augen dicht und ziemlich lang grau behaart, die Naht sehr lang, die Ocellenschwiele hellbraun. Felder in den zwei oberen Dritteln oder fast den 3 oberen Vierteln, mit Ausnahme des Hinterrandes, viel grösser als im unteren Drittel oder Viertel, beide Regionen scharf und zuweilen durch eine farbige oder dunkle Querbinde deutlich getrennt. Stirne, Wangen und Untergesicht weiss, mit einem Stich ins Grünlichgraue, fein und kurz weisshaarig, nur unten an den Backen ein längerer weisser Bart. Taster lang vorstehend durch das lange Basalglied, weiss. Endglied länglich, elliptisch, etwas spitz. — 1. Glied lang, weiss-, Endglied besonders gegen die Spitze kürzer schwarzhaarig. Antennen rothgelb, 1. und 2. Glied oben mit schwarzer borstiger Ecke, 3. Glied kurz, am Grunde erweitert, die Ecke oben deutlich, fast in der Mitte des Oberrandes, aber nicht stark vorragend. Griffel länger als das 3. Fühlerglied, sein Endglied lang und sehr schlank kegelig.

Thorax grauschwarz mit hellen Längsstriemen, gewöhnlich aber ganz grau bestäubt und dicht fein und ziemlich lang graugelb behaart. Flügel glashell mit gelben Adern, nur die Vorderrandader und die feinen Adern gegen die Spitze schwarzbraun; an der Gabel der 3. Längsader in der Regel ein Anhang. Schwinger ganz gelb. Beine schwarzbraun, Schenkelspitze aller Beine, Basis der Vorderschienen, die ganzen Mittel- und Hinterschienen braungelb. Mittel- und Hintertarsen braun.

Hinterleib rothgelb mit schwärzlicher, bald breiter, bald ganz schmaler Längs-Mittelstrieme und Spitze. Die Strieme beginnt in der ganzen Breite des ersten Ringes und verengert sich bis zum Hinterrande auf das mittlere Drittel, bleibt am 2. und 3. Ringe ebenso breit, oder ist am 3. auf eine Linie reducirt. Vom 4. Ringe an sind oft alle Ringe ganz schwarz. — Gewöhnlich ist die Dorsalstrieme, durch dichte gelbe Behaarung und Bestäubung in der Mitte, in zwei schwärzliche Längsstriemen gespalten, das sind die dunkel gebliebenen Ränder der Strieme, oder die Zeichnung ist noch mehr verdeckt durch Bestäubung und gelbschimmernde Haare. Bauch rothgelb mit ganz durchgehender, schwarzer, breiter Längsstrieme, oder diese läuft nur bis zum 3. Ringe breit, oder bis zum 4. spitz zu, und die folgenden sind bis zum 6. Ringe ganz rothgelb, die übrigen wieder schwarz bis zur Spitze.

Körperlänge 11—14^{mm}.   Flügellänge 8—11^{mm}.   Kopfbreite 4—5·5^{mm}.

Weibchen. Stirnstrieme schmal, parallelrandig, gelbgrau, mehr als 4-, oft 5 mal so hoch als breit und zuweilen ganz bestäubt, ohne Schwielen, zuweilen tritt die untere Augeneckenschwiele punktartig durch, oder ebenso eine lineare Mittelstrieme; Ocellenschwiele bestäubt, nicht sichtbar. Augen unbandirt, gleichfelderig, sehr kurz- und sparsam, aber doch deutlich behaart, zuweilen mit einer schmalen Binde. Gesicht noch kürzer behaart als beim Männchen, Wangen fast nackt. Backen unten weisshaarig. Taster lang und dünn, weiss, gerade nach unten laufend, nicht gekniet, in der Basalhälfte wenig blasig, birnförmig, in der Mitte eingeschnürt und von da an dünn und fast cylindrisch, stumpfspitzig. Der kurzen seidenartigen Behaarung überall kurze, schwarze Haare beigemischt.

Antennen mit kürzerem Griffel als beim Manne, von jenen des *fulvus* aber durch die fast an der Mitte des Oberrandes liegende Ecke verschieden.

Alles Übrige wie beim Männchen, nur am Hinterleibe hört die rothe Farbe schon am 3. Ringe mit einem seitlichen Punkte auf, die Strieme ist fast stets breit und durch gelbgrauen Filz in 2 feine schwarze Längslinien getheilt. Bauch fast stets mit breiter schwarzer Mittel-Längsstrieme.

Körperlänge 12—15^{mm}.   Flügellänge 10—12^{mm}.   Kopfbreite 4—5^{mm}.

Fundorte: Wiener Umgebung (Juli), Italien (Livorno, Mann), Dalmatien (Ragusa, Mann), Krain (Bergenstamm), Kärnten (Mann), Ungarn (Ofen, Mehadia, Anker), Siebenbürgen, Dobrudscha (Mann), Schlesien (Schummel), Lithauen (Dr. Schnabl).

In der Wiedemann'schen Sammlung aus Kiel.

Aus Siebenbürgen die Varietät ohne Anhangszinke an der 3. Längsader.

32. *fulvus* Meig. Syst. Besch. II. 61. 40.

> Löw. Verh. d. zool. botan. Gesellsch. Wien. VIII. 596.
> Schiner. Fauna. I. 32.
> *alpinus* Schrank. Scop. l. c.

Goldgelbfilzige und rothgelbe, bestäubte Art.

Männchen. Kopf oft sehr gewölbt und grösser, oft nur wenig grösser, als beim Weibchen; Augen dicht und lang graugelb behaart, die Naht sehr lang, die Ocellenschwiele eingesenkt, braun. Augenfelder in den 3 oberen Dritteln oder Vierteln viel grösser als unten, ganz wie bei *rusticus*, aber gewöhnlich ohne Binde. Stirne, Wangen und Untergesicht hell graugelb mit einem Stich ins Grüne, kurz weissgelb behaart, gegen das Kinn längere, weissgelbe Barthaare. Taster lang, wie bei *rusticus*, das Endglied weiss, länglich elliptisch, etwas spitz; 1. Glied lang weiss behaart, 2. gegen die Spitze kürzer schwarzhaarig. Antennen rothgelb, 1. und 3. Glied oben mit schwarzen kurzen Bürstchen. Drittes Glied mässig lang, die Ecke am Oberrande deutlich und dem Grunde viel näher als der Mitte. Griffel etwas kürzer als das 3. Fühlerglied, das Endglied nicht sehr schlank, kegelig. — Thorax genau wie bei *rusticus* aber auffallend goldgelb dicht behaart. Schwinger hellgelb. Flügel genau wie bei *rusticus*. Hinterleib ebenfalls dem von *rusticus* ganz gleich, und in derselben Weise varirend, im Ganzen überwiegt jedoch die rothgelbe Farbe, und die Behaarung ist, statt weisslich, überall goldgelb, namentlich an den Hinterrändern. — An der Spitze mischen sich viele schwarze Haare darunter. Die Beine sind vorherrschend rothgelb, nur die Hüften und das Basalviertel oder Drittel der Schenkel ist schwärzlich. Die Spitze der Vorderschienen, Mittel- und Hintertarsen und die ganzen Vordertarsen sind mehr weniger gebräunt. Behaarung der Schenkel lang gelbgreis am Grunde, sonst sind die Beine anliegend seidenartig gelblich behaart und an den Schienen finden sich kurze schwarze Härchen beigemischt.

Körperlänge 14^{mm}.   Flügellänge 11^{mm}.   Kopfbreite 5—5·3^{mm}.   Kopflänge 2·3—3^{mm}.

Weibchen. Stirnstrieme gelblfilzig, breit, höchstens 4 mal so lang, als breit, untere und mittlere Schwiele klein rundlich, punktartig, glänzend schwarz, die mittlere oft durch den gelben Filz verdeckt. Stirndreieck gelb filzig bestäubt. Augen ziemlich gross, die Felder klein, sehr kurz behaart, und zuweilen fast nackt erscheinend, zuweilen etwas dichter behaart.

Augenfarbe bleich olivengrün mit mehreren fast schwarzen runden Schillerpunkten und einer schiefen feinen dunklen Linie.

Taster lang, gerade nach unten stehend, spindelförmig, in den 3 Basalfünfteln mehr weniger verdickt und oft blasig aufgetrieben, die zwei letzten Fünftel sehr dünn, cylindrisch oder sehr schlank kegelig zugespitzt. Farbe derselben weissgelb, mit kurzer eben solcher seidenartiger Behaarung und vielen eingestreuten kurzen, schwarzen Börstchen. Thorax und Hinterleib wie beim Manne, doch an letzterem in der Regel die schwarze Farbe mehr ausgebreitet, so dass nur die 3 ersten Ringe in dem seitlichen Drittel gelb, mit breiter schwarzer Mittelstrieme, die folgenden schwarz sind. Übrigens ist die Zeichnung und Grundfarbe überall durch gelbe Bestäubung mehr weniger gedeckt. Bauch in der Regel rothgelb, gelb bestäubt, 1. Ring grau, 2. mit schmaler spitz zulaufender Mittellängsstrieme, die zuweilen auch über den 3. Ring als blasse braune Linie fortgesetzt ist, um am 4. wieder zu beginnen. Dieser oft mit grauem Hinterrande, 5. Ring grau mit 2 rothgelben Punkten, oder wie der folgende ganz schwarz. — Geäder wie bei *rusticus*, ebenso die Farbe der Adern.

Körperlänge 13—14^{mm}. Flügellänge 9—12^{mm}. Kopfbreite 4—5^{mm}.

Allenthalben in ganz Mittel- und Süd-Europa: Wiener Umgebung im Gebirge (Juli, August), Triest (Schiner), Dobrutscha (Zelebor), Kärnthen (Mann), Krain (Bergenstamm), Ungarn, Schlesien (Schummel), Tirol (Bozen, Mann), Dalmatien (Ragusa), Kleinasien (Erber, Mann). — Würzburg (Coll. Winth.), Steiermark (Liezen am Gipfel des 3000' hohen Salberges [im August' schwärmend), Schweiz, Griechenland, Russland, Scandinavien, Frankreich (Marseille, Montpellier, Coll. Winth.).

Die Bemerkung Löw's (Verh. zool. bot. Ges., VIII, 596), dass *T. alpinus* Scopoli und Schrank ein *Sylvius* sei, weil er punktirte Augen haben soll, ist nicht richtig, da auch *T. fulvus*, wie ich mich selbst über zeugt habe, im Leben dunkel punktirte Augen nebst einer schiefen Querbinde besitzt.

33. *latistriatus* m. — (Species *dubia*.)

Diese Art ist ein Mittelding zwischen *fulvus* und *rusticus*.

Das Männchen ziehe ich mit Zweifel hieher, da es zwar von demselben Fundorte wie das Weibchen herstammt, aber fast ganz so gefärbt ist wie *T. rusticus*. Als Unterschied kann ich nur angeben, dass das 3. Fühlerglied die Ecke am Oberrande ganz nahe der Basis zeigt, wie *T. fulvus*, ebenso ist der Griffel nur so lang, als das 3. Glied. Das letzte Tasterglied ist oval und höchstens zweimal so lang als breit, daher kürzer und stumpfer als bei *T. rusticus*. Die Vorderbeine sind ganz schwarzbraun, an den Mittelbeinen ist die ganze Endhälfte der Schenkel rothgelb, Schienen und Tarsen gelbbraun; die Hinterbeine sind gelbbraun, die Schenkel dunkler braun.

Thorax, grau mit gelber Bestäubung. Hinterleib wie bei *rusticus*, an den Seiten des 1.—4. Ringes rothgelb mit breiter grauer, schwarz gerandeter Längsstrieme, so dass längs der ganzen Dorsallinie eine mittlere graue, von zwei seitlichen schwarzen Linien gesäumte Längsstrieme verläuft. 5.—7. Ring schwarz mit weisslichen Hinterrandsäumen und grauer Mittelstrieme. — Bauch rothgelb, Basis schwarz, 2., 3. und 4. Ring mit einer allmälig verschmälerten Längsstrieme; die 3 letzten Ringe schwarz. — Flügel und Schwinger wie bei *fulvus*. Augenfelder nur in den 2 oberen Dritteln grösser.

Körperlänge 11·8^{mm}. Flügellänge 10^{mm}. Kopfbreite 4^{mm}.

Weibchen. Das Weibchen gleicht fast in Allem dem *T. fulvus*, nur ist die Stirnstrieme kürzer und breiter, nur 3mal so lang als breit. Taster wie bei *fulvus*. Beine rothgelb, nur die vorderen oft dunkler und schwärzlich; die Mittel- und Hinterschenkel nur an der Basis schwarz wie bei *fulvus*. Hinterleib oben wie beim

Manue gefärbt, mit 4 schwarzen, zwei seitlichen, zwischen liegenden rothen und einer dorsalen grauen Längs-strieme. Bauch grau oder ganz rothgelb, an der Spitze dunkler.

In der Winthem'schen Sammlung fälschlich als *T. graecus* aus Spanien (Weibchen): Weibchen und Männchen aus Corfu und Dalmatien von Erber. — Ragusa (Mann).

Körperlänge 12—13^{mm}. Flügellänge 9^{mm}. Kopfbreite 4·5^{mm}.

34. *lunatus* Fabr. Ent. System. IV. 370. 34. Coqueb. Illust. Icon. 112. Taf. 25. Fig. 5.

Wiedemann. Aussereurop. Zweifl. 1. 576. Type der Coll. Winth.

anthophilus Löw. Verh. zool. botan. Gesellsch. VIII. 1858. 593.

     Schiner. Fauna. 1. 30.

Augen grün mit zwei (Männchen) bis drei (Weibchen) Purpurbinden. An der Gabel der dritten Längsader zuweilen ein Aderanhang, häufiger aber fehlt derselbe.

Männchen. Kopf nicht grösser als beim Weibchen, Augenfelder in den drei oberen Fünfteln (mit Ausnahme des Randes) etwa noch einmal so gross, als in den 2 unteren, daher nicht sehr viel grösser und überall grob-körnig, deutlich. Die obere Purpurbinde an der Grenze beider Feldregionen. Stirndreieck silberschimmernd, vor der Spitze, bei gewisser Beleuchtung mit dunkler Querbinde. — Antennen rothgelb, der Griffel häufig schwärzlich oder dunkler, zuweilen aber von der Gesammtfarbe, so lang als das 3. Fühlerglied. Dieses am Grunde schmal, die obere Basalecke sehr stumpf und fast verstrichen, wie die Basalglieder kurz schwarzborstig. Wangen und Untergesicht weissgrau, erstere feinhaarig, die Haare weisslich oder schwärzlich, nicht buschig vorstehend. Backen nicht sehr dicht und erst nach hinten länger weisshaarig. Taster kurz, weisslich, das Endglied oval, etwa doppelt so lang als breit, am Ende stumpf, mit langen gespreizten weissen und darunter gemischten, feinen schwarzen Haaren. Thorax schwarzbraun oder mehr blaugrau, Rückenschild oft fast ohne graue Längsstriemen, zuweilen aber diese bei abgeriebenen Stücken sehr deutlich, gelblichbraun oder weissgrau behaart. Brustseiten heller, mehr weisslich und länger flockig behaart. Hüften schwarzbraun, Schenkel schwarz-braun, die des 2. und 3. Paares allmälig heller. Vorderschienen braun, am Grunde hellgelbbraun, Mittel- und Hinterschienen gelbbraun, gegen die Spitze dunkler. Füsse braun, die des 1. Paares fast schwarz. Behaarung an den Schenkeln lang und fein, grau, an den Schienen ebenso, aber kürzer und mit vielen kurzen, schwarzen Haaren gemischt. Hinterschienen seitlich mit langen schwärzlichen und grauen Wimpern. Schwinger grangelb, das Knöpfchen am Grunde bräunlich. Flügel hyalin. Adern gelbbraun. Vorderrandader dunkler braun. Hinterleib kegelig, braun oder schwarzgrau mit gelben Seitenflecken und grauer Mittelstrieme, u. z. 1. Ring am Grunde schwärzlich, in der Mitte mit breitem, den Hinterrand erreichenden, in der Mitte grau schimmernden, schwarzen Flecke, als Anfang der Längsstrieme. Der Hinterrand an den beiden seitlichen Dritteln zuweilen gelb, nach innen mit hellerem Fleck. Die folgenden Ringe mit hellem gelblichen Hinterrande. 2., 3. und 4. Ring im mittleren Drittel mit einer diese einnehmenden schwärzlichen Längsstrieme, in welcher je ein grauschimmernder dreieckiger Fleck liegt. Das Seitendrittel jedes Ringes ist gelblich, oft rothgelb, oft am 4. Ringe dunkel, fast schwarz, oft auf allen Ringen ganz dunkelbraun mit hellem Punkte, meist hell schimmernd und dicht neben der Mittelstrieme mit einer hellgelben, rundlichen oder schief ausgezogenen Makel. 5. und 6. Ring ganz schwarz oder mit drei schwachen grauen Flecken nebeneinander. Spitze schwarz. Bauch grau, in der Mitte roth-gelb, u. z. erster Ring grau, am Hinterrande seitlich heller. 2. Ring mit breitem grauen 4eckigen striemenartigen Mittelfleck, seitlich rothgelb. 3. meist ganz rothgelb, oft am Hinterrande in der Mitte und seitlich grau. 4. Ring grau mit 2 rothgelben Punkten, einen jederseits neben der breiten grauen Mittelstrieme, die folgenden Ringe grau mit hellerem Hinterrande. Diese Zeichnung ist oft sehr unbestimmt und zuweilen sind auch die letzten Ringe noch rothbraun, zuweilen das Grau überwiegend und der zweite Ring kaum seitlich gelb. Gewöhnlich ist er in der Mitte grangelb, am 2. Ringe mit breiter dunkler Mittelstrieme und gegen die Spitze wieder dunk-ler. — Behaarung hinfällig, aber oft ziemlich dicht, hellgrau, immer kurz.

Körperlänge 13—14^{mm}. Flügellänge 10—11^{mm}. Kopfbreite 4·5^{mm}.

Weibchen. Stirnstrieme parallelrandig, etwa viermal so hoch als breit, gelbgrau; untere Augenecken schwiele klein, viereckig, den Rand nicht berührend, schwarz oder braun, glänzend, mittlere länglich, mehr weniger linear oder spindelförmig, matt schwarz. Scheitel oft schwärzlich. Taster weiss, mässig lang, Endglied deutlich gekniet, der Vorderrand stark convex, der Hinterrand mit einspringendem Winkel, am Grunde breit und dick, unter dem Knie rasch verengt in eine feine Spitze auslaufend und im letzten Viertel kaum $\frac{1}{3}$ so breit als über der Beugung am Grunde; überall seidenartig, weisshaarig, gegen die feine Spitze zu oft sehr kurze, schwarze Börstchen beigemischt. Thorax etc., wie beim Manne, meist etwas heller. Hinterleib am 1., 2. und 3. Ring seitlich heller rothgelb, die folgenden schwärzlich, alle Zeichnungen genau wie beim Manne. Die Mittelstrieme zuweilen schmäler, dadurch die rothe Farbe ausgebreiteter. Der Bauch oft ganz grau, oft vom Hinterrande des 1. Ringes bis zum 4. rothgelb ohne Mittelstrieme am 2. Ringe, sonst dem Manne gleich. Augen sehr zerstreut und kurz gelblich behaart.

Körperlänge 13ᵐᵐ. Flügellänge 10ᵐᵐ. Kopfbreite 4·5ᵐᵐ.

Fundorte: Dalmatien (Mann, Erber). Italien (Livorno, Sicilien, Mann), Kleinasien (Brussa, Amasia Kotschy), Spanien (Cadix, Parreiss) Männchen und Weibchen. Caucasus Lesgien (Schnabl).

Coll. Winthem. Spanien (*Tab.* [*Haematopota? lanata* Fabr.), *lanatus* Wiedm.). Weibchen.

35. **bifarius** Löw. Verh. d. zool. botan. Gesellsch. VIII. p. 595.

Schiner. Fauna. I. 36.

Männchen. Kopf nicht grösser als beim Weibchen. Augenfelder in den 3 oberen Vierteln, mit Ausnahme eines schmalen Hinterrandsaumes, viel grösser (c. 4mal) als im unteren Viertel und hier mit 2 Purpurbinden; sehr sparsam und kurz grau behaart. Stirndreieck gelbgrau, wie das Untergesicht; dieses kurz- gelbgreis fein behaart. Antennen ziemlich lang, rothgelb, der Griffel dunkler braun, so lang oder etwas kürzer als das 3. Fühlerglied. Basalglieder kurz- und fein spärlich schwarz und gelb gemischt behaart. 3. Glied lang und schmal, die Ecke am Grunde des Oberrandes sehr klein und stumpfwinklig, zuweilen abgerundet; das Glied daselbst kaum um $\frac{1}{4}$ breiter. Taster weiss, das Endglied ziemlich lang, spindelförmig, am Ende in eine lange zungenartige, oft einwärts gebogene Spitze ausgezogen, am Grunde weiss-, von der Mitte an ziemlich lang schwarzhaarig, fast 3mal so lang als breit.

Thorax grau, überall gelbgrau behaart und nur der Rückenschild dunkler mit 5 undeutlichen hellen Längsstriemen. Beine dünn, schwarzgrau, fein greishaarig, Vorderschienen in der Basalhälfte, Mittel- und Hinterschienen mit Ausnahme der Spitze ganz rothgelb. Hinterleib kegelförmig, meist gelbgrau bestäubt, so dass die Grundfarbe, bis auf 2 parallele Längsstreifen in der Dorsallinie und die röthliche Seite des 2. Ringes, verdeckt wird. Hinterrandsäume aller Ringe fein weissgelb. Ohne Bestäubung erscheinen auf schwärzlichem Grunde 3 Reihen heller Flecke, die nach hinten kleiner werden, in der Mitte graue oder gelbliche Dreiecke bilden, seitlich rundlich und meist gelb sind. Der 2. und 3. Ring seitlich zuweilen rothgelb, und dicht neben der dunklen Dorsalstrieme sitzt ein rundliches gelbweiss schimmerndes Fleckchen. Überall am Hinterleibe und besonders in der Mittellinie sitzen gelbgraue ziemlich lange Haare. — Die Genitalien sind rothbraun und meist stark vorstehend. An der Unterseite ist der Hinterleib ganz gelbgrau bestäubt, etwas silberschimmernd. Die Grundfarbe erscheint schwärzlich, die Hinterränder der Segmente heller gesäumt. Schwinger gelbbraun, das Köpfchen dunkelbraun, die herumlaufende Kante an der Spitze desselben heller. Flügel hyalin, Vorderränder und die Adern in der Spitzenhälfte schwarzbraun, Hauptadern der Basalhälfte gelbbraun. Meist, aber nicht immer, ein Anhang am vorderen Gabelast der 3. Längsader.

Körperlänge 14—15ᵐᵐ. Flügellänge 11—12ᵐᵐ. Kopfbreite 4·7—5ᵐᵐ.

Weibchen. Augen grün mit 3 Purpurbinden. Fühler rothgelb, Griffel meist dunkler, kürzer als das 3. Glied. Stirnstrieme parallelrandig oder nach unten mehr weniger verengt, gelbgrau, etwas mehr als viermal bis 5 mal so hoch, als unten breit. Untere Augeneckenschwiele klein, viereckig oder rundlich, den Rand nicht berührend, hellbraun, von der Strieme wenig abstechend, schwach glänzend und meist von oben her gefurcht.

Mittlere Schwiele schwärzlich, undeutlich begrenzt, spindelförmig. Scheitel grau. Taster gelblichweiss, seidenglänzend durch kurze, feine, helle Haare, denen aussen mehr weniger stärkere kurze schwarze Haare am Endglied beigemischt sind. Endglied schlank und ziemlich lang, sanft „S"-förmig geschwungen, an der Basis etwas dicker, das Ende allmälig dünner und stumpf zugespitzt. Untergesicht weisshaarig, ebenso die Brustseiten, weniger gelb als beim Manne. Alles Übrige wie bei diesem, nur der Hinterleib am Grunde nicht rothgelb am 2. und 3. Ringe, und die drei Fleckenreihen gelb. Zwischen der Mittleren, oft in eine gelbe Strieme verwandelten und den seitlichen Reihen bildet die dunkle Grundfarbe meist jederseits, wie beim Manne, eine schwärzliche Längsstrieme und die übrigen Zeichnungen sind durch gelbe Bestäubung verdeckt. Flügel, Schwinger, Beine und Bauch wie beim Männchen.

Körperlänge 13—17^{mm}. Flügellänge 11—14^{mm}. Kopfbreite 4·5— 5^{mm}.

Fundorte: In der kais. Sammlung vom Neusiedlersee (Bruck an der Leitha, Rogenhofer), Pest (Anker) Italien (Sicilien, Mann), Messina (Lederer), Istrien (Fiume), Dalmatien (Spalato, Ragusa, Mann), Kleinasien (Brussa, Amasia, Mann), Corfu (Erber). Vermischt mit *anthophilus* gesammelt.

In der Coll. Wiedemann ein Stück (Weibchen) als *besanins* bestimmt, ohne Fundort.

In der Coll. Winthem ein Stück (Weibchen) aus den Pyreneen unter nicht bestimmten Nachträgen.

Von Herrn Dr. Schnabl aus der Ukraine (Südwest-Russland). — Das Exemplar (Weibchen), zeigt am Grunde etwas dickere Taster, stimmt aber sonst ganz mit den übrigen.

Auf Blumen.

36. *quatuornotatus* Meig. Syst. Beschr. II. 51. 27.

Löw. Verh. d. zool. botan. Gesellsch. Wien. T. VIII. 594.

Schiner. Fauna. I. 32.

Männchen. Kopf nicht grösser, aber gewölbter als beim Weibchen. Augenfelder in den 2 oberen Dritteln bedeutend grösser als im unteren Drittel und in letzterem blau mit 2 rothen Binden und rothem Unterrande. Die oberste Binde an der Grenze der kleinen Felder gelegen; Augen dicht und fein lang grau behaart, die Felder ziemlich glatt und nicht körnig erscheinend. Stirndreieck silbergrau, unter der Spitze mit schwarzer Querbinde. Antennen schwarz, Basalglieder buschig schwarzhaarig, ebenso die Wangen; 3. Glied zuweilen braun oder rothbraun, Oberrand wenig erweitert, aber am Grunde als eine kleine, stumpfe Ecke vortretend; fast dreimal so lang als breit, schmal, Griffel schwarz, $^1/_3$ kürzer als das 3. Glied. Die Fühler erreichen $^3/_4$ der Kopflänge. Ocellenhöcker fehlend. Hinterrand des Kopfes mit langen, schwarzen, nach vorne gebogenen Haaren. Wangen und Untergesicht grauweiss, mit weisslichen und vielen schwarzen, ziemlich langen dichten Haaren. — Taster kurz, schmutzig weiss mit langen, gespreizten, weissen und schwarzen Haaren dicht besetzt. Endglied eiförmig, am Grunde dick, blasig, am Ende stumpf kegelig, etwa doppelt so lang als breit.

Rückenschild glänzend schwarz, sehr undeutlich gestriemt und gelblichgrau und schwarz, undeutlich in Striemen gesondert, dicht behaart. Brustseiten grau, mit nicht sehr dichter grauer und schwarz gemischter Behaarung. Beine schwarzbraun, am Grunde grau behaart. Vorderschienen in den 2 Basaldritteln, Mittel- und Hinterschienen ganz gelbbraun, nur an der Spitze dunkler, Hintertarsen bräunlich, Wimpern der Hinterschienen schwärzlich. — Halteren schwarzbraun.

Flügel hyalin, zuweilen graulich, mit schwarzbraunem Randmale und Adern, und am Vorderrande etwas bräunlich oder gelblich. Häufig ein kleiner Anhang oder eine Ecke an dem vorderen Gabelast der 3. Längsader. Hinterleib ziemlich breit kegelig, platt, schwarz mit drei Reihen gelbgrauer Flecke, die der Mittelreihe dreieckig, die der Seitenreihen rundlich, den Rand nirgends berührend. Hinterrand der Ringe fein gelbgraulizig gesäumt. Zweiter Ring am Seitenrande vorne kastanienbraun. Behaarung ziemlich lang, besonders an den Seiten, an den hellen Stellen gelblich, an den dunklen Stellen schwarz. Unterseite schwarzgrau, die Hinterränder der Ringe alle heller und zuweilen längs der Mitte eine dunklere Strieme, seitlich davon heller grau, aber nicht silberschimmernd.

Körperlänge 12^{mm}. Flügellänge 11^{mm}. Kopfbreite 4·5^{mm}. Fühlerlänge 1·5^{mm}. Kopflänge 1·7^{mm}.

Weibchen. Augen grün oder blau, am Ober- und Unterrande mit rothem Schimmer und auf der Fläche mit drei schiefen purpurrothen, hellgrün gerandeten Binden, oder oben mit Purpurschimmer, auf der Fläche mit 4 rothen Binden, die mittleren hell gerandet, die untere vom Rande zurückgetreten, nicht hell gerandet.

Stirndreieck über den gelben Fühlergruben immer glänzend schwarz, Stirnstrieme parallelrandig c. viermal so lang als breit, weiss oder gelbgrau, mit 2 grossen glänzend schwarzen Schwielen übereinander und breiter schwarzer flacher Ocellenschwiele (die glänzende Stelle des Stirndreiecks bildet die sogenannte 4. Schwiele der Autoren, daher der Name). Ecken der Schwielen in Zacken ausgezogen, und deren Mitte meist durch eine Längsfurche getheilt. Mittlere Schwiele oval, obere in der Mitte nach der Mittleren zu erweitert, 2spitzig. — Bei gezogenen, eben aus der Puppenhaut hervorgekommenen Exemplaren ist der obere Theil des Stirndreieckes an zwei dreieckigen Stellen unter der Augenecke schon glänzend schwarz. — Fühler schwarz, zuweilen das 3. Glied heller braun, Basalglieder wenig und kurz schwarzhaarig, 3. Glied meist am Grunde wenig breiter mit sehr kleiner stumpfer, aber deutlicher Ecke am Oberrande, Griffel kürzer (zuweilen $\frac{1}{3}$) als das 3. Glied. Wangen und Untergesicht weissgrau, fein aber nicht sehr dicht weisshaarig. Tasterendglied klauenförmig, compress, weiss und ebenso weiss und schwarz gemischt behaart, Vorderrand gebogen, Hinterrand sehr wenig concav, daher das freie Ende nicht sehr dünn, langsam zugespitzt; die Basis nicht blasig. Thorax heller grau als beim Manne mit 5 hellen, grau schimmernden Längsstriemen und grauer Behaarung, die oben zuweilen gelblich wird. Hinterleib breit und platt, hinten wenig schmäler. Die 3 Reihen Flecke ähnlich wie beim Männchen, die Seitenreihe oft aus nach aussen concaven halbmondförmigen Flecken gebildet, oder wie beim Manne aus runden gelblichen und so behaarten Flecken gebildet, die Mittelreihe oft fast verschwunden und nur am zweiten Ringe ein dreieckiger Längsfleck, auf den folgenden oft nur eine grau schimmernde Mittellinie. 2. Ring seitlich nicht kastanienbraun. Bauch graugelb mit dunkelgrauer Mitteldingsstrieme und hellen Hinterrändern der Segmente. Alles Übrige wie beim Manne. Sehr häufig ein Aderanhang am vorderen Gabelast der 3. Längsader.

Körperlänge 13—16·5ᵐᵐ. Flügellänge 11·5—13ᵐᵐ. Kopfbreite 4·5—5·2ᵐᵐ. Fühlerlänge 1·5—1·7ᵐᵐ. Kopflänge 1·3—2ᵐᵐ.

Vorkommen:

Wiener Gegend: Prater, Purkersdorf, Mödling, Rodaun etc. (Mai, Juni). Die Larve in der Erde.

Dalmatien (Ragusa, Spalato); Sicilien (Mann); Ungarn (Budapest, Anker, Mehadia, Mann); Croatien, Krain, Tirol (Mann); Dobrutscha (Zelebor); Böhmen (Asch, Kowarz); Triest (Schiner); Kärnten (Raibl, Bergenstamm).

Frankreich, Polen, Deutschland, Russland, im Balkan.

Coll. Winthem: Neuwied in Rhein-Preussen (Type Meigens).

37. *nemoralis* Meig. Syst. Beschr. II. 50. 26.

Männchen. Kopf nicht grösser, aber etwas gewölbter als beim Weibchen, Augenfelder in den zwei oberen Dritteln bedeutend (c. viermal) grösser als im unteren Drittel und in letzterem mit 2 Purpurbinden, die obere Binde an der Grenze der Felder; Augen dicht und fein lang grau behaart, die Facetten grobkörnig erscheinend, deutlich. Stirndreieck silberschimmernd, unter der Spitze mit glänzend schwarzer Querbinde. Antennen schwarz. Basalglieder buschig schwarzhaarig, drittes Glied ganz am Grunde zuweilen dunkel rothbraun, 3. Glied doppelt so lang als breit, am Grunde oben wenig erweitert, die Ecke fehlend, stumpf abgerundet, Griffel kürzer als das 3. Glied. — Fühler im Ganzen kurz und kaum die halbe Kopflänge überschreitend (siehe die Figur). Ocellenhöcker fehlend. Hinterrand des Kopfes mit langen nach vorne gekrümmten schwarzen Haaren. Untergesicht weiss und ebenso lang- und fein behaart; Wangen weiss, mit feinen vorstehenden schwärzlichen Haaren. Taster weiss, ziemlich schlank, das Endglied etwa dreimal so lang als breit, am Grunde elliptisch, am Ende in eine dünne, etwas einwärts geneigte Spitze ausgezogen, lang weisshaarig, mit wenigen feinen schwarzen Haaren untermischt. Thorax glänzend schwarz, oben ziemlich lang schwärzlich behaart, mit 3 mittleren, helleren, grauschimmernden Längsstriemen, auf denen gelbgraue Haare stehen. Brustseiten und Unterseite lang und dicht weisshaarig. Beine schwarz, lang weisshaarig; Vorderschienen am Grunddrittel, Mittel- und Hinterschienen mit Ausnahme der Spitze gelbbraun, seidenglänzend. Hintertarsen braun, Schwinger braun, Flügel hyalin, Adern schwarzbraun, 1. Längsader heller. Randmal ziemlich dick, gelbbraun, Zuweilen ein kleiner Aderanhang an dem vorderen Gabelast der 3. Längsader.

Hinterleib ziemlich breit und platt dreieckig, schwarz, mit 3 Reihen graugelber, kurz weisslich behaarter Flecke und solchen Hinterrändern der Segmente. Die Flecke der Seitenreihen berühren meist den Hinterrand, sind schief nach hinten und aussen liegend, die der Mittelreihe sind dreieckig. — Der Seitenrand des Hinterleibes ist abwechselnd schwarz und weiss behaart. Der 2. Ring ist ganz an der Seite kastanienbraun. An der Unterseite ist der Hinterleib schwarzgrau mit hellen Segmenträndern und stark silbergrau schimmernd.

Körperlänge 12ᵐᵐ. Flügellänge 10ᵐᵐ. Kopfbreite 5ᵐᵐ. Fühlerlänge 1·3ᵐᵐ. Kopflänge 1·7ᵐᵐ.

Weibchen. Stirndreieck gelbgrau, ganz bestäubt. Stirnstrieme breit, parallelrandig e. viermal so lang als breit, mit 3 grossen Schwielen. Untere Schwiele mit zackigem Ober- und Unterrande, mittlere oben abgerundet, unten in 3 Spitzen auslaufend. Scheitelschwiele nur durch einen breiten schwarzen Querfleck angedeutet, nicht gewulstet. Antennen schwarz, drittes Glied dunkelbraun, 1. und 2. Glied kurz schwarzhaarig. Griffel kaum kürzer als das 3. Glied, dick. — Wangen und Untergesicht weisslich, erstere wenig, letztere länger weiss behaart. Tasterendglied lang und schlank, schwach gebogen, weiss, kurz weiss und schwarz untermischt behaart, das Basaldrittel etwas verdickt, blasig, dann unter den Knie stark verdünnt, schlank kegelig, in eine dünne Spitze auslaufend. Augen mit 3 Purpurbinden, ziemlich dicht mit graugelben und nach oben mit schwarzen Haaren. Thorax und Hinterleib genau wie beim Manne gefärbt und gezeichnet, nur etwas lichter, in der Form breiter am Ende und länger, die Flecke der Reihen grösser und der zweite Ring an der Seite grau, nicht kastanienbraun.

Körperlänge 10·5 — 13ᵐᵐ. Flügellänge 9- 11ᵐᵐ. Kopfbreite 3·7—4·5ᵐᵐ. Fühlerlänge 1·3—1·5ᵐᵐ. Kopflänge 1·3—2ᵐᵐ.

Im kais. Museum aus Sicilien. Monreale (Mann).

In der Winthem'schen Sammlung aus Versailles und Marseille. — Die Type mit Meigens Handschrift, ein Weibchen.

37 a) ♀ *vittatus* Fbr. Ent. Syst. IV. 371. 37. 1794.

> Meig. Syst. Beschr. II. 40. 14.
> Löw. Verh. d. zool. botan. Gesellsch. Wien. VIII. 584.

Löw rechnet diese mir unbekannte Art zu seiner Gruppe I mit behaarten Augen und mit Flügel ohne Anhangszinke an der dritten Längsader, sowie zum grössten Theile hellen gelben Schienen. Der Thorax zeigt eine auch über das Schildchen weggehende dunkle Mittelstrieme und der Hinterleib zwei durchgehende gerade weisse Längsstriemen.

Dies ist aber Alles, was Löw, der ein Exemplar aus Andalusien von Rosenhauer gesehen hat, der Beschreibung Meigens beifügt. Ob die in Andalusien vorkommende Art wirklich die Fabricische sei, ist schwer zu sagen, da Löw selbst zugibt, dass Afrika viele ähnliche Formen besitzt.

Das Wiedemann'sche Original zur Beschreibung in Meigen befindet sich vielleicht in der Fabricischen Sammlung und fehlt in der Wiedemann'schen oder Winthem'schen Sammlung. — Unter den mir vorliegenden afrikanischen Arten ist keine mit ähnlicher Zeichnung des Rückenschildes.

Die Stellung der Art ist zweifelhaft, weil aus den Beschreibungen nicht zu ersehen ist, ob ein Ocellenhöcker vorhanden sei.

Wiedemann in Meigen beschreibt die Art folgendermassen:

„Wurzel der Fühler grau, Endglied rothgelb. Untergesicht und Backen grau; Bart gelblichgreis; Taster sehr bleich gemsledergelb. Dicht über jedem Fühler ein gelblicher Bogen; dicht über und neben diesem ist die Stirne grau; aber gleich weiter oben zum grössten Theile blassbräunlich. Brustseiten und Brust grau (alle bisher bloss grau benannten Theile sind schimmel- oder grünlichgrau; Rückenschild schiefergrau, mit einer breiten braunen, auch über das Schildchen fortlaufenden Mittelstrieme; je daneben eine halb so breite, mitten fast unterbrochene und noch weiter nach aussen hinter der Mitte, je ein kleiner brauner Längsstrich. Seiten des Schildchens schiefergrau; übrigens ist der Mittelleib gelblichgreis, dünn behaart. Hinterleib schwärzlichbraun, mit ziemlich dichten und kurzen gelblichen Haaren, und zwei granweisslichen Strienen, die von der Wurzel bis zur Spitze sich erstrecken. Bauch schimmelgrau, hintere Ringränder schmal gelbgesäumt. Flügel graulich mit schwarzbraunen Adern, Schwinger grau, mit gelblichem Stiele. Schenkel schimmelgrau; Schienen und Füsse licht gemsledergelb. — Ein Weibchen, 5 Linien (11^{mm}).

Das Vaterland ist nach Fabricius Marocco, wahrscheinlich aber auch Südeuropa.

Wie erwähnt, stammte Löw's Exemplar aus Andalusien.

Aus der Beschreibung in der Entomologia Syst. IV. 371, 57 ist noch beizufügen, dass der Scheitel braun ist, Beine blass, Schenkel schwarz.

Tabanus s. str.

Augen in beiden Geschlechtern nackt oder nur mikroskopisch behaart, Ocellenhöcker beim Weibchen stets fehlend, am Scheitel oft flache dunkle paarige Schwielen. Ocellenhöcker beim Männchen klein oder fehlend, im ersteren Falle bald kugelig vorragend, bald in die Augenspalte tief eingesenkt.

38. *apricus* Meig. Syst. Beschr. II. 37. 1820.

infuscatus Lw. Verh. d. zool. botan. Gesellsch. Wien. VIII. 608.
„ Schiner F. A. I.

Männchen, Augen einfärbig hellgrün, goldglänzend. Kopf nicht grösser als beim Weibchen. Augen nackt, unbandirt, Augenfelder klein, nur in der Mitte des Kopfes zu beiden Seiten der Augennaht an einer ovalen Stelle etwas grösser als im unteren Drittel und in einer mässig breiten Zone am Seiten- und Hinterrande. Der Übergang der grösseren in die kleineren Felder, wie bei *ferrugineus*, allmälig, an der Aussenseite aber ziemlich rasch und deutlich, durch die wellige Biegung der Grenzlinien der Facettenreihen. Ocellenhöcker klein, durch gelbgraue Haare verdeckt. — Am Hinterkopf ragen oben kurze feine gelbe mit schwarzen gemischte Haare vor. Stirndreieck gefurcht, messinggelb oder grangelb, dunkler schimmernd; Wangen und Untergesicht messinggelb, erstere mit wenigen feinen schwarzen Haaren, sonst wie das letztere gelb behaart.

Antennen schwarzbraun, das dritte Glied am Grunde oder ausgedehnter wie die Basalglieder rothbraun. Grundglied klein, oben nicht kapuzenartig, zweites oben deutlich spitz ausgezogen, beide ziemlich dicht, aber nicht lang schwarzhaarig; drittes am Grunde stark erweitert, die Basalecke oben stark vortretend, aber rechtwinklig gerade abgehackt vorne und der Oberrand vor derselben fast gerade. Selten das ganze Glied rothbraun, meist nur die Basis heller, das Übrige wie der Griffel schwarzbraun. Letzterer dick und lang. Am Grunde und der oberen Ecke des dritten Fühlergliedes sehr kleine schwarze Haare.

Taster klein, schmutzig bräunlich oder gelblich weiss mit langen sperrigen weisslichen und besonders gegen die Spitze zu mit schwarzen Haaren. Endglied oval, am Ende leicht kegelig zugespitzt und mehr als doppelt so lang als in der Mitte breit.

Thorax schwarzbraun, Brustseiten grau bestäubt, wie die Unterseite gelbgreis behaart, nach oben unter der Schulterschwiele längere dichte goldbraune Haare, deren Enden hell grangelbe Flocken bilden. Rückenschild ungestriemt, nach vorne grangelb schimmernd, hinten und auf der Fläche fettglänzend schwarz, dicht schwarz behaart mit wenigen gelben Haaren am Rande. - Flügel grau hyalin, gegen die Basis und den Vorderrand bräunlich und hinter dem dunkelbraunen Randmale ein rauchbrauner Nebelfleck. Adern schwarzbraun, die feinen Endäste schwarz. Schwinger schwarzbraun, das Köpfchen an der Aussenseite und Spitze hell schmutziggelb. Beine schwarz, Vorderschienen am Grunde, Mittel- und Hinterschienen ganz hellschimmernd gelbbraun, Tarsen der zwei hinteren Paare pechbraun. Behaarung an den Schenkeln fein hellgreis, mit vielen schwarzen Haaren untermischt, an den Schienen und Tarsen schwarz, an ersteren ziemlich lang und dicht; an den Mittel- und Vorderschienen an der helleren Stelle am Grunde auch gelbe Haare.

Hinterleib am 1., 2. und 3. Ring rostbraun mit schwarzer Mittelstrieme, an den folgenden Ringen glänzend schwarz, an allen Ringen, mit Ausnahme des ersten, mit gelbweissen Hinterrändern und heller kurzer feiner Behaarung gesäumt, auf der Fläche mit schwarzen Haaren, die aber mässig dicht stehen und hinten ziemlich lang sind. Die hellen Segmentsäume erweitern sich in der Dorsallinie oft zu grauweissen Dreiecken oder Flecken, die am 2. und 3. Ringe oft ziemlich deutlich erscheinen, aber höchstens bis zur Mitte des Ringes nach vorne reichen und nicht scharf begrenzt sind. Sie verschwinden oft bei sehr schmaler schwarzer Dorsalstrieme. Letztere hat bald die Form und den Verlauf wie bei *T. ferrugineus*, bald erscheint sie am 2. und 3. Ringe schon ziemlich breit (den fünften Theil der Ringbreite betragend) und vor dem Ende erweitert (am 2. Ring) oder in der Mitte (am 3. Ring); der 4. Ring ist immer schon ganz schwarz.

Der Bauch ist am 1., 2. und 3. Ringe rostbraun, vom 4. bis zur Spitze grauschwarz mit hellen weisslichen Hinterrändern aller Ringe. Das verborgene 1. Bauchsegment ist grau, der sogenannte 1. Ring ist an der nach unten umgeschlagenen Dorsalplatte an der Seite grau und die Bauchplatte in der Mitte grau, welch' letztere Farbe sich als Anfang einer Mittelstrieme auf das 2. Segment fortsetzt, doch ist letztere undeutlich und oft nur auf eine geringe Verdunkelung der Ventrallinie beschränkt.

Körperlänge 16·5ᵐᵐ.   Flügellänge 14ᵐᵐ.   Kopfbreite 5·8ᵐᵐ.

Weibchen: Augen einfärbig grün, hell, oft goldglänzend. Stirnstrieme schmal, fünfmal so hoch als unten breit, graugelb, gegen die Ocellengegend dunkler und schwarz behaart. Ocellenschwiele fehlend. Augenschwiele mit der mittleren wie bei *ferrugineus* in eine nach unten verdickte Leiste vereinigt, schmal, linear, glänzend schwarz. Antennen am Grunde grau, schwarz behaart, das 3. Glied mehr weniger rothbraun und kurz, die Ecke stark, der Oberrand vor derselben fast gerade, Griffel länger, schwarzbraun. Tasterendglied schmutzig bräunlich grau, mit vielen schwarzen Börstchen, lang, schmal, wenig am Grunde gebogen, sonst fast gerade, nach unten in eine stumpfe Spitze allmälig zulaufend. Thorax etwas heller, zuweilen der Rückenschild mehr greishaarig als beim Manne und zuweilen Spuren von hellen Längsstriemen. — Die Beine ebenso gefärbt, namentlich die Schienen oft weisslich gelb, gegen das Ende und auch sonst mit vielen schwarzen Haaren. Schwinger schwarzbraun mit weisslich- oder gelblichgrauem Kopfe. Flügel wie beim Manne.

Hinterleib mässig breit, stumpfabgerundet, oben genau wie beim Manne gefärbt, die weissen Dreiecke aber oft grösser und besonders am 2.—5. Ringe oft deutlich, am 4. und 5. Ring nahe gegen den Vorderrand reichend. Überhaupt scheint die Zeichnung constanter bei dieser Art als bei *ferrugineus*, und namentlich beim Weibchen.

Bauch wie beim Manne, doch gemeinhin die Mittelstrieme an den zwei oder drei ersten Ringen deutlich und dunkel, am zweiten vor dem Ende halbrund abgegrenzt, immer durch die hellen Hinterränder unterbrochen.

Körperlänge 18ᵐᵐ. Flügellänge 15ᵐᵐ. Breite des Hinterleibes am zweiten Ringe 7ᵐᵐ. Kopfbreite 6ᵐᵐ.

Fundorte: Im kaiserlichen Museum aus der Wiener Gegend (Schneeberg, Thalhof Holzriese und Gipfel), Frankenfels Nied.-Österr. und Krain (Juli, Bergenstamm), Dalmatien (Mann, Monte-Biocowo); Steiermark Liezen, Salberg, August).

In der Winthem'schen Sammlung aus Marseille unter unbestimmten Vorräthen und aus den Pyrenäen.

Von Herrn Schnabl erhielt ich Stücke aus dem Caucasus (Lesgien), von Herrn Kowarz aus der Schweiz (Sisikon im Canton Uri).

Diese Art besucht, und zwar ♂ und ♀, gerne Doldenblumen.

Andere geben die Art aus Baiern, Italien, Ungarn, Polen, Krain und Russland an.

Es ist mir nicht zweifelhaft, dass diese Art der *T. apricus* Meig. ist, weil von den europäischen Arten nur letzterer und *T. ferrugineus* Mg. = *gracus* Fbr. die Augeneckenschwiele und mittlere Stirnschwiele in Eine unten verdickte lineare Schwiele vereinigt haben, was Meigen bei beiden richtig beschrieben hat. —

(Brauer.   10

39. *graecus* Fabr. Ent. Syst. IV. 1794. 368. 29.

> *ferrugineus* Mg. Syst. Beschr. II. 60. 38. Class. 1804.
> *tdurniens* Wiedm. in litt.
> *? propinquus* Palm. Verh. d. zool. botan. Gesellsch. 1875. 111.
> *ursulus* Megerle in Meig. II. p. 60.
> *inteicornis* Meig. Syst. Beschr. II. 16. 22.
> *iatuns* Walker. Ins. Saundersiana. 23. (teste Löw.)
> *ferrugineus* Löw. Verh. d. zool. botan. Gesellsch. VIII. 607.
> *inteicornis* Schiner. Fauna. I. 34.

Männchen: Kopf nicht grösser als beim Weibchen; Augen nackt, unbandirt, hellgrün, goldglänzend; Augenfelder klein, nur in der Mitte des Kopfes zu beiden Seiten der Augennaht an einer ovalen Stelle grösser, als im unteren Drittel und in einer mässig breiten Seiten- und Hinterrandzone. Der Übergang der grösseren Felder in die kleineren nur gegen die Aussenseite der Augen etwas rascher und deutlicher begrenzt, sonst sehr allmälig. Ocellenhöcker klein und tiefliegend, gelblich behaart, ebenso am Hinterkopf oben mässig lange gelbe Haare über die Augen hinaufragend. Stirndreieck gefurcht, wie die Wangen und das Untergesicht messinggelb, letztere fein messinggelb mässig lang behaart. Antennen hell rothgelb, nur der Griffel oft braun und noch dunkler geringelt. 1. Glied oben kaum kapuzenartig erweitert, zweites oben in eine Spitze verlängert, beide schwärzlich und gelblich untermischt behaart. Drittes Glied am Oberrande stark halbmondförmig ausgeschnitten, die Ecke am Grunde stark vorspringend fast hakenartig spitzwinklig vorgekrümmt, selten fast rechtwinklig, Grund und obere Ecke sehr spärlich und kurz schwarzhaarig. — Griffel etwas länger als das 3. Glied. Taster klein, gelb, das Endglied oval, etwa doppelt so lang als in der Mitte breit, mit langen gespreizten gelben, oben und gegen die Spitze mit schwarzen Haaren.

Thorax schwarzbraun mit gelblicher nach vorne hell schimmernder Bestäubung. Rückenschild etwas fettglänzend, ohne helle Striemen, überall wie die Brustseiten gelbgrau behaart. Unter der Flügelwurzel eine hellgelbe Flocke. Beine pechbraun, die Tarsen der zwei hinteren Paare heller, Vorderschienen an der Basalhälfte, Hinter- und Mittelschienen fast ganz gelbbraun, letztere gegen das Ende gebräunt, und dort im unteren Drittel kurz schwarzhaarig, oben gelbhaarig. Hüften und Schenkel fein gelbhaarig. Schwinger hell braungelb, das Köpfchen im Leben am Ende fast weiss, der Stiel graulich.

Flügel gelbgrau hyalin, gegen den Vorderrand rostgelb, ebenso das Randmal und die grossen Längsadern daselbst hellgelbbraun, nur die Randader dunkler braun und die Endzweige am Rande.

Hinterleib kegelig, hell rostgelb, gegen das Licht besehen erscheinen die Hinterränder durch feine goldgelbe Saumhaare heller. Erster Ring in der Mitte mit breitem schwärzlichgrauen, nach hinten verengtem Flecke, zweiter Ring mit schmaler oder breiter schwarzer Strieme oder schmalem dreieckigen Mittelfleck längs der ganzen Mitte. 3. Ring mit ebensolcher Strieme oder feiner solcher Linie, 4. daselbst mit breitem nach hinten spitzzulaufendem schwarzen Flecke, oder ganz schwarz. Die drei folgenden Segmente schwarz mit hellem Hinterrande.

Bauch und Seiten bis zum 5. Ringe (exclusive) rothgelb, dann die 3 letzten Ringe schwarz mit hellem Hinterrande. Nur die Basis und Seite des von oben nicht sichtbaren (eigentlichen ersten) Ringes grau und ebenso ein Fleck an der Seite der Rückenplatte des sogenannten ersten Ringes.

Körperlänge 16—17ᵐᵐ. Flügellänge 14—15ᵐᵐ. Kopfbreite 5·6—6ᵐᵐ.

Weibchen: Stirnstrieme schmal, circa fünfmal so lang als unten breit, gelb und so behaart, nur an Stelle der fehlenden Ocellenschwiele schwarze borstige Haare. Untere Augeneckenschwiele schmal mit der Mittelschwiele zusammen eine glänzendschwarze, bis über die Mitte der Strieme hinaufreichende, nach unten etwas verdickte Leiste darstellend. — Taster gelb, und ebenso fein seidenhaarig, Endglied lang, dünn, wenig gebogen, fast gerade und schmal, vom Grunde an allmälig verdünnt, unten in eine stumpfe Spitze auslaufend. Augen einfärbig, sehr klein gefeldert, nackt, hellgrün, zuweilen eine sehr schmale etwas gelbliche kaum sichtbare Querbinde bei lebenden Stücken zu bemerken. Thorax stark gelbgrau behaart, bei gut erhaltenen Stücken erscheinen am Rückenschilde drei feine schwärzliche Längslinien. — Alles Übrige am Kopf und Thorax wie beim Manne. Die Schwinger am Grunde des Köpfchens oft dunkler.

Hinterleib etwas breiter als der Thorax und stumpf abgerundet, im Ganzen gefärbt wie beim Manne und in der Ausbreitung der schwarzen Dorsalstrieme ebenso variabel, zuweilen bis zum 5., zuweilen nur bis zum 4. Ringe rostgelb, die Behaarung an den Hinterrändern dichter und heller gelb, eine breite Zone bildend, die in der Mitte etwas dreieckig vorspringt aber keine weissen Dreiecke zeigt, höchstens durch eine fahlgraue Stelle die schwarze Dorsalstrieme abkürzt. Der 3. Ring ist am Vorderrande oft ausgedehnt verdunkelt. Der Bauch ist zuweilen wie beim Manne, zuweilen an den drei ersten Ringen rostgelb mit breiter, graugelber Mittelstrieme und die folgenden Ringe graugelb.

Die Beine sind an den hellen Stellen auffallend hellgelb behaart, namentlich die Hinterschienen.

Körperlänge 17—18^{mm}. Flügellänge 15—17^{mm}. Breite des Hinterleibes am zweiten Ringe 7—7·8^{mm}. Kopfbreite 6—6·5.

Fundorte: In der Wiener Gegend (Juni, Purkersdorf), Neusiedler-See, Steiermark, Dalmatien (Mann, Ragusa, Spalato), Croatien (Fiume), Ungarn, Tirol: Tultscha; Kleinasien, Brussa (Mann); Griechenland, Tinos, Corfu (Erber).

Von Herrn Kowarz aus dem Peloponnes als *T. graecus* F. — Frankreich, Dijon; Russland, Kasan, Caucasus (Wagner). —

40. *paradoxus* Jaenn. Berl. Ent. Z. X. 83.

Männchen. Kleiner als das Weibchen, der Kopf sehr gewölbt und viel grösser im Verhältniss zum Thorax als beim Weibchen. Augen sehr gross mit Einer Binde, die Felder bedeutend ungleich, in den oberen zwei Dritteln circa 6mal grösser als im unteren Drittel, die grossen Felder scharf geschieden von den kleinen und von der Augennaht bis zum Schläfen- und Hinterrande sowie zum Ocellenhöcker reichend, nur am abwärts gebogenen Hinterrande etwas kleiner. Ocellenhöcker rundlich, braun, aufrecht schwarzhaarig, in die Augenspalte versenkt aber deutlich, neben demselben wenige feine kurze gelbe Haare, am Oberrande des Hinterkopfes keine langen auf- und vorwärts gebogenen Haare.

Stirndreieck weissgrau, unter der Spitze mit braunschwarzer Querbinde; Wangen- und Untergesicht grauweiss, erstere mit feinen vorgerichteten schwarzen, letztere mit weisslichen Haaren.

Fühler schwarzbraun, das erste und zweite Glied unten heller braun. Erstes Glied oben wenig kappenartig vorgezogen mit schwarzer Spitze, zweites in eine lange Spitze oben ausgezogen, die dem dritten anliegt. Drittes Glied etwas länger als der Griffel, die Ecke am Oberrande vor der Mitte, stumpfwinkelig, der Oberrand vor derselben gebuchtet. Griffel schwarzbraun, ziemlich schlank und feinspitzig.

Taster grauweiss, das Endglied oval, der Unterrand vor der Spitze etwas concav, das Glied circa doppelt so lang als breit, oben und seitlich gespreizt schwarzhaarig, unten weisshaarig.

Thorax grauschwarz, Rückenschild etwas glänzend, hellgrau schimmernd mit vier mittleren und zwei ganz seitlich gelegenen schwärzlichgrauen schwachen breiten Längsstriemen, vor dem Schildchen jederseits stark wulstig und in der Mitte gebuchtet. Behaarung oben lang, schwarz und weiss gemischt, aber so fein, dass sie nur im Profile deutlich wird, an den Wülsten vor dem Schildchen längere feine grauweisse Haare. Brustseiten lang schwarz- und grauweiss gemischt behaart, unter der Flügelwurzel eine weissliche Flocke. Beine schwarzbraun, nur die Schienen des 1. und 2. Paares am Grunde kaum etwas heller braun, mit wenigen kurzen seidenartigen weissen Haaren. Basis der Schenkel und Hüften länger grauhaarig.

Hinterleib platt dreieckig, sammtschwarz oder tief schwarzbraun, vom 1.—6. Ringe eine continuirliche grauweisse Dorsalstrieme, die an den Hinterrändern etwas erweitert ist und ihre Entstehung aus zusammengeflossenen Dreiecken zeigt; die Hinterränder des 2.—7. Ringes sind schmal weissgrau gesäumt und am 2.—5. Ring erweitert sich dieser Saum an den Seitenecken zu Dreiecken, die ebenfalls weisshaarig sind.

10 *

Der 1. Ring ist seitlich vorne grau, hinten weisshaarig, der 6. und die Spitze sind schwarz und so behaart. Der Bauch ist schwarzgrau, der 2.—5. Ring zeigen feine, nicht scharf begrenzte weissgraue Hinterränder und Seitenecken mit weisser Behaarung. Bei Beleuchtung von hinten erscheint eine schwärzliche, breite dunklere Mittelstrieme über alle Segmente der Länge nach.

Schwinger schwarz, der Stiel am Grunde hell, der freie Rand des Köpfchens fast schneeweiss. Flügel etwas grauhyalin, die Vorderrandzelle etwas rauchgrau, ebenso die Mitte hinter dem Flügelmale. Letzteres deutlich und wie die Adern schwarzbraun. Erste Hinterrandzelle breit offen. —

Körperlänge 17^{mm}. Kopfbreite 6^{mm}. Flügellänge 14^{mm}.

Ein Stück, von Herrn J. v. Bergenstamm im Juni bei Wippach gefangen, — befindet sich in dessen Sammlung.

Weibchen. Augen einfarbig. — Stirnstrieme schmal, grau, unten etwas verengt und etwa sechsmal so hoch als dort breit, untere Augeneckenschwiele glänzend schwarz, oval, nach oben in eine Linie verlängert, längs der Mitte gefurcht. Ocellenschwiele fehlend. Stirndreieck grau bestaubt ebenso das Untergesicht, letzteres grau behaart. (Von der rothbraunen Behaarung ist nichts zu sehen; siehe Jaennicke.) —

Antennen schwarzbraun, nur das 3. Glied am Grunde zuweilen etwas rothbraun. Das 1. Glied nicht kappenartig, zweites etwas spitz oben. Taster lang, das Endglied aussen graubraun, kurz schwarz behaart, am Grunde und innen heller. Dessen Form wie bei *spodopterus*, schmal, vom Grunde an allmälig dünner, schwach gebogen, stumpf spitzig.

Thorax wie bei *spodopterus*, ebenso die Flügel, die erste Hinterrandzelle wenig verengt am Rande. Schwinger schwarzbraun mit am Ende hellerem Knopf.

Beine auffallend dunkler als bei *spodopterus*, schwarz, nur die Vorderschienen ganz an der Basis gelblichbraun, die übrigen alle dunkel pechbraun und durch die schwarze Behaarung sammt den Tarsen schwarz erscheinend.

Hinterleib schwarz, 2.—5. Ring mit nach hinten allmälig kleiner werdenden hellweissen Dreiecken in der Dorsallinie, die den Vorderrand nicht erreichen, und hellen weiss gewimperten schmalen Hinterrändern, die seitlich breiter werden und schief abgeschnittene weisse Dreiecke daselbst bilden. Die vordersten Ringe sind etwas bräunlich und heller. Bauch dunkelgrau mit hell weissgrauen Segmenträndern und tief schwarzbrauner, die letzteren deckenden, breiter parallelrandiger Mittellängsstrieme, die bei Beleuchtung von hinten durch den hellen Schimmer der Seiten deutlich abgehoben wird.

Körperlänge 21^{mm}. Flügellänge 17·5^{mm}. Kopfbreite 7^{mm}.

Die Type verdanke ich der freundlichen Mittheilung des Herrn v. Heyden. In der Schweiz (Boié.).

Ein zweites Exemplar erhielt ich durch Herrn Dr. Schnabl zur Ansicht, es stammt aus Lesgien (Dorf Lagodechy) im Caucasus und befindet sich in der Sammlung des Grafen C. Branicki. Dasselbe weicht unbedeutend vom oben beschriebenen Exemplare ab. Die Fühler sind ganz schwarz, am Untergesichte stehen viele schwarze Haare, die Taster sind fast ganz schwarz. Das 1. Fühlerglied ist durch die Lage etwas mehr kappenartig aussehend. Der Thorax ist oben grau und am Rande heller behaart, die Flecken der Brustseiten sind hell weissgrau. Die Beine ganz schwarz, nur die Vorderschienen ganz am Grunde vorne bräunlich mit weisslichem Schimmer. Der schwarze Hinterleib zeigt nur kleine weisse Dreiecke in der Dorsallinie, die Hinterränder sind, so wie der Bauch ganz schwarz. — Die erste Hinterrandzelle ist am Ende stark verengt.

Das Exemplar vom Caucasus ist 24^{mm} lang. Flügellänge 21^{mm}. Kopfbreite 8^{mm}.

Sehr nahe steht dieser Art der *T. mandarinus* Schin. aus Hongkong (Reise der österreichischen Fregatte Novara Bd. II. Diptera p. 82), doch sind die weissen Flecke am Abdomen bei diesem viel grösser und breiter und der Thorax heller grau, deutlich gestriemt, die Taster hell und die 1. Hinterrandzelle ist geschlossen oder sehr verengt; auch ist *mandarinus* grösser.

41. *spodopterus* Meigen (Wiedem.). II. 46. 21.

Löw. Verh. d. zool. botan. Gesellsch. VIII. 606.
Schiner. Fauna. I. 33. p. p.

Männchen. Augen einfarbig graubraun mit grünlichem Schimmer. — Kleiner als das Weibchen, Augen nackt, grob facettirt, die Felder in der Mitte der Augen und zwar seitlich von der Verbindungsnaht über dem Stirndreieck ziemlich grösser und gegen die äussere Hälfte nach oben und unten zu allmälig kleiner werdend, so dass die grossen und kleinen Felder nicht deutlich geschieden erscheinen. Ocellenschwiele ziemlich gross, schwarzbraun, im Leben weissschimmernd, schwarz behaart. Wangen und Untergesicht weisslich grau, erstere mit feinen vorgerichteten schwarzen, letzteres mit weisslichen Haaren. Stirndreieck grau, die Spitze zwischen den Augen nicht sehr verengt und unter derselben eine dunklere Stelle.

Antennen schwarz, die Basalglieder zuweilen und höchstens unten etwas rothbraun, Grundglied oben vorgezogen, aber schief abgeschnitten nicht hackig krumm über das 2. hinüberragend, das ebenfalls spitz erweitert ist. Beide kurz schwarz behaart. Drittes Glied am Oberrande wenig ausgehöhlt mit rechtwinkelig abgehackter Basalecke. Taster klein, weiss, oder unten und aussen schwarzgrau. Das Grundglied dunkler, das Endglied elliptisch, etwa 2 –2¹/₂ mal so lang als breit, am Ende mit kurzer kegeliger, etwas abwärts gebogener Spitze, stark und gespreizt lang schwarzhaarig und aussen oft grau silberschimmernd.

Thorax schwarz, Rückenschild fettglänzend mit nicht sehr hervortretenden mattgraugelben Längsstriemen, die nach vorne deutlicher werden und zum grossen Theile schwärzlich behaart, nur am Schildchenrande und an den Striemen graue Haare. Brustseiten dünn greis- und schwarzgemischt behaart. Unter der Flügelwurzel eine gelbliche Flocke. Schwinger schwarzbraun, die äusserste Spitze weisslich. Beine schwarzbraun. Vorderschienen am Grunde, Mittel- und Hinterschienen gegen die Spitze zu dunkler pechbraun, deren Tarsen pechbraun. Behaarung der Schienen kurz schwarz, die des 3. Paares beiderseits länger schwarz gewimpert. Flügel etwas rauchig hyalin, Adern schwarzbraun, Randmal braun.

Hinterleib schwarz, am 2., 3., 4., 5. Ringe ein hellweisser dreieckiger Fleck in der Mitte des Hinterrandes und der Hinterrand selbst am 2.–4. seitlich ziemlich breit, am 5. schmal weiss; am 1. und 6. Ringe in der Mitte nur ein weisser Punkt; 1., 2., 3. Ring zwischen der Mittelstrieme und dem schwarzen Seitenrande dunkel rothbraun, gegen die weissen Dreiecke der Mittelstrieme zu fast schwarz. 4. Ring dort etwas kastanienbraun. Seitlich vor dem weissen Hinterrande der Ringe stehen ziemlich lange schwarze Haare. — Leib oben gegen das Licht betrachtet nicht schimmernd.

Bauch röthlichbraungrau, rosenfarb schimmernd, die 3. letzten Ringe schwarz, der 2., 3., 4. und 5. mit weissem ebenso behaartem Hinterrande, der 6. Ring mit zwei weissen Punkten (je einen an der Seite des Randes). Über die rothbraunen (1.—4.) Ringe läuft eine dunkler rothbraune, hinten fast schwarze breite Längsstrieme und zu beiden Seiten derselben schimmert der Bauch silbergrau.

Der 4. Ring zeigt vor dem weissen Hinterrande oft eine dunkelbraune Querlinie. Die umgeschlagenen Ränder der Rückenplatten sind an jedem Ringe vorne schwarz hinten weiss und säumen den Bauch. —

Körperlänge 19ᵐᵐ. Flügellänge 15ᵐᵐ. Kopfbreite 6ᵐᵐ.

Ein Männchen von Dr. Egger im Juli bei Wien, eines von mir auf einer Strassenplanke bei Weidling am 7. Juli gefangen. Schiner hat das Männchen dieser Art nicht gekannt, seine Männchen gehören zu *lorinus* mit fast ganz schwarzen Fühlern. — Der rothgraue (nicht gelbbraune oder gelbgraue) Bauch kennzeichnet die Art nebst den grösseren Augenfeldern. —

Weibchen. Augen einfarbig schwarzbraun, kupferglänzend. Stirnstrieme grau, schmal und lang, circa sechsmal so hoch als unten breit, untere Augeneckenschwiele länglich elliptisch, unten an der Seite abgerundet, durch Verkürzung der seitlichen Zacken, in der Mitte zweispitzig, glänzend schwarz, schmal, längs der Mitte mit deutlicher Furche, nach oben bis über die Mitte der Stirnstrieme hinauf in eine feine Leiste verlängert, neben derselben oft die Strieme verdunkelt, ebenso in der Ocellengegend am Scheitel und dort kurz schwarzhaarig. Ocellenschwiele fehlend. Augen nackt, unbandirt, klein aber grob facettirt. Stirndreieck, Wangen und Untergesicht weissgrau, bei frischen Exemplaren oft silberweiss, letztere fein und nicht sehr lang weiss behaart, kaum einen Stich ins gelbe zeigend.

Antennen, wie beim Manne, meist ganz schwarz, die Ecke am Oberrande des 3. Gliedes fast rechtwinklig, kleiner als bei *borinus* und der Oberrand vor derselben fast gerade; Taster etwas kürzer als bei *borinus*, das Endglied innen nackt, schmutzig weiss, aussen bleich graubraun, bald dunkler, bald heller (aber nie gelb) und dicht mit vielen kurzen schwarzen Börstchen besetzt; wenig gebogen, der Hinterrand concav, der Vorderrand am Grunde convex, fast gekniet, dann gerade, mit dem Hinterrande in eine schlanke aber stumpf endende Spitze zusammenlaufend, so dass das Glied vom dickeren Grunde an allmälig in eine dünne Spitze ausläuft, und am Grunde weit dicker ist als im Enddrittel.

Thorax wie beim Manne, die Striemen des Rückenschildes heller grau und die Brustseiten nur hellgreis oder weisshaarig, besonders an den langen Vorderhüften lange weisse Haare.

Beine, Flügel und Schwinger wie beim Manne, nur die erste Hinterrandzelle oft verengt oder sogar geschlossen.

Hinterleib breit und platt, hinten abgerundet, dessen Grundfarbe ausgedehnter rothbraun, das Schwarz nur um die weissen Dorsaldreiecke als Längsstriche, seitlich und an den drei letzten Ringen. Die weissen Dreiecke sehr breit am 2.—5. Ringe und fast den Vorderrand erreichend. Sonst die ganze Zeichnung und Färbung wie beim Manne.

Bauch röthlichgrau, durch hellen Schimmer bei gewisser Stellung fast rosenfarbig, hinten weisslich aschgrau, mit breiter dunkelrothbrauner Längsstrieme. Die 3 letzten Ringe schwärzlichgrau. Segmenthinterränder weisslich, die umgeschlagenen Ränder der Rückenplatten sind am Grunde schwarz, am Ende weisslich und säumen den Bauch ein.

Körperlänge 19—20^{mm}. Flügellänge 16·5—18^{mm}. Kopfbreite 6·5—7^{mm}.

Um Wien (Weidlingau, St. Veit, Juli) aber nur in der Nähe von Bergen, nicht in den Praterauen.

Grossglockner, Dalmatien: Monte Biocowo; Mehadia, Krain: Wippach (Mann); Baiern (Kittel), Tirol: Cortina, Steiermark; Deutschland; Balkan.

42. *intermedius* Egger. Verh. d. zool. botan. Gesellsch. IX. 391.

Eggeri[1] Schiner. Novara-Reise. 1868. p. 82.
gallorum Schin. in litt.

Männchen. Augen einfarbig, ohne Binden. — Kleiner als das Weibchen, Kopf viel breiter als der Thorax und oben eigenthümlich flach, Augen nicht stark gewölbt, mehr nach vorne und seitlich erweitert, dadurch der Kopf von oben gesehen im Umrisse fast dreieckig. Augen nackt, grob gefeldert, die Felder im unteren Drittel und in einer breiten Randzone in den oberen Dritteln bis zu dem Ocellenhöcker kleiner als in der Mitte der zwei oberen Drittel zu beiden Seiten der Augennaht, aber die grösseren Felder nicht sehr scharf von den kleineren getrennt, allmälig in dieselben übergehend. Ocellenhöcker klein, kugelig rothbraun, — Stirndreieck, Wangen und Untergesicht gelblichweiss bestäubt, ersteres an der Spitze grau, letztere ziemlich kurzwollig, weisshaarig.

Antennen schwarzbraun, am Grunde oft (1. und 2. Glied und theilweise das 3.) rothbraun, das Grundglied oben wenig dreieckig erweitert, das 2. deutlich oben spitz ausgezogen, ersteres oben mehr weniger kurz schwarzborstig. Drittes Glied braun, gegen das Ende dunkler, schmal, am Grunde wenig erweitert, die Ecke an der Basis des Oberrandes klein und stumpf und der Rand vor derselben wenig concav.

Taster klein, weiss, das Endglied schmal, oval, etwa dreimal so lang als breit und lang und gespreizt, weiss und schwarz gemischt behaart.

---

[1] Schiner hat den Namen *Eggeri* für diese Art vorgeschlagen, weil es einen *T. intermedius* in Amerika gibt. Da letzterer aber räthselhaft geblieben ist (vide Osten-Sacken), so mag der alte Name verbleiben.

Thorax aschgrau, Rückenschild sehr undeutlich heller gelbgrau gestriemt, die Striemen nur ganz vorne deutlich, Brustseiten vorne und unter der Flügelwurzel mit hellweisslichgelben Flocken, in der Mitte seitlich wenig schwarze Haare. — Schwinger schwarzbraun, das Köpfchen in der Endhälfte weissgelb

Beine schwarzbraun, Vorderschienen in der Basalhälfte. Mittel- und Hinterschienen ganz gelbbraun, ebenso die äussersten Enden der Schenkel. Behaarung an den Schenkeln unten greis sonst an den Schienen meist kurz, schwarz. An den Hinterschienen aussen längere schwarze Haarwimpern.

Flügel blass rauchbraun hyalin, die vorderen 3 Längsadern gelbbraun, die übrigen dunkler braun. Randmal gelbbraun.

Hinterleib spitzkegelig, rostgelb, die Hinterränder der Ringe etwas heller und von hinten beleuchtet weisslich schimmernd. 2., 3. und 4. Ring mit einem länglichen schmalen schwarzen Mittelfleck in der Dorsallinie, der den Hinterrand nicht erreicht und daselbst am 2.—6. Ringe oft von einem gelbweissen Dreieck unterbrochen wird, das am 5. und 6. Ringe fast bis zum Vorderrand reicht und am 4. Ringe am breitesten, fast dreieckig erscheint. Der 5. und 6. Ring schwarzbraun mit rothgelbem Hinter- und Seitenrande. Am 2.—4. Ringe stehen über dem gelben Seitenrande vorne längere schwarze Haare, die am 3. und 4. Ringe einen dunklen Seitenstrich bilden und zuweilen ist auch die Grundfarbe an dieser Stelle verdunkelt.

Bauch einfarbig rothgelb, die Hinterränder kaum heller und in der Mitte keine oder eine kaum erkennbare dunkle Längsstrieme. Der 6. Ring ist vorne schwarzbraun, der folgende kegelig, glänzend schwarz.

Körperlänge 20ᵐᵐ. Flügellänge 15ᵐᵐ. Kopfbreite 6ᵐᵐ.

Weibchen. Augen einfarbig. — Kopf breit, flach gewölbt, Stirnstrieme gelbgrau, lang und schmal, circa sechsmal so lang als unten breit, untere Augeneckenschwiele länglich elliptisch, glänzend schwarz, längs der Mitte gefurcht, und nach oben bis über die Mitte der Strieme hinauf in eine schmale schwarze Leiste verlängert; Ocellenschwiele fehlend. Augenfacetten klein, gleich, nackt. Stirndreieck, Wangen und Untergesicht bleich gelbweiss oder gelbgrau, letztere kurzwollig greisgelb. Antennen wie beim Manne, das 3. Glied gewöhnlich etwas breiter am Grunde und die Ecke oben stärker vortretend. Tasterendglied lang, schwach gekniet abwärts gebogen, gelbweiss und ebenso fein seidenartig kurz behaart, vom Grunde bis zum Ende allmälig verdünnt, die Spitze ziemlich schlank und spitz, wie bei *spodopterus*.

Thorax wie beim Manne, doch mehr gelbgrau oben und seitlich ausser den gelben Flocken unter der Flügelwurzel überall dünn und kurz gelbgrau behaart. Beine schwarzbraun, Vorderschienen bis zum Enddrittel, Mittel- und Hinterschienen bis vor die gebräunte Spitze hellgelb; die des dritten Paares fein gelbhaarig, am Aussenrande mit einer Reihe langer schwarzer Borsten gewimpert (bei *spodopterus* springt dieser Haarsaum nicht so deutlich hervor, weil die ganze Schiene schwarzhaarig ist). Enden der Schenkel hell. Tarsen des 2. und 3. Paares pechbraun. — Schwinger mit gelbem Stiel und Köpfchenende, Basalhälfte des Köpfchens schwarzbraun.

Flügel blass rauchig hyalin mit braunen Adern und gelbbraunem Randmale. Erste Hinterrandzelle hinter der 3. Längsader am Rande sehr verengt, geschlossen oder gestielt.

Hinterleib rostgelb, längs der Mitte in der schwarzen Dorsallinie mit weissgelben Dreiecken, die ziemlich breitbasig am Hinterrande entspringen und am 2. und 3. Ringe nahezu, am 4.—6. den Vorderrand ganz erreichen. Die schwarze Dorsalstrieme ist so schmal, dass sie eigentlich nur die Spitze der weissen Dreiecke zu beiden Seiten begrenzt. Die Hinterränder der Ringe sind kaum heller und treten erst durch Verdunkelung der Grundfarbe an den letzten Ringen schärfer hervor. Der 4. und 5. Ring sind seitlich an der Vorderecke geschwärzt durch dicht stehende schwarze Haare, der 5. auch am Vorderrande, ebenso der 6.; die Endspitze ist schwarz, gelb gerandet.

Bauch einfarbig hell rostgelb, die Mittelstrieme nur durch Glanz von der matten und etwas weisslich schimmernden Seite abgehoben. Spitze etwas verdunkelt.

Körperlänge 21—24ᵐᵐ. Flügellänge 18—19ᵐᵐ. Kopfbreite 6·5—7ᵐᵐ.

Im kaiserlichen Museum aus dem südlichen Frankreich, aus St. Sever, von Leon Dufour als *T. spodopterus* bestimmt, von H. Mann aus Korsika und Klein-Asien (Amasia), aus der Schweiz (M. Dürr), von Dir. Steindachner aus Spanien (La Granja), Estremadura; ein Männchen aus Sicilien von Neumann; zwei Weibchen aus Egypten von Kotschy.

In der Winthem'schen Sammlung aus Marseille.

Der verwandte *T. bucolicus* Schiner aus Hongkong (Novara-Reise p. 81) hat viel grössere Augenfelder (♂) und diese reichen oben bis zum Ocellenhöcker und dort fast ganz an den Hinterrand.

43. **sudeticus** Zeller. Isis v. Oken. 1842. 815. 2. Taf. 1. Fig. 5—8.
> Löw. Verh. d. zool. botan. Gesellsch. VIII. 1858. 606.
> Schiner. Fauna- I. 31.
> *bovinus* Linn. p. p. F. S. 1882. 1764.
> „ Meig. Syst. Beschr. 13. 18 et Classif. p. p.

Männchen. Kleiner oder fast ebenso gross als das Weibchen. Kopf nicht grösser als bei dem Weibchen, Augen nackt, ohne Binden, die Felder in den zwei oberen Dritteln, mit Ausnahme einer schmalen Zone seitlich am Hinterrande, viel grösser (circa viermal) als im unteren Drittel. Farbe der Augen schwärzlich kupferglänzend, die grossen Felder graulich, die kleinen mehr röthlich. Ocellenhöcker deutlich, länglichrund, schwarzbraun, hinter und neben demselben sehr kurze feine gelbe aufrechte Haare. — Stirndreieck messinggelb bestäubt, die Spitze graubraun. Antennen zum grossen Theile rothgelb oder rothbraun, gegen die Spitze dunkler, der Griffel meist schwarzbraun. Erstes Glied oben nicht stark vorgezogen, kurz dreieckig vortretend über das kleine zweite und auch dieses nicht sehr spitz ausgezogen am Oberrande; beide kurz schwarzhaarig. Drittes Glied am Oberrande sehr stark ausgerandet, tief buchtig, am Grunde mit stark vortretender dreieckiger Ecke, fast halbmondförmig, sehr kurz schwarzborstig.

Wangen und Untergesicht bleich messinggelb, fast weiss, erstere mit feinen, vorstehenden, schwarzen, letzteres mit solchen und weisslichen Haaren. Taster klein. Grundglied grau, am Grunde weisshaarig. Endglied gelblichweiss oder schmutzig bräunlich weiss, gespreizt, lang, schwarzhaarig, oval, etwa $2\frac{1}{2}$mal so lang als breit, am Ende abgerundet, kaum kegelig, aber etwas dicker und einwärts gebogen, fast keulenförmig. —

Thorax schwarzbraun, Rückenschild glänzend mit fünf schmalen, nur vorne heller grauen, nach hinten sehr undeutlichen graugelben Längsstriemen und dort sparsam grau-, sonst überall schwarzbraun behaart. Brustseiten schwarz, vorne und unten sowie die Hüften gelbgreis haarig, in der Mitte eine breite, dicht schwarzhaarige Stelle, darüber unter und hinter der Flügelwurzel je eine gelbgreishaarige Flocke. Schwinger schwarzbraun, die äusserste Spitze und der Stiel weisslich. Beine schwarzbraun oder pechbraun und ausser den Hüften dicht schwarzhaarig, die Schienen und Hintertarsen heller pechbraun oder gelbbraun, sowie die äusserste Spitze der Schenkel. Die Vorderschienen sind bei hellen Stücken bis fast zur Spitze gelbbraun. Die Vordertarsen sind immer dunkler als die übrigen.

Flügel etwas graulich hyalin, nach vorne gelblichbraun, Randmal gelbbraun, Adern braun, die erste und dritte Ader ziemlich hell gelbbraun. Hinterleib oben schwarzbraun, 1. und 2. Ring seitlich kastanienbraun, die Ringe am Hinterrande seitlich breiter, gegen die Mitte zu schmäler hellgelbbraun, am 3.—5. Ring fast weiss gesäumt. 2.—5. in der Mitte des Hinterrandes mit grell vortretendem gelbweissem dreieckigem Fleck, der kaum bis in die Mitte des Ringes nach vorne reicht, und ist nach aussen hin convexe Seitenränder zeigt.

Bauch dunkel kastanienbraun, oft fast ganz schwarzbraun, oft eine dunklere Mittelstrieme durch die helleren braunen Stellen an der Seite erscheinend; nur der Hinterrand des 1. Ringes braun, alle übrigen Ringe dort breit weiss oder gelblichweiss, in der Mitte schmäler gesäumt. Die umgeschlagenen Seitenränder der Rückenplatten schwarzbraun, an der Hinterecke weiss. — Behaarung oben an den hellen Stellen gelb, sonst schwarz und ziemlich dicht.

Körperlänge 20—23^{mm}, Flügellänge 15—19^{mm}, Kopfbreite 6—8^{mm}.

Weibchen. Augen ohne Binden, schwärzlichbraun, kupferglänzend. Stirnstrieme ziemlich schmal, gelbgrau, circa 4—$4\frac{1}{2}$—5mal so hoch als unten breit. Augeneckenschwiele glänzend schwarz mit einer Längsfurche, halbelliptisch, unten abgestutzt und oft vierzackig, oben in eine schmale schwarze Leiste bis über die Mitte der Strieme hinauf verlängert. Ocellenschwiele fehlend. Stirndreieck messinggelb bestäubt. Augen nackt, klein geteldert. Hinterkopf kurz und fein gelbhaarig. Antennen in Form und Farbe wie beim Manne. Wangen und Untergesicht gelbgrau, messinggelb bestäubt und ebenso fein behaart. Tasterendglied lang, gelbbraun oder fast schwarzbraun, fein und kurz gelb behaart, schwach gebogen, der Hinterrand fast gerade, der Vorderrand wenig convex, kaum gekniet und vom Grunde an fast gleich breit bleibend, an der kaum schmäleren Spitze dunkler und stumpf, abgerundet. Basalglied lang- und gespreizt gelblich behaart. — Endglied zuweilen mit kurzen schwarzen Haaren.

Thorax genau wie beim Manne, die Striemen des Rückenschildes nicht deutlicher, die Brustseiten länger- und mehr messinggelb behaart.

Beine mit schwarzbraunen Schenkeln und Vordertarsen und hell gelbweissen Schienen, von denen nur die vorderen an der Spitze dunkel sind. Mittel- und Hintertarsen pechbraun. Hinterleib wie beim Manne oder oben dunkler, das Braun beschränkt sich auf schmale Zonen vor dem breiten gelben Hinterrande und die gelben, am Seitenrande nach aussen convexen Dreiecke reichen höchstens bis zur Mitte der Ringe nach vorne wo alle Ringe tief schwarz sind. Unterseite wie beim Manne oder es erscheint eine schwarzbraune Längsstrieme, neben welcher die Segmente aschgrau oder gelbgrau schimmern.

Körperlänge 23—25ᵐᵐ.   Flügellänge 19—21ᵐᵐ.   Kopfbreite 7—8·5ᵐᵐ.

Im kaiserlichen Museum aus der Wiener Gegend: Bisamberg (Juni), Schneeberg (Juli), Sulz (Rogenhofer); Steiermark, Murthal und Liezen (Juli, August); Gastein (Girand), Oberösterreich (Gmunden); aus der Schweiz, aus Fiume (Monte Maggiore), Tirol (Bozen), Kärnten und Krain, Wippach (Juni, Bergenstamm), Ungarn (Mehadia), Schlesien (Schummel, Zeller); Frankreich; Baiern; England (Verrall).

In der Winthem'schen Sammlung aus Constanz und vom Ural als *T. borinus* L.

In der Wiedemann'schen Sammlung aus Kiel. —

Die Männchen rütteln und schwärmen über den höchsten Bergspitzen vor Sonnenaufgang, z. B. am Dobratsch (Buchmüller) und Hohen Zinken (Frauenfeld) und sitzen an sonnigen Planken des Morgens nach dem Auskriechen; die Weibchen auf Blättern von Gesträuchen und auf Vieh.

Ich habe von dieser Art eine Anzahl Weibchen gesehen, welche in Obersteiermark (Liezen) und bei Gmunden in Oberösterreich gesammelt wurden, und leicht mit *borinus* dadurch zu verwechseln waren, weil der Thorax heller grau, der Bauch dagegen am Grunde (1.—3. Ring) gelbbraun, längs der Mitte schwarz gefärbt war. Die Taster waren fast schwarzbraun. Diese Form wird sich durch die dunkle Farbe der Augen im Leben gut unterscheiden, nach dem Tode entscheidet die Breite der weissgelben Hinterränder der Hinterleibssegmente oben und die Form der kurzen, mehr gleichseitigen, am Seitenrande convexen, fast herzförmigen Mitteldreiecke, ferner die etwas breitere Stirnstrieme. — Gewöhnlich ist diese Art auch beträchtlich grösser als *borinus* und fliegt viel später im Jahre (*borinus* im Mai und Mitte Juni, *sudeticus* Ende Juni, Juli und August).

44. **borinus** Löw. Verh. d. zool. botan. Gesellsch. VIII. 1858. 606. 36.

    Meigen. Syst. Beschr. II. p. 44. var. *rubra*.
    De Geer. Ins. VI. Taf. 12. Fig. 6 - 14. p. p.
    Geoffr. Ins. II. 459. Nr. 4.
    Reaumur. IV. Taf. 17. Fig. 8. ?
    Zetterstedt. Dipt. Sc. I. 1054.
    Schiner. Fauna. I. 34. p. p.

Männchen. Wenig kleiner oder nicht kleiner als das Weibchen. Augen einfarbig grün, nackt, fein facettirt, die Felder überall nahezu gleich klein, vielleicht nur am äussersten Rande kleiner. Ocellenschwiele gross, rothbraun, sehr kurz schwarzhaarig. Stirndreieck gelblichgrau, die Spitze lang und enge eingekeilt zwischen die Netzaugennaht. Wangen und Untergesicht grau, überall mit messinggelbem Schimmer und gelbgreiser Behaarung. Antennen schwarz, am Grunde zum grossen Theile rothbraun oder braungelb. Erstes Glied oben stark über das zweite hakig vorspringend, zweites ebenso geradspitzig verlängert, drittes oben stark buchtig ausgeschnitten, mit starker, etwas vorspringender Ecke am Grunde des Oberrandes. Alle drei Glieder oben schwarzborstig und dunkler, unten und das dritte am Grunde meist rothbraun. — Taster gelblich weiss, weisslich gelb- und schwarz gemischt lang behaart. Das Endglied kurz, etwa doppelt so lang als in der Mitte breit, oval, am Ende stumpf gerundet, zuweilen nach unten eine sehr kleine kegelige Spitze zeigend.

Thorax schwarzbraun, Rückenschild glänzend, mit fünf undeutlichen graugelben Striemen und kurzer dichter schwarzbrauner, graugelb gemischter Behaarung. Brustseiten greishaarig, unter der Flügelwurzel eine gelbe Flecke. Schwinger schwarzbraun, der Stiel heller und die Spitze des Köpfchens weisslich. Flügel gelblich-grau hyalin, besonders gegen den Vorderrand gelblich, die Adern dort hell- bis gelbbraun. Beine schwarzbraun. Vorderschienen oft bis zum letzten Viertel, Mittel- und Hinterschienen immer, mit Ausnahme der etwas dunkleren Spitze, gelbbraun, ebenso deren Tarsen hell pechbraun.

Hinterleib rothgelbbraun, oben mit dunkler bis schwarzer Mittelstrieme und Spitze und in der dunklen Strieme mit je einem dreieckigen gelblichen oder bleich milchweissen dreieckigen Fleck in der Mitte des Hinterrandes am 1.—5. Segment. 2.—4. Ring mit hellen gelbbraunen, fein und kurz weisslich behaarten Hinterrändern. Dritter bis letzter Ring allmälig dunkler braun bis schwarz und dadurch der helle Rand deutlicher hervortretend. Seiten gelblich mit wenigen schwarzen Haaren nach innen begrenzt. Gegen das Licht gehalten verschwinden die Zeichnungen durch grauen Schimmer.

Bauch rothgelb, die drei letzten Ringe und eine breite Mittellängsstrieme über alle Ringe schwarzbraun bis glänzend schwarz, oder ganz graugelb bestäubt. Hinterränder der Ringe bleich gelb aber nicht weiss, 2. bis 4. Ring seitlich oft wieder gebräunt. Die Seitenränder der Rückenplatten an der Bauchseite einfärbig gelblich.

Körperlänge 20ᵐᵐ. Flügellänge 16ᵐᵐ. Kopfbreite 6·5ᵐᵐ.

Weibchen. Augen einfarbig hellgrün, kupferschimmernd. Stirnstrieme schmal und lang, mehr als fünfmal (circa sechsmal) so hoch als unten breit, gelblich grau. Untere Augeneckenschwiele länglich halb oval, oder dreieckig, unten abgestutzt vierzackig und gekerbt, oben ganz, in eine schmale Leiste bis über die Mitte der Stirnstrieme hinauflaufend, schwarz, glänzend, meist ohne Mittellängsfurche. Ocellenschwiele fehlend und die Stelle in der Regel am Scheitel nicht dunkler. Augen nackt, klein facettirt. Wangen und Untergesicht gelblich weiss, mässig und nicht sehr lang ebenso behaart. Stirndreieck gelbweiss. Antennen wie beim Manne.

Tasterendglied lang, gelb, gelbbraun oder dunkelbraun, das Endglied schwach gebogen, der Hinterrand sehr wenig concav fast gerade, der Vorderrand leicht convex am Grunde, dann mit dem Hinterrande fast parallel, so dass das Glied fast gleich breit bleibt und nach unten nur sehr wenig verschmälert wird, fast fünfmal so lang als breit, an der Spitze abgerundet. Behaarung kurz seidenartig gelblich, aussen mit schwarzen sehr kurzen Börstchen, die zuweilen fast fehlen, zuweilen in grösserer Anzahl vorhanden sind.

Thorax und dessen Anhänge wie beim Manne, nur der Rückenschild heller und deutlicher der Länge nach grau gestriemt. Hinterleib platter und nach hinten abgerundet, nicht so spitz wie beim Manne, aber ebenso gefärbt und gezeichnet, die weissen Dreiecke in der Dorsallinie wechseln in der Grösse und erreichen am 2., 3. und 4. Ring den Vorderrand; ihr Seitenrand ist gerade oder selbst nach aussen concav, sie sind stets länger als breit.

Bauch wie beim Manne, doch meist nur bis zum 4. Ringe rothgelb, oder neben der dunklen Mittelstrieme graubraun oder aschgrau, hinten dann ganz schwarzgrau. Strieme, Segmentränder und Seiten wie beim Männchen gefärbt. In seltenen Fällen erscheint der ganze Bauch graubraun wie bei *sudeticus* und nur der 2. Ring neben der dunklen Mittelstrieme etwas rothgelb.

Körperlänge 20—21ᵐᵐ. Flügellänge 18ᵐᵐ. Kopfbreite 7ᵐᵐ.

Im kaiserlichen Museum aus der Wiener Gegend: Prater (Mai, Juni), Schönbrunn, Hütteldorf etc.; aus Krain (v. Bergenstamm), Kärnten, Croatien (Josephsthal), aus Dalmatien (Spalato), Schlesien (Schummel). Istrien, Montepiano (Mann).

In der Winthem'schen Sammlung ein Paar aus Paris und aus Achalzik in Georgien (Caucasus).

Von Herrn Schnabl aus Russland, Lithauen und vom Amur (Minsk und Ussuri).

Ausserdem wird die Art angegeben aus Baiern, Holland, Italien, Ungarn, Polen, Tirol, England (Verrall), Sibirien, Schweden (Ztt st.) und aus Afrika (Caffrarien Löw).

Die Varietät mit dunklen Tastern ist von *spodopterus* immer durch die stumpfe Spitze derselben, die unten abgestuzte vierzackige Augeneckenschwiele und die im Leben hellgrünen Augen zu unterscheiden, ferner durch den grauen, seitlich gelbbraunen oder grauen (nicht rothbraunen oder rothgrauen) Bauch.

Von hellen Stücken des *sudeticus* unterscheiden sich dunkle Stücke durch die schmälere Stirnstrieme, ferner durch die am Hinterrande nicht so breit weissgelb gesäumten Hinterleibsegmente und durch die längeren weissen gerade oder concav geründeten Dreiecke, die bei *sudeticus* fast stets gleichseitig oder an der Basis breiter sind mit abgerundeten Basalecken.

Die Weibchen schwärmen um Pferde, Rinder und Hirsche. — Die Männchen rütteln in Waldlichtungen und auf etwas erhöhten Wiesenplätzen in Auen, nicht auf Bergspitzen, besonders an gewitterschwülen Tagen, in der Sonne nach Regengüssen oder früh morgens.

45. *bromius* L. Fauna Suec. 1885. Syst. naturae.

Fabr. Ent. Syst. IV. 366. 17.
Fabr. Spec. Ins. II. 157. 14.
Fabr. Syst. Antl. 97. 18.
Fallén. Dipt. suec. 7. 7.
maculatus Degeer. Ins. VI. 89. 3.
bromius Herbst. Gemein. Natg. VIII. 112. Tab. 67. Fig. 3.
  „ Zetterst. Dipt. Scand. I. 107.
  „ Meig. Syst. Beschr. II. 52. 29.
  „ Schiner. Fauna. I. 36.
  „ Löw. Verh. d. zool. botan. Gesellsch. VIII. 598. p. p.
glaucus Meig. Syst. Beschr. II. 51. 28. var.
glaucescens Schin. Fauna. I. 36. ♂ var.

Männchen. Kopf nicht bedeutend grösser und gewölbter als beim Weibchen; Augen nackt oder sehr kurz und zerstreut behaart, mit Einer Purpurbinde. Augenfelder in den zwei oberen Dritteln sehr viel grösser (circa 6mal) als unten. Die grossen Felder oben bis zum Ocellenhöcker reichend. Am Schläfenrande nur feine sehr kurze weisse Haare, die den Augenrand kaum überragen. Ocellenhöcker, klein, rundlich, tief in die Augennaht eingedrückt, braun. Stirndreieck silbergrau, vor der Spitze mit schwärzlicher Querbinde. Antennen meist rothgelb, mehr weniger gebräunt, selten schwarzbraun. — Basalglied kappenartig vorgezogen, das zweite oft ganz deckend und dort, sowie die obere Ecke des 2. und 3. Gliedes etwas geschwärzt und sehr kurz schwarzborstig. 3. Glied wenig erweitert, die obere Ecke im ersten Drittel gelegen, stumpfwinklig, klein. Griffel meist länger als das 3. Glied und aufwärts gebogen. Wangen und Untergesicht, graulich silberweiss, erstere sehr kurz- und fein schwärzlich behaart, letztere oben sehr fein und kurz-, nach hinten und unten zu länger weisshaarig. Taster kurz, weiss, und ebenso mit Schwarz untermischt behaart. Endglied blasig, oval, am freien Ende stumpf kegelig, die Spitze meist abwärts gedrückt und das Glied dort an der Unterseite etwas eingedrückt. Häufig ganz abgerundet. (Wahrscheinlich durch Vertrocknen.)

Thorax grau und mit fünf hellen grauen Längsstriemen, bei frisch ausgeflogenen Stücken überall dicht, oben graubraun, seitlich und unten greishaarig, gewöhnlich aber erscheinen die Haare sehr abgerieben und der Rückenschild dadurch mehr aschgrau. Schulterschwiele sehr häufig gelb. Flügel hyalin, die Adern braun, Schwinger schwarzbraun, das Köpfchen am Ende hell.

Hinterleib länglich, platt kegelig, schwarz mit drei Längsreihen heller Flecke und hellen Hinterrändern der Segmente; der 2. und 3. Ring seitlich oft mehr weniger rothgelb und alle Ringe oft auffallend silberschimmernd, wodurch bei gewisser Betrachtung die Zeichnung verschwindet. In der Regel sind die Mittelflecke dreieckig und aschgrau schimmernd, die seitlichen gelblich und schief von vorne und innen nach hinten und aussen laufend, mit dem Hinterrande zusammenfliessend, auf den röthlichgelben vorderen Ringen noch immer heller vortretend. Behaarung mässig. Bauch aschgrau, die Segmenträuder weisslich, die Mittellinie meist mit dunkler Längsstrieme und der 1.—3. oder 4. Ring oft neben dieser röthlich.

Körperlänge 14^{mm}. Flügellänge 12^{mm}. Kopfbreite 5^{mm}. Thoraxbreite 4^{mm}.

Weibchen. Stirnstrieme graugelb, parallelrandig oder unten etwas verengt, circa 4—5mal so hoch als unten breit. Augeneckenschwiele in der Stirnstrieme mehr als 4mal reichlich enthalten, länglich viereckig, glänzend schwarz, nach oben in eine ebenso gefärbte Linie bis über die Mitte der Strieme hinauf verlängert; Ocellenschwiele verschwunden, nur eine graue oder schwärzliche Stelle an dem oberen Striemenende. Augen bald heller, bald dunkler grün, rothschimmernd, sehr kurz und zerstreut microscopisch behaart, mit Einer Purpurbinde. Hinterkopf ziemlich dicht mit kurzen feinen gelblichen Haaren bewachsen, die aber den Schläfenrand der Augen nicht oder kaum überragen. Schläfenrand sehr schmal linear gegen den Scheitel und nach unten etwas breiter. Der Innen- und Unterrand jedes Auges bilden einen stumpfen Winkel von circa 135°, da die Augen weit herabreichen.

Augen höher als breit, der senkrechte Durchmesser derselben im Profile des Kopfes verhält sich zum Längsdurchmesser wie 2^1/$_2$: 2. — Stirndreieck und Untergesicht weiss oder gelblich bestäubt, ersteres oft in Form von zwei schwarzen Bögen über der Fühlerwurzel abgerieben, stets flach, letzteres vorne kurz-, hinten länger weisshaarig. Antennen rothgelb. Basalglied oben in eine lange schwarzborstige Ecke über das ebensolche aber kleinere 2. Glied vorgezogen. 3. Glied oben vor der Mitte mit kleiner aber deutlicher, fast recht winkelig abgehackter Ecke, etwa doppelt so lang als breit. Griffel kürzer oder so lang als das Glied.

Tasterendglied weiss oder gelbweiss mit weissen kurzen Haaren und aussen mit eingestreuten schwarzen Börstchen, klauenförmig gekniet, über der Beugung dick und blasig, besonders der Vorderrand stark convex und die Innen- und Aussenseite etwas blasig; unter der Beugung viel dünner (am Knie circa ^{1}/$_3$ so dick) in eine geradrandige scharfe Spitze auslaufend, nicht vom Grunde an allmälig verdünnt wie bei *maculicornis*. — Alles Übrige wie beim Männchen, nur die Färbung des Thorax meist heller grau gestriemt und der Hinterleib am Grunde an der Seite nicht oder selten rothgelb, höchstens am 2. Ringe ganz an der Seite vorne eine kleine rothgelbe Stelle. Bauch wie beim Manne, doch meist gelbgrau mit schwärzlichgrauer Längsstrieme, neben welcher zuweilen vorne eine röthliche Stelle oder ein solcher Saum sich zeigt.

Körperlänge 12—15^{mm}. Flügellänge 10—12^{mm}. Kopfbreite 4—5^{mm}.

Im kaiserlichen Museum aus der Wiener Gegend (Hütteldorf, Mödling etc., Marchfeld, Juni), Steiermark, Tirol, Kärnten, Deutschland, Schlesien (Schummel, Zeller), Croatien (Mann), Frankreich, England, Holland, Schweden; Polen und Russland (Schnabl), Juni—September. — In der Ebene im Juni in den Alpen Juli, August.

In der Winthem'schen Sammlung als *T. scalaris* Meig. aus Neapel, ebenso in der Collection Wiedemann.

Ein Stück, mit Meigen's Schrift aus der Collection Winthem als *T. nemoralis* bezeichnet, kann nach Meigen's Beschreibung nicht diese Art, sondern nur *bromius* sein und dürfte ein Irrthum vorliegen.

Als *bromius* findet sich die Art richtig bestimmt in fünf Stücken ausserdem in der Collection Winthem. Ein von Winthem als *lunulatus* bestimmtes Stück ist ebenfalls gleich *bromius* ♀. —

Aus England von Herrn Meade und Verrall.

Über die Häufigkeit gibt das Factum einen Anhaltspunkt, dass ich an einem Fenster bei Liezen in Obersteiermark circa 100 *bromius*, 1 *unifasciatus* und 1 *Mackii* fing.

Als *T. glaucus* Mg. (= *glaucescens* Sch.) finden sich sechs Stücke in der Collection Winthem und von diesem bezettelt; die Männchen gehören zur hellen, silberschimmernden, am Hinterleibe vorne rothgelben Abart des *bromius*, die Weibchen sind kaum von letzterer als Varietät zu unterscheiden.

46. **tergestinus** Egg. Verh. d. zool. botan. Gesellsch. IX. 391. 1849.

Schiner. Fauna. I. 33.

Männchen. Kopf nicht grösser, als beim Weibchen, Augenfelder im unteren Drittel kleiner, in den beiden oberen Dritteln etwas grösser, die grösseren Felder aussen allmälig in die kleinen übergehend, unten ziemlich scharf davon geschieden, oben bis zum Ocellenhöcker reichend, und von da bis zum halben Umfang nach abwärts an den Hinterrand gehend, so dass die kleinen Felder keine Zone am Hinterrand oben bilden. Im unteren Drittel zwei purpurrothe Binden, der Unterrand wie das übrige grün. Am Oberrand des Hinterhauptes nur kurze gelbgraue Behaarung.

Augen nackt. Ocellenhöcker schwarzbraun, deutlich, aber nicht nach oben vorspringend, kurz behaart. Stirne und Untergesicht grau, erstere vor der Spitze etwas dunkler. Wangen mit sehr feinen längeren schwarzen Haaren. Untergesicht gelbgreis haarig. Antennen rothgelb, der Griffel meist schwarzbraun. Erstes Glied oben stark kappenartig vorspringend, dick und am Ende mit kurzen schwarzen Börstchen. 2. Glied oben kurz spitzig, ebenso beborstet, ziemlich lang. Drittes Glied klein, am Oberrande fast bis zur Mitte breiter, dann stumpf- oder fast rechtwinkelig abgehackt und vor der Ecke meist etwas am Oberrande gebräunt. Griffel dünn und etwas länger als das 3. Glied. Taster hell gelbbräunlich grau, weiss schimmernd, das Endglied fast walzig citronenförmig mit kegeliger Spitze, etwa zweimal so lang als breit, lang- und gespreizt, schwärzlich behaart, am Grunde wie das erste Glied weisshaarig. Thorax schwarzgrau, seitlich silbergrau, Rückenschild undeutlich gestriemt, kurz aber dicht schwärzlich- und gelbgrau gemischt behaart. Brustseite und Unterseite vorherrschend und länger gelbgreis oder greishaarig. In der Mitte unter den hellen Flocken bei der Flügelwurzel feine schwarze Haare. Schenkel, Hüften, das untere Drittel der Vorderschienen und die Vordertarsen schwarzbraun: Mittel- und Hinterschienen und Mitteltarsen gelbbraun, Hintertarsen dunkler braun. Hinterschienen mit mässig langen, schwarzen Wimpern. Schwinger schwarzbraun, der Stiel am Grunde gelbbraun, das Ende des Knopfes heller schimmernd, Flügel etwas graulich hyalin, am Grunde und Vorderrande schmutzig gelblich, Adern braun, Randmal gelbbraun. Zuweilen ein kleiner Anhang am vorderen Gabelast der dritten Längsader.

Hinterleib kegelig, rothgelb mit schmaler schwarzgrauer Rückenstrieme am 1.—3. Ring, dunkler Spitze und vom 2. Ringe an weisslichen behaarten Hinterrändern der Ringe; ziemlich dicht- mässig lang- schwarz behaart. Von hinten beleuchtet erhält der ganze Hinterleib einen hellen gelblichweissen Schimmer, der namentlich eine weissliche Dorsallängsstrieme und zwei aus hellen Flecken zusammengesetzte Laterallängsstriemen vortreten lässt, oft aber alle Zeichnung verschwinden macht. Im Einzelnen erscheint der erste Ring am Grunde schwarz, der zweite mit sehr schmaler grauer, der dritte mit breiterer Rückenstrieme, in welcher ein silbergrauer Längswisch schimmert, Vierter Ring grau, mit zwei rothgelben Punkten seitlich von der Mittellinie, die folgenden Ringe sind schwarzgrau mit grau schimmernden Laterallinien neben der Mittelstrieme. Die hellen Hinterränder bilden je eine quere kurze, selten dreieckig nach vorne gezogene Mittellinie und eine längere Seitenlinie. Bauch rothgelb, die Spitze vom fünften Ring an dunkler, braun. Die Ränder der Segmente mit schmalen heller schimmernden Säumen und feiner und kurzer gelblicher Behaarung. Spitze schwarzhaarig.   (Auf Blüthen.)

Körperlänge 16—18ᵐᵐ.   Flügellänge 13—14·5 ᵐᵐ.   Kopfbreite 5·5—6ᵐᵐ.

Weibchen. Stirnstrieme lang und schmal (circa sechsmal so hoch als unten breit), gelbgrau, untere Augeneckenschwiele oval, höher als breit, längsfurchig, glänzend schwarz, unten abgerundet, nach oben in eine Linie verlängert, die in eine etwas spindelförmig erweiterte mattschwarze Mittelstrieme übergeht. — Ocellenhöcker fehlend, die Stelle geschwärzt und ebenso behaart. Stirndreieck, Wangen und Untergesicht hell gelbgran oder weisslich, letztere mässig lang weisshaarig. Augen klein gefeldert, grün mit drei Purpurbinden. Antennen wie beim Manne, das 1. Glied aber weniger kappenartig vorgezogen.

Taster ziemlich lang, schmutzig weiss. Endglied am Grunde schwach gebogen, fast gerade nach unten gehend, wenig verdickt, schlank, vom Grunde an allmälig in eine schlanke Spitze auslaufend, aussen mit vielen kurzen schwarzen Börstchen besetzt.

Thorax wie beim Manne, Rückenschild bei frischen Stücken stark und heller gelbgrau behaart. Beine wie beim Manne, an den Schienen innen viele gelbe Haare und an den Hinterschienen die schwarzen Haare aussen in einer Reihe verlängert. Wimpernartig.

Hinterleib wie beim Manne, doch breiter und hinten platter, abgerundet, die schwarzgraue Mittelstrieme am 2.—5. Ring gleichbreit, fast das mittlere Drittel einnehmend und auf jedem Ringe seitlich eingebuchtet in der Mitte also verengt, zuweilen wird sie dunkelbraunroth und nur vorne in der Mitte jedes Segmentes geschwärzt, in ihr liegt ein blassgrauer Mittelfleck, der am 2.—5. Ring vom Hinterrand bis zum Vorderrand reicht und dreieckig erscheint, die Seiten der Ringe sind am 1.—5. Ringe dunkler, nach vorne breiter schwärzlichbraun und in der rothgelben Grundfarbe zwischen diesen Seitenflecken und der Dorsalstrieme erscheinen bei Beleuchtung von hinten, schief von hinten und aussen nach vorne und innen liegende, heller rothgelb schimmernd buchtige Flecke. Die Hinterränder sind heller und weissgelb, kurz seidenhaarig.

Der Hinterleib erscheint daher mit drei hellen Flecken Längsbinden, einer grauen aus Dreiecken gebildeten auf schwarzbraunem Grunde, und zweien seitlichen aus schiefliegend hell ziegelrothen Flecken bestehenden auf rothbraunem Grunde. Durch einen gelblichen Schimmer, der bei gewisser Beleuchtung entsteht, verschwinden nahezu oder erblassen alle diese Zeichnungen und Farben. Unterseite wie beim Manne, meist ziegelroth, nur die Spitze dunkler, zuweilen eine graue Mittelstrieme.

Körperlänge 16—18^{mm}. Flügellänge 13—14^{mm}. Kopfbreite 5—5·7^{mm}.

Im kaiserlichen Museum aus der Wiener Gegend (Brühl, Juni, Eggers), aus Kärnten, Croatien (Josephsthal), aus Tirol (Bozen), aus Triest (Schiner, Eggers), Krain Raibl (Juli, v. Bergenstamm).

47. **spectabilis** Löw. Verh. d. zool. botan. Gesellsch. VIII, 605. ♀

lateralis Brullé. Exped. Morée. 1835. Fig.
humeralis Meg. in litt. — M. C.

Männchen. Augen ohne Binden. — Kopf nicht oder kaum so breit, aber viel vorgewölbter als beim Weibchen. Augen nackt oder nur sehr kurz und microscopisch behaart, die Felder in der Mitte — über dem unteren Drittel — bedeutend grösser als unten und in einer breiten Zone am Hinterrande. Genau wie bei *autumnalis*.

Hinterrand des Kopfes oben ohne längere Behaarung. Stirndreieck weissgrau, an der Spitze braun und darunter oft dunkler schimmernd. Wangen und Untergesicht grauweiss, erstere ziemlich dicht vorstehend schwarzhaarig, letzteres weiss und schwarz gemischt behaart. Taster weiss, ziemlich lang- und gespreizt schwarz haarig. Das Endglied etwa doppelt so lang als breit, am Ende stumpf gerundet, unten fast geradrandig, oben etwas gewölbt. —

Ocellenhöcker klein, rundlich, schwarz. Antennen braun, bald heller, bald dunkler, Basalglied oben nicht sehr spitz vorgezogen, obwohl das zweite deckend; länger schwarz behaart, unten wie das zweite weisshaarig. Ecke des dritten Gliedes deutlich, aber klein, vorne fast rechtwinklig abgehackt. Griffel dunkelbraun.

Thorax schwarzbraun, Rückenschild fettglänzend, mit fünf linearen schmalen braungrauen, schwach gelbgrau behaarten Längsstriemen, dazwischen schwarzhaarig. Schulterschwiele meist braun, Brustseiten grau und schwarz gemischt behaart. Beine schwarzbraun mit vielen greisen Haaren, Vorderschienen am Grunde, Mittel- und Hinterschienen mit Ausnahme der Spitze gelbbraun, im oberen Drittel durch silberschimmernde Haare heller erscheinend. Tarsen der letzteren Beine pechbraun.

Flügel hyalin, am Randmal leicht bräunlich beraucht und ebenso an den Queradern und am Grunde der Endgabel der dritten Längsader. — Schwinger braun, das Köpfchen mit hell weissgelber Spitze. Hinterleib sammtschwarz mit zwei breiten weissen Fleckenreihen und schmalen weissen Segmentseitenrändern. Die weisse fleckige Mittelstrieme der verwandten Arten ist hier verschwunden und nur der Hinterrand ist fein weiss eingefasst, höchstens am 2. Ringe ist derselbe nach vorne zu einem grauschimmernden dreieckigen Fleck erweitert, sonst erscheint überall eine sehr breite sammtschwarze Mittelstrieme, zu deren Seiten je eine breite, aus treppenartig von einander abgesetzten, vom Vorder- bis zum Hinterrande der Ringe reichenden Flecken zusammengesetzte, weisse Längsstrieme verläuft.

Der 1. und 2. Ring sind an der Seite bis zum Raude weiss bestäubt, bei den übrigen Ringen ist der schmale weisse Seitenrand von der inneren breiten Längsstrieme durch eine Längsreihe von schwarzen Flecken getrennt die dreieckig, mit der Spitze nach hinten gerichtet sind.

Bauch silbergrau, mit schwarzgrauer breiter Mittellängsstrieme und Spitze. Die Hinterränder und die umgeschlagenen Seitenränder der Rückenplatten sind schmal weiss gesäumt. Zuweilen leuchtet an den vorderen Segmenten durch die weissen Stellen an der Bauch- und Rückenseite ein blassröthlicher Ton hindurch.

Körperlänge 18^{mm}. Flügellänge 15^{mm}. Kopfbreite 6^{mm}.

Weibchen. Augen ohne Binden. — Kopf ziemlich flach gewölbt, Stirnstrieme gelbgrau, breit, kaum viermal so hoch als unten breit. — Augeneckenschwiele höher als breit, viereckig, schwarz, nach oben in eine Linie verlängert, die sich zu einer linearen etwas spindelförmig erweiterten Mittelschwiele ausbildet. Scheitel schwärzlich, dicht behaart. Stirndreieck gelblich grauweiss, ebenso das Untergesicht und die Wangen, letztere Gegenden fein weisshaarig. — Antennen von der Form wie beim Männchen, die Grundglieder weisslich, die Oberecken schwarz, das 3. Glied rothbraun, der Griffel schwarzbraun. Taster kurz, weiss, Endglied hackig gebogen, das Knie stark convex, fast in der Mitte des Tastergliedes gelegen, so dass der untere Schenkel nicht sehr lang und auch nicht dünner als der Basaltheil erscheint und in eine dicke dreieckige Spitze endet. Behaarung sehr kurz seidenartig, weiss, wenige schwarze Haare eingestreut, besonders gegen die Spitze. Thorax hellgrau, besonders seitlich und schwach greishaarig. Rückenschild, dunkler schwarzgrau, glänzend, mit fünf deutlich hellgrauen oder gelblichgrauen Längsstriemen wie bei *autumnalis*. Schulterschwiele meist röthlichgrau.

Hinterleib wie beim Männchen, nur erscheint in der sammtschwarzen Mittelstrieme genau in der Dorsal linie eine Reihe von kleinen weissen Dreiecken vom 2.–5. Ring. Die Dreiecke reichen vom Hinterrande der Segmente kaum bis zur Mitte derselben nach vorne. Flügel, Schwinger und Beine wie beim Manne.

Körperlänge 19·5^{mm}. Flügellänge 15^{mm}. Kopfbreite 6^{mm}.

Im kaiserlichen Museum aus Brussa (Mann), in der Collectio Winthem als *T. humeralis* Wd. aus Marseille. — ?Krain (Löw).

48. *rectus* Löw. Verh. d. zool. botan. Gesellsch. VIII. 603.

ornatus Jaenn. Berlin. Ent. Z. X. 84.

Männchen. Augen ohne Binden. — Kopf sehr gewölbt, aber nicht grösser als beim Weibchen, Augen nackt, die Felder in der Mitte — über dem unteren Drittel — bedeutend grösser (circa viermal), als unten und in einer breiten Zone am oberen Hinterrande. — Genau wie bei *autumnalis*.

Hinterrand des Kopfes oben ohne lange Haare. Stirndreieck weisslichgrau, ebenso Wangen und Untergesicht, ziemlich kurz- und erst nach unten länger weisshaarig. Fühler schwarzbraun. Grundglied oben stark dreieckig vorgezogen, 2. Glied klein, aber oben ebenso vorgezogen, spitz, unten mit einem Büschel schwarzer Haare. 3. Glied oben mit deutlicher Ecke und vor derselben der Oberrand gebuchtet. Taster ziemlich lang, weiss und ebenso mit schwarz gemischt fein und lang behaart.

Endglied mehr als doppelt so lang als breit, mit fast parallelem Ober- und Unterrande, an der Spitze stumpf, nur nach unten etwas warzig zugespitzt. — Ocellenhöcker sehr deutlich vortretend, grau bestäubt.

Thorax schwarz, Rückenschild etwas fettglänzend mit fünf deutlichen, hellgrauen, aschgrau behaarten Längsstriemen, sonst schwarzhaarig, Brustseiten grauweiss, dicht behaart, eine sehr helle Flocke unter der Flügelwurzel. — Beine schwarz, alle Schienen nur in der Basalhälfte gelbbraun, hellweisslich silberschimmernd. — Schwinger schwarzbraun, die Endhälfte des Köpfchens weisslich. Flügel hyalin, am Vorderrande schmutzig gelblich und die Adern braun, schmal und blass bräunlich gesäumt.

Hinterleib schwarz, fettglänzend, mit drei Reihen weisser Flecke, einer mittleren und je einer seitlichen, den äussersten Segmentrand einnehmenden. — Die Flecke der Mittelreihe sind stumpf dreieckig und reichen am 2. Ringe nur bis zur Mitte des Segmentes nach vorne, am dritten bis zum Drittel und erst am vierten und fünften bis nahe an den Vorderrand. Am vierten und fünften sind sie vorne abgestutzt. Die Flecke der Seitenreihen liegen je an der hinteren Seitenecke der Segmente und sind ebenfalls dreieckig, da sie, nach innen und vorne schief abgeschnitten, die Ecken der Ringe bilden. — Auf den zwei letzten Ringen erlischt der Mittelfleck und die seitlichen werden zu einem weissen Saum. Die Behaarung des Abdomens ist sehr kurz, an den schwarzen Stellen schwarz, an den weissen, weiss.

Bauch hell weissgrau, silberschimmernd, längs der Mitte mit breiter schwarzer Strieme. Die umgeschlagenen Ränder der Dorsalplatten der Hinterleibsringe säumen den Bauch mit ihren schwarzem Vorder- und weissem Hinterende. —

Körperlänge 20ᵐᵐ. Flügellänge 17ᵐᵐ. Kopfbreite 7ᵐᵐ.

Weibchen. Augen ohne Binden. — Kopf ziemlich breit und gewölbt. Stirnstrieme mässig breit, circa viermal so hoch als unten breit, graugelb. Augeneckenschwiele höher als breit, länglich viereckig oder elliptisch, schwarzglänzend, nach oben bis über die Mitte in eine feine schwarze Leiste verlängert. Scheitel nicht dunkler, durch zwei Furchen begrenzt, dreieckig. Hinterkopf mit längeren gelbweissen Haaren. Antennen wie beim Manne. Taster lang, bräunlich schmutzig weiss mit ziemlich dicht stehenden schwarzen kurzen Börstchen besetzt, das Endglied sehr schwach gebogen, nicht hakig gekniet und vom Grunde bis fast zur stumpf abgerundeten Spitze gleich dick, circa fünfmal so lang als in der Mitte breit.

Alles Übrige wie beim Manne.

Körperlänge 22ᵐᵐ. Flügellänge 18ᵐᵐ. Kopfbreite 7ᵐᵐ.

Im kaiserlichen Museum von Dr. Staudinger aus Andalusien: Barcelona (Jaennicke).

In der Winthem'schen Sammlung ein unbestimmtes Stück (♀) aus Marseille. —

Ganz ähnlich ist dieser Art der *T. mandarinus* Schiner aus Hongkong (Novarareise p. 82), doch reichen bei letzterem die grossen Augenfelder bis hinter die Ocellenhöcker (♂) und die Zone der kleinen Felder wird am Hinterrande nach oben immer schmäler und ist überhaupt nicht so breit wie bei *rectus*. Das Weibchen von *T. mandarinus* Schin. ist leider nicht bekannt. —

49. *autumnalis* L. Fauna Suec. 1883. Syst. nat. ed. XII.

> Fabr. Ent. system. IV. 364. 7. ?
> Fabr. Syst. Antliat. 94. 5.
> Fallén. Dipt. Suec. 6. 6.
> Panzer. Ins. Germ. 110. 21.
> Löw. Vesh. d. zool. botan. Gesellsch. VIII. 605.
> Schiner. Fauna. I. 35.
> Zetterst. Dipt. Sc. I. 2.
> Kollar. Sitzb. d. k. Akad. d. Wiss. math. nat. Classe. Wien 1844. T. 13. p. 551—555. Eierlegen der Art von H. J. Mann beobachtet.
> Geoffroy. Ins. II. 160. 2. Taf. 17. Fig. 2.
> *borius* Harris. Ins. angl. Tab. 7. Fig. 1.

Männchen. Augen ohne Binden, schwarz, irisirend, die grossen Felder grau. — Kopf nicht grösser aber gewölbter als beim Weibchen. Augen nackt, die Felder in der Mitte - und zwar über dem unteren Drittel, gerade von der Spitze des Stirndreieckes an — nach oben bis zum letzten Viertel der Augennaht grösser; im unteren Drittel und am Rande oben in einer breiten Zone viermal kleiner. Ocellenhöcker klein, braun, deutlich.

Hinterrand des Kopfes oben ohne lange Haare. Stirndreieck grau, an der Spitze rothbraun. Wangen und Untergesicht graugelb, erstere mit feinen, nicht sehr langen schwärzlichen und weisslich gemischten vorstehenden Haaren, letzteres nicht sehr lang, fein und dicht weissgelbhaarig. Antennen schwarzbraun, 1. und 2. Glied oft unten und seitlich, drittes oft am Grunde rothgelb oder rothbraun. Grundglied oben schwarz kurz beborstet und sowie das zweite stark spitz vorgezogen. Obere Ecke am 3. Glied deutlich, vorne fast rechtwinkelig abgehackt. — Taster kurz, schmutzig weiss, am Grunde weiss- und ziemlich lang behaart, gegen die Spitze mit vielen kleinen schwarzen Haaren. Endglied länglich oval, mehr als doppelt so lang als breit, gegen das Ende etwas breiter, dann aber etwas kegelig zugespitzt.

Thorax schwarzbraun. Rückenschild etwas fettglänzend, mit fünf nach vorne helleren grauen Längsstriemen und dort braungrau-, sonst kurz schwarz behaart. Brustseiten graugelb behaart. Beine schwarzbraun, Vorderschienen in der Basalhälfte, Mittel- und Hinterschienen, mit Ausnahme der Spitze, braun oder gelbbraun, deren Tarsen pechbraun. Schwinger hell gelblich oder weisslich, nur der Stiel am Ende etwas gebräunt. Flüge hyalin, zuweilen hinter dem braunen Randmale etwas rauchbraun. Adern braun.

Hinterleib flach kegelig, dessen Grundfarbe graulich rothbraun, vom 4. Ringe an dunkler und zuletzt schwarz. — auf demselben drei Fleckenlängsreihen: die mittlere weiss, aus dreieckigen Flecken gebildet, die mit der Spitze den Vorderrand, mit der Basis den Hinterrand berühren und breit sammtschwarz eingefasst sind. Die Seitenstriemen liegen in der Mitte zwischen der Mittelstrieme und dem Seitenrande des Körpers und sind aus ovalen, schief nach hinten und aussen liegenden silberweiss schimmernden, bei gewisser Stellung röthlichweissen Flecken gebildet. Die nach unten umgeschlagenen Seitenränder des 3.—6. Ringes sind weiss, innen schwärzlich gesäumt und der Rand auch vorne schwarz, hinten weiss behaart. Bauch rothgelbgrau, bis zum 4. Ringe, mit etwas dunklerer Mittelstrieme, die am zweiten oft mit einem schwarzen viereckigen Fleck beginnt, 5. Ring und die folgenden schwarzbraun. Alle Hinterrandsäume schmal weisslich und ebenso kurz und fein behaart.

Körperlänge 19ᵐᵐ. Flügellänge 15·5ᵐᵐ. Kopfbreite 6ᵐᵐ.

Weibchen. Augen ohne Binden. — Kopf breit und ziemlich flach gewölbt, Stirnstrieme grau, ziemlich schmal, mehr als viermal so hoch als unten breit. Augeneckenschwiele höher als breit länglichrund, nach oben in eine schwarze Leiste bis über die Mitte hinauf verlängert. Scheitel mit schwarzem Haarfleck. Am Hinterhaupte längere aufrechte weissgelbe Haare. Stirndreieck weisslich, wie die Wangen und das Untergesicht und erstere kurz-, letzteres länger weisshaarig. Antennen schwarzbraun, die Grundglieder seitlich und unten weisslich und ebenso fein behaart, oben an der vorgezogenen Ecke schwarz. Ecke am Oberrande des 3. Gliedes stark, vorne rechtwinkelig abgehackt und der Rand vor derselben eingebuchtet. Taster lang, weiss, Endglied wenig hakig gebogen, am Grunde ziemlich dick, das Knie über der Mitte gelegen, stark convex, der Schenkel unter demselben sehr lang, eine gerade schmale Spitze bildend. Behaarung sehr kurz seidenartig, weiss mit sehr wenigen eingestreuten schwarzen Haaren.

Thorax heller grau als beim ♂, mit fünf deutlichen hellgrauen und so behaarten Längsstriemen am Rückenschilde, von denen die mittlere Strieme schmal ist, die seitlichen ziemlich breit sind. Schwinger gelblichweiss.

Hinterleib breit platt dreieckig, oben schwarz mit drei weissgrauen Fleckenlängsreihen von der Form wie beim Männchen und vom 2. Ringe an mit hellweissem Seitenrande. Bauch hellgrau, längs der Mitte eine schwarze oder braungraue breite Strieme.

Alles Übrige wie beim Manne.

Körperlänge 19ᵐᵐ. Flügellänge 17ᵐᵐ. Kopfbreite 6·5ᵐᵐ.

Im kaiserlichen Museum aus der Wiener Gegend, Juni (die Larve in den Pratersümpfen); aus Tirol, Krain, Kärnten, Posen, Baiern, Schlesien, Steiermark (Liezen, August), Italien (Triest, Livorno), Schweden, England, Holland, Croatien, Ungarn (Banat, Mehadia), Andalusien, Corfu und Kleinasien (Brussa), Syrien, Corsica. — In ganz Mittel- und Süd-Europa.

In der Wiedemann'schen Sammlung aus Kiel und dem südlichen Russland.

In der Winthem'schen Collection aus Bordeaux.

Von Herrn Schnabl aus Südrussland (Kijew) und Polen (Lublin). —

50. *regularis* Jaenn. Berl. Ent. Z. X.

(*albostriatus* Brau. in litt.)
bromius Löw. p. p. in litt.

Weibchen. Augen nackt, unbandirt, blaugrün. — Stirndreieck grauweiss, Stirnstriemen grau, schmal, reichlich 5—6mal so hoch, als unten breit, parallelrandig. Untere Augeneckenschwiele höher als breit, längs der Mitte gefurcht, oben bis weit über die Mitte der Strieme in eine schwarze Leiste verlängert, so breit als die Stirnstrieme; Scheitel etwas dunkler. Antennen schwarz, das 1. Glied unten weisslich, oben in eine kleine Spitze verlängert, das dritte an der Basis dunkel rothbraun, fast sechsseitig, da der Oberrand einen fast in der Mitte liegenden stumpfen Winkel bildet, der Unterrand fast winkelig convex erscheint, kaum länger als breit. Griffel dick, etwas kürzer als das 3. Glied. Wangen und Untergesicht weiss mit kurzer feiner weisser Behaarung. Taster weiss, ebenso seidenartig behaart mit wenigen schwarzen Börstchen. Das Endglied lang und dünn, am Grunde wenig geknicet, „S⁶-förmig nach unten stehend, am Grunde kaum dicker und sehr allmälig in eine kaum dünnere, schlanke, stumpfe Spitze auslaufend, gegen welche die Börstchen an Zahl zunehmen.

Thorax grauschwarz, Rückenschild mit helleren Längsstriemen, die durch gelbweisse Haare verstärkt werden. Brustseiten silbergrau und weiss behaart, besonders unter der Flügelwurzel. Beine schwarz aber silberweiss schimmernd. Basalhälfte der Vorderschienen und die Mittel- und Hinterschienen bis zur schwarzen Spitze weiss, seidenglänzend, Tarsen schwarz und so behaart. Schienen und Schenkel weisshaarig. Schwingerköpfchen schwarzbraun, in der Endhälfte weiss, Stiel hellbraun. Flügel hyalin, Adern fein, schwarzbraun, Randmal nicht vortretend. Hinterleib sammtschwarz, mit drei Längsreihen weissgrauer Flecke, die aber so zusammenfliessen, dass drei weisse Striemen längs des ganzen Hinterleibes verlaufen und die dreieckige Form der Mittelflecke nur theilweise zu erkennen ist. Hinterränder aller Ringe weiss und ebenso, wie auch die Striemen filzig behaart. — Unterseite schwarzgrau, die Segmentränder weiss und ebenso behaart. — Seitenrand des Abdomens weisslich grau. Der Innenrand eines Auges bildet mit den unteren (Wangen-) Raude einen Winkel von circa 135°. — Die Augen gehen weit herab und die Backen sind sehr klein und flach, seitlich nicht vortretend.

Körperlänge 14ᵐᵐ. Flügellänge 11ᵐᵐ. Kopfbreite 4·5ᵐᵐ.

Vaterland: Marseille (Jaennicke), Griechenland. Von Herrn Gerke eingesendet.

Gehört in die Verwandtschaft von *T. bromius*. — Das Original-Exemplar Jaennicke's trägt einen Zettel von Löw mit der Bemerkung: „*bromius* L. var.".

51. *nigritus* Fabr. Ent. Syst. IV. 367. 21.

carbonarius Meig. Syst. Beschr. II. 33. 2.
gagates Löw. Verb. d. zool. botan. Gesellsch. Wien. VIII. 609.

Männchen. Kopf nicht grösser als beim Weibchen, Augen kahl, die Felder in den zwei oberen Dritteln etwas grösser als unten und am äussersten Hinterrande. An der Grenze der kleinen Felder eine schiefe dunkle Binde, keine Purpurbinde. —

Oerllenhöcker klein, tief in die Augenspalte eingedrückt und buschig schwarz behaart. Oberrand des Hinterkopfes ohne längere Haare. Fühler lang und schmal. Grundglied fast cylindrisch, nicht kappenartig erweitert, oben kurz schwarz behaart. 2. Glied klein napfförmig, nach oben in eine schmale Spitze ausgezogen, schwarzhaarig, beide Glieder schwarz. 3. Glied lang, circa viermal so lang als breit, fast überall gleich schmal, nur im Basalviertel der Oberrand etwas winklig erweitert. Griffel ⅔ so lang, dick, sammt dem Gliede schwarz oder dunkelrothbraun. —

Stirndreieck glänzend schwarz, oben platt niedergedrückt, unten stark, fast kuglig gewölbt, von den schwarzen Wangen durch eine tiefe Furche getrennt. Untergesicht schwarz und ebenso behaart, die Haare unten mit bräunlichem Scheine. Taster kurz, schwarz und ebenso behaart. Endglied oval, etwa doppelt so lang als breit, an der Spitze abgerundet. Hinterkopf grau.

Thorax ganz schwarz und ebenso kurz und dicht behaart, höchstens die Schwiele an den Vorderecken des Rückenschildes über den Vorderstigmen braun. Schwinger schwarz, am Knopfe heller schimmernd. Beine schwarz, nur die Haftlappen weiss. Hinterleib ganz schwarz, ohne hellere Ränder, glänzend und kurz schwarz behaart. Flügel schwarzgrau hyalin, im Leben wohl fast schwarz, am Vorderrande und der Basis dunkler. In der hinteren Basalzelle zuweilen ein hellerer Wisch und um die Längsadern oft dunklere Wische, aber keine auffallend hellere Spitze allein. — 3. Ader ohne Gabelanhang.

Körperlänge 15–15·5^{mm}. Flügellänge 13^{mm}. Kopfbreite 6^{mm}.

Weibchen. Das Weibchen gleicht ausser Folgendem ganz dem Männchen. Augen unbandirt. Die Stirnstrieme ist schwarz und runzelig, ohne Ocellenrudiment, unten mit viereckiger Augeneckenschwiele in der ganzen Breite, die etwa viermal in der Länge der Strieme enthalten ist. — Das dritte Fühlerglied ist kürzer und breiter, kaum doppelt so lang als breit und der Oberrand im Basaldrittheil deutlich stumpfwinklig. Griffel circa gleich lang. Taster tief schwarz und ebenso anliegend behaart. Endglied fast gerade, vom dickeren Grunde an allmälig in eine dünnere stumpfe Spitze auslaufend, circa viermal so lang als an der breitesten Stelle breit, kaum gekniet. Stirndreieck ebenso stark gewölbt wie beim Manne und glänzend schwarz.

Körperlänge 14–15^{mm}. Flügellänge 13^{mm}. Kopfbreite 5^{mm}.

Im Wiener Museum drei Exemplare (1 Männchen, 2 Weibchen) aus Brussa von Herrn J. Mann.

In der Winthem'schen Sammlung die Type Meigen's zu Carbonarius aus Italien, bezeichnet: *T. morio* und *Musca nigrita* Fabr. oder Hoff.

Es ist das die Type welche Wiedemann in Meigen (Syst. Besch. II, p. 33 Zeile 15 von unten) erwähnt und die er für eine Varietät von *ater* Rossi erklärt. Das Eingangs der Beschreibung erwähnte Exemplar in der Fabricie schen Sammlung mit heller Flügelspitze ist wohl *T. alexandrinus* Wd.

52. *Mikli* m.

graecus Meig. non Fbr. Syst. Beschr. II. 30. p. 53. excl. syn. et specim. *Mühlfeldi.*

Männchen. Kopf des Männchens stark gewölbt und gross. Augen nackt, grün, mit Einer Purpurbinde an der unteren Grenze der grösseren Facetten. Unterrand grün. Augenfelder im unteren Drittel und am Hinterrande oben, bis nahe gegen den Ocellenhöcker zu, in einer nach oben etwas schmäler werdenden, unten ziemlich breiten Zone, viel (circa viermal) kleiner als in der Mitte der zwei oberen Drittel. Die grösseren Felder scharf von den kleineren geschieden. Ocellenhöcker braunschwarz, etwas vortretend, deutlich gelblich behaart und nebstdem seitlich davon am Oberrande des Hinterhauptes lange schwarze nach vorne gekrümmte Haare. Stirne und Untergesicht grau, erstere unter der Spitze dunkler schimmernd. Wangen mässig lang- und fein schwarz-, das Untergesicht greishaarig, oder blass gelblichweiss. Antennen rothgelb, der Griffel etwas dunkler. 1. Glied becherförmig, oben etwas vorgezogen, zweites klein und kurz, beide oben kurz schwarzborstig. 3. Glied ziemlich schlank, die Ecke am Oberrande ganz gegen die Basis gerückt. Griffel kaum länger. Taster weisslich und ebenso am Grunde lang behaart, das Endglied mit vielen schwarzen Haaren, oval, am freien Ende stumpfspitzig, unten mit einer kleinen Einkerbung.

Thorax grauschwarz, oben der Rückenschild mit etwas dunkleren Längsstriemen, dicht und ziemlich lang schwärzlich behaart, hie und da gelbliche Härchen untermischt. Brustseiten dicht gelbgreis lang behaart. Schwinger hell gelbweiss, die Basalhälfte des Knopfes schwarzbraun. Beine an den Hüften, Schenkeln, der Endhälfte der Vorderschienen und den Vordertarsen schwarzbraun sonst gelbbraun. Die Enden der Hinterschienen und deren Tarsen gebräunt. Vorderschenkel lang schwarz-, Mittel- und Hinterschenkel unten lang gelblich-, Hinterschienen lang schwarz behaart. Flügel hyalin. Adern am Vorderrande gelbbraun, wie das etwas dunklere Randmal.

Hinterleib rothgelb mit bald breiter bald schmaler schwarzer, silbergrau schimmernder, Mittelstrieme; vom 7. Ringe an ganz schwarz. Hinterränder der Segmente in der Mitte des 1. und vom 2. an auffallend als feine gelbweisse Linie, die ebenso kurz behaart ist vortretend. Sonst auf der Fläche viele lange und feine schwarze Haare. Bei Belenchtung von rückwärts schimmert das ganze Abdomen und treten seitlich von der

Dorsalstrieme auf dem rothgelben und schwarzen Grunde helle gelbweiss schimmernde Flecke als Lateral-striemen auf, wie bei *T. tergestinus*.

Bauch rothgelb gegen die Spitze etwas dunkler, braun, ohne Mittelstrieme. Die Segmentränder etwas heller schimmernd.

Körperlänge 15ᵐᵐ. Flügellänge 13ᵐᵐ. Kopfbreite 6ᵐᵐ.

Da *T. graecus* Meig. non Fbr. in Griechenland noch nicht gefunden wurde, der Fabricische Name *graecus* aber dem in Griechenland vorkommenden *ferrugineus* zurückgegeben werden muss, so musste der Meigen'sche *graecus* einen neuen Namen erhalten.

Die Type Meigen's in der Winthem'schen Sammlung stimmt genau mit der Beschreibung. Meigen beschrieb auch ganz kurz ein Weibchen, das jedoch nach den Angaben von *tergestinus* nicht zu unterscheiden ist. — Da Meigen noch andere Arten mit dem Originale zusammenwirft und nicht unterscheidet, so wird auch das Weibchen zweifelhaft. — *Tab. graecus* Fuhr. ist schon der Grösse wegen *ferrugineus* Mg. und *T. graecus* von Herrn Megerle aus Österreich ist *Tab. Mülfeldi* m. mit behaarten Augen, ein *Therioplectes*.

Weibchen. Augen ohne Binden, kupferbraun, dunkel oder hell grün mit rothem Schimmer, nur mikroskopisch behaart, nackt erscheinend. Stirnstrieme gelbgrau, schmal, circa fünfmal so hoch als unten breit, Ocellenhöcker fehlend, untere Augeneckenschwiele glänzend schwarz, etwas schmäler als die Strieme, halb-elliptisch, unten abgestutzt, längs der Mitte gefurcht oder mit einem Grübchen, oben in eine schmale Leiste ausgezogen, die sie mit der linearen oder etwas spindelförmig erweiterten Mittelschwiele verbindet. Letztere mattschwarz; Scheitel schwärzlichgrau und so behaart. Oberrand des Hinterhauptes mit überragenden feinen gelben und oft seitlich mit einigen schwarzen Haaren. Stirndreieck gelbgrau, oben oft jederseits in Form von zwei schwärzlichen Fleckchen abgerieben, die gerade unter der Augeneckenschwiele liegen. Fühler rothbraun oder rothgelb. — 1. Glied becherförmig, oben kaum oder nicht kappenartig vorgezogen, zuweilen etwas weisslich, oben sehr kurz schwarzhaarig. 2. Glied klein, oben in eine kurze Spitze ausgezogen. 3. Glied etwa 1¹⁄₂mal so lang als breit, am Oberrande stumpfwinkelig erweitert, die Ecke am Basaldrittel oder vor der Mitte, sehr klein, etwas vorgezogen, vor derselben der Rand fast gerade, nicht eingebogen. Griffel etwas kürzer als das 3. Glied und schwach aufwärts gebogen, zuweilen wie die Endhälfte des letzteren schwarzbraun. Wangen und Untergesicht gelblich weiss und ebenso fein seidenartig behaart. Taster bräunlich weissgrau, sehr hell, wenig kurz weisslich behaart, aussen das Endglied mit vielen kurzen anliegenden schwarzen Börstchen. Endglied hakig gekniet, das Knie über der Mitte gelegen, Grund nicht oder wenig, höchstens nach innen, blasig, mässig breit und von da das Glied bis zur schmalen Spitze allmälig verdünnt.

Rückenschild schwarzgrau etwas glänzend, hell blaugrau oder gelbgrau bestäubt, mit fünf deutlichen hellen Längsstriemen, an den dunklen Stellen mit schwarzen, an den hellen mit grauen oder gelbgrauen kurzen Haaren. Brustseiten grau, durchaus gelblich behaart, unter der Flügelwurzel eine gelbe Flocke, sonst gegen unten mehr greishaarig. Schildchen schwarzgrau, mit gelbem Haarsaum. Beine schwarz, Mittel- und Hinter-tarsen pechbraun, Vorderschienen bis zum Enddrittel, Mittel- und Hinterschienen mit Ausnahme der braunen Spitze hellgelblich, fast rothgelb und weisslich schimmernd. Behaarung fein gelblich, an den Schienenenden und Tarsen kurz, schwarz. Hinterschienen aussen schwarz- und gelblich gewimpert. — Schwinger gelb, das Köpfchen schwarzbraun, am Ende weisslich. Flügel hyalin, sehr schwach graulich, fast glashell, die Adern braun, die erste, zweite und dritte am Grunde heller gelbbraun. Erste Hinterrandzelle breit offen. Dritte Längs-ader ohne Anhangszinke. — Randmal schmal, braun, ohne dunklere Beraudung.

Hinterleib röthlich, schwarzgrau und graugelb gestriemt und gefleckt, und zwar die Dorsalstrieme breit schwarz oder grau, an jedem Ringe am Hinterrande erweitert, in derselben auf dem 1.—6. Ringe ein graues, beide Enden fast erreichendes, oft gelbhaariges Dreieck, so dass eigentlich in abgestutzten schwarzen Drei-ecken, weissgraue Dreiecke liegen. Bei abgeriebenen Stücken fehlen diese Dreiecke und die Mittelstrieme ist einfach schwarz. Hinterränder fein weisslich und so behaart. Erster Ring seitlich grau, mit rothem Hinterrande, zweiter und dritter oder nur der zweite seitlich rothgelb, die folgenden grau oder dunkler, von der vorderen

Seitenecke her schneidet ein schiefer, schwärzlicher Haarfleck die hellere Stelle des Ringes ab, so dass in der Laterallinie eine Längsreihe von hellen, (am 2. und 3. Ringe rothen, auf den folgenden grauen) Flecken neben der dunklen Dorsalstrieme zu liegen kommt, die schief von vorne und innen nach hinten und aussen gestellt sind. Der Bauch ist grauröthlich oder ziegelroth, die letzten Ringe sind grau mit gelblichen Hinterrändern, die Mittelstrieme fehlt auf allen Ringen. Der 3. Ring ist zuweilen grau, am Grunde jederseits mit einem blassröthlichgrauen runden Fleck. Die Behaarung an den Rändern ist kurz und bleich gelb. — Zuweilen schimmert der ganze Hinterleib gelblichgrau und die Zeichnung wird dadurch blässer und unbestimmt.

Körperlänge 14—15ᵐᵐ. Flügellänge 12·5—13ᵐᵐ. Kopfbreite 4·5—5ᵐᵐ.

Zwei Exemplare wurden mir von Herrn Mik freundlichst mitgetheilt, eines stammt aus Zettwing im südlichen Böhmen, eines aus Rosenhof bei Freistadt in Oberösterreich, aus Gebirgen von 3000—4000 Höhe. Flugzeit Juli.

Ich fand drei Weibchen auf dem Salberge bei Liezen in Obersteiermark (3000). Die Art wird leicht mit *tergestinus* und *bromius* verwechselt.

Egger vermengte die Art mit seinem *tergestinus*, und es fanden sich beide Geschlechter derselben in seiner Sammlung, mit der Bezeichnung: Mödling, August.

Herr v. Bergenstamm fing die Art bei Politsch und Wippach im Juni (Krain).

In der Collectio Wiedemann war das Weibchen unter *T. bromius*, das Männchen unter *lucidus* gesteckt. — (? Kiel) Meigen's Type in der Collectio Winthem ist ohne Fundortangabe.

53. **maculicornis** Zetterstedt. Dipt. Sc. 1. 117. 16 u. VIII. 2939. 18. 1843.

Schiner. Fauna. 1. 56.
nigricans Egger. Verh. d. zool. botan. Gesellsch. Wien. IX. 592.
borealis Meig. 1-. Coll. Winth.
glaucescens Schiner. Fauna. 1. 56. ♀ defect.

Männchen: Kopf viel gewölbter und grösser als beim Weibchen und viel breiter als der Thorax. Augenfelder in den oberen zwei Dritteln (oder etwas mehr) viel grösser, als im unteren Drittel, die Differenz aber kleiner als bei *bromius*. Die kleinen Augenfelder oben am Hinterrande in einer schmalen Zone bis zum Ocellenhöcker oder zu dessen Stelle reichend. Augen nackt, oben am Schläfenrande mit langen nach vorne gebogenen schwarzen aufrechten Haaren, grün mit einer breiten Purpurbinde an der Grenze der verschiedenen Facetten. Ocellenhöcker sehr klein, länglich rund, in die Augennaht tief eingedrückt, braun. Stirndreieck silbergrau, vor der Spitze meist geschwärzt. Antennen gelbbraun, das Basalglied oben spitz über das zweite vorgezogen und schwarz mit kurzen schwarzen Börstchen. Obere Ecke des 2. und 3. Gliedes ebenfalls meist geschwärzt, klein und ebenfalls schwarzborstig, bei letzterem an der Basis gelegen. Das 3. Glied sonst wenig erweitert, zweimal länger als breit; Griffel etwas kürzer, kaum gleichlang. Wangen und Untergesicht silbergrau, erstere mit feinen vorstehenden aber nicht sehr dicht stehenden schwärzlichen, letzteres mit dichteren aber nur mässig langen feinen weissen Haaren. Taster schmutzig weiss, etwas graubräunlich, mit langen weissen und beigemengten schwarzen Haaren, klein. Endglied citronenförmig, mit etwas nach abwärts gekrümmter kleiner stumpfkegeliger Spitze am Ende.

Thorax schwarzbraun, Rückenschild mit fünf matt silbergrau schimmernden Längsstriemen, ziemlich lang und fein behaart, auf den Striemen und überhaupt vor der Quernaht mehr gelbgrau, sonst und hinter der Naht mehr schwärzlich behaart. Brustseiten und Unterseite greishaarig; eine solche Flocke unter der Flügelwurzel. Vor dem Schildchen und auf demselben wieder mehr gelbliche Haare. Beine schwarzbraun, greishaarig, Vorderschienen im Basaldrittel gelblich, Mittelschienen und Hinterschienen mit Ausnahme der Spitze gelbbraun und deren Tarsen pechbraun. Flügel glashell mit braunen Adern. Schwinger schwarzbraun, die äusserste Spitze des Köpfchens zuweilen heller.

Hinterleib verhältnissmässig kurz, die Ringe bis zum 5. fast gleich breit, dann einen stumpfen Kegel bildend; schwarz; vom 2. an mit weisslichen Hinterrändern und drei Reihen weisser Flecke, von denen die mittleren dreieckig, die seitlichen etwas schief gezogen rundlich erscheinen, beide aber mit den weissen Hinterrändern zusammenhängen und den Vorderrand nicht oder kaum erreichen. Am ersten Segment verdunkeln sich die seitlichen Flecke und nur der mittlere eingezogene Hinterrand erscheint als weisser Punkt. Der 2. Ring ist vor dem seitlichen hellen Fleck dunkelkastanienbraun. Die Seiten des ganzen Leibes sind abwechselnd gelblich und schwärzlich lang behaart. Die letzten Ringe sind schwarz, der letzte (Genitalien) kegelig, schwarzhaarig. Unterseite grauschwarz, die Hinterränder der Ringe gelbgrau, hell.

Körperlänge 12·5^{mm}. Flügellänge 10^{mm}. Kopfbreite 5^{mm}. Rückenschild vorne 3^{mm}.

Weibchen: Stirnstrieme graugelb, parallelrandig, circa viermal so hoch als breit; Augeneckenschwiele länglich viereckig, glänzend schwarz, runzelig, nach oben in eine ebenso gefärbte Linie verlängert. Scheitel schwärzlich und ebenso behaart. Augen grün, oft mit Kupferschimmer, mit einer bald schmäleren, bald breiteren, gegen den Innen- und Aussenrand zu undeutlicheren Purpurbinde. Schläfenrand wulstig mit ziemlich dichten bräunlichen Haaren, die jedoch viel kürzer sind als beim Manne und kaum über die Augen hinaufragen. Der Oberrand des Hinterkopfes ist hinter den Augen wulstig erweitert, so dass er von oben gesehen im Vereine mit dem Schläfenrande das Auge hinten breit einsäumt. Seine Breite beträgt circa ¼ der Scheitelbreite. Der Innen- und Unterrand jedes Auges bilden einen stumpfen Winkel von circa 120—123°, da die Augen nicht sehr weit unter die Fühler herabreichen. Augen im Profile fast ebenso hoch als breit. Stirndreieck und Untergesicht gelblich bestäubt, ersteres über der Fühlerwurzel oft mit halbmondförmigen schwarzen Flecken durch Abreibung, stets gewölbt, letzteres vorne kurz-, nach hinten länger und dichter weisshaarig. Fühler rothgelb oder bräunlich, erstes Glied oben in eine kurze schwarzborstige Spitze vorgezogen, drittes am Grunde wenig erweitert, etwa doppelt so lang als breit, die Ecke oben am ersten Drittel gelegen, klein aber deutlich, schwärzlich und fast rechtwinkelig abgehackt. Griffel fast ¼ kürzer als das dritte Glied.

Taster blass bräunlichweiss mit vielen kurzen schwarzen Börstchen an der Aussenfläche, zweites Glied klauenförmig abwärts gebogen, am Grunde der Innenseite wenig blasig, schlank, allmälig in eine stumpfe Spitze auslaufend.

Thorax meist heller als beim Manne, die gelblichen Striemen deutlicher, der Hinterleib platter, die drei Fleckenreihen desselben schon am ersten Ringe beginnend und zuweilen zusammenfliessend in drei Fleckenstriemen, bei abgeriebenen Exemplaren die Flecke nur bleigrau. Der zweite Ring ganz an der Seite mit einem kastanienbraunen oder rothgelben Punkte. Bauch wie beim Manne.

Körperlänge 12—14^{mm}. Flügellänge 10—11^{mm}. Kopfbreite 4·3—5^{mm}.

In der Wiener-Gegend schon im Mai, in den österreichischen und steierischen Alpen im Juni bis August. Österreich, Steiermark; Kärnten (Raibl, Mann); Krain (Dobratsch), Grossglockner (Mann), Posen (Loew, Zeller), Tirol, Bozen (Mann), England (Frauenfeld), Schlesien (Schummel).

Paris (Coll. Wiedm.). Als *nemoralis* mit Meigen's Handschrift in der Wiedemann'schen Sammlung, der Zettel aber sicher verwechselt, da die Beschreibung Meigen's nicht stimmt und auch der wahre *nemoralis* in der Winthem'schen Sammlung nachgewiesen ist.

Kopenhagen (als *borealis* in der Coll. Winth.).

Scandinavien (Zetterstedt).

Vom Weibchen des *T. bromius* durch den breiten Schläfenrand und Oberrand des Hinterhauptes hinter den Augen leicht zu unterscheiden. Loew hat diese Art mit *bromius* zusammengeworfen.

54. *glaucopis* Meig.

lunulatus Meig. Syst. Beschr. II. 49. 25. ♀.
glaucopis Meig. l. c. 48. 24. ♂ excl. ♀ .
lunulatus Löw. Verh. d. zool. botan. Gesellsch. Wien. VIII. 1858. 601. 30.
glaucopis Schiner. Fauna. I. 35.
dorcas Zeller. Isis v. Oken. 1842. 819.
ferrugineus Meig. Class. I. 169. 10.

Männchen: Kopf viel gewölbter und grösser als beim Weibchen. Augen nackt, die Felder in den drei oberen Vierteln viel (circa viermal) grösser als im unteren Viertel. Farbe der Augen grau, am Rande dunkel, unten grün, purpurschimmernd, im unteren Viertel mit drei Purpurbinden, von denen die obere nach innen gespalten ist. Die kleinen Felder am Hinterrande oben bis zum Ocellenhöcker eine schmale Zone bildend. Ocellenhöcker tief in die Augenspalte eingesenkt, länglich, schwarzbraun. Am Hinterrande des Kopfes oben gegen die Mitte zu lange, aufrechte, vorwärts gekrümmte schwarze und gelbliche Haare. Stirndreieck glänzend schwarz, gegen die äusserste Spitze etwas matt, längsgefurcht und schwach bestäubt, über der Fühlerwurzel ganz gelb bestäubt, die Bestäubung eine Querbinde bildend. Antennen rothgelb; Grundglied oben stark kappenartig über das zweite spitz vorgezogen, oben dicht aber kurz schwarzhaarig, ebenso das zweite Glied am ganzen Endrand und das dritte am oberen Höcker. Letzteres schmal, am Grunde wenig erweitert, etwa zwei- und einhalbmal so lang als am Grunde breit und dort noch einmal so breit, als an der Spitze, der Höcker sehr klein stumpf, der Oberrand vor demselben nicht ausgeschnitten, schief. Griffel schlank, meist rothgelb, kürzer als das dritte Glied. Wangen und Untergesicht gelblichweiss, letzteres vorne kürzer-, nach unten und hinten länger und zottig hellweissgelb behaart. Taster schlank, gelblichweiss, lang weisslich und schwarz gemischt behaart. Endglied schlank elliptisch, etwa dreimal so lang als in der Mitte breit, am Ende kegelig zugespitzt und die Spitze etwas nach abwärts hakig gebogen oder in einer Linie mit dem Unterrande des Gliedes gelegen, der mehr gerade verläuft. Basalglied ziemlich schlank und lang, grau. Thorax grau. Rückenschild glänzend schwarz, mit fünf deutlichen hellen Längsstriemen, nach vorne und längs den Striemen ziemlich lang und dicht gelbgrau behaart, sonst und besonders an den schwarzen Stellen viele schwarze Haare. Schulterschwiele graubraun bis schwarz, mit schwarzen borstigen Haaren.

Brustseiten oben, besonders unter der Flügelwurzel dicht flockig gelbgrau und weisslich-, nach unten zu mehr weniger dicht und lang greishaarig. Beine schwarzbraun, Vorderschienen in der Basalhälfte weissgelb, Mittel- und Hinterschienen gelbbraun, weisslich schimmernd, an der Spitze braun, deren Tarsen pechbraun bis schwarzbraun. Haftlappen braun, hellgelb schimmernd. Behaarung an den Schenkeln sehr lang aber fein, greis, an den Schienen kürzer seidenartig, gelblich und schwarz gemischt, an den Tarsen kurz, schwarz. Schwinger gelblichbraun oder schwarzbraun, das Köpfchen an der Basalhälfte schwarzbraun, am Ende hell schimmernd.

Flügel hyalin, die Hauptadern hell gelblichbraun, deren Äste dunkler, Randmal gelbbraun. Hinterleib sammtschwarz, die Hinterränder der Segmente ziemlich breit gelb, längs der Mitte eine breite, am zweiten Ringe fast parallelrandige, fast den fünften Theil der Breite einnehmende, silbergraue schimmernde Strieme bis zum 7. Ringe; vom 2. Ringe an wird diese auf jedem Ringe in der Mitte von der Seite her durch die schwarze Grundfarbe verengt, so dass der vordere Theil zu einem rundlichen Fleck wird, der hintere Theil gleichsam eine breite, dreieckige Basis für diesen bildet. Neben der Mittelstrieme liegt jederseits eine in Flecken aufgelöste Seitenstrieme von hellgelber Farbe. Die Flecke sind am 2. Ringe gross und schief von innen und vorne nach hinten und aussen, mit dem Hinterrande verbunden, auf dem 3., 4., 5. und 6. rundlich, zuweilen etwas mondförmig gebogen oder S-förmig durch Einbuchtungen und meist dem Hinterrande sehr genähert oder durch eine helle Brücke mit demselben verbunden. Am 6. Ringe sind die Flecke weissgrau. Der erste Ring zeigt einen hellen Mittelfleck am einspringenden Winkel des Hinterrandes und jederseits einen grauschimmernden Seitenfleck. Der 2. und 3. Ring sind seitlich breit hellbraun oder kastanienbraun und dann liegt der gelbe Fleck der Seitenstrieme in dieser Grundfarbe, während am Rande der Mittelstrieme und gegen den Seitenrand der Segmente wieder die schwarze Farbe vorherrscht. Um die Zeichnung in dieser Weise deutlich zu sehen ist es zweckmässig den Hinterleib von hinten her zu beleuchten. Die Behaarung ist an den Hinterrändern und an den Seiten fein gelblich, an den tief schwarzen Stellen und nach der Spitze des Abdomens zu ziemlich borstig, schwarz. Bauch röthlich, grau schimmernd, die Ränder der Segmente weisslich, längs der Mitte der ersten vier Ringe eine dunkelgraue, oft in Dreiecke undeutlich gelöste Strieme; 5. und 6. Ring grau mit dunkler Mittelstrieme, letzter Ring schwarz, kegelig. Genitalien braun.

Körperlänge 16·5ᵐᵐ.   Flügellänge 12ᵐᵐ.   Kopfbreite 6ᵐᵐ.

Weibchen: Stirnstrieme graugelb, ziemlich breit, meist parallelrandig, zuweilen unten stark verengt meist circa viermal so lang als unten breit (bei einer Verengerung nach unten auch fünf- bis sechsmal so hoch als unten breit, immer aber am oberen Ende breit). Untere Augeneckenschwiele länglich viereckig, glänzend schwarz, mittlere Schwiele länglich viereckig oder oval, schwarz behaart, oben oft zweispitzig, nie linear; isolirt; statt der Ocellenschwiele das obere Ende der Strieme dunkelgrau, oft 2—4 graue Flecke bildend, die durch eine helle Längslinie getheilt sind. Stirndreieck glänzend schwarz, eine vierte Schwiele bildend, über den Fühlern gelb bestäubt, eine Querbinde bildend.

Augen nackt, grün, oben gegen den Scheitel und unten am Rande roth, auf der Fläche mit drei bogigen, gelb gerandeten Purpurbinden; Hinterrand oben kurz- gelblich und schwarz gemischt behaart. Fühler genau wie beim Manne. Farbe und Behaarung am Untergesichte wie beim Manne. Taster bräunlichweiss, aussen und vorne ziemlich dicht mit kurzen anliegenden schwarzen Haaren besetzt, zwischen denen wenige weissliche stehen. Endglied schlank, schwach gebogen, kaum gekniet, der Grund nicht erweitert, kaum blasig, allmälig aber wenig bis zur stumpfen Spitze verdünnt. Thorax und dessen Anhänge wie beim Manne. Hinterleib breiter und platter, sonst in der Farbe und Zeichnung wie beim Männchen, nur die graue Mittelstrieme oft schmäler und in Dreiecke aufgelöst, oft aber auch genau wie beim Manne und die Strieme auf jedem Segment in der Mitte etwas verengt. Bauch zuweilen dunkler und die rothen Stellen kleiner, die Mittelstrieme breiter, zuweilen ohne dieser Strieme und ebenso oft ganz wie beim Männchen.

Körperlänge 16—18ᵐᵐ. Flügellänge 13—14ᵐᵐ. Kopfbreite 5·5—6ᵐᵐ.

Aus der Wiener Gegend (Schneeberg), Juli, August.

Ein Männchen in Winthem's Coll. mit Meigen's Handschrift als *T. glaucopis* bestimmt. *T. chlorophthalmus* der Ullrich'schen Sammlung.

Steiermark Liezen (August), die Männchen auf Blättern vom *Corylus* am Saalberge; Kärnten, Krain (v. Bergenstamm), Tirol, Italien (Apenninen); Griechenland auf Bergen; Deutschland, Schlesien (Schmm-melb) Sattelwald.

54 *cognatus* Löw. Verh. d. zool. botan. Gesellsch. Wien, VIII. 1858. 602.

t glaucopis var.

Männchen: Fast Alles wie bei *T. glaucopis* Mg., von dem die Art wohl nur eine Varietät bildet. Die Unterschiede, die Löw angibt treffen zwar zu, doch besitze ich Exemplare, welche die Mitte halten und fing sie in copula mit *glaucopis*. Die Art ist im Ganzen dunkler, wird aber zur selben Zeit und an denselben Orten wie die vorige gefangen. Die Exemplare der Egger'schen Sammlung (die Originale zu Löw's Beschreibung) habe ich selbst gesammelt. — Das letzte Tasterglied des Männchens ist sehr klein und nur so lang, als das 3. Fühlerglied, elliptisch, gelblich, das erste fast ebenso lang und dunkel, wie bei *lunulatus*. Der Thorax ist etwas dunkler grau und ebenso dunkel greishaarig, die hellen Striemen des Rückenschildes sind deutlich. Die Flügel sind mehr grau, die Schwinger schwarzbraun, das Köpfchen mit heller Spitze.

Am meisten weicht das Abdomen ab, doch ist das nicht so wichtig und auch bei anderen Arten oft variirend.

Der Hinterleib ist bis zum 5. Ringe dunkel rothbraun oder kastanienbraun, der 1. Ring am Grunde dunkler, an der Vorderecke heller grau und neben der Mittellinie ein dunkelgrauer Fleck, sein Hinterrand wie der der folgenden Segmente gelbroth. Der 2., 3. und 4. Ring zeigen eine schmale grauschimmernde Dorsallinie, die etwas dunkler (schwärzlich) gesäumt ist und zwar so, dass der Saum nach hinten deutlicher, breiter wird und an 5. und 6. Ringe die ganze Grundfarbe schwärzlich ist. Jederseits neben der Mittellängsstrieme zeigen der 2., 3. und 4. Ring einen gelben, der 5. und 6. Ring einen grauen runden, von den Rändern isolirten Fleck, der auf den ersteren Ringen auf braunem, bei den letzteren auf schwarzem Grunde liegt. Die Behaarung ist mässig lang und nicht dicht, aber ziemlich borstig, schwarz. Am Bauche sind die ersten vier Ringe ganz rothbraun, die folgenden schwarzbraun, alle etwas silbergrau schimmernd.

Körperlänge 17·5ᵐᵐ. Flügellänge 12ᵐᵐ. Kopfbreite 6ᵐᵐ.

Weibchen: Ebenso wie das Männchen, dunkler als *glaucopis* Mg.; die Antennen oft dunkelbraun, besonders am Grunde und der Spitze. Stirnstrieme bei den vorliegenden Stücken parallelrandig, circa fünfmal so hoch als unten breit. Schwielen und Stirndreieck wie bei *glaucopis*. Augen hell grün mit drei Purpurbinden, am Ober- und Unterrande roth; erstere hell gesäumt.

Hinterleib platter und breiter als beim Manne und die rothbraune Grundfarbe zuweilen am 2. Ringe seitlich sichtbar, sonst die Segmente schwarz, mit schmaler grauer Rückenlängsstrieme und hellgelben oder rothgelben isolirten runden Seitenflecken. Die Hinterränder hell gelbweiss. Alles Übrige, ebenso die Unterseite, wie beim Männchen. — Eine Varietät besitzt ganz schwarze Taster und Fühler.

Körperlänge 17ᵐᵐ. Flügellänge 14ᵐᵐ. Kopfbreite 5·5ᵐᵐ.

Diese Varietät wurde von mir im Juli 1857 am Schneeberge gesammelt. Die Männchen am Rande von Regenlachen sitzend. Das kais. Museum besitzt noch Männchen aus Kärnten und Kroatien (Josephsthal, Mann) und Tirol (Bozen). — In Obersteiermark am Salberge bei Liezen habe ich ein Weibchen mit dem Männchen von *glaucopis* in copula gefangen, auf Blättern von dichten Haselsträuchern.

55. **Cordiger** Wiedm. in Meig. Syst. Beschr. II. 47. 25.

atricornis Meig. l. c. VII. 59.
   „ Zetterst. Dipt. Sc. l. 4. 107 ♂.
latifrons Zetterst. Dipt. Sc. i. 106. 3 ♀.
megacephalus Jaenn. Berl. E. Z. X. ♂
cordiger Löw. Verh. d. zool. botan. Gesellsch. Wien. VIII. 599. 28.
   „ Schiner. Fauna. I. 35.
ricinus Egger. Verh. d. zool. botan. Gesellsch. Wien. IX. 391. ♂
   „ Schiner. Fauna. I. 35.

Männchen: Kopf viel grösser als beim Weibchen, Augen nackt oder microscopisch behaart, die Felder in den drei oberen Vierteln viel (c. viermal) grösser als im unteren Viertel und in einer schmalen Zone am Hinterrande bis zum Ocellenhöcker. An der Grenze beider Felder, von der Augennaht bis quer zum äusseren Drittel, eine schmale Zone kleiner Felder, die eine dunkle aber selten eine Purpurbinde bilden. Augenfarbe oben grau, im unteren Viertel grün. Am hinteren Augenrande oben (Schläfenrande) lange auf- und vorwärts gekrümmte schwarze Haare. Ocellenhöcker klein, kugelig, schwarzbraun. Stirndreieck silberweiss, vor der Spitze mit schwarzer, schimmernder Querbinde, und ebenso quer über die Fühlerwurzel bis zu den Wangen ein dunkler schillernder Querwisch, der bei gewisser Beleuchtung deutlicher wird. Antennen schwarz oder schwarzbraun, das dritte Glied am Grunde zuweilen rothbraun. Erstes Glied schwarz, oben stark spitz über das zweite vorgezogen, manuschlich und sehr kurz behaart. Zweites Glied klein, an der Spitze unten an der Basis des dritten mit einem kurzen schwarzen Haarbusch. Drittes Glied wenig länger als breit, oben mit deutlicher Ecke und vor derselben der Oberrand etwas concav. Griffel länger als das dritte Glied und meist aufwärts gebogen, schlank. Wangen und Untergesicht silberweiss, ziemlich dicht und fein, aber nicht sehr lang weisshaarig. Taster schneeweiss, sehr kurz und tief eingezogen, weiss- und gegen die Spitze etwas schwarz behaart; das Endglied dick, oval oder fast kugelig, oder nach vorne verdickt, keulenförmig, kaum ¹⁄₃ länger als breit mit kurzer dickkegeliger, etwas abwärts geneigter Spitze und unter derselben etwas eingedrückt.

Thorax aschgrau, fein und nicht sehr lang greis behaart. Rückenschild mit fünf deutlichen heller grauen Längsstriemen. Häufig eine gelblichgraue Schulterschwiele. Beine schwarzbraun, Vorderschienen in der Basalhälfte weissgelb. Mittel- und Hinterschienen braungelb an der Spitze gebräunt. Mittel- und Hintertarsen pechbraun. Schenkel fein greis-, Schienen und Tarsen kürzer schwärzlich behaart, erstere am Hinterrande noch fein weisshaarig. Flügel hyalin, erste Längsader gegen den Grund zu gelbbraun, die anderen schwarzbraun. Halteren schwarzbraun, die Endhälfte des Köpfchens weiss.

Hinterleib kegelig, schwarzgrau, mit drei Längsreihen heller Flecke und gelblichen Hinterrandsäumen der Segmente. Die Flecke der Mittelreihe fast verloschen, eine aschgraue Linie bildend oder blasse Dreiecke, aber die Hinterränder in der Mitte breiter und heller gelbweiss, die Seitenflecke isolirt stehend, etwas mondförmig, nach innen concav, gelbweiss. Zweiter Ring und zuweilen auch der dritte nach aussen von dem Seitenflecke gelbbraun und am zweiten, ganz an der Seite vorne ein weisser Fleck.

Bauch aschgrau, sehr hell grau bestäubt, die Segmenträuder gelblich, nur sehr selten am zweiten und dritten Ringe zwei rothgelbe sehr bleiche Stellen bemerkbar. Haare am Abdomen überall ziemlich kurz und unansehnlich, nur an der Spitze einige längere gespreizte, schwarze Haare und am Seitenrande der Segmente feine längere, weisse Haare.

Körperlänge 12—15^{mm}. Flügellänge 9—11^{mm}. Kopfbreite 4—5·3^{mm}.

Weibchen: Stirnstrieme aschgrau, seitlich bauchig und nach oben verbreitert, sehr breit, höchstens dreimal so lang als breit; Augeneckenschwiele quer viereckig, die ganze Breite einnehmend, gross, glänzend schwarz, Mittelschwiele meist herzförmig, oben gekerbt, unten durch eine kurze Spitze mit der Augeneckenschwiele verbunden. An Stelle der Ocellenschwiele die Stirnstrieme dunkel aschgrau, Stirndreieck gelblich aschgrau, über die Fühlerbasis bis zu den Augen an den Wangen, eine braune Querbinde, wie beim Manne. — Hinterrand der Augen oben in der Mitte mit mässig langen graulichen und schwarzen Haaren besetzt. Augen nackt, ohne Binden. Untergesicht weiss, mässig lang- und dicht weisshaarig.

Fühler wie beim Manne, der Griffel kürzer und oft mit dem dritten Gliede rothbraun.

Taster weiss und ebenso seidenartig, mit kurzen schwarzen Borsten untermischt, behaart. Endglied ziemlich kurz, aber kräftig, hakenförmig, stumpfwinkelig gebengt, an dem mehr horizontalen Basaldrittel sehr blasig verdickt, von der Bengung an rasch in eine feine, scharfe Spitze verdünnt. Basaltheil $^1/_3$ des Tasters bildend wohl mehr als doppelt so dick, als der Spitzentheil gerade unter dem Knie in der Mitte des Gliedes. Tarsen der Mittel- und Hinterbeine hell pechbraun oder dunkler. Thorax und dessen Theile wie beim Manne.

Hinterleib breiter und platter als beim Manne, von den drei Fleckenreihen sind die mittleren deutlich dreieckig und oft durch eine feine Linie mit dem Vorderrande verbunden, die seitlichen sind weniger mondförmig, mehr schiefe von vorne und innen nach hinten und aussen laufende Wische, die häufig die Segmentränder durch feine Ausläufer berühren. Die gelbe Farbe am Grunde des zweiten und dritten Ringes ist meist sehr zurückgetreten und der weisse Fleck an der Vorderecke des zweiten Ringes liegt auf dunklem Grunde. Bauch aschgrau mit etwas dunkler Mittelstrieme, Segmentränder gelblich.

Körperlänge 14—17^{mm}. Flügellänge 11—12·5^{mm}. Kopfbreite 5—5·4^{mm}.

Im kaiserlichen Museum aus der Wiener Gegend (Prater, Mödling etc., Schneeberg), die Larve in der Erde lebend. Tyrol (Bozen, Mann), Dalmatien (Spalato, Ragusa), Croatien, Kärnten, Krain, Steiermark; Istrien (Fiume), Italien, Corsika (Mann), Kleinasien (Brussa, Mann); Athen; Juli, August.

In der Coll. Winthem aus Thüringen und dem Harze.

56. *unifasciatus* Löw. Verh. d. zool. botan. Gesellsch. Wien. VIII. 600. 29.

Männchen: Kopf nicht grösser als der des Weibchens, Augen sehr kurz- und fein microscopisch behaart, nackt erscheinend, dunkelgrün mit einer breiten schiefen purpurrothen Binde, die vor dem Aussenrande plötzlich schief abgestutzt ist und denselben daher nicht erreicht. Die Felder fast gleich gross, in der oberen Hälfte unbedeutend grösser und nicht scharf von den kleineren unteren getrennt. Am Hinterrande des Kopfes oben lange, nach vorne gebogene aufrechte schwarze Haare. Stirndreieck silbergrau, vor der Spitze mit schwarzer Querbinde. An den Wangen eine über die Fühlerwurzel laufende braungraue, schimmernde Querbinde, diese sonst, wie das Untergesicht silbergrau, kurz weiss- und schwarz gemischt behaart, die Haare nach unten länger. —

Fühler schwarz oder schwarzbraun, wie bei *cordiger*. Taster weiss, kurz, besonders gegen die Spitze mit vielen längeren schwarzen Haaren besetzt. Endglied fast kugelig dick und kurz am Ende unten etwas eingedrückt und über der concaven Stelle eine warzenartige stumpfe herabgedrückte sehr kleine Spitze zeigend, ganz ähnlich denen vom *cordiger* Männchen.

Thorax wie bei *cordiger*, doch die Schulterschwiele bei meinen Stücken schwarz. Flügel, Schwinger, Beine genau wie bei der genannten Art.

Hinterleib kegelig, schwarz, die Hinterränder der Ringe gelbweiss, die Mittelstrieme fast verschwunden sehr schwach grau schimmernd, die gelben Seitenflecke reichen oft nur bis zum vierten Ringe; die des zweiten und dritten Ringes stehen vorne mit einer gelben Seitenrandmakel in Verbindung, die andern sind rundlich, klein, isolirt.

An den letzten Ringen erscheinen Spuren von grauen Seitenflecken. Die Behaarung des Abdomens ist seitlich und hinten länger als bei *cordiger* und mehr schwarz.

Der Bauch ist schwarzgrau, heller bestäubt, die Segmentränder sind gelb. Nur ein Stück zeigt am zweiten und dritten Ringe zwei rothbraune runde Flecke.

Körperlänge 14ᵐᵐ. Flügellänge 11ᵐᵐ. Kopfbreite 4·5ᵐᵐ.

Im Wiener Museum waren nur drei Stücke (Männchen).

Weibchen: Dem Weibchen des *T. cordiger* fast ganz gleich, doch die Augen bald hell bald dunkelgrün- oder kupferschimmernd mit einer breiten schiefen Purpurbinde, die wie beim Manne vor dem Aussenrande spitz endet. Bei neun- bis zehnmaliger Vergrösserung erscheinen die Augen sehr kurz und fein behaart. Stirnstrieme aschgrau, fast parallelrandig, seitlich wenig bauchig und nach oben kaum erweitert, circa viermal so lang als unten breit. Untere Augeneckenschwiele viereckig, glänzend schwarz, der Oberrand in der Mitte oft mit einer kleinen Spitze; Mittelschwiele matt schwarz, kurz behaart, rundlich oder herzförmig, etwas schmäler als die vorige, oben oft zweispitzig. Scheitel dunkelgrau, oft deutlich mit drei schwarzen Flecken, kurz schwarzhaarig. Oberrand des Hinterkopfes kurz weisslich behaart mit etwas längeren aufrechten schwärzlichen Haaren untermischt. Stirndreieck aschgrau, weiss schimmernd. Wangen und Untergesicht weiss, doch erstere in der oberen Hälfte durch eine über die Fühlerwurzel ziehende graubraune Querbinde verdunkelt, letzteres weiss behaart. Fühler schwarz wie bei *cordiger*. Taster schneeweiss, seidenartig kurz weiss behaart, mit wenigen, kleinen, schwarzen Börstchen. Endglied ziemlich kurz, stark hakig gebogen, die Basalhälfte sehr verdickt, gegen den Grund keulenförmig aufgetrieben, unter der Beugung wenig verdünnt und von da rasch in eine scharfe Spitze auslaufend. Loew gibt an, dass die Oberseite des Körpers mehr weisshaarig sei als bei *cordiger*, was bei meinen Stücken nicht zutrifft. Der Bauch ist hell silbergrau.

Der zweite und dritte Hinterleibsring sind an der Vorderecke hellgrau. Bei einem Weibchen aus Afrika ist der Bauch am ersten bis dritten Ring röthlichgrau mit dunkelgrauer Mittelstrieme. Beine wie bei *cordiger* aber die Mittel- und Hintertarsen stark geschwärzt und ebenso kurz schwarz behaart.

Körperlänge 13—16ᵐᵐ. Flügellänge 10—12ᵐᵐ. Kopfbreite 4—5ᵐᵐ.

Vorkommen: Loew's Exemplare stammen aus Rumelien und von Rhodus.

In der kaiserlichen Sammlung vom Neusiedler See (Dr. Egger), aus Fünfkirchen in Ungarn (Rogenhofer); Brussa (Mann), Egypten (von Schiner als *cordiger* bestimmt).

Ich sammelte die Weibchen im Monate August in Ober-Steiermark an der Strasse über den Pyrhupass auf sonnigen Planken zusammen mit den Männchen und mit *T. bromius* und *maculicornis*.

Von H. v. Bergenstamm in Krain bei Politsch im Juni gesammelt.

57. *haematopotoides* Jaennike, Berlin, Ent. Zeit. X. 77.

Männchen: Kopf viel gewölbter als beim Weibchen. Augenfelder in den zwei oberen Dritteln, — mit Ausnahme einer sehr schmalen Zone am ganzen Oberrande — viel grösser (circa viermal) als im unteren

Drittel. Augen nackt, im unteren Drittel mit zwei Purpurbinden. Am Oberrande des Hinterhauptes sehr lange, feine, schwarze und in der Mitte greise Haare. Ocellenhöcker tief eingesunken, nicht sichtbar. Stirndreieck grau, in der oberen Hälfte schwarz, von den Wangen durch eine tiefe Furche getrennt, letztere schwarz behaart und wie das Untergesicht grau. Letzteres greis behaart. Fühler schwarz (das Endglied fehlt), kurz schwarzhaarig, erstes und zweites Glied nicht erweitert. Taster gelblich, am Grunde grau, das Endglied gerade nach vorne stehend ziemlich lang, am Grunde oval, am freien Ende in eine etwas hakige dünne lange Spitze ausgezogen, lang gespreizt weisshaarig; ähnlich geformt wie bei dem Männchen von *T. bifarius* Loew.

Thorax und seine Gliedmassen genau wie bei dem Weibchen, höchstens etwas dunkler, namentlich die Beine.

Hinterleib schlank kegelig, gezeichnet wie beim Weibchen, doch die Flecke kleiner, die weissen Säume an den Hinterrändern der Ringe in der Mitte erweitert, aber die Mittelstriemen (Dorsallängsstriemen) nur bei gewisser Beleuchtung von rückwärts als graue Längslinie schwach vortretend. An allen Ringen besonders seitlich und an der Spitze lange feine schwarze Haare. Bauch wie beim Weibchen.

Körperlänge 10ᵐᵐ. Flügellänge 8·5ᵐᵐ. Kopfbreite 4ᵐᵐ.

Weibchen: Kopf ziemlich flach gewölbt, kleiner als beim Männchen, Augen nackt, mit vier Purpurbinden; an deren Oberrande am Hinterhaupte ziemlich lange aufrechte schwarze und greise Haare. Stirnstrieme grau, ziemlich breit und kurz, etwas mehr als dreimal so hoch als unten breit, parallelrandig. Untere Augeneckenschwiele glänzend schwarz, runzelig, schmäler als die Strieme. Über derselben eine breite Furche bis zur Mittelschwiele, welche undeutlich, mattschwarz, rundlich und theilweise durch graue Bestäubung verdeckt ist. Ocellenschwiele fehlend, die Stelle runzelig und etwas verdunkelt. Stirndreieck weisslichgrau bestäubt, ebenso das ganze Untergesicht. An den Wangen wenige schwarze Haare, nach unten weissliche Haare. Antennen schwarzbraun, das dritte Glied etwas heller, wenig verdickt, die obere Ecke ganz stumpfwinkelig und fast in der Mitte, der Oberrand vor und hinter derselben gerade, nicht buchtig. Am ersten und zweiten Gliede wenige schwarze Borsten, beide Glieder nach oben nicht erweitert, becher- und napfförmig. — Griffel dick und kurz, schwarz. — Taster blassbräunlich, das Endglied nicht gekniet, sanft gebogen, schlank, am Grunde nicht blasig, sondern von da sehr allmälig verdünnt, an der Spitze dünn aber stumpf. Behaarung desselben aussen weiss und schwarz gemischt, die letzteren Haare kurz. Innenseite nackt, schmutzig bräunlichweiss.

Thorax schwärzlich grau, Rückenschild vorne in der Mitte mit drei schmalen weissgrauen Längsstriemen. Behaarung sparsam, greis. Schwinger schwarzbraun, das Köpfchen hell graubraun. Beine schwarz, Vorderschienen am Basaldrittel weissgelb, Mittel- und Hinterschienen bis zur braunen Spitze braungelb mit weisslichem Schimmer. Hinterschienen in der Basalhälfte aussen greis gewimpert, sonst schwarzhaarig. Tarsen des zweiten und dritten Paares braun. Flügel hyalin, Randmal nicht sehr stark, wie die Adern schwarzbraun. Gabel der dritten Längsader ohne Anhang. Erste Hinterrandzelle am Ende breit offen. Hinterleib platt, parallelrandig, oben sammtschwarz mit drei Reihen hellgrauer Flecke und solchen Hinterrändern der Segmente, die mit den Flecken verbunden sind. Von den Fleckenlängsreihen ist die mittlere aus schmalen Dreiecken gebildet, die mit der Spitze bis ganz nahe an den Vorderrand der Ringe reichen und nach vorne fast linear werden, so dass man sagen könnte es verläuft in der Dorsallinie eine wenig unterbrochene Linie, die gegen den Hinterrand jedes Segmentes etwas erweitert ist. Die Flecke der Seitenreihen stehen schief nach hinten und aussen und sind vorne rundlich, vor der Verbindung mit dem Hinterrandsaume verengt. Behaarung der Fleckenfärbung entsprechend. Bauch grau, mit weissgrauen Segmenträndern.

Körperlänge 11ᵐᵐ. Flügellänge 9ᵐᵐ. Kopfbreite 3·5ᵐᵐ.

Vorkommen: St. Moritz in der Schweiz.

Beide Geschlechter nach den Originalexemplaren beschrieben, welche H. v. Heyden der kaiserlichen Sammlung zum Geschenke machte.

Zunächst mit *maculicornis* verwandt, doch die Augen mit mehr Binden, die Stirnstriemen des Weibchens breiter und kürzer, die Flecken des Abdomens heller, der Kopf kleiner, die Antennen dunkler.

58. *Gerkei* m.

fraterculus Wiedm. Coll. Winth.

(Der Name musste geändert werden, da eine gleichnamige Art von Macquart aus Tasmanien beschrieben wurde.)

Weibchen: Stirnstrieme sehr niedrig und breit, ganz unten etwas enger, und die Breite von da kaum mehr als zweimal in der Höhe enthalten, wodurch der Habitus einer *Haematopota* entsteht. Untere Augeneckenschwiele quer viereckig, glänzend schwarz, gross, mittlere Stirnschwiele zum grossen Theile durch Bestäubung bedeckt, zuweilen als dunkelgraue Querbinde oder als zwei neben einander stehende Striche erscheinend. Ocellenschwiele fehlend. Augen nackt, mit zwei schiefen Purpurbinden. Fühler ziemlich lang, säbelartig aufwärts gebogen, erstes Glied cylindrisch, ziemlich lang, zweites sehr klein, von dem ersten fast verdeckt, drittes lang, am Grunde nicht oder kaum erweitert, am Grunde des Oberrandes mit einer rundlichen Schwiele. Griffel kürzer als das dritte Glied, dick. Farbe der Fühler schwarzbraun, drittes Glied am Grunde heller, an der Schwiele dunkler. Stirndreieck über den Fühlern grau, silberschimmernd. Unterseite des Kopfes silbergrau, fein weiss behaart. Taster rein weiss, gross, das Endglied an der Basis sehr breit, kurz; der Vorderrand elliptisch, der Hinterrand fast gerade, beide in eine scharfe Spitze zusammenstossend. Thorax schwarzgrau, unten heller, Rückenschild dunkelgrau, mit helleren, aber wenig ausgedrückten Längsstriemen, Prothorax und Schulterschwiele gelb. Schildchen schwarzgrau. Beine schwarz, die Vorderschienen am Grunde, die Mittel- und Hinterschienen mit Ausnahme der Spitze und die Basis des ersten Tarsengliedes am zweiten und dritten Paare weissgelb. Vorder- und Mittelbeine mit sehr feinen, nicht dicht stehenden, längeren, weissen Haaren. Hinterleib schwarzgrau, erster bis dritter Ring mit grossen, weisslichgelben Seitenflecken, zwischen welchen am zweiten Ringe zuweilen noch ein dorsaler weissgrauer, grosser, dreieckiger Mittelfleck erscheint. Hinterränder aller Ringe fein weisslich gesäumt. Bauch hellgrau, gegen die Basis oft bräunlich, in der Mitte dunkler. Flügel hyalin, Adern schwarzbraun, die erste Längsader, und die folgenden an der Basis, gelb. Gabel der dritten Längsader mit langem Aderanhang an der vorderen Zinke, und daselbst ein bräunliches Fleckchen. Schwinger und Schüppchen rein weiss. Körper im Ganzen lang und schmal wie bei *Haematopota*.

Körperlänge 12—12·5ᵐᵐ. Flügellänge 9·5ᵐᵐ. Kopfbreite 4ᵐᵐ.

Vorkommen: Süd-Russland (Coll. Winthem). Kaukasus (Gerke).

59. *Sufis* Jaennicke. Abh. d. Senkenberg. Gesellsch. T. VI. 1867.

Obschon diese Art bis jetzt in Europa nicht aufgefunden wurde, möchte ich sie wegen der Ähnlichkeit mit der vorigen nicht unbeachtet lassen, insbesondere aber desshalb, weil von ihr auch das Männchen bekannt geworden ist. Das letztere hat in den oberen zwei Dritteln der stark gewölbten Augen viel grössere Felder, über welche eine breite Querbinde von lichter Purpurfarbe zieht, und ein grosses ovales Tasterendglied von weisser Farbe. Die Fühler sind beim Männchen und Weibchen gelb, am Ende schwarzbraun, das dritte Glied ist am Grunde unbedeutend breiter, am Oberrande beim Manne kaum erweitert, stumpfhöckerig. Hinterleib mit drei Reihen kleiner Flecke von grauer Farbe. Mittlere Stirnschwiele des Weibchens deutlicher als bei der vorigen Art, gross, mondförmig. Flügel hyalin. Queradern schwarz und etwas beraucht, ebenso die Gabel der dritten Längsader, deren vordere Zinke einen langen Aderanhang zeigt. Beine hell gelbgrau, weiss behaart, die Gelenke schwarz. Bei dem Weibchen die Vorder- und Hinterschenkel schwarzgrau, die Mittelschenkel gelbgrau, nur am Ende dunkler. Stirnstrieme des Weibchens unten ein Drittel verengt, oben sehr breit, 2¹⁄₄mal so hoch als unten breit. Augeneckenschwiele braun, mittlere Schwiele und Scheitel grau, matt. Stirndreieck hellgrau, quer von der Basis der Fühler her über die Wangen eine graue Querbinde. Taster des Weibchens dick, kegelförmig mit feiner langer Spitze, fast gerade, am Grunde blasig. Von den Hinterleibsflecken erscheinen die seitlichen doppelt oder zu S-förmigen Flecken verbunden.

Körperlänge   Männchen 10ᵐᵐ.   Weibchen 9·5ᵐᵐ.

Flügellänge   „   8ᵐᵐ.   7ᵐᵐ.

Kopfbreite   „   4ᵐᵐ.   3ᵐᵐ.

Vorkommen: Egypten (Cairo, Theben; Natterer), Senegal (Tagana; Dir. Steindachner).

60. *pulchellus* Löw. Verh. d. zool. botan. Gesellsch. Wien. VIII. 597. 26.

Männchen und Weibchen: Kopf weisslich, weiss bestäubt und sparsam weiss behaart. Taster weiss, ganz weiss behaart (♂ ♀). Fühler gelb; das erste Glied nicht kappenförmig, kurz weisshaarig, das zweite dunkler, das dritte nur seicht ausgeschnitten, am Oberrande stumpfwinkelig. Griffel so lang als das dritte Glied. Stirne des Weibchens von mittlerer Breite (circa viermal so hoch als breit, parallelrandig) mit zwei glänzend schwarzen Punkten, einer wenig über der Augenecke, einer auf der Mitte der Stirne. Augen glasgrün, nur mikroskopisch behaart, nackt erscheinend. Beim Manne die Felder im unteren Drittheile ausserordentlich viel kleiner aber von derselben Farbe, und die Augen ohne Binde. Beim Weibchen ist nur Eine carminrothe, den Rand nicht erreichende Binde vorhanden. Thorax oben greis, ringsum weisslich behaart, beim Manne mit schwarzen Haaren in der Mitte des Rückenschildes gemischt. Brustseiten grauweiss mit weisslicher Behaarung. Hinterleib gelbgreis mit vier Reihen schwarzer, am Vorderrande der Ringe liegender Flecke. Zwischen dem äusseren und inneren Flecke jeder Seite liegt ein grauweisslicher Fleck. Dadurch entstehen zwei unterbrochene weissliche Längslinien. Hinterränder der Ringe zart und kurz weiss bewimpert. (Bei abgeriebenen Stücken fallen die beiden weissen Fleckenreihen mehr auf, als obige Zeichnungen.) Bauch ganz weisslich. Beine gelblich, das Spitzendrittel der Vorderschienen und die Spitze der Hinterschienen, sowie die Füsse, mit Ausnahme der Wurzel der hinteren, schwarz gefärbt. — Die Schenkel des Weibchens sind gewöhnlich in der Nähe der Basis schwärzlich gefärbt, bei dem Männchen erstreckt sich diese Färbung bis fast zur Spitze, ist aber durch graue Bestäubung verdeckt. Flügel glashell, die Adern in der Nähe der Wurzel und am Vorderrande sammt dem Randmale blassgelblich. Die Vorderrandader, zweite und dritte Ader am Ende, die Gabel der dritten Längsader, die Adern welche die Discoidalzelle umfassen, die aus dieser gehenden Randäste und die kleine Querader braun. Der Anhang an der vorderen Zinke der dritten Längsader von besonderer Länge.

Vorkommen: Am Meeresstrande in der Nähe der Xanthusmündung in Kleinasien. Von Loew gesammelt.

Ein Weibchen in der Sammlung des H. Kowarz ist ein Originalexemplar von Loew und gleicht fast ganz dem *T. rusticus*, hat keinen Ocellenhöcker. Die Augen sind nur mikroskopisch behaart. Die Stirne ist weiss. Der Oberrand des Hinterkopfes ist in der Mitte fein weisshaarig, die Haare kurz. Die Taster sind weiss, das Endglied gerade nach abwärts gehend, mindestens viermal so lang, als an der dicksten Stelle breit, die Basalhälfte ist schlank spindelförmig bauchig erweitert, die Endhälfte in eine schmale Spitze ausgezogen.

Da Loew die Augen des mir unbekannten Männchens auch als nackt beschreibt, so kann die Art mit dem sonst so ähnlichen *rusticus* nicht verwechselt werden. — Diese Art macht die Gattung *Atylotus* O. S. unhaltbar, da sie in die nächste Verwandtschaft des *T. rusticus* gehört, der fast nackten Augen wegen aber zu den echten *Tabanus*-Arten gestellt werden muss, unter denen *bromius*, *autumnalis* u. a. ebenso mikroskopisch behaarte Augen zeigen. Die Zeichnung des Hinterleibes ist bei *pulchellus* charakteristisch durch die den Hinterrand nicht erreichenden vier schwarzen Fleckenreihen und die zwei weissen Striemen, welche der Länge nach zwischen denselben verlaufen, während bei *rusticus* die schwarzen Striemen den Hinterrand erreichen und die Seitenstriemen nach vorne rothgelb werden. Der afrikanische *T. Sufis* J. gleicht noch mehr dem *pulchellus* Lw., hat aber gefleckte Flügel und eine breitere Stirnstrieme.

Körperlänge 10—13ᵐᵐ. Flügellänge 8—9·5ᵐᵐ.

Geographische Verbreitung.

In Bezug der geographischen Verbreitung lassen sich die hier beschriebenen *Tabanus*-Arten in sieben Gruppen theilen:

Erstens streng südliche, welche den 40.° n. B. wenig überschreiten oder in der Jahres-Isotherme von + 20 bis + 15° C. vorkommen. Es gehören hieher folgende Arten:

Gruppe *Atylotus* O. S. *anthracinus, alexandrinus, tricolor, nemoralis, lunatus, umbrinus, tomentosus, latistriatus barbarus, vittatus* 10
Tabanus s. str. *nigritus, regularis, intermedius, pulchellus, spectabilis, rectus, Saßi, Gerkei* 8
Therioplectes Zlleri. *acuminatus, Erberi, Mühlfeldi, cyanops, decorus, macularis* 6
Summe . . . 24 Arten.

Zweitens etwas nördlicher verbreitete Arten, welche beiläufig vom 30.° n. B. bis zum 46. und 48.° n. B. reichen und von der Isotherme von 20° bis zu jener von + 10° C. vorkommen.

Atylotus ater, bifarius 2
Tabanus tergestinus, confuscratus, paradoxus 3
Therioplectes pusillus, lateralis 2
Summe . . . 7 Arten.

Drittens mitteleuropäische Arten, welche oft weit nach Norden verbreitet sind, oder im Süden nur in den Alpen vorkommen, hauptsächlich in der Ebene zwischen dem 40. und 55.° n. B. in der Isotherme von + 15 bis + 5° C. vorkommen, südlich in den Alpen aber bis zum 35.° n. B. reichen.

Atylotus quatuornotatus, gigas, rupium 3
Tabanus apricus, graecus, spodopterus, sudeticus, cognatus, Miki, intermediopositdes 7
Therioplectes micans, solstitialis, montanus, tropicus 4
Summe . . . 14 Arten.

Viertens allenthalben hoch nach Norden und weit nach Süden in der ganzen Breite der paläarctischen Region verbreitete Arten, zwischen dem 25. und 60.° n. B. von der Isotherme von + 20 bis +5° C.

Atylotus rusticus, fulvus, plebejus 3
Tabanus borinus, glaucopis, cordiger, autumnalis, bromius, maculicornis 6
Therioplectes — keine Art.
Summe . . . 9 Arten.

Fünftens: Nordische Arten, welche südlich nur in den Hochalpen vorkommen, daher zwischen dem 55. und 70.° n. B. leben und im Süden in den Alpen noch bis zum 40.° n. B. hinabreichen. In der Isotherme von +5 - 0° C.

Atylotus — keine Art.
Tabanus — keine Art.
Therioplectes aterrimus, borealis, nigricornis, luridus, lapponicus 5
Summe . . . 5

Sechstens: Nordische oder polare Arten, welche im Süden in den Alpen nicht vorkommen, aber weit nach Osten verbreitet sind und dort bis zum 50.° n. B. im Westen aber nur bis zum 60.° n. B. herabreichen, im allgemeinen daher zwischen dem 55. und 70.° n. B., in der Isotherme von + 5 - 0° C. leben.

Atylotus keine Art.
Tabanus — keine Art.
Therioplectes tarandinus 1
Summe . . . 1 Art.

Siebentens: Östliche, der sibirischen Subregion angehörende Arten, im Westen nur bis zum 40.° u. B. nach Norden und 40.° östl. L. v. F.; im Osten bis zum 50.° u. B. und 140.° östl. L. v. F. (zwischen 120. und 140.° L.) vorkommend. Eine Art bis Nordamerika (Labrador) verbreitet.

Atylotus — keine Art.
Tabanus — keine Art.
Therioplectes *Astur, flavipes, brevis* . . . . 3 _

Summe . . . . 3 Arten.
Total . . . 63.

Aus dieser Zusammenstellung folgt, dass die grösste Zahl der Arten dem Süden angehört, u. zw. wenn wir die erste und zweite Gruppe zusammenfassen 12 *Atylotus*, 11 *Tabanus*, 8 *Therioplectes*, im Ganzen **31** Arten. Die meisten *Atylotus*-, die wenigsten *Therioplectes*-Arten.

Diesen zunächst kommen die mitteleuropäischen Formen, die nur in den Alpen auch weit nach Süden reichen, mit **3** *Atylotus*, **7** *Tabanus* und **4** *Therioplectes*, also 14 Arten. Die meisten *Tabanus*, die wenigsten *Atylotus*.

Über die ganze Breite der paläarctischen Region sind 9 Arten nachgewiesen: 3 *Atylotus*, 6 *Tabanus*, aber kein *Therioplectes*. Letztere trennen sich eben in rein südliche und rein nördliche Formen.

Nördliche Arten, welche südlich nur in den Hochalpen sich finden, kennen wir nur aus der Gattung *Therioplectes* (5 Species) und solche, welche in den südlichen Alpen gar nicht vorkommen, nur eine einzige Art derselben Gattung, im Ganzen sechs Arten. Die absolut grösste Zahl der Gruppe *Therioplectes*.

Östliche Arten Nordasiens führe ich nur drei auf, deren eine bis Dalmatien vom südlichen Sibirien her verbreitet ist *(acuminatus)*, die anderen in Europa überhaupt noch nicht gefunden wurden, dagegen eine *(flavipes)* zuerst in Nordamerika entdeckt wurde.

Im Faunen-Gebiete von Wien, mit Einschluss des Schneeberges, kommen aus der ersten Gruppe keine, aus der zweiten Gruppe drei *(bifarius, tergestinus, unifasciatus)*, aus der dritten, ausser den localen Formen *(tropium* und *haematopotoides* , alle Arten vor; ebenso aus der vierten und fünften Gruppe. Die Arten der sechsten und siebenten Gruppe fehlen.

Nach Ländern vertheilen sich die Arten folgendermassen:

Italien.

Atylotus *ater, anthracinus, alexandrinus, gigas, tricolor, quatuornotatus, nemoralis, rusticus, julens, lunatus, bifarius, umbrinus, tomentosus.*
Tabanus *apricus, nigritus, regularis, bovinus, tergestinus, intermedius, glaucopis, cordiger, autumnalis, bromius.*
Therioplectes *micans, aterrimus, pusillus, lateralis, acuminatus.*

Griechenland.

Atylotus *ater, anthracinus, gigas, julvus, latestriatus, lunatus, bifarius,*
Tabanus *regularis, graecus, glaucopis, cordiger, unifasciatus, pulchellus.*
Therioplectes *Erberi, pusillus.*

Bulgarien.

Atylotus *umbrinus, ater, quatuornotatus, rusticus, fulvus, gigas, tricolor,*
Tabanus *unifasciatus, spodopterus, spectabilis,*
Therioplectes *aterrimus.*

Corsica.

Atylotus *anthracinus.*
Tabanus *intermedius, autumnalis.*

Kleinasien.

Atylotus *ater, gigas, tricolor, lunatus, bifarius, umbrinus, fulvus.*
Tabanus *nigritus, intermedius, graecus, cordiger, unifasciatus, spectabilis, autumnalis, pulchellus, rectus,*
Therioplectes *solstitialis, Mühlfeldi.*

Syrien.

Atylotus alexandrinus, gigas,
Tabanus autumnalis.
Therioplectes cyanops, decorus.

Kroatien.

Atylotus ater, quatuornotatus, umbrinus.
Tabanus bovinus, tergestinus, sudeticus, graecus, cognatus, cordiger, autumnalis, bromius.
Therioplectes montanus, lateralis.

Frankreich.

Atylotus ater, gigas, plebejus, rusticus, fulvus, quatuornotatus, nemoralis, lunatus.
Tabanus apricus, graecus, intermedius, sudeticus, bovinus, bromius, spectabilis, rectus, autumnalis, maculicornis, glaucopis, regularis.
Therioplectes micans, montanus, tropicus, solstitialis.

Spanien, Pyrenäen.

Atylotus ater, bifarius, latistriatus, lunatus, barbarus, vittatus.
Tabanus apricus, intermedius, cordiger, rectus, autumnalis.

Dalmatien.

Atylotus ater, barbarus, umbrinus, bifarius, lunatus, latistriatus, fulvus, rusticus, quatuornotatus, gigas.
Tabanus cordiger, apricus, graecus, spodopterus, bovinus.
Therioplectes lateralis, acuminatus, aterrimus, micans.

Schweiz.

Atylotus fulvus, gigas, nemoralis, quatuornotatus, rusticus, plebejus.
Tabanus sudeticus, paradoxus, intermedius, apricus, haematopoïdes, bovinus, glaucopis, bromius, graecus, Miki.
Therioplectes micans, aterrimus, borealis, nigricornis, montanus, solstitialis, tropicus, lateralis.

Baiern.

Atylotus ater, gigas, rusticus, fulvus.
Tabanus bovinus, spodopterus, sudeticus, apricus, glaucopis, cognatus, cordiger, autumnalis, bromius.
Therioplectes micans, aterrimus, montanus, luridus, lateralis.

Tirol.

Atylotus ater, gigas, quatuornotatus, fulvus.
Tabanus bovinus, tergestinus, spodopterus, sudeticus, graecus, glaucopis, cognatus, cordiger, autumnalis, maculicornis, bromius.
Therioplectes aterrimus, solstitialis, montanus.

Kärnten, Krain.

Atylotus ater, quatuornotatus, rusticus, fulvus, umbrinus, rupium.
Tabanus bovinus, Miki, tergestinus, spodopterus, sudeticus, paradoxus, apricus, glaucopis, cordiger, unifasciatus, spectabilis? autumnalis, maculicornis, bromius.
Therioplectes aterrimus, tropicus, montanus, lateralis.

Ober- und Nieder-Österreich. [1]

Atylotus gigas, quatuornotatus, rusticus, fulvus, bifarius, plebejus, rupium.
Tabanus bovinus, Miki, tergestinus, spodopterus, sudeticus, graecus, apricus, glaucopis, cognatus, cordiger, unifasciatus, autumnalis, maculicornis, bromius.
Therioplectes micans, aterrimus, borealis, lapponicus, tropicus, montanus, solstitialis.

Ungarn.

Atylotus ater, quatuornotatus, rusticus, bifarius, plebejus, gigas, umbrinus,
Tabanus spodopterus, sudeticus, graecus, apricus, unifasciatus, paradoxus, autumnalis, cordiger, spectabilis, bovinus.
Therioplectes solstitialis, nigricornis, lateralis.

---

[1] Aus Böhmen sind mir nur wenig Exemplare vorliegend, welche aber beweisen, dass sich die deutschen Arten im Norden mit den niederösterreichischen vermischen. Zu *Therioplectes* gesellt sich *luridus* Fall. und *T. micans* wird häufiger. Letzterer ist in Ober-Österreich am linken Donauufer schon in Mehrzahl, um Wien höchst selten.

Steiermark.

Atylotus fulvus.
Tabanus Miki, spodopterus, sudeticus, graecus, apricus, glaucopis, cognatus, cordiger, unifasciatus, autumnalis, maculicornis, bromius.
Therioplectes aterrimus, borealis, montanus, solstitialis.

Polen. — Litthauen.

Atylotus rusticus, quatuornotatus.
Tabanus borinus, autumnalis, maculicornis, bromius, cordiger, apricus.
Therioplectes borealis, aterrimus, lapponicus, montanus, luridus, solstitialis, tarandinus.

Deutschland.

Atylotus gigas, rusticus, fulvus, plebejus, quatuornotatus.
Tabanus borinus, Miki, spodopterus, sudeticus, glaucopis, cordiger, autumnalis, maculicornis, bromius.
Therioplectes micans, aterrimus, borealis, tropicus, montanus, luridus, solstitialis.

Holland.

Atylotus rusticus.
Tabanus borinus, autumnalis, bromius.
Therioplectes tropicus, montanus.

England.

Atylotus fulvus, rusticus.
Tabanus borinus, sudeticus, glaucopis, cordiger, autumnalis, maculicornis, bromius.
Therioplectes micans, tropicus, montanus, solstitialis.

Scandinavien.

Atylotus rusticus, fulvus, plebejus.
Tabanus borinus, glaucopis, cordiger, autumnalis, maculicornis, bromius.
Therioplectes aterrimus, borealis, lapponicus, tropicus, montanus, luridus, tarandinus, nigricornis.

Russland.

(In ganzer Ausdehnung.)

Atylotus gigas, tricolor, quatuornotatus, rusticus, bifarius, lunatus, fulvus.
Tabanus borinus, sudeticus, apricus, autumnalis, bromius, Cierkei, paradoxus, graecus.
Therioplectes tropicus, borealis, lapponicus, montanus, luridus, solstitialis, Mühlfeldi, tarandinus, acuminatus, Astur, flavipes brevis, aterrimus.

Vom Kaukasus allein.

Atylotus lunatus.
Tabanus borinus, paradoxus, graecus, apricus, bromius, Cierkei.
Therioplectes aterrimus, borealis.

Vom Baikal-See.

Therioplectes lapponicus, tropicus, tarandinus.

Aus Sibirien und vom Amur.

Tabanus borinus.
Therioplectes acuminatus, montanus, solstitialis, tarandinus, Astur, flavipes, brevis, Mühlfeldi.

Turkestan.

Atylotus fulvus, rusticus.
Tabanus bromius, borinus.
Therioplectes tarandinus, ? tropicus, (? montanus oder luridus).

Nordafrikanische Arten, welche auch in **Süd-Europa** vorkommen oder selbst weiter nach Norden verbreitet sind.

Atylotus lunatus, alexandrinus, ater, rittatus, barbarus, tomentosus, fulvus, nemoralis.
Tabanus bromius, intermedius, ? Soijis, borinus, autumnalis.
Therioplectes ? macularis.

Literatur der Art-Beschreibungen und Synonymen-Verzeichniss.

Linné C.: Systema Naturae. Ed. II 1740 et ed. XII 1766.
Linné C.: Fauna Suecica. Ed. II. 1761.
Reaumur: Mém. Taf. IV. 517. 1738—40.
De Geer: Mémoires pour serv. à l'hist. d. Insectes. VI. 1752—78.
Fabricius J. Ch.: Systema Entomologiae. 1775.
Fabricius J. Ch.: Species Insectorum. 1781.
Harris: Insecta anglicana. 1782.
Herbst: Gemeinnütz. Naturgesch. Taf. VIII. 1787.
Rossi: Fauna Etrusca. 1790.
Fabricius J. Ch.: Entomologia systematica. 1791.
Coquebert: Illustrat. Iconograph. Taf. 25. 1799.
Schrank: Fauna Boïca. III. 1803.
Meigen: Classification der Zweiflügler. 1804.
Fabricius J. Ch.: Systema Antliatorum. 1805.
Fallén: Diptera Suecic. 1814.
Meigen: Beschreib. d. zweifl. Inst. II. VI. VII. 1820.
Llungh: Acta Holm. p. 265. t. 3. f. 3. 1823.
Macquart: Dipt. du Nord de France. 152. 2. 1826.
Wiedemann: Aussereurop. Zweiflügler. 1830.
Macquart: Suites a Buffon, I. Mag. VII. 1834. 1838.
Zetterstedt: Fauna Insectorum Lapponiae. 1828.
Zetterstedt: Diptera Scandinaviae. 1842. Insect. Lapponica. 1840.
Brullé: Expédition d. Morée. 1835.
Zeller: Isis v. Oken. 1842.
Walker: List of Diptera of British Museum. 1848.
Walker: Diptera Brittanica. 1851.
Erichson: Middendorff Sibirische Reise. II. 1851.
Wahlberg: Conspect. Actor. Acad. Holm. Nr. 9. p. 200. 1848.
Macquart: Exploration Scientifique d'Algérie. T. III. 1849.
Löw: Verh. d. k. k. zool. botan. Gesellsch. Wien. VIII. 1858.
Egger: Verh. d. k. k. zool. botan. Gesellsch. Wien. IX. 1859.
Löw H.: Die Dipteren-Fauna Süd-Afrika's. Abh. des naturwissensch. Vereines für Sachsen und Thüringen (p. 105 oder Separat 33). 1860.
Rondani: Arch. p. l. Zoologia Canestrini. T. III. 78.
Schiner: Fauna Austriaca. Diptera. I. 1862.
Jaennicke: Berlin. Entomolog. Zeitschrift. X. 1866
Jaennicke: Abh. d. Senkenberg. Gesellsch. T. VI. 1867.
Fedschenko: Reise in Turkestan. Catalog d. Diptera. 1868. Moskau, Gesellsch. d. Freunde d. Nat. Wissensch.
Palm: Verh. d. k. k. zool. botan. Gesellsch. Wien. 1875. p. 411.
Portschinski: Arbeiten d. russ. Entomolog. Gesellsch. X. 1877.

Für die geographische Verbreitung der Arten wurden noch folgende Arbeiten benützt:

Risso: Hist. naturelle de l'Europe méridionale. T. V. 1826. Nizza.
Major am Stein in Malans: Dipteren-Verzeichniss seiner Sammlung aus Graubünden. Naturf. Gesellsch. Graubündens. N. Folge. II. 1853—56. (1857.)
Rossi Fr.: Syst. Verzeich. der Zweifl. Insecten. Wien. 1818 aus der Versammlg. d. Freunde d. N. W. W. Haidinger.
Kowarz: Beiträge z. Dipteren-Fauna Ungarns. 1873. Verh. d. k. k. zool. botan. Gesellsch. Wien. Bd. 23. 453.
Van der Wulp und Snellen v. Vollenhoven: Naamlist Diptera: Bouwstoffen v. eene Fauna v. Nederland. I. 1853. p. 188.
Löw: Über die auf der galizischen Seite des Tatragebirges vorkommenden Dipteren. XLI. Jahresbericht der k. k. Gelehrten Gesellsch. Krakau. 1870.
Löw: Varus-Dipteren: Wiener Entomol. Monatsschrift. VI. p. 161. 1862.
Kittel und Kriechbaumer: System. Übersicht der Fliegen, welche in Bayern und in der nächsten Umgebung vorkommen. Schrif. d. naturhist. Vereines Nürnberg. 1872.
Siebke: Bidrag til Norges (Diptera) Insect. Fauna Judbretning til det Academiske Collegium v. d. k. Frederiks-Universitet Christiania 1872 und Enumeratio Insect. Norvegie. f. IV. 1877.

14 *

Die bleibenden Namen sind mit einem „†" Zeichen versehen. Die Zahl vor denselben ist die Nummer, unter welcher die Art beschrieben wurde.

19. †acuminatus Löw 1858.
aethiops Ljungh 1823 — auripilus ＝. Meig.
＝ aterrimus Meig. 1820.
albipes Fbr. 1794 ＝ gigas Herbst. 1787.
albomaculatus Zett. 1842 ＝ †lappunicus Whlbg.
23. †alexandrinus Wd. 1830 ＝ carbonarius Mcq. 1834.
algirus Mcq. Dipt. exot. I
　　p. 180.
alpinus Schrank. 1803 ＝ ater Rossi?
alpinus Zett. 1842 ＝ ?nitens vitali.
anthophilus Löw. 1858 ＝ nigricornis Zett. ♂ 1842.
22. †anthracinus Hgg. 1820 ＝ lunatus Wd. Fbr. 1794.
apiarius Jaenn. 1866 ＝ obscurus Löw. 1858.
38. †apricus Meig. 1820 ＝ tomentosus Macq. 1849.
4. †Ater Erichson. 1851 ＝ inticatus Löw. 1858.
21. †ater Rossi. 1790 ＝ spilopterus Löw. 1858.
　 ＝ fuscatus Mcqn. 1826.
6. †aterrimus Meig. 1820. ＝ moria Fbr. Meig.
　 ＝ auripilus Meig.
　 ＝ lugubris Zett. Löw.
　 ＝ signatus Wiedm. in Meig.
　 ＝ aethiops Ljungh. Zett. ♂
　 ＝ austriacus Meig. non F.
atricornis Ztt. Mg. 1812 ＝ cordiger ＝ Meig. 1820.
atropus Jaenn. 1866 ＝ anthracinus Hgg. 1820.
auripilus Mg. 1820 ＝ aterrimus Meig. 1820 var.
austriacus Fbr. 1805 ＝ micans Meig. 1804.
austriacus Wied. Meig.
　　1820 ＝ auripilus Meig.
49 †autumnalis L. 1761 ＝ borinus Harris 1782.
autumnalis Harris 1782 ＝ ?bromius L. oder quattuornotatus
　　　　　　　　　　　　 Meig.
29. †barbarus Coqueb. 1729 ＝ maurocarus Fabr. 1805.
　 ＝ taurinus Meig. 1820.
35. †bifarius Löw 1858
bimaculatus Macqu. 1826 ＝ ?borealis Meig.
bisignatus Jaenn. 1866 ＝ tropicus Panz. Meig. var.
borealis Jaenn. 1866. ＝ Mischart von borealis Meig.,
　　　　　　　　　　 lundius Fall. u. a. A.
borealis Fall. 1814 ＝ ?lappunicus Zett.
borealis Zett. 1842. ＝ Mischart.
borealis Zett. var. b et c ＝ ?borealis Fbr. 1781 ♀.
borealis Zett. var. a ♂ ♀
　et c ♀ ＝ lurdus Fall. Meig., non Löw.
　　　　　　 ♀ callo frontis dilquna.
borealis Zett. var. d ＝ substitutus Schin. var.
borealis Fabr. Sp. Ins. 1781 ＝ ?lurdis Löw. 1858.
borealis Fabr. Ent. Syst.
　　1791 ＝ lappunicus Zell. 1842.
borealis Meig. 1820 ＝ borealis Löw. ♀ und maculi-
　　　　　　　　　　 cornis Zett. ＝ nach d. Collect.
　　　　　　　　　　 Winthem.
borealis Schin. 1862 ♂ ♀ ＝ borealis Löw. 1858.
7. †borealis Löw 1858 ＝ borealis Schin. 1862.
　 ＝ borealis Meig. p. p.
　 ＝ borealis Fbr. ??
　 ＝ borealis Zett. p. p.
borinus L. F. S. 1761 ＝ sudeticus Zell. 1842 p. p.
　 ＝ borinus Löw p. p.

borinus Fbr. sp. Ins. 1781
borinus Fbr. Syst. Ent. 1775 ｝ Mischart von sudeticus Ztlr.
borinus Fbr. Ent. Syst. 1794 ｝　und borinus Löw.
borinus De Geer Ins. VI. ｝ ?borinus Löw oder eine ver-
borinus Reaumur Mem. IV. ｝　wandte Art.
borinus Harris 1782 ＝ autumnalis L. 1761.
borinus Meig. Class. 1804 ＝ borinus Löw p. p., die rothe
　　　　　　　　　　　　 Var. Meigens.
borinus Meig. Beschr. 1820 ＝ borinus Löw et sudeticus Zell.
borinus Zett. 1842 ＝ ? borinus Löw.
41. †borinus Löw 1858 ＝ borinus Schin. p. p.
borinus Schin. 1862 ＝ borinus Löw ♀.
borinus Jaenn. 1866 ＝ borinus Löw et spodopterus
　　　　　　　　　　　 Meig.
Braueri Jaenn. 1866 ＝ ricinus Egger. 1859.
　 ＝ cordiger Meig.
8 a. †brevis Löw. 1858.
45. †bromius Linn. F. S. 1761 ＝ bromius Schin. 1862.
　 ＝ bromius Meig. 1820.
　 ＝ bromius Zett. 1842.
bromius Löw 1858 ＝ Mischart von bromius Meig.
　　　　　　　　　　 und maculicornis Zett.
bromius Zett. 1842 ＝ bromius L. 1761.
catalaphensis Portschinski
　　1876
cuchonarius Meig. 1820 ＝ ?tricolor Zell. 1842.
　 ＝ nigritus Fabr. 1794.
carbonatus Mcqn. 1834. ＝ alexandrinus Wd. 1830.
chloophthalmus Meig. 1820 ＝ glaucopis Meig. test. Coll.
　　　　　　　　　　　　　 Mus. Caes. Vindob.
ciaeus Mg. Fabr. ＝ Stør. americanus.
54 a. † ciguatus Löw 1858.
confinis Zett. 1842 ＝ nigricornis Zett. ♀ immatur.
55. †cordiger Meig. 1820 ＝ cordiger Löw 1858 et Schin.
　 ＝ atricornis Meig. Zett. 1842.
　 ＝ latifrons Zett. 1842.
55. †cyanops m.
decisus Walk. 1848. ＝ sp. ?
14. †decorus Löw 1858.
dimidiatus Meig. VI. 1830 ＝ sp. ?
Eggeri Schin. Novara-Reise
　　1868 ＝ intermedius Egger 1859.
engadinensis Jaenn. 1866 ＝ nigricornis Zett.
　 ＝ alpinus Zett.
43. †Ekeri Brau. ＝ megalops Brau. in litt.
ferrugineus Meig. 1804 ＝ graecus Fabr. 1794.
flavicans Zell 1842 ＝ glaucopis Meig., teste Schin.
　　　　　　　　　　 et Zell.
flaviceps Zett. 1842 ＝ ?rusticus Fabr.
5. †flavipes Wied. 1838
fraterculus Wiedm. in litt.
　　Coll. Winth.
fulvicornis Meig. 1820 ＝ Gerkei Brau.
　 ＝ graecus Fabr.
　 ＝ ferrugineus Meig. u. A.
　 ＝ fulvicornis Schin.
　 ＝ liburnicus Wiedm.
32. †fulvus Meig. 1820 ＝ alpinus Schrank 1803.
　 ＝ fulvus Löw., Schin., Zett. etc

fuscatus Mequ. 1826	
jugatus Löw 1858	
58. †*dierkei* Bran.	
27. †*gigas* Herbst 1787	= *ater* Rossi 1790.
	= *nigritus* Fabr. Ent. S. 1794.
	= *fraterculus* Wd. in litt.
	= *albipes* Fabr. 1791.
	= *ignotus* Rossi.
51. †*glaucopis* Meig. 48. 81.	
♂ 1820	= *lunulatus* Löw. Meig. 1820, 1858.
	= *glaucopis* Schin. 1862.
	= *fluvicans* Zell. 1842.
	= *chlorophthalmus* Megerle in Meig. 1820.
glaucopis Meig. ♀ 1820	= ?*anthophilus* Löw 1858.
glaucopis Zett. D. S. 1842	= ?*glaucopis* ♀. (♂?)
glaucopis Schin. 1862	= *glaucopis* Meig. ♂ et *lunulatus* ♂ ♀.
glaucescens Schin. 1862	= *bromius* Meig. L. var. ♂
	= *maculicornis* Zett. ♀
	= *glaucus* Meig. 1820.
glaucus Meg. in Meig. 1820	= *glaucescens* Schin.
	= *bromius* L. var. Coll. Winth.
graecus Meig. (non Fabr.) excl. Megerle. 1820	= *Miki* m. Coll. Winth.
graecus Meig. specimen Megerlei	= *Mühlfeldi* m. Coll. Mus. Caes. Vind.
	= *graecus* Schin.
39. †*graecus* Fabr. E. Syst. 1794	= *ferrugineus* Meig. et *fulvicornis* Meig. 1804.
57. †*haematopotoides* Jaenn. 1866.	
Heydenianus Jaenn. 1866	= *aterrimus* Meig. var. *lugubris* Löw. Zett.
ignotus Rossi Faun. Etr. II. 320. 1790	= *gigas* Host.
infuscatus Löw 1858	= *apricus* Meig. 1820.
infusus Walk. Ins. Saund. 1856	= ?*ferrugineus* Meig. 1820.
42. †*intermedius* Egger 1859	= *Eggeri* Schin. Novara-Reise.
istrianus Meig. 1820	= *umbrinus* Hgg. in Meig. 1820.
istriensis Megerle in litt.	= *lapponicus* Zett. Whlbg. 1849.
istriensis Schin. Collect.	= *borealis* Meig. var. Schin.
	= *lapponicus* Zett.
2. †*lapponicus* Whlbg. in Zett. 1849	= *istrianus* Meg
	= *borealis* Fabr. E. S. 1794. p. p.
16. †*lateralis* Megerl. in Meig. 1820	= *pilosus* Löw var. 1858.
	= *luridus* p. p. Schin. Collect.
lateralis Brullé 1835	= *spectabilis* Löw 1858.
latifrons Zett. 1842	= *cordiger* Meig. 1820.
33. †*latistriatus* m.	
lugubris Zett. 1842	= *aterrimus* Meig. 1820. var.
lugubris Löw 1858	= *aterrimus* Meig. 1820. var.
31. †*lunatus* Fabr., Wd. 1794 et 1858	= *anthophilus* Löw 1858.
lunulatus Meig. 1820. ♂ ♀	= *glaucopis* Meig. ♂ (exclud. ♀) 1820.
lunulatus Löw 1858 ♂ ♀	= *lunulatus* Meig. 1820.

luridus Schin. et Löw p. p. 1858. 63	= *tropicus* L. F. S. 1761. Nr. 1886.
	= *tropicus* Pauz. Faun. 13. 22.
	= *tropicus* Meig. 1820.
	= *bisignatus* Jaenn. 1866.
	= *signatus* Löw p. p. in Collect.
	= *signatus* Schin. p. p. Collect.
10. †*luridus* Fallén 1844	= *luridus* Meig. Syst. II. 55. 32. 1820.
	= *luridus* Zett. D. Sc. I. 112. 11.
	= *luridus* Löw 1858. ♀ var. culto didymo.
	= *luridus* Schin. p. p.
	= *borealis* Zett. Dipt. Sc. 113. var. a. e; culto didymo.
20. †*macularis* Fabr. E. S. 1794.	
maculatus De Geer 1776	= *bromius* Linn. 1761.
53. †*maculicornis* Zett. 1842	= *maculicornis* Schin. 1862. p. p.
	= *nigricans* Egger 1859.
	= *bromius* Löw 1858.
	= *glaucescens* Schin. 1862. ♀.
maculipennis Brullé 1835	= *umbrinus* Meig. 1820.
maroccanus Fabr. 1805	= *taurinus* Meig. Class. 1804.
	= *taurinus* Löw 1858.
	= *barbarus* Coqub. 1799.
megacephalus Jaenn. 1866	= *cordiger* Meig. ♂ 1820.
1. †*micans* Meig. Cl. 1804 et 1820	= *austriacus* Fabr. 1805.
	= *signatus* Panzer.
micans Wiedm. in Meig. II. 35. 1820	= *auripilus* Meig. 1820.
52. †*Miki* m.	= *aterrimus* Meig. 1820.
	= *graecus* Meig. p. p.
8. †*montanus* Meig. 1820	= *tropicus* Löw 1858 p. p.
	= *tropicus* Schin. 1862.
morio Fabr. 1791.	= *ater* Rossi 1790.
morio Meig. 1820	= *ater* Rossi 1790.
11. †*Mühlfeldi* m.	= *graecus* Meig. p. p. et Schin.
37. †*nemoralis* Meig. 1820.	
nigerrimus Zett. 1842	= *aterrimus* Meig. 1820. var.
	= *nigerrimus* Löw 1858.
	= *maculicornis* Zett., Schin.
nigricans Egg. 1859	= *nigricornis* Löw 1858.
17. †*nigricornis* Zett. 1842	= *alpinus* Zett. 1842.
	= *luridus* Schin. p. p. (♂).
	= *euydoucasis* Jaenn. 1866.
51. †*nigritus* Fabr. 1794	= *gagates* Löw 1858.
	= *carbonarius* Meig. 1820.
nigritus Meig. Class. 1804	= *ater* Rossi 1790.
obscurus Löw 1858	= *anthracinus* Hgg. in Meig. 1820.
ochroleucus Meig. 1820	= species americana.
ornatus Jaenn. 1866	= *rectus* Löw 1858.
paganus Fabr. 1781	= *montanus* Meig. oder *tropicus* var. *bisignatus* ♂. Jaenn.
40. †*paradoxus* Jaenn. 1866	
pilosus Löw 1858 et Schin. 1862	= *lateralis* Meg. in Meig. 1820. var.

30. †*plebejus* Fall. 1814 — *laniger* Hgg. in Meig. 1820.
= *plebejus* Meig.;id.Löw,Schin.
propinquus Palm. 1875 = *? ferrugineus* od. *infuscatus* Lw.
= *? graecus* Fabr.
60. †*pulchellus* Löw 1858.
punctifrons Wlldg. in
Zett. 1849 = *? ♂* von *consinis* Zett. 1812,
= *? nigrocornis* Zett.
18. † *pusillus* Egger 1859.
36. †*quatuornotatus* Meig.
1820
18. †*rectus* Löw 1858 = *quatuornotatus* Löw 1858 et
50. †*regularis* Jaenn. 1866. Schin. 1862.
rufipes Meig. 1820 = *ornatus* Jaenn. 1866.
ruralis Zett. 1842 = *? julcus* Meig. var.
34. †*rusticus* Fabr.Sp.J.1781 = *? rusticus* F. var.
= *rusticus* Meig., Zett., Schin.,
Löw.
sanguisorba Harris 1782 = *? ferrugineus* oder *fulvus* Meig.
scalaris Hgg. in Meig.1820 = *bromius* L. Meig. 1761, 1820.
segmentarius Brullé 1835 = *? ferrugineus* Meig.
= *graecus* F.
siquatus Wiedm., Meig.
1820 = *auripilus* Meig. var.
= *aterrimus* Meig. 1820.
siquatus Panzer = *micans* Meig. 1820.
solstitialis Meig. 1820 = *? solstialis* Schin.
= *tropicus* Löw p. p.
= *? tergestinus* Egger 1859.
12. †*solstitialis* Schin. 1862 = *? solstialis* Meig.
= *tropicus* Löw p. p.
47. †*spectabilis* Löw 1858 = *lateralis* Brullé 1855.
= *humeralis* Megerle. in litt. et
Coll. Mus. Caes. Vindob.
spilopterus Löw 1858 = *Aanr* Erichs. 1851.
14. †*spoilopterus* Meig. 1820 = *bacuus* (et *spodopterus* Jaenn.
= *spodopterus* Löw, Schin.
sublunaticornis Zett. 1842 = *? plebejus* Fall. var. 1814.
43. †*sudeticus* Zeller 1842 = *bovinus* Meig. p. p. 1820 et
Coll. Winth.
= *bovinus* Linn. F. S. 1761 p. p.
= *bovinus* Fabr. p. p. 1775.
= *bovinus* De Geer et Reaum.
p. p.
59. †*Safis* Jaenn. 1867 = *haematopota* Bran. in litt.

3. †*tarandinus* Fabr. 1781 = *tarandinus* Meig.,Zett., Fall.
Löw. etc.
taurinus Meig. Cl. 1804 = *maroccanus* Fabr. 1805.
= *taurinus* Löw 1858.
= *barbarus* Coqub. 1799.
46. †*tergestinus* Egg. 1859 = *? solstitialis* Meig.
= *? papanus* Fabr.
25. †*tomentosus* Macqu. 1849 = *apiarius* Jaenn.
28. †*tricolor* Zeller 1842 = *tricolor* Löw 1858.
= *? carabaghensis* Portschinsk.
9. †*tropicus* Panzer 13. 22. = *luridus* Schin. 1862 p. p.
= *luridus* Löw 1858 p. p.
= *tropicus* L. F. S. 1761 p. p.
= *tropicus* Meig. 1820 excl.
synon. et 1801.
= *bisignatus* Jaenn. 1866. var.
melanochroiticus.
= *borealis* Jaenn. l. c.
tropicus Fabr. = Mischart von *luridus* Fll.
graecus Macq. und *montanus*
Meig.
tropicus Schin. 1862 = *montanus* Meig. 1820.
tropicus Harris 1782 = *? tropicus* Panz. oder *borinus*
Löw.
tropicus Löw 1858 = *solstitialis* Schin. 1862 } Misch-
= *Mühlfeldi* m. } art.
= *montanus* Meig.
tropicus Zett. D. Sc. 1842 = *montanus* Meig. und *solstitialis*
Schin. u. auch a. A.
tropicus Jaenn. 1866 = Mischart von *tropicus* Meig.,
montanus Meig. u. *solstitialis*
Schin.
24 †*umbrinus* Hgg. in Meig.
1820 = *umbrinus* Löw, Schin.
= *istriensis* Meig. 1820.
= *maculipennis* Brullé 1835.
56 †*unifasciatus* Löw 1858 = *? flaviceps* Zett. 1842.
ursulus Megerle in Meig.
1820 = *graecus* Fabr.
vicinus Egger 1859 = *cordiger* Meig. ♂ var.
= *Braueri* Jaenn. 1866.
37 a. †*vittatus* Fabr. 1794 = *vittatus* Löw 1858.
= *vittatus* Meig. 1820.
Wüleri Jaenn. 1866 = *lunatus* Wiedm. 1838. Fabr.
1794.
= *anthophilus* Löw 1858.

Tafelerklärung.

Die arabischen Ziffern bedeuten die Nummern der Arten in der Reihe wie sie im Buche auf einander folgen. Gleiche Arten haben daher auf verschiedenen Tafeln die gleiche Nummer, so dass die besonders abgebildeten Theile der Männchen sogleich mit jenen der Weibchen verglichen werden können. Fehlt auf der Tafel eine Nummer in der natürlichen Zahlenreihe, so bedeutet das ein Fehlen, oder eine mangelhafte Kenntniss des einen Geschlechtes. — Sämmtliche Figuren sind 9mal vergrössert, nur Fig. IV ist 18mal vergrössert. Auf Taf. I—IV sind vorzugsweise Weibchen, auf V und VI Männchen abgebildet.

Nr. 1—20. Arten der Gruppe *Therioplectes*.

Nr. 1 *micans* (Fabr.) Meig.
„ 2 *lapponicus* Zett.
„ 3 *tarandinus* L.
„ 4 *Astur* Erich.
„ 5 *flaripes* Wied.
„ 6 *aterrimus* Meig.
„ 7 *borealis* Meig., Löw.
„ 8 *montanus* Meig. (8 a der nicht abgebildete *T. brevis*. Löw im Texte).
„ 9 *tropicus* Panz., Meig.
„ 10 *luridus* Fall.
„ 11 *Mühlfeldi* m.
„ 12 *solstitialis* Schin. (? Meig.).
„ 13 *Erberi* m.
„ 14 *decorus* Löw.
„ 15 *cyanops* m.
„ 16 *lateralis* Meig. (Megerle).
„ 17 *nigricornis* Zett.
„ 18 *pusillus* Egg.
„ 19 *acuminatus* Löw.
„ 20 *macularis* Fabr.

Nr. 21—37. Arten der Gruppe *Atylotus*.

„ 21 *ater* Rossi.
„ 22 *anthracinus* Hffg., Meig.
„ 23 *alexandrinus* Wied.
„ 24 *umbrinus* Meig.
„ 25 *tomentosus* Macq.
„ 26 *rupium* m.
„ 27 *gigas* Herbst.
„ 28 *tricolor* Zell.
„ 29 *barbarus* Cocq.
„ 30 *plebejus* Fall.
„ 31 *rusticus* Fabr.

Nr. 32 *fulcus* Meig.
„ 33 *latistriatus* m.
„ 34 *lunatus* Wied.
„ 35 *bifarius* Löw.
„ 36 *quatuornotatus* Meig.
„ 37 *nemoralis* Meig. (37 a ist der nicht abgebildete *T. rittatus* Fabr. im Texte).

Nr. 38—59. Arten der Gruppe *Tabanus* s. str.

„ 38 *apricus* Meig.
„ 39 *graecus* Fabr.
„ 40 *paradoxus* J.
„ 41 *spodopterus* Meig.
„ 42 *intermedius* Egg.
„ 43 *sudeticus* Zell.
„ 44 *borinus* (L.) Löw.
„ 45 *bromius* L.
„ 46 *tergestinus* Egg.
„ 47 *spectabilis* Löw.
„ 48 *rectus* Löw.
„ 49 *autumnalis* L.
„ 50 *regularis* J.
„ 51 *nigritus* Fabr.
„ 52 *Miki* m.
„ 53 *maculicornis* Zett.
„ 54 *glaucopis* Meig. (Nr. 54 a im Texte ist nicht abgebildet, nur Varietät.)
„ 55 *cordiger* Meig.
„ 56 *unifasciatus* Löw.
„ 57 *haematopotoides* J.
„ 58 *Gerkei* m.
„ 59 *Sufis* J.
Nr. 60 *pulchellus* (nicht abgebildet).
Hiezu die 3 nicht abgebildeten, oben bemerkten Arten.
63.

Fig. I. Flügel von *Tabanus plebejus* Fall. (*Orthorhapha Tanystoma*).
„ II. „ „ *Criorhina asilica* Fall. (*Cyclorhapha Syrphidae*).

Die Bezeichnung der Adern und Zellen in beiden Figuren dieselbe:
1, 2, 3, 4, 5, 6, 7 : 1.—7. Längsader.
Rc., Rc. : Randzellen.

g. Gabeln der dritten Längsader. *g* erster, *g'* zweiter, *g''* dritter Gabelast, vide Fig. II.

$K_1 - K_5$: 1.—5. Hinterrandzelle.

z : kleine Querader oder deren Stelle.

d : Discoidalzelle.

v. bas. : vordere Basalzelle.

h. bas. : hintere Basalzelle.

a. z. : Analzelle.

v. sp. (in Fig. II allein) : Vena spuria.

Fig. III.   Kopf von *Sarcophaga carnaria* von vorne und von oben als Beispiel einer *Cyclorhapha schizometopa*.

„   IV.   *Scatophaga stercor.* Kopf in beiden Ansichten als Beispiel einer *Cyclorhapha holometopa*.

W. : Wangenscheitelplatten.

Str. : Stirnstrieme oder Mittelfeld des Kopfes.

L. : Lunula.

B. : Bogennaht über derselben, unten bis an den Kopfschild reichend.

K. : Kopf- oder Gesichtsschild.

F. : Fühler.

T. : Taster.

M. : Mund- oder Rüsselgrube.

Oc. : Ocellenplatte.

Bk. : Backen.

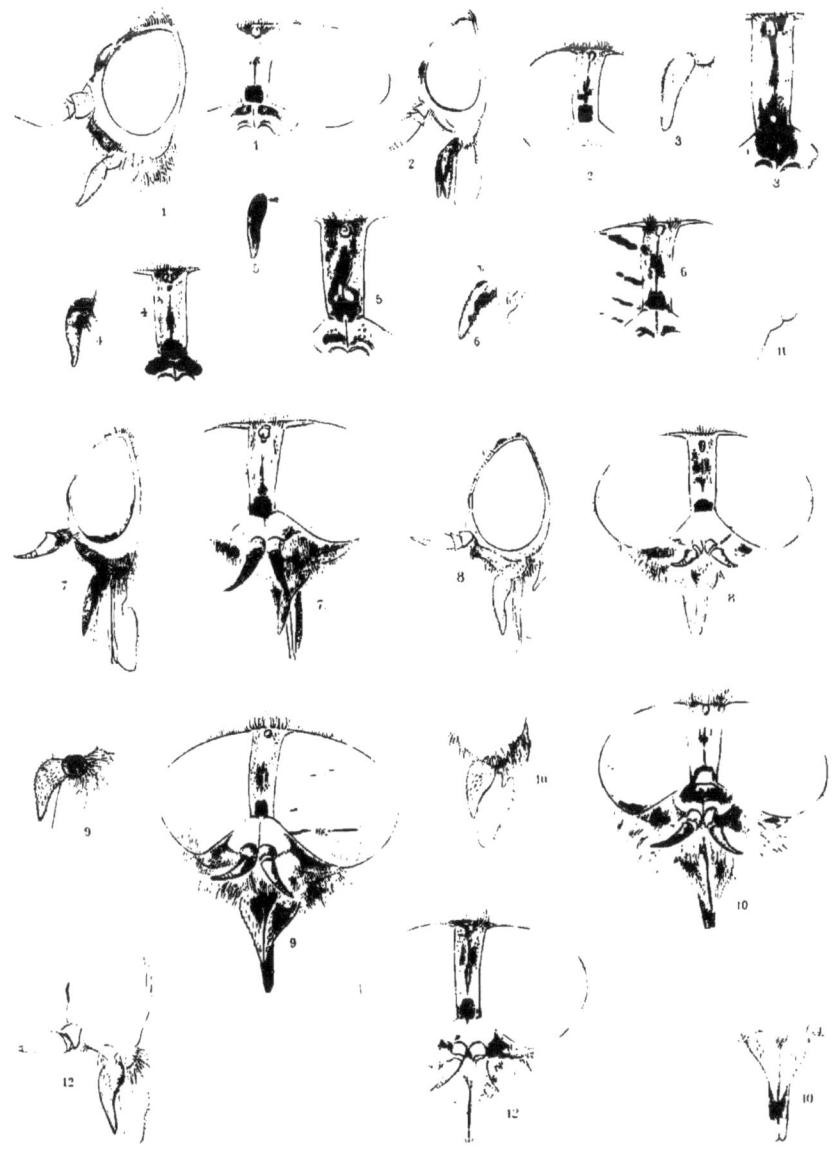

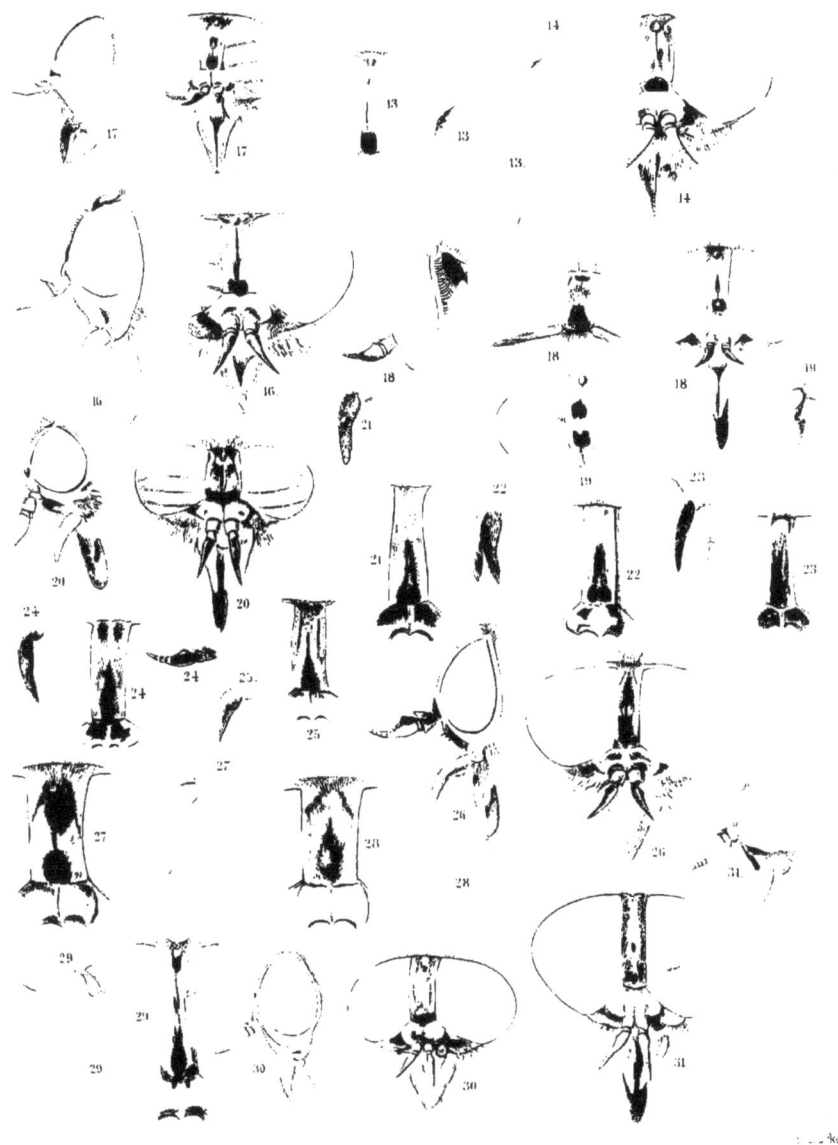

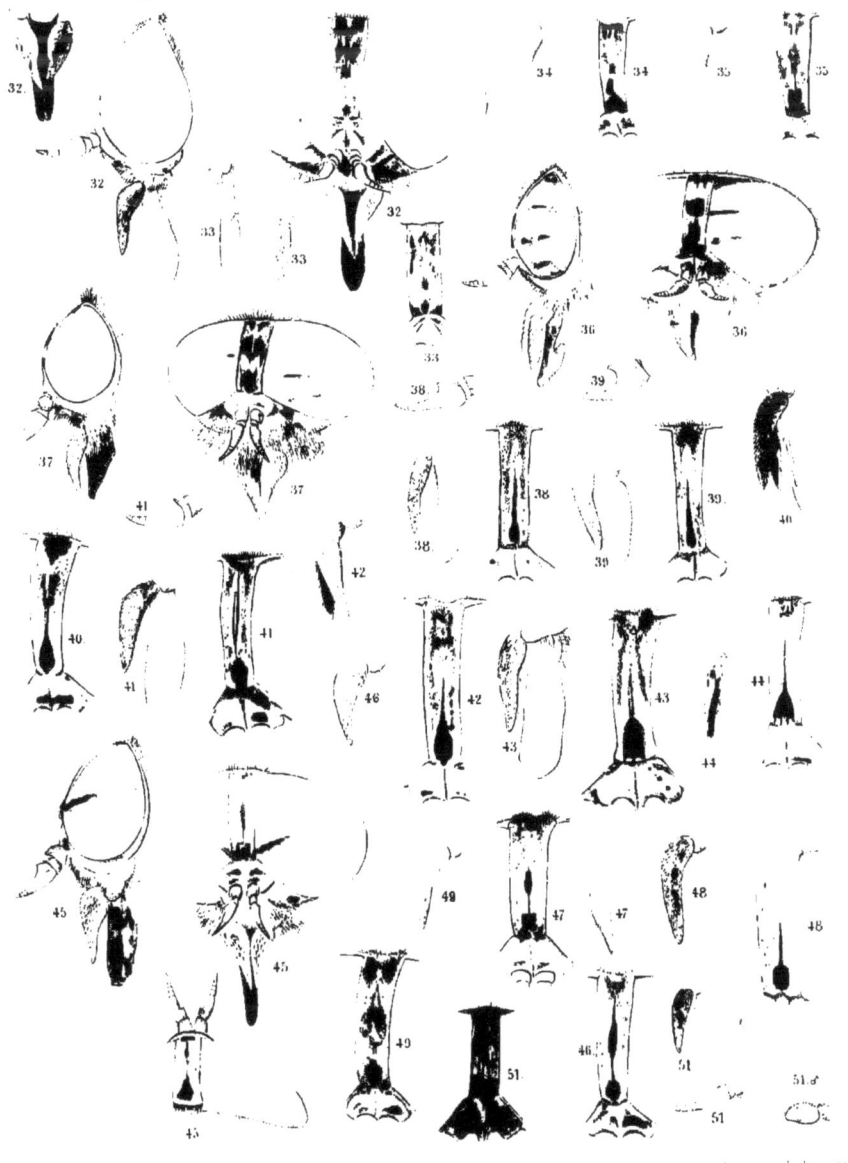

Brauer: Die Zweiflügler d. kais. Museums zu Wien.

Taf. IV.

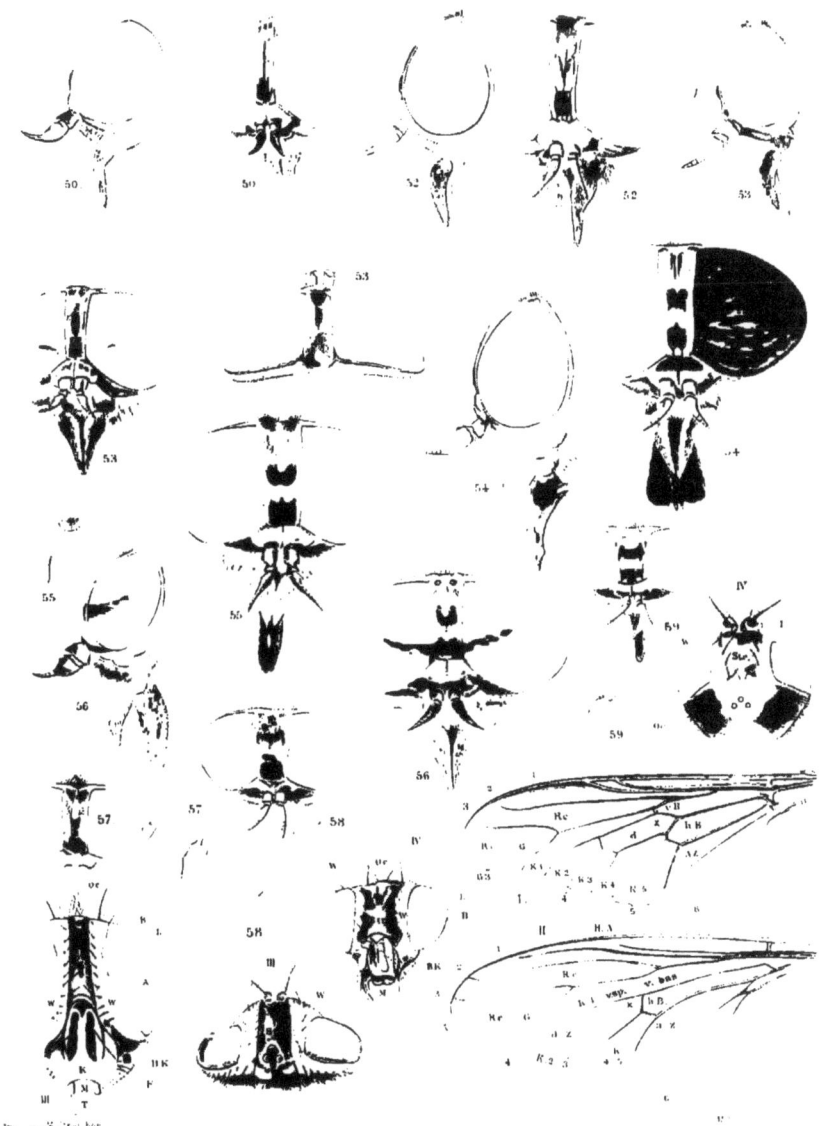

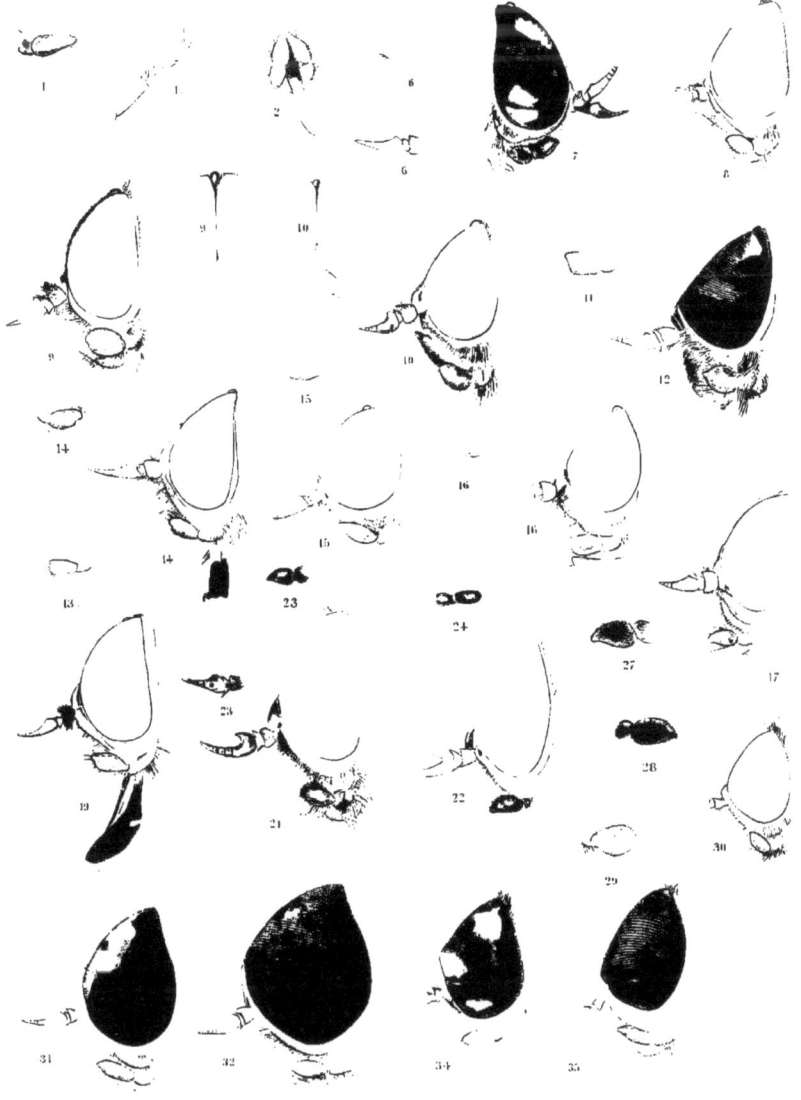

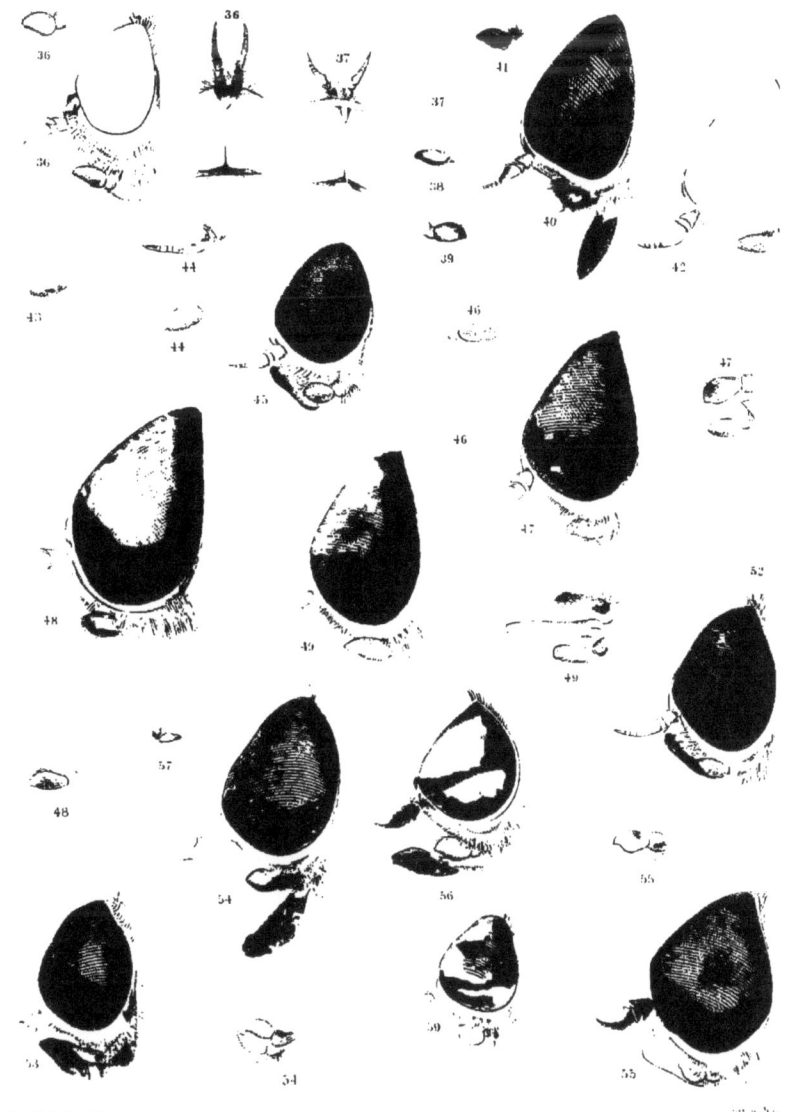

DIE

ZWEIFLÜGLER DES KAISERLICHEN MUSEUMS ZU WIEN.

II.

1. VERSUCH EINER CHARACTERISTIK DER GATTUNGEN DER NOTACANTHEN (LTR.), MIT RÜCKSICHT AUF DIE IM KAISERLICHEN MUSEUM BEFINDLICHEN VON Dr. J. R. SCHINER AUFGESTELLTEN NEUEN GATTUNGEN. — 2. VERGLEICHENDE UNTERSUCHUNGEN DES FLÜGELGEÄDERS DER DIPTEREN NACH ADOLPH'S THEORIE. 3. CHARACTERISTIK DER MIT SCENOPINUS VERWANDTEN DIPTEREN-FAMILIEN.

VON

Prof. Dr. FRIEDRICH BRAUER,

CORRESPONDIRENDEM MITGLIEDE DER KAISERLICHEN AKADEMIE DER WISSENSCHAFTEN.

Mit 2 Tafeln.

BESONDERS ABGEDRUCKT AUS DEM XLIV. BANDE DER DENKSCHRIFTEN DER MATHEMATISCH-NATURWISSENSCHAFTLICHEN CLASSE DER KAISERLICHEN AKADEMIE DER WISSENSCHAFTEN.

WIEN.

AUS DER KAISERLICH-KÖNIGLICHEN HOF- UND STAATSDRUCKEREI.

IN COMMISSION BEI KARL GEROLD'S SOHN,
BUCHHÄNDLER DER KAISERLICHEN AKADEMIE DER WISSENSCHAFTEN.

1882.

Osten Sacken in his review and criticism of this work, argues that the Nolacantha properly include only Stratiomyidae & Sciuola. He would connect Xylophagus and Coenomyia together as a family Xylophagidae, close to the Leptidae. Anthropeas, Clitops and the ... genus created for Anthropeas leptis, would go in Leptidae

DIE

ZWEIFLÜGLER DES KAISERLICHEN MUSEUMS ZU WIEN.[1]

II.

1. VERSUCH EINER CHARACTERISTIK DER GATTUNGEN DER NOTACANTHEN (LTR.), MIT RÜCKSICHT AUF DIE IM KAISERLICHEN MUSEUM BEFINDLICHEN VON DR. J. R. SCHINER AUFGESTELLTEN NEUEN GATTUNGEN. — 2. VERGLEICHENDE UNTERSUCHUNGEN DES FLÜGELGEÄDERS DER DIPTEREN NACH ADOLPH'S THEORIE. — 3. CHARACTERISTIK DER MIT SCENOPINUS VERWANDTEN DIPTEREN-FAMILIEN.

Prof. Dr. FRIEDRICH BRAUER,

CORRESPONDIRENDEM MITGLIEDE DER KAIS. AKADEMIE DER WISSENSCHAFTEN

(Mit 2 Tafeln.)

———

VORGELEGT IN DER SITZUNG DER MATHEMATISCH-NATURWISSENSCHAFTLICHEN CLASSE AM 15. DECEMBER 1881.

I.

Die hier characterisirten Notacanthen sind im Sinne von Latreille aufgefasst, jedoch mit Ausschluss der Scenopiniden. — Eine Eigenthümlichkeit im Flügelgeäder hat mich bestimmt die Acanthomeriden nach Latreille's und Macquart's Vorgang zu den Tanystomen zu stellen. Die Gruppe *Sicarii* Latreille mit *Chiromyza*, *Coenomyia* und *Pachystomus* wurde mit den Notacanthen vereinigt. — Löw hat bereits darauf aufmerksam gemacht (Stett. Ent.Z. 1850, p. 304), dass beide Familien zusammenfallen dürften und als Bindeglied die Gattung *Arthropeas* bezeichnet. Jedoch wurde das mit Rücksicht auf die Acanthomeriden gethan, da demselben der Unterschied dieser von den Notacanthen nicht bekannt war. Mit Hilfe dieses Merkmals lassen sich aber einerseits *Arthropeas* als verwandt mit *Coenomyia* als Notacanthen und andererseits die Acanthomeriden mit *Coenura* Bigot als zu den Tanystomen gehörig erkennen. Löw hatte ganz Recht, *Arthropeas* zu den Sicarien Latreille's zu stellen, aber diese sind von den Notacanthen nicht zu trennen und gehören in die Gruppe der Xylophagiden, die eng mit den Beriden verbunden sind und nur durch den gegen die Flügelwurzel gerückten Ursprung der zweiten Längsader davon abgetrennt erscheinen. Doch bildet hierin schon *Subula* wieder den Übergang.

Die Notacanthen haben eine einfache oder gabelige dritte Längsader, deren Zinken in letzterem Falle beide vor, an oder nahe der Flügelspitze münden, so dass die hintere Zinke nie von der Spitze weiter entfernt am Hinterrande mündet und nie der vierten Längsader näher gerückt ist als der Spitze.

Bei den Stratiomyiden, inclusive Beriden, entspringt der Stamm der zweiten und dritten Längsader unmittelbar vor der Discoidalzelle aus der ersten Längsader, oder dessen Ursprung fällt kaum nach innen gegen die

———

[1] Nr. 1 siehe diese Denkschr. Bd. LXII, p. 105, 1880.

1*

Flügelwurzel zu, wenn man eine Querlinie auf den Flügel durch die Basis der Discoidalzelle zieht. — Bei den Xylophagiden entspringt der Stamm der zweiten und dritten Längsader über der Mitte oder dem äusseren Drittel der hinteren Basalzelle. Erstere haben selten, letztere häufig Sporen an den Schienen.

Die Tabaniden haben stets eine weit gespreizt gabelige dritte Längsader, deren vordere Zinke meist vor der Spitze, deren hintere Zinke aber stets am Hinterrande soweit von der Flügelspitze entfernt mündet, dass sie daselbst der vierten Längsader viel näher gerückt ist, als der Spitze und zuweilen in jene mündet.

Der Unterschied von *Arthropeas* Löw und *Coenura* Bigot ist in der Endgabel der dritten Längsader zu suchen und beide können nicht, wie Osten-Sacken vermuthet. (Cat. of. Dipt. of. N. Am., p. 224, Note 48) zusammenfallen. — Ich zweifle nicht, dass dieser Unterschied im Geäder kein künstliches Merkmal ist, sondern sich auch andere Charactere hinzugesellen werden, um Acanthomeriden, *Coenura* und die früheren Tabaniden zu verbinden. Nach Bigot's schöner Entdeckung gehört *Glutops* Burgess ganz in die Nähe von *Arthropeas*. Ein sehr wichtiges Merkmal habe ich für *Acanthomera* schon in der Larve gefunden, deren Kieferkapsel ganz ähnlich jener der Leptiden gebaut scheint und deren weiche pergamentartige Körperhaut, cylindrische Form etc. an diese Gruppe erinnert. Der Unterschied liegt in den Hinterstigmen, welche in einer tiefen Spalte des letzten Ringes versteckt sind und Chitinplatten darstellen, während dieser selbst mit starken Dornen besetzt und hornig, rauh erscheint. — Ebenso sind die Vorderstigmen entwickelt, am Prothorax gelegen und dadurch die Larve wie die der Xylophagiden amphipneustisch. —

Wenn man die Gesichtsbildung betrachtet, so trennt sich *Coenura* sofort von den, mit nasenartigem Untergesicht versehenen Acanthomeriden und steht zweifellos nahe der Pangoninen-Gattung *Pelecorhynchus* Macq. — Beide zeigen die Mitte des Untergesichtes breit und schildartig gewölbt. — Ich halte *Coenura* für eine *Pangonine*, während die Acanthomeriden die den Nothacanthen zunächst stehenden Tanystomen darstellen. —

Gewöhnlich werden die Coenomyiden, Xylophagiden und Tabaniden von den Stratiomyiden durch die Randader des Flügels geschieden, die bei jenen um den ganzen Flügel, bei diesen nur bis zur Spitze am Vorderrande verläuft. Es scheint dieses ein zweifelhaftes Merkmal, das zwar bei typischen Stratiomyiden leicht erkannt wird, bei Xylophagiden aber schwankt und unklar wird, indem die verdickte Randader hier einmal bis zur Posticalader, einmal nur bis zur dritten Längsader und einmal nur bis zur Spitze zu verlaufen scheint. (conf.: *Xylophagus, Subula, Rhachicerus.*) — Bei typischen Tabaniden geht die Ader deutlich um den ganzen Rand, ebenso bei Leptiden fast in gleicher Stärke herum. Bei geringer Vergrösserung ist dieses Merkmal deutlicher, als bei stärkerer zu sehen, weil in letzterem Falle auch eine scheinbar fehlende Hinterrandader sichtbar wird, der Unterschied zwischen dem blassen Hinterrande und dunklen Vorderrande verwischt wird und sich Übergänge bemerkbar machen. Interessant ist die Ähnlichkeit von *Leptis* und *Rhyphus* im Geäder, wenn die rudimentäre Analader des letzteren deutlicher wird; Schiner verwechselte in einem solchen Fall beide Gattungen, *Rhyphus* zeigt den verdickten Rand aber nur vorne bis zur Flügelspitze.

Ein weiterer Unterschied, welcher Tabaniden einerseits, von Xylophagiden, Coenomyiden und Stratiomyiden anderseits, trennen sollte, war die Angabe, dass erstere grosse Schüppchen hätten, diese jedoch bei letzteren fehlen oder klein seien. Auch hierin ist es schwer in einem einzelnen Falle zu entscheiden. So haben manche Gattungen z. B. *Chrysops* entschieden kleine Schüppchen und auch manche wahre *Tabanus*-Art hat die Schüppchen so gestellt, dass sie kleiner erscheinen als sie sind. V. d. Wulp unterscheidet mit Recht als grosse Schüppchen nur jene, welche die Halteren decken, und das ist nur bei Aeroceriden der Fall, bei keinem anderen orthorhaphen brachyceren Dipteron.

Von den vielen als Stratiomyiden beschriebenen Thieren ist die Beschreibung so mangelhaft, dass ich die betreffenden Gattungen nicht sicher in die Tabelle einreihen konnte. Hieher gehören viele Walker'sche Genera, deren Namen allein schon abschreckend erscheinen. — Die von Schiner hinterlassenen Beschreibungen der neuen Gattungen sind sehr vollständig und theilweise beschrieben sind die Thiere im kaiserlichen Museum. — Schiner hat Vorarbeiten zu einer Monographie der Stratiomyiden gemacht, zu welcher er eine Anzahl Abbildungen anfertigte, die sich in der Bibliothek des Herrn v. Bergenstamm befinden. —

Löw hat zwei Gattungen zu undeutlich charakterisirt, d. s. die *G. Bolbomyia*, die vorher im Bernstein fossil gefunden wurde, und die *G. Nothomyia* für *Oxycera metallica* Wd. In Betreff dieser verweise ich auf die Bemerkungen in der Tabelle.

Schiner hat (Verh. z. b. G. 1867, p. 304) die Gruppen der Stratiomyiden besprochen und im Reisewerke der Fregatte Novara die Gattungen kritisch gesichtet. Er stellte die Familie der Rhaphiocerinen auf, und unterscheidet zwölf Pachygastrinen-, drei Hermetiinen-, 19 Sarginen-, 19 Stratiomyinen- und 6 Berinen-Gattungen. — Unter den Pachygastrinen findet sich auch die Gattung *Heteracanthia* Mcq., welche ich bei den Berinen untergebracht habe. Zwischen Hermetiinen und Sarginen ist es schwer eine scharfe Grenze zu ziehen, ich stelle zu den drei Gattungen, die Sch. aufführt, noch *Campeprosopa* Mq., *Amphilecta* Sch. und *Toxocera* Mcq. hinzu und glaube, dass Schiner's Gattung *Lagenosoma* mit *Massicyta* Wlk. identisch ist. Schiner führt *Campeprosopa* unter den Beriden auf, mit denen sie keine nähere Verwandtschaft zeigt. — Von den Sarginen möchte ich als besondere Gruppe die Gattungen *Cacosis* Wlk., *Chrysochlora* Mcq., *Chromatopoda* etc. abtrennen, welche keine Querader zwischen Discoidalzelle und Posticalzelle haben. — Ob *Culcua*, *Eraza*, *Saruga*, *Aulana* bei den Stratiomyinen richtig stehen, ist aus Walker's Beschreibung nicht zu entnehmen. Sie können ebensogut in andere Hauptabtheilungen, z. B. zu den Pachygastrinen gehören. Dagegen gehört *Antissa* Wlk., synonym mit *Cyanauges* Phil., entschieden in die Nähe der Berinen, und ist durch die gespornten Mittelschienen sehr verwandt mit *Acanthomyia*.

Eine scharfe Grenze zwischen den Sarginen mit linearen Fühlern ohne besonderen Complex und den Stratiomyinen aus der Gruppe *Clitellaria*, ebenso zwischen diesen und den Hermetiinen mit gefiederter Fühlerborste oder linearen Fühlern (*Lagenosoma*, *Campeprosopa*, *Amphilecta*) lässt sich nicht festhalten. — *Campeprosopa* bildet auch den Übergang von den Hermetiinen und Stratiomyiden (*Clitellaria*), bei welchen die Discoidalzelle an die fünfte Hinterrandzelle (Posticalgabel) anstösst, zu jenen (Sarginen), bei welchen sie durch eine zwischentretende Querader davon getrennt wird (*Acrochaeta*). — An Stelle der Querader findet man eine breite chitinisirte Leiste, welche der nach hinten ausgezogenen Gegend der Discoidalzelle bei *Clitellaria* entspricht. Dass Sarginen der Gruppe *Analcocerus* mit der Gruppe der Clitellarien sehr verwandt sind, ergibt schon der Vergleich der Thiere, sowie auch *Oxycera* mit den Rhaphiocerinen auffallende Ähnlichkeiten besitzt. — Die Rhaphiocerinen haben jedenfalls mehr Ähnlichkeit mit der Gruppe der Clitellarien, als mit den echten Sarginen. Ich war daher gezwungen die Gattung *Campeprosopa* an zwei Stellen aufzuführen um deren Bestimmung zu ermöglichen. —

Die Unterscheidung der 7—8 Glieder des Abdomens ist bei den Beriden nicht immer leicht, und da die geringere Anzahl der Segmente bei den Stratiomyiden durch Verkümmern oder Einziehen der letzten Segmente entstanden ist, so geräth man oft in Zweifel. Eine scharfe Trennung wird für die Dauer nicht möglich sein. Die Gattung *Cyanauges* zeigt nur fünf Hinterleibsringe, besitzt aber Sporne an den Mittelschienen wie *Acanthomyia* unter den Berinen, mit denen sie auch das reich gedornte Schildchen gemein hat. Bei *Acanthomyia* wird es dagegen bei dem Männchen schwer sieben Hinterleibsringe nachzuweisen, nur fünf sind deutlich, die letzten eingezogen, wogegen bei dem Weibchen mit vorgeschobenem Legeröhre (welche ja aus den letzten Segmenten gebildet wird) acht Abdominalringe erscheinen. — Dieser Unterschied ist daher nur ein sehr relativer, in den meisten Fällen mag er indess genügen die Thiere zu bestimmen. Im natürlichen Systeme werden Stratiomyiden, Pachygastrinen und Beriden niemals drei gesonderte Gruppen bilden können, sondern nur Endpunkte gewisser Entwicklungsrichtungen einer einzigen Gruppe darstellen, die man ebensogut als grosse Gattung gelten lassen könnte. — Im Körperbau der Larven, soweit sie bekannt sind, herrschen nur geringe Modificationen. —

In welcher Beziehung die Chiromyziden zu dieser Hauptgruppe stehen, lässt sich ohne Kenntniss der Verwandlung nicht mit Sicherheit sagen, da dieselben auch viele Beziehungen zu den Leptiden zeigen. Immerhin scheinen sie aber mehr mit den Beriden verwandt, unter welchen es auch Formen mit unbewaffneten Schildchen gibt (*Metoponia*). — Entscheiden müsste die Larve, welche, wenn mit der von *Xylophagus* verwandt, die Chiromyziden in eine andere Gruppe brächte. Bei den Xylophagiden finden wir zwei Abtheilungen, deren eine

(*Subula*) durch die Larve und deren Verpuppung an die echten Stratiomyiden, die andere (Xylophagus) aber an Tabaniden erinnert und eine freie Nymphe zeigt. Der Kopf der Larve gleicht aber noch mehr dem der Stratiomyiden-Larve, die Xylophagiden- und *Subula*-Larven sind aber amphipneustisch. Die Gruppe der Xylophagiden zeichnet sich durch das verschiedene Flügelgeäder von den Stratiomyiden aus, indem der Stamm der zweiten und dritten Längsader mehr gegen die Flügelwurzel zu entspringt. Doch wird dieser Unterschied schon bei *Subula* undeutlich und weist einen Übergang nach. Aus der Beschreibung der *Coenomyia*-Larve von Beling geht hervor, dass sie mit den Xylophagen näher verwandt ist, als mit den Beriden etc. — Inwiefern sie von den Tabaniden abweicht, müsste durch eine eingehendere Beschreibung des Kopfes nachzuweisen sein. Von den Tanystomen nähern sich durch das Flügelgeäder einerseits die Leptiden, namentlich durch die nicht gespreizte Gabel der dritten Längsader, anderseits durch die Fühler die Tabaniden, die jedoch durch die gespreizte Gabel der dritten Längsader sehr abweichen. —

Eine grössere Arbeit über Stratiomyiden ist von A. Gerstaecker (Linn. Ent. T. XI, p. 261. 1857) veröffentlicht und enthält sehr schätzenswerthe Beiträge zur Kenntniss der Gattungen und Arten. Der Verfasser behandelt jedoch nur die Stratiomyiden im engeren Sinne und sein Material ist leider für die ganze Gruppe ein zu kleines gewesen. — Von den beiden Gruppen, welche Gerstaecker p. 319 aufstellt, würde die erste beiläufig meinen Clitellarien, die zweite meinen Stratiomyiden entsprechen. — Von der weiteren Theilung, durch das Fehlen oder Vorhandensein der dritten aus der Discoidalzelle ausgehenden Ader, habe ich nur wenig Gebrauch gemacht, da, im Gegensatz zu den Pachygastrinen, bei welchen diese Ader gänzlich fehlt, bei den Stratiomyiden stets ein Rudiment derselben als Zinke oder Falte vorhanden bleibt. — Wenn meine Arbeit aber sehr unvollkommen geblieben, so liegt das weniger an einer ungenügenden Benützung der Literatur, als an den zum grossen Theil mangelhaften Beschreibungen vieler Gattungen.

Folgende Werke haben auf die hier zusammengestellten Gattungen Bezug. (Eine vollständige Literatur kann des Umfanges wegen hier nicht gegeben werden.)

Bigot: Annal. Soc. Entom. France 3. s. T. IV. 1856. p. 80
 „   „   „   „   3. s. V. 1857. p. 283.
 „   „   „   „   5. s. IX. 1879.
Gerstaecker: Linn. Entomolog. T. XI. 1857. p. 261.
Haliday Walker: List of Diptera Ins. 151. 1848.
Jaennicke: Abh. d. Senkenberg. naturf. Gesellsch. Bd. 6. 1856-67. p. 311-408. Taf. XLIII—IV
Löw H.: Dipteren Süd-Afrika's.
 „   „   Stett. Ent. Zeitg. 1850. p. 301.
 „   „   Verh. d. k. k. zool. botan. Gesellsch. 1855. p. 151. (*Sargus*)
 „   „   Die Bernstein-Dipteren. Programm d. Realschule zu preuss. Meseritz. 1850.
 „   „   Berlin. Ent. Zeitg. IX. X. XVI. - Centur. I. 1861 II. 1862; III. u. IV. in 1863; V 1864.
 „   „   Dipt. Americae sept. indigena.
 „   „   Monographs of the Dipt. North America. Part. I. Smith's Miscell. Collect. P. 1. 1862
 „   „   Meigen Supplem. I. 218.
Macquart: Diptères exotiques I- III u. Suppl. 1 -5. 1838—1855.
Meigen: System. Beschreib. d. europ. Zweifl. Bd. 3.
Osten-Sacken: Western. Diptera. Bull. Unit. St. Geolog. survey. Vol. III. Nr. 2. 1877.
 „   Diptera Malayana. 1881 extr. aus: Atti dagli Annal. Museo. Civic. di St. Nat. di Genova. Vol. XVI
     4 7. Febr. 1881.
 „   Catalog of Dipt. of N. Am. Smith's Miscell. Coll. Nr. 270. 1878.
Philippi: Verh. d. k. k. zool. botan. Gesellsch. Wien. Vol. XV. p. 729..
Rondani: Dipterologiae Italicae Prodromus. Vol. I. 1856.
Schiner: Fauna Austriaca. Diptera. I. 1860.
 „   Verh. d. k. k. zool. botan. Gesellsch. Wien. 1864. 193, 201; 1865, 237; 1867, 631, 731.
 „   Reise der Fregatte Novara. Diptera. 1868. Zool. Th. Bd. II. Abth. I.
Snellen v. Vollenhoven: Batav. Acad. Sc. Natura. XV. 1863. Verlag en Medd. k. Acad. Wetensch. 1863. f. 1—3.
Thomson: Königl. Svenska Fregat. Eugenies Resa. II. Zool. I. Insect. Diptera. 1868.

Walker Fr.: List of dipterous Insects of the British Museum. III et Suppl.
     „   „   Journal of the Proceedings. Linn. Soc. Vol III, IV, V u, VI.
     „   „   Inserta Saundersiana. Vol. I. Diptera. 1856.
     „   „   Transact. Entomol. Soc. London. T. V. 1858—61. 294.
Wiedemann: Aussereuropäische Zweiflügler. Vol. I, II.

Bestimmungstabelle der Gattungen der Notacanthen.

Anmerkung. Zum Verständniss der Tabellen berufe ich mich auf das in meiner ersten Arbeit über die Dipteren des kais. Museums p. 125 Gesagte. Die eingeklammerten Zahlen hinter der freien Nummer links führen zu den Gegensätzen, in auf- oder absteigender Richtung, die eingeklammerten Zahlen vor den Gattungsnamen sind aber die Nummern dieser Gattungen und dieselben, welche im Inhalte den Gattungen vorgesetzt sind. Später während der Arbeit eingeschaltete Gattungen haben daher oft die gleiche Nummer mit der zunächst verwandten oder möglicherweise damit identischen Gattung, da eine Änderung der Nummern sehr umständlich erschien. — (Siehe Denkschr. d. kais. Akad. d. Wissensch. math.-naturw. Classe. XLII. Bd. 1. Abth. 1880. p. 125.

1. (92, 93.) Hinterleib 5—6ringlig, alle Schienen ohne Endsporne.

2. (23.) Aus der Discoidalzelle, oder aus dieser und der hinteren Basalzelle entspringen nur drei zum Flügel-rande gehende Adern (drei Discoidaladern), die erste, zweite und vierte, die dritte fehlt. Letzte Hinterrandzelle (Posticalzelle) an die Discoidalzelle stossend und die vordere Zinke der Posticalader einen Theil des Hinterrandes dieser Zelle bildend. Vierte Hinterrandzelle fehlend, erste, zweite, dritte und fünfte (Posticalzelle) vorhanden.

3. (12.) Fühler, bei Profilansicht, an die Unterseite des Kopfes gerückt und dort entspringend.

4. (7.) Drittes Fühlerglied gabelig, complicirt.

5. Der obere Gabelarm des dritten Fühlergliedes mit einer Endborste und einem seitlichen Fortsatze (Cuba).
                                            (1.) *Chauna* Löw.

6. Der obere Gabelarm des dritten Fühlergliedes mit einemEnddorne, ohne Seitenfortsatz. (Brasilien).
                                            (2.) *Blastocera* Gerst.

7. (4.) Drittes Fühlerglied nicht gabelig und nicht complicirt; undeutlich gegliedert.

8. (11.) Drittes Fühlerglied mit einer Endborste.

9. (10.) Schildchen mit zwei Dornen.

    a) Drittes Fühlerglied kurz, gleichmässig rundlich. (Südamerika).   (3.) *Panacris* Gerst.

    b) Drittes Fühlerglied länglich rund, am Ende plötzlich verengt. (Südamerika).
                                            (4.) *Spyridopa* Gerst.

10. (9.) Schildchen mit vier Dornen. Augen behaart. (Südamerika).   (10.) *Artemita* Wlk.

    Hieher scheinen die Gattungen *Nerva* Wlk. [Arm-Ins.] (Linn. Soc. Journ. III), *Eraza* Wlk. (ibid. I) und *Culcua* Wlk. (l. c. I) (O.-Indien) zu gehören. Bei *Eraza* und *Nerva* soll das Abdomen länger und kaum breiter als der Thorax sein, bei *Culcua* dagegen ist der Hinterleib breiter und kürzer. Wahrscheinlich fällt *Evaza* und *Nerva* zusammen. — Vergl. auch *Trichochaeta* Big. Ann. Soc. Ent. fr. 1879. p. 190. Siehe *Beridae.*

11. (8.) Fühler mit Griffel oder Endlamelle oder spitzem Endgliede, aber stets ohne feine Borste am Ende.

    I. Drittes Fühlerglied einen länglichen, von den folgenden Gliedern oft schwach abgegrenzten Complex bildend, oder mehr weniger in die einzelnen Glieder aufgelöst, die Fühler daher mehrgliederig, bis 10gliederig erscheinend, mit kurzem Griffel.

       a) Thorax sehr verlängert, nach vorne verengt, Schildchen wenigstens mit vier Dornen. Fühler 7gliederig, am Grunde dicker. (Südamerika, Ceylon)   (5.) *Acanthina* Wd.

---

[1] *Acanthina pulchripennis* Schin. stimmt mit Walker's Beschreibung von *Artemita*. Die Art war in der Coll. Winth. fälschlich als *Acanth. hieroglyphica* bezeichnet. Später stellt Schiner sie zu *Spyridopa* G., das Scutellum ist aber 4dornig.

b) Thorax nicht länger als breit, kurz, vorne nicht auffallend verengt. Fühler lang und fast überall gleich dick, im Ganzen 10gliedrig. Schildchen 4dornig. (P. Natal.)

(6.) *Diphysa* Meq. Dipt. exot. Suppl. IV, 43.

(*Diphysa* Meq. Dipt. exot. Suppl. I, p. 46 aus Brasilien, Taf. 5, Fig. 1 gehört fraglich zu den Pachygastrinen als n. G. in die Nähe von *Wallacea, Chauna* oder *Ptilocera*).

11. Drittes Fühlerglied einen 4—5gliedrigen Complex bildend, der einen dicken spindelförmigen oder dünnen leistenförmigen langen Endgriffel trägt.

a) Endgriffel dick, spindelförmig, kann zweimal so lang als der Basaltheil der Fühler. Vier Scutellardornen. (Afrika). (7.) *Phyllophora* Meq. non Thoms.

b) Endgriffel schmal, gerade, meist aufgerichtet, leistenförmig, einseitig gefiedert, fast dreimal so lang als der Basaltheil der Fühler. Kleine Querader zuweilen fehlend. Vier Scutellardornen.

(8.) *Tinda* Wlk.

= *Biastes* Wlk. — *Elasma* Jaenu. = *Phyllophora* Thoms. et Schiner, non Meq. — (O.-Indien).

(Wohin (9.) *Adraga* Wlk. Linn. S. Journ. III, 82 von den Aru-Inseln gehört, ist nicht zu ersehen. Schildchen ungedornt. Geäder wie bei *Clitellaria*. Siehe *Cl. aberrans* Schin.)

Zweifelhaft für diese Gruppe bleibt auch die Gattung (15.) *Rosapha* Wlk. (Journ. Proc. Linn. Soc. IV, 100. Celebes) = *Calfochaetis* Big. (Ann. Soc. Ent. fr. (5) IX, 1879, p. 189). Es ist aus den Beschreibungen nicht zu ersehen, ob die Fühler auf der Mitte des Profiles oder unterhalb sitzen. Nach Osten-Sacken unterscheidet sie sich von *Tinda* (Austro-Malayan Diptera Beccari p. 25.) durch die längeren Fühler, deren letztes Glied beiderseits mikroskopisch gefiedert ist (bei *Tinda* einseitig), wie bei *Hermetia*. Der Thorax ist nach vorne verengt. Vier Scutellardornen, davon die zwei mittleren grösser. Erste Hinterrandzelle am Ende zweiwinkelig (spitz bei *Tinda*), weil die kleine Querader vorhanden. Beim ♂ stossen die Augen über den Fühlern eine beträchtliche Länge zusammen. Stirne des ♀ mässig breit. Von *Ptilocera* würden sie die nur mikroskopisch behaarten Fühler, von *Wallacea* Dol. das vier 4dornige Schildchen unterscheiden.

Ebenso zweifelhaft bleibt *Nemotelus singularis* Meq. Dipt. exot. Spl. I, 57. 2, Taf. 6, Fig. 4 (Columbien), der nach Schiner und Löw kein *Nemotelus* ist, sondern zu den Pachygastrinen gehört.

12. (3.) Fühler auf der Mitte des Profiles eingefügt. (Conf. die Anmerkungen zu den zweifelhaften Gattungen bei der vorigen Gruppe.)

13. (18.) Schildchen bewehrt und zwar:

14. *a)* Mit Einem feinen Dorne; Hinterleib ausserordentlich breit. (Guinea). (11.) *Platyna* Wd.

b) Mit Einem sehr dicken Dorne. Hinterleib kaum breiter als der Thorax. (Mexico). (11 a.) *Cyphomorpha* Brau.

15. mit mindestens zwei Dornen.

16. Fühler zusammengesetzt, mit borstigen Fortsätzen oder gekrümmten Seitenanhängen. Schildchen mit vier Dornen in der Regel. (Ost-Indien, Afrika). (12.) *Ptilocera* Wied. non. Meq.

Ob die Gattung *Trichochaeta* Bigot. (Ann. S. Ent. fr. [5.] IX 1879. 190. Ternate) — hieher gehört ist nicht zu bestimmen. Das Geäder scheint das der Pachygastrinen zu sein. Die geschlossene vierte Areola wird wohl die Analzelle sein sollen, eine wirklich geschlossene vierte Hinterrandzelle findet sich bei *Sabata*, dann sind aber vier Adern aus der Discoidalzelle entspringend. Das Schildchen ist 4dornig. Vergleiche die folgende Gattung.

17. Fühler einfach, ohne kamm- oder borstenartige Fortsätze an der Seite, pfriemenförmig mit feiner Endborste und spindelförmigem Complex (drittes Glied). Schildchen 8dornig, davon die zwei mittleren grösser, die seitlichen (je drei) klein. (Ost-Indien).

(13.) *Wallacea* Dol. = *Gabaza* Wlk. (Conf. Nr. 15 *Rosapha*).

18. (13.) Schildchen unbewehrt.

19. (20, 22.) Drittes Fühlerglied lang, schmal, undeutlich 4ringlig, darauf eine kurzgegliederte lange fadenartige Borste. (Durch das unbewehrte Schildchen von *Rosapha*, durch die Lage der Fühler von *Tinda* etc. verschieden) (Ceylon.).   (14.) *Acraspidea* Bran.

Zweifelhaft ist ob die Gattung Nr. 19 *Enoplomyia* Bigot (Batchian) hieher gehört, deren Fühler ähnlich gebaut erscheinen.

20. (22.) Drittes Fühlerglied kugelförmig, 4ringlig, mit einer Endborste.

21. Endborste der Fühler nackt. (Europa, Nord-Amerika, Asien).   (16.) *Pachygaster* Mg.
(Vergleiche die Gattung *Obrapa* Wlk. (Nr. 17) von den Aru-Inseln).

Endborste der Fühler gefiedert (Radak- oder Marschalls-Inseln.)   (18.) *Lophoteles* Löw.

22. (19, 20.) Drittes Fühlerglied (Complex) schmal, nach dem Ende zu dünner, 6ringlig. Griffel 2gliedrig, kurz; Augen nackt. (Caffraria Afrika).   (20.) *Sternobrithes* Löw.

Die verwandte Gattung *Wallacea* Dol. (Natk. Tijdsch. nederl. Ind. XVII. 82. 1858) hat ein bewehrtes Schildchen; v. supra.

23. (2.) Aus der Discoidalzelle oder aus dieser und der hinteren Basalzelle entspringen vier zum Rande gehende Adern, es sind also fünf Hinterrandzellen vorhanden, oder es fehlen nur die Vorderen derselben. Die dritte ist oft verkürzt oder rudimentär als Falte vorhanden. In letzterem Falle stets eine Querader zwischen Discoidal- und Posticalzelle.

24. (51.) Fünfte Hinterrandzelle an die Discoidalzelle anstossend und oft einen beträchtlichen Theil des Hinterrandes derselben bildend. Die vordere Zinke der Posticalader geht daher als vierte Discoidalader aus der Discoidalzelle und nicht erst aus der hinteren Basalzelle hervor. (Es ist Rücksicht zu nehmen auf jene Fälle, wo die Discoidalzelle gegen die Posticalzelle schmal nach hinten ausgezogen ist. z. B. *Ephippium* und dieser schmale Raum derselben oft stark chitinisirt einer breiten platten Querader gleicht, wie das bei *Campeprosopa* der Fall ist, oder die fünfte Zelle nur in einem Punkte trifft. Solch Gattungen sind in der Tabelle 2mal berücksichtigt.)

25. (30.) Fühler mit haarfeiner Endborste, die fast länger ist als die übrigen Glieder zusammen. Sie bestehen aus zwei kurzen Basal-Gliedern und aus dem mehrringligen Complexe der auf das zweite folgenden Glieder. Schildchen unbewehrt.

26. Augen dicht behaart, Leib metallisch. Hinterleib nicht breit, länglich oval. (Neuholland.)
(49.) *Chromatopoda* Schin.

27. Augen nackt. —

28. Fühlerborste am Grunde meist kurz gefiedert. Hinterleib höchstens 2mal so lang als breit. Drittes Fühlerglied lang, robust. (Süd-Amerika).   (50.) *Caenosis* Wlk.
(52.) *Drosteria* Schin. (Bahia) hat einen schmäleren Hinterleib.)

29. Fühlerborste nackt, Leib schmal, drittes Fühlerglied schlanker. (Isle d. France.) (Brasilien?)
(51.) *Chrysochlora* Meq.

NB. Homonom gegliedert erscheinen die Fühler bei der Gattung *Campeprosopa* Meq. Java: Nr. 56 u. 71, deren Geader in Betreff der Angaben (bei Punkt 24, 30 u. 51 über die Discoidalzelle schwankend ist.

30. (25.) Fühler mit kurzer Endborste, oder ohne solche, mit Griffel; oder mit gegliederter Endlamelle; oder mit langer dicht 2zeilig gewimperter Endborste, die eine Lamelle vortäuscht, oder linear, fast homonom gegliedert, die Glieder oft sehr undeutlich.

31. (37.) Hinterleib schmal und lang, meist flach gewölbt oder bandartig, oder am Grunde verengt, keulen- oder flaschenförmig.

32. Fühler linear, undeutlich gegliedert, auswärts gedreht. Schildchen mit zwei Dornen. (Java)
(56, 71.) *Campeprosopa* Meq. (conf. *Toxocera* inf. Nr. 77.) —
Fühler nahe am Mundrande, schlank, auswärtsgebogen, auf das zweite Glied folgen acht deutliche Glieder mit kurzem Endbörstchen. Fühler daher 10ringlig. Alle vier Discoidaladern aus der Discoidalzelle; Cubitalzelle breit. Schildchen unbewehrt. (Congorh.?)   (72.) *Amphilecta* Schin.
Verwandt mit *Toxocera*. (77.)

(Brauer.)

33. Drittes bis sechstes Fühlerglied zusammen viel länger, als das erste und zweite Glied, einen undeutlichen Complex bildend, dann mehrere kleine Glieder, auf welche ein langer, aus flachen Gliedern zusammengesetzter Complex (Endlamelle) folgt, wodurch die Fühler zungen- oder keulenförmig erscheinen. Zuweilen ist die Endlamelle nur eine dicht zweizeilig behaarte Endborste, also schwungfederartig.

34. Scheitel tief eingesattelt, zwischen den Augen concav, Thorax schmäler als der Kopf. (Guinea Afrika.) *q q. erhält sich horizontal absteigend wenig.*
(73.) *Thorasena* Meq.

Scheitel nicht tief eingesattelt, zwischen den Augen etwas gewölbt. —

35. (36.) Hinterleib vom dritten Ringe gegen die Basis zu stark verengt, nach hinten breit, flaschenförmig oder keulig. — Endlamelle der Fühler gewöhnlich dicht zweizeilig gefiedert, federartig, weil die Haare so dicht stehen, dass sie sich vollkommen decken. Augen des ♂ zusammenstossend, die des ♀ breit getrennt. (Neuholland.)
(74.) *Lagenosoma* Schin.

Bei (76.) *Massicyta* Wlk. von den Aru-Inseln und Singapur soll der Hinterleib keulenförmig sein, also wie bei *Lagenosoma.* Beide sind wahrscheinlich identisch. — *Mic e sie efta haspriniti* ♀♂.

Tosocera Meq. (77.) von Java ist mit den Arten der vorigen Gruppe Punkt 32 zu vergleichen und scheint verwandt mit *Amphilecta* Schin. Die Fühler sind mehr linear, die Endlamelle undeutlich abgegrenzt, sie sitzen nahe am Mundrande, die Augen des ♂ sehr genähert. Schildchen ungedornt wie bei *Amphilecta* Schin. Von *Aulana* trennt sie der längere Leib. Siehe *Losiopa.*

36. Hinterleib gleichbreit, bandartig, nur am Grunde, vor oder hinter dem ersten Segmente etwas verengt, das Ende bei dem Weibchen abgestutzt mit zwei gegliederten Scheidentastern, beim Männchen abgerundet, in der Mitte etwas winklig eingeschnitten. Endlamelle der Fühler keulen- oder spindelförmig, flach, bandartig, mehrgliedrig. Stirne in beiden Geschlechtern breit, beim ♂ nur etwas schmäler. (Süd- und Central-Amerika, Amboina, Neuholland.)
(75.) *Hermetia* Ltr.

(Vergleiche auch *Salduba* Wlk. (Gattung Nr. 65, Punkt 85 der Tabelle. —) Aru Ins.

37. (31.) Hinterleib kurz, meist nur doppelt so lang als breit, oder kürzer, rund oder oval.

38. Erstes Fühlerglied drei- bis viermal so lang, als das zweite; die auf das zweite folgenden acht Glieder setzen scheinbar ein spindelförmiges langes Glied mit kurzem kegeligen Endgriffel zusammen. (Süd-Europa, Afrika, Neuholland.)
(21.) *Pycnomalla* Schin. Gerst.

39. Erstes Fühlerglied höchstens doppelt so lang, als das zweite oder kürzer.

40. Die auf das zweite Fühlerglied folgenden vier bis fünf Glieder bilden scheinbar ein 4—5ringliges ovales, oder gegen das Ende stark verdünntes, drittes einfaches Glied mit zwei- oder mehrgliedrigem Griffel, dessen Basalglied kurz, dessen Endglied dick spindel-, oder fein borstenförmig und oft praeapical ist und durch Behaarung zuweilen dicker erscheint. — Oder die Fühler sind linear, aus ungleich langen Gliedern ohne Complexe zusammengesetzt.

41. (48.) Schildchen gedornt.

42. Rückenschild vor der Flügelwurzel jederseits mit einem starken Seitendorn. (Europa) (22.) *Ephippium* Ltr.

a) Hieher gehört (23.) *Eugonia* Schin. *Nigritomyia* Bigot. — Bei *Ephippium* ist die Discoidalzelle nach hinten gegen die fünfte Hinterrandzelle schmal ausgezogen und mit dieser nur eine kurze Strecke in Berührung, während bei *Eugonia* beide Zellen breit aneinander stossen, so dass die zweite und dritte Discoidalader ebenso weit von einander entspringen, als die dritte und vierte. Der Hinterleib ist bei *Eugonia* länglich oval (bei *Ephippium* breit rund), alle Discoidaladern erreichen den Hinterrand. (Type: *maculipennis* Meq.) Ost-Indien, Manilla. –

b) Ob die Gattung (24.) *Ampsalis* Walker (Linn. Soc. Journ. Vol. IV., p. 98. 1859 60.) Makessar Diptera) hieher u. z. zu *Eugonia* Sch. oder zu *Campeprosopa* Meq. gehört, bleibt zweifelhaft. Das Schildchen ist 2dornig, der kürzere Hinterleib würde für Ersteres, die langen linearen Fühler für Letzteres stimmen. —

Ebenso möchte ich (ad 23) die Gattung *Tracana* Wlk. (l. c. p. 99) zu *Eugonia* Schin. stellen. (Makessar.)

Bei *Ampsalis* und *Tracuna* ist jedoch nicht angegeben, ob der Rückenschild einen Seitendorn besitzt. — Vergl. die nächste Gruppe.

43. (42.) Rücken ohne Seitendorn vor der Flügelwurzel. --

44. Fühler dick, fast gleichmässig gegliedert, die zwei letzten Glieder und das erste Glied länger, im ganzen 8gliederig, der Complex (drittes Glied) 6gliedrig. (Mexico.) (26.) *Euparyphus* Gerst.

a) *Clitellaria aberrans* Schin. bildet eine neue zwischen *Euparyphus* und *Clitellaria* stehende Gattung (25.) *Octacthria* Brau. (Schin. Nov. Reise Diptera.). Fühler auf der Mitte des Profiles, im Ganzen 10gliedrig, der Complex allein (drittes Glied) 8ringlig. - Schildchen 2dornig. (Neuseeland.) (Conf. *Ampsalis* Wlk.)

b) Die Gattung (27.) *Eurgneura* Schin. unterscheidet sich von *Euparyphus* Gerst. durch das dritte Fühlerglied (Complex), das bei *Euparyphus* 6ringlig, bei *Eurgneura* 5ringlig ist. - Von *Clitellaria* trennt sich *Eurgneura* durch das fast rudimentäre Endgriffelchen der Fühler und durch den flachen Hinterleib, ferner durch die mit der Discoidalzelle breit zusammenstossende Posticalzelle (5. Hinterrandzelle). Bei *Eurgneura* sind die Fühler unter der Mitte des Profiles nahe dem Mundrande sitzend. Schildchen mit zwei Dornen. — (Mexico.) *S. A.*,

45. (44.) Fühler mit mehr abgesetztem Endgriffel und auch die auf das zweite Glied folgenden vier Glieder einen länglichen Complex bildend.

46. Fühlergriffel mehr weniger dick, Hinterleib oval. (Europa, Amerika, Afrika, Asien.) —

(28.) *Clitellaria* Mg.

Cl. chalybea ist auszuschliessen, siehe *Nemotelus* (61.); ebenso *Cl. aberrans* siehe oben. (44.) — Die Gattung *Artemita* Wlk. siehe bei *Pachygastrinen* bei Nr. 10.

47. Fühlergriffel borsten- oder haarförmig fein, Hinterleib stark gewölbt und fast kugelig, kurz, Europa, Nord-America, Celebes, Süd-America. — (34.) *Oxycera* Meig.
Die Gattung (29.) *Musama* Wlk. Linn. S. Journ. VII. 1864. 205 scheint hieher zu gehören. — (Mysol.)

48. (44.) Schildchen ungedornt.

Zweifelhaft für diese Abtheilung sind:
(31.) *Gobertina* Bigot. 1879. (Afrika) und *Saruga* Wlk. (ad 30.) (Linn. Soc. Journ. IV. 101 1860.) (Celebes.) Diese müssten hier oder bei den Pachygastrinen untergebracht werden. Wenn es richtig ist, dass, wie Walker sagt, das Flügelgeäder wie bei *Oxycera* gebildet ist, so wären hier ihre nächsten Verwandten. Das dritte Fühlerglied soll rund, die Fühler überhaupt sehr kurz, die Borste schlank sein. Scheitel buckelig, Augen nackt, Schildchen aufrecht kegelig. —

49. Gesicht mehr weniger kegelig vorgezogen, nasenartig, Europa, Asien, Afrika, Amerika.
(30.) *Nemotelus* Gffr.
50. Gesicht nicht nasenartig vorgezogen, Griffel 2gliedrig, vorher der 4ringlige Complex und zwei Basalglieder. Europa, America, Afrika, Asien. (32.) *Lasiopa* Brullé.

a) Hieher gehört wohl die Gattung (33.) *Brachycara* Thomson (Eugen-Reise) von den Rossi-Inseln. Auf das zweite Fühlerglied folgen vier Glieder und ein 1gliedriger Griffel mit zwei Borsten am Ende. Augen nackt, Schildchen ungedornt. Schienen ohne Sporne.

b) Die Gattung (ad 32.) *Aulana* Wlk. (Linn. Soc. Journ. VII. 204 1864. Mysol. —) soll in die Nähe von *Clitellaria* und *Lasiopa* gehören. -- Schildchen ungedornt, gross, aufrecht dreieckig. Fühler spitz, borstenförmig, kaum kürzer als der Thorax, undeutlich gegliedert. Hinterleib kurz breit. Beine unbewehrt. Die Gattung scheint verwandt mit Nr. 77, *Toxocera* Meq. (siehe oben bei 35) hat aber einen kurzen breiten Hinterleib.

c) Von *Lasiopa* hat Schiner in der kaiserlichen Sammlung die Gattung (ad 32) *Thylacosoma* s. abgetrennt. Gesicht nicht nasenartig vorgezogen, nur nach unten der Mundrand hinabgezogen. Fühler-

2 *

griffel 3gliedrig, dick, behaart. Vorher ein 6gliedriger spindelförmiger Complex und zwei kurze gleich-
lange Basalglieder. Hinterleib viel breiter als der Thorax, kugelig. Augen behaart, beim ♂ zusammen
stossend. (*Ambucius.*) Ich zweifle nicht, dass diese Gattung mit *Rahn* Wlk. (Linn. S. Journ. IV. 100)
identisch ist. Nur durch die Species-Beschreibung war es möglich die Walker'sche Gattung zu deuten.
— (Celebes.)

51. (24.) Fünfte Hinterrandzelle durch eine kurze Querader von der Discoidalzelle getrennt, die vordere Zinke
der Posticalader daher keinen Theil des Hinterrandes dieser Zelle bildend und als letzte Discoidalader
(4) aus der hinteren Basalzelle entspringend.

52. (72.) Fühler mit dünnem borstenartigen oder dickem Endgriffel, oder ohne Griffel, aus mehreren ungleichen
Gliedern zusammengesetzt, linienförmig oder keulenförmig, das Endglied zuweilen einer dicht
behaarten Borste gleichend; aber niemals zeigen die Fühler eine sehr feine und lange End- oder Seitenborste.

(Man vergleiche Nr. 54 der Tabelle mit Nr. 72. oder Hermetiiden und Sargiden.)

53. (70.) (71.) Zweite Längsader deutlich von der dritten geschieden, dritte am Ende stets gegabelt.

54. (58.) Endglied der linienförmigen Fühler lang, fadenförmig, meist auswärts gekrümmt und oft behaart,
zuweilen mit kurzer Endborste. Hinterleib schmal, nicht breiter, oder sogar schmäler als die Brust.

Die hier folgenden Gattungen gehören zu den Sarginen ad Nr. 72 bis zu Punkt 58. Gattung 53,
54, 55. —

55. Schildchen bewehrt, Fühler 8ringlig. (Brasilien.) (53.) *Analcocerus* Löw.

Die bereits früher erwähnte Gattung (Nr. 56 und 71 in der Tabelle und Punkt 32.) *Compeprosopa*
Meq., Suppl. IV. T. 5. f. 4 (Sumatra, Java), welche auch zwei Dornen am Schildchen besitzt, könnte
durch das variable Geäder in dieser Gruppe gesucht werden. Bei *Compeprosopa* sind die Fühler
linear, vom dritten Gliede an sehr undeutlich gegliedert — ich zähle im Ganzen zehn Glieder — und
sitzen an einem kleinen kegeligen Stirnfortsatze. Die Discoidalzelle stösst meist an die Posticalzelle und
ist an der Stelle schmal und gebräunt, oder die trennende Querader verbreitert. (Siehe 30, 32 und 41
der Tabelle.)

56. Schildchen unbewehrt.

57. Fühler 4gliedrig. (Central- und Süd-Amerika.) Man vergleiche auch Nr. 72. (54.) *Acrochaeta* Wd.
Fühler 8gliedrig. (Sumatra, Java.) Man vergleiche auch Nr. 72. (55.) *Eudmeta* Wd.

58. (54.) Endglied der Fühler einen borstenartigen, oder dickeren Griffel darstellend, kurz, oder mit den
vorhergehenden drei bis sieben Gliedern des Complexes scheinbar Ein dickes Endglied oder eine Keule
oder spitze Pfrieme bildend, auch zuweilen dick und knopfartig. Leib meist kurz und breit, oft platt.

NB. Die Gattung *Esochostoma* Meq. unterscheidet sich von den verwandten dieser Gruppe, durch die einfach bleibende dritte Längsader. Vergl. Nr 71 f. 6 in der Tabelle. — (S.-Europa, N.-Amerika.)

59. Schildchen unbewehrt, auf das zweite Fühlerglied folgen acht Glieder (d. h. drittes Fühlerglied geringelt
und mit Einschluss des Griffels 8ringlig), das letzte (Griffelglied) etwas verlängert. (Central- und Süd-
Amerika.) (35.) *Chordonota* Gerst.

60. Schildchen mit Dornen bewehrt.

61. (62.) Auf das zweite Fühlerglied folgt eine Sringlige in der Mitte breitere, gegen das Ende verdünnte,
oder gleichdicke lange Geissel oder Keule. Erstes Fühlerglied höchstens 2—3mal so lang, als das
zweite. (Central- und Süd-Amerika.) (36.) *Ophongia* Wd.

Auf das zweite Fühlerglied, welches nur etwas kürzer, als das erste ist, folgen sieben, einen
schlanken spindelförmigen Complex bildende, Glieder mit apicalem, feinen, borstenförmigen
Endgriffel (das achte Fühlerglied).

Von *Chordonota* durch den feinen Endgriffel (achtes Fühlerglied) und zwei Dornen am Schildchen
verschieden. Der Griffel ist viel kürzer als der Complex der sieben vorhergehenden Glieder. (St. Thomas.)

(37.) *Neurondania* O. S. — *Rondania* Jaen. (Typ. *Clitellaria chalybea* Wd.)

62. (61.) Auf das zweite Fühlerglied folgen weniger Glieder. Endkeule mit oder ohne Griffel. 3—5ringlig.

63. Endkeule am Ende mit herzförmigem breiten Knopf. 4ringlig. Erstes Fühlerglied lang, 4mal so lang als das zweite. (Süd-Europa.)   (38.) *Allocera* Saund.

64. Endkeule spindelförmig, am Ende spitz, 3- 5ringlig.

65. Erstes Fühlerglied 3 - 4mal so lang als das zweite, Keule 5ringlig. (Europa, Asien, Amerika, Afrika.)   (39.) *Stratiomys* Geoffr.

Rondani unterscheidet noch die Arten:
    mit nackten Augen   *Stratiomys* s. s. Type (*chamaeleon*)
    mit behaarten Augen   *Thyreodonta* Rd. Typen: *strigata, riparia, furcata.*

66. (65.) Erstes Fühlerglied kurz, weniger als 3mal, meist nur 2mal so lang als das zweite oder kürzer.

67. Fühler auf einem Stirnfortsatze eingefügt. (Brasilien.) (Zweifelhaft.)   (40.) *Metabasis* Wlk. Fühler der Stirne selbst aufsitzend.

68. Kopf vorne kegelig vorgezogen. (Amazonenstrom.) (Zweifelhaft hieher gehörend.)   (41.) *Promeranisa* Wlk.

69. Kopf nicht vorgezogen vorne. Dritte Discoidalader oft rudimentär. -- (Kosmopolit.)   (42.) *Odontomyia* Meig.

Rondani unterscheidet die Arten:
    mit behaarten Augen   *Psellidotus* Rond. (Typen: *elgans, nigrita, tigrina*)
    mit nackten Augen   *Odontomyia* s. str. *ornata* Meig.
Bigot errichtete für *Odontomyia ueuera (Mysol)* Wlk. (V. Ann. Soc. Ent. franç. 1877 Bull. 74) die Gattung *Eueromys* (43.) mit behaarten Augen, gedorntem Schildchen und stumpfkegeligem Gesichte. Griffel kurz, dick, zäpfchenartig. —

70. (53.) Zweite Längsader rudimentär, mit der dritten verwachsen und diese ohne Endgabel sich an den Rand anlegend. Keine Submarginalquerader. (Europa.)   (44.) *Ophodonta* Rond. (Type: *O. viridula.*)

71. (53.) Zweite Längsader vorhanden, die einzige, d. h. innere Submarginalquerader bildend, dritte Längsader am Ende einfach, daher die zweite, äussere Submarginalquerader fehlend.

I. Erstes Fühlerglied 4mal so lang als das zweite. Geissel 5ringlig, spindelförmig. (Nord-Amerika, Süd-Europa.)   (45.) *Euochostoma* Meq.

II. Erstes Fühlerglied kürzer, wenig länger als das zweite oder so lang als dieses.

    a) Fühler linear, unter der Mitte des Profiles sitzend, die 5ringlige Geissel kurz behaart, in ein feines spitzes Endglied auslaufend. Augen des ♂ zusammenstossend. (Brasilien.)   (46.) *Melanochoma* Schin.

    b) Fühler linear, die 5ringlige (undeutlich) Geissel kurz behaart, mit dickem, griffelartigem Endgliede, das dieselbe mehr gleichdick, fadig erscheinen lässt, oder in der Mitte (die vier ersten Glieder) verdickt. (n. G. Mexico.)   (47.) *Mycosargus* Brau.

    c) Fühler wie bei *Oxycera*, das letzte Glied klein oval. -- Dort ist eben der Complex (drittes Glied) klein, oval, mit einer Endborste. — (Nord-Amerika.)   (48.) *Nothomyia* Löw. (Cent. VIII. 4. 1869.)

Die Gattung ist von Löw sehr kurz beschrieben. Wenn man von dem Bau der Fühler absieht, so stimmt *Melanochoma dubia* Schin. mit *Nothomyia scutellata* überein.

Die neue Gattung *Mycosargus* m. aus Mexico (vide Nr. 47) hat ein auffallend schildartig nach unten gewölbtes Gesicht und sieht (35.) *Chordonota* in den Fühlern ähnlich, hat aber ein *Scutellum bispinosum.*

72. (52.) Fühler mit langer feiner End- oder Seitenborste an dem Complexe. — Auf das zweite Fühlerglied folgen aber mehrere einen Complex bildende Glieder, der, seiner oft undeutlichen Gliederung wegen, als ein einfaches, oft breites drittes Fühlerglied erscheint, das eine End- oder Rückenborste trägt. Man vergleiche Nr. 57.

73. (81.) Schildchen mit einem langen Fortsatze, oder mit zwei Enddornen, oder wenigstens mit zwei Knötchen am Hinterrande. (Letztere sind allerdings oft sehr schwach ausgedrückt.) Fühlerborste endständig oder

kaum vor der Spitze an der Oberseite des Complexes sitzend. Kopf kaum breiter als der lange Thorax vorne, klein wie bei *Scatophaga*, Schläfen sehr breit.

74. (79.) (80.) Schildchen mit zwei Enddornen.

75. Fühlerborste seitenständig. (Brasilien.)   (57.) *Basentidema* Meq.

76. Fühlerborste endständig.

77. Vorletzte Vorderrandzelle (zwischen zweiter und dritter Längsader und dem Vorderrande) sehr lang. (Brasilien.)   (58.) *Hoplistes* Meq.

78. Vorletzte Vorderrandzelle kurz, beiläufig so lang als die letzte Randzelle. Fühlerborste 2gliedrig. (Brasilien.)   (59.) *Rhaphiocera* Meq.

79. (74.) Schildchen mit einem langen nach hinten und oben gerichteten Fortsatze. Fühlerborste kaum apikal. (Brasilien)   (60.) *Dicranophora* Meq.

80. Schildchen am Ende mit zwei kleinen Knötchen. Fühlerborste endständig. (Brasilien.)   (61.) *Histiodroma* Schin.

81. (73.) Fühlerborste an der Oberseite des Complexes seitenständig oder endständig. Schildchen stets unbewehrt, ohne Fortsatz, ohne Dornen und ohne Knötchen, der Hinterrand ganz. Kopf in der Regel breiter als der Rückenschild, der nach vorne kaum verengt ist; Augen gross, Schläfen nicht oder kaum erweitert. —

82. (89.) Augen bei beiden Geschlechtern getrennt; die aus der Discoidalzelle ausgehenden Adern deutlich, dunkel.

83. Zweites Fühlerglied an der Innenseite über das dritte (den Complex) nagel- oder fingerartig hinübergreifend, d. h. dasselbe dort mit einer Lamelle theilweise deckend. Nicht metallische Arten. (Nord-Amerika, Ost-Indien, China.)   (62.) *Ptecticus* Löw.

84. Zweites Fühlerglied nicht auf den Complex hinübergreifend. —

85. (88.) Punktaugen in gleicher Entfernung von einander.

Die Gattung (64.) *Cumpsosoma* Schiner unterscheidet sich von den folgenden Sarginen durch den langen, pfriemenförmigen, 4gliedrigen dritten Fühlerabschnitt mit langer, feiner, auswärtsgebogenen, am Grunde verdickten, 2gliedrigen Endborste. Von *Ptecticus* trennt sie die einfache Form des zweiten Fühlergliedes. Von der Gruppe *Chromatopoda* S. ist sie durch die Queradern zwischen Discoidal- und Posticalzelle verschieden. (Zwei Arten aus *Venezuela*.) —

Ich vermag nicht zu entscheiden, ob die Gattung (65.) *Saldaba* Wlk. (Linn. S. Journ. Bd. 3, p. 79. 1859. Aru-Inseln) hieher gehört oder zu Nr. 25 der Tabelle in die Gruppe *Chromatopoda*. — Osten-Sacken führt die Walker'schen Arten auf, ohne Rücksicht auf die Mängel der Gattungscharakteristik und stellt sie zwischen *Acanthina* und *Ptilocera* also zu den Pachygastrinen. Die Worte Walker's „flagellum longum lanceolatum" würden auch an eine *Hermetiae* denken lassen, um so mehr als Macquart die Gattung *Diphysa*, wozu irrthümlich *Beris spinigera Exaireta*, gehört, auf derselben Tafel (21. Dipt. exot. I.) nicht abbildet, wodurch Walker den unpassenden Namen *Sald. diphysoides* hergenommen haben mag. — *Saldaba* soll einen schmalen, fast linearen, flachen Hinterleib haben, während die von Macquart als *Diphysa* abgebildeten Formen (Suppl. IV) unserer Tabelle einen kurzen dicken Hinterleib zeigen. Alles das passt mehr auf *Beris spinigera* Wd. und auf *Hermetia*, als auf die wahre *Diphysa*. Ich habe nämlich nicht die Ansicht über *Beris spinigera* und *Diphysa* (Meg. I. 21), welche Löw (in Nowicki conf. p. 72, Nr. 101 dieser Abh.) ausgesprochen hat und halte mit Schiner daran fest, dass Macquart eine echte *Diphysa* als *Xylophagus spiniger* Wd. falsch bestimmt, dagegen den *Xylophagus spiniger* Wd. als *Beris spinigera* neu beschrieben hat, da er ihn aus der Wiedemann'schen Beschreibung nicht erkannte. — Die Zahl der Fühlerglieder passt auch mehr auf *Hermetia*; denn Walker sagt: Antennae capite transverso valde longiores; articuli primo ad septimum breves, flagellum longum, lanceolatum, subarcuatum. —

86. Hinterschenkel und Basis der Fühlerborste verdickt; Hinterleibseinschnitte heller, über den Fühlern ein perlweisses Querbändchen. (Bogota, Brasilien.) (65.) *Merosargus* Löw.

87. Hinterschenkel nicht verdickt, Basis der Fühlerborste kaum verdickt, erstes Fühlerglied sehr kurz. (Europa, Nord- und Süd-Amerika.) (66.) *Chrysonotus* Löw.

88. (85.) Punktaugen in ungleicher Entfernung voneinander, das vordere weit vorgerückt, von den anderen entfernt. (Europa, Nord- und Süd-Amerika, Asien.) (67.) *Sargus* F.

Bigot hat die Arten mit gestieltem Hinterleibe als Gattung (70.) *Pedicella* S. (Süd-Amerika.) abgetrennt (Ann. Soc. Ent. fr. 1856 85. Essai.). Diese Gattung erhielt in derselben Zeitschrift (1879, p. 187 und 225) den neuen Namen (70.) *Marcosargus* Big. Die Type ist *Sargus tenuiventris* Bigot, vielleicht die Gruppe von *Sarg. concetatus* Meq. und *S. stamineus* Wied. d. i. *Merosargus* Löw.

89. (82.) Augen der Männchen vorne zusammenstossend; die aus der Discoidalzelle ausgehenden Längsadern sehr fein und hell, undeutlich. —

90. Augen stark behaart. (Europa, Afrika, Amerika, Asien.) — (68.) *Chrysomyia* Meq.

91. Augen fast nackt. (Afrika, Europa, Amerika, Süd-Asien.) (69.) *Microchrysa* Löw.

92. (1.) Hinterleib mit 5 (♂) — 6 (♀) Ringen; Mittelschienen allein mit einem deutlichen Endsporne. Schildchen mit 10—12 gegen die Mitte zu grösseren Dornen am Hinterrande. Augen behaart, beim Männchen in einer Naht zusammenstossend, beim ♀ breit getrennt. Fühler auf der Mitte des Profiles, kurz; erstes und zweites Glied etwas länger als breit, kurz, hierauf ein neungliedriger (incl. Griffel), am Grunde dicker, am Ende feinspitziger, spindelförmiger oder pfriemenförmiger Complex. — Vier Discoidaladern, die dritte verkürzt. Posticalzelle der Discoidalzelle anliegend, keine Querader inzwischen. Dritte Längsader am Ende gegabelt. (Chili, Neuholland.) (78.) *Cyonangus* Phil.

Die Gattung *Antissa* Wlk. halte ich für identisch mit *Cyonangus* Phil. Das kaiserliche Museum ~~Cuben backen~~ ~~nichtlee~~ ~~this~~ besitzt ein Originalexemplar von *Antissa cuprea* Wlk. vom Cape York, welches ganz auf die Gattungsbeschreibung von *Cyonangus* passt; nur sind die Fühler stumpfer, der Complex am Grunde nicht verdickt, sondern mehr gleichdick. Die Farbe des Thieres ist indess schön metallisch blaugrün. Schiner stellte die Fliege, wohl durch ein Versehen, in die Gattung *Acanthina*, als *A. azurea* Gerst., mit der sie nichts gemein hat. Der Zettel an der Nadel trägt den Namen *Antissa cuprea*. —

93. (1.) Hinterleib mit sieben oder mehr sichtbaren Ringen. Die letzten Ringe beim Männchen oft sehr kurz und eingezogen (*Acanthomyia*), beim Weibchen dagegen verlängert und oft eine Legeröhre bildend.

94. (95.) Dritte Längsader am Ende einfach, nicht gegabelt. Flügel lang, meist trübe, ohne deutlichem Randmale. Schildchen ungedornt, Leib schlank. Thorax compress, buckelig; Hinterleib schmal, beim Weibchen spitz; Beine schlank und lang, Schienen ohne Endsporne. Nur drei Discoidaladern, Posticalzelle der Discoidalzelle anliegend, keine Querader inzwischen. Fühler kürzer als die Kopfbreite 7gliedrig, das zweite Glied am grössten, die letzten vier sehr klein, einen griffelartigen Endcomplex bildend. Augen des Männchens zusammenstossend, die des Weibchens breit getrennt, der Kopf des letzteren schmäler als der Thorax vor dem Schildchen. (Süd-Amerika.) (90.) *Chiromyza* Meq.

Hieher gehören die von Walker mangelhaft oder fehlerhaft beschriebenen Gattungen *Inopus* (patria?) und *Nonneris*. (Süd Amerika.) Für erstere hat bereits Schiner (Novara Dipteren) sich in dieser Richtung ausgesprochen. Die kleinen Glieder am Ende der Fühler sind von Walker wohl nicht berücksichtigt worden und darum diese nicht mit den Fühlern der Stratiomyiden und Tabaniden übereinstimmend.

95. (94.) Dritte Längsader am Ende gegabelt. Flügel mässig lang oder kurz, gefärbt oder hyalin, meist mit deutlichem Randmale, Schildchen gedornt oder unbewehrt, Thorax wenig gewölbt.

96. (100.) Der gemeinsame Stamm der zweiten und dritten Längsader entspringt aus der ersten Längsader unmittelbar über (das ist vor der Discoidalzelle, wenn man eine Querlinie über den Flügel zieht) dem inneren Ende der Discoidalzelle oder kaum etwas mehr gegen die Basis des Flügels. Hinterleib nach hinten breit, platt, die letzten Ringe klein.

97. (100.) Aus der Discoidalzelle oder aus ihr und der hinteren Basalzelle entspringen nur drei Discoidaladern, die erste, zweite und vierte; die dritte fehlt oder ist rudimentär. Schienen ohne Sporne. Posticalzelle der Discoidalzelle anliegend.

98. Schildchen mit Dornen bewehrt, und zwar:

    a) mit sechs Dornen, Augen nackt. (Mexico.)   (79.) *Oplacantha* Rd.

    b) mit sechs Dornen, Augen behaart. (Europa, Nord- und Süd-Amerika.)   (80.) *Beris* Ltr.

    c) mit acht Dornen, Augen behaart. (Patagonien.)   (81.) *Hadrestia* Thoms.

    d) mit zehn Dornen u. z. zwei grossen behaarten Mitteldornen und vier kleineren dicken Seitendornen. (Columbien)   (82.) *Heteracanthia* Mcq.

99. Schildchen ohne Dornen, glattrandig. (Europa, Amerika, Neuholland.)   (83.) *Metoponia* Mcq.

Die Gattung (84.) *Hylorus* Philip. (Verh. d. k. k. zool. bot. Ges. Wien, XV., Taf. XXVI., p. 33, Chile) halte ich für nahe verwandt oder für identisch mit *Metoponia*. — Vergleiche hier auch noch *Nemotelus singularis* Mcq. — p. 64 in dieser Abh.

Die von Walker beschriebenen Genera *Tinda, Nerua, Eraza* und *Culcua* mit vier Dornen am Schildchen, siehe bei den Pachygastrinen.

100. (97.) Aus der Discoidalzelle oder aus ihr und der hinteren Basalzelle entspringen vier Discoidaladern. — Fünf Hinterrandzellen, die dritte Discoidalader oft verkürzt, den Rand nicht erreichend.

101. Discoidalzelle an die fünfte Hinterrandzelle (Posticalzelle) stossend, nicht von ihr durch eine Querader getrennt.

    Den Gegensatz bilden nur *Exaireta Strazwitzkii* und *analis* Nowicki von den Aucklands-Inseln, nicht Neuseeland; wenn die Angabe (p. 14, Separate deutsche Uebersetzung, Krakau 1875; Mem. Krak. Acad. Bd. 2) richtig ist, dass nämlich bei diesen Arten die vierte Discoidalader aus der hinteren Basalzelle kommt, wodurch die Discoidalzelle durch eine Querader von der fünften Hinterrandzelle getrennt sein müsste.

102. Schildchen ungedornt. (? *Pachygastrina*) (Neuholland.)   (85.) *Anacanthella* Mcq.

103. Schildchen gedornt, mit vier Spitzen.

104. Mittelschienen mit zwei ungleichen Spornen. Leib breit, kurz. Augen behaart. (Europa.)   (86.) *Acanthomyia* Sch.

    (*Cyanauges* Phil. (siehe oben) unterscheidet sich durch 10—12 Dornen am Schildchen und durch den 5—6ringligen Hinterleib.)

    Die von *Clitellaria* als Untergattung *Artemita* Wlk. abgeschiedene Gruppe (*Clit. Holala* und *Americules* Suppl. I. p. 61 Cat. dipt. gehören nach einer Type Schiner's zu den Pachygastrinen.

105. Mittelschienen ungespornt.

106. Augen behaart — (Europa,? Neuseeland.)   (87.) *Actina* Meig.

107. Augen nackt.

108. Dritte aus der Discoidalzelle kommende Ader nur am Basaldrittel deutlich, dann eine Falte, rudimentär. Körper gleichbreit, Beine ziemlich dick. (Europa, Süd-Amerika, Neuseeland.)   (88.) *Chlorisops* Rond. Dritte Discoidalader fast bis zum Rande deutlich, aber denselben nicht erreichend. Körper lang, schlank. Xyloten-ähnlich, Beine schlank, die Hinterbeine sehr lang mit verdickten Schenkeln. (Mexico, Neuholland.)   (89.) *Exaireta* Schin.

Osten-Sacken ändert den Namen *Exaireta* S. in *Neoexaireta* S. und stellt mit Löw (in Nowicki l. c.) hiezu als Synonym die Gattung *Diphysa* Mcq. Tom. I. Mir scheint diese Annahme ganz willkürlich, weil die Beschreibung von *Diphysa* niemals auf *Exaireta* angepasst werden kann. Macquart sagt ausdrücklich (p. 172), dass *Diphysa* nur vier Hinterrandzellen hat (ebenso in der Tabelle p. 171). Wenn M. als Type den *Xylophagus spiniger* Wd. anführt, so muss hier ein Bestimmungsfehler Macquart's vorliegen, da er gleich darauf (dieselbe Seite) die Wiedemann'sche Art neu als *Beris Servillei* beschreibt. — Die in den Nachträgen beschriebenen Diphysa-Arten

(Suppl. IV.) stimmen auch wirklich mit der Gattungsbeschreibung und sind Pachygastrinen. Siehe Schiner (Novara-Reise.)

109. (96.) Der gemeinsame Stamm der zweiten und dritten Längsader entspringt über der Mitte oder über dem äusseren Drittel der hinteren Basalzelle aus der ersten Längsader und ist somit mehr gegen die Flügelwurzel gerückt. Schienen mit Spornen u. z. an allen Beinpaaren oder nur am zweiten und dritten Paare. (2, 2, 2 oder 0, 2, 2.)

110. (111.) Discoidalzelle der Posticalzelle anliegend u. z. eine längere Strecke mit ihr verbunden. Schildchen mit zwei kleinen Dornen. (Europa, Nord-Amerika.)   (93.) *Coenomyia* Ltr.

  Discoidalzelle nur eine ganz kurze Strecke der Posticalzelle anliegend. Schildchen unbewehrt. (Chile.)   (94.) *Heterostomus* Big.

  Die Gattung (95.) *Lagarus* Phil. (Verh. z. b. G. Wien XV.) soll eine offene Discoidalzelle haben. (Chile.)

111. (110.) Discoidalzelle von der Posticalzelle durch eine kurze Querader getrennt.

112. (114.) Vierte Hinterrandzelle und die Analzelle offen. —

113. Fühler linear, gegen das Ende wenig verdünnt. — Basalglieder länger als breit —, mit der Geissel 10gliedrig. (Nord-Amerika.)   (97.) *Glutops* Burgess.

  Fühler pfriemenförmig, an der Spitze dünn, die Basalglieder kurz, zylindrisch, das dritte kugelig. Geissel 7gliedrig, also ebenso die Fühler 10gliedrig. (Nord-Asien, Nord-Amerika.)   (96.) *Arthropeas* Löw.

114. (116, 112.) Analzelle am Rande sehr verengt und geschlossen oder gestielt; vierte Hinterrandzelle offen.

115. Drittes Fühlerglied 8ringlig. (Europa, Amerika.)   (98.) *Xylophagus.*

  (Drittes Fühlerglied 3ringlig. (Europa.)   (99.) *Pachystomus* Ltr.

  Pachystomus ist nach der Type in der Coll. Winth. ein Weibchen von *Xylophagus cinctus* mit deformirten Fühlern. — Das Exemplar scheint das Original zu Panzers Abbildung zu sein.

116. (114. 112.) Vierte Hinterrandzelle und die Analzelle geschlossen und meist gestielt.

117. (119.) Fühlerglieder halbmondförmig, deutlich von einander abgesetzt, zahlreich, eine lange schnurförmige Geissel bildend; oder undeutlich abgesetzt, lang und stets eine schnur- oder fadenförmige Geissel von der Länge des Thorax bildend.

118. Fühlergeissel unten durch Fortsätze der einzelnen Glieder gekämmt. (Java) (100.) *Antidosion* Snellen. Fühlergeissel perlschnurförmig oder gesägt, ohne lange Fortsätze. (Nord-Amerika.)   (101.) *Rhachicerus* Halid.

  Die Gattung (102.) *Macroccemys* Bigot (Ann. S. Ent. Fr. 1877. Bull. LXXIII) (Mexico) scheint mit *Rhachicerus* zunächst verwandt zu sein. — Ausser den zwei kurzen cylindrischen Basalgliedern sollen 10—11 undeutlich geschiedene längere Geisselglieder vorhanden sein. Augen nackt. Taster aufgerichtet, erweitert. Drei Adern aus der Discoidal-, eine aus der hinteren Basalzelle. Wenn Bigot aber von fünf hinteren Längsadern spricht, so kann als erste doppelt gabelige nur die dritte Längsader verstanden sein und wenn er von einer Verbindung der vierten und fünften Ader spricht, so ist das in unserem Sinne eine Verbindung der dritten und vierten Discoidalader oder mit anderen Worten eine geschlossene vierte Hinterrandzelle, — da ausserdem noch die Analzelle als geschlossen angegeben wird. Nur durch diese Deutung wird die Beschreibung verständlich. — Der Unterschied von *Rhachicerus* bestünde demnach hauptsächlich in den längeren, undeutlich von einander abgegrenzten Geisselgliedern. — Siehe die nächste Gruppe. —

119. (117.) Fühlergeisselglieder nicht deutlich von einander durch Einschnitte abgegrenzt, kurz, eine dicke pfriemenförmige 8ringlige kurze Geissel bildend, die beiden Grundglieder kurz. (Europa, Süd- und Nord-Amerika, Ostindien.)   (103.) *Subula* Meig.

  Die Gattung (ad 103) *Solva* Wlk. (Celebes) halte ich nach dem Geäder (vierte Hinterrand- und Analzelle geschlossen) und wegen der verdickten Hinterschenkel, gebogenen Schienen und der undeutlich geringelten Fühler für *Subula* Mg. oder eine nahestehende Gattung. —

Wohin die Gattung (104.) *Bolbomyia* Löw (Nord-Amerika) (Bernstein-Fauna, Programm d. Real-Schule zu Meseritz 1850) zu stellen sei, vermag ich nicht zu entscheiden. Osten-Sacken stellt sie zu *Subula*. Löw vergleicht sie mit der mir nur aus Wiedemann's kurzer Beschreibung bekannten Gattung *Ruppelia*. Bei beiden ist die Zahl der Haftlappen an den Tarsen nicht erwähnt. — *Bolbomyia* soll nach dem zweiten Fühlergliede eine 4—5ringlinge Geissel besitzen, von deren Gliedern das erste angeschwollen ist. Wenn das Geäder ähnlich wie bei *Ruppelia* ist, so würde es durch die geschlossene vierte Hinterrandzelle und Analzelle auch mit *Subula* ähnlich sein. Doch soll *Ruppelia* nur einen 4gliedrigen Hinterleib haben. Die Schienen haben zwei Sporne an allen Beinen nach dem Bilde. Wiedemann stellt die Gattung *Ruppelia* zu den Xylotomen, wohin er *Thereva* bringt. Löw bleibt, trotz der Untersuchung lebender nordamerikanischen Formen, über die systematische Stellung in Zweifel. Siehe *Xylophagidae*. Dipt. N.-Am. I., p. 17. — Die Angabe in der Species-Beschreibung: „cellula submarginalis secunda perlonga, apicem versus dilatata; cellula discoidalis subtrigona, oblique truncata, cellula posterior secunda breviter pedunculata, cellula analis clausa" stimmt auch mit *Xestomyza Kollari*, spricht also für Thereviden. Es scheint der Zweifel über die systematische Stellung in der Unkenntniss über die Fühler der Thereviden zu liegen. — (Siehe Mik. Verh. zool. bot. Ges. 1881, p. 329.)

Beschreibung neuer oder bisher mangelhaft charakterisirter Gattungen und Arten nach J. Schiner's Catalog.

(10.) *Artemita pulchripennis* Schin.

(*Acanthina pulchrip.* S. olim.) verwandt mit *Clit. Halalu* Wlk. Cat. Dipt. III. 525.

♀ Lebhaft ockergelb, der Rückenschild vorne etwas verschmälert, mit sehr kurzen dichten goldgelben Haaren besetzt, die in gewisser Richtung sich zu einer vorne verbundenen Haarstrieme reihen. Eine gerade dunkelbraune Strieme längs der Mittellinie des Rückens und längs den Seiten von der Flügelwurzel nach vorne. Brustseiten gegen unten und hinten zu schwarzbraun, mit äusserst kurzen weissen Haaren dicht besetzt. Hinterleib hoch gewölbt, kurz, fein punktirt; der zweite Ring auf der Mitte schwärzlich, der dritte und vierte ganz schwärzlich, ebenso der Bauch in der Mitte. Die Grenze dieser Farben nirgends scharf, sondern allmälig ineinander übergehend. Der ganze Rücken aber mit äusserst kurzen weisslichen Härchen dicht besetzt. — Schildchen etwas erhoben, mit einer Randleiste, von welcher vier Dornen entspringen, von denen die mittleren die längsten sind.

Kopf ockergelb, das Stirndreieck zurückgehend, am Rande weisse Leisten, da wo es endet ein auffallendes Höckerchen. Die übrige Stirne bis zum Scheitel ziemlich breit, in der Mitte der Länge nach eingedrückt. Der Ocellenhöcker warzenartig erhoben, glänzend schwarz. Der Schläfenrand wulstartig entwickelt, doch einen schmalen hinteren Augensaum bildend. Augen behaart, ziemlich grob facettirt. Rüssel etwas vorstehend, behaart.

Die Fühler tiefliegend im Profile, nahe am Mundrande eingefügt, lebhaft ockergelb; die beiden ersten Glieder kurz, fast gleichlang, das dritte Glied (Complex) etwas länger als das erste und zweite, 4ringlig, der erste Ring desselben am breitesten. Der kurze Griffel schwärzlich und in eine feine kurze Borste endigend, etwas haarig.

Beine ganz einfarbig ockergelb. —

Flügel lang und schmal, glashell, am Randmal ein intensiv brauner Fleck, der sich nach hinten gabelig fortsetzt, so dass die Basis der ersten Hinterrandzelle und auch die Spitze und Basis der Discoidalzelle braun gefärbt sind. An der Spitze eine ebenso gefärbte braune Binde, die verwaschen fast bis zum Hinterrande reicht, die Spitze etwas getrübt. Cubitalader deutlich und weit vor der Spitze gegabelt. Die Discoidalzelle sechsseitig und mit der dritten Längsader tangirend, die kleine Querader daher fehlend. Die erste Discoidalader etwas bogig geschwungen. Alle Adern kräftig, theilweise braun, theilweise gelbbraun. Schwinger licht ockergelb.

Körperlänge 8ᵐᵐ. Flügellänge 7ᵐᵐ, über den Leib 5ᵐᵐ hinausreichend.

Brasilien; (Coll. Winthem, fälschlich als *Acanthina hieroglyphica* bezeichnet).

Von *Spyrádopa* unterscheidet sich die Gattung durch die vier Dornen am Schildchen.

(11*a*.) **Cynipimorpha** n. G.

Hinterleib öringelig, kurz, kugelig, alle Schienen unbewehrt. Nur drei Adern aus der Discoidalzelle, die erste, zweite und vierte, die dritte fehlt. Fühler im Profile auf der Mitte angeheftet. Stirne des Weibchens breit, höckerig, Augen des Männchens zusammenstossend, Ocellen auf einem Höcker. Thorax mit tiefen Nähten und hohen Buckeln am Rückenschilde. Schildchen aufrecht, spitz, dreieckig, am Ende ein dicker aufrechter Dorn. Fühler complicirt. — Erstes Glied etwas länger als das zweite, becherförmig; zweites halb so lang, napfförmig, am Rande mit Borsten, an der Innenseite und Unterseite der Rand in einen zungenförmigen Fortsatz verlängert, der der Innenseite des Complexes (dritten Gliedes) eingedrückt anliegt, (wenn die hellere Stelle nicht dem Complex allein angehört?). Complex länger als die zwei ersten Glieder, rauh, durch kurze Haare aussen, spindelförmig, sehr undeutlich aus 4—5 Gliedern bestehend, am Ende verdünnt und vor demselben an der Aussenseite eine zweigliedrige nach aussen gewendete feine Borste mit langem, etwas dickeren Grundgliede tragend. Der Complex selbst setzt sich gerade in einen dicken, etwas platten, gleichdick bleibenden oder gegen das Ende dickeren Griffel fort, der die halbe Länge des Complexes erreicht. Die ganze Körperform ist cynipidenartig. — Flügeladern deutlich, Discoidalzelle rhomboidal, da die erste und zweite aus ihr entspringende Ader dicht nebeneinander an der äusseren Vorderecke entspringen. Die kleine Querader fehlt und stosst die Zelle an der inneren Vorderecke mit dem Stamme der zweiten und dritten Längsader zusammen. Gabel der dritten Längsader deutlich, weit vor der Spitze. Analzelle geschlossen und lang gestielt. Ursprung der vierten Längsader nach innen von der Discoidalzelle rudimentär, fehlend. — Die Gattung ist zunächst mit *Platyna* Wd. verwandt.

C. **Bilimecki** n. sp.

Schwarz, punktirt und rauh mit kurzen borstigen Haaren. Stirne am Augenrande weissschimmernd, sonst glänzend schwarz, wie das Untergesicht, Kopf beim   mit dem Ocellenhöcker, sonst flach, beim Weibchen unter diesem je ein grösserer Stirnbuckel und die Wangen wulstig. Fühler am Grunde und an der Unterseite des Complexes bleich gelb, oben vom zweiten Gliede an ganz schwarz und rauh. Borste und Griffel schwarz. Thorax sehr buckelig, schwarz, besonders oben mit feinen, aber sehr kurzen, nicht dicht stehenden silberglänzenden Haaren, die undeutliche Längsstriemen bilden, eben solche Haare am Schildchen, der einfache Enddorn aber schwarz und so behaart. Hinterleib schwarz mit wenigen unter den schwarzen hervorstechenden Silberhaaren. Halteren gelb mit weissen Köpfchen. Beine bleichgelb, die Schenkel mit verwaschenem bräunlichen Ringe in der Mitte. Flügel glashell, die Adern bleich gelbbraun, nur die Randader am Grunde, ebenso die erste Längsader bis zum Flügelmale und die fünfte bis zur Discoidalzelle schwarzbraun. Hinterrücken schwarz. Metatarsen der Hinterbeine etwas kürzer als die Schienen.

Körperlänge 4ᵐᵐ. Flügellänge 4ᵐᵐ.

Mexico: Cuernavaca, Orizaba, gesammelt von Prof. Bilimek, im kais. Museum. Vier Exemplare.

(14.) **Acraspidea** n. G.

Körper länglich, kurz- und zartbeinig. Fühler länger als der Kopf, fadenförmig, behaart, auf der Mitte des Profiles sitzend. Schildchen unbewehrt, parabolisch, schief aufgerichtet. Hinterleib öringlig, rund; alle Schienen ohne Sporne. Aus der Discoidalzelle oder aus dieser und der hinteren Basalzelle nur drei Adern zum Hinterrande gehend, die erste, zweite, und vierte, die dritte fehlt. Vier Hinterrandzellen. — Erstes Fühlerglied länger als das kurze zweite. Drittes Fühlerglied lang, schmal, undeutlich 4ringlig, darauf eine kurzgefiederte lange fadenartige Borste. Durch das unbewehrte Schildchen von *Rosapha*, durch die Lage der Fühler von *Tinda* verschieden.

A. *Felderi* n. sp.: schwarz und ebenso kurz behaart. Stirne unter dem Fühlern breit und lang, glänzend; Oben die Augen zusammenstossend, Ocellen auf einen Höcker. Fühler am Grunde (1. u. 2. Glied) gelb, die Basis des dritten und die Geissel braun oder ganz schwarz, ebenso kurz behaart. –

Thorax robust, wulstig, oben rauh und punktirt, von der Quernaht an in der Mitte bis zur ganzen Breite des Hinterrandes ein dreieckiger Fleck aus bleichgelben kurzen Haaren gebildet. Hinterleib schwarz, breiter als der Thorax, Genitalien klein, hinten vorstehend, braun. – Halteren hellgelb. Beine gelb, die Schenkel mit braunem Ringe. Metatarsen sehr verlängert, die der Mittelbeine sehr dünn, aber kürzer als die Schienen. Flügel glashell, am Flügelmal gebräunt und von der zweiten Unterrandzelle (Submarginalzelle) bis vor die helle Spitze vorne stark rauchgrau, so dass die erste Unterrandzelle einen weissen Fleck am Vorderrande zwischen zwei dunklen Wischen bildet. Analzelle vor dem Rande ziemlich lang gestielt, weit. Adern braun. Hüften, Spitzen der Tarsen und Hafflappen schwärzlich. – 5–6^m. Ceylon Ramboldc. (Nitner) ♂.

(23.) *Engonia* Schin.

(Nur nach der angeführten Type als Gattung *Nigritomyia* Big. A. S. Ent. fr. 1877, p. LXXIV zu erkennen nicht nach der Beschreibung.)

Von *Ephippium* wegen der verschiedenen Fühler- und Flügelbildung abgetrennt. Ziemlich grosse Arten mit verlängertem Thorax.

Kopf halbrund, Augen des Männchens ganz oder fast zusammenstossend, die des Weibchens durch die breite Stirne getrennt. Augen behaart. Rüssel fussartig vorstehend. Fühler gerade abstehend, unter der Kopfmitte (Profil) angefügt; lang, 3gliedrig, mit 2gliedrigem Endgriffel, die beiden ersten Glieder kurz, das dritte 3gliedrig, kahl, der Griffel auswärts gedreht, borstenartig, am Grunde aber ganz dicht kurz behaart. Drei Ocellen. Rückenschild robust, hinter der Quernaht jederseits mit einem Dorne. Schildchen halbrund, 2dornig. Hinterleib nur so breit als der Rückenschild und etwas länger als derselbe, 5ringlig, gewölbt. Beine ziemlich lang, das vorderste Paar am kürzesten. Metatarsen verlängert. Flügel länger als der Hinterleib, die Gabelung der Cubitalader deutlich. Alle vier Zweige der Discoidalader aus der Discoidalzelle selbst entspringend, kaum geschwungen. Analzelle breit, vorne gestielt.

Stimmt in den Hauptmerkmalen mit *Ephippium* überein, aber der Hinterleib ist länger als der Thorax und nicht breiter als dieser; das dritte Fühlerglied ist bei *Ephippium* vier, hier 3ringlig, der Griffel ist bei *Ephippium* dick, gerade abstehend und nicht behaart. Die Dornen des Rückenschildes sind bei *Engonia* mässig gross und nie so stark und dick als bei *Ephippium*. Bei *Ephippium* ist die Discoidalzelle nach hinten gegen die Posticalzelle stark verengt und die letzte Discoidalader entspringt nahe der hinteren Basalzelle, während bei *Engonia* die Discoidalzelle nach hinten nicht ausgezogen und verengt ist und die letzte Ader aus der Discoidalzelle weiter entfernt von der hinteren Basalzelle liegt, näher der vorherigen Ader. –

Type ist *Engonia bivittata* Wied. aus Java. (*Clitellaria s.*) = *Stratiomys bilineata* Fr. Syst. Antl. 79, 5. Hicher gehören ferner:

Engonia (*Ephippium*) *spinigera* Dolesch. Nat. Tidsch. v. Ned. Ind. X. 407, Java, Amboina –. ? = *Ephippium maculipenne* Meq. Dipt. exot. suppl. 4. 54. 3. – Manilla; vier Exemplare im kais. Museum von Cap York, Australien, ein Stück aus Manilla und die Type von Doleschall aus Amboina.

Ephippium maculipenne Löw. Dipt. Fauna Südafrika's I 76, (L) Guinea, ist eine *Engonia* und wird von Schiner, weil der Name vergeben, *Engonia Löwei* s. genannt.

E. aurata Schin.

Schwarz. Rückenschild mit zwei, aus kurzen goldglänzenden Haaren gebildeten, Längsstriemen, die ihre concave Seite nach aussen wenden. An den schwarzbraunen Seiten vorne und von der Quernaht herab bis zu den Mittelhüften eine ebensolche goldhaarige Binde. Schildchen, mit Ausnahme der Basis, goldgelb haarig, Dornen in der Basalhälfte schwarz, am Ende gelb. Seitendorn der Brust schwarz. Erstere ziemlich lang horizontal nach hinten abstehend. Hinterleib schwarz mit goldglänzenden haarigen Seiten- und Mittelflecken. Die Seiten flecke liegen ziemlich knapp am Rande und sind schief gegen die Mitte gerichtet. Der erste ist dem zweiten und dritten Ringe gemeinsam. Am ersten und fünften Ringe fehlen diese Flecke. Die Mittelflecke liegen hintereinander am dritten, vierten und fünften Ringe, sind dreieckig, die Spitze nach vorne gerichtet; der am dritten Ringe ist gegen den Seitenrand zu erweitert und seine Spitze reicht nur bis zur Mitte des Ringes; die am vierten und fünften Ringe reichen vom Vorder- bis zum Hinterrande, der am fünften Ringe ist schmäler und stellt sich nur als breite Rückenbinde dar. Bauch einfärbig schwarz; an der Hinterleibsbasis eine ziemlich dichte feine helle Behaarung.

Kopf halbrund, Augen (♂) auf der Stirne verbunden, dicht behaart, Ocellen nicht stark erhoben, das Stirndreieck und Untergesicht kurz, aber dicht messinggelb oder goldgelb behaart. Fühler rostroth, der Griffel schwärzlich. Beine gelb, die Hüften, Tarsen und Endglieder gebräunt. Flügel rostgelblich tingirt mit hellbraunen Adern. Vor dem Pterostigma ein braunes Fleckchen; die Flügelspitze nimmt, mit Ausnahme des äussersten blassen Randes, ein brauner Fleck ein, vom Vorderrande bis in die vierte Hinterrandzelle reichend, dessen innere Grenze etwas gezackt und schon vor der Discoidalzelle schief abgeschnitten. Hintere Gabel der Posticalader und Analader braun gesäumt. 11^{mm}. *Amboina*. Doleseh. Im kais. Museum. —

(32.) *Thylacosoma* Schin.

(*Ruba* Walker Linn. Soc. Journ. IV. 100, 1860; mangelhaft beschrieben.)

Kopf halbrund, die Augen des Männchens auf der Stirne zusammenstossend. Fühler auf der Mitte des Profiles eingesetzt, vorgestreckt, verlängert, 3gliedrig, erstes und zweites Glied kurz, gleichlang, das dritte Glied so lang als das erste und zweite zusammen, 5ringlig, mit einem 2gliedrigen gebogenen und dicht kurz behaarten Endgriffel, der fast so lang als das dritte Glied selbst ist. Rüssel fussförmig vorstehend. Rückenschild vorne schmal, hinten kaum breiter als der Kopf, kurz, fast kreisrund, gewölbt; Schildchen halbrund, blasig aufgetrieben, unbewehrt. — Hinterleib etwas länger als der Rückenschild, aber viel breiter als derselbe, im Umrisse kreisrund, hochgewölbt, wie aufgeblasen. Genitalien vorstehend. Beine verhältnissmässig zart und lang, die vorderen kürzer, Metatarsen der Vorderbeine etwas, die der Hinterbeine stark verlängert. Klauen, Haftlappen und Empodium deutlich. Flügel länger als der Hinterleib, das Geäder wie bei *Losiopa*.

Durch den kleinen Thorax und sehr breiten Hinterleib sehr auffallend.

Type: *T. amboinense* Schin.

Rostgelb. Rückenschild und Hinterleib fein und dicht behaart, letzterer durchsichtig, die Abschnitte undeutlich, ballonartig gewölbt. Untergesicht an der Seite schmal weisslich gesäumt. Am Mundrande unten jederseits eine kuglige schwarze rauhe Warze hervorragend (ich halte diese zwei schwarzen Kugeln für die Endglieder der kurzen Taster an der Seite des eingezogenen Rüssels). Fühler rostgelb, der Griffel schwarz. An den Beinen das Endglied etwas verdunkelt, die Klauen schwarz. Flügel gelblich tingirt, an der Spitze fleckenartig gebräunt. Diese braune Färbung beginnt am Vorderrande in der Nähe des Flügelmales, die innere Grenze geht steil nach rückwärts und lasst die innerste Basis der ersten Hinterrand- und Discoidalzelle frei, sie ist am Vorderrande am intensivsten und dann gegen die Spitze und den Hinterrand zu allmälig verwaschen. Körperlänge 7^{mm}.

Ein Männchen aus Amboina von Doleschal im kaiserl. Museum. —

(47.) *Myxosargus* n. G.

Aus der Discoidalzelle, oder aus dieser und der hinteren Basalzelle entspringen vier Adern. Postical- und Discoidalzelle durch eine Querader getrennt. Fühler fast einfach, der Complex des 3. Gliedes sehr undeutlich begrenzt und in vier undeutliche Glieder aufgelöst: erstes und zweites Glied länger als breit, cylindrisch, am Ende kentig und zusammen fast so lang, als der Complex, unter sich fast gleich lang. Griffel endständig, fast ebenso dick, etwas länger als der Complex, kurz behaart, fadenförmig. Kopf eigenthümlich gebildet; Augen des ♂ vereinigt, Stirne nach unten vorgezogen und das Untergesicht weit herabgezogen, gewölbt und etwas (im

Profile) hakig nach hinten gebogen, den Mund und Rüssel dadurch von vorne ganz deckend und tiefer herab reichend. Fühler dadurch auf der Mitte der Stirne stehend, sonst eigentlich dem unteren Augenrande entsprechend. — Ocellen auf einem Höcker. Schläfenrand etwas wulstig entwickelt. Körper schmal, Hinterleib länger und schmäler, als der Thorax. — Beine ziemlich kräftig, die Schienen am Grunde dünn. Dritte Längsader nicht gabelig am Ende, zweite Längsader deutlich, aber kurz, fast einer schiefen Querader gleichend, die 1. und einzige Submarginalzelle innen abgrenzend, 2. Submarginalzelle fehlend. Keine aus der Discoidalzelle kommende Discoidalader bis zur Analader erreicht den Flügelrand. — Schildchen mit zwei zarten, kurzen Dornen. — Die Gattung gehört in die Gruppe von *Exochostoma* Meq.

M. fasciatus n. sp.

Metallisch schwarzgrün, glänzend, kurz behaart, am Seitenrande des Hinterleibes längere weissliche Flaumhaare. An der etwas eingedrückten Spitze des Stirndreieckes zwei kleine perlweisse Punkte. Untergesicht fein behaart. Fühler schwarzbraun, 1. und 2. Glied gelbbraun. Vorderbeine schwarzbraun, die Schenkel metallisch, deren Spitze gelbbraun. Mittelbeine mit ganz schwarz metallischen Schenkeln, die Schienen und Tarsen bleich gelb, erstere mit einem schwärzlichen Ringe am Grunde, letztere mit schwarzen Endgliedern. Hinterbeine ebenso gefärbt, doch an den Schienen der braune Ring sehr erweitert und nur die Enden heller lassend. Metatarsen von halber Tarsenlänge. Thorax metallisch schwarzgrün, nur die zwei Dornen des Schildchens hell gelbbraun. Schwinger hell weissgelb. Flügel glashell mit zwei braunen rauchigen Querbinden, die erste vom Randmale über die Basis aller Hinterrandzellen ziehend, die Discoidalzelle innen frei liegen lassend, die zweite breit, knapp vor der Spitze, beide nicht scharf begrenzt und die Flügelhaut zwischen und neben denselben milchig getrübt. Hinterleib schwarz, die Genitalien als cylindrischer Fortsatz am Ende hervorragend.

Bei dem Weibchen zeigt die Stirne einen mittleren und 2 seitliche Höcker, nebst dem Ocellenhöcker und ist nach unten breiter als oben. — Am Hinterleibe eine Legeröhre gerade hervorgestreckt.

Körperl. 6 Mm. Flügel 5 Mm..

Mexico (Bilimek) Orizaba. 1 ♀ u. 5 ♂ im kaiserl. Museum.

(49.) *Chromatopoda* Schin.

Verwandt mit *Cacosis* und *Chrysochlora* durch den Habitus, von beiden durch die dicht behaarten Augen und von *Cacosis* durch die metallische Färbung unterschieden.

Kopf halbrund, verhältnissmässig gross. Augen beim Männchen und Weibchen getrennt, dicht behaart. Die Stirne fast gleich breit in beiden Geschlechtern. Punktaugen im Dreieck gestellt. Fühler ziemlich lang, vorgestreckt, in der Bildung wie bei *Cacosis*, doch entfernter vom Mundrande als bei dieser Gattung. Das 2. Glied innen über den Complex vorgezogen, wie bei *Precticus*. Taster wie bei *Cacosis*. Rückenschild kurz und dick. Schildchen unbewehrt. — Hinterleib fast gleich breit, 5ringlig. Genitalien vorstehend, bei dem ♀ mit zwei seitlichen Endlamellen, beim ♂ complicirt. Beine ziemlich schlank, die hintersten die längsten. Flügel und Schwinger wie bei *Cacosis*. Type: *Ch. bicolor* Meq. (*Chrysochlora*, *Neuhalland* und *frontalis* Thoms.) Taiti.

(52.) *Drasteria* Schin.

Habitus von *Chrysochlora* und entfernt *Hermetia*.

Kopf breit und breiter als der Rückenschild, halbrund, hinten scharf abgeschnitten und eingesenkt. — Augen bei Mann und Weib getrennt, Stirne in der Mitte eingedrückt. Punktaugen im gleichseitigen Dreieck. Fühler näher dem Mundrande; der Complex lang, kaum verdickt. 6ringlig mit langer haariger Borste, nach Schiner: 4gliedrig, das Verhältniss der Glieder und der Form derselben ganz wie bei *Acrochaeta* (im Profile stehen die Fühler in der Mitte desselben, weil der Mundrand weit hinaufreicht). — Taster vorstehend, am Untergesicht aufliegend, kegelförmig. —

Rückenschild robust, doch vorne schmäler als der Kopf der Quere nach. — Hinterleib breit, fast überall gleich breit gerandet. 5ringlig. Genitalien des Männchens etwas vorstehend, complicirt (4 Lappen).

Beine verhältnissmässig schwach. Metatarsen der Hinterbeine so lang als die Schiene. Flügel länger und so breit als der Hinterleib. Gabelung der dritten Längsader deutlich. Aus der Discoidalzelle alle vier Adern entspringend.

Die Bildung der Fühler scheidet *Drasteria* von *Carosis* und *Hermetia*, der Leib von *Acrochaeta*. Ob *Toxocera* damit vereinigt werden kann, vermag Schiner nicht zu entscheiden.

(Die Fühler von *Acrochaeta* zeigen das 3. Glied einfach, ich sehe bei dem vorliegenden Stücke keine Ringelung, zum Mindesten ist diese ganz undeutlich, dagegen bei *Drasteria* deutlich. Das Flügelgeäder ist verschieden, indem bei *Acrochaeta* zwischen Discoidal- und Posticalzelle eine Querader liegt. —

D. robusta Schin.

Dunkel lehmgelb, der Hinterleib dunkler, fast kahl, an demselben ein äusserst kurzes Toment. Stirne des Männchens fast gleich breit, der Eindruck auf der Mitte hufeisenförmig. Fühler vorgestreckt, rostbraun, an der Basis heller, fast gelb, das dritte Glied (Complex) am dunkelsten. Beine einfärbig, lehmgelb.

Flügel ziemlich intensiv lehmgelblich tingirt, die Adern stark, besonders die Posticalader und an der vorderen Basalzelle eine auffallende Längsfalte. Körperl. 15 Mm., Flügel 15 Mm., Länge mit gelegten Flügeln 20 Mm.

Bahia. 1 Exempl. ♂ (Coll. Winth.)

(64.) *Compsosoma* Schin.

Durch das verlängerte dritte Fühlerglied von den echten Sarginen und von *Ptecticus* und *Merosargus* verschieden. Von *Chrysochlora* und *Carosis* durch den schlanken Leib und das Flügelgeäder getrennt (Discoidal- und Posticalzelle sind durch eine Querader geschieden). Schlanke Arten vom Habitus der *Ptecticus*-Arten, meist bunt. Kopf breiter als der Rückenschild, deutlich abgeschnürt, Augen beim ♂ und ♀ getrennt, Ocellen im Dreiecke. Rüssel fussartig vorstehend. Fühler lang, auswärts gerichtet, die beiden ersten Glieder von gewöhnlicher Bildung, das dritte Glied (Complex) stark verlängert, pfriemenförmig 4—5 ringlig, in eine Borste ausgehend. Ober den Fühlern ein aufgetriebenes Stirnbändchen.

Rückenschild vorne verschmälert, verhältnissmässig lang; Schildchen unbewehrt; Hinterrücken stark entwickelt. Hinterleib länger als der Thorax, an der Basis schmal, allmälig erweitert mit sechs flachen Abschnitten. — Beine schlank und lang, die Metatarsen verlängert. Flügel gross. Der vorderste Zweig der Discoidalader stark geschwungen, der unterste (dritte) aus der hinteren Basalzelle hervorgehend. Cubitalader deutlich gegabelt. Analzelle am Rande gestielt.

C. chalconota Schin.

Rostgelb, der Rückenschild obenauf metallisch schwarzblau oder schwarzgrün, so dass nur der Prothorax, die Schulterbeulen und die Leiste von diesem bis zur Flügelwurzel gelb bleiben. Schildchen und Hinterrücken von derselben Farbe, ersteres jedoch mit rostgelbem Saume. Brustseiten ausserhalb der genannten Leiste dunkler. Hinterleib an der Basis verdunkelt, der erste Ring metallisch, doch weniger intensiv als der Rückenschild. Zweiter Ring an der Seite dunkel. —

Stirne metallisch schwarzgrün, ein Fleck ober den Fühlern gelb, hinten durch zwei sich berührende weisse Schwielenflecke von der übrigen Stirne scharf getrennt. Ocellen auf einem Höcker. Untergesicht unten schwärzlich, oben gelb.

Rüssel und Fühler gelb, die an der Basis deutlich behaarte und dort verdickte Borste schwärzlich. Beine rostgelb (die Vorderen und die Tarsen aller fehlen). Flügel blassbräunlich, gelb tingirt. Discoidalader an der Basis undeutlich.

Ein Stück aus Venezuela. 12ᵐᵐ. Moriz. Mus. Caes.

C. picta Schin.

Rostgelb, Rückenschild mit ziemlich breiter, hinter der Quernaht dann bis zum Rande verbreiteten, bläulich schwarzen (fleckenartig) glänzenden Mittelstrieme, die sich auch auf das Schildchen fortsetzt und nur den Hinterrand desselben frei lässt. Hinterrücken schwärzlich. Brustseiten ungefleckt.

Hinterleib am ersten und zweiten Ringe mit ganz durchgehender schwarzen Querbinde. Dritter und vierter Ring an jeder Seite mit einer runden schwarzen Mackel. Fünfter Ring, mit Ausnahme des Vorderrandes schwarz. Bauch ungefleckt. Bei dem Weibchen ist die schwarze Farbe ausgebreiteter. Kopf schwarz, die Stirne beim ♂ und ♀ fast gleichbreit, stark glänzend, Rüssel hellgelb, dem Untergesichte aufliegend.

Fühler gelbbraun, Borste an der Basis behaart.— (Die Flecke an der Stirne fliessen zusammen und es entstehen schwarze Binden.) — Beine safrangelb, die Schienen der Hinterbeine und die Tarsen aller Beine braunschwarz. Halteren gelb mit braunem Knopf. Flügel etwas bräunlichgelb tingirt, das schmale Randmal lichtbraun.

Ein ♂ und zwei ♀. Venezuela. (Thorey. M. C.) 8^{mm}. —

(72.) Amphilecta Schin.

Körper schlank, im Habitus den Compsosomen ähnlich, bunt gefärbt.

Kopf verhältnissmässig gross, deutlich abgesetzt. Stirne schmal. Ocellen im Dreieck gestellt, auf einem Höcker, Fühler stark verlängert, nahe am Mundrande, 10ringlig, da das dritte Glied in acht, deutlich abgesetzte Ringe aufgelöst ist. Das Endbörstchen der Geissel kurz. Rüssel vorstehend. — Thorax ziemlich schmal, länger als breit. Schildchen unbewehrt. Hinterrücken stark entwickelt.

Hinterleib schmächtig und länger und schmäler als der Thorax. 6ringlig, gegen hinten zu (nur wenig) verbreitert. Die Ringe deutlich abgeschnürt. Beine schlank und besonders das hinterste Paar stark verlängert. Metatarsus aller Beine lang, an den Hinterbeinen wenig kürzer als die Schienen. —

Flügel länger als der Hinterleib, die Cubitalader stark nach abwärts und vorwärts gebogen, so dass die Radial- und Cubitalzelle sehr breit erscheinen. Die Endzweige der Discoidalader entspringen alle aus der Zelle selbst. Analzelle (kurz) gestielt.

Die neue Gattung unterscheidet sich durch das Flügelgeäder von allen verwandten schlank gebauten Sarginen und nähert sich durch die breite Cubitalzelle der Gattung Eurygnea Schin. Die langen, bogenförmig nach auswärts gerichteten Fühler und die deutliche Abschnürung der Ringe des Complexes bringen sie in Verwandtschaft mit Acrochaeta, Eudmeta und Analcocerus. Von diesen ist sie durch das Geäder, von Drasteria durch den schlanken Leib und die Zahl der Fühlergeisselglieder verschieden.

A. superba Schin.

Blass rostgelb, Rückenschild mit vier schwarzen, runden Seitenflecken. Das vordere Paar, meist ober der Schulter, steht ganz isolirt, das hintere, unmittelbar hinter der Quernaht, reicht aussen bis an die Seitenleiste. Schildchen schwarz. Hinterseiten ungefleckt.

Hinterleib mit breitem, schwarzen, dreieckigen Flecke, welcher die Grundfarbe fast ganz verdrängt, so dass man auch sagen könnte, Hinterleib obenauf glänzend schwarz mit rostgelben dreieckigen Seitenflecken, welche gegen hinten zu an Grösse abnehmen und an den Rändern der ersten Abschnitte liegen. Der fünfte und sechste Ring fast ganz schwarz. Bauch hellgelb.— Stirne schwärzlich, ober den Fühlern ein etwas erhabenes Fleckchen intensiv schwarz und hinter denselben ein lichtes Querbändchen. —

Untergesicht bräunlich gelb, Rüssel hellgelb, Fühler braun, von der Basis her und an der Unterseite etwas heller.

Beine blassgelb, die Mittelschenkel an der Spitze, die Hinterschenkel an der Basis und an der Spitze schmal braunschwarz, die Hinterschienen mit Ausnahme des letzten Viertels ebenso gefärbt, die Tarsen sehr hell, fast weisslich. — Flügel gefleckt; an der Basis und eine Binde, welche vom Vorderrande bis nach hinten reicht, glashell; von der Spitze gleichfalls eine fast glashelle Querbinde, so dass die Spitze, eine Binde vom

Flügelmal herab, und ein blassbräunlicher Fleck in der hinteren Basalzelle und Posticalzelle übrig bleiben. — Schwinger gelb mit braunem Köpfchen. (3'") 6·5ᵐᵐ. Ein Stück mit der Bezeichnung *Congorh?* (Museum Halle).

(74.) *Lagenosoma* Schin.

(? *Massicyta* Walker, schlecht charakterisirt.) *O.S. sayo = Lage.....*

Eine Gattungsgruppe, die bisher ausschliesslich nur aus Australien bekannt ist, durch die Fühlerbildung und das Flügelgeäder mit den Hermetiinen verwandt — doch verschieden durch die beim Männchen zusammenstossenden Augen und einen relativ kürzeren, bei den bekannten Arten an der Basis verschmälerten, keulenförmigen Hinterleib.

Fühler lang, dreigliedrig, das erste Glied cylindrisch, das zweite napfförmig, beide am Rande beborstet; drittes länger als das erste und zweite zusammen, aus sieben nicht sehr deutlichen Ringen bestehend, am Ende mit einem spindelförmigen langen stumpfen Anhange, der bei näherer Untersuchung eine dicht zweizeilig behaarte Borste, von der Länge der vorhergehenden Fühlerglieder ist und lamellenartig aussieht. — Schiner nennt ihn einen nackten keulenförmigen Griffel. —

Rüssel fussartig vorstehend, Taster eingezogen. Stirne nicht eingesattelt, die des ♂ so schmal, dass sich die Augen ober den Fühlern eine kurze Strecke berühren; beim ♀ gleichbreit; der Ocellenhöcker erhaben, drei Ocellen in gleichen Abständen von einander. — Rückenschild etwas schmäler als der Kopf, mit deutlicher Quernaht, Schildchen unbewehrt. Hinterleib keulenförmig mit fünf sichtbaren Ringen. Genitalien des Männchens an der Unterseite des letzten Ringes nach vorne gerichtet, einen cylindrischen Ring mit zwei behaarten, keulenförmigen, kurzen Lamellen darstellend. Beim ♀ dieselben meist eingezogen, an der Unterseite des fünften Ringes zwei Griffel hervortretend.

Beine ziemlich kräftig, Metatarsen besonders an den Hinterbeinen stark verlängert. Hinterschienen in der Mitte verdickt, an der Spitze einwärts gebogen. Klauen und Haftlappen klein, an den letzteren der Mittellappen am grössten. Halteren am Ende knopfförmig. Flügel ziemlich gross, das Geäder der Hauptsache nach wie bei *Hermetia*. Die Analzelle kurz gestielt und bauchig. Axillarader deutlich.

L. picta Schin.

Braunschwarz, der Rückenschild oben mit gelben Zeichnungen, die aus einem mondförmigen Fleck an der Schulter, aus einer dreieckigen Mackel jederseits vor der Quernaht und einer Leiste am Seitenrande, die diese mit dem Schulterfleck verbinden, bestehen. Schwielen neben dem Schildchen und dieses gelb. Hinterrücken schwarzbraun. Vor der Quernaht des Rückenschildes zwei undeutliche bleich-graue Längsstriemen. An den Brustseiten verbreitert sich die gelbe Seitenleiste oft herab und ebenso über den Mittelhüften ein gelber Fleck. Hinterleib im Umrisse flaschenförmig, an der Basis weisslich, sonst gelb, mit breiten braunen Querbinden, welche am ersten und zweiten Ringe nur angedeutet sind, an den folgenden Ringen aber breit am Grunde erscheinen und den schwieligen Hinterrand freilassen. Der dritte bis fünfte Ring bilden zusammen einen kugeligen Complex. Die Zeichnung unten wie oben, doch die Grundfarbe ausgebreiteter. — Kopf gelb, glänzend. Untergesicht fein weisslich behaart. Auf der Stirne zwei schwärzliche von der Seite her verschmälerte bleich-graue Längsstriemen nebeneinander, die sich hinten mit dem ebenso gefärbten Ocellenhöcker verbinden. Letzterer oben und hinten, sowie der breite Schläfenrand, gelb. Hinterkopf in der Mitte schwarz. Verbindung mit dem Prothorax gelb. Rüssel schwarzbraun. Fühler fast so lang als der Rückenschild, rothgelb; die Endlamelle und die vorhergehenden Glieder des Complexes schwarzbräunlich. Beine, mit Ausnahme der dunklen Hüften, rothgelb, Tarsen durch Pubescenz hell erscheinend.

Halteren weissgelb. Köpfchen graulich, Basis schwärzlich. —

Flügel blass gelblich tingirt, längs des Vorderrandes ein scharfbegrenzter brauner Wisch, der an der Spitze bis zur Discoidalzelle (exclus.), am Grunde bis in die hintere Basalzelle und an die Analzelle (exclus.) nach einwärts reicht. —

Körperlänge 11ᵐᵐ (5 Linien). ♀ Cap. York. Thorey. —

.Brauer.)   4

L. *dispar* Schin.

Schwarzbraun. ♂. Von der dunklen Schulterschwiele bis zur Flügelwurzel an den Brustseiten eine gelbe Leiste, ebenso der Hinterleib mit schmalem gelben Seitenrande ganz eingesäumt, vierter und fünfter Ring oben mit schmalem, schwieligen, gelblichen Hinterrande. Schildchen schwarzbraun. Beine ebenso, nur die Basalhälfte der Schenkel und Schienen, die Enden der Schenkel und die Basalhälfte des ersten Tarsengliedes der Hinterbeine bleichgelb, ebenso die Halteren. – Kopf schwarz, Untergesicht mit weissem Flaum. Erstes, zweites und die drei folgenden Fühlerglieder rothgelb, das Übrige schwarzbraun. Flügel hellrauchgrau tingirt, die Adern gelblichbraun, blass, nur die Wurzel glashell.

Bei dem Weibchen zeigt die Stirne oben gegen den Scheitel jederseits eine gelbe Längsschwiele und einen gelben schwieligen Schläfenrand. Am Hinterleibe ist die gelbe Farbe ausgedehnter, säumt die Hinterränder aller Ringe und der letzte Ring ist fast ganz gelb. — Ebenso ist an den Beinen die dunkle Farbe bleicher und von den Tarsen sind auch die mittleren am Grunde gelb. Alles sonst wie beim Manne.

Körperlänge 7ᵐᵐ. (3 Linien). Cap. York. Thorey. — Ein ♂, drei ♀ im kais. Museum.

L. *propinqua* Schin.

Gleicht der vorigen Art, von der sie sich aber durch Folgendes unterscheidet. Das Schildchen ist gelb und der Hinterleib ist nicht nur am Rande, und zwar breiter, sondern auch am ersten und zweiten Segmente und am letzten ganz gelb. Die schwarzbraune Farbe bildet nur einen ovalen Fleck am Rücken des dritten und vierten Ringes. Am Bauch der dritte und vierte Ring eine glänzend schwarze Farbe zeigend, die Basis, der Rand und die Spitze gelb. — Untergesicht ganz gelb, an der Seite schwach weisslich behaart, erst nach oben etwas gebräunt, neben dem vorne schwarzen Ocellenhöcker; dieser hinten, sowie der breite Schläfenrand und, mit Ausnahme der Mitte, der Hinterkopf gelb. — Beine schwarz, nur die Knie der Mittel- und Hinterbeine bleich gelb, die äusserste Basis der Schenkel der Mittelbeine braun und das Basaldrittel der Hinterschenkel sowie der Metatarsus derselben und Mittelbeine in der Basalhälfte bleichgelb. Flügel fast glashell, an der Spitzenhälfte das Randfeld und die Submarginalzellen durch einen braunen Wisch getrübt. Halteren bleich gelb.

7·5ᵐᵐ (3¹ ͜ Linien) (ein ♀ Cap. York. Thorey) im kaiserlichen Museum.

Übersicht der Gattungen nach den Hauptgruppen.

I. PACHYGASTRINAE.

Hinterleib 5 - 6ringlig, alle Schienen ohne Endsporne; drei Discoidaladern.

Fünfte Hinterrandzelle an die Discoidalzelle anliegend, nicht durch eine Querader davon getrennt. (1—23 in der Tabelle.)

a Fühler nahe am Mundrande, im Profile an der Unterseite des Kopfes entspringend. (3–12).

1. *Chauna* Löw.	8. *Tinda* Wlk.
2. *Blastocera* Gerst.	?9. *Adraga* Wlk. (conf. *Clitellariae*).
3. *Panacris* Gerst.	?ad(10.) *Nerua* Wlk.
4. *Spyridopa* Gerst.	10. *Artemita* Wlk.
5. *Acanthina* Wd.	?ad(10.) *Eroza* Wlk.
6. *Diphysa* Meq. Suppl. IV, 43	?ad(10.) *Culeua* Wlk.
7. *Phyllophora* Meq. non Thoms.	

b. Fühler im Profile auf der Mitte des Kopfrandes vorne erscheinend. (12—22.)

11. *Flatyna* Wd.	13. *Wallacea* Dol. (*Gabaza* Wlk.)
11a. *Cynipimorpha* n. G.	14. *Aeraspidea* n. G. Ceylon.
12. *Ptilocera* Meq.	?15. *Rosapha* Wlk. (*Colochaetis* Big.)

16. *Pachygaster* Mg.　　　　　? 19. *Enoplomyia* Big.
17.? *Obrapa* Wlk.　　　　　　20. *Sternobrithes* Löw.
18. *Lophoteles* Löw.

II. CLITELLARINAE.

Hinterleib 5— 6ringlig, kurz, meist nur wenig länger als breit, oft gewölbt, eiförmig oder kugelig, zuweilen breiter als lang. Alle Schienen ohne Sporne. Vier Discoidaladern. Fünf Hinterrandzellen. Fünfte Hinterrandzelle der Discoidalzelle anliegend. Fühler ohne oder mit kurzer Endborste oder kurzem Griffel, fast homonom gegliedert, oder der Complex (sog. drittes Glied) deutlich oval etc., abgesetzt von dem längeren oft behaarten und mehrgliedrigen Endtheile. (37—50.)

21. *Pycnomalla* Schin. (Gerst. ?)　　30. *Nemotelus* Gffr.
22. *Ephippium* Ltr.　　　　　　　　31.? *Gobertina* Big.
23. *Engonia* Schin. (*Nigritomyia* Big.)　32. *Lasiopa* Brullé.
24. *Ampsalis* Wlk. (conf. *Tracana* und *Eugonia*.)　32a. *Thylacosoma* Schin. (conf. *Raba* Wlk.)
25. u. G. *Octarthria* für *Clitell. aberrans* Schin.　32)b. *Aulana* Wlk. (conf. *Toxocera*).
26. *Euparyphus* Gerst.　　　　　33.? *Brachycara* Thoms. (?*Beridae.*)
27. *Euryneura* Schin.　　　　　ad 30.? *Saruga* Wlk. (? *Pachyg.*)
28. *Clitellaria* Mg.　　　　　　34. *Oxycera* Meig.
29.? *Musama* Wlk. (conf. *Oxycera*).

III. STRATIOMYIDAE.

Hinterleib 5—6ringlig, alle Schienen ohne Sporne; vier Discoidaladern (fünf Hinterrandzellen).

Fünfte Hinterrandzelle durch eine kurze Querader von der Discoidalzelle getrennt, die vordere Zinke der Posticalader daher keinen Theil des Hinterrandes dieser Zelle bildend und als letzte Discoidalader (4.) aus der hinteren Basalzelle entspringend. — (Conf. *Campeprosopa*).

Fühler nie mit sehr langer feiner End- oder Seitenborste, sondern mit dünner kurzer Endborste oder dickerem Griffel oder ohne solchen, linienförmig oder keulenförmig. (51—71 c, pp.) excl. 55—57.

Stratiomyidae s. str.:

α. Zweite Längsader deutlich von der dritten geschieden, dritte stets am Ende gabelig. Zwei Submarginalzellen. (53—71.)

35.　　　　　*Chordonota* Gerst.　　　38.　　　　*Alliocera* Saund.
36. (59—61)　*Cyphomyia* Wd.　　　39.　　　　　*Stratiomys* Geoffr.
37.　　　　　*Neoroudania* O. S.　　40. (62—70) ? *Metabasis* Wlk.
　　　　　　　　　　　　　　　　　41.　　　　　? *Promeranisa* Wlk.
　　　　　　　　　　　　　　　　　42.　　　　　*Odontomyia* Mg.
　　　　　　　　　　　　　　　　　43.　　　　　*Euceromys* Big.

β. Zweite Längsader rudimentär, mit der dritten verwachsen und diese ohne Endgabel sich an den Rand anlegend. (71 a)

44. *Oplodonta* Rond.

γ. Zweite Längsader vorhanden, dritte Längsader am Ende einfach, daher die zweite Submarginalquerader fehlend. (71 b, c.)

45. *Exochostoma* Meq.　　　　　47. u. G. *Myxosargus* Mexico.
46. *Melanochroa* Schin.　　　　48. *Nothomya* Löw.

IV. SARGOMORPHA.

Hinterleib 5—6ringlig, alle Schienen ohne Sporne. Vier Discoidaladern (fünf Hinterrandzellen) oder die erste und zweite vorne sind verkümmert. Fünfte Hinterrandzelle der Discoidalzelle anliegend, nicht durch

4 *

eine Querader davon getrennt. (Siehe die Anmerkung bei *Campeprosopa*), Fühler mit haarfeiner sehr langer Endborste. Schildchen stets unbewehrt. (28—30.)

49. *Chromatopoda* Schin.	51. *Chrysochlora* Meq.
50. *Cacosis* Wlk.	52. *Drasteria* Schin.

V. SARGIDAE.

Hinterleib 5—6ringlig, alle Schienen ohne Sporne; vier Discoidaladern (fünf Hinterrandzellen.) Fünfte Hinterrandzelle durch eine kurze Querader von der Discoidalzelle getrennt, die Posticalader keinen Antheil an dieser Zelle bildend und als letzte Discoidalader aus der hinteren Basalzelle entspringend. Körper schlank. (55—57 und 72—91.)—

a) Fühler linear mit mässig langer zuweilen dicht behaarten Apicalborste, die oft fadenförmig erscheint und meist auswärts gedreht ist. (55—57). Diese Gruppe scheint zu den Hermetiinen zu gehören. (Siehe unten.)

53.		*Analcocerus* Löw.
54.	\	*Acrochaeta* Wd.
55.	)	*Eudmeta* Wd.
56. (71.)	(	(*Campeprosopa* Meq.

b) Fühler mit langer feinen apicalen oder praeapicalen Borste. Complex (drittes Fühlerglied) undeutlich geringelt und oft einfach erscheinend, kurz. (72—91)

α. Kopf kaum breiter als der lange Thorax vorne, klein mit breitem Schläfenrande hinter den kleinen Augen, ähnlich dem Kopfe der Scatophagen. — Schildchen mit Dornen oder mit zwei Knötchen am Hinterrande, welche oft sehr klein sind, oder anders bewaffnet mit einem langen Fortsatze etc. (73—80.)

Rhaphiocerinae.

57. *Basentidema* Meq.	60. *Dicranophora* Meq.
58. *Hoplistes* Meq.	61. *Histiodroma* Schin.
59. *Rhaphiocera* Meq.	

β. Kopf in der Regel breiter als der mehr gedrungene Thorax vorne, letzterer nach vorne nicht viel schmäler oder gleichbreit. Augen gross. Schläfen nicht erweitert, oder kaum einen Saum bildend. Schildchen ganzrandig, unbewehrt.— Fühler meist mit rundlichem Complex und apicaler oder praeapicaler Borste.

Sarginae s. str. (81—91).

62. *Ptecticus* Löw.	67. *Sargus* F.
63. *Merosargus* Löw.	68. *Chrysomyia* Meq.
64. *Compsosoma* Schin.	69. *Microchrysa* Löw.
?65. *Salduba* Wlk.	70. *Macrosargus* Big.
66. *Chrysonotus* Löw.	

VI. HERMETIINAE.

Hinterleib 5—6ringlig, viel länger als breit, flach gewölbt oder bandartig, oder am Grunde verengt, keulenoder flaschenförmig. Vier Discoidaladern (fünf Hinterrandzellen). Fünfte Hinterrandzelle der Discoidalzelle anliegend, nicht durch eine Querader davon getrennt. Fühler ohne oder mit kurzer Endborste oder Griffel oder mit gegliederter Endlamelle oder fast homonom gegliedert, linienförmig. Schienen ohne Sporne.— (31—37.)

Fühler linear:

71. *Campeprosopa* Meq.[1]
72. *Amphilecta* Schin.

Fühler mit Endlamelle:

73. *Thorasena* Meq.

74. *Lagenosoma* Schin.
75. *Hermetia* Latr.
76. *Massicyta* Wlk. (?= *Lagenosoma*)
77. *Toxocera* Meq.

VII. TRANSITORIAE.

Hinterleib mit fünf bis sechs Ringen, Mittelschienen mit Endsporn. Schildchen mit zehn bis zwölf Dornen. Vier Discoidaladern, fünfte Hinterrandzelle an die Discoidalzelle stossend. (92)

78. *Cyanauges* Phil.

79. *Antissa* Wlk.

VIII. BERINAE.

Hinterleib mit sieben sichtbaren Ringen (♂) und einer Legeröhre (♀); fünfte (letzte) Hinterrandzelle an die Discoidalzelle stossend. Flügel mässig lang oder kurz mit Randmal. Thorax wenig gewölbt, Hinterleib breit, plump, meist platt. Beine mässig lang oder kurz. Hinterleib des ♀ nach hinten breit, erst die letzten Ringe schmal und kurz. Dritte Längsader gabelig. — Stamm der zweiten und dritten Längsader über der Discoidalzelle entspringend. — (98—99.)

a) Nur drei Discoidaladern; Schienen ohne Sporne. —

79. ⎫ *Oplacantha* Rd.
80. ⎪ *Beris* Ltr.
81. ⎪ *Hadrestia* Thoms.
82. ⎭ *Heteracanthia*

85. *Metoponia* Meq.
84.? *Hylorus* Phil.

[*Tinda, Nerua, Eraza* und *Culcua* Wlk. siehe bei Pachygastrinen. (*Scutell. 4-spinosum.*) — *Nemotelus singularis* Meq. könnte auch mit *Metoponia* verwandt sein.]

b) Vier Discoidaladern, die dritte oft verkürzt. Schienen zuweilen gespornt. (102—108.)

85.? *Anacanthella* Meq. *Jahrb 4 eg.*
86. *Acanthomyia* Schin.
87. *Actina* Mg.

88. *Chlorisops* Rond.
89. *Exairete* Schin.

IX. CHROMYZINAE.

Hinterleib mit sieben sichtbaren Ringen und einer Legeröhre (♀). Flügel lang, trübe, ohne deutlichem Randmale, nur drei Discoidaladern, letzte Hinterrandzelle an die Discoidalzelle stossend. Dritte Längsader einfach. Leib schlank, Thorax compress buckelig. Hinterleib schmal, beim Weibchen spitz. Beine schlank und lang. Schildchen ungedornt. (94). —

90. *Chiromyza* Meq.
91.? *Inopus* Wlk.

92.? *Nonacris* Wlk.

X. XYLOPHAGINAE.

Hinterleib 7—8ringlig und mit Legeröhre. Vier Discoidaladern, dritte oft verkürzt. Dritte Längsader am Ende gegabelt. Der gemeinsame Stamm der zweiten und dritten Längsader über der Mitte oder dem äusseren Drittel der hinteren Basalzelle aus der ersten Längsader entspringend, — ist also in Bezug seines Ursprunges gegen die Flügelwurzel gerückt.

Schienen mit Spornen u. z. 2, 2, 2 oder 0, 2, 2. (109—119.)

---

[1] Die Gruppe Va (Sarginen): *Analcocerus, Acrochaeta* und *Eudmeta* haben die Discoidalzelle durch eine Querader von der Posticalzelle getrennt. Bei *Campeprosopa* ist das veränderlich. —

a, Discoidalzelle an die fünfte Hinterrandzelle stossend. (109—110.)

93. *Cocnomyia* Ltr.　　　　　　　　95.? *Lagarus* Phil.
94. *Heterostomus* Big.

b, Discoidalzelle von der fünften Hinterrandzelle durch eine Querader getrennt. (111—119.)

96. *Arthropeas* Löw.　　　　　　　100. *Antidoxion* Snell.
97. *Glutops* Burgess.　　　　　　　101. *Rhachicerus* Hall.
98. *Xylophagus* F.　　　　　　　102.? *Macroceromys* Bigt.
99. *Pachystomus* Ltr.　　　　　　　103. *Subula* Meig. (? = *Solva* Wlk.)

---

5. *Acanthina* Wd. (S.-Amerika; Ceylon.) Type: *A. elongata* Wd.
86. *Acanthomyia* Sch. Type: *Ac. (Beris) dubia* Zett. Europa.
　　Acanthomera. (Die ganze Gruppe gehört zu den Tanystomen neben die Tabaniden.)
54. *Acrochaeta* Wd. Type: *A. fasciata* Wd. Brasilien.
14. *Acraspidea* n. G. Type: *Felderi.* Ceylon.
87. *Actina* Meig. Type: *A. (Beris) niteus* Ltr. Europa.
(9,?) *Adraga* Wlk. (conf. *Clitellaria,* deren Flügel sie haben soll?). Conf. *Pachygastr.* — Type *Adr. anivittata* Wlk. Aru-Inseln.
38. *Alliocera* Saund. Type: *graeca* Saund. S.-Europa.
72. *Amphilecta* Schin. (conf. *Toxocera.)* Type: *A. superba* Schin. (*Congorh* ? Mus. Halle.)
24. *Ampsalis* Wlk. (conf. *Clitellaria oberrans* Schin.) Type: *Amp. geniata* Wlk. Celebes.
85. *Anacanthella* Meq. (conf. *Pachygastr.)* Type: *A. splendens* Meq. Neuholland.
53. *Analcocerus* Lw. Type: *A. atriceps* Lw. Brasilien.
　　Anisophysa Meq. (? *Pachygastrinu*).
100. *Antidoxion* Snell. Type: *fulvicornis* Snell. v. Voll. Java.
78. *Autissa* Wlk. = *Cyanauges* Phil. Type: *A. (Clitellaria) cuprea* Wlk. Australien.
(10.) *Artemita* Wlk. Type: *Clit. amenides* Wlk. S.-Amerika.
96. *Arthropeas* Lw. Type: *A. sibirica* Lw. Asien (N.-Amerika andere Spec.)
32. *Autana* Wlk. (conf. *Lasiopa* u. *Toxocera*). Type: *A. confirmata* Wlk. Mysol.
57. *Bascutidema* Meq. Type: *B. syrphoides* Meq. Brasilien.
80. *Beris* Ltr. Type: *B. clavipes* L. Europa (Andere Spec. S.- u. N.-Amerika, Asien.).
8. *Biastes* Wlk. = *Tinda* Wlk. Type: *B. indicus* Wlk. Ostindien.
2. *Blastocera* Gerst. Type: *Bl. speciosa* Gerst. Brasilien.
104.? *Bolbomyia* Lw. Type: *B. nana* Lw. Washington.
33. *Brachycara* Thoms. Type: *B. ventralis* Thoms. Rossi-Inseln.
50. *Cacoxis* Wlk. Type: *Car. (Chrysochlora)* ~~spendida~~ R. S.-Amerika.
15. *Callochaetis* Big. = *Rosapha* Wlk. = *Callochaetis* Big. Type: *C. bicolor* Big. Manilla.
71., 56. *Campeprosopa* Meq. Type: *C. flaripes* Meq. Java.
1. *Chauna* Lw. Type: *Ch. variabilis* Lw. Cuba.
15. *Chalcochaetis* Bigot = *Callochaetis.*
90. *Chiromyza* Wd. = *Inopus* Wlk. = *Nonomorpha* Meq. Type: *Ch. vittata* Wd. Brasilien.
　　Chlorisoma Rd. = *Microchrysa* Lw.
88. *Chlorisops* Rd. Type: *Chl. (Beris) tibialis* Meig. Europa. (Andere Arten Chile, Neuseeland).
35. *Chordonota* Gerst. Type: *Ch. inermis* Wd. (*Cyphomyia* ol.) Brasilien, Mexico.
49. *Chromatopoda* Schin. Type: *Ch. (Chrysochlora) bicolor* Meq. Neuholland.
51. *Chrysochlora* Meq. Type: *C. (Sargus) amethystina* Ltr. Isle de France. (Andere Spec.? Mexico, Brasilien).

Linnaea, Troppau 1, u. 1 Bd, 1757. L. 1.5.

68. *Chrysomyia* Meq. (non Rd.) = *Chloromyia* Rd.; Type: *Ch. formosa* Scop. Europa. (N.-Amerika, O.-Asien. Andere Spec.)

66. *Chrysonotus* Lw. Type: *Ch. bipunctatus* Scop. Europa. (Andere Arten Amerika, Asien, Afrika). *Chrysothemys* Lw. foss. in Bernstein (*Xylophagidae*).

28. *Clitellaria* Mg. Type: *Cl. Dahlii* Mg. S.-Europa. (Andere Arten Asien, N.-Amerika.)

93. *Coenomyia* Ltr. Type: *C. ferruginea* Meig. Europa, N.-Amerika. *Coenura* Big. gehört zu den Pangoninen.

64. *Compsosoma* Schin. Type: *C. chalconota* Schin. Venezuela.

10.? *Culcua* Wlk. (conf. Nerua u. Evaza). Type: *C. simulans* Wlk. Malacca, Borneo.

78. *Cyanauges* Phil. = *Antissa* Wlk. Type: *C. ruficornis* Phil. Chili.

13. *Cyclogaster* Wlk.? = *Wallacea*. Type: *C. infera* Wlk. Borneo.

32. *Cyclogaster* Meq. = *Lasiopa* Brll. *Cyclotelus* Wlk. = *Agapophytus* Guér. (*Thereridae* Schin.).

36. *Cyphomyia* Wd. Type: *C. auriflamma* F. Wd. Brasilien. Mexico etc. andere Arten. — Cap? ob diese Gattung.

11a. *Cynipimorpha* Brau. Type: *C. Bilimecki* Brau. Mexico.

Dialysis Wlk. Gehört nach Löw Dipt. N.-Am. 1. p. 16 zu den Leptiden. nach Schiner zu den Xylophagiden, da Wlk. als Type *X. americanus* angibt, eine *Subula*.

60. *Dicranophora* Meq. Type: *Dicr. (Sargus.) furcifera* Wd. Brasilien. *Dimassus* Wlk. (*Thereridae* Schin.).

6. *Diphysa* Meq. Suppl. IV, 43. Dipt. exot. Type: *D. maculiventris* Meq. Port Natal.

52. *Drasteria* Schin. Type: *Dr. robusta* Schin. Bahia.

8. *Elasma* Jaen. = *Tinda* Wlk. Type: *E. acanthinoides* Jaen. Java. *Electra* Lw. foss. *Xylophagidae*.

23. *Ergonia* Schin. = *Negritomyia* Big. Type: *Erg. maculipennis* Meq. Manilla.

19. *Enoplomyia* (1879) Big. = *Euplomyia* Big. (1878). Type: *E. cothurnata* Big. Batchian.

22. *Ephippium* Ltr. Type: *Eph. thoracicum* F. Europa. — Andere Arten Westindien, Ostindien, Neu-Guinea, Australien.

43. *Euceromys* Big. (*Euceratomyia* nach d. Record, 1877. p. 191). Type: *Odont. nexura* Wlk. Mysol.

55. *Eudmeta* Wd. Type: *E. marginata* Wd. Sumatra, Java.

26. *Euparyphus* Gerst. Type: *Eup. elegans* Wd. Mexico. (Andere Arten von Bigot aus Oran. ?Gattung.)

27. *Euryneura* Schin. Type: *Eur. fuscipennis* F. (Strat. Wd. S.-Amerika.

10. *Evaza* Wlk. Type: *Ev. bipars* Wlk. Borneo.

89. *Exaireta* Schin. Type: *Ex. (Xylophagus) rufipalpis* Wd. Mexico. und *X. spiniger* Wd. Neuholland.

45. *Exochostoma* Meq. Type: *Ex. nitida* Meq. Südfrankreich. (Andere Art N.-Amerika.)

(86.) *Exolonta* Bellard. Type: *Ex. pedemontana* Bell. Italien. (?= *Acanthomyia*.)

13. *Gabaza* Wlk. = *Wallacea*. Type: *G. argentea* Wlk. Aru-Inseln.

97. *Glutops* Burg. (Proc. Boston S. N. H. 1878. 320. T. XIX, pl.9, f.2.) Type: *Gl. singularis* Burg. Massachusetts.

31. *Gobertina* Big. 1879. Type: *G. picticornis* Big. Afrika.

Habrosoma Lw. 1850 (fossil in Bernstein. — ? *Xylophagidae*).

81. *Hadrestia* Thoms. Type: *H. aenea* Thoms. Patagonien.

75. *Hermetia* Ltr. Type: *H. illucens* L. Wd. Mexico, Brasilien.

82. *Heteracanthia* Meq. Type: *H. ruficornis* Meq. Columbien.

94. *Heterostomus* Big. Type: *H. curvipalpis* Big. Chile.

94. *Heterostomyia* Big. 1879 *Heterostomus olim*.

34. *Heteroxycera* Big. = *Oxycera* Mg. Arten mit praeapicaler Fühlerborste.
(80.) *Hexacantha* Lioy. = *Beris.* Ann. Soc. Ent. Fr. 1856 p. 63 (3. s. IV.) et. p. 85.
61. *Histiodroma* Schin. Type: *H. (Sargus) inermis* Wd. Brasilien.
(79.) *Hoplacantha* Big. Type: *Beris tibialis* Europa. conf. *Chlorisops* Rd. und *Oplacantha.*
58. *Hoplistes* Meq. Type: *H. (Sargus) bispinosus* Wd. Brasilien.
39. *Haplomyia* Zllr. = *Stratiomys* Gffr.
84. *Hylorus* Phil. Type: *H. Kraussi* Phil. Chile (conf. *Metaponia.*) — Ist nicht gleich *Chiromyza*, wie Bigot angibt. A. S. Ent. Fr. 1879, p. 1856.
91. *Inopus* Wlk. (fälschlich = *Metaponia* test. Lw.) siehe *Chiromyza.* — Nach Schiner = *Chiromyza.* — Type: *I. dispectus* Wlk. Patria?
35. *Inermia* Big. *Odontomyia*-Arten ohne Dornen am Schildchen; ? = *Chordonota.*

95. *Lagarus* Phil. Type: *L. Paulseni* Phil. Chile.
74. *Lagenosoma* Schin. (conf. *Massicyta* Wlk.) Type: *L. picta* Schin. Cap York.
32. *Lasiopa* Brull. Type: *L. Peletieri* Brull. S.-Europa.
18. *Lophoteles* Lw. Type: *L. plumula* Lw. Ins. Radac (persischer Meerbusen).

102. *Macroceromys* Big. Type: *M. fulviventris* Big. Mexico.
70. *Macrosargus* Big. Type: *M. tenuiventris* Big. Amazonen-Strom.
76. *Massicyta* Wlk. (conf. *Lagenosoma*) Type: *M. tricolor* Wlk. Singapur. (Aru-Ins. andern Spec.)
46. *Melanochroa* Schin. Type. *M. dubia* Schin. Brasilien.
63. *Merosargus* Lw. Type: *M. tristis* Lw. Venezuela.
40. *Metabasis* Wlk. Type: *M. rostratus* Wlk. Brasilien.
83. *Metaponia* Meq. Type: *M. rubriceps* Meq. Neuholland. (Andere Arten O.-Europa, Amerika.)
69. *Microchrysa* Lw. Type: *M. polita* Lw. Europa. (Andere Spec. N.- und S.-Amerika, Afrika, Ceylon.)
29. *Musama* Wlk. Type: *M. paupera* Wlk. Mysol. Conf. *Oxycera.*
47. *Myxosargus* n. G. Type: *M. fasciatus* Brau. Mexico.
23. *Negcitomyia* Big. = *Engonia* Schin. = *Negritomyia* Big. Type: *Ephippium maculipenne* Meq. Manilla.
30. *Nemotelus* Geoffr. Type: *N. uliginosus* Lw. Europa. Andere Arten in Africa, Amerika, Asien. (*Nemotelus singularis* Meq. Columbien conf. *Pachygastrinae* oder *Metaponia*).
89. *Neuexaireta* O. S. = *Exaireta* Schin.
37. *Neorondania* O. S. = *Rondania* Jaenn. Type: *N. chalybea* Wd. St. Thomas.
10.? *Nerua* Wlk. (Schiner stellt die Gattung zu den Sarginen) Type: *N. scenopinoides* Wlk. Aru Ins.
92. *Nonacris* Wlk. Type: *transryra* Wlk. S. Amerika. conf. *Chiromyza*
48. *Nothomyia* Lw. Type: *N. scutellata* Lw. Cuba.

(80.) *Octacantha* Big. Untergattung für *Beris claripes* und Verw. Europa.
17.? *Obrapa* Wlk. Type: *O. colyphoides* Wlk. Aru-Inseln. ? = *Pachygaster.*
25. *Octarthria* n. G. Type *Oct. aberrans* Schin. Neu-Seeland. (Conf. *Adraga* Wlk.)
42. *Odontomyia* Mg. Type: *O. ornata* Mg. (Kosmopolit. Arten.)
79. *Oplacantha* Rd. Type: *O. (Beris) mexicana* Fellard. Mexico. (And. Spec Valdivia) nach Bigot gehört *Beris tibialis* hieher = *Chlorisops* Rd. = *Hoplacantha* Big.
44. *Oplodonta* Rd. Type: *Odont. viridula* Mg. Europa.
34. *Oxycera* Mg. Type: *O. trilineata* Fbr. Mg. Europa, N.-S.-Amerika, N.- S.-Asien.
16. *Pachygaster* Mg. Type: *P. ater* Fbr. Europa; andere Arten Columbien, Pondichery.
99. *Pachystomus* Ltr. Type: *P. syrphoides* Panz. Schlesien. = *Xylophagus cinctus* ♀.
3. *Panacris* Gerst. Type: *P. lucida* Gerst. Cayenne.

70. *Pedicella* Big. (= *Macrosargus.*)
    Phycus Wlk. (*Thereviidae* Schin.)
7. *Phyllophora* Meq. non Thoms. Type: *Ph. nigra* Meq. Afrika.
8. *Phyllophora* Thoms. non Meq. = *Tinda* Wlk. Type: *bispinosa* Thoms. Manilla.
11. *Platyna* Wd. Type: *hastata* Fbr. Wd. Guinea.
41. *Promeranisa* Wlk. Type: *P. vittata* Wlk. Amazonen-St.
12. (39.) *Psellidotus* Rd. (conf. *Odontomyia*) Type: *Odontomyia elegans.*
62. *Ptectious* Lw. Type: *Pt. cingulatus* Lw. Pulo Penang. (Andere Arten in S.- N. Amerika, Ost-Indien, China.)
12. *Ptilocera* (Meq.) Wd. Type: *Pt. quadridentata* Wd. (F.) Sumatra. (Andere Arten Java, Afrika, ?S.-Amerika.)
12. *Ptilocerina* Meq. = *Ptilocera* Wd.
21. *Pycnomalla* Schin. Gerst. Type: *P. splendens* F. Spanien. Andere Art. Neuholland. Afrika.
101. *Rhachicerus* Hald. Type: *Rh. fulvicollis* Wlk. Georgia N.-Amerika.
59. *Rhaphiocera* Meq. Type: *Rh. (Sargus) armata* Wd. Brasilien.
101. *Rhyphimorpha* Wlk.. — ? = *Rhachicerus.* Type: *Rh. bilinea* Wlk. Molukken (Batchian).
37. *Rondania* J. = *Neorondania* O. S.
15. *Rosapha* Wlk. (conf. *Cholochaetis* Big.) Type: *R. habilis* Wlk. Celebes.
32. *Rubu* Wlk. = ~~Thylacosoma Schin.~~ (conf. *Lasiopa*) Type: *R. inflata* Celebes Wlk. [junior D. Hyalomma]
(104.) *Ruppelia* Wd. (Gehört nach Wd. und Schiner zu den Thereviden. Löw. erwähnt sie zum Vergleich mit *Bolbomyia* s.
?65. *Saldaba* Wlk. (conf. *Chromatopoda* und *Sargidae,* aber auch *Pachygasterinae*). Type: *S. diphysoides* Wlk. Aru-Inseln.
67. *Sargus* F. Type: *S. cuprarius* F. Europa. (Gatt. cosmopolitisch.)
?(30.) *Saruga* Wlk. (conf. *Oxycera* und *Nemotelus* oder die Pachygastrinen.) Type: *S. conifera* Wlk. Celebes.
(93.) *Sicus* F. = *Coenomyia.*
103. *Solva* Wlk. (*Subula?*) Type: *S. inamoena* Wlk. Celebes.
4. *Spyridopa* Gerst. Type: *Sp. tarsalis* Gerst. Brasilien.
20. *Sternobrithes* Lw. Type: *St. tumidus* Lw. Caffraria.
39. *Stratiomys* Gffr. Type: *Chamaeleon* D. G. Europa. (Cosmopolit. Arten.)
39. *Stratiomyia* Lw. = *Stratiomys* Gffr. = *Stratiomya* Meq.
103. *Subula* Mg. Type: *S. maculata* F. Europa. (Andere Arten in N.-Amerika.) Vide *Solva.*
73. *Thorasena* Meq. Type: *T. (Hermetia) pectoralis* Wd. Guinea.
32. *Thylacosoma* Schin. = *Rubu* Wlk. (conf. *Lasiopa*). Type: *Th. amboinense* Schin. Amboina.
39. *Thyreodonta* Rd. Type: *strigata* (*Stratiomys.*)
8. *Tinda* Wlk. = *Biastes* Wlk. = *Elasma* J. Type: *T. modifera* Wlk. Celebes.
77. *Toxocera* Meq. Type: *T. limbiventris* Meq. Java. O.S. saw type, Pt = Euchrata.
23? *Tracana* Wlk. (conf. *Eugonia* Schin.) Type: *T. iterabilis* Wlk. Celebes.
13? *Trichochaeta* Big. (conf. *Nemotelus, Subula* und *Wallacea*). Type: *T. nemoteloides* Big. Ternate.
16. *Vappo* Ltr. = *Pachygaster.*
13. *Wallacea* Dol. = *Gabaza* Wlk. Type: *W. argentea* Dol. Amboina.
98. *Xylophagus* F. Type: *X. ater* F. Europa. (Andere Arten N.-Amerika.)
90. *Xenomorpha* Meq. = *Chiromyza.*

2. Vergleichende Untersuchungen des Flügelgeäders der Dipteren-Familien nach Adolph's Theorie.[1]

Die nachfolgenden Zeilen sind nicht in der Absicht geschrieben, eine neue Terminologie für das Flügelgeäder der Dipteren aufzudringen. Es genügt bei Beschreibungen von Fliegen, sich der üblichen Termini zu bedienen und soll das Verständniss einer Beschreibung nicht leiden, so ist man verpflichtet, sich, des Vergleiches wegen, jener Namen der Zellen und Adern zu bedienen, welche für die bekannten Formen gebraucht wurden. Es wird ohnehin das Bestimmen dadurch erschwert, dass fast jeder Monograph und jedes Land seine eigene Terminologie festhält. Haliday, Walker, Macquart, Meigen, Winnertz, Schummel u. a. haben verschiedene Namen für dieselben Flügelgegenden und Adern etc. angewendet. In neuester Zeit versucht auch Karsch eine ganz unverständliche und umständlich anzuwendende Terminologie mundgerecht zu machen, obschon er damit nur wenige Arten beschreibt. — Die neue Terminologie hat erst dann die Berechtigung in einzelnen Beschreibungen angewendet zu werden, wenn sie in einem grösseren Werke für alle Formen durchgeführt worden und vor Allem muss sie vorher erklärt werden. Der Verfasser hat es sich sonst selbst zuzuschreiben, wenn seine Beschreibungen nicht verstanden werden und unberücksichtigt bleiben.[1]

Schiner hat im Jahre 1864[2] eine neue Terminologie des Flügelgeäders gegeben, die auf vergleichend morphologischen Studien beruht und v. d. Wulp gibt hierüber eine weitere Besprechung.[3]

Verfasser hat in seiner Arbeit über die Dipteren des Wiener Museums[5] Schiner's Ansichten besprochen und durch Untersuchungen des von Schiner wenig beachteten Syrphidenflügels modificirt. —

Weitere Untersuchungen in dieser Richtung haben gezeigt, dass gerade der Flügelbau der Syrphiden und Mydaiden den Schlüssel zur Lösung vieler Fragen über die verwickeltsten Formen des Aderverlaufes bei Dipteren enthält und dass überdies die früheren Autoren mit Schiner über gewisse Verhältnisse im Unklaren blieben, weil sie den vergleichend anatomischen Weg verlassen haben und bei complicirtem Geäder, die von den Rippen gebildeten Zellen und jene selbst einfach arithmetisch, aber nicht nach der Homologie bezeichneten. Dadurch erhalten ganz gleiche Theile der Flügel verschiedene Namen und Nummern und das Verständniss geht vollständig verloren.

Da ein System nur auf die natürliche Verwandtschaft der Formen gegründet werden kann und diese nur aus der vergleichenden Morphologie und Anatomie erschlossen werden kann, so kann es auch nur Eine richtige Bezeichnung der so constanten Verzweigungen der Flügelrippen geben. Mögen die Zahlen noch so praktisch sein zum Verständnisse einer Beschreibung und diese weit einfacher und leichter machen, zu einer richtigen Erkenntniss der natürlichen Verwandtschaften werden sie nie führen, wenn nicht nachgewiesen wird, dass die als 1., 2. und etc. Zelle oder Rippe des Thieres *A* auch die 1., 2. und 3. Zelle etc. des Thieres *B* sei. Dass dieses aber nach allen früheren Autoren wirklich nicht oder nur in beschränktem Sinne der Fall ist, will ich sogleich zeigen. —

Die allgemeine Beschreibung des Flügelgeäders, welche Hagen (Stett. Ent. Z. 1870, T. III p. 316) gegeben hat, scheint mit Rücksicht der von mir gegebenen Bemerkungen (Bericht üb. d. Leist. auf d. G. d. Entomologie in d. Jahre 1870, Arch. f. Nat.-G. Troschel) und ohne die später zu erwähnende Arbeit Adolph's auch für die Dipteren richtig. Auch hier sind im Flügel zwei Hauptstämme zu unterscheiden, das Geäste des ersten

[1] Nova Acta Ac. Leop. Nat. Cur. Vol. XLI. Taf. XXVII ff. —
[2] Giebel Zeit. f. ges. Naturw. 1880 3. Folg. Bd. V. p. 654. —
[3] Verh. d. z. b. Ges. Wien Bd. XIV. p. 193, T. III. —
[4] Tijdsch. V. Entomologie 1874, p. 79, T. II—III. —
[5] Denkschr. der kais. Akad. d. Wissensch. mathem. naturw. Cl. Wien 1880 Bd. XLII, p. 110. —

Stammes (Mediana) liegt vor, das des zweiten Stammes (Submediana) liegt hinter der sogenannten kleinen Querader. Der erste Stamm zerfällt also in die Hilfsader, 1., 2. und 3. Längsader, der zweite Stamm in die 4. bis 7. Längsader. Bei einigen Dipteren lagern sich die 3. und 4. Ader so aneinander, dass sie zu einer Längsader verschmelzen, es fehlt daher die zwischenliegende kleine Querader. Es erscheint somit die Hilfsader gleich der Subcosta, die erste Längsader gleich der Mediana, die 2. und 3. Längsader sind Zweige des hinteren Astes der Mediana, der von Burmeister als Sector radii (Radius = Mediana) aufgeführt wird, und von Hagen keinen Namen erhalten hat. Ich habe ihn l. c. gemeinsamen Stamm der 2. und 3. Längsader genannt.

Die Submediana ist gleich der fünften Längsader, die siebente Längsader ist gleich der Postcosta und die vierte ist der vordere Ast der Submediana oder Cubitus Burm. — Die Theilungs-Längsader [1] ist nur ein secundärer Ast des Cubitus und gehört nicht mehr in das allgemeine Schema. Man vergleiche den Flügel von Tabanus l. c. nach meiner Erklärung.

Hagen's, Meigen's und Schiner's neue Terminologie verglichen, ergeben:

Hagen.	Meigen.	Schiner 1864 [2]
1. Randader Costa........	....	....
2. Subcosta........	Hilfsader........	Mediastinalader........
3. Mediana = Radius........	1. Längsader........	Subcostalader........
4. Hinterer Ast der Mediana = Sector........)	Stamm der zweiten und dritten Längsader........)	Radialader. (Nur bis zur Theilung, nicht wie bei Schiner bis zum Ende der zweiten Längsader.)
dessen Vorderast....... 2. Längsader........		
dessen Hinterast....... 3. „		Cubitalader........
		Discoidalader. (Zerfällt sie in zwei Äste, so nenne ich den Vorderen: vierte Längsader, den Anderen: Theilungsader.)
5. Vorderer Ast der Submediana = Cubitus........ \	4. Längsader........)	
6. Submediana........	5. Längsader........	Posticalader........
7. Postcosta........	6. „	Analader........
8. ?	7. „	Axillarader........

Bei Schiner finde ich nicht passend, dass bei Theilungen der Rippen ein Ast den Namen des Stammes behält, während doch beide Äste neu zu bezeichnen sind, insoferne die Theilung eine gleichartige ist, wie das bei der Radialader und bei der Discoidalader anscheinend der Fall ist. —

Das Geäder wird ein complicirteres durch weitere Verzweigung von Rippen und durch Bildung von Queradern, die durch Brechung von Adern (Knickung) oder Anastomosen entstehen, und ein vereinfachtes durch Ausfallen secundärer Gabeläste und ganzer Längsadern, sowie durch Aneinanderlagerung von Längsadern (Harmonie), wodurch ganze Flügelfelder verloren gehen, mit den dort etwa vorkommenden Rippen.

So gestaltet sich das Geäder natürlich nur für das Auge als etwas Fertiges, die Entwicklung zeigt aber dass die Darstellung Hagen's ganz modificirt werden muss. v. Adolph l. c.

Vergleichen wir nun den Flügel eines Mydaiden (*Ectyphus*) mit dem eines Syrphiden (*Ceorrhina*). Sehen wir ab von der Ausmündung der 2. und 3. Längsader in die erste Ader, so werden wir durch Änderung des Verlaufes der Gabel der dritten und Entfernung der ganzen Theilungsader den Mydaiden-Flügel sofort in einen Syrphiden-Flügel verwandeln.

Es unterscheidet sich also nach Meigen's Terminologie der Syrphiden-Flügel von den Mydaiden nur dadurch, dass der hintere Ast der vierten Längsader, die Theilungsader fehlt, die Gabel der dritten Längsader ihre hintere Zinke in die vierte Ader nach rückwärts schickt, die kleine Querader rudimentär

[1] Sog. vorderer Ast der Posticalader = hinterer Ast der Discoidalader Schiner's.
[2] Walker's Flügelterminologie siehe im Catal. of Dipt. Suppl. 1.

ist [1] siehe meine Arbeit l. c. in den Denkschr. d. Akad. 1880, p. 110). — Untersuchen wir weiter, so finden wir aber, dass hiemit die ganze Erklärung des Syrphiden-Flügels bei Schiner u. a., Meigen etc. falsch wird; denn fehlt die Theilungsader, so fehlt auch die innere Grenze der Discoidalzelle. Der Raum, den Alle bei Syrphiden Discoidalzelle nennen, wird mit einer Hinterrandzelle verbunden und liegt genau an der Stelle, an welcher bei *Mydas* die vierte Hinterrandzelle liegt, er ist damit theilweise homolog und nicht Allein die Discoidalzelle. Was man Discoidalzelle bei Cyclorhaphen genannt hat, ist immer die vierte Hinterrandzelle und die Discoidalzelle; beide sind gleichsam verschmolzen, weil die Theilungsader fehlt. —

Nach Adolph [2] stellt sich die Vena spuria der Syrphiden als eine weitere Entwicklung einer convexen Falte dar, die in allen Flügeln der Dipteren vor der, im Thale verlaufenden, concaven vierten Ader hinzieht und ist wohl der Stamm der dritten Längsader.

Man wird in der richtigen Bezeichnung einer Ader erst dann sicher sein, wenn man nach Adolph vorerst untersucht, ob man es mit einer Convex- oder Concav-Ader zu thun habe.[3] Letzterer hat leider die Flügel der orthorhaphen Dipteren nicht weiter gedeutet, so dass ich mich in vielen Punkten an meine Untersuchungen halten muss.

Nach Adolph ist im Syrphiden-Flügel Folgendes festgestellt:

Die Subcosta (Mediastinalader Schin.) . . . . concav.
1. Die Mediana (Subcostal oder erste Längsader) . . . . convex.
2. Der Sector (Radialader oder zweite Längsader) . . . . concav.
3. Dessen sog. Hinterast (Cubitalader oder dritte Längsader) . . . . . convex.
　　Die Vena spuria, die sog. kleine Querader und die Spitzenquerader . convex.
　　Wahre kleine Querader . . . . concav.
4. Cubitus (vierte Längsader, Discoidalader) . . . . concav.
5. Submediana (fünfte Längsader, Posticalader) . . . . convex.
6. Posticosta (sechste Längsader, Analader pp) . . . . concav.
7. Axillar-Ader . . . . convex.
　　Hintere Querader . . . . convex.
8. Angular-Ader . . . . concav.

Abgesehen von den Verschiedenheiten in dem Verlaufe der Endäste dieser Adern kann man eine wesentliche Differenz im Flügelgeäder beobachten, welche jedoch von Schiner, obschon erkannt, doch zu allgemein als Regel aufgestellt und irrthümlich als ein Unterschied zwischen orthorhaphen und orthorhaphen Dipteren angenommen wurde, der bislang im Flügelgeäder noch nicht sicher erwiesen ist. — Ich meine die Bildung der Discoidalzelle (vide Schiner Verh. d. zool. bot. Gesell., Bd. XIV, p. 207). — Schiner meint, dass dieselbe einmal von der Discoidalader (deren hinterem Zweig) allein (Orthorhaphen) gebildet werde; ein andermal (Cyclorhaphen) von der Discoidal- und Posticalader. Thatsache ist, dass, wenn wir Adolph's Angaben auf die Flügel von *Syrphus* (cyclorhaph) und *Tabanus* (orthorhaph) anwenden, bei ersterem die Discoidalzelle vorne von einer Concavader (der vierten Längsader), hinten von einer Convexader (der Posticalader) begrenzt wird, während bei *Tabanus* sowohl der Vorder- als auch der Hinterrand der Discoidalzelle von einer

---

[1] Auch Adolph hat diese Ansicht ausgesprochen und hält die sogenannte kleine Querader der Syrphiden nicht immer für dieselbe Ader. Die Vena spuria, als Convexfalte, scheint der Stamm der dritten Längsader zu sein, die nur als falsche Gabel der zweiten erscheint.

[2] Nov. Act. Ac. Leop. Nat. Cur. V. XLI T. XXVII, Fig. 2. –

[3] Convex-Adern sind solche, welche den Rücken von Längsfalten der oberen Flügelfläche einnehmen, eigentlich Bergadern; Concavadern verlaufen im Thale einer Längsfalte, sind also Thaladern der Flügeloberfläche. Convex und concav darf also nicht auf die Ader selbst angewendet werden. Beide Arten von Adern entstehen unabhängig und können nur scheinbar auseinander entspringen etc.

Concavader gebildet wird, wobei wir jedoch nicht behaupten wollen, dass die hintere Begrenzungsader ein Ast der vierten oder vorderen Begrenzungsader sei. Diesen Unterschied der Discoidalzelle hat Schiner richtig erkannt, aber er kennzeichnet nicht den Orthorhaphen- oder Cyclorhaphen-Flügel, sondern ist nur für die Charaktere gewisser Familien massgebend. — Ich habe die hintere Concavader der Discoidalzelle vor Adolph fälschlich als Vorderast der Posticalader aufgefasst. Durch Adolph's Entdeckung hat die Bezeichnung der Adern jedoch aufgehört eine willkürliche zu sein, da Concavadern nur Zweige von eben solchen Adern und umgekehrt Convexadern nur Äste dieser sein können. Sowohl das einfache als auch das complicirte Geäder muss vor der Beschreibung auf die Angaben Adolph's geprüft werden, um die Homologie der Flügeladern festzustellen. — Jene Concavader, welche bei vielen Orthorhaphen die Discoidalzelle hinten abschliesst, nenne ich: Theilungsader. Sie findet sich bei keiner cyclorhaphen Fliege, wohl aber fehlt sie unter Orthorhaphen den Empiden, Dolichopoden, Scenopiniden, Hilarimorpha und einigen Bombyliden (Vielleicht noch einigen anderen.). — Nach Schiner wäre die Theilungsader ein hinterer Ast der Discoidalader.

Der Flügel von *Mydas* zeigt, dass die dritte Längsader identisch ist mit der Vena spuria der Syrphiden, plus dem vorderen Stück ihrer sogenannten dritten Längsader und das die sogenannte kleine Querader derselben, sowie die Endgabel der dritten Längsader der Orthorhaphen nur Endzweige dieser Hauptader sind. Der Stamm reicht bei *Mydas* bis zur hinteren Aussenecke der Discoidalzelle und biegt als Spitzenquerader nach vorne um. Die kleine Querader ist vollständig verschwunden. Die Unterrandzellen liegen zwischen der 2. und 3. Längsader u. zw. eine immer in der ersten Endgabel der dritten Längsader. Die Hinterrandzellen sind ebenso zu bestimmen. Die erste liegt hier hinter der ersten Endgabel der dritten Längsader oder sonst stets nach aussen von der kleinen Querader, wenn diese vorhanden ist. Ihre hintere Grenze bildet meist deutlich eine Convexfalte (Vena spuria) vor der vierten Längsader, oder hier die ausgebildete dritte Längsader. Die zweite Hinterrandzelle liegt in der Endgabel dieser Convexfalte oder der dritten Längsader, respective deren hinteren Aste. Scheinbar bildet diese Endgabel das Ende der vierten Längsader und ihr Ursprung aus der dritten Ader ist verwischt. —

Die dritte Hinterrandzelle liegt hinter oder nach innen von der vorigen convexen Endgabel der zweiten Zelle. Die vierte liegt stets hinter der concaven Theilungsader, vor oder nach aussen von der fünften Zelle, welche in der Gabel der convexen Posticalader liegt. Die vierte Hinterrandzelle ist daher stets daran zu erkennen, dass sie am Vorderrande von einer Concavader begrenzt wird. — Die Analzelle liegt zwischen der convexen Postical- und der concaven Analader. — Entfernen wir die Theilungsader, so wird der Flügel von *Mydas* einem Syrphiden-Flügel ähnlich. — Bei allen jenen orthorhaphen Dipteren, bei welchen die Discoidalzelle am Hinterrande von einer convexen Ader begrenzt wird, fehlt die vierte Hinterrandzelle z. B. Empiden. Hybotiden (*Zyp*), Dolichopoden, Scenopiniden und dieselbe ist in der Discoidalzelle gelegen. Man entdeckt bei *Empis* u. a. eine oft deutliche concave Längsfalte in dieser Zelle, welche als Rest der Theilungsader anzusehen ist und die vordere Grenze der vierten Hinterrandzelle bildet. Man könnte die 1., 2. und 3. Hinterrandzelle daher Cubitalzellen, die vierte Medialzelle oder Subdiscoidal-, und die fünfte Posticalzelle nennen.

Vergleicht man die Flügel von *Toxophora* (*Bombyliidae*), Tabaniden (*T. rusticus*), *Promachus*, *Machimus* und *Mallophora* (*Asilidae*), so erhält man eine Idee von der Entwicklung der Unter- und Hinterrandzellen und wenn man ferner obige Gattungen mit den Syrphiden vergleicht, so scheint die Vena spuria sich als dritte Längsader denken zu lassen. Bei *Tabanus* zeigt die vordere Zinke der Gabel der dritten Längsader sehr häufig eine gegen die Flügelbasis laufende Anhangszinke. Verlängert man dieselbe bis zur zweiten Längsader, so erhält man einen Flügel mit drei Unterrandzellen, wie bei *Promachus*. Die verlängerte Anhangszinke ist bei *Promachus* als concave Ader vorhanden, während mir der vordere Gabelast, der mit dieser Anhangszinke oft ein Continuum zu sein scheint, convex u. zw. als Gabelast der dritten Längsader erscheint. Der Ursprung der dritten Längsader aus der zweiten ist aber ein scheinbarer, die eigentliche Ader läuft als Convexfalte bis zur Basis der Submediana mitten durch die vordere Basalzelle und ist bei vielen

Asiliden und Bombyliden sogar als Convexrippe entwickelt. Genau an dieser Stelle verläuft aber bei den Syr phiden die Vena spuria convex bis zur wirklichen, von mir festgestellten (Conf. *Microdon*) kleinen Querader am Grunde der Discoidalzelle. Hier nimmt sie einen concaven hinteren Ast der zweiten Ader — die falsche Ursprungs stelle der dritten Längsader — auf und läuft als Convexader zur Spitze, gabelt sich über der Discoidalzelle, so dass die hintere Zinke in die vierte Längsader mündet, die vordere Zinke aber die Fortsetzung der dritten Längsader bleibt und ebenso eine die kleine Querader kreuzende Convexfalte bis zum Aussenende der Discoidal zelle nach hinten zieht. In diesen Fällen ist die erste Unterrandzelle vorne von der zweiten Längsader, hinten, nach innen, von dem concaven Zinkenstück zwischen der zweiten Längsader und vorderer Gabelzinke der dritten Längsader, nach aussen von letzterer Zinke selbstbegrenzt. — Die zweite Unterrandzelle liegt in der Gabel der dritten Längsader; die dritte Unterrandzelle liegt nach innen von der Gabel der dritten Längsader, hinter der inneren Hälfte der ersten Unterrandzelle, bei *Machimus* zwischen der dritten Längsader und dem concaven hinteren Ast der zweiten Längsader. (Tafel. Fig. 2—5.) Bei *Syrphus* ändert sich das Verhältniss etwas, indem dieser concave Ast sehr kurz ist und dann von der Gabel ein convexer Ast zur kleinen Querader zieht, die dritte Längsader pro parte, als deren hinterer Ast die Vena spuria erscheint, die mit der dritten Hauptader bei *Promachus* identisch ist, während die dritte Längsader der Syrphiden als Fortsetzung der Gabel nach innen, vielleicht theil weise auch als Concavader zu deuten wäre. Wie dem auch sei, so halte ich die hier geschilderten und bezeich neten Adern für einander homolog.

Nebenbei sei bemerkt, dass Schiner (Fauna Austr. I. Taf. II) in Fig. 1, Flügel eines Bombyliden mit drei Unterrandzellen „*re*“ anders gedeutet hat, als in der zweiten Figur von oben, in welcher „*b*“ die zweite Unter randzelle sein soll, aber eine falsche Endgabel der zweiten Längsader darstellt, da ihre Verbindung mit der dritten unterbrochen ist. Der Vorderrand ist die zweite Längsader, der Hinterrand der Gabel ist als vordere Zinke der Gabel der dritten Längsader aufzufassen.

Die Discoidalzelle vieler Orthorhaphen exclusive *Empidae, Scenopidae et Dolichopidae* liegt zwischen der vierten Längsader und der Theilungsader. Fehlt die Theilungsader, so entsteht das Geäder der Cyclorhaphen, ferner der Empiden und Dolichopoden etc., oder scheinbar jener Orthorhaphen, welche nur drei Adern aus der Discoidalzelle auslaufen lassen, z. B. Bombyliden. Hier sieht man aber sehr häufig, dass die Lage der vierten Hinterrandzelle, welche in der Regel hier fehlt, durch eine Zinke an der die Discoidalzelle hinten begrenzenden Ader deutlich angedeutet ist. Es fehlt also hier die vierte Hinterrandzelle oder wird rudimentär, indem sie vom Rande weg gegen die Discoidalzelle rückt und endlich eingezogen wird. Man vergleiche *Dasypogon diadema* und *D. teutonus*, ferner *Bombylius* ohne vierte Zell mit *Anthrax* und *Argyromoeba*, wo die 3. und 4. Hinterrand zelle vereinigt sind. Es entsteht dadurch eine Ähnlichkeit im Resultate, obschon beide (Empiden, Dolichopoden, Scenopiniden einerseits und Bombyliden andererseits) Arten des Flügelgeäders dem Ursprunge nach sehr verschieden sind, wie eben der Flügel von *Argyromoeba* beweist. Hier liegt das Rudiment der vierten Hinter randzelle ausserhalb der Discoidalzelle und ist mit der dritten Hinterrandzelle am Saume des Flügels verschmolzen, während bei Cyclorhaphen und den orthorhaphen Empiden, Dolichopoden, Scenopiniden die dritte Hinterrandzelle von der vierten ganz isolirt, ausserhalb der Meigen'schen hinteren Querader, am Saume liegt und die vierte Hinterrandzelle zwischen der 4. und 5. Längsader mit der Discoidalzelle verschmolzen ist. Bei Cyclorhaphen und einigen Orthorhaphen fehlt eben die Theilungsader vollständig, bei Bombyliden bildet sie aber den Hinterrand der Discoidalzelle bis zur Zinke der dritten Hinterrandzelle, von da fallen die 3. und 4. Hinterrandzelle zusammen.

Zur Charakteristik der Familien wird die Untersuchung der Flügeladern in dieser Richtung sehr wesentlich,[1] da man z. B. sofort einen Empiden und Bombyliden Flügel, wenn beide eine Discoidalzelle besitzen, aus welcher nur drei Adern zum Rande laufen, unterscheiden kann. Ebenso weist die Untersuchung der Convex- oder Concavfalten den Verlauf von meist als fehlend angegebenen Adern nach z. B. bei *Ptychoptera*, wo ich indess

---

[1] Die Bestimmung einer Convex- und Concav-Ader ist zuweilen sehr schwierig und oft bei feinen Endästen nicht mehr möglich. Ich habe mich daher vorläufig auf die Untersuchung der Hauptadern beschränkt.

längst auf diese Falte als wahre Analader aufmerksam machte. Empiden und Dolichopoden, welche nach meiner Entdeckung fast gleichgebaute Larven zeigen, lassen sich auch durch die Convexader am Hinterrande der Discoidalzelle erkennen und von den übrigen Procephalen unterscheiden. Ebenso stellt sich *Ptychoptera* zu *Rhyphus* und mit *Chironomus* zu den Eucephalen und nicht zu den Tipuliden. —

Ich stelle nach obigen Auseinandersetzungen eine Tabelle der Familien der *Diptera orthorhapha brachycera* zusammen, welche zur Vervollständigung und Verbesserung der früher in diesen Schriften (1880) gegebenen Charakteristik dienen soll.

Nicht berücksichtigt wurden in dieser Tabelle die Gattung *Opetia* und die Lonchopteriden weil deren Geäder noch nicht genügend aufgelöst ist. *Opetia* dürfte zu den Cyclorhaphen in die Nähe von *Pipunculus* oder *Platypeza* gehören. Die Lonchopteriden dürften den Empiden und Hypotiden nahe stehen, obschon deren Larve auch Beziehungen zu den Stratiomyiden zeigt. *Platypeza* scheint mit *Phora*, *Pipunculus* aber durch das unsymmetrische *Hypopygium* mit den Syrphiden verwandt.

In meiner Arbeit über die Familien der Dipteren (diese Denkschriften 1880, p. 6 Separat.) ist im Charakter der Orthorhaphen auszulassen: „Discoidalzelle von der vierten Ader allein gebildet" Weiters gruppiren sich die Familien:

I. Analzelle offen oder die sie schliessende Analader rudimentär, eine concave Falte bildend (*Rhyphus*, *Chironomus*). Discoidalzelle fehlend, oder wenn vorhanden, vor der vierten Hinterrandzelle von einer Concavader begrenzt, d. h. die Theilungsader vorhanden (*Tipulidae, Rhypidae*).　　　　　*Nematocera.*

II. Analzelle gegen den Rand verengt oder geschlossen, am Hinterrande von einer deutlichen Concavader begrenzt, wenn fehlend oder kurz, dann stets die Fühler kurz dreigliedrig (*Empidae, Dolichopodae*).
　　　　　　　　　　　　　　　　　　　　　　　　　　　　　　　　Brachycera.

1. (19.) Discoidalzelle am Hinterrande, namentlich über dem Raume der vierten Hinterrandzelle, also ganz oder theilweise daselbst von einer Concavader begrenzt, d. h. eine gesonderte Discoidalzelle vorhanden.

2. (10.) An den Füssen das Empodium mit den zwei Haftlappen gleichgebildet, d. h. drei Haftlappen vorhanden.

3. (9.) Vierte Hinterrandzelle fehlend, oder, wenn gesondert vorhanden, hinten nie von einer mit der Discoidalzelle parallel laufenden Ader begrenzt, sondern stets gegen den Rand nach hinten geneigt und von zwei in dieser Richtung verlaufenden Adern nach aussen und innen begrenzt, weil die vordere Zinke der fünften Längsader direct in den Hinterrand ausläuft; oft in den Rand mündend oder geschlossen und zuweilen gestielt.

4. (7.) Fühler mehr als 3gliedrig, das sogenannte dritte Fühlerglied, oft ein Complex aus mehreren Gliedern mit einer Borste, oder einfach mit einem dicken 4gliedrigen Griffel, also zusammengesetzt. 7gliedrig mit Einschluss des sogenannten Griffels oder alle Glieder zusammen eine mehr als 3gliedrige Keule etc. zusammensetzend.

5.　　Vordere Zinke der dritten Längsader in den Vorderrand. Hintere Zinke der Gabel der dritten Längsader vor oder an der Spitze, oder kann nach innen davon am Hinterrande mündend (*Coenomyia*). In letzterem Falle gleichweit von der vierten Längsadermündung und der Spitze, oder letzterer näher gelegen, oder beide Zinken der dritten Längsader vor der Spitze mündend.
　　　　　　　　　　　　　　　　　　　　　　　　　　{ *Xylophagidae.*
　　　　　　　　　　　　　　　　　　　　Notacantha { *Coenomyidae.*
　　　　　　　　　　　　　　　　　　　　　　　　　　{ *Stratiomydae.*

6.　　Vordere Zinke in den Vorderrand, hintere Zinke der dritten Längsader weit nach innen von der Spitze in den Hinterrand mündend, von jener doppelt so weit oder noch entfernter als von dem Ende der vierten Längsader oder in letztere mündend.
　　　　　　　　　　　　　　　　　　　　　　　　　　　　　{ *Tabanidae.*
　　　　　　　　　　　　　　　　　　　　　　　　　　　　　{ *Acanthomeridae.*

---

[1] Walker's Terminologie vide Cat. of. Dipt. Supp. 1.

7. (4.) Drittes Fühlerglied einfarb, mit einer Endborste oder Griffel. Beide Zinken der Gabel der dritten Längsader nahe beisammen vor und hinter der Spitze mündend, oder die vordere in die Spitze, die hintere dicht hinter derselben gehend und von der Spitze und vierten Längsader gleichweit entfernt. Schüppchen klein oder fehlend. *Leptidae.*

8. Fühler 2—3gliedrig, mit oder ohne Endborste oder Griffel. Schüppchen in der Regel sehr gross, die Halteren deckend. Hinterleib 5 Gringlig, meist kugelig. Schienen unbewehrt oder die des zweiten und dritten Beinpaares an dem äusseren Ende mit einem spornartigen Fortsatz. Flügel oft mit vollständiger Randader, oder diese nur am Vorderrande. Kleine Querader zuweilen fehlend, wenn vorhanden, stets sehr nahe oder an der Theilung der 2. und 3. Längsader, kann ausserhalb, oder sogar an dem gemeinsamen scheinbaren Stamm der 2. und 3. Ader innerhalb der Theilung gelegen. Eine zweite falsche kleine Querader liegt fast regelmässig am äusseren Ende der Discoidalzelle zwischen dieser und der Endgabel der dritten Längsader. Bei *Acrocera* ist letztere allein vorhanden, — 0 bis 5 Hinterrandzellen. Geäder oft undeutlich und reducirt, oder merkwürdig verdreht. - -

Acroceridae.

9. (3.) Vierte Hinterrandzelle mit der Discoidalzelle parallel, eine zweite Zelle hinter dieser bildend, vom Rande durch die mit demselben parallele vordere Zinke der fünften Längsader abgeschlossen, und erst am äusseren Ende zuweilen durch eine Querader mit demselben verbunden. Kleine Querader fehlend, durch Anlagerung der 3. und 4. Längsader, oder am äusseren Ende der Discoidalzelle liegend. Dritte Ader aus der Discoidalzelle fehlend oder in die vordere Zinke der fünften mündend, oft gegen die Basis rücklaufend. *Nemestrinidae*

10. (2.) An den Füssen nur zwei Haftlappen, oder auch diese fehlend. Empodium klein, anders gebildet oder ganz fehlend.

11. (16.) Erste Ader aus der Discoidalzelle hinter der Flügelspitze mündend.

12. Dritte Ader aus der Discoidalzelle fehlend oder rudimentär, daher die 3. und 4. Hinterrandzelle 0. Eine Zelle vereinigt, 2—3 Adern aus der Discoidalzelle zum Hinterrande gehend. Ist die vierte Hinterrandzelle abnorm vorhanden, so erscheint sie klein und gestielt. Sind nur zwei Adern aus der Discoidalzelle vorhanden, so fehlen die 2. und 4. Hinterrandzelle und sind mit der dritten ein Raum. Beine zart und dünn. - - *Bombylidae.*

Toxophorinae; Systropinae

13. Dritte Ader aus der Discoidalzelle vorhanden, in den Hinterrand oder die vordere Zinke der fünften Längsader mündend, daher vier Adern aus der Discoidalzelle und fünf Hinterrandzellen.

14. Rüssel stark, röhrig, stechend, Unterlippe eine hornartige Scheide bildend. Beine kräftig, Augen vorgequollen. Stirne eingesattelt gegen den Scheitel. Fühler 3gliedrig, mit oder ohne Griffel oder Borste. *Asilidae.* [1]

15. Rüssel mit Endlippen, breit compress, aufgebogen, Fühler 4gliedrig, 2. und 3. Glied klein, letztes lang und dick mit Endgriffel oder Borste. Beine dünn und zart, mit kleinen Klauen. *Therevidae.*

16. (11.) Erste Ader aus der Discoidalzelle, wenn vorhanden, vor der Flügelspitze mündend.

17. Rüssel mit breiten löffelförmigen Tastern. Fühler kurz, drittes Glied citronenförmig mit plumpem Griffel; fünf Hinterrandzellen. *Apioceridae.*

18. Rüssel ohne Taster, kurz oder lang. Fühler 4—5gliedrig, keulenförmig, lang oder kurz, fünf Hinterrandzellen oder die 1. und 2. oder 3. und 5. vereinigt. *Mydaidae.*

---

[1] *Lamprogaster* Macq. Suit. a. Buffon. V. II. 660 gehört durch ihre zwei Haftlappen und das Geäder wohl hieher zu den Asiliden und nicht zu den Leptiden, u. z. in die nächste Verwandtschaft zu *Leptynoma sericea* Westw. (Africa: Trans. Ent. Soc. London 1876, p. 517 Tab. VI f. 7.

19.　(1.) Discoidalzelle oder deren Raum hinten von der convexen fünften Längsader begrenzt; vierte Hinterrandzelle mit der Discoidalzelle vereinigt, fehlend.

20.　Fühler kurz, 3gliedrig, letztes Glied zungenförmig, ohne Griffel und ohne Borste. Beine kurz. Zwei Haftlappen, Empodium fehlend. Analzelle lang und spitz. Hilfsader in die Randader, vierte Längsader vor der Spitze mündend.　　　　　　　　　　　　　　　　　　　　　　　　　*Scenopinidae.*

21.　Fühler 3gliedrig, mit End- oder Rückenborste oder Griffel. Beine mehr weniger schlank.

22.　(25.) Hilfsader lang, in die erste Längsader hinter ihr mündend, oder erst gegen das Pterostigma zu verschwindend, hintere Basalzelle lang oder stets deutlich abgegrenzt.

23.　Analzelle aussen von einer geraden nach hinten oder gegen den Hinterrand laufenden Ader begrenzt, zuweilen gegen den Rand ausgezogen.　　　　　　　　　　　　　　　　　　　　*Hybotidae.*

24.　Analzelle aussen von der gegen die Flügelwurzel rücklaufenden hinteren Zinke der fünften Längsader bogig begrenzt oder fehlend, 2—3 ungleiche Haftlappen.　　　　　　　　　　　　　*Empidae.*

25.　(22.) Hilfsader kurz, in die erste Längsader hinter ihr mündend, oder allmälig verschwindend, drei ungleiche Haftlappen an den Füssen. Analzelle stets sehr kurz, von der im Bogen nach hinten gehenden kleinen hinteren Zinke der fünften Längsader aussen geschlossen. Beine ziemlich lang und zart. Hintere Basalzelle sehr klein, von der Discoidalzelle nur durch eine rudimentäre Querader abgegrenzt oder damit vereinigt.　　　　　　　　　　　　　　　　　　　　　　　　　　　　　　　　　　　*Dolichopodae.*

Die Subordo *Diptera Cyclorhapha* zeigt stets das Fehlen der Theilungsader; die Discoidalzelle ist, wie bei der letzten Gruppe der Orthorhaphen, stets hinten von der convexen vorderen Zinke der fünften oder Posticalader geschlossen und die vierte Hinterrandzelle ist mit der Discoidalzelle vereint. Sie unterscheiden sich von den Orthorhaphen nur durch die Bogennaht u. a. nicht im Flügel liegende Merkmale. Die Angabe, dass bei Syrphiden die Discoidalzelle von der Discoidalader allein gebildet wird, ist ein Irrthum, der durch Adolph's Entdeckung sofort erkannt wird.

Aus dieser Zusammenstellung ersieht man, dass das Flügelgeäder allein nicht ausreicht zu einer natürlichen Gruppirung und zu letzterer namentlich die Larvenformen in Bezug ihrer Mund- und Kopf- oder Chitinscelettheile die sichersten Anhaltspunkte geben. Mit alleiniger Berücksichtigung des Flügelgeäders bringt man sehr verschiedene Formen zusammen, die auch im ganzen Körperbau anders gebildet sind. So hat *Mydas* dasselbe Geäder wie *Nemestrina*, obschon erstere Gattung mehr mit *Erax* unter den Asiliden, letztere mit *Apiocera* verwandt scheint. *Scenopinus* erreicht eine grosse Ähnlichkeit mit cyclorhaphen Dipteren und ist der nächste Verwandte zu *Therera*. Das Geäder der Dolichopoden erinnert an das der Acalypteren und die Larve bringt sie zu den Empiden. Die Stratiomyiden nähern sich den Tipuliden im Flügel durch die kurze kleine Discoidalzelle und sind zunächst mit den Tabaniden verwandt. Jedenfalls steht fest, dass einige dieser Ähnlichkeiten auf wirkliche Verwandtschaft — nähere oder entferntere — zurückführbar sein werden. Mit Berücksichtigung der sonst als Adern ausgebildeten Concavfalten ist der Vergleich von *Rhyphus* mit *Xylophagus* und *Rhachicerus* überraschend, ebenso von *Rhyphus* und *Psychoptera*, welche dann sämmtlich eine Analzelle ausweisen, die in den Abbildungen nicht beachtet wurde.

Es bedarf, wie auch Adolph sagt, einer gründlichen Revision der Bezeichnungen und Beschreibungen der Flügeladern. Es zeigt sich ferner, dass die bisher als die besten bezeichneten Abbildungen in dieser Hinsicht nicht genügen, weil sie die Natur der Adern ausser Acht lassen und den Nachweis der homologen Adern nicht ermöglichen. — Als die besten, auch in Bezug auf Adolph's Theorie anwendbaren, Bilder können wir die von v. d. Wulp „Diptera Neerlandica" bezeichnen. — —

3. Characteristik der mit *Scenopinus* verwandten Dipteren-Familien und Gattungen.

Über die natürliche Verwandtschaft der Gattung *Scenopinus* haben bisher alle Systematiker verschiedene Ansichten ausgesprochen. Seit der verfehlten Eintheilung der Dipteren in *Diptera Nemocera* und *Brachocera* durch Macquart hat *Scenopinus* in letzterer Division die verschiedensten Stellungen eingenommen. Durch die Eintheilung Macquart's war die weit natürlichere Gruppirung der Fliegen, welche früher Latreille gegeben hatte, verwischt worden und damit der Gattung *Scenopinus* auch der Weg zur Subdivision 3, welche die Musciden und Pupiparen enthielt, geebnet worden, während bei Latreille die Muscarien eine eigene Familie bildeten, aus welcher sogar die Pupiparen, als besondere Section, den übrigen Dipteren gegenüber ausgeschieden waren. Vereinigen wir die Pupiparen mit der vierten Familie Latreille's [1] (*Athericera*), so entspricht dieser Complex meiner heutigen Suborde *Diptera cyclorhapha*. Latreille unterscheidet sich daher vortheilhaft von allen späteren Systematikern, dass die von ihm geschaffenen Hauptgruppen der Dipteren durch die genaueren Forschungen auf dem Gebiete der Entwicklung und Anatomie sehr wenig alterirt werden. —

Latreille stellt die Gattung *Scenopinus* daher nicht mehr zu den Athericeren, sondern zu den Notacanthen, wohin die Stratiomyiden gehören, also zu den heutigen orthorhaphen Dipteren, nur fehlt er insoferne, als die Verwandlung den *Scenopinus* in dessen zweite Familie verweist. In dieser zweiten Familie vereinigt Latreille meine [2] Tanystomen, Polytomen und Procephalen als *Tanystoma* und theilt sie in eilf Tribus, welche meinen Familien entsprechen.

Es scheint fast, als hätten die späteren Systematiker den Ausspruch Latreille's übersehen, der auf Seite 501 l. c. zu lesen ist. Es heisst dort: „Nos divisions générales de l'ordre des diptères sont établies sur la considération des diverses sortes de métamorphoses; en les négligeant, on pourrait avoir une distribution plus simple et plus commode, mais qui serait artificielle." In der hierauf folgenden eben angedeuteten künstlichen Eintheilung, nach den Mundtheilen und den Fühlern allein, wird *Scenopinus* zu den Notacanthen weg zu den Athericeren gestellt. Bevor ich auf die Ansichten anderer Autoren über die systematische Stellung der Gattung *Scenopinus* übergehe, stelle ich die Eintheilung der Dipteren Latreille's neben mein mit Schiner entworfenes, ebenso auf anatomische Merkmale und die Verwandlungsformen gegründetes System, um die geringen Unterschiede beider zu zeigen, obschon wir ganz andere Merkmale zur Unterscheidung der Gruppen gewählt haben. —

Mein System vereinigt in den beiden Hauptgruppen aber nur wirklich verwandte Formen, während von den beiden Sectionen Latreille's einander fern stehende Formen aufgenommen werden und die verwandten Muscarien und Pupiparen dadurch getrennt werden, dass Erstere in die Section I fallen. Weniger und grössere Verwandtschaftskreise festzustellen galt mir als Hauptziel der neueren Forschung. —

Da sich die Verwandtschaften der Formen nur aus der Anatomie und Entwicklung erkennen lassen, so erklärt sich hiermit auch die grosse Abweichung der übrigen Autoren von diesen beiden Systemen, indem dieselben weit weniger Gewicht auf obige, als auf künstliche Merkmale gelegt haben, und höchstens Differenzen im Hautskelete in Betracht zogen.

---

[1] Familles natur. du règne animal. Paris 1825, p. 495.
[2] Verh. der zool. bot. Ges. 1869. p. 848. —

Latreille's System.

I. Section:
1. Fam. Nemocera.
  1. Trib. Culicidae.
  2. „ Tipulidae.
2. Fam. Tanystoma.
  1. Trib. Tabanii.
  2. „ Sicarii.
    Coenomyidae.
    Chiromyza.
    Pachystoma.
  3. Trib. Mydasii (incl. Therera).
  4. „ Leptides.
  5. „ Dolichopoda.
  6. „ Asilici.
  7. „ Hybotini.
  8. „ Empides.
  9. „ Anthraci.
  10. „ Bombyliarii.
  11. „ Vesiculosa.
    (Acroceridae.)
3. Fam. Notacantha.
  1. Trib. Xylophagei.
  2. „ Stratiomydes (incl. Scenopinus).
4. Fam. Athericera.
  1. Trib. Syrphiae (incl. Pipunculus).
  2. „ Conopsariae.
  3. „ Oestrides.
  4. „ Muscides.

II. Section:
5. Fam. Pupiparae.
  1. Trib. Coriaceae.
  2. „ Phthyromyinae.

Unser System.

Subordo I. Orthorhapha.
A. Nematocera.
  I. Trib. Oligoneura.
    (Cecidomyidae.)
    Pars Tipulidarum Ltr.
  II. Trib. Eucephala.
    Pars Tipulidarum et Culicidarum Ltr.
  III. Trib. Polyneura.
    Pars Tipulidarum Ltr.
B. Brachycera.
  IV. Trib. Cyclocera.
    a) Notacantha.
      (= Fam. 3. Ltr. et Sicarii.)
    b) Tanystoma.
      (= Fam. 2. Trib. 1. u. 4. Latreille.)
  V. Trib. Orthocera.
    a) Polytoma.
      (Mydasii pars Ltr.)
    b) Procephala.
      (Fam. 2 Trib. 3 (excl. Therera) n. 5 bis 11. Ltr.)
  VI. Trib. Acroptera mit Lonchoptera.

Subordo II. Cyclorhapha.
A. Proboscidea.
  (= Sect. I. Fam. 4., Trib. 1. bis 4. Ltr.)
  I. Trib. Pseudoneura s. Syrphidae.
    (= Trib. 1. Ltr.)
  II. Trib. Eumyidae.
    (= Trib. 2., 3.. 4. Ltr.)
B. Eproboscidea.
  (= Sect. II. Ltr.).
  Trib. Pupipara.

In meinen früheren Arbeiten [1] habe ich gezeigt, dass die Pupiparen zunächst mit den echten Muscarien und zwar mit einer Gruppe der Cyclorhaphen verwandt sind, nur einen aberranten Zweig der Eumyiden bilden und nicht den ganzen übrigen Dipteren gegenüber gestellt werden können. Hätte Latreille die Larven von *Coenomyia* und *Xylophagus* s. str. (Type *X. ater*) gekannt, so hätte er die Tribus *Sicarii* fallen gelassen und wäre ihm die Verschiedenheit einer *Stratiomys*-Tonnenpuppe von der einer Muscarie bekannt geworden, so hätte er eine der heutigen sehr ähnliche Eintheilung der Fliegen gegeben. Da demselben auch die Verwandlung von *Scenopinus* nicht bekannt war, so liess er sich durch die Mundtheile desselben bestimmen ihn zu den Notacanthen zu stellen. —

Wenn einige spätere Autoren sich, trotzdem ihnen obige Momente theilweise und die Verwandlung von *Scenopinus* bekannt waren, über die richtige Stellung der Gattung nicht klar werden konnten, so lag das wohl darin, weil die Bildung des Kopfendes der Dipteren-Larven und der Mundtheile derselben höchst

---

[1] Verh. der zool. bot. Ges. 1867, p. 737 ff. --

unvollkommen beschrieben und niemals vergleichend bearbeitet worden waren, ebenso weil man sich bei der Verpuppung der Larven von Äusserlichkeiten leiten, und den verschiedenen Kopfbau der vollkommenen Thiere ganz ausser Acht liess.

Meigen blieb über die Verwandtschaft des *Scenopinus* im Unklaren. Er stellt (syst. Beschreibung d. eur. Zweiflügler) die Gattung zwischen *Lonchoptera* (*Oxyptera*) und *Conops*. Es folgen in der Reihe: Dolichopoden, *Oxypterae*, *Scenopinus* und Conopiden. Da die Larve von *Lonchoptera* sehr abnorm gebaut ist und deren Mundtheile ungenau bekannt sind, deren Körperbau aber mehr auf die Stratiomyiden hinweist, so steht sie jedenfalls trennend inzwischen. Die Larve von *Scenopinus* schliesst sich eng an die von *Thereva*. — Mit den Conopiden als cyclorhaphen und nach meiner neueren Anschauung holometopen (Acalypteren) Dipteren hat *Scenopinus* aber nichts gemein. Die Puppe von *Lonchoptera* ist eine *coarctata orthorhapha*, wie bei *Stratiomys*. —

Wiedemann (Aussereuropäische Zweiflügler I, p. 239) weist dem *Scenopinus* ebenfalls den Platz zwischen Dolichopoden und Conopiden an, also zwischen ortho- und cyclorhaphen Dipteren, eine Stelle, die nach meinen neuen Untersuchungen [1] nur den Syrphiden mit *Pipunculus* zukommen kann. — Letztere haben das unsymmetrische Hypopygium der Männchen mit Syrphiden gemein. Die von mir früher diesen genäherten Platypeziden zeigen nahe Verwandtschaft mit den Phoriden und haben ein symmetrisches Hypopygium der Männchen. — Die *Pupa coarctata cyclorhapha* scheidet alle letzteren von *Scenopinus*, der eine freie Mumienpuppe zeigt.

Léon Dufour, welcher die Gattung anatomisch untersuchte und die Nymphe kannte, spricht sich auch über die Stellung derselben im System soweit ganz richtig aus, als er dieselbe neben *Thereva* in eine eigene Familie stellt. Er sagt (Ann. Soc. Ent. d. France, 2. Ser. Tom. 8, p. 493 1850 und ebenso Mém. Acad. d. Sc. Tom. XI, 1850) „qu'il semblait avoir été mis au monde pour le tourment et le désespoir des classificateurs."

Es ist aber ein Missverständniss Léon Dufour's, wenn er seinen Landsmann Latreille weiters zu widerlegen sucht und das künstliche, oben erwähnte System des letzteren, für das Latreille'sche System hält. Es ist somit überflüssig zu beweisen, dass vermöge der Form des Nervensystems und der Anlage des Flügelgeäders *Scenopinus* nicht, wie Latreille angeblich behauptet haben soll, zu den Museiden (Athericeren) gehöre; denn Latreille hat den *Scenopinus* zu den Notacanthen gestellt und nur im bequemeren künstlichen Schema bei den Muscarien aufgeführt. Siehe oben. —

Sehr merkwürdige Ansichten über die Gattung *Scenopinus* hat Bigot ausgesprochen (Essai d'une Classification Gén. et de l'ordre des Insectes Diptères. Ann. Soc. Entom. de France 2. s. T. X. p. 471, 1852). Er stellt die Scenopiniden in die achte Tribus *Bombylidi* als Gruppe *B*.

Im Jahre 1858 (l. c. 3. ser. T. VI, p. 571) erklärt derselbe, dass die Scenopiniden, wo sie immer hingestellt würden, im Systeme störend wirkten. Die innere Anatomie nähert sie den Bombyliden, während das Aussehen sie sowohl den Stratiomyiden als auch den Museiden nahe bringt. Er fühlt sich dadurch zu dem Ausspruche veranlasst: „quoi qu'il en soit, il semble inévitable de les réunir à ces autres ébauches que Dieu, „dans son oeuvre infinie, n'a pas voulu parfaire, soit pour nous démontrer, une fois de plus, notre vanité et sa „grandeur, soit pour tenir constamment en haleine les facultés spirituelles qu'il a daigné nous départir, soit „enfin pour d'autres motifs qu'il ne nous a pas révélés." —

Es scheint aber dieser Ausspruch ziemlich unbegründet, da Bigot über die Verwandtschaft der Scenopiniden durchaus nicht so im Dunkel geblieben ist. — Da die Museiden als cyclorhaphe Dipteren hinwegfallen, so bleiben nur die Bombyliden und Stratiomyiden zu betrachten. Mit ersteren ist *Scenopinus* durch seine Larve etc. wirklich verwandt, den letzteren ist er nur ähnlich, zum Beispiele einem *Nemotelus* oder *Pachygaster*. Da nun Bigot seine Tribus *Bombylidae* in Thereviden, Bombylidae s. str. und Scenopiniden theilt, so stünden ziemlich nahe verwandte Formen richtig beisammen.

----

[1] Monographie der *Tabanus*-Arten etc. Denkschr. der kais. Akad. der Wissensch. Wien 1880. —

Gerstaecker (Handbuch d. Zoologie von V. Carus. Tom. II, 1863, p. 270) trennt die Familie *Scenopinidae* von ihren nächsten Verwandten; sie bildet den Schluss der ersten Horde, in welche allerdings alle Dipteren gehören, welche eine freie schmetterlingsartige Puppe (*Pupa obtecta* nach Gerstaecker) haben. In diese Horde hat Gerstaecker aber auch die Platypeziden gestellt, von denen schon Westwood richtig vermuthete (Introd. to the modern Classif. of Insects II. p. 554), dass sie eine in der Larvenhaut verborgene Puppe besitzen dürften. Heute weiss man, dass die Platypeziden [1] mit den Orthorhaphen nichts gemein haben, als dass sie Dipteren sind.[2] dagegen eine cyclorhaphe Tonnenpuppe haben. — Zwischen *Thereva* und *Scenopinus* stellt nun Gerstaecker die *Empiden*, *Inflata*, *Bombylidae* (inclusive der mit Syrphiden verwandten Gattung *Pipunculus*), *Leptiden*, *Dolichopoden* und *Platypeziden*. Andererseits folgen in der zweiten Horde die Stratiomyiden, deren nächste Verwandten aber die, vor allen genannten Familien der ersten Horde, die Tabaniden sind, wie das die Untersuchung der Kopftheile der Larven und die Anatomie zeigen. Es entstand diese unnatürliche Gruppirung durch die zu allgemeine Ansicht über die Verpuppung, wobei keine Rücksicht auf die Verschiedenheit der *Pupa coarctata orthorhapha* von der *Pupa coarctata cyclorhapha* genommen wurde, und deren Unterschiede nebensächlich bei Seite geschoben wurden, obschon auch der Kopfbau der Fliegen beider Gruppen ein ganz anderer ist.[3] Allerdings ist das letztere ein Moment, auf das ich erst später aufmerksam gemacht habe.[4] — Die Eintheilung in *Diptera ortho-* und *cyclochapha* wurde aber auch nachher nur mit Misstrauen aufgenommen, obschon sie Schritt für Schritt das System der Fliegen in ein natürlicheres verwandelte. —

Der berühmte Dipterologe Löw hat in der Stettiner entomologischen Zeitung (1845, p. 312) einen eigenen Aufsatz über die systematische Stellung von *Scenopinus* geschrieben, beginnt aber seine kritischen Bemerkungen erst mit Meigen, dessen Ansichten ich bereits erwähnt habe. Löw meint, dass Meigen durch die Fühlerbildung und das Flügelgeäder geleitet worden sei die Gattung in die Nähe von *Conops* zu stellen, glaubt indess, dass der Zweig, den die dritte Längsader zum Flügelvorderrand sendet, auch bei den ersten Familien von Meigen's dritten Bande sich, bis zu den Stratiomyiden hin, noch findet und erst bei den Syrphiden erlischt. Die Erkenntniss der Verwandtschaft blieb Meigen wahrscheinlich verhüllt, weil er die Mundtheile für abweichend hielt. Letztere zeigen aber auch bei den mit *Scenopinus* nahe verwandten Familien, den Bombyliden etc. grosse Verschiedenheiten innerhalb der hiehergehörenden Gattungen, und bedürfen einer gründlichen Untersuchung um für die Systematik mit Erfolg verwerthet zu werden. Ich habe hierüber schon in meiner Arbeit über die Dipteren des Wiener Museums meine Ansichten ausgesprochen (Abh. Denkschriften d. kais. Akademie der Wissenschaften Wien 1880). — Löw sagt weiter, dass Bouché die wahre Verwandtschaft des *Scenopinus* mit *Thereva* durch die Entdeckung der Larve nachgewiesen habe und dass er selbst unabhängig davon durch die Anatomie der Fliege zur nämlichen Ansicht gelangt sei. Dieser Verwandtschaft steht weder der Bau der Fühler, noch das Flügelgeäder entgegen. Weiter heisst es: „Selbst dem Baue der Mundtheile, wenn er sich „so finden sollte, wie ihn Meigen beschreibt, kann hier keine entscheidende Stimme eingeräumt werden, da „innerer Bau und Verwandlungsgeschichte zu einstimmiges Zeugniss über dieses Verwandtschaftsband „ablegen."

Was Löw veranlasst hat den *Scenopinus* später wieder (Diptera of North America I, p. 28) anders zu stellen und von seiner richtigen früheren Ansicht abzugehen, ist mir unklar. *Scenopinus* steht in letzterem Werke zwischen den Pipunculiden und Platypeziden interimsweise als eigene Familie. Allerdings wird auch hier eine Verwandtschaft mit den Bombyliden vermuthet. Die Pipunculiden gehören indess als cyclorhaphe Fliegen nahe zu den Syrphiden und die Platypeziden zu den Hypoceren Schiner's (Phoriden). — Überhaupt finden sich in dieser Arbeit auch die Cyrtiden weit von den Bombyliden getrennt, deren nächste Verwandte sie sind. Die

[1] Frauenfeld Verh. der zool. bot. Ges. XIV, p. 68. —
[2] Bergenstamm, Verh. der zool. bot. Ges. Wien 1870, p. 37. Taf. 3A.
[3] Siehe meine Mittheilungen in den Denkschriften der kais. Akad. 1880, Bd. XLII. math. naturw. Cl. p. 108. —
[4] Monographie der Oestriden. 1863. —

obigen Angaben Löw's sind aber um so wichtiger, als sie den Nachweis enthalten, dass Bouché und Löw schon vor Léon Dufour die richtige Verwandtschaft von *Scenopinus* erkannt haben. —

Von bedeutendsten französischen Dipterologen ist noch Macquart zu erwähnen. Derselbe beginnt (Dipt. exot. T. II. 3, Paris 1843) seine Gruppe *Dichoeta* mit Scenopiniden, worauf Conopiden, Myopinen, Oestriden und Musciden, also durchweg *Diptera cyclorhapha* folgen, mit welchen die Scenopinen niemals in Eine Gruppe gebracht werden können. — Vorher schliesst die andere Gruppe mit den Dolichopodiden. — Es ist diese Eintheilung jedoch vor Dufour's Untersuchung gemacht. —

Rondani (Dipterol. Italicae Prodrom 1, p. 14 und 34, 1856) stellt *Scenopinus* zwischen die Cyrtiden (*Inflata*) und Stratiomyiden. Jedenfalls ist dies eine natürlichere Stellung, obschon die nächsten Verwandten gerade diese beiden Gruppen meiner Meinung nach nicht sind. Immerhin finden wir unter den Cyrtiden Formen mit sehr ähnlichem Flügelgeäder. Man vergleiche z. B. *Pterodontia flavipes* Macq. (Dipt. Exot.) mit *Scenopinus* und solche mit ähnlichen Antennen z. B. *Archynchus* Phil. —

Schiner hat nach meiner Ansicht (Fauna austriaca I) den Scenopiniden die passendste Stelle angewiesen, sie werden zwischen Thereviden und Midasiden aufgeführt. Ich werde auf diese Stellung später zurückkommen. Ja ich durch andere Merkmale zu einem ähnlichen Resultat gelangt bin. — Im Catalog der europäischen Dipteren [1] hat Schiner leider die Reihe geändert. Die Scenopiniden folgen auf die Acroceriden und werden andererseits durch die Thereviden von den Mydasiden getrennt (p. 31).

In Osten-Sacken's Catalog der nordamerikanischen Dipteren, p. 97 folgen die Familien folgendermassen: *Asilidae, Mydaidae, Nemestrinidae, Bombylidae, Thereviden, Scenopinidae, Cyrtidae.* — In meiner Charakteristik der Dipteren-Larven und dem hierauf gebauten Systeme [2] findet man die Scenopiden mit den Thereviden vereint, da sich für die Larven keine Unterschiede feststellen liessen, obschon ich nicht zweifle, dass geringe Unterschiede vorhanden sind. Beide habe ich als *Polytoma* Gruppe *α* der Tribus *Orthocera* aufgeführt. Der durch Zwischensegmente 19 Ringel und ein Analsegment (wahrscheinlich nur ein Nachschieber und kein Segment) zeigende schlanke Körper und die kopfartig entwickelte grosse Kieferkapsel lässt diese Gruppe leicht erkennen. — Bei einer näheren Betrachtung der zu den Orthoceren gehörenden Larven zeigt sich indess, dass die stärkere Entwicklung von Zwischensegmenten nicht ausschliesslich den Thereviden- und Scenopiniden-Larven zukommt und auch sonstige Merkmale, wie die Kieferkapsel bei den einzelnen Familien grossen Schwankungen in der Form unterliegt, so dass bei genauerer Kenntniss der Larven der verschiedenen Gattungen die Grenzen der Polytomen und Procephalen verwischt werden. Von der Gruppe *Acroptera* will ich nicht weiter sprechen da die Mundtheile der *Leuckoptera*-Larven nicht bekannt sind. —

So zeigt die Larve von *Itamus* (*Asilus*) *cyaneus* die Hinterstigmen am vorletzten Ringe, und vorher sechs deutliche wulstige Zwischensegmente vom fünften Ringe an. — Die Larve von *Lapheia* hat vom vierten Ringe hinter der Kieferkapsel an gezählt, sieben mit ausstülpbaren Warzen umgürtete Zwischensegmente und die Stigmen auf dem vorletzten Ringe. Es sind also bei *Itamus* 18 Körperringe sichtbar, 12 Segmente mit 6 Zwischensegmenten die Kieferkapsel mit gerechnet; bei *Lapheia* dagegen 19 Ringe mit 7 Zwischensegmenten. — Bei *Itamus* fehlt das erste Zwischensegment, bei *Lapheia* ist es vorhanden und bei beiden bilden die zwei letzten Segmente mit dem Nachschieber nur Einen Abschnitt, die Stigmen liegen daher stets am achten Hinterleibsegment, auch bei *Scenopinus*.

Die Lage der Hinterstigmen auf einem Wulste vor dem letzten Ringe haben die bis jetzt bekannten Asiliden, Bombyliden und Mydaiden mit einander gemein und auch bei der unvollkommen bekannten Acroceriden Larve scheint die Lage ähnlich zu sein (man vergleiche meine Abbildung von *Astomella.* Verh. d. k. k. zool.-bot. Gesell. Bd. XIX. 1869. Taf. XIII, Fig. 1). Bei den Polytomen rücken die Hinterstigmen noch um einen Ring vor, weil der letzte Ring noch zweitheilig erscheint.

Bei Empiden und Dolichopiden liegen sie terminal am letzten Ringe.

---

[1] Siehe auch: Ein neues Syst. Verh. der zool bot. Ges. Wien Bd. XIV. 1864. p. 205. —
[2] Siehe oben u. Verh. der k. k. zool. bot. Ges. 1869. T. XIX, p. 819. —

Die beiden letzteren Familien, deren Larven sehr wenig Unterschiede zeigen, weichen noch dadurch von allen vorigen ab, dass ihre Kieferkapsel kleiner ist und die Oberkiefer mehr horizontal gelagert sind, so dass sie bei der Action — während die weichen Unterkiefer, die in der Ruhe weit vorragen und dann tief zurückgezogen werden können, — nach aussen und unten geschlagen werden. — Das Chitinskelett (Schlundgerüst), an welchem die Unterkiefer sitzen, lässt sich in der Form mit den vereinigten Unterkieferknochen eines Säugethieres vergleichen, während bei den anderen Familien, inclusive den Polytomen, dasselbe eine schmale Chitinplatte darstellt, die nach hinten in zwei gerade Chitingräten ausläuft (*Thereva*, *Asilus*, *Astomella*, *Bombylius*) und unten meist zwei Kämme der Länge nach verlaufend zeigt. —

Durch diese Merkmale würden sich die *Orthoceren* natürlicher in zwei Gruppen theilen, deren eine die Thereviden, Scenopiniden, Acroceriden, Bombyliden, Nemestriniden, Mydaiden und Asiliden: deren andere die Empiden und Dolichopoden enthielte.

Da wir die früher in die Nähe der Scenopiniden gebrachten Platypeziden, Pipunculiden und Athericeren als cyclorhaphe Dipteren ausgeschieden haben, so bleiben uns jetzt nur von den Orthoceren die Familien der ersten Gruppe zur Vergleichung übrig. — Unter diesen bildet entschieden einerseits, wie schon Bonché nachgewiesen, den Anschluss die Familie *Thereidae*. In wie weit die übrigen verwandtschaftliche Beziehungen zeigen will ich nun besprechen. Da die Larven derselben doch nur von wenigen Gattungen und theilweise sehr ungenau studirt sind, so wird man mit ihrer Hilfe wenig weiter kommen als ich das oben gezeigt habe. Namentlich sind die Nemestriniden Larven unbekannt und die Beschreibung der Mundtheile der den Asiliden-Larven sehr ähnlichen Mydaiden-Larve sehr unvollständig. Mir scheint überhaupt das, was über die Larve von *Mydas* gesagt wurde sehr zweifelhaft. Es ist schwer zu sagen ob die Larven der Gattungen dieser Familie sehr verschieden gebaut sein werden; wenn man die Mundtheile der vollkommenen Thiere betrachtet, von welchen die einen einen langen Bombyliden Rüssel, die anderen nur einen kurzen breitlippigen Schöpfrüssel zeigen (*Cephalocera*, *Microdetus* — *Mydas*, *Dolichogaster*), so findet sich andererseits eine solche Variation der Mundtheile auch bei den Familien *Bombylidae*, *Nemestrinidae*, *Acroceridae* und auch hier fehlt ein Vergleich einer *Anthrax*- mit einer *Bombylius*-Larve. Die Larven der Bombylier und Anthracinen, welche Reily neuerlich abgebildet hat, sehen einander sehr ähnlich. [1]

Die Lebensweise, die für die Systematik nur einen untergeordneten Werth hat, gibt wenig Aufschluss. Wir sehen dieselbe Art oft blüthenaussaugend und als Raubthier oder Blutsauger (*Tabanus aprieus* Mg, *Empis*-Arten). Von den hieher gehörenden Familien sind die Thereviden Raub- und Blumeninsecten, die Acroceriden mit langem Rüssel wohl Blumensauger: die anderen nehmen vielleicht keine Nahrung. — Bombyliden und Nemestriniden sind Blumensauger, die Asiliden nur Raubfliegen. Von den Mydaiden sagt Macquart (Westwood Introd. II, 550), dass sie, wie Laphrien, Insekten mit den Vorderbeinen fangen und aussaugen. In wiefern dies von den langrüsseligen Formen gilt, vermag ich nicht zu sagen, halte diese aber für Blüthensauger. — Die Dolichopoden sind Raubfliegen. Was die Larven anbelangt, so sind sie theils Raubthiere, theils Parasiten und Einmiether in Nester oder Eierkapseln. Während unter den Bombyliden *Anthrax* und *Systropus* (teste Westwood) in Schmetterlingsraupen und Puppen parasitiren, *Argyromoeba* u. a. in Bienennestern, ist nach Reily die *Systoechus*-Larve in den Eikapseln von Heuschrecken Einmiether.

Die Acroceriden sind Spinnenparasiten, die Asiliden leben frei vom Raube, ebenso die Thereviden und Scenopiniden, letztere vielleicht auch von thierischen Abfällen. Von den Mydaiden sagt Mac Leay, dass die Larve von *Mydas tricolor* Wd. parasitisch in grossen Prioniden-Larven lebt (Westw. Introd. II, 550), während Walsh sie frei in faulem Holz fand. Vielleicht verlässt die reife Larve ihren Träger oder bohrt sich, wenn noch nicht ausgewachsen, in eine zweite Larve ein. — Die vollkommenen Thiere der Gattung *Scenopinus* sind nie als Raubthiere beobachtet und ihre Mundtheile auch dagegen sprechend. Doch beweist das, wie aus

---

[1] Da die Beschreibungen und Abbildungen der orthorhaphen Dipteren-Larven mit wenigen Ausnahmen sehr mangelhaft sind, namentlich die Familiencharactere vernachlässigt werden und oft nur specielle Auszeichnungen näher beschrieben sind, so werde ich die Hauptformen hier anschliessend später bildlich darstellen. —

der Verschiedenheit der Lebensweise innerhalb Einer Familie hervorgeht, für die systematische Stellung nichts. —

Nachdem wir den Rüssel in seiner Bildung bei den einzelnen Familien sehr veränderlich gesehen haben, so bleiben bei den vollkommenen Insecten noch zwei für die Systematik allezeit als wichtig anerkannte Momente in Betracht zu ziehen: 1. Die Bildung der Füsse und 2. das Flügelgeäder. —

Die Gruppe 1 (siehe oben p. 103) der *Orthocera* lässt sich nach den Füssen in zwei kleinere Gruppen sondern: Erstens *Orthocera* mit drei gleichgrossen Haftlappen an den Tarsen, oder anders ausgedrückt mit zwei Haftlappen und einem diesen gleich entwickelten Empodium. Hieher gehören die Nemestriniden und Acroceriden.

Zweitens *Orthocera* mit zwei Haftlappen, ganz fehlendem oder nur sehr kleinem rudimentären Empodium. Hieher gehören die Bombyliden, Asiliden, Mydaiden, Scenopiniden und Thereviden. —

Das Flügelgeäder[1] zeigt die grössten Schwankungen und Reductionen bei den Acroceriden und Nemestriniden. Während bei den letzteren die aus der Discoidalzelle abgehenden Adern alle parallel dem Hinterrand verlaufen und zum Vorderrande aufgebogen sind, thut diess bei ersteren höchstens die erste Ader aus der Discoidalzelle (*Psilodera, Pterodontia floripes*) d. h. das Ende der dritten Längsader geht zum Vorderrande. —

In der zweiten Gruppe finden wir ein solches Streben der Längsadern den Vorderrand vor der Spitze zu erreichen, nur bei den Mydaiden und Scenopiniden; beides Formen, welche sich noch durch die Fühlerbildung nähern, indem an denselben weder Griffel noch Borste auftritt, sondern die Glieder als solche länger oder kürzer zu 3—5 vorhanden sind. — Der Übergang der Mydaiden zu den Asiliden wurde von Gerstaecker (Stett. Ent. Z. 1868) und Philippi (V. z.-b. Ges. 1865) constatirt, doch von ersterem gerade mit Ausschluss von *Apiocera*, von letzterem mit Hilfe dieser und seiner Gattung *Anypenus*. Mir scheinen letztere Formen einen Übergang zu den Thereviden anzudeuten, deren zarte Beine sie zeigen. Unter allen orthoceren Fliegen mit zwei Haftlappen finden wir aber nur die Mydaiden und Scenopiniden bei denen scheinbar die vierte Längsader nach vorne verläuft und vor der Flügelspitze mündet.

Bei allen andern gehen die vierte Längsader und die anderen aus der Discoidalzelle entspringenden Adern, zum Hinterrande und münden hinter der Flügelspitze. —

Bei *Scenopinus* ist nur das Mydaiden-Geäder vereinfacht, gerade so wie das bei einigen Gattungen der Acroceriden der Fall ist. — Der *Scenopinus* hört auf eine isolirt stehende Form zu sein, wenn man ihn zwischen Mydaiden z. B. *Dolichogaster, Megascelus, Apiocera* und anderseits *Thereva* betrachtet. Er steht in seinem ganzen Körperbaue den echten *Mydas* weit näher, als den Thereviden, mit denen er nur die zarten, aber viel kürzeren Beine theilt. Jene kurzfühlerigen Mydaiden scheinen den unzweifelhaftesten Übergang zu *Scenopinus* zu zeigen.

Der Vergleich der Flügelrippen von Mydaiden und Thereviden mit *Scenopinus* ergibt Folgendes: Die dritte Längsader ist bei den Mydaiden gegabelt und dahinter liegen die erste und zweite Hinterrandzelle (*Miccodetus, Diochlistus, Teiclonus, Megascelus, Anypenus*), oder die erste Ader aus der Discoidalzelle fällt aus, erste und zweite Hinterrandzelle sind vereinigt (*Perissocerus, Rhopalia, Cephalocera, Miltinus, Leptomydas, Ectyphus, Mydas, Dolichogaster*); dadurch entstehen auch die zwei Gruppen, welche Gerstaecker (l. c. pag. 72) unterschieden hat. Es wechselt die Zahl der Hinterrandzellen sowohl hiedurch, als auch durch Ausfall der kurzen zum Hinterrande gehenden Querader zwischen den dritten und fünften Hinterrandzelle. Es können somit die erste und zweite und die dritte und fünfte Hinterrandzelle vereinigt sein. Durch den zum Hinterrande parallelen Verlauf der Enden der dritten, vierten und fünften Ader liegen drei (1.—3.) Hinterrandzellen an der Flügelspitze hintereinander und die vierte und fünfte hinter der Discoidalzelle, so dass die dritte und fünfte neben einander am Hinterrande des Flügels zu liegen kommen. Die Grenzen der vierten Hinterrandzelle sind vorne der hintere Zweig der Discoidalader Schiner's, hinten die fünfte

[1] Man vergleiche meine Mittheilungen über das Flügelgeäder nach Dr. Adolph. —

Längsader, das ist ein vorderer, dem vorigen parallel laufender Ast der Postical- oder fünften Ader. Dieser Ast ist von Schiner (Verh. d. z.-b. Gesell. 1864. Taf III), Fig. 6 (Stratiomyiden) und Fig. 8 (Nemestriniden) fälschlich als ein Zweig der Discoidalader mit „*f*" bezeichnet; es ist aber, wie Fig. 5 (Tabaniden-Flügel) zeigt, ein Zweig der Posticalader und und dort auch richtig mit „*g*" bezeichnet. —

Die Reduction der Adern zeigt sich nun bei *Scenopinus* folgendermassen. Die dritte Längsader endet mit einer Gabel in den Vorderrand. Die kleine Querader rückt mehr in die Mitte der Discoidalzelle, wie bei *Lophopeus*. Die vierte Längsader geht ebenfalls zum vorderen Spitzenrande des Flügels, wie bei Mydaiden, die fünfte Ader läuft etwas nach hinten, aber fast gerade zum Hinterrande der Flügelspitze. Der hintere Ast der Discoidalader Schiner's fehlt gänzlich (oder man müsste annehmen er verschmilzt mit der vorderen Zinke der fünften Ader der ganzen Länge nach zu. Einer Ader). Durch diesen Ausfall verschmilzt die vierte Hinterrandzelle mit der Discoidalzelle, die dritte fehlt und die fünfte Hinterrandzelle bildet eine grosse Zelle in der Gabel der fünften Längsader. Dass eine solche Reduction im Flügelgeäder, wenn anders das Schema dasselbe bleibt, wenig systematischen Werth hat, sehen wir bei den Acroceriden. Zeichnet man in den *Scenopinus*-Flügel den hinteren Ast der Discoidalader in diese Zelle hinein, so entsteht sofort das Mydaidengeäder durch Einen Strich, ganz so wie es bei *Apiocera* auftritt. Bei den Thereviden ist die dritte Längsader gegabelt und sind alle fünf Hinterrandzellen und die Analzelle vorhanden, aber die vierte Längsader läuft schon zum hinteren Spitzenrande und keine mit dem Hinterrande parallel, ja sogar die hintere Zinke der Gabel der dritten Längsader mündet schon hinter der Flügelspitze, so dass in dieser Hinsicht das Geäder von *Scenopinus* dem von Mydaiden durch den Verlauf der dritten auch der vierten Längsader viel näher steht als den Thereviden.

Durch den Ausfall der vierten Hinterrandzelle hinter der Discoidalzelle, entsteht anderseits die grosse Ähnlichkeit des Flügels von *Scenopinus* und *Conops* und anderer Cyclorrhaphen, nur darf man nicht vergessen, dass bei letzteren die dritte Längsader höchstens bei Syrphiden gegabelt ist. Ein Anbiegen des vorderen Astes der vierten Längsader oder dieser selbst zum Vorderrande findet sich aber gerade bei der Mehrzahl der schizometopen Cyclorrhaphen (Muscinen, Tachinen, Dexinen), bei Holometopen (Conopiden u. a.), bei Syrphiden und ebenso fehlt bei diesen auch der hintere Ast der Discoidalader.

Ich will hier nebenbei bemerken, dass auch bei den Anthomyiden die vierte Längsader nach vorne gebogen und eine sogenannte Spitzenquerader vorhanden ist, nur verläuft sie genau am Flügelrande und sämmt diesen ein. Durch dieses wichtige Merkmal wird es leicht, falsche Anthomyiden, oder solche Formen anderer Familien, welche das Anthomyiden-Geäder vortäuschen, von diesen zu unterscheiden. Es gehört hieher die bisher zu den Anthomyiden gestellte Gattung *Syllegoptera* Rond., deren vierte Längsader in den Hinterrand endet und den Flügelrand bis zur dritten Ader nicht einsäumt. Sie muss vorläufig zu den Dexinen gestellt werden. — Ferner haben ein falsches Anthomyiden-Geäder jene Tachinarien, welchen die Spitzenquerader fehlt; auch sie zeigen keine Randader zwischen der dritten und vierten Längsader (*Thryptocera frontalis* Meq., *Phytomyptera* Rond., *Roeselia* R. D. und *Melia* R. D. — ferner unter den Oestriden: *Gastrophilus*.

Es sei jedoch bemerkt, dass eine wahre Spitzenquerader (*Scenopinus*, *Mydas*, *Apiocera* etc.) niemals das Ende der vierten Längsader ist, sondern als Convexader zur dritten Längsader gehört und ihr Ursprung verwischt ist. Bei *Gastrophilus* u. A. geht aber die vierte Längsader als Concavader zum Rande u. Siehe meine Abhandlung über das Flügelgeäder nach Adolph.

Vergleichen wir die von mir gegebene Tabelle der Familien (siehe Denkschriften der kais. Akademie 1880. p. 110), so muss ich vor allem auf zwei Fehler, die sich bei der Drucklegung eingeschlichen haben, aufmerksam machen. Bei 27 (Mydaiden) muss es heissen: bei *Mydas* fehlt die erste Ader aus der Discoidalzelle; nicht aber: „die zweite Ader und diese Zelle fehlen." — Ebenso muss bei 31 (Thereviden) das „Fühler ohne Griffel und Borste" gestrichen werden. —

Im Anschluss an die besprochene Tabelle will ich eine Übersicht der bekannten Gattungen der Mydaiden, Apiocerinen und Scenopiniden geben. Mit Rücksicht auf das früher Gesagte können wir von Punkt 21 l. c. an sagen: Füsse mit drei Haftlappen. Fühler mit einfachem dritten Gliede mit oder ohne Griffel oder Borste. Nach Ausscheiden der Leptiden erhalten wir die Familie der Nemestriniden und Acroceriden.

(Brauer.)   7

Ferner A: Füsse mit zwei Haftlappen und rudimentärem oder fehlendem Empodium, — Fühler 3—5gliedrig ohne Griffel und Borste, höchstens das letzte Glied, ein kleines kegeliges Knöpfchen am dicken vorletzten Gliede, wie Löw sagt, einen plumpen Griffel bildend; im Ganzen lang oder kurz, keulen- oder knopfförmig; wenn 3gliedrig das letzte Glied citronenförmig durch den dicken Griffel, oder elliptisch, oder zungenförmig ohne Griffel. — Discoidalzelle vorhanden oder mit der vierten Hinterrandzelle vereinigt; dritte Längsader gegabelt, die Enden der dritten, vierten und oft auch der fünften Längsader nach vorne gegen den Vorderrand der Flügelspitze gebogen und dort mündend oder untereinander vor dem Ende zuweilen vereinigt.[1] 3—5 Hinterrandzellen vorhanden, je nachdem die erste und zweite, oder die dritte und fünfte in eine Zelle vereinigt, oder alle durch das Vorhandensein des hinteren Astes der Discoidalader entwickelt sind. Analzelle lang und spitz, stets vorhanden. Flügel in der Ruhe flach am Leibe liegend.

I. Gruppe. Rüssel kurz oder lang, stets mit rudimentären oder fehlenden Tastern, 4—5 Hinterrandzellen im Flügel. Discoidalzelle und vierte Hinterrandzelle vorhanden.   *Mydaidae.*

1. Aus der Discoidalzelle zwei Adern am Ende zum Vorderrand gehend und in denselben getrennt oder vereint mündend. Fühler stets länger, zuweilen viel länger als der Kopf, 4gliedrig oder noch mehr Glieder zeigend.

     Gabelzelle langgestielt. Rüssel lang ohne Endlippen.   *Mitrodetus.* Gerst.
     Gabelzelle kurzgestielt. Rüssel kürzer mit Endlippen.
       Untergesicht kurz, zurückweichend. Rüssel horizontal hervorstehend.   *Diochlistus* Gerst.
       Untergesicht lang, senkrecht. Rüssel senkrecht herabsteigend.   *Trichous* Gerst.[2]

2. Aus der Discoidalzelle nur eine Ader am Ende entspringend und zum vorderen Spitzenrande gehend. Fühler stets länger als der Kopf, oft sehr lang. 4—5gliederig.

   a) Endkeule der Fühler auffallend gross und monströs.   *Perissocerus* Gerst.
   b) Endkeule von gewöhnlicher Bildung.
     α Endsegment des ♀ ohne Stachelkranz, Äste der Gabel der dritten Längsader getrennt in die erste Längsader mündend.   *Mydas* Fabr.
     β Endsegment des ♀ mit Stachelkranz.
       + Gabel der dritten Längsader ohne Aderanhang.   *Rhopalia* Macq.
       + + Gabelzelle mit Aderanhang.
         ○ Rüssel ohne Endlippen.   *Cephalocera* Latr.
         ○○ Rüssel mit Endlippen.
           ⋌ Nur der vordere Gabelast in die erste Längsader mündend.   *Miltinus* Gerst.
           Beide Zinken in die erste Längsader mündend
             Kleine Querader am Hinterrande, die zweite und fünfte Hinterrandzelle trennend, vorhanden (vier Hinterrandzellen).   *Ectyphus* Gerst.
             Kleine Ader am Hinterrande fehlend, dritte und fünfte Hinterrandzelle vereint (respective nur drei Hinterrandzellen).   *Leptomydas* Gerst.

3. Aus der Discoidalzelle nur Eine Ader zum vorderen Spitzenrande gehend. Fühler kürzer als der Kopf, 4gliedrig. Gabeläste der dritten Längsader vor dem Ende vereint.   *Dolichogaster* Meq.

4. Aus der Discoidalzelle zwei Adern zum vorderen Spitzenrande gehend, Fühler kürzer als der Kopf, 3gliedrig oder 4gliedrig mit Einschluss des Endknöpfchens). Hinterer Ast der Gabel der dritten Längsader

---

[1] Die ein ganz analoges Flügelgeäder zeigenden Nemestriniden unterscheiden sich durch die drei Haftlappen der Füsse. —

[2] Osten-Sacken's n. G. *Raphiomidas* aus Californien ist verwandt mit *Mitrodetus*. Es sind drei Zellen hinter der Gabelzelle wie dort, aber zwei deutliche Ocellen, die Hinterrandquerader ist rudimentär und die Gabelzelle ist nur am Grunde nicht auch am Ende gestielt. — Lezteres kommt auch bei *Mitrodetus* abnorm vor. —

in die nächste Ader zurückgebogen einmündend, beide Äste getrennt mündend, die erste Hinterrandzelle erreicht dadurch nicht den Flügelrand.   *Megascelus* Phil.

II. Gruppe. Rüssel kurz, Taster entwickelt mit breitem löffelartigen oder blattartigen Endgliede. Fühler kurz, drittes Glied dick citronenförmig mit plumpem Griffel. Fünf Hinterrandzellen vorhanden. Discoidalzelle und vierte Hinterrandzelle getrennt vorhanden. Der Hinterleib bei beiden Geschlechtern vom vierten Ringe an verschmälert, wie bei *Therera*, die zwei letzten Ringe schmal cylindrisch, der Afterring beim Weibchen kurz, mit einem Kranz divergirender Stachelborsten, beim Manne eine breitschaufelige lange Geschlechtszange bildend.   *Apioceriuae.*

Erste und zweite Ader aus der Discoidalzelle in den vorderen Spitzenrand des Flügels mündend.
                                                                              Anypenus Phil.

Erste Ader aus der Discoidalzelle in den vorderen Spitzenrand, zweite in den Hinterrand des Flügels mündend.   *Apiocera* Westw. (= *Pomacera* Mcq.)

III. Gruppe. Rüssel sehr kurz mit breiten Endlippen und schmalen, kurzen, stab- oder schwach keulenförmigen kleinen Tastern. Weibchen ohne Legröhre. Fühler kurz, 3gliederig, das Endglied länglich zungenförmig ohne Griffel und Borste, ähnlich wie bei der Acroceriden-Gattung *Archynchus* Phil., nur kürzer. — Nur drei Hinterrandzellen durch Ausfall des hinteren Astes der Discoidalader. Discoidal- und vierte Hinterrandzelle Eine Zelle darstellend. Fünfte Längsader abgekürzt, oder in den Hinterrand, vierte in den vorderen Spitzenrand mündend.   *Scenopinidae.* [1]

Beine kurz, Körper plump.   *Scenopinus* Latr.

Beine und Körper schlank. Erste Hinterrandzelle geschlossen.   *Pseudatrichia* Ost.-Sack.

Den Gegensatz „B" zu allen diesen Formen bilden die Asiliden, Thereviden und Bombyliden, bei denen gewöhnlich schon der hintere Ast der dritten Längsader (exclusive Erax), oder stets die vierte Längsader hinter der Spitze des Flügels mündet. —

Da man von einer Reihenfolge in einer Linie bei einem natürlichen Systeme niemals sprechen darf, kann es nicht beirren, wenn einerseits der Übergang der Mydaiden zu den Thereviden durch *Apiocera* und *Scenopinus*, andererseits zu den Asiliden vorliegt. In anderer Hinsicht ist *Scenopinus* durch den Hinterleib, Thorax und das Geäder näher zu den Mydaiden als zu *Therera* verwandt. Die Fühler und der Kopfbau, die oft grossen ungleich facettirten Augen, das reducirte Flügelgeäder nähern *Scenopinus* den Acroceriden, von denen ihn das fehlende Empodium und der Mangel der grossen Schüppchen trennt.

Die Asiliden zeigen eine grosse Verwandtschaft zu den Mydaiden und Apiocerinen und zwar zu beiden durch den Stachelkranz am Hinterleibsende der Weibchen mancher Gattungen, z. B. *Dasypogon* und namentlich *Diogmites*, deren Fühler auch an die der echten Mydaiden Gestaecker's erinnern. Es dürfte daher die Reihenfolge, wenn sie schon angegeben werden soll, folgendermassen lauten:

1. Gruppe *Nemestrinidae.*
           Acroceridae.

2.   „   *Bombylidae.*
           Toxophorinae.

3.   „   *Asilidae.*
           Mydaidae.
           Apiocerinae.

4.   *Scenopinidae.*
           Thereridae.

---

[1] *Cerocatus* Rond. gehört nicht hieher. In der Beschreibung sind die Haftlappen nicht erwähnt. Baudi: Studi Entomol. Torino 1848. 99. T. 1. — Scheint zu den Thereviden zu gehören. — Fühler wie bei *Scenopinus* ohne Griffel und Borste. Flügel mit fünf Hinterrandzellen wie *Therera*. —

Natürlicher gruppirt sich das Ganze, wenn wir grössere Verwandtschaftskreise untereinander schreiben.

Nemestrinidae, Acroceridae.

Bombylidae, Toxophorinae.

Mydaidae, Apioccrinae, Asilidae.

Scenopinidae, Thereridae

Die 1. Gruppe zeigt drei Haftlappen von gleicher Entwicklung und den hinteren Ast der Discoidalader entwickelt.

Die 2. Gruppe hat nur scheinbar keinen hinteren Ast der Discoidalader, er ist aber dennoch vorhanden, und zwei Haftlappen. Vergl. T. I.

Die 3. Gruppe hat zwei Haftlappen, den hinteren Ast der Discoidalader deutlich von der fünften Ader getrennt und Larven mit den Hinterstigmen am vorletzten Segmente.

Die 4. Gruppe hat zwei Haftlappen, zuweilen den Ast der Discoidalader (*Thereva*) und stets ausgeprägt polytome Larven mit den Hinterstigmen am drittletzten Hinterleibsegment. — Diese Gruppe scheint nur ein Theil der Vorigen zu sein.

—

Erklärung der Abbildungen und Abkürzungen.

H. Hilfsader oder Mediastinalader oder Subcosta.

1. Erste Längsader; oder Subcostalader Schiner's, oder Mediana.

2. Zweite „ : „ Radialader „ „ Sector.

3. Dritte Längsader; oder Cubitalader Schiner's, oder Sector; ram. post.

4. Vierte „ : „ Discoidalader „ . „ Submedianae ram. anterior seu Cubitus anticus.

8. Theilungsader; oder hinterer Ast der Discoidalader Schiner's; oder Cubitus medius.

5. Fünfte Längsader; oder Posticalader; Submediana oder Cubitus postiens.

6. Sechste „ ; „ Analader; oder Postcosta.

7. Siebente „ ; Axillarader.

8. Achte „ ; „ Angularader.

R R. Randzellen.

U U U. Unterrandzellen.

I—V. Hinterrandzellen.

V. B. Vordere Basalzelle.

H. B. Hintere „

A. Z. Analzelle.

G. Gabel der dritten Längsader.

x. Kleine Querader.

D. Discoidalzelle.

hx. Hintere Querader.

Die Convexadern sind schwarz, die Concavadern roth, die Convexfalten schwarz punktirt, die Concavfalten roth punktirt.

Von orthorhaphen Dipteren sind abgebildet:

Trib. *Eucephala.*

Fam. *Culicidae (Culex annulipes ♀).* T. I.

Chironomyidae (Chironomus sp.). T. I.

Ptychopteridae (Ptychoptera contaminata). T. I.

Rhyphidae (Rhyphus fenestralis). T. I. (Hinterrand am Grunde durch einen Zeichenfehler doppelt.)

Trib. *Polyneura.*

Fam. *Tipulidae (Tipula oleracea).* T. I.

Trib. *Cyclocera, Notacantha.*

Fam. *Sarginae (Ptecticus testaceus).* T. I.

Cyclocera, Tanystoma.

Tabanidae (Tabanus plebejus). T. I.

(Brauer.)   8

Trib. *Orthocera.*

    Fam. *Asilidae (Machimus).* T. I.

    Mydaidae (Mydas). T. II.

    Apioceridae (Apiocera). T. II.

    Scenopinidae (Scenopinus). T. II.

    Bombylidae (Bombylius major). T. II.

    „   *(Argyromoeba).* T. II.

    „   *(Chalcochiton Pallasii).* T. II.

    Empidae (Empis stercorea). T. II.

    Dolichopidae (Liancalus). T. II.

Von cyclorhaphen Dipteren:

Trib. *Pseudoneura Syrphidae (Criorrhina).* T. I.

    Eumyidae Holometopa (Chloria). T. II.

    „ *Schizometopa (Tachina).* T. II.

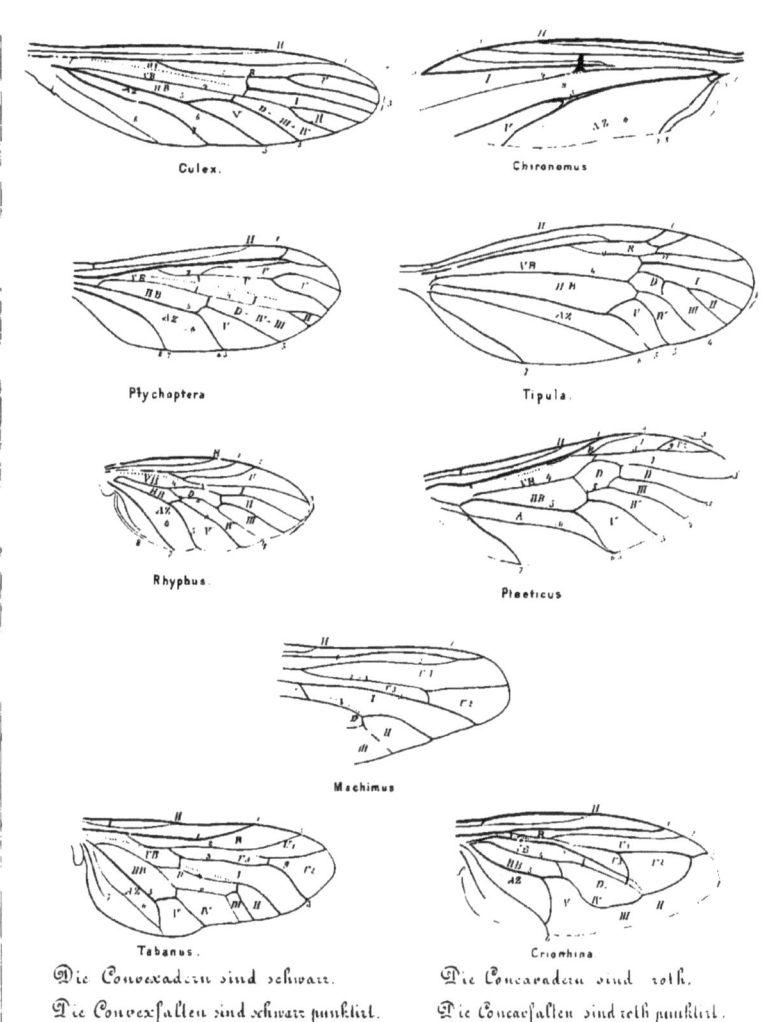

Culex.

Chironomus

Ptychoptera

Tipula.

Rhyphus.

Ptaeticus

Machimus

Tabanus.

Criorhina

Die Convexadern sind schwarz.

Die Convexfalten sind schwarz punktirt.

Die Concaradern sind roth.

Die Concarfalten sind roth punktirt.

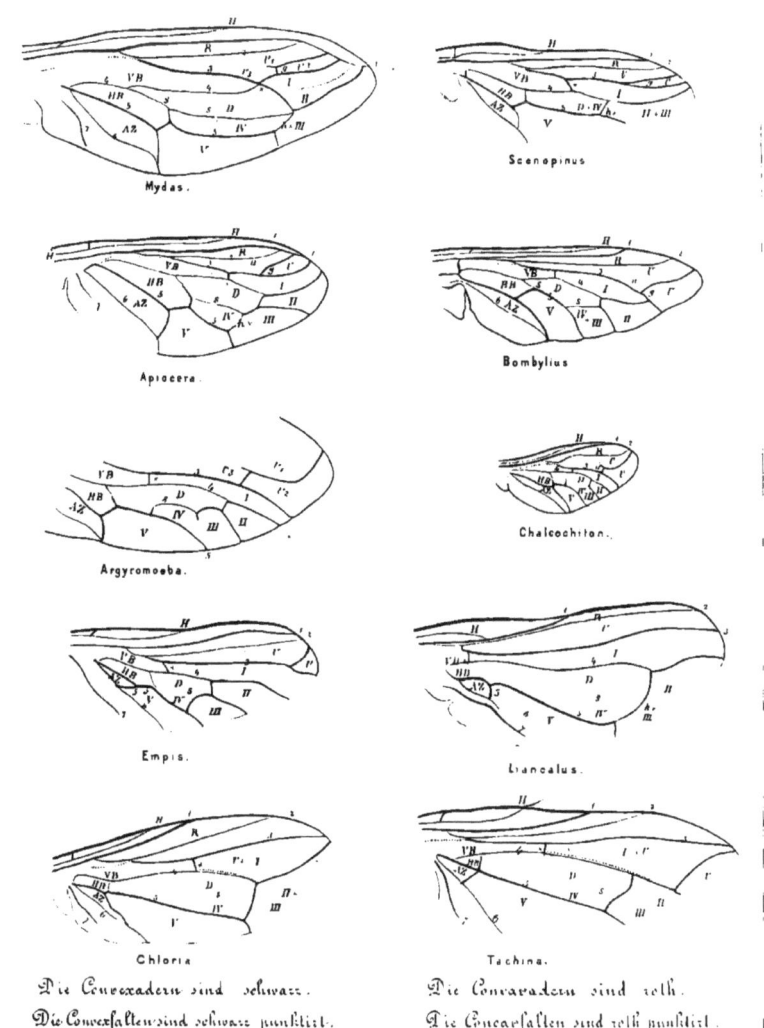

Mydas.

Scenopinus.

Apiocera.

Bombylius.

Argyromoeba.

Chalcochiton.

Empis.

Liancalus.

Chloria

Tachina.

Die Convexadern sind schwarz.

Die Concavadern sind roth.

Die Convexfalten sind schwarz punktirt.

Die Concavfalten sind roth punktirt.

DIE

ZWEIFLÜGLER DES KAISERLICHEN MUSEUMS ZU WIEN.

III.

SYSTEMATISCHE STUDIEN AUF GRUNDLAGE DER DIPTEREN-LARVEN NEBST EINER ZUSAMMENSTELLUNG VON
BEISPIELEN AUS DER LITERATUR ÜBER DIESELBEN UND BESCHREIBUNG NEUER FORMEN.

VON

Prof. Dr. FRIEDRICH BRAUER,

CORRESPONDIRENDEM MITGLIEDE DER KAISERLICHEN AKADEMIE DER WISSENSCHAFTEN

Mit 5 Tafeln

BESONDERS ABGEDRUCKT AUS DEM XLVII. BANDE DER DENKSCHRIFTEN DER MATHEMATISCH-NATURWISSENSCHAFTLICHEN CLASSE
DER KAISERLICHEN AKADEMIE DER WISSENSCHAFTEN

———————

WIEN.

AUS DER KAISERLICH-KÖNIGLICHEN HOF- UND STAATSDRUCKEREI.

IN COMMISSION BEI KARL GEROLD'S SOHN,
BUCHHÄNDLER DER KAISERLICHEN AKADEMIE DER WISSENSCHAFTEN.

1883.

DIE

ZWEIFLÜGLER DES KAISERLICHEN MUSEUMS ZU WIEN.

III.

SYSTEMATISCHE STUDIEN AUF GRUNDLAGE DER DIPTEREN-LARVEN NEBST EINER ZUSAMMENSTELLUNG VON BEISPIELEN AUS DER LITERATUR ÜBER DIESELBEN UND BESCHREIBUNG NEUER FORMEN.

Prof. Dr. FRIEDRICH BRAUER,
CORRESPONDIRENDEM MITGLIEDE DER KAIS. AKADEMIE DER WISSENSCHAFTEN.

(Mit 5 Tafeln.)

——— ———

VORGELEGT IN DER SITZUNG AM 18. JÄNNER 1883.

———————

Einleitung.

Seit meinen früheren Arbeiten über die Charactere der Dipteren-Larven (Monographie der Oestriden 1863; ferner Verh. d. k. k. zool.-bot. Gesell. Wien 1864, 209, und 1869, p. 843) und seit meinen Mittheilungen über die mit *Scenopinus* verwandten Formen (in diesen Abhandlungen Bd. XLIV, p. 102 ff. Sep. 46, 1882) sind bedeutende Lücken in der Kenntniss der Verwandlung dieser Ordnung ausgefüllt worden. Durch die Entdeckung der Verwandlung der Blepharoceriden durch Fritz Müller, Dewitz und Wierzejski, sowie der Nemestriniden durch Adam Handlirsch haben wir die früheren Stände von allen natürlichen Familien als bekannt anzuführen.

Es gereicht mir zur Genugthuung mittheilen zu können, dass durch diese Entdeckungen meine bisherigen Ansichten über die verwandtschaftlichen Beziehungen der Dipteren-Familien und über die zu unterscheidenden Hauptgruppen im Wesentlichen unverändert geblieben und bestärkt worden sind. Neuere Untersuchungen der Larven haben jedoch ermöglicht, eine genauere Characteristik derselben zu geben und kleine Verschiebungen der Familien vorzunehmen. So habe ich die Cecidomyiden *(Tribus Oligoneura)* neben die Polyneuren (Tipuliden) gestellt, da bei beiden das Nervensystem hinter der Kieferkapsel beginnt, während dasselbe bei den echten Mücken (Encephalen) in einer wahren Kopfkapsel seinen Anfang nimmt. Letztere Tribus ist die einzige, welche diesen Character der Larven aufweist, da nach den Untersuchungen von Brandt, Künkel und mir die Stratiomyiden, Xylophagiden, Coenomyiden, Tabaniden und Leptiden, sowie die Acanthomeriden im Larvenzustande in der langen Kieferkapsel nicht das obere Schlundganglion eingeschlossen enthalten, sondern dieses erst hinter dieser Kapsel liegt, obschon an der Kieferkapsel als Augen gedeutete Wölbungen und Pigmentflecke vorkommen, so dass Haliday diesen Larven einen vollständigen Kopf zuschrieb (Natural Hist. Review 1857, Nr. 3, p. 192), welcher Ansicht auch

1

ich eine Zeit lang gefolgt bin. Diese Familien, welche nach Schiner die Tribus *Cyclocera* bildeten, haben somit den Larvenkopf nicht vollständig differenzirt, wie das bei den Encephalen der Fall ist.

Obschon die verwandtschaftlichen Beziehungen derselben dadurch nicht alterirt wurden, so musste doch auch noch der Name *Cyclocera* Schiner's aufgegeben werden. Schon in der früheren Eintheilung widersprachen die Leptiden dem durch den Namen gegebenen Sinn; denn das dritte Fühlerglied der Imagines ist bei den Leptiden kein Complex aus mehreren Gliedern, sondern einfach. Ich habe auch bereits (diese Denkschrift. Bd. XLII, p. 113 [Sep. p. 9]) bemerkt, dass dem vollkommenen Insekte bei Tabaniden ein geringeltes drittes Fühlerglied nicht zukommt, sondern dieses einfach ist und einen viergliedrigen Griffel trägt, der bei *Codicera* Macq. sogar in eine lange Borste endigt.

Ferner hat schon Löw hervorgehoben, dass bei Sarginen oft der Complex, der als geringeltes drittes Fühlerglied fälschlich bezeichnet wurde, aufgelöst, als mehrgliedrige Geissel erscheint, was noch auffallender bei der Xylophagiden-Gattung *Rhachicerus* ist, welche vielgliedrige Fühler nach Art der Nemoceren besitzt.

Der so schwankende Bau der Fühler der vollkommenen Insekten kann daher zur Aufstellung und Characterisirung einer besonderen Gruppe oder Tribus mit dem Namen *Cyclocera* nicht verwendet werden. Vollends aber musste diese Tribus modificirt werden durch die Erkenntniss, dass auch die Acroceriden und Nemestriniden im Larvenzustande Beziehungen zu den sog. Cyclocera zeigen, insbesondere durch die Lage der Hinterstigmen, während andererseits die Kieferkapsel zu jener der sog. Orthocera (Asiliden etc.) hinneigt; zu welcher sie nach Schiner gebracht werden müssen, wenn das vollkommene Insekt in Betracht kommt. Ich habe daher diese zwei Tribus in Eine vereinigt (Platygenya) und in dieser zwei Gruppen unterschieden, deren Charactere für die Larven die Form und Lage der Hinterstigmen, für die vollkommenen Insekten die Zahl oder Form der Haftlappen und des Empodiums bilden.

Die Gruppe *Homöodactyla* enthält die Larven der brachyceren Orthorrhaphen mit terminalen End- oder Hinterstigmen und die Imagines mit drei Haftlappen, oder einem mit den Haftlappen gleichgebildeten Empodium; die Gruppe *Heterodactyla* enthält die Larven mit den Hinterstigmen vor dem letzten Segmente und die Imagines ohne oder mit zwei oder drei ungleichen Haftlappen an den Füssen, d. i. mit von den Haftlappen verschiedenem Empodium. Jede dieser Gruppen zerfällt in natürliche kleinere Gruppen.

Die *Homöodactyla* enthalten die Notacanthen (mit den Familien der Stratiomyiden und Xylophagiden), Tanystomen (mit den Familien der Tabaniden, Acanthomeriden und Leptiden) und die Bombyliomorphen (mit den Familien der Acroceriden und Nemestriniden); die *Heterodactyla* enthalten zwei kleinere Gruppen: die Procephalen (mit den Familien der Mydaiden, Apioceriden, Asiliden, Bombyliden) und Polytomen (mit den Familien der Thereviden und Scenopiniden).

Schon Schiner hat die Verwandtschaft der Nemestriniden und Tabaniden aus den Imagines erkannt (Verh. zool.-bot. Ges. 1864, p. 204) und damit auch angedeutet, dass der Unterschied seiner cycloceren und orthoceren Orthorrhaphen kein so grosser ist. Ich bin auch schon desshalb nicht für die Beibehaltung der Namen, weil Schiner in beiden grossen Unterordnungen der Dipteren eine Gruppe *Orthocera* bezeichnet, was zu Missverständnissen führt, abgesehen davon, dass meine beiden Gruppen nicht ganz dieselben Familien enthalten.

So war ich durch den Bau des Chitinskeletes der Unterlippe der Larven genöthigt, die beiden Familien *Empidae* und *Dolichopoda* von Schiner's Orthoceren zu trennen und auch aus meiner Tribus *Platygenya* auszuscheiden und für beide die Tribus *Orthogenya* aufzustellen. Die das Kinn bildenden beiden Chitinplatten oder Gräten sind nämlich mit ihrer Fläche vertical gestellt, wie die Flächen des Unterkieferknochens eines Säugethieres, etwas gebogen und vorne im Winkel (Kinn) verwachsen, während die Kinnplatte der *Platygenya* flach erscheint, die Kieferkapsel unten begrenzt und die beiden Gräten gerade verlaufen.

Allerdings sind mir nur wenig Empiden-Larven und die Hybotiden Larven gar nicht bekannt.

Eine Verwandtschaft zwischen Empiden und Dolichopoden mit Leptiden, die Schiner l. c. p. 206 ausspricht, kann ich nicht entdecken. Über die Familie *Lonchopteridae* kann ich nur bemerken, dass mich der

Bau des Nervensystems der Larve und die mit *Stratiomys* verwandte Verpuppungsart veranlasst haben, die Tribus *Acroptera* vor die Tribus *Platygenya* zu stellen, obschon damit eine wirkliche Verwandtschaft mit den folgenden Familien nicht angedeutet sein soll. Die Mundtheile der Lonchopteriden-Larve sind ganz unbekannt und man weiss nicht, als was die kegelige Kapsel am Kopfende zu deuten sei. Immerhin sind dieselben aber sehr verschieden von den Mund- und Schlundtheilen der Platypeziden, wohin Westwood *Lonchoptera* stellen will und das Auskriechen der Fliege erfolgt bei dieser wie bei allen Orthorrhaphen, auch der Kopfbau der Fliege zeigt sich nach Becher ohne Bogennaht und ohne Lunula. Vergleiche auch J. v. Bergenstamm (Larve von *Platypeza* Verh. d. k. k. zool. bot. Ges. 1870, p. 87, Taf. 3 A.).

Die in den hier aufgeführten Gruppen enthaltenen Larven sind innerhalb einer Familie nur sehr wenig verschieden und wollte man sie, wie vollkommene Thiere, in ein System bringen, so würden sie sich wie die Arten einer Gattung verhalten. Die Familie wäre die Gattung, die Gruppe wäre Familie u. s. w.

Die Mannigfaltigkeit der vollkommenen Insekten bedingt jedoch eine weitere Theilung der sogenannten Gattungen in künstliche oder natürliche Gruppen. Wenn zur Erkenntniss der Formen eine weitere Theilung der Gattungen nöthig scheint, und wenn es auch anderseits nicht festzustellen ist, wann man berechtigt sei, eine neue Gattung aufzustellen, so scheint es mir doch am natürlichsten, dass auch sehr verschiedene Formen von vollkommenen Insekten, wenn sie ganz nahe verwandte oder gleiche Larven besitzen, Eine Gattung bilden sollten, besonders aber dann, wenn die Gattungsmerkmale der Imagines nur bei einem Geschlechte vorhanden sind.

Gleiche oder sehr verwandte Larven bei sehr verschieden gebauten Imagines erlauben vielmehr den Schluss, dass zwischen die differenten, noch viele, uns unbekannte oder bereits verschwundene Formen hineingehören oder vorausgesetzt werden können, dass somit mit der Zahl der bekannten Formen und bei Berücksichtigung ihrer Entwicklungsstadien, die natürlichen Gattungen weniger werden müssen, geradeso wie die Grenzen der Arten immer verschwommener werden, je zahlreichere Arten für eine Gattung bekannt werden und nur dort am schärfsten auftreten, wo uns nur wenige Arten erhalten geblieben sind.

Ich habe dieses Moment nur hervorgehoben für jene, welche etwa Anstand nehmen an den neuen Gruppen- oder Tribus-Namen, und die sich lieber der alten Namen bedienen, ohne zu bedenken, dass der Inhalt einer Gruppe für dieselbe das Massgebende ist und, sollen nicht Verwirrungen entstehen, bei einer neuen Gruppirung auch neue Namen gegeben werden müssen. Merkwürdig bleibt, dass die hier characterisirten Familien fast ganz den Gattungen der alten Autoren entsprechen und man nur den Ausgang verändern darf, um dieselben zu erhalten. Gewiss ein Beweis für die Natürlichkeit der Gattungen, die durch Theilung in der Neuzeit sogenannte Familien geworden sind.

Die Gattungen sind, wie die höheren Abtheilungen des Thierreiches, abgeschlossene Gruppen von Arten in der Zeit geworden, u. z. durch Aussterben der Übergangsformen zu andern Artgruppen. Wir sind daher nicht berechtigt bei Auffindung fossiler Zwischenformen zwei solche Abtheilungen oder Gattungen dann zu vereinigen; denn heute existiren sie als abgegrenzt und die Consequenz würde sein, alle systematischen Abtheilungen und Gruppirungen aufzugeben und mit den Ästen des Stammbaumes zu vertauschen, der uns die wahre Verwandtschaft der Formen zeigt, die Wege auf denen sie, scheinbar unmerklich, entstanden sind und wo die scharfen Grenzen aufhören.

Die Betrachtung früherer Entwicklungsstadien der Thiere ist aber ein Blick auf den Stammbaum derselben, der uns sonst entrückt ist, und dass sich hiezu auch solche erworbene Larvenformen, wie die der Insekten, weil sie erblich geworden sind, eignen, habe ich bereits an einem anderen Orte bewiesen (Betrachtungen über die Verwandlung der Insekten im Sinne der Descendenztheorie II. Verh. d. k. k. zool.-bot. Gesell. Wien 1878, p. 151 ff.).

Hätte ich mich bei der Erforschung der Verwandtschaft der Dipteren-Familien nur von solchen Merkmalen leiten lassen, die durch Anpassung an eine gewisse Lebensweise entstehen, so würde das System ein sehr unnatürliches geworden sein. So z. B. ist die Lage und Zahl der Stigmen eine sehr verschiedene und durch Anpassung entstandene, insoferne dieselben nur polar oder peripherisch gelegen sind. Ebenso wandelbar in

1 *

seiner Form erscheint das Nervensystem und dürfte einmal wirklich massgebend in seiner Concentration und als ererbt zu betrachten sein (Cyclorrhaphen), ein andermal aber in Beziehung zur Körperlänge des vollkommenen Insektes oder der Larve stehen; denn es wechselt in der Zahl der Complexe der Ganglien bei den sonst verwandtesten Formen (*Xylophagus cinctus* Larve nach Brandt und *Stratiomys*-Larve).

Als ererbt und typisch für ganze grosse Gruppen von Dipteren-Larven erscheint aber die Lage der Kopfganglien, ob dieselben in einer Kopfkapsel oder frei, weit hinter der Mundöffnung, oder erst hinter einer die Mundtheile tragenden, den Schlund einschliessenden Kieferkapsel gelegen sind. Ebenso wichtig für die Verwandtschaft erscheint die Stellung und Ausbildung der Kiefer selbst, ferner die den Schlundkopf bildenden Chitinplatten oder Gräten als Stützen der Mundtheile.

Wenn es weniger wichtig war, ob die Larve amphi-, meta- oder peripneustisch sei, so ergeben sich doch hieraus benutzbare Momente, die neben dieser erworbenen Stigmenanlage als konstante Erbtheile erscheinen. So z. B. ist bei den amphipneustischen Asiliden, Bombyliden etc. und Scenopiniden-Larve das hintere Stigmenpaar stets vor dem letzten Ringe gelegen, während dasselbe bei der Gruppe der Homoödactylen immer terminal liegt und bei *Stratiomys* sogar am sonst peripneustischen Tracheensystem vorhanden ist.

Die sonst so verschiedenen Formen der Empiden und Dolichopoden werden durch kaum unterscheidbare Larven vereinigt, deren Unterlippengerüste von eigenthümlicher Bildung ist.

Ein sehr unsicheres Merkmal wäre die Zahl der sichtbaren Leibessegmente, da dieselben oft keine wahren, sondern nur durch Verlängerung der Verbindungshaut entstandene Zwischensegmente sind, (*Polytoma*), oder bei anderen eine secundäre Ringelung der einzelnen Segmente, deren wahre Grenzen man nur am lebenden Thiere durch eine sich wiederholende Zeichnung der Segmente gut erkennen kann (*Ceroplatus*), oder es erscheinen dieselben reducirt, durch Verwachsung der vorderen oder hinteren Ringe (*Blepharocera, Liponeura, Culex, Simulia* u. a.) oder es fehlt eine äussere Segmentirung fast gänzlich (*Eristalis, Microdon* u. a.).

So zählt man bei den Polytomen-Larven hinter der Kieferkapsel 20—21 Ringe, bei der Cecidomyiden-Larve hinter der Kapsel 13 Ringe, bei Tabaniden, Stratiomyiden 11 Ringe, bei Leptiden 11—12, bei Tipuliden 12 Ringe, ebenso bei Asiliden, Nemestriniden und bei Musciden. Die Ursache, warum man bei *Atherix* und *Leptis* sowie *Tabanus* nur 11, dagegen bei *Vermileo*, Asiliden u. a. 12 Ringe hinter der Kieferkapsel zählt, liegt in der grösseren Entwicklung eines Hautringes hinter der Kieferkapsel, der ein Segment nachahmt. Da jedoch das vordere Stigmenpaar am Ringe hinter diesem Hautringe liegt, so muss als Prothoracalring der stigmentragende angesehen werden. Der Ring hinter der Kieferkapsel scheint durch stärkere Chitinisirung seiner Rückenplatte mit in den Kopf einbezogen zu werden, da er den Encephalen-Larven stets fehlt und auch da schon verschwindet, wo die Kieferkapsel durch Auftreten von Augen und stärkere Chitinisirung zu einem Scheinkopf wird (Stratiomyiden).

Bei Tabaniden und Leptiden erscheint dieser Hautring erst, wenn die Kieferkapsel möglichst weit hervorgestülpt wird, und bei Leptiden und Thereviden ist er mehr an der Unterseite entwickelt. Ich betrachte ihn als Zwischensegment. Auch bei anderen Larven findet man diesen Hautring, z. B. bei Hemerobiden, bei *Osmylus, Myrmeleon* u. a.; hier wurde er von Hagen als vorderer Abschnitt des Prothorax beschrieben. — Wenn bei Muscarien, Oestriden etc. der Larvenkörper als zwölfringelig angegeben wurde, so basirt das darauf, dass der fühlertragende, die Mundhaken einschliessende Ring mitgezählt wurde, der bei allen Cyclorrhaphen-Larven häufig bleibt, während die Orthorrhaphen (except. *Lonchoptera*) stets einen oben fest chitinisirten, die Fühler und Kiefer tragenden Ring besitzen, den wir oben als Kieferkapsel erwähnt haben. Daher haben auch die Cyclorrhaphen-Larven hinter dem fühlertragenden Ringe nur 11 wahre Segmente, 3 Thorax- und 8 Hinterleibsringe. Der erste fühlertragende Ring muss besonders, als Complex, aufgefasst werden, da er die Kieferkapsel einschliesst und Antennen zeigt. Über das Verschwinden eines 9. Abdominalringes, der bei einigen Larven entschieden vorhanden ist, müsste die Entwicklung Aufschluss geben, jedenfalls erscheint der letzte Ring bei sehr vielen Formen sicher aus 2 Segmenten gebildet (Blepharoceriden u. a.).

das Schlund-gerüst etc.

Es ist zwar in der Neuzeit eine Characteristik der Fliegen-Larven von Beling (Troschel, Arch. f. Naturg. Jahrg. 48, Heft 2, 1882, p. 187) versucht worden, die jedoch nach ihm selbst nur zur Bestimmung der von ihm beobachteten Larven dienen soll. — Beling, welcher ein sehr eifriger Beobachter ist, und dem wir die Entdeckung sehr interessanter Larvenformen verdanken, hat jedoch die Mund- und Schlundtheile der Larven wenig berücksichtigt und auch seinen, mehr die speciellen Unterschiede hervorhebenden Beschreibungen keine Bilder beigegeben.

Ich kann mir sehr gut erklären, warum fast von allen Beschreibern der Dipteren-Larven die Kiefer etc. wenig Berücksichtigung erfuhren. Jene Larven, welche eine tiefeinziehbare Kieferkapsel besitzen, stellen dadurch der Untersuchung bedeutende Hindernisse in den Weg. Die meist eingezogenen Weichtheile sind kaum wieder zu erkennen, so dass zum Verständnisse der Gebilde die Untersuchung des lebenden Thieres gehört. Gerade aber solche Larven (Dolichopoden, Empiden, Leptiden, Bombyliden etc.) findet man nur vereinzelt und ist der Aufzucht wegen genöthigt das Exemplar zu schonen. Darunter leidet natürlich die Untersuchung. Einen wesentlichen Dienst leistet in solchen Fällen die Untersuchung des Larvenbalges, der bei der Verpuppung abgeworfen wurde. Auf diese Weise gelang es mir die Mundtheile der Larve von *Astomella* (Acroceriden), *Anthrax*, *Haematopota* u. m. a. genau zu studiren. So bildet diese Abhandlung eigentlich nur eine Zusammenstellung meiner seit mehr als zehn Jahren gemachten Skizzen und Notizen.

Die Bilder sollen gleichsam als Typen der verschiedenen Larvenformen und ihrer Mundtheile dienen, und es sind bei denselben weniger specielle Unterschiede und Auszeichnungen berücksichtigt. Man wird nach diesen Skizzen eine gefundene Larve soweit bestimmen können, dass man sagen kann, zu welcher Familie oder, in einzelnen Fällen selbst zu welcher Gattung sie gehört. Ich weiss recht wohl, dass man an jeder hier beschriebenen Larve noch vieles Neue im Baue finden wird, und über jede Larvenform allein eine Monographie schreiben könnte, doch glaube ich eben mit dieser Arbeit solche genauere Untersuchungen wesentlich anzuregen.

Sehr wünschenswerth wäre es, die neugeborenen Larven aller Familien kennen zu lernen, da sich die Kopf- und Mundtheile und Bewegungsorgane, namentlich bei den parasitisch lebenden Larven jedenfalls sehr verändern. So dürfte die junge Acroceriden-Larve sehr verschieden von der reifen Larve sein, wie dies z. B. bei der Nemestriniden-Larve der Fall ist (*Hirmoneura*). Ebenso kennt man keine junge Bombyliden-Larve. Ziemlich unverändert bleiben die Larven der Stratiomyiden, Tabaniden, Asiliden, Tereviden, Leptiden, Dolichopoden und Empiden, soweit ich sie kenne.

Die Bezeichnung der Mundtheile der Dipteren-Larven wird bei der ungleichen Entwicklung der Kopftheile oder des Kopfendes derselben eine sehr unsichere und schwierige. Es hat diese Arbeit auch nicht die Aufgabe, die an den verschiedenen Larven sichtbaren Haken und Warzen etc. vergleichend morphologisch zu behandeln, sondern die Larven allgemein so zu beschreiben wie sie sich zeigen, um sie mit Hilfe der Bilder bestimmen zu können. Ich war jedoch bemüht, die mir homolog scheinenden Theile an allen Larven gleich zu bezeichnen, ohne damit behaupten zu wollen, dass die Theile, welche ich Oberlippe, Oberkiefer etc. genannt habe, auch diesen Theilen anderer Insekten homolog seien. Meine Vorgänger in dieser Richtung haben ganz verschiedene Ansichten hierüber ausgesprochen. Die Mundtheile vieler neugeborenen Muscarien-Larven (also cyclorrhaphe Dipteren), z. B. *Calliphora* (Leuckart) *Hypoderma*, *Oestromyia* (nach meinen Untersuchungen Verh. z.-b. G. 1862, p. 505) etc. bestehen aus zwei Chitinhaken, die einen mittleren Spiess zwischen sich haben und alle auf einem Chitinbalken aufsitzen, der jederseits hinten in einen Fortsatz nach innen ausläuft (Leuckart, Troschel Arch. 1861. I.). Weismann deutet aus der Eientwicklung den mittleren Spiess als die verwachsenen Oberkiefer. In anderen Fällen finden wir jedoch, dass dieses einfache Schema der Mundtheile, wie es bei jungen Cyclorrhaphen häufig vorkommt, auch bei Orthorrhaphen ähnlich sich findet. So liegen die drei Chitintheile vorne an der Kieferkapsel der Dolichopoden-Larve genau so wie bei der jungen Museiden-Larve, nur sind bei Dolichopoden noch entwickelte Unterkiefer etc. vorhanden. Ebenso tritt eine Spitze, die ich hier stets Oberlippe genannt habe, zwischen den Haken fast bei allen Larven der brachyceren Orthorrhaphen auf, und zwar sehr deutlich bei Tabaniden, deren Mundhaken als Ober- und Unterkiefer gedeutet werden mussten. Diese sogenannte Oberlippe oder Mittelspitze an den Mundtheilen hat daher entweder einen ganz verschiedenen Ursprung, oder die Deutung als verwachsene Oberkiefer muss aufgegeben werden. Bei orthorrhaphen Brachyceren geht diese Mittelspitze in die obere Platte der Kieferkapsel über, die seitlich die Fühler trägt und entweder einen kurzen Halbring oder eine birnförmige lange Kappe über dem Schlunde bildet und am hinteren Ende meist dann einen grösseren im Körper eingewachsenen und nicht mehr vorstülpbaren Theil besitzt. Diese Kieferkapsel besteht bei einigen aus 3—4 der Länge nach verwachsenen Platten, die hinten oft klaffen und nur weichhäutig verbunden sind *(Tabanus)*, wie ich das für *Haematopota* schon früher abgebildet habe (Verh. d. k. k. zool.-bot. Ges. 1869). Ausserdem kommen am hinteren Ende der oberen Platte sehr häufig am eingewachsenen Theile Anhangsgräten oder Platten vor, die ich Zopfgräten genannt habe. Diese sind oft ohne Bedeutung für das Zurückziehen der Kieferkapsel und ihre Function scheint gerade bei einigen *(Therera)* die umgekehrte zu sein und eine Bewegung der Kapsel nach einwärts zu hindern oder zu hemmen. Diese Zopfgräten sind wohl zu unterscheiden von chitinösen Fortsätzen, die von der Gelenkbasis der Kiefer nach einwärts, neben, über oder unter dem Schlunde verlaufen, nach hinten sich etwas erweitern und verdünnen und beweglich sind. Diese Stützen der Kiefer und des Schlundes bilden das sogenannte Schlundgerüste, das jedoch bei einigen mit der Kieferkapsel verwächst oder von ihr ganz eingeschlossen wird (Leptiden), oder über dieselbe hinten im Körper hinausragt und dann ebenfalls seitliche Zopfgräten vorstellt. Zuweilen verwachsen die Grätenfortsätze der Kiefergelenkstücke hinter der kurzen Kieferkapsel unter einander und mit dieser, und stellen dann eine chitinöse Schlunddecke dar, die einer nach hinten verlängerten Kieferkapsel ähnlich sieht (*Laphria*, *Nemestrina* u. a.).

Ich glaube hiemit jene Ausdrücke verständlich gemacht zu haben, die ich bei den Beschreibungen gebraucht habe. Erst wenn wir von den verschiedenen Larvenformen der Fliegen so genaue Studien besitzen werden, wie von denen der Muscarien und Mücken (Weismann), wird es gelingen, die Mund- und Schlundtheile derselben richtig zu bezeichnen. Ein Verallgemeinern der für diese beiden Formen bekannten Momente, würde jedoch nur sehr irreführen, da die Muscarien gerade diejenigen sind, welche die Kopftheile am wenigsten ausgebildet haben, während dies bei den Mückenlarven am meisten der Fall ist und sie vollkommen encephal sind.

Die Schlundtheile des Chitingerüstes hinter den Mundtheilen sind bei cyclorrhaphen Dipteren-Larven dadurch wesentlich verschieden, weil dieselben, mit Ausnahme einer schmalen Querbrücke über dem Munde, nur an der Unterseite verbunden sind und im entwickeltsten Zustande eine hinten in 4 (2 jederseits) Fortsätze auslaufende Rinne für den Schlund bilden, in die an der Unterseite durch ein meist ovales häutiges Fenster die Speichelgefässe eintreten. Oben wird dieses compresse Schlundgerüste nur durch Weichtheile (Muskel etc.) geschlossen, eine obere äussere oder innere Schlundplatte fehlt, also auch eine eigentliche Kieferkapsel und die Fühlerwarzen entspringen an häutigen vordersten Ringe.

Eine merkwürdige Ähnlichkeit tritt bei Formen auf, deren Mundtheile durch parasitische Lebensweise rudimentär werden. So besteht eine entschiedene Ähnlichkeit zwischen der Acroceriden-Larve und der *Hypoderma*-Larve im zweiten Stadium, nur zeigt erstere eine grosse runde obere Lippenplatte oder Kieferkapsel und eine untere Kinnplatte, während bei letzterer die Mundöffnung nur seitlich und unten chitinös gerandet ist, von dem vorderen Ende des Schlundgerüstes. Auch sind bei ersterer noch Rudimente der Kiefer vorhanden, die bei letzterer ganz fehlen. Man vergleiche für die Mund- und Schlundtheile der Cyclorrhaphen-Larven meine Monographie der Oestriden (Herausgegeb. von der zool.-bot. Ges. 1863) Taf. VIII und IX. Insbesondere für obigen Fall Taf. VIII, f. 3 c. mit *Astomella* in dieser Abhandlung.

Charactere der Dipteren-Larven und deren Verwerthung für die Systematik.

Character der Dipteren-Larven im Allgemeinen.

Larven stets ohne ausgebildete Thoracalbeine, aber oft mit einem Paare Fussstummeln am 1. Brustringe oder einem einzigen oft einziehbaren Haftfusse daselbst, oder mit einer als Fuss dienenden unpaaren Chitinplatte, welche aus einer queren Spalte des 3. Ringes hervorstreckbar ist, oft mit Bauchfüssen (Pseudopodien) oder queren bedornten Kriechschwielen oder Saugscheiben am Abdomen oder ganz fusslose Maden; entweder ganz kopflos, nur mit einer Mundöffnung am Kopfende oder mit einem mehr weniger entwickelten Kieferschädel, oder mit vollkommen differenzirtem Kopfe,[1] mit rudimentären oder entwickelten Mundtheilen, diese aber stets ohne entwickelte Lippentaster. Von einigen werden gewisse Papillen als solche Tasterrudimente gedeutet (Grobben l. c.). Augen entweder fehlend oder hinter der Kieferkapsel oder an der Aussenseite derselben oder an der Seite des differenzirten Kopfes als Flecke oder Punktaugen sitzend. Nervensystem wenigstens in der Anlage aus 13 Ganglien bestehend (2 Kopf-, 3 Thorax- und 8 Abdominalknoten), zuweilen bis zu 2 Complexen concentrirt.

Verwandlung zur Fliege durch Verpuppung, die Nymphe eine Mumienpuppe, das heisst ihre Glieder zwar frei, aber am Körper anliegend und angeklebt und nicht beweglich zum Gange, — oder freigliedrig, dann aber stets in der Larvenhaut eingeschlossen. Ist die Nymphe eine frei bewegliche, so wird die Bewegung, die oft sehr lebhaft ist, durch Schwingungen des Hinterleibes vollführt. Die Nymphe ist im Stande sich damit aus der Erde etc. empor zu arbeiten oder im Wasser rasch auf und nieder zu steigen. Ist dieselbe ruhend, so bleibt sie häufig in der Larvenhaut verborgen,[1] d. h. letztere löst sich von der Nymphe nur ab, wird aber erst zugleich mit der Nymphenhaut durchbrochen und abgeworfen. Manche Nymphen ruhen in einem von der Larve gefertigten Cocon, der jedoch nicht immer gesponnen, sondern von der Haut abgesondert wird.

Verwerthung der Larven für die Systematik.

Man hat früher eine Eintheilung der Dipteren in solche mit verschleierten Nymphen- oder Mumienpuppen (*Nymphae relatae*) und in solche mit eingesperrten Nymphen (*Nymphae inclusae, Chrysalis dolioloides* Lamarck, *Tönnchen*) versucht (Bouché Naturg. I. 7). Ich habe diese Eintheilung schon im Jahre 1863 in meiner Monographie der Oestriden widerlegt und dort mein neues System begründet. Siehe auch meine Bemerkungen zu Schiner's späterem Aufsatz „Ein neues System“. Verh. d. zool.-bot. Ges. Wien 1864, p. 209 Note.

Das Auftreten einer *Nympha inclusa* ist kein systematisches Merkmal der von mir festgestellten zwei Hauptgruppen.[a]

Die allgemeine Characteristik der *Nympha inclusa* etc. passt nicht nur auf die der Dipteren, sondern auch auf die der Cocciden Männchen, der Meloiden-Käfer u. a. Insekten und Gliederfüssler.

Wohl aber ist 1. die weitere Ausbildung der Larvenhaut zu einer Hülle der Nymphe und die Art der Häutung eine so charakteristische, dass man sagen kann, die bei cyclorrhaphen Dipteren stets vorkommende sogenannte Tonne ist wesentlich anders gebaut, als die aller anderen Insekten. Es bilden weiters durch alle übrigen Merkmale diese letzteren Dipteren eine bis jetzt vollkommen abgegrenzte Gruppe.

2. Bei den meisten orthorrhaphen Dipteren-Larven ist die Verpuppung in der Larvenhaut nur eine verzögerte Häutung und beim Auskriechen der Fliege aus der eingeschlossenen Nymphe öffnet sich die Larvenhaut mit „*T*"förmiger Spalte gerade so, wie bei den früheren Larvenhäutungen. Auch geht die Larvenhaut selbst keine Veränderung ein, sie wird eben nur dann zu einer schützenden Hülle für die Nymphe, wenn sie überhaupt ursprünglich fester und schalig, sogar kalkhaltig (Leydig, *Stratiomys*) war.

3. Bei einer besonderen Gruppe der Orthorrhaphen, bei gewissen Cecidomyien finden wir eine dritte Modification der sogenannten Tonne, indem die weiche Larvenhaut fester chitinisirt wird, glatter erscheint, die Ringelung nicht so deutlich bleibt und schliesslich das Hervorbrechen der Fliege am Hinterleibsende (zwischen 8. und 9. Ring) erfolgt; auch ist diese Tonne peripneustisch. Solche Modificationen in der Verpuppung von sonst ganz nahe verwandten Thieren, wie im letzten Falle und bei anderen Orthorrhaphen (z. B. *Subula, Xylophagus* oder *Cecidomyia destructor* und den anderen Arten derselben Gattung ohne Tonnen) können für die Systematik nicht massgebend sein. Anders aber ist es, wenn die Tonne für eine bestimmte Gruppe einen characteristischen Bau besitzt, mit der Nymphe in vitaler Verbindung bleibt, und wenn auch andere Merkmale an den hiedurch vereinten Formen auftreten, u. z. an den vollkommenen Thieren (Kopfbau), wodurch sie von allen anderen abweichen, wie das im ersten Falle bei den cyclorrhaphen Dipteren stattfindet.

––––

Ich habe in allen meinen Aufsätzen über Dipterenverwandlung für die zu einer Nymphenhülle gewordene Larvenhaut den Namen Tonne gebraucht, welcher von Lamarck stammt, der die Tonne mit der eingeschlossenen Nymphe: *Chrysalis doliolndes* genannt hat. Es ist jedoch die Nymphe von ihrer Hülle getrennt aufzufassen und zu beschreiben, da in vielen Fällen die Beschreibung einer *Chrysalis doliolnides* nichts anderes wäre als eine Larvenbeschreibung (*Sargus* und alle Stratiomyiden), während die wahre *Nympha* unberücksichtigt bliebe. In diesen Fehler sind thatsächlich Bouché, Beling u. A. verfallen.

Verändert sich der Larvenbalg wesentlich durch Contraction oder Expansion, wenn er zur Tonne wird, so wird die Beschreibung der letzteren ebenso nothwendig, wie die der Nymphe und früheren Larve. Wenn auch der Name Tonne nicht stets auf die Form einer *Chrysalis doliolnides* passt, so ist das meines Erachtens für einen Terminus ganz gleichgültig und auch bisher Allen verständlich gewesen.

im Wesen beibehalten. Es scheint dieser Sachverhalt Einigen nicht klar zu sein, da sie nur von dem „modernen System" sprechen, oder „von einer Theilung in Orthorrhaphen und Cyclorrhaphen", ohne den Autor dieser Eintheilung zu nennen, obschon ihnen die Monographie der Oestriden, in welcher dieses System zum ersten Male vorgeführt wurde, genau bekannt war. — Wer daher der Begründer der neuen Eintheilung der Dipteren ist, darüber kann wohl kein Zweifel sein, da es nicht Brauch ist, denjenigen so zu nennen, der dasselbe einfach acceptirt und nur im Detail entwickelt hat. Schiner hat weiters im Jahre 1864 das „Neue System" nicht sein System (Verh. d. k. k. zool.-bot. Ges.) weiter ausgearbeitet und die in den Rahmen meines Systems eingepassten kleinen Gruppen sind sein Eigenthum. Dieses System war daher eine gemeinsame Arbeit. — Da ich nun in meiner Arbeit in diesen Denkschriften, Bd. XLII. p. 108, mein ursprünglich (1863 und 1869 l. c.) auf Larven etc. begründetes System auch für die Imagines beider Hauptabtheilungen durchgeführt und die von Schiner für letztere angegebenen Unterschiede verworfen habe, so kann von einer gemeinsamen Arbeit keine Rede sein.

Will man einen besonderen Ausdruck, so wäre vielleicht eine solche zum Schutz der Nymphe persistirende und im Anfange bei Bildung derselben mit ihr in vitaler Verbindung bleibende, mehr weniger veränderte Larvenhaut „*Larva pupigera*" zu nennen.[1] Wir hätten demnach bei den Dipteren drei Modificationen der *Larva pupigera* zu unterscheiden, u. z. die der Stratiomyiden (1) und die der Cecidomyien (2) aus der Gruppe der *C. destructor* und eine 3. bei den Cyclorrhaphen. Eine 4. Form, welche bei Lonchopteriden vorkommt, ist zu wenig untersucht, sie ähnelt am meisten der *Larva pupigera* der Stratiomyiden ist aber amphipneustisch. (Siehe die Familie.)

Wenn auch viele Dipterologen die von mir angegebenen Charactere der Dipteren nicht berücksichtigen und an dem alten unnatürlichen Systeme festhalten, so kann es sich heute doch nur mehr darum handeln, ob die beiden von mir, für Larven und Imagines, festgestellten Gruppen wirklich scharf von einander geschieden sind, oder ob sich heute noch lebende Übergänge zwischen beiden finden, nicht aber, ob sie selbst vorhanden sind; denn ich habe sie genügend begründet und jeder kann sich von deren Existenz überzeugen. Als solche Übergänge könnten, wie ich schon früher hervorgehoben, die Familie der Syrphiden und Pipunculiden[2] angesehen werden, obschon diese mehr Charactere der Cyclorrhaphen zeigen und mit den Orthorrhaphen sehr wenig gemein haben. Eine wahrhaft zweifelhafte Gruppe ist die der Lonchopteriden. Eine solche Mittelform würde indess die beiden Gruppen nur auf Einen Ausgangspunkt zurückführen, niemals aber aufheben. So viel steht fest, dass keine andere Familie der orthorrhaphen Dipteren etwa in der Folge zu den Cyclorrhaphen gestellt werden müsste. — Mögen die Dipterologen, der Bequemlichkeit wegen, auch heute noch von Nemoceren und Brachyceren sprechen, derlei natürliche Gruppen gibt es nicht, und man ist auch nicht im Stande, natürliche Charactere für sie festzustellen. Die von mir aufgenommenen Sectionen der *Nematocera* und *Brachycera* sind nicht identisch mit denen anderer Autoren, da in denselben nur die orthorrhaphen Dipteren enthalten sind, während die Section der *Diptera brachycera* Meq. auch die ganzen cyclorrhaphen Dipteren umfasst. Es wäre vielleicht besser für diese jetzigen Gruppen oder Sectionen einen anderen Namen zu gebrauchen, da thatsächlich unter den Nematoceren auch Brachyceren sich befinden (*Bibio, Chionea* u. a.), und dagegen die sogenannten Brachyceren auch Langhörner enthalten (*Rhachiceros, Mydas* u. a.). Im Allgemeinen aber enthält die Sectio *Nematocera* in Mehrzahl Fliegen mit einfachen Fühlern, die der Brachyceren solche mit zusammengesetzten oder heteronom gegliederten Fühlern. Mit den cyclorrhaphen Brachyceren haben jedoch unsere orthorrhaphen Brachyceren wenig gemein, was auf eine nähere Verwandtschaft schliessen liesse. Sie stehen nämlich den Nematoceren in Allem näher.

Obschon andererseits nicht zu leugnen ist, dass die Stellung der Larvenkiefer der brachyceren Orthorrhaphen jener der cyclorrhaphen Larven gleich ist und in dieser Richtung eine Andeutung gegeben ist, aus welcher Section der orthorrhaphen Dipteren sich die Suborde *Cyclorrhapha* abgezweigt hat, so hat man doch bislang keinen unzweifelhaften Übergang von beiden Unterordnungen gefunden. Wenn auch die Mundtheile der orthogenyen Larven der Dolichopoden und Empiden an jene der neugebornen Hypodermen und Calliphoren erinnern, so ist doch das chitinöse Schlundgerüst ganz verschieden gebaut. Man vergleiche unsere Fig. 73 u. 77 mit Taf. VIII, Fig. 2 *a* in der Monographie der Oestriden. — Nähere Aufschlüsse dürften in dieser Richtung eine genaue Untersuchung der Mundtheile der Syrphiden und der damit verwandten Formen der Sectio *Aschiza* (Becher) geben, denen die Stirnspalte und Blase der anderen Cyclorrhaphen fehlt, die aber noch eine Lunula besitzen, obschon auch letztere oft ganz rudimentär ist, während deren Larva pupigera entschieden cyclorrhaph ist. Nähern sich diese Cyclorrhaphen einerseits den Orthorrhaphen, so ist es andererseits die Tribus *Acroptera*, welche durch ihre bestimmt orthorrhaphe Larva pupigera sich den Cyclorrhaphen nähert, weil der die Fühler tragende Complex häufig bleibt wie bei allen cyclorrhaphen und keiner orthorrhaphen Larve. Hier ist

---

[1] Der von einigen (Packard u. A.) gebrauchte Name *Puparium* ist zu allgemein und unterscheidet diese Art der Verpuppung nicht von einer solchen innerhalb einer von der Larve verfertigten Hülle, Cocon, der keine vitalen Beziehungen zur Nymphe hat.

[2] Conf. Becher: Wiener Ent. Z. I., 1882, p. 55.

jedoch das Bedenken, dass diese fühlerartigen Organe möglicherweise keine wahren Homologa der Fühler der cyclorrhaphen Larven seien, da der fühlertragende Ring bei *Lonchoptera* noch eine kegelige chitinöse Kapsel einschliesst, die nicht näher untersucht, und möglicherweise mit der Kieferkapsel der Stratiomyiden homolog ist. Ein Schlundgerüst, wie es den cyclorrhaphen Larven zukommt, fehlt und die Kapsel der *Lonchoptera*-Larve lässt mit den Formen des Schlundgerüstes jener keinen Vergleich zu. — Die für verwandt erklärte *Platypeza* hat eine mehr nach dem Typus der Syrphiden gebaute Larve, ohne Kiefer, aber mit einer, nach Art einer Schneckenzunge gebildeten Reibplatte im Munde und ein Schlundgerüst, wie die cyclorrhaphen Larven, welches unten verbunden ist. Die Ähnlichkeit mit *Lonchoptera* besteht in der Gestalt, die sie jedoch mit anderen, z. B. Anthomyziden (*Homalomyia*-Larven) gemein hat und in der Halbmondplatte über dem Munde, am 1. Ringe hinter demselben. – Siehe Bergenstamm, Verh. d. zool.-bot. Ges. Bd. 20, Taf. III A, Fig. 1–4. Die Larva pupigera der *Platypeza* ist cyclorrhaph. Wer aber sich nur an das Wort cyclorrhaph halten und nicht weiter alle Charactere studiren will, durch welche diese Dipteren mit einander verbunden sind, der mag auch dann die Käfer mit Tonnenpuppen zu den cyclorrhaphen Fliegen stellen oder sein System dadurch ad absurdum führen, weil auch die Tonne von Meloiden sich mit Deckel öffnet. Weil aber diese Tonne peripneustische Stigmen hat, so müssten wahrscheinlich die Cecidomyien zu den Käfern wandern. – Wir kommen damit dahin, dass wir, nur äussere Momente berücksichtigend, auch die Larve von *Micropeza* nicht zu den Arthropoden stellen könnten, da sie weder äusserlich Segmente, noch auch Gliedmassen zeigt. Sie wurde ja thatsächlich als Schnecke beschrieben. Von Spix als *Scutelligera* und von Heyden als *Parmula*.)

Was unsere Nematoceren betrifft, so bilden sie vielleicht keine so natürliche Gruppe, wie die orthorrhaphen Brachyceren. Wenn man die Larven der drei Tribus jener betrachtet, so stellen sie scharf von einander geschiedene Formen dar, und bis jetzt ist kein Übergang von der einen zur anderen Tribus bekannt. Sie lassen sich auch nicht unter gemeinsame Merkmale vereinen. So passt die Stellung der Kiefer – gegenständig horizontal und nach innen oder innen und unten beweglich – zwar für die Eucephalen und Polyneuren, dagegen nicht für die oligoneuren Cecidomyiden, deren Mundtheile rudimentär oder ganz eigenthümlich zu einem Reibpolster umgebildet sind. Der Bau der Cecidomyiden-Larven nähert sich nur dadurch mehr den Tipuliden (Polyneuren), weil bei beiden das Nervensystem hinter der Kieferkapsel beginnt, während die Eucephalen einen Kopf mit Ganglien zeigen. — Betrachtet man die Cecidomyien als Verwandte der Polyneuren, bei deren Larven die Mundtheile rudimentär geworden sind, dann kann man mit Beziehung hierauf die Sectio *Nematocera* characterisiren, obschon die drei Tribus unter sich weit differenter sind, als mit Ausschluss von *Lonchoptera* — alle Gruppen der brachyceren Orthorrhaphen. Ich habe darum auch die früheren (Verh. d. k. k. zool. bot. Ges. 1869, p. 852) Tribus dieser: *Cyclocera* und *Orthocera* fallen gelassen und als blosse Gruppen betrachtet. Da man nun aber, wieder mit Ausschluss der *Acroptera* (*Lonchoptera*), die Larven der orthorrhaphen Brachyceren sehr genau characterisiren kann, die Nematoceren aber nur bedingungsweise, so wäre es vielleicht natürlicher, nur folgende Hauptgruppen der orthorrhaphen Dipteren zu unterscheiden:

Sectio 1. *Orthorrhapha Eucephala* (*Culicidae* im weiteren Sinne).

„ 2. „ *Oligoneura* (*Cecidomyidae*).

„ 3. „ *Polyneura* (*Tipulidae* im weiteren Sinne).

„ 4. „ *Brachycera*.

Tribus *a*) *Platygenya*.

„ *b*) *Orthogenya*.

? „ 5. „ *Acroptera*.

Es gleicht diese Eintheilung ganz dem hier durchgeführten System, mit Ausschluss der Sectio 4, welche in drei Sectionen getheilt erscheint, indem die Tribus zum Range von Sectionen erhoben wurden, und mit Ausnahme der Tribus *Acroptera*, welche eine fünfte Sectio bildet. Innerhalb der vierten Sectio (dort 2.) *Brachycera* bleibt die Anordnung der beiden Tribus *Platygenya* und *Orthogenya* mit ihren Familien dieselbe.

Übersicht des Systems.

Theilen wir die Dipteren nach ihrer Organisation in niedrigere und höhere Formen, oder der Zeit nach in ältere und jüngere, so stellen sich jene als die niedrigsten dar, welche die ursprünglichsten Larvenformen besitzen, und das sind die Encephalen, bei denen auch weniger entwickelte Segmentcomplexe sich finden, indem der Hinterleib die meisten Segmente zeigt und auch die Ganglien des Nervenstranges meist getrennt bleiben. Die Larven werden dann allmälig einer rückschreitenden Metamorphose unterworfen, die Kopfkapsel schliesst nur Theile des oberen Kopfganglions (z. B. Augenganglien) oder nichts mehr von dem Nervenstrange ein, sie bleibt hinten unvollständig geschlossen und schliesslich finden wir nur zwei häutige Ringe vor den Thoraxringen, deren erster Fühler und Mundtheile trägt (*Cyclorrhapha*). Die Kiefer, welche bei Tipuliden, mit einem zur blossen Kieferkapsel reducirten sogenannten Kopfe, noch gegenständig sind, nehmen bei den platygenyen und orthogenyen Larven eine verticale Lage an und wirken als Haken. Diese Stellung der Mundhaken bleibt dann auch allen Larven der Cyclorrhaphen, denen eine äussere Kopf- oder Kieferkapsel fehlt, und die nur ein chitinöses Schlundgerüst besitzen. Ein Übergang von einer Subordnung zur anderen ist nicht sicher festgestellt. — Die *Diptera cyclorrhapha schizophora schizometopa*, die früheren *Diptera muscaria calyptrata* mit Einschluss der Oestriden stellen die zuletzt entstandenen, höchsten Formen dieser Ordnung vor.

Verwandtschaftstabelle, von den niedersten und ältesten Formen ausgehend.

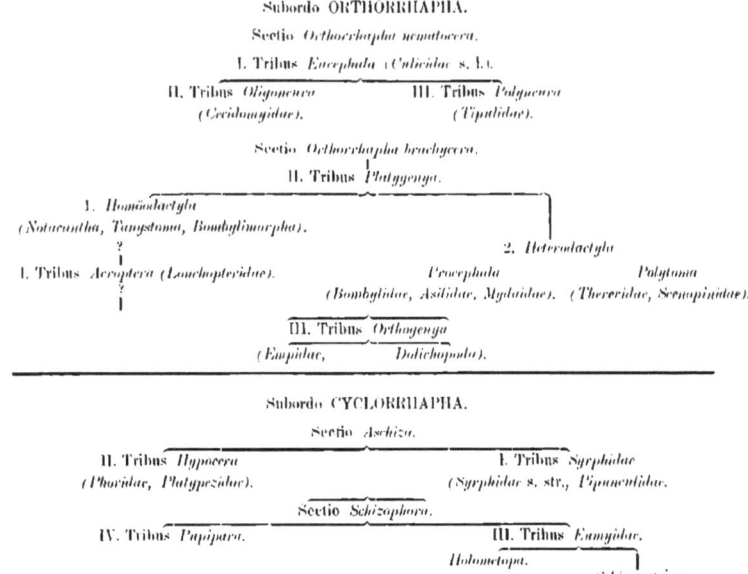

Subordo ORTHORRHAPHA.

Sectio *Orthorrhapha nematocera.*

I. Tribus *Eucephala* (Culicidae s. l.).

II. Tribus *Oligoneura*   III. Tribus *Polyneura*
(*Cecidomyidae*).   (*Tipulidae*).

Sectio *Orthorrhapha brachycera.*

II. Tribus *Platygenya.*

1. *Homoeodactyla*
(*Notacantha, Tanystoma, Bombyliomorpha*).

I. Tribus *Acroptera* (*Lonchopteridae*).

2. *Heterodactyla*

Eucephala   *Polytoma*
(*Bombylidae, Asilidae, Mydaidae*).   (*Therevidae, Scenopinidae*).

III. Tribus *Orthogenya*
(*Empidae,*   *Dolichopoda*).

Subordo CYCLORRHAPHA.

Sectio *Aschiza.*

II. Tribus *Hypocera*   I. Tribus *Syrphidae*
(*Phoridae, Platypezidae*).   (*Syrphidae* s. str., *Pipunculidae.*

Sectio *Schizophora.*

IV. Tribus *Pupipara.*   III. Tribus *Eumyidae.*

Holometopa.   *Schizometopa.*

Tabellarische Übersicht des Nervensystems der Dipteren-Larven und Imagines.

Die verschiedenen Formen des Nervensystems der Imagines und der Larven sind hier übersichtlich zusammengestellt, jedoch nicht nach den von Brandt gegebenen Formeln, nach welchen ein Verständniss der verschiedenen Complexe nicht möglich ist. Man kann die Ganglien doch nur nach ihrer Anlage und Function und nicht nach ihrer Lage in Kopf-, Brust und Abdominalganglien eintheilen, da sonst der Irrthum entsteht, als hätten z. B. die Dolichopoden gar keine Abdominalganglien. Durch die Darstellung von Brandt ist auch die Verschiedenheit der einzelnen Gruppen etc. eine weit grössere, als es thatsächlich der Fall ist. — Viele auffallende Verschiedenheiten der in eine systematische Gruppe gebrachten Formen bestehen nur dadurch, dass Brandt nicht einem Systeme gefolgt ist, welches auf anatomischer und physiologischer Basis steht und die vielen Familien in natürlichere grössere Gruppen bringt. So z. B. wird *Anthomyia* von den anderen Acalypteren durch ein verschiedenes Nervensystem getrennt. Die Anthomyziden sind aber eben *Diptera calyptera* und keine Acalypteren. — Wenn Brandt Hauptabtheilungen in Betreff des Nervensystems characterisirt, so ist der Character nicht sicher, da in seinen Abtheilungen eine grenzenlose Verwirrung herrscht. So sind die Oestriden noch immer nicht, trotz aller Beweise, zu den *Muscidis calypteris* gerechnet, so stehen ein Theil der Anthomyziden bei Calyptraten (*Aricia*), wohin sie gehören, ebenda aber auch *Borborus*, ebenso *Chlorops*; ferner finden sich *Lonchoptera, Anthomyia pluvialis* u. a., *Criorrhina, Homalomyia, Rhingia* unter Acalypteren, die Phoriden zwischen die Notacanthen eingekeilt, die Pupiparen bei den Nemoceren, statt bei den Muscarien. Einen Unterschied von Orthorrhaphen und Cyclorrhaphen kennt der Verfasser nicht, und daher können wir

seine Untersuchungen nur nach seinen Abbildungen, nicht nach seinen Erklärungen benützen. Da in der Ent
wicklung des Nervensystems von Brandt eine richtige Deutung der Ganglien gegeben wurde, so ist es mir
nicht begreiflich, wie er später nicht auf dieser Basis weiter gebaut hat.

Ich benütze nebst eigenen Untersuchungen zu dieser Zusammenstellung noch die Mittheilungen von
Künckel, Rech. s. l. Volucell. Atlas, ferner: Compt. rendus. Paris 1879, LXXXIX, p. 494 und Brandt, Carus
zool. Anzeiger Nr. 110, 1882. — Für Larven: Vergleiche Anatom. Untersuchungen des Nervensystems: Horae
Soc. Entom. ross. B. XV, 1879 und Metamorphosen dess., ebenda.

Da die Dipteren in der Anlage 2 Kopf-, 3 Brust-, und 8 Abdominalganglien zeigen, so führe ich für alle
Formen diese Ganglien auf und verbinde jene, welche einen Complex bilden mit einer Klammer. Die Lage
der Ganglien oder Complexe ist durch die Rubrik, in welcher die Zahlen stehen und ihre Natur als Kopf,
Thorax oder Abdominalganglien durch einen oberen Bindestrich gegeben, der K., T. oder A. über-
schrieben ist.

z. B.

Kopf	Thorax	Abdomen
K.	T.	A.
1, 2	(I, II, III; 1, 2,)	3, 4, 5, 6, 7, 8

Die Kopfknoten sind mit arabischen, ebenso die abdominalen, die Thoraxknoten mit römischen Ziffern
bezeichnet. d. i. 2 Kopfganglien, ein Thoraxcomplex, aus dem 1., 2., 3. Thoraxganglion und 1. und 2. Abdo-
minalganglion gebildet und 6 Abdominalganglien, die getrennt im Abdomen gelegen sind und dem 3. 8. Gang-
lion entsprechen. — Zwei Striche zwischen den Zahlen bedeuten, dass die Verbindungsstränge doppelt sind.
— Siehe *Leptis.*

Einer weiteren Untersuchung muss es vorbehalten bleiben, ob die von dem Thoraxcomplex abgetrennten
im Abdomen gelegenen Ganglien (1 — 2) der Syrphiden oder Acalypteren hier richtig gedeutet wurden. Für
die Larven mit Ausnahme der Encephalen fallen die Kopfganglien erst in die Rubrik der Thoraxganglien
nach ihrer Lage, nicht aber nach ihrem Wesen.

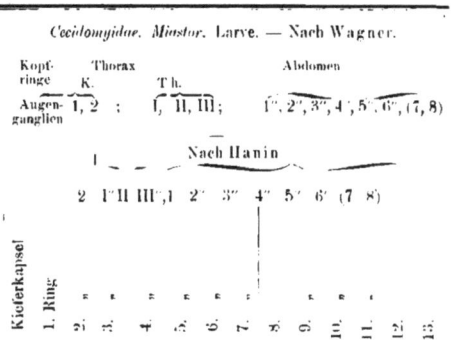

Cecidomyidae. Miastor. Larve. — Nach Wagner.

Kopf-ringe	Thorax		Abdomen		
Augen-ganglien	K. 1, 2 :	T h. I, II, III;	1, 2, 3, 4, 5, 6, (7, 8)		

Nach Hanin

2 I II III, 1 2 3 4 5 6 (7 8)

Larve			Imago		
K.	T.	A.	K.	T.	A.

Culex, Anopheles

| $\overline{1,2}$ | $1,\overline{11},\overline{111}$ | $1,2,\overline{3},4,5,\overline{6},7,8$ | $\overline{1,2}$ | $(\overline{1},11,\overline{111};\ 1)$ | $2,3.4,5,6,(\overline{7,8})$ |

Chironomus, Corethra

| $\overline{1,2}$ | $1,\overline{11},\overline{111}$ | $1,2,\overline{3},4,5,\overline{6},7,8$ | $\overline{1,2}$ | $(1,\overline{11}),(\overline{111};\ 1)$ | $2,3,4,5,6,(\overline{7,8})$ |

Sciara

$\overline{1,2}$	$1.\overline{11},\overline{111}$	$1,2,\overline{3},1,5,\overline{6},7,8$	$\overline{1,2}$	$1,\overline{11},(\overline{111};\ 1)$	$(2,3),4,5,6,(\overline{7,8})$
				oder nach **Künkel**	
			$\overline{1,2}$	$\overline{1,11},(\overline{111};\ 1,2)$	$3,4,5,6,(\overline{7,8})$

Rhyphus

| $\overline{1,2}$ | $1,\overline{11},\overline{111}$ | $1,2,\overline{3,4},5,\overline{6,(7,8)}$ | | | |

Psychoda

| | | | $\overline{1,2}$ | $(\overline{1,11}),(\overline{111};\ 1)$ | $2,3,1,5,(6,7,8)$ |

Blepharoceridae

| $\overline{1,(2}$ | $(1,11,\overline{111};$ | $1,2)$ | $3,4.5,6,(\overline{7,8})$ | | |

Bibio

$\overline{1,2}$	$1,\overline{11},\overline{111}$	$\overline{1,2,3},4,5,\overline{6},7.8$	$\overline{1,2}$	$(1,\overline{11}),(\overline{111};\ 1)$	$2,3.4\ 5,6,(\overline{7,8})$
			oder		
			$\overline{1,2}$	$(1),(11,\overline{111};\ 1)$	$2.3,4,5,6,(\overline{7,8})$

Tipula

K.	T.	A.			
$\overline{1,2}$	$1,\overline{11},\overline{111};\ 1)$	$2,3,4,5,6,(\overline{7,8})$	$\overline{1,2}$	$(1,\overline{11},\overline{111};\ 1)$	$2,3,4,5,6,(\overline{7,8})$
oder					
$\overline{1,2}$	$(\overline{1,11},\overline{111};\ 1)$	$2,3,1,5,6,7,8$			

Stratiomys

K.	T.	A.			
$\overline{1,(2}$	$1,\overline{11},\overline{111};\ \overline{1-8)}$		$\overline{1,2}$	$(1,\overline{11},\overline{111};$	$\overline{2})$	$3,4.5,(6,7,8)$
	Die Nerven verlaufen		oder		
	getrennt von einander		$\overline{1,2}$	$(\overline{1,11},\overline{111};\ 1,2)$	$3,4,5.6,(\overline{7,8})$

Chrysomyia

| K. | T. | A. | | | |
| $\overline{1,(2}$ | $1,\overline{11},\overline{111};\ \overline{1-8)}$ | | | | |

Subula marginata

Larve				Imago		
K.	T.	A.		K.	T.	A.

Tabanus

K.	T.	A.	Die Nerven bilden einen Strang mit Seitenästen oder nach Brandt: Carus. Anz. 1882)	$\overline{1, 2}$	$\overline{1, 11, 111}$;	1), $\overline{2, 3, 4, 5, (6, 7, 8)}$ oder 2, 3, 4, (5, 6, 7, 8)
$\overline{1, (2)}$;	1, $\overline{11, 111}$;	$\overline{1-8}$;				
$\overline{1, (2)}$;	1, $\overline{11, 111}$;	$\overline{1, 2}$, $\overline{3, 4, 5}$, $\overline{6}$, (7, 8)				

Pangonia

				$\overline{1, 2}$,	$\overline{1, 11, 111}$;	1), $\overline{2, 3, 4, 5, (6, 7, 8)}$

Chrysops

				$\overline{1, 2}$;	$\overline{1, 11, 111}$;	1), $\overline{2, 3, 4, 5, (6, 7, 8)}$

Haematopota

				$\overline{1, 2}$;	$(\overline{1, 11, 111}$;	1), $\overline{2, 3, 4, (5, 6, 7, 8)}$

Leptis

K.	T.					
$\overline{1, 2}$;	1, $\overline{11''}$, $\overline{111}$;	$\overline{1'', 2'', 3'', 4'', 5}$, (6'', 7'', 8;)	$\overline{1, 2}$;	(1, $\overline{11'}$, $\overline{111}$.	1)', 2'', 3'', 4', 5'', 6'', (7, 8)

Hirmoneura obscura, Nemestrina reticulata

K.	T.					
$\overline{1, (2}$;	$\overline{1, 11, 111}$,	1), 2, 3, 4, 5, 6, (7, 8)	$\overline{1, 2}$;	(1, $\overline{11}$), $\overline{111}$.	1); $\overline{2, 3, 4, 5, 6, (7, 8)}$

Ogcodes

				$\overline{1, 2}$;	$\overline{1, 11, 111}$; oder	1, 2) $\overline{3, 4, 5, (6, 7, 8)}$
				$\overline{1, 2}$;	$\overline{1, 11, 111}$;	1) $\overline{2, 3, 4, (5, 6, 7, 8)}$

Thereva

K.	T.	A.				
$\overline{1, 2}$,	1, $\overline{11, 111}$.	1, 2, 3, 4, 5, 6, 7, 8	$\overline{1, 2}$;	(1, $\overline{11}$), $\overline{111}$.	1) $\overline{2, 3, 4, 5, (6, 7, 8)}$

Scenopinus

				$\overline{1, 2}$;	(1, $\overline{11}$), ($\overline{111}$;	1, 2) $\overline{3, 4, 5, 6, (7, 8)}$

Anthrax

				$\overline{1, 2}$,	$\overline{1, 11}$), ($\overline{111}$;	1) $\overline{2, 3, 4, 5, 6, (7, 8)}$

Asilus geniculatus

K.	T.	A.				
$\overline{1, 2}$;	1, $\overline{11, 111}$;	1, 2, 3, 4, 5, 6, 7, 8	$\overline{1, 2}$;	(1, $\overline{11}$), $\overline{111}$:	1) $\overline{2, 3, 4, 5, 6, (7, 8)}$

Laphria aurea

K.	T.	A				
$\overline{1, 2}$;	$\overline{1, 11, 111}$;	(1, 2, 3, 4, 5, 6, 7, 8	$\overline{1, 2}$;	$\overline{1, 11, 111}$;	1) $\overline{2, 3, 4, 5, 6, (7, 8)}$

Hilara   *Empis*

K.	T.					
$\overline{1, 2}$;	(1, $\overline{11, 111}$;	1) 2, 3, 4, 5, 6, 7, 8?	$\overline{1, 2}$,	(1, $\overline{11}$), ($\overline{111}$;	1) $\overline{2, 3, 4, 5, (6, 7, 8)}$

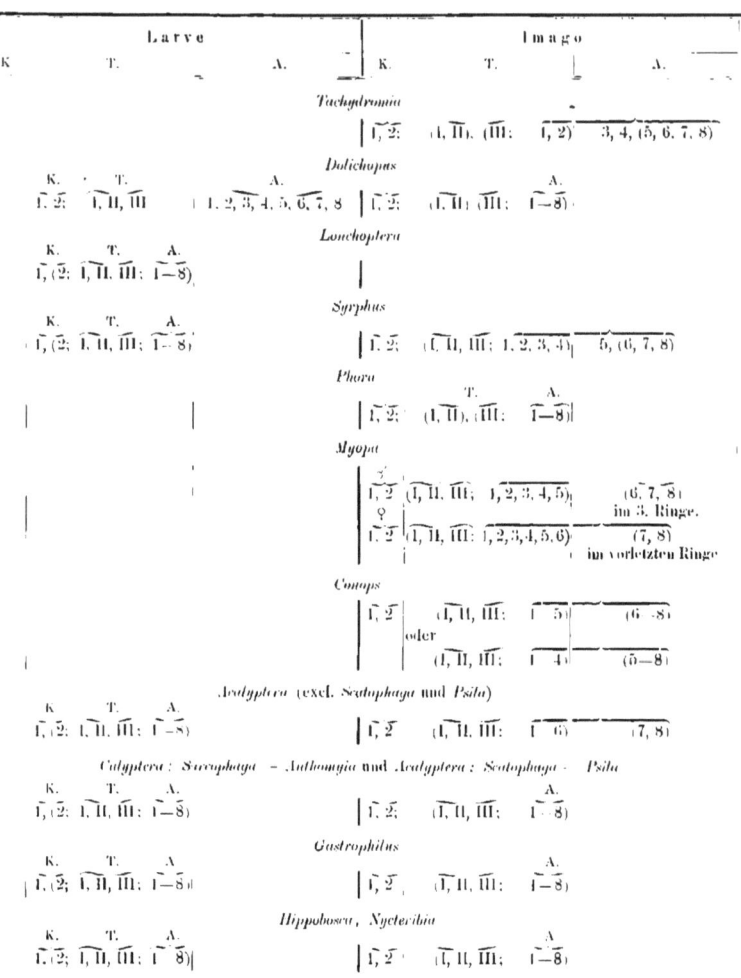

Larve				Imago		
K.	T.	A.		K.	T.	A.

Tachydromia

I, 2;   (I, II), (III: I, 2)   3, 4, (5, 6. 7. 8)

Dolichopus

K.   T.   A.
I, 2;   I, II, III   1. 2, 3, 4. 5, 6, 7. 8 | I, 2;   (I, II) (III: I—8)

Lonchoptera

K.   T.   A.
I, (2;   I, II, III: I—8)

Syrphus

K.   T.   A.
I, (2;   I, II, III;   I—8) | I, 2;   (I, II, III: 1. 2. 3, 4)   5, (6, 7, 8)

Phora

T.   A.
I, 2;   (I, II), (III: I—8)

Myopa

♂
I, 2   (I, II, III;   1, 2, 3. 4, 5)   (6, 7, 8)
im 3. Ringe.
♀
I, 2   (I, II, III: 1, 2, 3, 4, 5, 6)   (7, 8)
im vorletzten Ringe

Conops

I, 2   (I, II, III: I   5)   (6   8)
oder
(I, II, III: I   4)   (5—8)

Acalyptera (excl. *Scatophaga* und *Psila*)

K.   T.   A.
I, (2;   I, II, III: I—8) | I, 2   (I, II, III: I   6)   (7, 8)

Calyptera : Sarcophaga – Anthomyia und *Acalyptera : Scatophaga – Psila*

K.   T.   A.
I, (2;   I, II, III: I—8) | I, 2;   (I, II, III: I—8)

Gastrophilus

K.   T.   A
I, (2;   I, II, III: I—8) | I, 2   (I, II, III: I—8)

Hippobosca, Nycteribia

K.   T.   A.
I, (2;   I, II, III: I   8) | I, 2   (I, II, III;   I—8)

In Fällen, wo das Nervensystem nicht bekannt ist, sind die Rubriken leer gelassen.

Characteristik der Larven nach Unterordnungen und Familien.

I. Subordo: **Orthorrhapha.**

Larven mit Mund- oder Kieferkapsel oder mit vollständig differenzirtem Kopfe. Nymphe eine freie oder in der Larvenhaut verborgene. Die Larvenhaut berstet in beiden Fällen (d. i. im ersteren Falle gleich bei der Verpuppung der Larve, im letzteren Falle erst bei dem Auskriechen der Fliege zugleich mit der eingeschlossenen Nymphenhaut) durch einen geraden Längsriss am Rücken des vorderen Körperendes und einen darauf vorne senkrechten Querriss in Form einer „T-förmigen Spalte, oder zuweilen durch einen Querriss zwischen 8. und 9. Hinterleibsringe, dann an einer nicht präformirten durch eine Naht bestimmten Stelle. (Nur bei einigen Cecidomyiden.) Die Flügel der Fliege entfalten sich mit dem Auskriechen aus der Nymphenhaut gleichzeitig. — Nervensystem sehr verschieden, die 13 Ganglien entweder alle getrennt oder zu zwei oder mehreren Complexen vereint. In der Anlage stets 2 Kopf-, 3 Brust- und 8 Bauchknoten vorhanden.

Den Fliegen fehlt die Lunula über den Fühlern und die Bogennaht darüber, ebenso die Stirnblase.

Character der Hauptgruppen.

Sectio 1. *Orthorrhapha nematocera.* Larven mit gegenständigen beissenden Mundtheilen, d. i. mit horizontal beweglichen Oberkiefern; oder die Mundtheile ganz rudimentär, dann aber die Larve peripneustisch mit 13 Segmenten.

I. Tribus: *Eucephala:* Larven mit vollständig differenzirtem Kopf, welcher die ersten Ganglien und zuweilen Augen enthält. — Peri- oder amphipneustisch oder mit Athemröhren oder Tracheenkiemen.

II. Tribus: *Oligoneura:* Larven nur mit Kieferkapsel und rudimentären Mundtheilen und 13 Segmenten, peripneustisch.

III. Tribus: *Polyneura:* Larve nur mit Kieferkapsel und entwickelten beissenden Kiefern. amphi- oder metapneustisch.

Sectio 2. *Orthorrhapha brachycera.*[1] Larven mit parallelen, nach oben und unten oder nach aussen und unten drehbaren Kiefern, die stechend, hackend, bohrend oder saugend wirken.   (Kopf

---

[1] Ohne Rücksicht auf die Verwandtschaft, zur Bestimmung, liessen sich die Larven der brachyceren Orthorrhaphen auch folgendermassen gruppiren.

I. Larven mit terminaler hinterer Stigmenspalte, an die beide Haupttracheen dicht nebeneinander münden.
 a) Die Spalte horizontal, quer. Kieferkapsel nicht einziehbar.   *Stratiomyidae.*
 b) Die Spalte vertical, senkrecht. Kieferkapsel einziehbar.   *Tabanidae.*
II. Larven mit getrennten hinteren Stigmenröhren oder Platten.
 1. Hinterstigmen am letzten Ringe gelegen.
  a) Kinnplatte und Gräten flach oder gerade, oder fehlend oder mit der Kapsel verwachsen.
   α Kieferkapsel nicht zurückziehbar, stigmenplatten frei . . . . *Xylophagidae.*
   αα Kieferkapsel einziehbar.
    β Hinter dem fühlertragenden Ringe nur 10 Segmente . . . . *Acroptera.*
    ββ Hinter dem fühlertragenden Ringe 11—12 Ringe.
     γ Kieferkapsel lang, eingewachsen, birnförmig . . . . *Leptidae, Acanthomeridae.*
     γγ Kieferkapsel kurz, der eingewachsene Theil flach oder in Gräten getheilt.
              Stigmen in einer Spalte. *Nemestrinidae.*
              Stigmen frei. *Acroceridae.*
  b) Kinnplatten und Gräten winklig zusammenstossend, im Profile gebogen erscheinend. *Dolichopoda, Empidae.*
 2. Hinterstigmen vor dem letzten Ringe gelegen.
  a) Am vorletzten Ringe . . . . *Asilidae, Bombyliidae. Mydaidae.*
  aa) Am drittletzten Ringe . . . . *Therevidae, Scenopinidae.*

nie vollständig entwickelt, nur eine Kieferkapsel vorhanden ohne Ganglien, die aber zuweilen durch aussen aufsitzende Augen einem Kopf ähnlich wird.) Ganglienkette erst hinter dem Kiefergerüste. (Larven mit rudimentären Mundtheilen sind meta- oder amphipneustisch und zeigen 10—12 Ringe.

I. Tribus *Acroptera.*

Hinter dem die Fühler tragenden und die Kieferkapsel einschliessenden Ringe nur 10 Ringe, von denen der letzte aus zwei verwachsen scheint.   Fam. *Lonchopteridae.*

II. Tribus *Platygenya.*

Hinter dem die Fühler und Mundtheile tragenden Abschnitte 11, 12 oder durch Zwischensegmente noch mehr Ringe sichtbar.

Kieferkapsel am freien Theile entweder vollständig geschlossen, oben und unten fest chitinisirt oder unten häutig, bald sehr lang, bald kurz. Besteht nur eine obere Kapsel und bleibt das Chitingerüste der Unterlippe frei, so erscheint es flach, aus geraden Stäben oder aus einer in Stäbe auslaufenden Platte gebildet, deren Fläche horizontal liegt oder fehlt zuweilen.

† Stigmen am Hinterende am letzten Ringe oben, oder terminal gelegen, als horizontale oder vertikale Spalte, an der beide Haupttracheen dicht nebeneinander münden, oder als getrennte Platten oder Röhren, frei oder in einer von Lippen oder Fortsätzen umschlossenen Grube liegend, oder es finden sich anstatt der Stigmen Tracheenkiemen an den Körperseiten.

Gruppe *Homäodactyla, Cyclocera* Schin. pp.

a) Kieferkapsel unveränderlich, der freie Theil nicht einziehbar in die folgenden Ringe.

α) *Notacantha (Stratiomyidae, Xylophagidae).*

b) Kieferkapsel einziehbar, der freie Theil tief in die folgenden Ringe zurückziehbar.

α. Der obere zum grossen Theil eingewachsene Theil der Kieferkapsel röhren- oder länglich birnförmig, einfach oder aus länglichen schmalen innig verbundenen Platten gebildet.

b) *Tanystoma.*

1. Hinterstigmen in eine senkrechte Spalte vereinigt *(Tabanidae).*

2. Hinterstigmen in zwei Platten getrennt mündend oder Tracheenkiemen.

Leptidae, Acanthomeridae.

β. Der obere eingewachsene Theil der Kieferkapsel in Gräten aufgelöst, gespalten oder eine flache spaltförmige Platte bildend. Die Gräten zuweilen nur verdickte Mittelrippen von dünnen durchsichtigen schmalen Chitinplatten bildend.

c) *Bombylimorpha.*

1. Hintere Stigmenplatten gross, rund, terminal und frei gelegen. Obere Kieferkapsel ziemlich gross und frei, halbmondförmig; der eingewachsene Theil kurz, gabelig, schmal. Mundtheile der erwachsenen Larve rudimentär.   F. *Acroceridae.*

2. Hintere Stigmenplatten gross, rund, terminal in einer von Lippen umschlossenen Querspalte gelegen. Oberkiefer hakig, zwischen denselben eine gerade Spitze. Unterkiefer rudimentär. Obere Kieferkapsel am freien Theile sehr kurz, der eingewachsene Theil lang.   F. *Nemestrinidae.*

†† Hinterstigmen auf einem Wulste oder Segmente vor dem letzten, oder erst am drittletzten Segmente gelegen, meist klein.

Gruppe *Heterodactyla,* (Tribus *Orthocera* Schin., pp.)

Hinterstigmen am vorletzten Ringe oder auf einem flachen Wulste oben vor dem letzten Ringe. Wenige oder keine Zwischensegmente.

α) *Procephala (Mydaidae, Asilidae, Bombylidae.)*

Hinterstigmen am drittletzten Ringe seitlich gelegen; 6 oder mehr Zwischensegmente.

b) *Polytoma* (*Thereeidae*, *Scenopinidae*).

III. Tribus *Orthogenya*.

Hinter dem die Fühler und Mundtheile tragenden Abschnitte 11–12 Ringe sichtbar.

Kieferkapsel am freien Ende nur oben als halbmondförmige Platte entwickelt, das eingewachsene Ende lange Platten oder Gräten bildend. Das Chitinskelet der Unterlippe wird von zwei, mit ihrer Fläche **vertical stehenden**, vorne im Winkel zusammenstossenden gebogenen Leisten gebildet, die in ihrer Verbindung eine gewisse Ähnlichkeit mit den Unterkieferknochen eines Säugethieres zeigen. — Hinterstigmen terminal am letzten Ringe, zuweilen auf Fortsätzen gelegen. *Empidae*, *Dolichopoda*.

Character der Tribus und Familien.

Sectio 1. ORTHORRHAPHA NEMATOCERA.

Larven mit heissenden, gegenständigen d. i. horizontal gegeneinander beweglichen Kiefern, oder die Mundtheile rudimentär, dann aber die Larven peripneustisch mit 13 Segmenten hinter der Kieferkapsel.

I. Tribus *Eucephala*.

Larven mit vollständig differenzirtem, nicht zurückziehbaren Kopfe, der mit dem nächsten Ringe häutig oder fest verbunden ist und oft am Vorderende einer Art Kopfbrust sitzt. Körper mit dem Kopfe 12–13ringlig, oft durch Verwachsung der vorderen und hinteren Ringe weniger Segmente zeigend, nur 7ringelig, oft aber durch secundäre Ringelung wurmartig vielringelig erscheinend (vide *Mycetophilidae*). Kiefer entwickelt, Augen meist vorhanden, oder fehlend. Nymphe eine freie Mumienpuppe, zuweilen sehr beweglich (im Wasser) oder theilweise von der Larvenhaut gedeckt bleibend (*Ceratopogon*) oder festsitzend mit der ganzen Bauchseite (*Blepharoceridae*) oder in einem Cocon (*Simulidae*). Respiration peri oder amphipneustisch oder mit Tracheen-Kiemen oder Athemröhren mit Stigmenklappen.

1. Fam. *Mycetophilidae*. Larve peripneustisch, walzig, häutig, nackt, meist augenlos; Leib ohne Fussstummel am zweiten Ringe (1. Brustring). Larve oft innerhalb der Segmente secundär geringelt und dadurch regenwurmartig vielringlig erscheinend (*Ceroplatus*).

  Nymphe ruhend, zuweilen in einer cocoonartigen Hülle. Die Larven leben vorzugsweise in Pilzen. Nach Leon Dufour haben Larven von Boletophila 3gliederige Antennen, bei andern sind sie sehr kurz (*Sciara*, *Mycetophila*); letztere haben Augen.

2. Fam. *Bibionidae*. Larve peripneustisch, walzig, häutig mit queren Borstenreihen. Kopf oft mit Augen. Leib ohne Fussstummel am Ringe hinter dem Kopfe. Larve in vegetabilischer Erde. Nymphe ruhend, meist frei.

3. Fam. *Chironomidae*. Larve amphipneustisch oder mit Tracheenblasen oder Kiemen, weichhäutig wurmförmig. Kopf mit Augenflecken. Am 1. Ringe hinter demselben ein einfacher oder getheilter Fussstummel. Körperende zuweilen mit Anhängen. Larve im Wasser oder am Lande lebend.

  Nymphe beweglich, schwimmend, oder ruhend, zuweilen halb in der am Rücken geborstenen Larvenhaut steckend (*Ceratopogon*).

4. Fam. *Culicidae*. Larve meta- oder amphipneustisch oder mit Tracheenblasen oder mit symmetrischer (Dixa) oder asymmetrischer Athemröhre am Körperende (Culex), weichhäutig oder etwas schalig, von sehr verschiedener Form, die Ringe hinter dem Kopfe meist einen dickeren Complex bildend. Kopf meist mit Augenflecken. Oberkiefer klein, tiefeinschlagbar, hakig. Am Ringe hinter dem Kopfe kein Fussstummel. Hinterende des Körpers mit verschiedenen der Respiration dienenden Anhängen

3 *

oder Haftapparaten. Nymphe propneustisch, sehr beweglich, schwimmend. Die Larven schwimmen mit verticalem Körper, den Kopf nach unten gerichtet (*Culex, Dixa*) oder horizontal (*Corethra, Anopheles*).

5. Fam. *Blepharoceridae.* Kopf mit den folgenden Ringen fest verwachsen, Augen tragend. Larve asselartig hartschalig, glatt. Cephalothorax und die 5 folgenden Ringe mit je einem medianen Saugnapf an der Bauchseite und daneben die letzteren fadige Tracheenkiemen tragend. Cephalothorax und die folgenden Segmente seitlich je mit einem behorsteten kegeligen Fortsatz. Kopfplatten hinten theilweise durch Häute getrennt. Nymphe ruhend, in halbovaler schaliger Haut, eine an der Unterseite weichhäutige, platte Mumienpuppe. Vorderende mit Athemröhren, die hornartig aufrecht stehen. Kiefertaster der Larven rudimentär. Larve in Gebirgsbächen.

Die vollkommenen Thiere sind verwandt mit den Pachyneurinen (siehe meine Abh. in diesen Denkschriften Bd. XLII, p. 112) und bildeten früher nach H. Löw eine Abtheilung der Bibioniden. Es wäre daher möglich, dass Gattungen existiren, deren Larven den Übergang von unseren Bibioniden zu dieser Familie bilden. Es müsste dann die Reihenfolge der Familien so geändert werden, dass die Chironomiden und Culiciden den Schluss der Eucephalen bilden. Löw, Berlin Ent. Z., Bd. II., p. 107.

6. Fam. *Simulidae.* Larve (? amphipneustisch) weichhäutig, dick, in der Mitte verdünnt. Kopf cylindrisch, jederseits mit zwei Augenflecken. Oberkiefer tief einschlagbar. Am Ringe hinter dem Kopfe ein mit Hafthaken bewehrter Fussstummel. Körperende mit Haftapparat. Nymphe in einem tütenförmigen Cocon ruhend, vorne mit baumartigen Athemröhren. In Gebirgsbächen.

7. Fam. *Psychodidae.* Larve walzig, amphipneustisch, das hintere Ende in eine kurze, meist fest chitinisirte Athemröhre verlängert. Ober- und Unterkiefer am Grunde verwachsen, theilweise zugleich beweglich. Augenflecke am Kopfe vorhanden. Am Ringe hinter dem Kopfe kein Fuss.

Nymphe ruhend, vorne mit zwei langen athemrohrartig verlängerten Vorderstigmen, Athemhörnern. — Larve in Bächen und einige Arten in jauchigem Wasser von Cloaken und Aborten.

8. Fam. *Ptychopteridae.* Larve amphipneustisch und mit Tracheenkiemen, weichhäutig. Leib hinten (oben am 12. Segmente) in eine lange, theilweise einziehbare häutige Athemröhre verlängert, unten den After zeigend. — 1. Ring hinter dem Kopfe ohne Fuss. Am 5., 6. und 7, Ring je ein Paar Fussstummel, jeder mit einem vor- und rückwärtsschlagbaren Haken (Grobben). — Kopf undurchsichtig, mit Augen. Nymphe frei, wenig beweglich, nur vorne mit einer langen fadenförmigen asymmetrischen Athemröhre am Prothorax. Larve in Bächen im Schlamme und an unreinen Orten.

9. Fam. *Rhyphidae.* Larve amphipneustisch, schlangenartig, dünn, sich oscillirend bewegend. Kopf schlank, Leib nackt, durchscheinend. Aftersegment mit zwei kurzen Fleischspitzen. Nymphe frei, ruhend, mit zwei Spitzen vorne. (Athemhörner?).

Larve im Wasser, besonders in Rinnen auch Viehtränken und Pfützen oder hohlen Bäumen und in Mulm und Dünger.

II. Tribus *Oligoneura.*

Fam. *Cecidomyidae.* Larve peripneustisch, mit 9 Stigmenpaaren, erstes am 2. Ringe hinter der Kapsel (1. Thoraxstigma); 2.—9. am 5. bis 12. Ringe gelegen (8 Abdominalstigmen); Körper im ganzen 14ringig, ohne differenzirten Kopfe, nur mit einer Mundkapsel mit rudimentären Kiefern und grossen zweigliederigen Tastern, und 13 Segmenten. Am 1. Ringe hinter der Kapsel oben die pigmentirten Augenganglien, unten am zweiten Ringe hinter Kapsel ein, je nach dem Alter der Larve mehr weniger entwickelter, nach Arten verschiedener, aus einer Chitinplatte bestehender Fuss, welcher in einer Hautspalte des Segmentes steckt. Nach Mik neben demselben je ein Grübchen, oder eine Öffnung (?).

Nymphe eine freie Mumienpuppe oder in der, zu einer peripneustischen Tonne erhärteten Larvenhaut, oder in einem Cocon verborgen. — Larve in Pflanzenparenchymen Auswüchse erzeugend oder freilebend in faulenden Vegetabilien etc.

(Die Mundkapsel mit dem Saug- und Reibapparat und der darauf folgende häutige Ring entsprechen zusammen dem ausgebildeten Kopfe.)

Anmerkung. Die sogenannte Tonne einer Gruppe der Cecidomyien ist ebenso aus der Larvenhaut gebildet, wie die der Stratiomyiden und der cyclorrhaphen Dipteren und auch wie die mancher Käfer z. B. der Meloiden *Zonitis* u. a. Die sogenannte Tonne dieser Cecidomyien *(Larva pupigera)* unterscheidet sich von jener der cyclorrhaphen Dipteren aber dadurch, dass sie peripneustisch angelegte Stigmen zeigt und zweitens von jener aller anderen Orthorrhaphen, dass sie nicht am Thorax oben durch eine „T-förmige Spalte mit dem Kopf und Thorax der Fliege zu Stelle einer solchen Naht gesprengt wird, sondern dass die Mücke ihren Hinterleib am 8. und 9. Ring ausstemmt und dort eine Querspalte bildet, durch die sich nach Wagner Dr. B. Untersuchung über d. neue Getreide-Gallmücke, Fulda 1861, p. 15 später der Kopf hervordrängt. Von den Tonnen der cyclorrhaphen Dipteren aber, abgesehen davon, dass diese amphipneustisch sind, dadurch, dass sie die Cyclorrhaphen) am vorderen Pole eine horizontale Bogennaht zeigen, die über den Mundtheilen und die ersten 4 Ringe hinwegläuft und sich vor dem 5. Ringe mit einer Quernaht verbindet, oder blos horizontal endet. Da die Tonnen durch den Kopf der Fliege mit Hilfe der Stirnblase oder nur durch den Kopf allein durch Aufblasen des Untergesichtes (Becher) gesprengt werden u. z. genau längs der vorherbeschriebenen Naht, so springen diese Tonnen am vorderen Pole mit einem oder zwei Deckel auf, von denen der obere stets die Häute der Prothoracal-Tracheen, der untere die Reste der Schlundkapsel und Mundtheile der Fliege innen zeigt. Dieses beweist, dass die Organisation der cyclorrhaphen Tonne eine ganz eigenthümliche und die Gruppe characterisirende ist und dass es sich bei der Eintheilung [1] der Dipteren in *Orthorrhapha* und *Cyclorrhapha* um ganz andere Dinge handelt, als um das Vorhandensein einer Tonne, die mit Deckel aufspringt oder nicht.

III. Tribus *Polyneura.*

Larve mit einziehbarem unvollständig differenzirten Kopfe (Kieferkapsel), dessen Platten hinten klaffen und kein Nervensystem einschliessen, und 12 Körperringen. Zuweilen durch 5 Zwischenringe 17 Ringe vorhanden. Das obere Schlundganglion hinter der Kieferkapsel. Oberkiefer beissend, gegenständig. Nymphe eine freie träge Mumienpuppe mit Athemhörnern am Prothorax.

Fam. *Limnobinae.* Larve amphipneustisch, walzig, weichhäutig, durchsichtig oder platt mit festerem und oft haarig rauhen Chitinpanzer. Oberkiefer hakig, schlank, meist ungezähnt, tief einschlagbar, mit dem Unterkiefer am Grunde durch einen Chitinrahmen verbunden, letzterer meist mit langem kegelförmigen vorschnellbaren Taster. Hinterleibsende meist mit einfacher oder doppelter Athemröhre und oft mit zapfenartigen Anhängen, doch nie auffallend sternförmig, seltener mit zwei Stigmenplatten. Gräten der Kieferkapsel oft sehr lang und dünn. Am ersten Ringe hinter der Kapsel meist ein Fussstummel hervorstülpbar oder am Abdomen kegelige paarige Bauchfüsse (Pedicia). Fühler klein. Larven meist im Wasser lebend, in Schwämmen oder Baummoder etc.

Fam. *Tipulinae* s. str. Larve meta- oder amphipneustisch, walzig, dick, kaum durchscheinend oder glashell, oft borstig oder mit Fleischzapfen. Oberkiefer dick, gezähnt, nicht tief einschlagbar, nur unter der breiten Oberlippe verborgen, gross. Unterkiefer gedrungen mit kurzem Taster. Hinterleibsende mit 6 oder mehr radiär gestellten Fortsätzen, sternförmig und meist dazwischen mit 2 festchitinisirten rundlichen Stigmenplatten. Am 1. Ringe kein Fuss hinter der Kieferkapsel. Fühler deutlich, lang, zweigliedrig. Larve im Wasser oder auf dem Lande, von faulen oder frischen Vegetabilien, dürrem Laub lebend.

Sectio 2. ORTHORRHAPHA BRACHYCERA.

Larven mit parallelen nach oben und unten oder nur nach aussen und unten drehbaren oder rudimentären Kiefern, die also niemals gegenständig kneipend, sondern stechend, hakend, bohrend oder saugend wirken. — Peri-, amphi- oder metapneustische Athmungsorgane. Das Nervensystem beginnt stets hinter der Kieferkapsel.

[1] Vergleiche Becher Wiener Entom. Z. I. 1882, p. 49 ff.

I. Tribus *Acroptera.*

Larven amphipneustisch, platt, mit langen Borsten am 1., 2. und letzten Ringe; die Hinterstigmen am letzten Ringe breit von einander getrennt, kurz, rohrförmig. Vorderstigmen am 1. Ringe hinter dem die Fühler tragenden häutigen Ringe: Körper platt asselartig, Kopf nicht differenzirt, mit chitinöser kegeliger einziehbarer Kieferkapsel (?); hinter dem 1. häutigen Ring, der lange seitliche fühlerartige Fortsätze zeigt und die Kapsel einschliesst, 10 Segmente, von denen das letzte bei Ansicht von unten aus zwei Segmenten verschmolzen erscheint.   Larva pupigera von der früheren Form, unten dünnhäutig, orthorrhaph.

Fam. *Lonchopteridae.* Character der Tribus.

II. Tribus *Platygenya.*

Kieferkapsel entweder oben und unten fest chitinös, geschlossen, oder, wenn die Unterseite häutig verbunden bleibt, ein flaches oder aus geraden Stäben oder Platten zusammengesetztes Unterlippen- oder Kinngerüste zeigend und eine oder mehrere obere Platten und Chitinstäbe.

1. Gruppe *Homöodactyla.*

Hinter der die Fühler und Mundtheile tragenden Kieferkapsel 11 oder 12 Segmente.

Stigmen am letzten Körperringe, oft ganz terminal gelegen, als Chitinplatten oder als horizontale oder verticale Spalte, im ersteren Falle frei oder in einer von Fortsätzen oder Lippen umschlossenen Höhle gelegen, oder die Larven athmen durch seitliche Tracheenkiemen *Atherix*. Larven entweder meta-, peri- oder amphipneustisch. Imagines mit drei gleichen Haftlappen an den Füssen.

a) Homöodactyla naturantha.

Larven mit einer festchitinisirten, am freien Theile unten geschlossenen meist länglichen oder röhrenförmigen Kieferkapsel, die nicht einziehbar ist und oft Augen trägt. Hinter derselben 11 Körperringe. Oberkiefer meist an der Innenseite dem Unterkiefer angewachsen, hakenförmig, oft klein. Fühler klein und oft der Kapsel anliegend. Nymphe in der unverändert bleibenden Larvenhaut verborgen ruhend, oder eine freie Mumienpuppe. In beiden Fällen langgestreckt, das Abdomen nicht erweitert, schlank, wenn sie eingeschlossen bleibt am Kopfe ohne Hakenkrone, oder mit einem krummen Hakenzahn jederseits über der Basis der Fühlerscheiden, der seitlich gerichtet ist. *(Xylophagus, Coenomyia.)*

Fam. *Stratiomyidae* (incl. *Subula* und *Beris*). Larve peripneustisch (einige vielleicht amphipneustisch), die Stigmen am 1. und 3.—7. Ringe oder am 1. und 4.—7. Ringe hinter der Kieferkapsel gelegen. Überdies am letzten Ringe eine terminale quere Stigmenspalte, an welcher beide Längstracheen dicht neben einander münden. Körper platt, schalig, der letzte Ring oft lang, athemrohrartig, oft kurz und rund. Oberkiefer klein, oben den Unterkiefern zugleich vorschnellbar, als oft kammzähniger Haken; Oberlippe hornartig vortretend. Unterkiefer weichhäutig, borstig, nach aussen von den Oberkiefern gelegen, am Rande sehr borstig, aussen mit kurzem 1gliedrigen (ob stets) Taster. Unterlippe borstig, wulstig vorstehend, flach. — Larve carnivor oder von faulen Vegetabilien im Wasser oder am Lande lebend. Nymphe in der unveränderten Larvenhaut ruhend und deren Haut entweder beim Auskriechen der Fliege darin zurückbleibend, zart weichhäutig, oder bei diesem Acte halb aus der Spalte der Larvenhaut hervortretend und etwas schaliger, stets ohne Haken am Grunde der Fühlerscheide. Das 1.—6. abdominale Stigma der Nymphe ist mit dem 1.—6. entsprechenden Stigma der Larvenhaut durch Tracheen verbunden. Die Nymphe ist daher peripneustisch. —

Die Eier werden auf die Erde, an Pflanzen am Rande des Wassers oder auf Wasserpflanzen selbst abgelegt; vielleicht bei einigen auch auf die Wasserfläche. Eier von *Stratiomys* entwickeln sich, wenn sie auf Wasser gelegt werden, in wenigen Tagen. — Junge Larven sehen den alten ganz ähnlich und häuten sich nach wenigen Tagen das erste Mal.

Pachygaster.

Kieferkapsel schmal, schlank kegelig, Augen fehlend (?) oder sehr klein. Körper gleichbreit, die Segmente mit einem Quergürtel von platten, am Ende breiteren kurzen Borsten. Letzter Ring kurz halbrund. — Fühler nicht abstehend, klein.

Stratiomys.

Kieferkapsel dick kegelig. Seitlich im vorderen Drittel ein kleines Auge, vor demselben an der Seite der Mundtheile die anliegenden Fühler mit kurzer Endpapille. Körper nackt, platt, seitlich zwischen den Hinterleibssegmenten ein hakenförmiger Fortsatz, die drei letzten Segmente stark verschmälert und verlängert, der letzte länger und schmäler als der vorhergehende Ring, am Ende mit einem einziehbaren Haarkranz. —

Odontomyia.

Larve wie die von *Stratiomys*, jedoch mehr gleichbreit, die letzten Ringe nur allmälig schmäler und wenig verlängert, die drei letzten fast gleich lang, der letzte kaum schmäler, länglich elliptisch mit einem Haarkranz.

Chrysomyia.

Kieferkapsel schmal, Oberlippe spitz und lang, Augen sehr klein, nicht vortretend. An den Segmenten ein querer Gürtel von dicken flachen langen Fäden in der Mitte, letzter Ring breit wie die vorigen, abgerundet.

Nemotelus.

Kieferkapsel schmal, seitlich in der Mitte mit deutlichem kleinen vortretenden Auge; Fühler oder vielleicht nur Borsten vor den Augen nach innen gelegen, lang, abstehend. Körper mit kurzen, letzter Ring mit vier längeren Borsten, länger als der vorige, abgerundet.

Oxycera.

Kieferkapsel kegelig, hinten dick, Auge seitlich im vorderen Drittel, sehr klein, kaum vortretend. Körper vor der Mitte am breitesten, 3. oder 6.—11. Ring mit kurzen Seitenborsten, letzter Ring länger als breit, etwas schmäler als der vorige, hinten abgestutzt mit Federhaaren besetzt. Fühler kurz, vor den Augen der Kapsel anliegend.

Sargus.

Kieferkapsel kurz kegelig, nach vorne etwas schmäler, hinten stark erweitert mit einem jederseits stark vorgequollenen sogenannten Augenhügel, der von einer halbkugeligen Cornea geschlossen wird. Vor und hinter dem Auge eine gegliederte Borste, die fühlerartig erscheint. Fühlerplatten vorne anliegend, die Seiten des Mundes bildend und mit einem kleinen Wärzchen endigend. Körper oval, der letzte Ring halbrund, kurz. — Wenige kurze Borsten an den Segmenten.

Subula.

Kieferkapsel kurz und dick, kegelig, mit Warzen am verdickten Grunde. Sogenannte Augenwölbungen gross, eine jederseits, nierenförmig, von den Warzen aber zuweilen schlecht zu unterscheiden. Körper wie mit Schuppen gepanzert, mit wenigen kurzen Borsten umgürtet. Letzter Ring halbrund, abgestutzt, jederseits mit einer Borste, hinten mit deutlich segmentartig abgesetzten Lippen der queren Stigmenspalte.

Fam. *Xylophagidae* s. str. (excl. *Subula*).[1] Larve amphipneustisch, die Hinterstigmen oben am letzten Ringe von einander getrennt in Platten mündend. Haut pergamentartig. Körper walzig.

---

[1] Nachdem ich bereits den Unterschied der *Subula*- von den Xylophagiden-Larven hervorgehoben (siehe diese Denkschriften, Bd. XLIV, p. 61, 62) und zwei Gruppen festgestellt habe, von denen die eine (*Subula*) den Character der Stratiomyiden zeigt, die andere mehr zu den Leptiden hinneigt, hat B. Osten-Sacken auch Charactere für die Imagines festgestellt, durch welche *Subula* mit den Beriden vereint wird. Vergleiche hierüber Berliner Entomolog. Zeit. Bd. 26. p. 364.

Kieferkapsel sehr lang *(Xylophagus)* oder der freie Theil kürzer als der nächste Ring *(Coenomyia)*, schmal kegelig. Mundtheile und Fühler sehr klein. Oberkiefer hakenartig, kurz und ziemlich breit und stark, ungezahnt, dicht nach innen vom kleineren rundlichen Unterkiefer liegend. Letzterer zeigt einen kurzen Taster wie *Stratiomys*. 1. oder 1., 2. und 3. Ring hinter der Kapsel oben mit stärkeren Chitinschildern oder Streifen, letzter Ring oben mit einer hinten in zwei Haken auslaufenden Chitinplatte, welche die Stigmen trägt, und vor derselben oft noch stärkere Chitinflecke. Unten am 4.-9. Ringe dornige Kriechschwielen, am letzten zwei Wülste am Grunde, zwischen den grösseren mittleren der After. Larve carnivor, räuberisch, in Holzgängen von Käfer-Larven. Nymphe eine freie Mumienpuppe mit zwei dicken klauenartigen Haken (1 jederseits), die am Grunde der Fühlerscheide nach aussen gespreizt sind.

Gatt. *Coenomyia.* Larve pergamenthäutig, beinweiss, wie die von *Xylophagus* amphipneustisch: mit der Kieferkapsel 12ringlig, am 5. bis einschliesslich 11. Ringe mit unansehnlichen Kriechwülsten. Kapsel fest chitinisirt, braun, nicht einziehbar, kürzer als der folgende Ring, an der Unterseite am Grunde in der Mittellinie ein runder flacher heller zarthäutiger Wulst. Zweiter Ring oben mit chitinisirten Längsstriemen. Vorderstigmen gross oval, am Ende des 2. (1. Ring hinter der Kapsel) liegend: Hinterstigmen frei auf der abgeschrägten Fläche des 12. Ringes liegend, auf einem gelbbraunen mit wenigen Borsten besetzten Flecke, oval, schräg gestellt nach oben convergirend. — Bauchseite der drei Brustringe jederseits mit zwei grossen seicht eingedrückten Punkten. 12. Ring in der Mitte verdickt, am Hinterrande oben zwei, von einem festen chitinisirten Fleck ausgehende, zurückgebogene Haken, an deren Aussenseite am Grunde ein, mit kurzen steifen Haaren besetzter Höcker. (*C. ferruginea* bis 40mm lang, 4—5mm dick.) Nymphe frei, mumienartig mit abstehenden Kopfhaken.

b) Homoeodactyla longistoma.

Larve meta- oder amphipneustisch oder mit Tracheenkiemen, meist mit Augen an der Seite der Kieferkapsel, letztere meist in den folgenden Ringen verborgen, überhaupt mehr weniger einziehbar, hinter derselben 11—12 Leibesringe. Oberkiefer hakig, nach aussen oder unten von denselben in deren Concavität die Unterkiefer, die weichhäutig sind, deren Taster seitlich abstehend; Fühler kurz. Oberlippe hakig oder hornartig vorstehend. Nymphe eine freie Mumienpuppe.

Fam. *Tabanidae.* Larve meist metapneustisch. Augen von den Mundtheilen entfernt an der Kieferkapsel seitlich und hinten gelegen: Kapsel am eingewachsenen Ende gespalten, hinten klaffend und in lange Gräten nach hinten auslaufend, in den folgenden Ringen verborgen. Oberkiefer hakig, oft am Rande gesägt, Oberlippe eine hakig vorgezogene Scheidewand zwischen denselben bildend. Leib 11ringlig, oft mit einziehbaren Fleischwarzen umgürtet, welche zuweilen nur an der Unterseite bauchfussartig entwickelt sind. Letzter Ring mit einer senkrechten Athemspalte oder die beiden letzten Ringe eine Athemröhre bildend. Nymphe frei, ohne Hakenkranz am Kopfende, Fühlerscheiden seitlich von einander gespreizt am Kopfe anliegend, zwischen denselben 4 im Bogen liegende durch chitinisirte Falten gebildete Wülste. Über denselben drei im Dreieck liegende Knötchen (Ocellenanlage) und dahinter nach aussen 2 grössere Knötchen. Unter den Fühlerscheiden am Innenrande der Facettenaugenscheide untereinander jederseits 2 kleine Knötchen. Analring mit 6 von einander gespreizten kegeligen spitzen Hakenfortsätzen. Stigmen hinter dem Kopfe und 7 Hinterleibsstigmen deutlich und gross, erstere mit nierenförmigem Rande (ohrförmigem Rande) und oft sehr gross. — Die Nymphe ruht in der Erde oder bleibt bei einigen Arten (Therioplectes) im Wasser.

Larve carnivor. Junge Larven bohren sich in andere Larven (Käferlarven) ein, verlassen dieselben erst, wenn sie deren Hautschlauch vollständig ausgefüllt haben. So erhielt ich die Larve von *Haematopota* aus dem Leibe der Larve von *Helops lanipes*, bei deren scheinbarer Häutung die Tabaniden Larve herausbohrte.

Die spindelförmigen Eier findet man in kegeligen oder flachen Haufen schief aneinander geklebt an Blättern oder an Stengeln von Pflanzen festgeklebt. Bei im Wasser lebenden Larven werden die Eier auf Schilf befestigt. Es gibt braune und schwarze Eier.

Fam. *Leptidae.* Larve amphipneustisch oder mit Tracheenkiemen. Augen, wenn vorhanden, dicht hinter den Mundtheilen und Fühlern liegend. Kopfplatten oben mehr weniger verwachsen, eine halbovale oder birnförmige Kapsel bildend, an welcher ein mittlerer Längskiel verläuft, durch Anwachsen der oberen Gräten des Schlundgerüstes. Oberkiefer hakig, oft unten gezähnt oder ziemlich stumpfspitzig, nach den Gattungen verschieden. Oberlippe meist hornartig und oft gezähnt, vorspringend, zwischen und über jenen. Leib 11 oder 12 ringelig, drehrund, mit oder ohne Fleischwarzen, oft borstig, und zuweilen mit Bauchfüssen am 4. bis letzten Ringe, oder mit Kriechschwielen oder anderen Fortsätzen. — Letzter Ring in einen oberen und unteren Abschnitt gespalten, ersterer mit zwei, oft zurückgebogenen Spitzen oder Zapfen, letzterer stumpf, zwischen beiden die 2 kleinen Hinterstigmen. — Zuweilen die Hinterstigmen in einer von Lippen verschlossenen Spalte des letzten Ringes (*Symphoromyia* Beling, *Ptiolina* Brauer). Nymphe frei, am Kopfende unbewehrt, oder die Fühlerscheide je eine nach der Seite gewendete anliegende, oder am Ende abstehende Spitze bildend. Analende mit 2 Spitzen unten und mehreren (4) an der Oberseite, oder unbewehrt. Abdominalsegmente mit Dorngürteln (*Leptis*) oder oben mit einem Halbgürtel von 8 Borsten, je zwei auf den Seitenwülsten (*Atheric*). Die Larven leben vom Raube, in der Erde im Holze, in Gängen von Käferlarven, im trockenen Sande, wie Ameisenlöwen Falltrichter bildend, im Moose oder im Wasser.

Die Eier werden zuweilen von vielen Weibchen zusammen in dichten Massen auf dürren Zweigen abgelegt (*Atheric*) oder zerstreut im Sande (*Vermileo?*). Von den anderen Gattungen kennt man die Eiablage nicht.

Fam. *Acanthomeridae. Acanthomera Fraueufeldi* Schin. — Larve getrocknet im kais. Museum. (Bogota.) — Larve walzig, dick und kurz, amphipneustisch, mit Kieferkapsel und 11 Segmenten. Kopfplatten verwachsen, eine halbbirnförmige obere Kieferkapsel bildend, wie bei *Leptiden* im 1. und 2. Ringe verborgen und nicht weiter hervorstreckbar. Augen nicht sichtbar. — Oberlippe hornartig vorstehend, compress, unten rinnenartig hohl, darunter jederseits ein dicker krummer etwas abwärts gebogener Haken, beide dicht nebeneinander gelegen, parallel. Unterlippe und Taster nicht sichtbar. Oberlippe hinten in die obere eingewachsene Kapsel übergehend. 2. Ring jederseits mit einem grossen Stigma, dieses rund; oben der Ring verlängert, fünf Längswülste zeigend. 3.—11. Ring mit Seitenwülsten. 1.—4. Hinterleibsring hinten mit schmalem Zwischenwulste oben. Letzter Ring oben fest chitinisirt, schräg, rauh, oben 2 Gruppen von je 3 Dornen und am Rande zwei kleine Dornen seitlich, unten hinten zwei zurückgebogene starke Haken. Unter diesen an der Unterseite eine tiefe Spalte, die unten von einer halbrunden Lippe gedeckt ist. In der Tiefe der Spalte die beiden grossen runden Hinterstigmenplatten. — Die Acanthomeriden-Larve lässt sich durch das grosse Vorderstigma von den Leptiden der Gruppe *Ptiolina* unterscheiden. — Lebensweise unbekannt.

c) Homoeodactyla bombyliomorpha.

Der obere eingewachsene Theil der Kieferkapsel entweder in Gräten aufgelöst, die in sehr dünnen Platten verlaufen (junge Larve), gabelig gespalten oder eine flache spatelförmige Platte bildend mit stärkerem verdickten seitlich concavem Rande, der freie Theil kurz halbmondförmig oder einen Halbring bildend.

Fam. *Nemestrinidae.* Die einzig bekannte Larve ist die von *Hirmoneura obscura* Meig. — Larve mit kurzer, einziehbarer Kieferkapsel und 12 Körpersegmenten. Oberkiefer hakig gebogen mit stumpfer Spitze und mit dickem kurzen äusseren Basalfortsatz, zwischen dieselben eine kürzere Spitze (Oberlippe) von der Kieferkapsel hineinragend. Von letzterer nach hinten verlaufen lange Gräten, zwei obere und zwei untere nach hinten durch die zwei vorderen Segmente. Dieselben verwachsen bei der reifen Larve zu einer Platte und stellen verdickte Leisten der Platte dar. Die Larve ist metapneustisch und die reife Form zeigt in der von Lippen gedeckten Spalte am letzten Ringe zwei grosse runde Chitinplatten mit runden Stigmen, die bei der jungen Larve punktförmig sind. Letztere besitzt vom 5. bis 11. Segmente 7 Paar Pseudopodien, auf denen je eine lange, an der Spitze nach hinten häkchenartig gekrümmte Borste steht. Am 12. Segmente stehen unten vier solcher Häkchenborsten und am Rande der die Stigmenspalte schliessenden Unterlippe vier lange dicke Borsten auf besonderen Warzen. Der Unterkiefer ist rundlich, weichhäutig, mit einer kleinen Warze (Taster) am Ende und trägt bei der jungen Larve jederseits davon eine lange Borste. Ebenso stehen feinere Borsten an der Unterlippe und je 1 jederseits an der Unterseite des 1.—4. Segmentes. Die erwachsene Larve ist dick, walzig, nackt und oben mit drei ovalen Wülsten auf jedem Ringe, längs den Seiten mit Seitenwülsten und unten mit queren Kriechwülsten. Die Haut ist bei der Jugendform durchsichtig graugelb, bei der reifen Larve rothbraun und warzig, rauh ohne Borsten. — Die Nymphe ist verhältnissmässig sehr gross, am Scheitel mit zwei kleinen faltigen Spitzen und am Grunde der Fühlerscheide mit je einer langen aufwärts gebogenen Borste. Die Stigmen (das 1. hinter dem Kopfe, das 2.—8. am 1.—7. Hinterleibsringe) sind gross, knopfartig vorragend. Der 1.—3. Ring und alle Ringe unten haben vorwärts gerichtete Borsten, von denen die am 1. bis 7. Seitenwulste sehr lang sind; der 4.—7. Ring zeigen oben einen Gürtel von dicken kurzen vorgebogenen Haken. Am letzten Ringe stehen terminal zwei stark voneinander gespreizte fast gerade Haken, deren Spitzen beide nach vorne sehen. — Farbe gelb braun, röthlich aschgrau bereift. Borsten rothgelb, Stigmen schwarzbraun, ebenso die Haken. — Die reife Larve und Nymphe findet man in den Nymphenhäuten von *Rhizotrogus solstitialis* theilweise eingeschlossen. — Die Nymphe bohrt verkehrt aus der Erde. Juli. — Die Eier werden von der Fliege in die verlassenen,(von den Larvengängen in das Holz 1 2 Zoll tief gehende Löcher bildenden)Puppenwiegen von Anthaxien in Haufen abgelegt und kriechen in 10—20 Tagen aus. Nach Felix Lynch (Aribalzaga) legt (*Hira. erolica* Wd.) ihre Eier in die verlassenen Nester einer Holzbiene (*Xylocopa Augustii* Lep.).

Fam. *Leucorveridae.* Hinterstigmen am letzten Ringe auf einem Wulste gelegen, grosse terminale trichterartige runde Platten darstellend. Vorderstigmen am Hinterende des 1. Ringes hinter der Kieferkapsel.

Die einzige [1] näher untersuchte reife Larve von *Astomella Lindenii* Er. zeigt sehr kleine rudimentäre Kiefer. Oberkiefer hakig, Unterkiefer ein gedornter Wulst mit kurzem Taster. Obere Kieferkapselplatte quer mondförmig, gebogen. Unterlippe eine Platte mit zwei Gräten nach hinten, breit, mit der oberen Platte seitlich verbunden. Körper walzenförmig, an der Bauchseite mit kleingedornten Quergürteln und kegeligen Seitenwülsten. Nymphe am Kopfende unbewehrt, dick, buckelig. Die Larve steckt so im Hinterleibe der Spinnen, dass das Kopfende nach hinten liegt und die grossen Stigmenplatten des letzten Segmentes an den Chitinrahmen des Lungenstigmas zwischen den Lungenfächern befestigt sind. Verpuppung ausserhalb des Spinnenleibes im Bau der Spinne.

Die Eier werden an dürre Reiser abgelegt. (Gerstaecker.)

2. Gruppe *Heterodactyla* (Orthocera pp. Schiner).

Hinterstigmen auf einem Wulste oder Segmente vor dem letzten — oder erst am drittletzten Segmente gelegen, meist sehr klein. Vorderstigmen klein, am 1. Brustringe oder scheinbar am 2. Ringe. Kieferkapsel kurz, am Hinterende in Gräten auslaufend, welche im Körper verborgen sind. Zwischensegmente vorhanden oder fehlend. Oberkiefer, wenn vorhanden, hakig, alternirend, oder in gleichem Sinne auf-

---

[1] Durch H. v. Bergenstamm erhielt ich Spinnen aus Corfu, welche mit der Larve besetzt waren. Es werden dadurch meine früheren Mittheilungen ganz bestätigt.

und abwärts, oder mit der Spitze nach aus- und abwärts beweglich (niemals mit den Spitzen gegen ein
ander nach innen beweglich). Unter denselben seitlich die Kiefertaster vortretend. Unterkiefer weichhäutig oder, bei rudimentären Oberkiefern, oft zungenartige Platten darstellend, mit dem Taster an der
Oberseite. Augen fehlend. Fühler meist sehr klein an der Kapsel sitzend. Ganglienkette hinter der Kieferkapsel beginnend. Nymphe frei, vorne oft mit einer starken Hakenkrone oder unbewehrt. Imagines mit
zwei gleichen oder drei ungleichen Hafflappen oder diese alle fehlend.

a) *Heterodactyla procephala.* Hinterstigmen am vorletzten Segmente, nicht terminal gelegen, kleine runde
Platten, ring- oder punktartig.

Fam. *Bombylidae.* Larve walzig, pergamenthäutig, 12 ringlig, amphipneustisch. Die kleinen runden
Vorderstigmen, mit Hinweglassung des hinter der Kieferkapsel gelegenen Ringwulstes, der zu den
Kopfsegmenten gehört, am 1. Ringe hinter der Kieferkapsel; die Hinterstigmen, rundliche Platten
am vorletzten Ringe oben seitlich. An den Seiten des Körpers Längswülste, der letzte Ring oft mit
zwei Spitzen unten. Kieferkapsel oben dreitheilig, der mittlere Theil eine stark gewulstete Oberlippe
mit gerundetem dicken oder spitzen Ende bildend. Die Mundtheile sind im Wesentlichen denen der
Nemestriniden ähnlich (Anthracideu) oder man sieht (*Bombylius*) nur ein Paar an der Spitze abge-
rundete zungenförmige lange Platten, an deren Aussenseite in der Basalhälfte eine hellere Stelle
einen zweigliedrigen aufliegenden, nur mit dem Endgliede abstehenden Anhang (Taster) trägt.
Diese beiden Platten sind alternirend auf und nieder beweglich und stellen entweder die mit dem
Oberkiefer verwachsenen Unterkiefer oder letztere allein vor. Riley hat zwei Spitzen unter der
Oberlippe als Oberkiefer gedentet, welche ich nicht gefunden habe. Die Ansicht, dass Ober- und
Unterkiefer verwachsen seien u. z.' jene helleren Stellen an den Platten, welche am Grunde den
Taster tragen, dem Unterkiefer angehören, stützt sich auf den Vergleich mit der Asiliden Larve,
deren Unterkiefer-Taster in einen Ausschnitt des Oberkiefers, der von dem häutigen Unterkiefer
getrennt ist, an derselben Stelle nach oben ragen und auf die Larven-Mundtheile von *Anthrax flava*,
deren Oberlippe spitz ist und zwischen den abwärts gerichteten stumpfspitzigen hakenförmigen Oberkiefern liegt, während die Unterkiefer häutige Kegel darstellen, die am Ende ein kleines Knötchen
(Taster?) tragen. — Nach aussen oder hinten von den Oberkiefern liegt jederseits ein am Ende rundlicher dicker cylindrischer kurzer Fühler. Von beiden Kiefern gehen längere Chitingräten nach rückwärts in den birnförmigen Schlundkopf. Hinter der Kapsel ein wulstiger Zwischenring, der oben
oft fester chitinirt ist und die Kapsel verbergen kann. — Am vorletzten Ringe unten oft jederseits
ein paar Fleischspitzen.

Nymphe mit zwei grossen, bei *Anthrax* geraden, nach vorne stehenden prismatischen unregelmässig vierseitigen Fortsätzen, die am freien Ende schief abgestutzt erscheinen, wodurch die Unterseite als dreieckige Spitze vorspringt. Fühlerscheide je eine kleine dreieckige Spitze und das Ende
des Rüssels zwei dreieckige Platten, die nach unten oder vorne stehen, bildend. Am Backenrande
der Augen zwei rundliche Höcker, die nach hinten anliegen. Der erste Hinterleibsring zeigt oben,
mit Ausnahme der gedornten Mitte, und alle anderen Ringe an den Seiten und unten einen Gürtel
von sehr langen Borstenhaaren, der 2.—7. Ring zeigen oben einen Halbgürtel von dicken kurzen
mit der Basis breit aufsitzenden compressen Hakendornen, der 8. Ring zeigt weniger und grössere
solche Dornen, und der letzte Ring endet seitlich mit je einem einwärts gebogenen Fortsatze mit
stärkerer oberen und kleinerer unteren Spitze und unter dem Fortsatze mit je einer kleinen kegeligen
Spitze. Alle diese 6 Spitzen sitzen auf der Rückenseite, die Bauchseite ist abgestutzt gerundet
und endet mit zwei, wie Stigmen aussehenden Chitinringen. — (*Anthrax flava* L.)

Bei *Bombylius major* sind die Haken vorne am Kopfe klauenartig abwärtsgebogen, spitz und
sehr gross, ebenso gross sind die Haken der Fühlerscheide, an deren Grunde zwei stumpfe kurze
Fortsätze der Scheide nach aussen stehen. Die Spitze der Rüsselscheide erscheint wie der Fuss

4 *

eines Zweiflüglers und steht mit den 2 Spitzen mehr nach hinten. Am Backenrande steht eine lange Borste. Vertheilung der Haare und Dornengürtel ähnlich wie bei *Anthrax*, doch der 2.—4. Ring sehr stark oben bedornt und zwischen den Dornen lange Haare, der 5.—6. mit kürzeren und der 7.—8. Ring mit feinen, in Haare übergehenden Dornen besetzt. Das Analende zeigt oben zwei flache dreieckige aufrechte Spitzen, unten zwei lange sehr spitze aufrechte, am Grunde winklig einwärts gebogene Fortsätze, an deren Grunde innen je 2 Spitzen stehen. — Die Unterseite ist daher nicht stumpf und die beiden Chitinringe, welche eine helle Stelle stigmenartig einschliessen, liegen zwischen diesen Fortsätzen.

Larven parasitisch im Leibe von Hymenopteren- und Lepidopteren Larven und Puppen oder Schmarotzer in Eierkapseln von Heuschrecken. — Verpuppung in den Wohnthieren (Larven oder Puppen) oder erst ausserhalb derselben in der Erde.

Die Eier werden in Kugeln von Sand, der mit Schleim aus der Genitalöffnung des Weibchen zusammengeballt ist, gelegt (*Anthrax*), oder bei *Bombylius* von dem Weibchen während des Schwärmens durch die Luft an den Ort herabgeschleudert, in dessen Nähe sich Nester von Andrenen finden. (Chapman Ent. month. mag. 1878. Vol. 14, p. 196.)

Fam. *Asilidae.* Larve walzig, pergamenthäutig, mit der Kieferkapsel dreizehnringlig, am Hinterleibe zuweilen Zwischensegmente (vom 1.—7. Ring) mit rundlichen Warzen umgürtet oder hinter dem 1.—6. Ringe eine Kriechschwiele unten. Vorderstigmen am 1. Ringe hinter der Kieferkapsel (Prothorax) gegen den Hinterrand zu, klein punktförmig. Hinterstigmen am Segmente (??Zwischensegmente) vor dem letzten Ringe seitlich am Rücken, klein rundlich. Letzter Ring oben schief abgeflacht, stumpf, oder mit zwei rückwärts gebogenen Haken am Ende. Kieferkapsel kurz, Fühler vorne seitlich gelegen, sehr klein, kegelig. Oberlippe verwachsen mit den Seitenplatten, spitz, unten wulstig. Oberkiefer stumpfe oder spitze Haken oder der äussere Basaltheil ebenfalls einen stumpfen nach vorne stehenden kürzeren Fortsatz bildend, beide Häkchen mit der Spitze auswärts oder alternirend auf und ab beweglich. Seitlich und meist aus einem Ausschnitt des Oberkiefers ragt der Unterkiefertaster kurz hervor. Unterkiefer selbst dem Oberkiefer unten anliegend, weichhäutig mit rundlichem Ende, das kleine Chitinbörstchen trägt. Unterlippe eine breite Platte, hinten mit 2 Chitingräten. Aus der Kieferkapsel ragen zwei oben verbundene, den Schlund einschliessende, hinten schaufelartig erweiterte Chitinplatten nach hinten in das Innere des Prothorax hinein. Dieser am Vorderrande hinter der Kieferkapsel oft mit kleinen Dornenwarzen umgürtet. Der Bau der Kieferkapsel stimmt in den Hauptmerkmalen mit jenem der Thereviden (Polytomen) überein, nur fehlt in der Rückenhaut hinter der Kapsel die einfache chitinisirte Zopfgräte aussen.

Nymphe frei mit einer starken Hakenkrone am Kopfende, die zwei Haken vorne abwärts gekrümmt. — An der Fühlerscheide oben am Grunde ein einfacher und am Ende ein in 4 Spitzen getheilter Haken. Basis der Flügelscheide hakig. Dornengürtel am Abdomen aus kürzeren Dornen zusammengesetzt und mit Haaren untermischt (unten und hinten). Letzter Ring mit zwei kurzen kegeligen etwas aufwärtsgebogenen Haken und mehreren kleineren (4) Spitzen vor diesen; unter der Fühlerscheide je zwei kurze Dornen. (*Laphria flava.*)

Die Zahl und Form der Dornen am Kopfe wechselt nach Arten und Gattungen. Bei *Andrenosoma atra* ist der untere Theil der Fühlerhaken nicht 4-, sondern nur 2spitzig und von den beiden jederseits unter der Fühlerscheide am Angenheile nebeneinander liegenden Fortsätzen ist der äussere ein spitzer Dorn, der innere breit und am Ende zweispitzig, gross. — Die Rüsselscheide ragt jedoch nie als stark chitinöse braune gabelig getheilte Platte vor, wie das bei Bombyliden der Fall ist.

Die junge Larve bohrt sich in Käferlarven vollständig ein und verbleibt, wie die von Tabaniden, in dem Hautschlauche derselben solange, bis derselbe ganz ausgefressen und von ihr ausgefüllt ist. Ich erhielt ebenso wie bei *Haematopota* eine *Asilus*-Larve (? *Epitriptus setosulus* Zllr.) durch die scheinbare Häutung einer Elateriden-Larve, die ich in der Erde fand. Häufig findet man Larven frei in der Erde, wo auch die Verpuppung erfolgt. Einige Gattungen leben im Holze von Bockkäfer-larven. Die Eier werden zwischen die Spelzen der Gräser abgelegt *(Asilus)* oder in Spalten fauler und von Käferlarven besetzten Stämme hineingestreut. *(Laphria)*

Fam. *Mydaidae.* Die Larve ist nicht genügend untersucht. Nach Walsh l. c. ist die Larve von *Mydas fulvipes* 1·5 — 1·7 Zoll lang, walzig, metapneustisch (?), die Hinterstigmen liegen an den Seiten des 11., d. i. vorletzten Segmentes, sind ziemlich gross und braun. Die Kieferkapsel ist braun, vorne spitz (durch die Mundtheile?), zurückziehbar, mit wenigen Haaren. Der Körper ist etwas depress und seitlich erweitert, nach hinten breiter und stumpf. Die 4 ersten Ringe sind weiss, die folgenden durch den Fettkörper fleckig erscheinend. Hinter dem 4., 5., 6., 7. und 8. Segment ist die Verbin-dungshaut wulstig und bildet pseudopodienartige Zwischenwülste oder Ringwülste. Der zwölfte (letzte Ring) ist abgestutzt, unten mit kegeligem Nachschieber jederseits, oben rundlich. — Mundtheile unbekannt, wohl nach Art der Asiliden. Lebt in faulem Sycamorenholz (?Platanen), wahrscheinlich vom Raube.

Die Nymphe zeigt ganz vorne zwei (einen jederseits) nach aus- und aufwärts gebogene starke spitze Haken und an der Fühlerscheide starke abwärts gebogene klauenförmige Haken. Die hin-teren Kanten der Abdominalsegmente sind mit einem Gürtel von flachen dreieckigen Dornen, die nach hinten stehen, bewehrt. Der 1. Abdominalring hat am Vorderrande oben eine Reihe sehr langer aufrechter an der Spitze nach hinten gebogener Dornen. Der letzte zeigt ebenfalls einen Dornengürtel am Vorderrande. Der letzte Ring trägt an der Spitze ein Paar starke klauenartige Haken, die nach unten gebogen sind. Hinter dem Kopfe und am 1.—7. Abdominalring jederseits ein grosses Stigma mit dicken Rändern. *(Mydas clavatus* Drury.)

Die Larve lebt nach anderen Autoren von Prioniden- und anderen Holzkäferlarven.

b) Heterodactyla polytoma.

Hinterleib mit 6—7 Zwischensegmenten, Hinterstigmen am dritt- oder viertletzten Ringe seitlich gelegen.

Fam. *Thereridae.* Larve mit nicht einziehbarer kurzen augenlosen Kieferkapsel, von welcher oben eine unpaare Chitingräte von der Mitte des Hinterrandes mit der äusseren Haut verbunden nach rückwärts verläuft. Oberkiefer hakig, Unterkiefer weichhäutig mit seitlich abstehenden Tastern. Unterlippe flach, hinten mit zwei Gräten, eine schmale Chitinplatte. Fühler sehr klein und kurz. Leib schlangenartig, nebst der Kieferkapsel scheinbar 19 Ringe zeigend, das heisst hinter dem 1. bis 6. Segment des Hinterleibes folgt je ein Zwischensegment. Von den 3 letzten Segmenten 8, 9, 10 ist das letzte wieder schwach eingeschnürt und trägt gleichsam einen Nachschieber. Vorder-stigmen am Ende des 1. Ringes hinter der Kapsel, Hinterstigmen am scheinbaren 17. Ringe, d. h mit Hinweglassung der Zwischensegmente, am 8. Hinterleibsringe oder drittletzten Segment gelegen, seitlich.

Nymphe frei, vorne mit nach der Seite abstehendem Dorne.

Larve in der Erde und in Baummooder, auch im Sande lebend, räuberisch oder von pflanzlichen und thierischen Abfällen zehrend. Die von *Scenopinus* in Zimmerteppichen und Möbeln nährt sich vielleicht von Psociden oder Tineiden.

III. Tribus *Orthogyna.*

Hinterstigmen am letzten Ringe terminal gelegen. Chitinplatten der Unterlippe aus zwei in einer verticalen Ebene liegenden Bogenstäben gebildet, die vorne verbunden sind und dadurch eine gewisse Ähnlichkeit mit dem Unterkiefer der Wirbelthiere haben.

Körper mit der Kieferkapsel 12ringlig, Vorderstigmen klein, am Ende des Prothorax, Hinter-stigmen an der Oberseite am Ende des letzten Ringes, punktförmig. Kieferkapsel oben aus einer halb runden etwas gebogenen Platte gebildet, kurz, an deren Hinterrande oben unter der Haut der zwei folgenden Ringe zwei lange Chitingräten nach hinten laufend. Fühler seitlich von der oberen Kapselplatte gelegen, von der weichen Verbindungshaut der Platten entspringend, kurz zweigliedrig mit dicker Basis. Oberlippe eine mit der Platte verwachsene Spitze bildend, nach vorne ragend. Oberkiefer hakig, winklig gebrochen, mit spitzem inneren und stumpfen kürzeren äusseren Schenkel, der an eine kleine Chitinplatte seitlich eingelenkt ist. In der Ruhe liegen beide Oberkiefer mit den spitzen Schenkeln neben der Oberlippe nach vorne und bilden mit derselben drei wenig von einander abstehende Spitzen. Unterkiefer weichhäutig, aussen mit seitlich anliegendem nicht längerem Taster, am Grunde mit einer kleinen Chitinplatte verbunden, deren Hinterrand andererseits mit dem Gelenke der Oberkiefer in Verbindung tritt. In der Ruhe ragen die Unterkiefer weit vor die Oberkiefer und Oberlippe hinaus. In der Action bewegen sich die Oberkiefer mit der Spitze nach aussen und unten, entfernen sich dadurch von der Oberlippe und können tief nach abwärts mit dem spitzen Hakenschenkel gegen die Kapsel nach unten zurückgeschlagen werden. In derselben Zeit aber werden auch die Unterkiefer weit nach hinten und etwas nach der Seite unter die Spitze der Oberkiefer zurückgeschoben, so dass der Taster über quer zu liegen kommt. In dieser Position ragen dann oben allein die spitze Oberlippe, unten die vorne vereinigten und dort oft stark gezahnten Bogenstäbe der Unterlippe vorne hervor, und die Larve vermag durch diese Bewegung mit den letztgenannten Spitzen zu bohren oder zu spiessen, ebensowohl als mit den Hakenkiefern eine Beute festzuhalten. Hinter den Fühlern stehen die Bogenstäbe der Unterlippe mit einer Chitinplatte in Verbindung die von der oberen Kieferkapselplatte seitlich herabzieht. Nervenstrang erst weit hinter der Kieferkapsel beginnend, mit oberem Schlundganglion und einem Complex der Thorax- und ersten Bauchknoten.

Nymphe eine freie Mumienpuppe, zuweilen in einem Cocon.

Larven in Moos oder faulendem Holze, in Moder lebend, oder im Wasser, wahrscheinlich carnivor.

Fam. *Empidae.* Leib walzig. Hinterende oben rund, unten spitz, die Hinterstigmen oben am letzten Ringe flach gelegen, klein punktartig. An der Bauchseite vom Mesothorax an schmale Kriechschwielen. Nymphe frei, mit zwei nach vorne stehenden Spitzen am Kopfende. Vorderstigmen sitzend. *(Hilara.)* Obere Kieferkapselplatte der Larve hinten mit mondförmiger Anhangsplatte, von welcher die Zopfgräten entspringen.

Fam. *Dolichopoda.* Larven genau wie in der allgemeinen Schilderung der Tribus. — Die Hinterstigmen punktartig, je eines auf der Spitze eines Zapfenfortsatzes des letzten Ringes, an diesem unten ein Paar längere Zapfen. An der Unterseite vom Vorderrande des 5.—10. Ringes, d. i. vom Ende des Metathorax bis zum letzten Hinterleibssegment, ein Paar bauchfüssähnliche Fortsätze aus Kriechschwielen hervorstreckbar, deren Ende mit Häkchen bewehrt ist. Die vordere Reihe letzterer hakenförmig, die zwei hinteren dicht nebeneinanderstehend, schuppig. Letzter Ring hinten vier Zapfen zeigend und unten wulstig. Der Schlund in einem dünnen Chitinplattengerüste gelegen.

Nymphe frei oder in einem Cocon *(Medeterus)*, die Vorderstigmen in zwei lange (je 4) Athemröhren hörnerartig verlängert.

II. Subordo: Cyclorrhapha.

Versuch einer Characteristick der Tribus nach ihren Larven-Formen und kurze Beschreibung der Larven aus den einzelnen sog. Familien.

Larve ohne differenzirter Kopf- oder Kieferkapsel, erster Ring oben stets häutig mit weichen Fühlerwarzen, oder ohne Auszeichnung, nur die Mundöffnung zeigend. Schlund frei *(Pupipara)* oder von einem aus Gräten und Platten zusammengesetzten, nur unten durch Brücken oft breit geschlossenen Schlundgerüste eingeschlossen, an dem vorne 1—2 Paar Spitzen oder Haken als Kiefer befestigt sind, die parallel auf und ab oder nach auswärts bewegt werden können und mit dem Schlundgerüste einen vorschnellbaren Hakenrüssel bilden, oder keine Spur von Kiefern; oder der Mund oben mit Chitinzahnreihen wie die Schneckenzunge (*Platypeza*). Zuweilen bei neugebornen Larven an dem Schlundgerüste eine mittlere Spitze und zwei winklig gebogene Haken (1 jederseits), wie an der Kieferkapsel der Dolichopoden-Larve, an einer schmalen Chitinbrücke über dem Munde gelegen; im letzten Stadium dagegen oft alle Theile bis auf das Schlundgerüst fehlend. Ganglienkette aus einen oberen und ein bis zwei unteren Knoten gebildet, die durch Verschmelzung der 2 Kopf-, 3 Brust- und 8 Abdominalganglien entstanden sind. Larve in der Regel zwölfringlig, amphipneustisch oder metapneustisch. Vorderstigmen zwischen 2. und 3. Ringe. Hinterstigmen am letzten Ringe oben, frei als Platten oder in Spalten und Höhlen gelegen, von verschiedener Beschaffenheit. — Körperform walzig oder platt, glatt oder mit Kriechwülsten oder Dornengürteln oder mit fädigen Anhängen. Platte Larven mit Fadenborsten imitiren Formen der Stratiomyiden-Larven. Während des Larvenlebens gehen 2 oder 3 (?) Häutungen vor sich, die sich von denen anderer Insecten dadurch unterscheiden, dass die alte Cuticula am hinteren Körperende zuerst berstet und sich nach vorne zusammenschiebt, wie dies von Lenckart (*Pupipara*) Brauer (*Oestriden*) Bouché (Natur. I, p. 55 *Syrphiden*) beobachtet wurde. Verpuppung stets in der zu einer Tonne erhärteten Larvenhaut, welche beim Auskriechen der Fliege am vorderen Pole mit dem Kopfe, im Verlaufe von präformirten Bogennähten, gesprengt wird: von diesen Nähten verläuft entweder nur eine horizontal über dem Munde bis zum 5. Ringe, oder diese wird hier von einer im verticalen Bogen verlaufenden 2. Naht gekreuzt, so dass entweder nur der obere Theil des vorderen Poles oder auch der untere als Deckel (1—2) abspringen. Nymphe anfangs meta- oder amphipneustisch, später nur durch die Prothoraxstigmen athmend (propneustisch. —

Die Fliegen haben stets über den Fühlern eine *Lunula* und darüber oft die Stirnblase oder deren Spalte.

Sectio ASCHIZA Becher. [1]

(Wiener Ent. Ztg. Jahrg. I, p. 49.

Tribus *Syrphidae.*

Fam. *Syrphidae.* s. str. Larve amphipneustisch, die hinteren Athmungsorgange immer in eine, beide Tracheen einschliessende Röhre, oder zwei dicht nebeneinander liegende Athenröhren verlängert, diese entweder kurz cylindrisch, zapfenartig auf der Rückenseite des letzten Ringes sitzend, hornartig fest chitinisirt, oder sehr lang und fernrohrartig verlängerbar, häutig, dann aber stets parallel, nie gabelig in zwei gespreizte Röhren getheilt wie bei den der ähnlichen Musciden (*Cornia*). Kopfringe meist schmal und kegelig vorstreckbar mit 1—2gliedrigen Fühlern. Äussere Mundtheile entweder fehlend, die Mundöffnung fleischig, weich (*Eristalis*) oder 2 bis 4 nach aussen vortretende Mundhaken, welche eine Spitze zusammensetzen. (*Syrphinae*). Körper glatt oder mit weichen konischen Fortsätzen und Borsten, an der Unterseite oft 7 Paar Bauchfüsse. Bei der Umwandlung zur Tonne treten meist die Vorderstigmen als Athemröhren vor. Die Fliege sprengt die Tonne durch Ausdehnung und Entwicklung des meist langen Untergesichtes und hat keine Stirnblase (Brauer, Becher). — *Lunula* über den Fühlern vorhanden mit der Stirne verwachsen (*Imago*).

Da bei dem Verpuppungsprocesse die Larvenhaut sich oft so contrahirt, dass die Unterseite der vorderen Ringe terminal am vorderen Pole zu liegen kommt, während die Oberseite dieser Ringe sich zurückzieht, so erscheinen die Vorderstigmen der Larva puppigera oft weit nach hinten vom vor deren Pole entfernt, obschon sie ebenfalls zwischen 2. und 3. Körperringe liegen.

Die Anordnung der Gattungen in dem Literaturverzeichnisse ist nach Schiner. Die Larven werden natürlichere Gruppen geben, wenn sie einmal mehr studirt sind. Bis jetzt kann man zwei solche nach den Larven unterscheiden. In der einen Gruppe haben die Larven keine Mundhaken, überhaupt nur rudimentäre Mundtheile (*Eristalis*, *Mallota*, *Volucella*, *Helophilus*, *Pocota*, *Orthoneura*,

---

[1] Durch welche Merkmale die hierher gehörenden Larven der Syrphiden und Hypoceren vereinigt werden, ist nicht bekannt. Becher's System stützt sich auf die vollkommenen Thiere.

Xylota: ich habe diese *Eristalinae* genannt (Verh. d. k. k. zool.-bot. Ges. 1869, p. 851). — In der anderen zeichnen sich die Larven durch Mundhaken aus. (*Syrphus*, *Cheilosia*, *Doros*, *Bacha*, *Merodon* u. a.). *Syrphinae* s. str.

Fam. *Pipunculidae*. Die Larven dieser Familie sind durch Boheman bekannt. Die Larve von *Pipunculus fuscipes* Ztt., welche in *Thamnotettix virescens* Fll. (*Cicadula*) lebt, ist elliptisch, dick, depress, beiderseits verschmälert, nackt, 3 Millimeter lang und in der Mitte etwas weniger breit. Kopfsegmente klein, wenig vorragend, etwas zurückziehbar, Fühler wärzchenförmig. Mundtheile sehr klein, verborgen. Eilf Körpersegmente (die Abbildung zeigt deutlich 2 Kopf- und 10 Körpersegmente, wie bei allen cyclorrhaphen Larven. Die 2 Kopfringe heissen bei Boheman: pars antica und postica segmenti primi) mit wenig verdickten fast 4theiligen Seitenwülsten und durch Furchen in drei Querfalten getheilten Dorsal- und Ventralseiten: die Mittelfalte an der Bauchseite mit 8 Höckern, die etwas erhoben sind, ausgezeichnet. Letztes Segment hinten mit einer halbovalen Analwarze, an welcher der After liegt, vom vorderen stigmentragenden Theile abgeschnürt. Stigmen in eine querovale, vorne zweispitzige, hinten etwas erweiterte leicht concave Chitinplatte (Scutum supraanale) eingeschlossen. Die sogenannten Stigmenöffnungen in der Platte seitlich gelegen, rundlich. — Vorderstigmen klein, am Vorderrande des dritten Ringes (erstem Ringe hinter den beiden Kopfringen, nach obiger Darstellung) gelegen, warzenförmig, schwarz, chitinös.

Larva pupigera etwas kleiner, oval, beiderseits abgestutzt, die Furchen der Larvenhaut undeutlicher, glänzend, pechschwarz. Vorderstigmen stärker als bei der Larve vortretend, am vorderen Pole jederseits ein kurzes Zäpfchen bildend. Hintere Stigmenplatte wie bei der Larve. — (Boheman Öfversigt af kongl. Vetensk. Akad. Förhandl. XI. Jahrg. 1854. Stockholm 1855, p. 302—305. Taf. V. Fig. 1—8.

Tribus *Hypocera* Schin.

Ein gemeinsames Merkmal für die Larven der beiden Familien ist nicht gefunden.

Fam. *Phoridae*. Die Larve ist amphipneustisch, walzig, vorne dünner als hinten. Erster Ring kegelig mit 2gliedrigen kurzen Antennen. — Mund vorne mit zwei Mundhaken, die von einem jederseits zweischenkeligen Schlundgerüste entspringen, oder ohne diese (nach Heeger) nur die Bogengräten des Schlundgerüstes vorne gezahnt. Körper rauh, die Segmente seitlich mit kurzen von Querwülsten vorstehenden Wärzchen gerundet. Vorderstigmen knopfartig vorstehend, am 2. Ringe; Hinterstigmen klein, in zwei runden Chitinplatten gelegen. Letzter Ring meist mit 4—6 Fleischspitzen.

Die Larva pupigera (Tonne) ist oval, vorne platt dreieckig vorgezogen, die Vorderstigmen weit zurückgeschoben als lange gebogene spitze Chitinröhren hörnerartig vorstehend, divergirend, durch das unter der Haut liegende durchscheinende hintere Ende noch länger erscheinend. Der als Deckel abspringende Theil deutlich abgegrenzt: im Profile das Vorderende der Tonne an der Rückenseite in einen spitzen Buckel erhöht, der durch einen Querwulst gebildet wird.

Fam. *Platypezidae*. Larve amphipneustisch(?) 12ringlig, platt oval mit c. 28 gegliederten fadigen Fortsätzen an den Seiten der Segmente, die vielleicht als Kiemen functioniren, da sie hohl sind und Körperflüssigkeit enthalten. Mund nach unten an die Bauchseite gerückt und von der halbrunden Rückenplatte des folgenden Ringes überwölbt. Fühler warzenförmig, unter dieser Platte gelegen; darunter die Mundöffnung. Mundhaken fehlen, dagegen sieht man am Oberrande des Mundes jederseits c. 12 Querreihen von hakenartigen Chitinzähnen, wie an einer Schneckenzunge. Oben sind beide Reihblächen vereinigt und treffen auf eine unpaare Gräte vom Schlundgerüst, vielleicht die vereinten Mundhaken. Diese Gräte theilt sich nach hinten in zwei Äste, die in die gewöhnlichen chitinösen Platten des Schlundgerüstes auslaufen. Unten sind beide Platten durch eine siebartig durchbohrte Chitinbrücke verbunden. Vorder- und Hinterstigmen sind undeutlich als Wärzchen am

Hinterrande des 2. und Vorderrande des letzten Ringes gelegen. Letzter Ring halbrund, mit 6 Fortsätzen erwähnten Baues.

Bei der Verpuppung verändert sich die Larve nicht wesentlich, die Vorderstigmen treten mehr cylindrisch vor. — Durch die fehlenden Mundhaken nähert sich die Larve einer Gruppe der echten Syrphiden, den Eristalinen und Volucellinen.

Die Beziehungen zu Lonchopteriden wurden eingangs erwähnt.

Beim Auskriechen der Fliege reisst die Tonne um den vorderen Pol seitlich bis zum 5. Ringe.

Sectio SCHIZOPHORA Becher l. c.

Tribus *Eumyidae.*

Larve mit Schlundgerüst, meta- oder amphipneustisch, die Hinterstigmenplatten oder Träger dicht nebeneinander sitzend, oder weit getrennt, zuweilen athemrohrartig verlängert, dann entweder von einander schon am Grunde weit getrennt oder am Grunde in Eine Röhre eingeschlossen, am Ende aber immer divergirend von einander getrennt. Bei reifen Larven sind fast stets jederseits drei Stigmenöffnungen, als Schlitze in der Stigmenplatte, oder am Ende des röhrartigen Stigmenträgers, der dann oft an der Spitze 3theilig ist, oder es besteht für jedes Stigma eine besondere Chitinröhre, also 6 Röhren (je 3 auf einer Seite). *(Oegytera.)* (Vide Syrphide.) — Mundtheile sehr verschieden, bei der jungen Larve oft anders gebaut, entweder 3 *(Calliphora, Hypoderma)*, oder 4 *(Gastrophilus)*, meist aber nur 2 Chitinspitzen oder Haken (?Unterkiefer) vorhanden; in den beiden ersteren Fällen sind die unpaare oder die beiden mittleren Spitzen (Oberkiefer) gerade, spiessartig. — Gestalt des Körpers sehr verschieden, bald platt, bald walzig; Haut glatt, pergamentartig, oder mannigfach stachelig und warzig. Die Larva pupigera wird mit einer besonderen Stirnblase der Imago gesprengt. — Der Bauchnervenstrang ganz in einen Zapfen verschmolzen. Bauchfüsse zuweilen (Ephydrinen) deutlich entwickelt.

Tribus *Pupipara.*

Larven metapneustisch, ohne Schlundgerüst und harte äussere Mundtheile. Dieselben reifen im Leibe der weiblichen Fliege und werden erst kurz vor der Verpuppung geboren (Leuckart). Tonne amphipneustisch, klein fast kugelig, nach dem Typus jener der Musciden gebildet. Sie wird mittelst einer besonderen Stirnblase gesprengt.

Kurze Beschreibung der Larven der einzelnen sog. Familien der Eumyiden.

Eine weitere Charakteristik der einzelnen Familien der Cyclorrhaphen Larven kann gegenwärtig noch nicht gegeben werden, da die Familiencharactere derselben noch nicht festgestellt sind. — So lassen sich die Larven der Schizometopen-Fliegen (Calyptraten) noch nicht sicher von denen der Holometopen (Acalypteren p. p. olim) abgrenzen. Es ist ja auch bei den vollkommenen Thieren keine endgiltige Gruppirung gelungen und manche Acalypteren zeigen nach Brandt ein Nervensystem, wie es bei Calypteren vorkommt. Es bedarf also einer genauen eingehenden Untersuchung der Formen und darum kann heute nur die Detailforschung und Untersuchung von Nutzen sein.

Wir unterlassen es daher, die einzelnen Familien der cyclorrhaphen Dipteren in der Weise zu characterisiren, wie es bei den Orthorrhaphen geschehen ist und fügen nur hinzu, dass alle die sogenannten Familien dieser Suborduung nicht gleichwerthig sind mit jenen der Orthorrhaphen und höchstens die Tribus der Cyclorrhaphen mit den Familien der Orthorrhaphen vergleichbar sind. Daher mag es auch kommen, dass man an den Larven nicht jene grossen Differenzen findet, wie bei denen der Orthorrhaphen, welche nach ganz verschiedenen Typen gebaut sind, während die der Cyclorrhaphen alle auf den Typus der *Musca*-Larve zurückführbar sind.

Als Beispiele füge ich aus jeder sog. Familie eine Larvenbeschreibung bei, mit Angabe der Quelle. — Ich habe es aber für nöthig gehalten, vorhandene Beschreibungen mit meiner allgemeinen Characteristik der

Dipteren-Larven in Übereinstimmung zu bringen, und insofern werden die Angaben über die Zahl der Körperringe, sowie die Bezeichnung der am Kopfende auftretenden Theile oft nicht mit früheren Angaben stimmen, aber sie werden einheitlich und auch richtig sein.

Ich mache hierauf besonders aufmerksam, weil ich nicht blos compilire, sondern auch die Larvenformen wo möglich in der Natur verglichen habe und nicht gern in diesem Punkte missverstanden werden möchte.

I. Gruppe *Schizometopa.*

Anthomyzinae. Man unterscheidet zweierlei Formen von Larven, die einen sind schlank kegelig, walzig, die anderen platt oval mit 4 Reihen (2 dorsalen und 2 lateralen) fadiger Fortsätze an den Segmenten. Beide Formen sind amphipneustisch, zeigen stets zwei entwickelte Mundhaken, wodurch sich namentlich die letztere Form von den äusserlich ähnlichen Platypeziden- und Lonchoptera Larven, sowie von denen der Volucellen und anderer Syrphiden unterscheidet. Fühler kegelig 2gliedrig. — Zu der ersteren, walzigen, glatten Form gehören z. B. die Coenosien-Larven, die, welche echten Musciden-Maden, namentlich jenen der Stubenfliege ähnlich sehen, doch zeigen die kleinen hinteren Stigmenplatten drei gerade Schlitze. Bei einigen Arten sind die hinteren Stigmenträger chitinös und rohrartig, wie bei Syrphiden (*A. furcata* Bouché) und diese Röhren oft am Ende in einen 3armigen Stern getheilt, an dessen Armen die Stigmen sitzen. *A. caniculuris* (Laboulbène). — Die Vorderstigmen sind oft 7—9fingerig. — Bei anderen sind die Stigmen in anliegenden runden Platten gelegen, zwischen kegeligen Fortsätzen, die den Rand des schrägen Stigmenfeldes oben umgeben. Der After ist warzenförmig eingefasst. — Die Larva pupigera ist oval (walzige Form) oder platt und dann von der Form der Larve (*Homalomyia*).

Muscinae. Die Larven sind kegelig, walzig, hinten dicker, amphipneustisch im erwachsenen (2. u. 3. Stadium) Zustande, metapneustisch im 1. Stadium. Fühler 2gliedrig, klein spitzkegelig. Mundhaken deutlich, manchmal ein Haken viel kürzer als der andere (*M. domestica*) und beide oft so aneinander liegend, dass sie Eine Spitze bilden (*M. domestica*). Die neugeborne Larve zeigt zwischen den 2 Haken eine mittlere Spitze (*Calliphora*). — 7 - 12 Kriechschwielen an der Bauchseite, für alle Ringe oder erst von den Abdominalringen angefangen. Die Vorderstigmen sind mehrfingerig, die Hinterstigmen im 1. Stadium einfach, sonst dreispaltig in einer freien Platte gelegen und die Spalten entweder zur falschen Stigmenöffnung convergirend (*Calliphora*), gerade, oder schlangenartig um dieses Centrum herumgeschlungen, scheinbar Ein geschlungenes Band in der Fläche der Platte bildend (*Musca corvina*, *domestica*). Stigmenfeld am letzten Ringe kann vertieft, die Platten nicht in einer Höhle gelegen, zuweilen der Oberrand des Feldes mit Fleischspitzen (*Calliphora*). Larva pupigera elliptisch mit freien Stigmen. — After warzig.

Sarcophaginae. Larve walzig, vorne dünner, amphipneustisch. Fühler dick, cylindrische divergirende kurze Warzen, an deren Ende schief untereinander zwei ocellenartige Chitinringe sitzen. Mundhaken deutlich, stark gekrümmt, von einander getrennt. Körperringe deutlich durch Querwülste abgesetzt und mit Dornengürteln umgeben. Zwischenwülste (Kriechwülste) flach spindelförmig. Hinterstigmenplatten in einer tiefen Höhle gelegen, die vom letzten Ringe allein gebildet wird, mit drei gegen die falsche Öffnung convergirenden Stigmenspalten (*Sarcophaga*, *Sarcophila*), oder an einer senkrecht abfallenden, vom Afterwulste überragten concaven Fläche des letzten Ringes (*Theria*). Analwulst 2spitzig. Larva pupigera oval, hinten mit einem ovalen Loche, das in die Stigmenhöhle führt, oder abgestutzt bei *Theria.*

Dexinae. Die Larven sind unvollkommen bekannt. Die Larva pupigera von *Dexia ferina* ist oval, schwach querrunzelig, ohne vortretende Stigmen. Die Hinterstigmen bilden drei gerade Spalten in je einer buchtigen Chitinplatte. Beide Platten liegen dicht nebeneinander. Der After bildet eine flache Warze an der Unterseite.

Tachininae. Larve dick, walzig, unten flacher, die Segmente mit Querwülsten und Seitenwülsten, deutlich abgesetzt, nackt oder mit feinen kurzen Dornen umgürtet: — amphipneustisch, die Vorderstigmen klein punktartig oder mehrtheilig; hintere Stigmenplatten gross, stark chitinisirt, je mit drei geraden nach innen convergirenden Stigmenspalten, auf der leicht concaven Hinterseite des letzten Ringes frei liegend. Der Rand des Stigmenfeldes ohne kegelige Fleischwarzen. Unten vom 5ten Ringe an ein spindelförmiger Zwischenwulst. Fühler dick, warzenartig mit zwei schief untereinanderliegenden ocellenartigen Chitinringen. 2 Mundhaken, wenig gebogen, vorragend. Larva pupigera eiförmig, die Segmente schwach abgegrenzt. Weder Mundtheile noch Stigmen vorragend; Hinterstigmen platt angedrückt: beide Pole des Körpers abgerundet; Hinterende convex ohne Höhle. Haut fein querrunzelig.

Phaniinae. Larven nicht genügend bekannt.

Ocypterinae. Larve walzig eiförmig mit langem Schwanzanhang (Athemrohr), das nicht zur Larve gehört (siehe *Gymnosominae*). Fühler warzenförmig mit zwei ocellenartigen Chitinringen. Mundhaken zweiarmig, der obere Arm hakig, der untere stumpf, wie bei *Conops*. Larva pupigera oval, ohne Anhang, aber am Hinterende sechs rauhe cylindrische Chitinröhren, je drei im Halbkreise nebeneinanderstehend, jede am Ende mit 1 oder 2 Öffnungen (Stigmen). — *Ocyptera bicolor.* Museum Cäs. —

Gymnosominae. Larve oval oder spindelförmig, das 11. und 12. Segment und die Hälfte des 10. sind verbunden mit dem am hinteren Körperende liegenden „S"-förmigen chitinösen Athemrohr, das in der Mesothoracalgegend des Wohnthieres nächst dem Stigma in die Tracheen mündet. 4., 5., 6., 7. und 8. Ring mit Bauchfüssen mit feinen Dornen. Fühler warzenförmig mit zwei untereinanderliegenden ocellenartigen Chitinringen. Mundhaken in Spalten unter den Fühlern getrennt vortretend, wie bei *Ocyptera*. Die reife Larve wirft den Siphon ab, oder vielmehr zieht die drei darin verborgen gewesenen Ringe hervor, da der Siphon eine Chitinabsonderung ist, die nicht zur Larve gehört. Die Bauchseite des 11. Ringes zeigt zwei Haftschwielen, womit der Körper am Syphone festhielt. Am 12. Ringe erscheint unten ein paariges Schild, das wohl den After einschliesst und gedornt ist, sowie der Rand des Ringes. Das Ende desselben Ringes zeigt zwei convexe chitinöse Stigmenplatten, die in der Mitte concav vertieft sind und undeutlich 2 Spalten zeigen. — Die Larve scheint metapneustisch zu sein und verlässt zur Verwandlung das Wohnthier. Die Larva pupigera ist oval, am hinteren Pole mit zwei gabelig gespreizten rohrartigen Stigmenträgern. — (Künckel *Gymnosoma rotundatum*).

Phasiinae. Larve eiförmig, mit deutlichen Segmenteinschnitten, durchsichtig, glatt, metapneustisch. Mundhaken getrennt, sehr gross. Hinterstigmen auf zwei divergirenden kurzen chitinösen Röhren sitzend. Larva pupigera oval, mit den beschriebenen Hinterstigmen. (*Hyalomyia dispar* Leon Dufour.) — Fühler unbeschrieben, das Kopfende ist als vorne dreieckig vorgezogen gezeichnet.

Oestridae. Larven walzig von verschiedener Gestalt, bald vorne schmäler als hinten (*Gastrophilus, Hypoderma* p. p.) bald vorne am breitesten (*Cephenomyia, Dermatobia*), bald deren Bauchseite mehr convex *Hypoderma* bald die Rückenseite (*Cuterebra* u. a.); der Körper mit deutlich abgesetzten Ringen und diese meist mit gedornten Warzen oder schuppenartigen Gebilden umgürtet und meist mit Seitenwülsten. Fühler kurz warzenartig mit Einem oder zwei ocellenartigen Chitinringen. Entweder 2 *Cuterebra, Cephenomyia, Pharyngomyia, Oestrus* oder 4 Mundhaken *Gastrophilus* oder zwischen den paarigen Haken eine Spitze (neugeborne *Hypoderma* und *Oestromyia*) oder die Haken gänzlich fehlend (*Hypoderma* im 2. und 3. Stadium): Respirationsorgane bald amphipneustisch bald metapneustisch *Hypoderma*, die hinteren Stigmen bald in einer Höhle des letzten Ringes gelegen und drei concentrische gebogene Spalten bildend *Gastrophilus*, bald an der Hinterseite des letzten Ringes als drei gerade convergirende Spalten sitzend und dann in einer vom vorletzten Ringe allein gebildeten Höhle *Dermatobia* sammt den ganzen kleinen 12. Ringe eingeschlossen, oder in chitinösen runden oder nierenförmigen Platten, als radiäre Spalten, oder unter porösen Platten verborgen als drei rundliche Spalten gelegen, an der abgestutzten Fläche des letzten Ringes oder in einer Höhle desselben. *Cephenomyia*, *Oestrus*, *Hypoderma*, *Pharyngobolus*. Junge unter der Haut lebende Larven der Hypodermen, welche die dreispitzigen Mundtheile der jungen Calliphorenlarven besitzen, unterscheiden sich von diesen durch die Kleinheit der Mundtheile im Verhältniss zur Körpergrösse und durch die am letzten Ringe in Menge vorhandenen festen Chitinscheibchen in der Haut, die um die Stigmen herum alles punktirt erscheinen lassen, sowie durch den kleinen After.

Die Larven lassen sich nach Gattungen leicht characterisiren, ein gemeinsames, sie von allen Muscinen s. lat. trennendes Merkmal ist nicht gefunden. — Jede Gattung hat eine so characteristische Larve, dass die Unterschiede dieser Larven untereinander oft grösser sind als die der hier abgehandelten sogenannten Familien. Zu diesem Resultate kam ich ebenfalls vor 20 Jahren, so dass es mir als Beweis für die Nichtexistenz dieser sogenannten Familien gilt. Sie erscheinen mir daher nur als Gattungen der Schizometopen. Folgerichtig müsste man sonst für jede Oestriden Gattung eine eigene Familie errichten. (Siehe Monogr. der Oestrid. p. 35 1863.)

Wichtig ist, dass die warzenartigen Fühler mit ocellenartigen Punkten bei Conopiden, Sarcophaginen, Tachinarien, Ocypterinen und Oestriden vorkommen, während die Muscinen s. str. und Acalypteren meist auf den warzen- oder kegelförmigen Fortsätzen des Kopfes einen ein- oder zweigliedrigen Fühler aufsitzen haben. Bei näherer Kenntniss der anderen Fliegenlarven, dürften sich weitere gemeinsame Charactere feststellen lassen. Jedenfalls weichen die *Gastrophilus*-Larven mehr von den anderen Oestriden-Larven ab, als alle übrigen zusammen von den Tachinarien u. a. Schizometopen. - Die Larva pupigera ist bald oval, bald birnförmig, bald im Verhältniss zur Fliege sehr klein, *Gastrophilus*? bald sehr gross *Hypoderma*. Sie zeigt die Dornen u. a. Auszeichnungen der Larvenhaut. Alle Oestriden-Larven wachsen anfangs sehr langsam und erst vom 2. Stadium an sehr rasch. Alle leben nur parasitisch in Säugethieren. - Die neueren Angaben von Larven aus Schildkröten u. a. Wohnthieren sind nur mit Vorsicht zu gebrauchen. —

Tabelle für die Oestriden-Larven im letzten Stadium.

I. Larve mit zwei fest chitinisirten Kieferpaaren, d. h. zwei krummen äusseren Mundhaken und zwischen diesen mit zwei geraden dreieckigen Spitzen. Körper kegelig, vorne schmal, hinten abgestutzt mit einer von Lippen verschliessbaren queren Stigmenspalte. Stigmen als Schlitze (je einer) auf je drei concentrischen sogenannten Arkaden. Antennen mit Einem ocellenartigen Chitinringe. (Die junge Larve ist spindelförmig, die Fühler sind wie bei der erwachsenen, die Bedornung ist eine andere. Aus der Stigmenhöhle treten zuweilen die Tracheen hervor.) *Gastrophilus*.

II. Larven mit häutigen Mundrändern ohne Chitinhaken. Fühler nicht vortretend, nur durch je einen Chitinring angedeutet. Beide Ringe nebeneinander über dem Munde. Körper oval, vorne dünner, nur die letzten Ringe zuweilen dünner, schwanzartig. Vorderstigmen rudimentär, punktartig. Meist die Rückenseite concav, die Bauchseite convex, nach der Lage in der Dasselbeule.

Hintere Stigmenplatten halbrund oder nierenförmig, die falsche Öffnung am Innenrande der Platte eingelassen. *Hypoderma*.

(Die neugeborne Larve hat zwei kleine Mundhaken und zwischen denselben eine gerade Spitze. Die hinteren Stigmenplatten sind klein rundlich, frei und von zahlreichen kleinen runden Chitinscheibchen auf der Haut des letzten Ringes umgeben. Das 2. Stadium zeigt grössere gegitterte nierenförmige Chitinplatten als Stigmenträger und seitlich sowie unten fest chitinisirte Mundränder. Die vorderen Segmente sind gefleckt durch dicht gehäufte schwarze Dörnchen.)

Bei den erwachsenen Larven der Gattung *Hypoderma* ist die Bedornung an der Ober- und Unterseite verschieden, bei *Oedemagena* an beiden Seiten fast gleich. Die Dornen sind stets bei beiden sehr kurz.

III. Larven mit Einem chitinisirten hakigen Kieferpaare, die Mundtheile sonst häutig.

.A. Letzter Hinterleibsring frei und nie vom vorhergehenden Ringe soweit abgeschnürt, dass er nur
einen Anhang bildet, sondern demselben eng aufsitzend und nur durch eine seichte Furche getrennt.
Die Stigmenplatten am letzten Ringe entweder frei, oder in einer von diesem Ringe allein gebildeten Höhle liegend. Vorderstigmen verschieden entwickelt.

a) Mundhaken sehr klein, hakig. Fühler dicht nebeneinander stehend, mit je zwei ungleichen ocellenartigen Chitinringen. Körper kurz oval, vorne dünner; hinter den Stigmenplatten am letzten Ringe kein konischer Nachschieber. Stigmenplatten frei, auf einer leicht concaven Fläche, halbkreisförmig oder unregelmässig vierseitig. Die falsche Öffnung in die Mitte
der Platte eingelassen. Haut mit rundlichen schuppenartigen Warzen, die am Vorderrande die
Segmente umgürten. Vorderstigmen punktartig.

(Junge Larve mit 2 Mundhaken und einer Mittelspitze zwischen denselben, wie bei *Hypoderma*.
Segmente mit kurzen, dicken Warzendornen umgürtet.)   *Oestromyia.*

b) Mundhaken sehr gross, deutlich vorstehend.

1. Fühler am Grunde von einander breit getrennt.

α) Hintere Stigmenplatten in einer Spalte verborgen, unregelmässig fünfseitig, rundlich; die
falsche Öffnung ganz von der Platte eingeschlossen. Auf jedem Fühler zwei ocellenartige
Chitinringe. Körper walzig, vorne dünner als hinten und unten flach, oben convex.
Oestrus s. str. (Type *O. ovis*).

β) Hintere Stigmenplatten halbmond- oder nierenförmig. Die falsche Stigmenöffnung am
Innenrande der Platte eingelassen. Körper walzig, meist vorne dicker.

† Auf jedem Fühler nur Ein ocellenartiger Chitinring. Stigmenplatten in einer engen Höhle
am letzten Ringe tief verborgen. Körper mit grossen dreieckigen Hautwarzengürteln.
Cephalomyia n. (Type *maculata* Wd.). (Junge Larven im 2. Stadium sind oben ohne
Warzen, nackt, unten sehr fein gedornt.)

†† Auf jedem Fühler zwei oder drei ocellenartige Chitinringe. — Larve walzig oder vorne
etwas dicker als hinten und unten flacher.

Stigmenplatten am letzten Ringe ziemlich frei, am leicht concaven Körperende, an der
hinteren abgestutzten Oberseite desselben einander schief gegenüberstehend. Hinter
denselben ein kegeliger Nachschieber hinausragend. Dornengürtel der Ringe zahlreich, am Vorderrande derselben, die Dornen nicht sehr gross. — Zwei Ocellenpunkte
an den Fühlern.   *Pharyngomyia.*

Stigmenplatten am letzten Ringe in einer tiefen Höhle verborgen, die nach hinten mit
einer spindelförmigen Spalte sich öffnet, halbmondförmig, einander gerade gegenüber-
gestellt. Die Unterlippe der Stigmenspalte ist nicht verlängert und bildet hier keinen
Nachschieber, sondern schliesst mit der Oberlippe zusammen. Die Fühler sind sehr
weit von einander getrennt und liegen ausserhalb der Mundhaken. Die Dornen am
Körper sind sehr gross, hakig und bilden an der Oberseite der Mittelringe einen Halbgürtel am Vorderrande und einen in der Mitte der Ringe. An der Unterseite sind mehr
Halbgürtel derselben vorhanden. Oben an den Fühlern zwei, vorne seitlich unten noch
ein dritter ocellenartiger Punkt.   *Pharyngobolus* m.

2. Fühler am Grunde zusammenstossend, jeder derselben mit zwei ocellenartigen Chitinpunkten.
Stigmenplatten auf der leicht concaven abgestutzten Hinterseite des letzten Ringes, halbmondförmig. Hinter denselben der Ring kegelig ausgezogen, d. h. die Unterseite einen Nachschieber

bildend, der auch als Unterlippe zum Reinigen der Stigmenfläche dient. Vorderstigmen in einem Schlitze. Körper walzig, keulig, vorne dicker, unten flacher. *Cephenomyia* Ltr.

B. Letzter Ring in den vorhergehenden einziehbar, und dieser dadurch eine Stigmenhöhle bildend für den ersteren. Der letzte Ring viel schmäler und kürzer als die vorhergehenden und bei der jungen Larve zuweilen, wenn vorgestreckt, einen napfartigen Körperanhang bildend. - Wird der letzte Ring eingezogen so zählt man daher an der Larve nur 11 Ringe, während andere Oestriden und Muscarien Larven mit einer Stigmenhöhle 12 Ringe zeigen. Fühler mit zwei ocellenartigen Punkten. - In der Regel mit Mundhaken. Körper an der Rückenseite der Länge nach convex, an der Bauchseite concav. Vorderstigmen ein Querschlitz.

1. Larve oval, dick, dicht und überall mit Dornen oder Schuppen bedeckt, nur der erste und letzte Ring fast nackt. Stigmen am letzten Ringe in Chitinplatten von Halbmondform gelegen. *Cuterebra* Ltr. u. *Rogenhofera* Brau. [1]

2. Larve birnförmig, vorne dicker als hinten, nur mit wenigen queren Dorneureihen besetzt. Stigmen am letzten Ringe hinten jederseits 3 Längsschlitze bildend. *Dermatobia* m..

2. Gruppe *Holometopa*.

Conopidae. Larve amphipneustisch (vielleicht während des Parasitircus metapneustisch), die Vorderstigmen sehr klein, punktartig, kaum durchbohrt, nur rudimentär. Die nach hinten ziehenden 2 Haupttracheen erweitern sich nach hinten enorm. Körperform veränderlich, doch die vorderen Ringe dünner als die hinteren, die Larve daher oval oder birnförmig mit deutlich abgesetzten Segmenten, die sich einzeln contrahiren und ausdehnen wie bei reifen Hypodermen-Larven. Fühler warzenförmig mit zwei ocellenartigen Chitinringen am Ende. Mundhaken stark gebogen, mit einem nach unten stehenden stumpfen Basalfortsatz und feiner schlanker Hakenspitze. also eigentlich, wie bei Cephenomyien-Larven zwei-armig. Schlundgerüste compress, deutlich, wie überhaupt alle Organe durch die zarte fein bedornte rauhe Haut durchscheinend. An der Körperseite unterscheidet man vom 3. Ringe an deutliche Seitenwülste. Am letzten Ringe liegen zwei grosse runde oder nierenförmige Stigmenplatten, die sehr stark gewölbt, uhrglasartig sind und an deren Innenrande die falsche Stigmenöffnung als helle Scheibe eingelassen ist. Zuweilen sind diese Platten mit konischen Wärzchen dicht besetzt. Unterhalb liegt der After. Die Larve liegt mit den Hinterstigmen gegen die Basis des Hinterleibes ihres Trägers, den Tracheenblasen daselbst eingefügt. — Zwischen den Mundhaken erscheinen zuweilen noch 2 Chitinspitzen, die ich aber vorläufig nicht mit den bei *Gastrus*-Larven vorkommenden vergleichen will, da mir ihre Lage nicht klar wurde. Die Larva pupigera ist oval, mit knopfartigen, wenig vortretenden Vorderstigmen und den beschriebenen Stigmenplatten am Ende. Segmente nicht scharf geschieden, Haut rauh und faltig. Die beschriebenen Exemplare stammen aus dem Leibe von *Bombus terrestris* im August. Die Larva pupigera bleibt im Leibe der Hummel und überwintert.

Dorycerinae. Siehe die Literatur.

Tetanocerinae. Die Larven von *Tetanocera* und *Sepedon* sind schlank kegelig, amphipneustisch, walzig, vorne dünner mit getrennten gewöhnlichen 2 Mundhaken, die von einem unten flachen, breiten, mit zwei ovalen Lücken durchbrochenen Schlundgerüste entspringen. Tracheen nach hinten sehr dick wer-dend in zwei (?fünftheilige) Stigmenplatten auslaufend, die oft von Wimpern umgeben sind. Letztes Segment mit 6—8 kegeligen Fleischspitzen. — Larva pupigera birnförmig, das Kopfende vorne spalt-artig vorgezogen, das Hinterende verdünnt, aufwärts gebogen, mit den von Fiederborsten umgebenen

---

[1] Die nordamerikanischen *Cuterebra*-Arten sind als Larven nicht so eingehend characterisirt, dass man den Unterschied von denen der Gattung *Rogenhofera* feststellen könnte. Siehe die Literatur: Berg.

Stigmenplatten und erhärteten nach vorne gerichteten kegeligen Fortsätzen. Vorderstigmen zäpfchenartig vorne gelegen, sechstheilig. — (Gercke. — Leon Dufour.)

Sepsinae. (*Nemopoda cylindrica* n. Bouché.) Die Larven sind amphipneustisch, walzig, vorne verdünnt, mit zwei Mundhaken und zweigliedrigen Fühlern. Der Körper erscheint etwas rauh, pubescent, die Hinterstigmen stehen auf etwas vortretenden getrennten Trägern und bilden in jeder Endplatte 3 Spalten. Der After ragt knopfartig vor. Die Larva pupigera ist vorne platt, und der vordere Abschnitt sehr verengt mit 2 Spitzen. Die Hinterstigmen mit zwei röhrartigen Stigmenträgern, an deren Grunde ein Fortsatz sitzt.

Piophilinae. Larve kegelig walzig, glänzend, glatt. Fühler mit zwei gleichlangen Gliedern, (nach Swammerdam dreigliedrig); Mundhaken getrennt, kurz, divergirend. Vorderstigmen weisslich. Bauchschwielen rauh; Hinterstigmen auf erhabenen Trägern. Analsegment mit zwei vorderen und zwei hinteren Fleischspitzen. Larva pupigera elliptisch, querrunzelig. Analende wie bei der Larve. — (Bouché) (Conf. Perris Ann. S. Ent. Fr. 1870, p. 346.)

Chloropinae. Larven meist walzig und dick, amphipneustisch, die Hinterstigmen je drei senkrecht aufeinander stehende Spalten in jeder runden Stigmenplatte. Beide Platten breit getrennt. Mundhaken dick und oft mit mehreren Zähnen. Bauch mit Kriechwülsten. Fühler zweigliedrig. (*Lipara* Heeger.)

Ulidinae. Larve kegelig, querrunzelig, glänzend, vorne dünner, stumpf, hinten gerade abgestutzt. Mundhaken getrennt; Vorderstigmen breit, hinterer Stigmenträger fast rautenförmig, jederseits mit 3 Stigmenspalten. After herzförmig eingedrückt. Larva pupigera elliptisch, vorne schmäler, querrunzelig. — (*Chloria demandata* Bouché.)

Platystominae. Perris' Arbeit kenne ich nicht. (Siehe d. Literatur.)

Ephydrinae. Die Ephydrinen-Larven haben einen eigenthümlichen Bau und sehen den *Eristalis*-Larven ähnlich, besitzen jedoch Mundhacken, die oft unten gezahnt sind, und die Athemröhre ist hinten gabelspaltig mit divergirenden Stigmenträgern. — Der letzte Ring zeigt unten einen nach vorne gebogenen Fortsatz und vor diesem 7 Paar mit Krallen besetzte Bauchfüsse, die auf den 5 vorderen Ringen fehlen. Die Larva pupigera gleicht der Larve, sie hängt sich mittels des Anal-Fortsatzes und letzten Bauchfusspaares an Pflanzen fest. — Vorderstigmen fehlen bei der Larve. — (Gercke, Packard, Laboulbène).

Den verwandten Gattungen Lispe und Myopina, die zu den Anthomyzinen gerechnet wurden, fehlen die so entwickelten Bauchfüsse, sie zeigen quere Kriechschwielen, dagegen besitzen sie den nach vorne und unten stehenden Fortsatz am letzten Segmente unten, und auseinanderweichende nach vorne zurückgehende hintere Stigmenträger. Vorderstigmen klein punktartig. (Halliday.)

Helomyzidae. Larve amphipneustisch, walzig, nach vorne verdünnt, kegelig, hinten stumpf. Fühler auf langen kegeligen Fortsätzen (Dufour nennt das eine gespaltene Lippe), zweigliedrig, vor dem Ende des Fortsatzes seitlich aufsitzend. Mundhaken gross und spitz, hakig. Kopfringe eingezogen, rundlich stumpf. Sechster bis letzter Ring (1.—7. Hinterleibsring) am Vorderrande seitlich schwielig erweitert, unten mit gedornten Kriechschwielen. Letzter Ring um das Stigmenfeld herum mit konischen Fortsätzen (2 oben, 2 jederseits und 4 unten, oder 2 oben und 6 unten) und einem 2spitzigen Afterwulst. Vorderstigmen vorstehend, 8—15fingerig. Hintere Stigmenplatten getrennt, kreisrund mit 3 bis 4 von aussen und oben nach innen und unten convergirenden Stigmenspalten. — Bei einigen Gattungen fehlen die Fortsätze am letzten Ringe (Dufour). Larva pupigera oval, vorne abgeflacht, spatelförmig mit zwei Längsfurchen und deutlicher Deckelnaht. Stigmen etwas, ja die hinteren oft stark (*Bleph. serrata*) vorstehend. (Dufour, Laboulbène.)

Drymyzidae. Larven jenen der vorigen Gruppe durch die Seitenwülste und auch denen von Scatophagen ähnlich (*Actora*). Stigmen hinten in Platten sitzend. Analende mit kleinen konischen Warzen. (Franen feld. Dr. Joseph.) Perris' Arbeiten hierüber sind mir leider nicht zugänglich. Die Larva pupigera ist bei *Neottiophilum* stark quer gerunzelt, das Hinterende schwach abgeflacht mit einer zackigen Ringfalte und unten faltig vorgezogen. Stigmen klein, flach.

Borborinae. Larve walzig, kegelig. Haut rauh durch sehr kleine aufrechte Börstchen. Fühler zweigliedrig. Mundhaken entwickelt. Afterende mit kegeligen Fortsätzen neben dem After und mit kleineren Wärzchen um das Stigmenfeld. Hinterstigmen sitzend, je drei von einem Chitinringe umgebene Stigmenspalten. (*Borborus equinus Haliday.*)

Die von Schiner hieher gerechnete Gattung *Conchidobia* gehört wohl eher zu den Sepsinen. Die Fliege ist larvipar, die junge Larve ist walzig, vorne dünner, die Haut ebenfalls rauh durch Börstchen, die zweigliedrigen Fühler sind spitz und stehen auf dicken kegeligen Warzen terminal. Der letzte Ring zeigt unten einen in 4kegelige Fortsätze auslaufenden Afterwulst und oben zwei, am Grunde von einander breitgetrennte gerade aufrechte Athemröhren.

Bei *Limosina* sind die hinteren Stigmenträger ebenfalls rohrförmig. Dufour. Ann. Sc. naturell. XII. T. 3 f. 105.

Scatophagidae. Larve kegelig, walzig, amphipneustisch, rauh. Vorderstigmen eine gedoppelte gelbliche Schuppe bildend. Analende rings mit 14 Fleischspitzen umgeben, wovon die 4 über dem After kleiner sind. Dicht über dem After je eine starke rauhe Fleischspitze. Stigmen auf etwas erhöhtem Felde mit ringförmiger Einfassung. (Bouché: *Sc. merdigera*) 3 im Dreieck stehende Stigmenspalten.

Bei der Larva pupigera, welche oval ist und vorne ausgerandet, stehen die Vorderstigmen etwas vor. Der Körper ist rauh, und die Analwarzen bilden Dornen um die schwarzbraunen etwas gewölbten Stigmenplatten.

Geomyzinae. Siehe die Literatur.

Drosophilidae. Die Larven einer Gruppe zeigen eine auffallende Ähnlichkeit mit den Ephydriniden-Larven. — Die egelartigen Larven sind walzig, kegelig, mit gabeligem Schlundgerüste, das nach vorne in einen unpaaren Stab ausläuft, an dem die aneinanderliegenden Mundhaken sitzen und nur einen Haken zu bilden scheinen (?). Vorderstigmen becherförmig mit 5fingerigem Rande. Unterseite mit Kriechschwielen an den Abdominalringen. Letzter Ring seitlich mit je zwei konischen Fortsätzen, hinten in eine Athemröhre verlängert, die häutig ist und 2 Tracheen einschliesst, deren Ende als kurzes zweites Glied der Röhre vorschiebbar ist und Randhaare um die Stigmen zeigt. Auch bei der Larva pupigera bleibt und chitinisirt diese Athemröhre. (*Drosophila pallipes* Dufour und *Dr. aceti* Heeger.)

Eine andere Gruppe zeigt hinten keine Athemröhre, sondern eine Höhle, in welcher die Stigmen liegen, wie bei Larven von *Sarcophaga*. (*Drosophila maculata* und *fasciata* Dufour.) Um die Stigmenhöhle herum stehen 10 kegelige Fortsätze am Rande. Die Vorderstigmen sind sehr hervorstreckbar und 5fingerig. Leon Dufour l. c. T. 3, Fig. 88. Die Körperringe 4—10 haben Dornengürtel. Die Hinterstigmenplatten liegen getrennt in der Höhle und sind etwas rohrartig chitinisirt. — Am dünnen vorderen Ende der kegelförmigen Larve sitzen zweigliedrige Fühler. Bei einer 3. Gruppe (*Aulacigaster*) fehlen vor der Athemröhre am letzten Ringe die Fortsätze, und letztere ist am Ende gabelspaltig wie bei Ephydrinen. Die Vorderenden der Haupttracheen sind tracheenkiemenartig fiedertheilig. Der erste Kopfring 4eckig, vorne mit sehr kurzen 2gliedrigen Fühlern. Abdominalringe mit borstigen Kriechschwielen und Warzen (Pseudopodien). Larva pupigera oval, wie die Larve rauhhaarig, mit chitinisirter gespaltener aufrechter Athemröhre. (Leon Dufour.)

Psilinae. Larve walzig, kegelig, glänzend glatt, blassgelb, nackt. Erster Ring vorne zweitheilig (Fühler). Mundhaken schlank. Afterabschnitt gerundet mit zwei kleinen getrennten, oben kurz gedornten knopfartigen Stigmenträgern von schwarzer Farbe. Bauchschwielen glatt. Larva pupigera oval, querrunzelig, vorne ausgehölt, mit deutlicher Deckelnaht. Hinterstigmen in den gehornten Platten, die 2 Spitzen bilden, wie bei der Larve. (*Psila rosae* Bouché).

Trypetinae. Larven amphipneustisch, gedrungen, kegelig, walzig. Vorderstigmen mehrtheilig. Hinterstigmen in 2 getrennten kleinen Chitinplatten, drei radiär gestellte Spalten bildend, frei liegend. Fühler kurz zweigliedrig. Mundhaken getrennt, dick und stark. Analende etwas eingedrückt, in der Mitte oft mit 6 kleinen Fleischspitzen. (*Dacus, Spilographa,* Costa). Larva pupigera elliptisch, die Vorderstigmen etwas knopfartig vorstehend.

Sapromyzina. Larve schlank kegelig, walzig, Fühler zweigliedrig, terminal sitzend, Mundhaken deutlich, schlank. Vorderstigmen knopfartig vorstehend, behaart. Der ganze Körper rauh durch sehr kleine Börstchen, nur die vordersten Ringe glatt. Segmente deutlich eingeschnürt, vorletzter Ring mit 4 in einer Querreihe stehenden kegeligen Fortsätzen; letzter Ring hinten mit 2 mehrgliedrigen (3gliedrigen) Fortsätzen. Zwischen letzteren die paarigen aneinander liegenden zylindrischen Stigmenträger, deren Ende je eine Stigmenspalte trägt. Bei der Larva pupigera stehen vorne die Vorderstigmen als 2 Höcker vor, hinten bleiben 2 Spitzen vom vorletzten Segmente. Die Athemröhre ist eingezogen und die Fortsätze seitlich davon erscheinen zusammen als 4 Spitzen. (*Sapromyza quadripunctata* Fall. Perris.) Die Larve von *Lonchaea* (Bouché, Farski) zeigt keine kegeligen Fortsätze am vorletzten Ringe, die Hinterstigmenträger sind klein, warzenartig, sitzend mit 3 Spalten. Die Abdominalringe tragen unten rauhe Kriechschwielen. Der letzte Ring zeigt kleine warzenartige Fortsätze hinter den Stigmen. Die Vorderstigmen sind 8—10theilig. — Fühler dünn, zweigliedrig, auf kegeligem Basaltheil. Mundhaken deutlich.

Ortalinae. Siehe die Literatur. Larven unvollständig bekannt.

Agromyzinae. Larve elliptisch, amphipneustisch, Vorderstigmen knopfartig vorragend, Hinterstigmen auf kleinen runden Platten, die getrennt von einander am etwas concaven letzten Ringe liegen. Bauchseite mit Kriechwarzen ohne Borsten. Mundtheile einen Haken zeigend (wohl beide aneinanderliegenden Haken?), der hinten an dem zweiarmigen Schlundgerüste eingelenkt ist. Dufour nennt die Mundtheile daher „trident". — Larva pupigera mit deutlichen Segmenten und knopfigen Vorder- und Hinterstigmen. — oval. — *Phytomyza tropaeoli.*

Milichinen. Siehe die Literatur.

Ochthiphilinae. Die Larven sind amphipneustisch, walzig, nach hinten zu dicker, oder noch vor dem Ende am dicksten, die Segmente nicht scharf abgesetzt, die Körperhaut rauh durch kurze Härchen. Fühler eingliedrig, lang und fein, Mundhaken paarig, wenig gebogen; Vorderstigmen klein, wenig gelappt, Hinterstigmen auf langen röhrenförmigen, am Körperende breit von einander getrennten, rauhen Trägern gelegen, u. zw. je an den Enden der dreiarmigen Spitze des Trägers. Die drei Thorakalsegmente und der letzte Ring sind mit wärzchenartigen Höckern besetzt, die an den vorderen Ringen deutlicher sind. Die Larva pupigera ist oval, gelblich oder braun, quergerunzelt, am hinteren Ende divergiren die beschriebenen Stigmenträger.

Die Larven kriechen egel- oder spannerraupenartig (Perris), wie schon De Geer beobachtete und bewirken diese Fortschreitung durch abwechselndes Ankleben des vorderen und hinteren Endes (Dewitz). (*Leucopis griseola* als Type der Beschreibung.) Siehe die biologische Literatur.

Heteroneurinae. Larve weiss, zart und sehr schlank walzig, nach hinten leicht verdickt. Kopfende sehr klein mit dünnen zweigliedrigen Fühlern. Mundhaken sehr zart, zwei gelblichen, kaum hakigen Gräten gleichend. Körpersegmente nicht scharf getrennt. Hinterleibsringe unten mit queren Kriechschwielen, die aus einem vorderen und hinteren Bogenwulst bestehen, von denen der vordere etwas grössere Wärzchen zeigt als der hintere. Letzter Ring unten flach mit dem warzenartigen After; oben abgeschrägt, hinten abgestutzt und daselbst nach oben zwei chitinöse gerade oder etwas aufwärts gebogene Hörnchen an deren Grunde nach aussen je eine kleine runde Stigmenplatte mit drei runden Öffnungen liegt. Seitlich von diesen Hörnchen stehen jederseits zwei Spitzen, von denen die inneren lang, die äusseren sehr klein sind. Vorderstigmen hinter den 2 Kopfringen vortretend, 4 fingerig.

Die Larve kann springen, wie die von *Piophila*, und fixirt hiezu die Mundhaken an den Hörnern am letzten Ringe, wodurch der Körper im Bogen gespannt wird. - - (Pervis, *Heteromera albimana* Mg.) Larva pupigera gelblich, ellipsoidisch, mit den Hörnchen am letzten Ringe, wie die Larve.

Cordylurinae, Larve walzig, zarthäutig, vorne kaum dünner, (Fühler?); Mundhaken sehr kurz und dick, klauenartig, an einem kurzen dicken Schlundgerüste sitzend. Vorderstigmen gross, vorragend, nierenförmig, gelb, mit c. 8—9 Radien; Hinterstigmen auf rundlich warzenartigen Trägern gelegen, je zu drei, röhrchenartig vortretend. Larva pupigera unten (?) stark convex, oben flach, mit stark und dick vortretenden Vorderstigmen, die breit divergiren und aneinander gerückten warzigen Hinterstigmen. Bei der Verwandlung löst sich nur der untere Deckel mit den Mundhaken ab.   *Hydromyza livens* Fall. Gercke. Die Larve von *Norellia spinimana* ist von Gercke nur sehr kurz beschrieben.

Die Larven nähern sich durch die plumpen Mundhaken sehr gewissen Ephydrinen und insbesondere den Hydrellinen, (conf. *Hydrellia albilabris* Mg. Frauenfeld Verh. d. zool. bot. Ges. 1866, p. 972 und 973, Holzschnitt) ebenso der Gruppe *Aulacigaster* der Drosophilinen.

Kurze Beschreibung einiger weniger bekannten Larven aus den Familien der Tabaniden, Leptiden, Dolichopoden und Empiden.

Hexatoma pellucens.

Larve im gestreckten Zustande schlank spindelförmig, im contrahirten stumpf walzig durch Einziehen der vorderen und hinteren Segmente. Der Leib besteht aus einer Kieferkapsel und 11 Segmenten. Die Haut ist von zahlreichen dichtstehenden Längsfurchen gestreift erscheinend. Die drei ersten Ringe und die Unterseite sind beinweiss, die Oberseite der übrigen Ringe zeigt schöne granbraune Fleckenzeichnungen auf weissem Grunde, welche durch eine mikroskopische Behaarung entstehen. — Die Kieferkapsel ist schmal, wie die aller Tabaniden-Larven gebildet, zusammengedrückt, in den zweiten Ring zurückziehbar. Sie besteht aus 4 Platten, die hinten nicht zusammenhängen und von denen die mittleren in lange Gräten ausgezogen sind. Die Seitenplatten zeigen in halber Länge aussen einen unregelmässig rundlichen gewölbten Augenfleck jederseits. Vorne erhebt sich eine kammartige Oberlippe über und zwischen die Kiefer reichend. Jederseits neben deren Grunde ist eine polsterartig vortretende Stelle, welche dicht mit meist zweispitzigen Borsten besetzt ist, auf welcher die Fühler sitzen, welche kurz und zweigliedrig sind. Das erste Glied ist cylindrisch, das zweite der Länge nach in zwei Theile gespalten. Die äussere Spitze ist kürzer als die innere. Nach unten und innen von den Fühlern liegen die stärker chitinisirten hakigen Oberkiefer, welche parallel zu einander auf und ab bewegbar sind. Ihre Oberfläche ist quergefurcht, ihr nach vorne gekehrter convexer Rand daher sägeartig gekerbt. In der Concavität der Oberkiefer liegen die weicheren Unterkiefer, deren ebenso hakig gebogene Spitze mit jenen parallel läuft, wodurch, bei seitlicher Ansicht, zwei übereinanderliegende Haken erscheinen. Der Unterkiefertaster ragt schief nach aussen und oben vor, hat ein dickes cylindrisches Grundglied und ein doppelt so langes dünneres einfaches Endglied. Vom dritten Körperringe an erscheint ein kurzes Zwischensegment, an welchem ziemlich lange Borstenhaare sitzen. Auf der Bauchseite liegen auf dem Zwischenwulste mehrere kreisförmige Wülste mit Borsten besetzt (Kriechschwielen). Der 4.—10. Ring zeigen oben zwei, an jeder Seite eine bedornte Schwiele. Das letzte Segment trägt an der Bauchseite die mit feineren und gröberen Haaren besetzte, von einer dreiseitigen Furche eingefasste paarige Afterschwiele.

An den Basalwinkeln derselben sitzen kleine warzenartige Schwielen. Aus dem letzten Ringe ist ein Athemrohr hervorstreckbar, das ziemlich spitz und dünn kegelig ist und am Ende eine senkrechte Spalte zwischen zwei Wülsten (Enden der Haupttracheen der metapneustischen Larve) zeigt. Larve in Pfützen und Cisternen unter Wasser lebend.

Die Nymphe ist eine freie Mumienpuppe, in der Erde.

Der Kopf trägt jederseits über der Fühlerbasis ein kleines Wärzchen mit einer Borste und über und unter der Fühlerscheide auf den Augen ähnliche etwas kleinere Warzen. Hinter dem Prothorax stehen auf kleinen, wenig vorragenden cylindrischen Erhöhungen die Vorderstigmen. Die Flügel und Fussscheiden reichen bis an den Hinterrand des 1. Hinterleibssegmentes. Länge der Larve: 27—30ᵐᵐ; Breite in der Mitte 4ᵐᵐ.

Ptiolina nigripes Zett.

Larve cylindrisch, vorne etwas verdünnt, hinten abgestutzt, schön smaragdgrün und etwas hyalin. Kieferkapsel birnförmig, braun, theilweise einziehbar und zum grössten Theile stets im nächsten Segment verborgen, mit dem sie an dessen Vorderrande häufig verwachsen ist, so dass nur die Mundtheile und Augenflecke heraustreten können.

Oben in der Dorsallinie trägt die Kieferkapsel einen dunkelbraunen mit 5 Zähnen bewehrten Fortsatz (Oberlippe), welcher über die seitlich liegenden zweigliedrigen Fühler hornartig vorragt. Neben und unter diesem stehen die platten breiten hakigen, mehrfach gezähnten Oberkiefer, parallel zu einander, in einer Verticalebene beweglich. Unter und nach aussen von denselben finden sich die weichhäutigen Unterkiefer mit einem kurzen eingliedrigen Taster, der auf seiner Spitze eine Borste trägt. Seitlich und über den Fühlern liegen die grossen schwarzpigmentirten Augenflecke. — Von den auf die Kieferkapsel folgenden eilf Leibessegmenten zeigen das vierte bis einschliesslich zehnte auf der Bauchseite Kriechschwielen mit 3—4 queren gebogenen mit Borsten besetzten Hautfältchen. Das erste Segment (Prothorax) trägt seitlich in seinem ersten Drittel die kleinen Vorderstigmen und einen, am Rücken breiteren, gegen die Bauchfläche zu allmählig schmäler werdenden Gürtel von vielen reihenweise gestellten mikroskopischen spitzen schuppenartigen flachen Dornen. Dieser Schuppengürtel nimmt an den folgenden Segmenten an Breite ab und verschwindet am siebenten Ringe ganz.

Das letzte Segment ist in einen oberen und unteren Abschnitt getheilt. Ersterer ist aufgeworfen, trägt auf der Rückenseite zwei chitinöse, nach vorne zurückgebogene Haken und 6 Längswülste, und überragt den unteren kleineren Abschnitt. — Dieser wird von zwei kegeligen Wülsten gebildet, zwischen welchen der After gelegen ist. In der vertieften Furche, welche den oberen Abschnitt von den unteren trennt, liegen die beiden breit getrennten chitinösen kleinen punktförmigen Hinterstigmen, u. zw. an der Unterseite des oberen Abschnittes von diesem und den unteren Abschnitte lippenartig verdeckt. Länge 8—9ᵐᵐ, Breite 2ᵐᵐ.

Die Larve lebt in der Erde unter Hypnum auf Felsen in Wäldern, gemeinschaftlich mit der Larve von *Boreus hiemalis*.

Die Nymphe ist eine freie Mumienpuppe, ohne Haken am Kopfende und mit kurzen Flügel- und Beinscheiden. Ihre Farbe ist anfangs gelbbraun mit dunklen grossen Augen, dann fast schwarz. Verwandlung im Mai nach circa 20 Tagen.

Vermileo Degeeri Schin.

Diese, bereits von Réaumur l. c. im vorigen Jahrhundert ausgezeichnet abgebildete, Larve ist nur in Beziehung gewisser Körpertheile unrichtig aufgefasst und die Oberseite theilweise als Unterseite angegeben. Die Form der Mundtheile, die ungezähnten hakigen Oberkiefer, die breiten rundlichen Unterkiefer mit dem sehr kleinen Taster etc. sind aus der Abbildung deutlich zu sehen und ihre Ähnlichkeit mit denselben Theilen der *Ptiolina*, *Leptis* und auch des *Xylophagus cinctus* nicht zu verkennen. Die Larve ist 12ringelig. Der 1. Ring hat seitlich je eine Fadenborste, der 2.—5. tragen dort 6—9 solche Borsten. Vom 5.—12. Ringe verlauft ein starker Seitenwulst, auf dem kurze Borsten in Gruppen stehen. Der Körper der Larve ist walzig und nimmt vom 1.—11. Ringe an Breite zu. Der 5. Ring zeigt an der Unterseite einen unpaaren nach vorne und unten vorstreckbaren Haltfuss, an dessen Ende zwei dreieckige spitze flache Chitinplatten und hinter denselben steife

Borsten hervorstehen. Der 6. — 10. Ring haben unten am Vorderrande wenige Borsten, die nach hinten stehen. Der 11. Ring trägt am Vorderrande unten eine Reihe langer, nach hinten gerichteten gebogenen Borsten. Der 10. Ring zeigt oben am Hinterrande eine Querreihe langer, nach hinten gerichteten, an der Spitze hakig gebogenen Borsten. Der 11. Ring (vorletzte) trägt oben am wulstigen Hinterrande eine Querreihe langer, mit der hakigen Spitze nach vorne zurückgebogenen Haftborsten. Der letzte Ring ist von vorne und oben, nach hinten und unten schräg abgeflacht und endet in 4 fingerartige Fortsätze, die mit langen, an der Spitze hakig gebogenen Borsten besetzt sind. Die Stigmen sind klein, bilden unregelmässig sternförmige Platten auf der Mitte der Oberseite des letzten Ringes. — Die rückwärts gerichteten Hakenborsten dienen der Larve offenbar zum Einbohren in den Sand und zur Fixirung, während der Fortsatz am 5. Ring mit den vorhergehenden Ringen, durch deren Krümmung gegen denselben an die Bauchseite, eine Öse bildet, welche die Beute zu halten hat, oder durch eine Seitenbewegung des Vorderkörpers unter den Sand gelangt, ein Häutchen davon auffasst und wegschleudert, um den Trichter auszugraben. Ameisen werden von dieser Öse genau hinter dem Kopfe gefasst, so dass sie nicht beissen können.

Dolichopus nenens De Geer.

Larve cylindrisch, weisslich hyalin, vorne mit kurzer schwarzbrauner Kieferkapsel, von welcher lange Chitingräten bis in die nächsten Segmente nach hinten reichen. Augenflecke fehlen. — Kiefer wie in der all gemeinen Beschreibung gebildet. Am ersten Ringe hinter der Kieferkapsel (Prothorax) stehen hinten seitlich die kleinen Vorderstigmen.

Das 5. bis einschliesslich 10. Segment zeigen an der Bauchfläche in den Zwischenwülsten kleine polsterartige Hervorragungen, welche mit 3—4 Dornenreihen besetzt sind und Bauchfüssen ähnlich sind. Das letzte Segment ist in einen oberen und unteren Abschnitt getheilt, wovon jeder wieder in zwei Spitzen ausgezogen ist, u. zw. sind die oberen, welche die Hinterstigmen tragen, viel kürzer, als die weit über sie hinausstehenden unteren, zwischen deren Basis ein dreieckiger Fleck die Analpapille anzeigt. Hinter dem Schlundgerüst treten die Speichelgefässe, beiderseits als lange Schläuche auf, deren Ausführungsgänge etwas geschlungen in den gemeinsamen Gang an der Unterseite der Kieferkapsel münden. Zwischen den Drüsen sieht man das obere Schlundganglion. Die Tracheenhauptstämme sind durch 9 Brücken quer verbunden. Länge der Larve 6—8ᵐᵐ. Breite 1ᵐᵐ.

Die Larve lebt in feuchter Modererde in hohlen Weisspappeln.

Die Nymphe ist eine freie Mumienpuppe. kurz, der Thorax vom Kopfe deutlich abgesetzt, aufgetrieben, in den kurzen sich schnell verdünnenden Hinterleib übergehend. — Kopf gross mit vier stumpfen Höckern oben und darunter mit zwei scharfspitzigen anliegenden Fortsätzen. Vorderstigmen am Hinterrande des Prothorax in zwei sehr lange dornartig auslaufende Athemröhren verlängert (Unterschied von den bekannten Empiden-Nymphen). Die Flügelscheiden des Mesothorax reichen mit ihren Spitzen bis zum zweiten Hinterleibsegmente. Die Scheiden der Beine sind am Ende frei und gehen bis an die Spitze des Hinterleibes, dessen Segmente am Rücken mit ziemlich grossen Dornengürteln besetzt sind.

Länge der Nymphe 6ᵐᵐ; Dicke vorne 3ᵐᵐ. Puppenruhe circa zwanzig Tage.

Verwandlung der *Hilara lurida* Fall.

Die Larve zeigt nebst der Kieferkapsel 12 Ringe, ist weiss, durchscheinend, walzig, und der 5.—10. Ring besitzen an der Bauchseite zwischen je zwei Segmenten einen kleinen Querwulst, der zur Fortbewegung dient. Der letzte Ring endigt spitz und zeigt bei seitlicher Ansicht eine Furche, wodurch ein wulstiger Theil unter der Spitze abgegrenzt wird. Zwischen beiden liegen die kleinen schwarzen punktartigen Hinterstigmen. Die Vorderstigmen liegen am Ende des Prothoracalringes. Die Larve ist somit amphipneustisch. Die Kieferkapsel erscheint schwarz, hornig, knopfartig, deren eingewachsener Theil ist als birnförmige Kapsel bis in das 2. und theilweise 3. Segment reichend und verborgen. Der freie Theil besteht oben aus einer dreiseitigen Platte, von deren hinterem convexen, etwas abgetrennten sichelförmigen Querlappen in der Mitte zwei lange etwas divergirende Gräten zopfartig auslaufen, und ganz am Ende in hyaline Schaufeln erweitert, als obere Stützen der birnförmigen Kapsel dienen. Vor dem Hinterlappen erweitert sich die Kopfplatte seitlich ebenfalls sichelförmig und bildet je eine stumpfe Ecke, an welcher eine starke Gräte entspringt, die theilweise mit einer unteren Gräte hinten sich verbindet, zum grossen Theil aber die seitliche und untere Wand der Kieferkapsel durch ihre dünne seitliche Erweiterung darstellt und hinten strahlig endet. Vor und unter deren Ursprung sitzt in einem Ausschnitt der Kopfplatte, der vorne durch einen tief schwarzen Fortsatz des Oberkiefers ergänzt wird, ein dicker Fühler jederseits, der ein kugeliges Basalglied von häutiger Beschaffenheit und ein dünnes stabartiges stumpfes Endglied zeigt. Die Oberkiefer sind hornig, sitzen in den concaven Rändern der Kopfplatte und stehen nebeneinander parallel nach vorne, sind am Grunde mit dem eben erwähnten äusseren seitlichen dicken Fortsatz versehen und vor der fast geraden, etwas auswärts geneigten Spitze etwas zahnartig erweitert. Dieselben sind nur auf und ab und auswärts-, nicht gegen einander beweglich. Zwischen beiden liegen dicht nebeneinander zwei Spitzen, als vorderes Ende der Kopfplatte. Die Unterkiefer reichen weiter als die Oberkiefer nach vorne, sind häutig, dick, und am fast geraden abgestumpften Ende in eine dicke äussere und zwei kleine innere kurze Spitzen getheilt, von welchen erstere, der Taster, etwas stärker chitinisirt ist. Alle diese Theile scheinen untereinander und mit der Kopfplatte eng verbunden und wenig frei beweglich. Bei seitlicher Ansicht erscheint der vorderste Abschnitt unten häutig und die Mundtheile werden nur durch zwei bogenförmige Gräten unterstützt, welche von der starken seitlichen oberen Gräte ausgehen, oder mit ihr vielmehr an einer Stelle verbunden sind und nach vorne convergirend im Bogen nach aufwärts dringen, um sich ganz vorne zwischen den Oberkiefern zu verbinden.

Diese zwei winkelig zusammenstossenden Bogengräten könnten, bei verkehrter Betrachtung des Kopfendes, leicht für Mundhaken gehalten werden. Zwischen den oberen und unteren Gräten liegen am zweiten Segment die kleinen vorderen Stigmen (jederseits eines). Augenpunkte oder Flecke finden sich an der Kopfanlage nirgends, obschon die tief schwarze Seitenecke des Oberkieferfortsatzes bei flüchtiger Betrachtung leicht dafür gehalten werden könnte. Das ganze Nervensystem beginnt erst hinter der Kopfanlage und besteht aus zwei grossen verbundenen kugeligen Ganglien über dem Oesophagus, einem unter demselben liegenden und 4 dicht hintereinander liegenden kleineren Ganglien, ferner mehreren anfangs weit getrennten kleinen Ganglien als Bauchkette. — Ganz eine ähnliche Kopfanlage zeigen die Asiliden-Larven, nur sind bei ihnen die Oberkiefer sehr deutlich, flach aber nach unten etwas hakig gekrümmt und frei auf und ab beweglich. Weit mehr vorgeschritten ist die Bildung des Kopfes der Leptiden-Larve (siehe *Ptiolina*), bei welcher bereits Augen und ähnliche Kiefer wie bei den Tabaniden vorhanden sind. Ganz nach dem Typus der Empiden-Larven sind die Dolichopoden-Larven gebaut.

Ich fand die Larve im rothen feuchten Moder von Weisspappeln im April. Dieselbe verpuppt sich im Mai und häutet sich dabei nach Art der orthorrhaphen Dipteren-Larven. Die Nymphe ist eine freie Mumienpuppe, die vorne am Kopfe zwei dicht nebeneinander stehende, abwärts gebogene, breit dreieckige hornige Haken trägt. Die Vorderstigmen sind nicht vorragend. Jeder Hinterleibsring trägt einen queren Kranz von rothgelben Haarborsten. Das Körperende ist zweispitzig. Die Fliege erscheint Mitte Mai.

Länge der Larve 6—7^{mm}. Länge der Nymphe 4^{mm}.

46 Friedrich Brauer.

Beispiele aus der Literatur, welche sich auf die Verwandlung und Biologie der *Diptera orthorrhapha* bezieht, nach Familien geordnet.

Tribus EUCEPHALA.

1. Fam. *Mycetophilidae.*
2. „ *Bibionidae.*
3. „ *Chironomidae.*
4. „ *Culicidae* et *Dixidae.*
5. „ *Blepharoceridae.*

6. Fam. *Simulidae.*
7. „ *Psychodidae.*
8. „ *Ptychopteridae.*
9. „ *Rhyphidae.*

(Fig. 12—21.)

Mycetophilidae. Sciarina.

Sciara: Meigen Syst. Beschr. I; Olivier Mém. 1813. — Schilling Verh. d. schles. Ges. 1831. L. Dufour Ann. de Sc. natH. XII 2. sér. 1839. — Löw St. Ent. Z. 1844. Maerkel in Germar's Magaz. Zeit. f. Ent. 1844. Gimmerthal Arch. d. nath. Ver. Riga 1847. — Kollar Schädl. Insect. — Scholtz Ent. Zeit. Breslau 1849. Weijenbergh: Tijdsch. v. Ent. XVII. 1874, p. 149. ff.
 intermedia. Heyden und *Sciara Girardii* Egg. Siehe Gercke Verh. des Ver. f. naturw. Unterhalt. Hamburg. Bd. VI 1880.
— *americana.* Yellow fever Fly. Riley Amerc. Naturlst. 1881, 150.
 moria. In Stengeln von Arctium. Löw. Dipt. Breitr. IV. 18. 1850.
— *ingenua.* Leon Dufour. Larve in Trüffeln. Ann. Sc. natur. XII. 2. sér. und XIII. 1839. Laboulbène Ann. s. Ent. Fr. 4. sér. IV. 69.
— *subterranea.* Maerkel. in Nestern von *Formica rufa.* Germars Zeit. f. Ent. V. 266.
 pulicaria. Meig. in Weidenmoder. Zett. D. Sc. X 3742.
— *lygdipennis.* Hofmeister. Larve unter faulem Laub etc. Bouché Naturg. I. 38.
 nitidicollis. Bouché. Gimmerthal, Zetterstedt Dipt. Sc. X. 3738 et l. c.
— *praecox.* Staeger in Wurzeln von *Arctium lappa.* — Zettst. l. c. Heeger Sitzb. d. k. Akad. Wien. XI. 1853. Math.-nat. Cl.
 fucata. Curtis in Gardener's Chronicl. 1845.
— *quinquelineata.* Notiz von Curtis in Journ. of Royal. agric. Soc. X. 101. Taf. V. (In Kartoffeln.)
— *longipes.* Gimmerthal. Bull. de Moscou 1845. Bd. IV. 356. Larven in kranken Kartoffeln. Abh. d. naturf. Ver. Riga I. 325.
— *citripennis.* Bouché Natg. I. 38. Taf. III. 10. In Eichenmoder.
 tilicola. Löw. Larven in Gallen auf Linden. Wahrscheinlich eine Verwechslung mit Cecidomyiden (F. Löw). Ähnlich verhält es sich mit *Sciara ocellaris* O. S. auf *Acer rubrum.* Riley: Report of the Dep. of Agricult. f. the year 1881. Washington 1882. Taf. XVII. Die Imago ist eine *Sciara,* die Larve eine *Cecidomyia.*
— sp. In Hummelnestern. Stett. Ent. Z. 1847. 210.
 albifrons. Schilling fand die Larven in den Stängeln von *Angelica sylvestris.* Arbeit. u. Verh. d. schlesisch. Gesell. 1831. 74.
 cittata. Gimmerthal l. c. in Kartoffeln.
 Thomae. Bericht d. naturw. Vereines des Harzes. 1846. Reute. — Sachse C. Fr. Allg. naturh. Zeitung Jhrg. I 26. Rande: Göttinger gelehrten Anzeiger 1845. 65. Ann. d. l. Soc. Ent. France 2. sér. IV, Bull. VIII. (Guerin Meneville.) Revue zool. 1846. — Boheman Zool. Artsb. 1845. 46. 21. —

e sve Cpm.,
p. 100

Mycetophilidae.

Casp. v. Schwenkfeld in seinem Theriotrophaeum Silesiae. — Berthold: Der Heerwurm. dto. allg. deutsche Naturh. Zeit. 1 1846.

Sc. *Thomae* und der Heerwurm: Beling: 1871—77 Zool. Garten 1879. 74.—83. und 112.—115. Stett. Ent. Z. XXXIII. 322. (Diese Abh. Fig. 20, 21.)

— *Thomae.* Portschinsky: Horae Soc. Ent. Ross. VIII. Bull. p. XI.

militaris. Nowicki. Der Kopaliner Heerwurm. Verh. d. naturf. Vereines in Brünn Bd. VI. 1868. m. 1 Tafel.

sp. parasitisch auf *Nematus*-Larven (?) Cameron: Proceed. Nat. Hist. Soc. Glasgow. II 298.

— n. sp. Zwei Arten auf *Pinus maritima.* Perris: Ann. S. Ent. Fr. T. X. 1870 p. 157.

— *pruinosa.* Bouché Naturg. I. 40. Taf. III, Fig. 15.

— *elongata.* Gimmerthal l. c. Bouché l. c. 40.

Mycetophilidae. *Mycetophilinae.*

Mycetophilinae. Osten-Sacken: Proc. of the entom. Soc. of Philadelphia I. 151—172. pl.) Leon Dufour: Ann. Sc. naturell. 2. sér. Vol. XI und XII. 1839. Seite 5—60. Taf. I—III und l. c. Vol. XIII. 1840. 148. 163 Taf. III.

Cordyla crassipalpis. Leon Dufour l. c.

Larven in Pilzen Zetterst. Dipt. Scand. (IX 3449) L. Dufour l. c. *crassicornis*, ebenda.

— *fusca.* Bremi. Isis v. Oken 1846 in *Agaricus citrinus.* Nach Scholtz in *Boletus bulbosus.* Ent. Z. v. Breslau. 1—3 p. 20.

Dynatosoma (praeusta) fuscicornis (Mycetophila amabilis L. Dufour). Larven in *Daedalia suaveolens.* Leon Dufour Ann. de Sc. naturell. 1838.

Mycetophila punctata. Larven in Schwämmen. Staeger: Dipt. dan. Kroyer's Tidskr. 1840, 247. 12. Zett. Dipt. Scand. XI. 4203.

Mycetophila signata. Stannius: Larve in *Boletus edulis.* Isis v. Oken 1830 Heft 8. Boie in Kroyer's Tidskr. 1838. 2. sér. 234. Bouché l. c. I. 87. Osten-Sacken Proc. Ent. Soc. Philad. 1862. 160.

— *lycogalae.* Larve in *Lycogale miniata.* Perris Ann. d. l. Soc. Ent. Fr. (I. sér.). 47 VIII.

— *lunata = arcuata* Mg. = *hilaris.* Leon Dufour aus *Fistularia hepatica* L. Dufour Ann. de Sc. naturell. 1835 XII. 839. Klug: Aus *Agaricus deliciosus* (Erichson Jahrber. 1838). — Zetterstedt. Dipt. Scand. XI. 4176. Larve in *Agaricus citrinus.* — v. Roser Württ. Corr. Bltt. 1834. 1 263. — Heeger Sitzb. d. kais. Akad. d. Wiss. Wien 1851. Math.-nat. Cl. — Bremi: Isis v. Oken 1846 164, *Agaricus citrinus.*

— *modesta.* Leon Dufour. Larve in *Agaricus roseo-ruber.* Ann. de Sc. naturell. 1838 und 1839. XII. Bd. (= *M. brunnea* Mcq. ol.)

— *inermis.* Leon Dufour Larve in *Boletus pinctorum.* Ann. de Sc. naturell. 1838.

luctuosa. Scholtz: Die Larve in *Boletus bulbosus.* Breslau Ent Zeit. 1—3. 20.

— sp. Eine Larve dieser Gattung fand Fritz Müller in Blumenau in Brasilien auf den Blättern von *Casearia.* Dieselbe baut sich aus ihren Excrementen ein Rückenschild von der Form einer *Anculus*-Schale. (Siehe auch *Epicypta scatophora.*)

Sceptonia nigra. Bouché. Verwandlung Naturg. I. 37. Unter faulen Blätterschwämmen in Eichen.

Epicypta scatophora. Bremi: Isis v. Oken 1846 *(Sciophila cellaria)* Perris Ann. d. l. S. Ent. fr. 2. sér. T. 7. Pl. 3. 51—68 1849. — Giraud fand die Larven in urneuförmigen Säcken zwischen Holzstücken. v. d. Wulp. Dipt. Neerlandica. I.

Exechia fungorum. De Geer. Larve und Nymphe. Mém. VI. 361. 14. F. 22. C. 1—13. Westwood. II. 522. C. 125 13. Leon Dufour Ann. d'hist. naturell. XII 1839.

— *pallida.* Scholtz: Larve in *Boletus bulbosus.* Breslau Ent. Zeit. Heft 1—3. 20.

Mycetophilidae.

Rymosia discoidea. Larve in Weidenschwämmen. Dahlbom; Zetterst. Dipt. Sc. XI. 4214. Meigen Syst. B. I. 267.

Leia lutea. De Geer. Larve in _Agaricus citrinus._ Mém. VI. Scholtz Ent. Zeit. Breslau 1 - 3, 20.

— _fasciola_ auf _Polyporus_ in Schleimgespinnsten. v. Roser Württemb. Corr. Bltt. 1834 Ii. 203.

Lasiosoma raria. Winntz. olim, — _L. fulva_ n. Osten-Sacken Proc. Ent. Soc. Philadelph. 1862. 161. Larve in _Hydnum repandum, Boletus scaber_ und _Daedalea quercina._

  rufa. Larven gesellig in Baumschwämmen (_Polyporus_) ähnlich den _Ceroplatus_-Larven. Wahlberg: Zetterst. Dipt. Scand. XI. 4128.

Empheria striata. Perris. Die Larve auf _Boletus ungulatus_ Ann. d. l. Soc. Ent. fr. 2. sér. T. 7. 350, Leon Dufour Mém. d. l. Soc. de Lille 1841 201-206, Osten-Sacken Proc. Ent. Soc of Philadelphia 1862 168.

Boletina nigricosa. Staeg. Beling Arch. f. Naturg. T. XLI. 1. p. 56, 57.

Tetragoneuria hirta. Larven in _Polyporus versicolor._ Scholtz Breslau Ent.Z. 1—3, 20, Winnertz Stettin Ent. Z. 1846 19.

Sciophila striata. Perris Ann. Soc. Ent. d. fr. X 1870 p.146. pl.1 f.12 -19. Die Larve in _Daedalea marciua Fungus_.

  — _melanocephala._ Leon Dufour Ann. Sc. Naturell. XII. 18.39. Aus _Fistulina hepatica_ (1839).

  — _unimaculata._ Meq. Perris fand die Larve auf _Boletus versicolor_ an Ahornbäumen. Ann. d. l. Soc. Ent. Fr. 2. sér. T. 7. 341. Tf. IX, f. IV 1—6.

Plesiastina baleti. Kaltenbach. Ann. of Nat. hist. II 1848.

Ditomyia fasciata. Mg. Larve auf _Polyporus_ an Eschen. Schiner. Winnertz fand die Larve auf _P. versicolor_ und _ferrugineus_ (Ent. Zeit. Stett. 1846. 15). Frauenfeld Verh. d. k. k. zool. bot. Ges. XVI. 200.

Boletophila. Guérin Ann. d. Sc. naturell. Aug. 1827, und Bull. de Sc. nat. Janu. 1829, Westwood Introd. II. 520. Stefens Illustr. of british. Ent. pl. 44. f. 1.

  — _cinerea._ Guérin in Pilzen. Scholtz Ent. Z. v. Breslau. 1—3. 20. Die Larve stimmt nach Schiner nicht mit der von Osten-Sacken beschriebenen. Proc. Ent. Soc. of Philadelphia. l. c. 1 1862.

Boletophila fusca. Larven gesellig in _Agaricus sulphureus._ Leon Dufour. Ann. Sc. naturell. 1839 p. 20. 1 f. 9. 15.

Mycetobia pallipes. Leon Dufour Ann. d. l. Soc. Ent. Fr. 2. sér. Vol. VII. 1849 p. 195 ff. Larven in Mulm von Erlen und Buchen. Westwood Introd. II. 523. Lyonnet Mém. posth. p. 186. Taf. 17 f. 22. 33. Perris Ann. d. l. Soc. Ent. d. Fr. 4. sér. X. 1870. 186. f. —

Platyura marginata Mg. (= _Sciophila_ olim), Perris fand die Larven auf _Boletus versicolor_ an Ahornbäumen. Ann. d. l. Soc. Ent. Fr. 2. s. T. 7. 341, Taf. 9 Nr. IV. 1—6.

Asindulum flavum. Winnertz. Larven in faulem Holze. Ent. Z. v. Stettin 1846. 18.

Ceroplatus lineatus. Schilling Larve an einem Blätterpilz an Weiden. Verh. d. schles. Ges. 1837 p. 106, 107. Zetterst. Dipt. Scand. IX. 3439.

  — _dispar._ Leon Dufour. Larve auf _Boletus ungulatus._ Ann. d. sc. naturell. 1838. (1839.)

    Reaumuri. Leon Dufour ebenda. — Larven an Eichenschwämmen. Réaumur Mém. V. 23. T. 4. 11 - 18 und IV. T. 9, f. 10.

  tipuloides (non Meig.). Leon Dufour Ann. d. Sc. naturell. XI. 1839. (Haliday.)

    sesioides. Wahlberg Larve an Birkenschwämmen. Verh. d. schwed. Akadem. Act. Holm. 1848. nach Haliday; 1838 nach Schiner p. 3. Öfr. of. k. svenska Akad. förh. 1848. T. 5. 128 - 31. Auch in d. Actis der schwed. Akad. vom J. 1848. S. 213 - 223. Zetterst. Dipt. Sc. IX 3440. Stett. Ent. Zeit. X. p. 120.

  carbonarius. Bosc. Artikel _Ceroplatus_ in dem Diction. d'hist. nat. vol. III p. 403. 1823. Act. d. l. Soc. d'hist. nat. de Paris. I. 42 1792. — Vide _tipuloides_ Meig.

Mycetophilidae, Bibionidae, Chironomidae.

Es muss hier bemerkt werden, dass die Arten nicht kritisch gesichtet sind. Schiner's *C. tipuloides* ist eine Mischart, das Männchen ist einer kleineren Art angehörend, die ich aus Weidenschwämmen oft gezogen habe und die zunächst mit *C. sesioides* Wthbg. übereinstimmt. Beide Geschlechter sehen einander ähnlich und haben nicht gefleckte, sondern rauchige Flügel. Diese Art kommt bei Wien vor, nicht aber jene, zu welcher das ♀ von Schiner's *tipuloides* gehört. Dieses letztere gehört zu einer grösseren Art, die ebenfalls in beiden Geschlechtern ähnlich gefärbt ist, gefleckte Flügel und einen auffallend gelb und schwarz gezeichneten Hinterleib besitzt. Es ist das der wahre *C. tipuloides* von Meigen (Type in der Coll. Winth.), eine südlichere Art aus Lyon, Krain, Sicilien. Die kleinere Art stimmt auch mit der von Réaumur Mém. Vol. V gegebenen Abbildung, die bei Meigen zu streichen ist. Meigen's Art ist die in Coqueb. Illust. Icon Insect. 109. Tab. 27, f. 4 abgebildete.

Die von Haliday neben die Mycetophiliden gestellten Puliciden betrachte ich als eigene Ordnung. Conf. Künckel Ann. Soc. Ent. Fr. 5, s. III. 135. Taf.6. Packard Guide to the study of Insects. p.388; Taschenberg O. Die Flöhe. Halle. 1880.

Bibionidae.

Dilophus vulgaris. Mg. Larve gesellig unter Moos. Ratzeburg Forstinsekten III. 158. Curtis: Gardener's Chronicle 1844. Beling Verh. d. k. k. zool. bot. G. Wien XXII. 617 ff.

— *femoratus.* Mg. Die Larve soll in Roggenhalmen leben. Zetterst. Dipt. Scand. IX. 3393. Büttner Isis 1838, 364. Germar's Magaz. IV. 1821, 411. Scholtz Breslau Ent. Zeit. 1—3. 16.

sp. Parasit (?) von *Chaetopteria hypericana* Americ. Naturist. V. XVI. 1882 410 ff.

Scatopse notata. Perris Ann. d. l. Soc. Ent. Fr. 1847. T. V. p. 37—49 pl. 1 Nr. IV Fig. 10—17. Bouché Naturg. I. Tf. 3, f. 16—19.

Léon Dufour *nigra).* Larve in Kehricht und faulenden Substanzen und in Latrinen. (Compt. rend. Paris. XXIII. s. 1058. Ann. d. Sc. naturell. 1846 VI. 374. Walker Entom. Magaz. III. 106. Curtis Journ. of the agricult. Soc. X. 1850.

Heeger Sitzb. d. kais. Akad. d. Wiss. math.-nat. Classe. IX. 1852. p. 263. Nur die Larve, fälschlich als die von *Porphyrops fuscipes* beschrieben. Taf. XIII. f. 2.

Bibio. Larve und Puppe. Westwood Introd. II. 528 f. 126. 16. Réaumur Mém. V. 7. De Geer. Ins. VI pl. 27. f. 12—20. Rösel Abh. Insectenbelust. II. f. 7.

- *hortulanus.* Die Larve lebt gesellig zu Hunderten von allerlei Wurzeln und dürrem Laube. — Bouché fand sie bei Ranunkeln. Garteninsecten 127 und Naturg. I. 12. Taf. 4. f. 1—10. Scholtz Ent. Zeit. Breslau 1—3, 18.

   marci, pomonae, hortulanus, varipes, laniger, johannis, albipennis, ferrugatus, clavipes, venosus. Larven derselben beschrieben v. Beling: Verh. d. k. k. zool.bot. Ges. Wien XXII. 617 ff.

- - *marci.* Laboulbène Ann. Soc. Ent. Fr. 5, sér, II. p. 209, 1872. Massenerscheinung. — Lucas Ann. Soc. Ent. Fr. 1871. (5, s.) I. Bull. p. LXVII.

— *marci.* L. Lyonnet Mém. posth. pl. 7. Heeger Sitzb. d. kais. Akad. d. Wiss. Wien. Math. nat. Cl. IX. 1852. Taf. XII, p. 263 ff.

- - - *johannis.* L. De Geer fand die Larven in Kuhdünger. Scholtz Ent. Z. v. Breslau 1—3, 10.

- *albipennis* und *basalis.* Provancher Canadian Natur. XII. p. 57, 1880. (Record.)

Penthetria holosericea. Zeller fand die Larven in feuchten Erlengehölzen unter faulem Laube. Isis v. Oken 1842 XI und 1846. III. Döden 1840. Zetterstedt Dipt. Scand. IX. 3395. Larve und Nymphe. Hoffmeister fand sie an einer sumpfigen Waldstelle unter Laub. Ent. Zeit. Stettin 1844. 363.

Chironomidae.

Corynoneura lemnae. Frauenfeld. Larve und Puppe in Lemnablättern. Verh. d. k. k. z. b. G. Wien XVI 973.

Chironomidae.

Hydrobaenus lugubris. Die Larven leben im Wasser in Wiesenlachen auf Heiden und spinnen, nach Art der Chironomus-Larven, röhrenförmige Gehäuse um sich. Fries Veutensk. Akad. Handl. 1830. p.176. T.1. Zeller Isis 1842 807. u. Hagen 1831. 1. p. 1350. — Parndorfer Heide bei Bruck an der Leitha. (Brauer.)

Chironomus sp. Embryologie. — Kupfer De Embryogenesi. Kiliae 1867 Diss. inaug. Jaworowski: Sitzb. d. kais. Akad. d. Wiss. Wien. Bd. XXX. Abth. 1. p. 238 pl. 1—V.

viridulus. Larve in 2½'' langen gebogenen, am Kopfende erweiterten Röhren aus weisslicher Materie auf grünbemoosten faulen Hölzern, Trögen etc. im Wasser. Bremi Isis. 1846. 169.

sp. Grimm; Ungeschlechtliche Fortpflanzung der Nymphen. Mém. St. Petersbourg Akad. 1870. — 7. XV. Nr. 8. — Ann. Mag. Nat. H. (4) VIII. p. 54 und 106 pl. III. Record. 1871.

sp. Entwicklungsg. bei Ellenberger in Lotos. 2. Jhrg. 1852. p. 89 ff.

Köllicker de prima insectorum genesi.

Zetterstedt Dipt. Scand. IX. 3476. — *Chironomus*-Larven in den Krügen von *Utricularia.* Treat. Americ. Naturalist. IX. 660. Siehe auch Weijenbergh Tijdsch. v. Entomologie XVII. 1874. 149 ff.

grandis plumosus. Die Larven in 1—2'' langen, halbrunden, ziemlich fest aus Sandkörnern zusammengesetzten geschlängelten Röhren, die in Bächen seitlich an Steinen befestigt sind. Bremi Isis. 1846. 169. — Linné Fauna suecica. 435 ed. 1758. Larve hellroth. Réaumur Mém. IV. pl. 14 f. 11. 12. Westwood. Introd. II. 124. 14. — E. Cox. Entomologst. XI. 264 Sc. Goss. XIV. p. 269.

teutons. Larve in stagnirendem Wasser. (Zetterst. Dipt. Scand. IX. 3483.)

stercorarius De Geer Ins. VI. T.22. f.14—20. T.23. f.1-2. Westwood Introd. II 124. 15. 16. 516.

Chironomidae. Genus? Larve minirend in den Blättern von *Stratiotes aloides* im Winter. Löw F. Müull. Mitth.

Chironomus- und *Tanypus*-Larven in der Tiefe des Genfersees. Monnier; Bull. Soc. Vaud. 2. XIII, p. 60.

Tanypus. Lyonnet Mém. posth. pl. 17. f. 1, 2, 5, 6, 17. Latreille Gen. crust. IV. 248. De Geer Mém IV. pl. 24. f. 15—19. Westwood Introd. II 540. Meinert Retractil antenner in Dipt.-Larve. *Tanypus*). Entom. Tidskr. Arg. 3. Heft. ½ p. 83—86. 1882.

Tanypus plumipes. Fries Monograph. Tanypodum Lundae 1823. 9. 1. Meigen S. B. VI 258.
— *varius.* Fries. l. c. 3—6. F. 4 f. 5—8. Westwood l. c. 516.
nigropunctatus. Gercke Verh. d. Ver. f. naturw. Unterhalt. Hamburg IV.
— *punctatus* Scholtz. Larven in Pferde- und Kuhdünger(?). Ent. Zeit. Breslau 1—3. 9.
— *monilis.* De Geer fand die Larven im Wasser. Scholtz Ent.Z. Breslau 1 3. 22. De Geer Mém. VI. pl. 24 f. 15.—19. Macquart. Dipt. I. 43. 8. a. Buffon.
— sp. -Larven in Salzwasser in Clearlake Californien. Amer. Journ. of Sc. 1871.

Diamesa culicoides. Heeger Sitzb. d. kais. Akad. d. Wiss. zu Wien X. (Math.-nat. Cl.) 1853. Larve im Wasser.

Telmatogeton Sancti Pauli. Schiner: Reise der Novara. Zool. II, p. 24 T.II. Insel St. Paul. Am Meeresstrande.

Ceratopogon. Die Larven mehrerer nicht sicher determinirten Arten aus der Verwandtschaft von *C. geniculatus, brevipennis* und *bipunctatus.* Ann. d. l. Soc. Ent. Fr. II. 1833. 161 Taf. 8. Larven unter loser Baumrinde. Leon Dufour Ann. d. l. Soc. Ent. Fr. 2. Ser. T.3. 215 1845 und Perris Ann. d. l. Soc. Ent. Fr. 1847. Bonché Naturg. I. Gercke Verh. d. Ver. f. naturw. Unterhalt. Hamburg IV.

bipunctatus. L. Die Larve unter loser feuchter Rinde. Löw. Stett. Ent. Zeit. 1843 28. Scholtz und Spazier fanden die Larven in kranken Kartoffeln. (Ent.Zeit. v. Breslau 1—3. 19). Zetterstedt (Dipt. Scand. IX. 3655). Guerin; Ann. d. l. Soc. Ent. d. Fr. II. 1833 p. 161. Leon Dufour, ibid. III. 1845. p. 215. Conf. *flavifrons* und *geniculatus.*

varius. Heeger Sitzb. d. k. Akad. XX. 1856 Wien.

Chironomidae, Culicidae, Blepharoceridae.

Ceratopogon stigma Fischer v. Waldheim Oryetogr. d. Moscou 1838. Tab. XIV.
— *flavifrons.* Macquart Larve in Ulmenmoder. Scholtz Ent. Zeit. v. Breslau 1—3. 18. Guerin. Vide infra.
— *geniculatus* (? = *bipunctatus*). Larve unter todter Rinde alter Bäume. Guerin: Ann. d. l. Soc. Ent. Fr.
   I. 2. 161. pl. 8. 1833. u. H's. T. 3. 1845. Pl. 3. Nr. 11. Leon Dufour. p. 215.
lateralis. Larven in halbvermodertem Ackermist. Bouché Naturg. I. 23. T. II. f. 1 -10. Perris Ann.
   Soc. Ent. Fr. X. 1870. p. 138.
bicolor. Panzer: Gereke Verh. d. Ver. f. naturw. Unterhaltung zu Hamburg. Bd. IV. 1877.
   No. 2. Taf. II. f. 1.
— *picens.* Winntz. Gereke. Verh. d. Ver. f. Naturw. Unterhaltung. Hamburg Bd. VI. 1880. In feuchten
   faulenden *Tanacetum*-Stengeln.

Culicidae.

Über leuchtende Culiciden-Larven *(Chironomus* und *Mycetophilidae)* berichten:
Osten-Sacken Ent. Monthl. Mag. XV. 43, 44. Wladimir Alenitzin am Aral See *Chironomus* Tag
blatt d. 18. Versam. d. dentch. Naturf. u. Aerzte. Graz. p. 150 Deutsche Ent. Zeit. 1875. p. 432. Ent.
Mon.-Blätt. I p. 41. Record. 1876. p. 192. Hagen Bibl. Ent. II. p. 478. — *(Culex)* Neue nordische Bei-
träge IV. 396. (Pallas). — Zool. Rec. XII. 468.
Biologisches: Moseley Mücken auf Kerguelen Island. Linn. Soc. Journ. XII. 578. Nr. 76. 1876.
Culex. Verwandlung: Réaumur Mém. IV. Bd. pl. 43, 44. Kirby und Spence to the Introd. Entomolog. III. 81.
   Swamerdam Book of Natur. pl. 31, 32. Kleemann in Rösel Tab. 15. De Geer Ins. VI. T. 17. 5.
   Westwood Introd. II. 511. pl. 124. 6. 7. Die Puppe bei Aristoteles. — Ferner Paul de St. Gallo Ephe-
   merid. naturae. curiosorum 1712. Robineau-Desvoidy: Mém. d. la Soc. d. Sc. naturell. de Paris.
   Bd. III. p. 390. Zetterstedt Dipt. Sc. IX. 3434. — Haller Beitr. z. Anatomie d. Mücke. Troschel
   Arch. T. 44. p. 91. — Packard Guide to the Stud. of Insect. Holzschnitt. p. 369.
ciliaris. Réaumur Mém. IV. Pl. 14. p. 180. Fig. 14.
Mochlonyx culiciformis. De Geer. Mém. VI. Taf. 23. f. 3—12. *(Tipula culicif.* olim.) Meinert Oversigt k.
   Dansk. Vetensk. Selsk. Forhandl. 1883.
Dixa nigra. Staeger Krojer Tijdsk. IV. 1842. p. 202. Larve im Wasser. Heeger *Culex sylvaticus* in litt.
   Siehe diese Abh. T. I. Fig. 12, 13.
— *amphibia* (*Tipula*). De Geer Ins. VI. Taf. 24. f. 1—14. v. d. Wulp. Dipt. Neerland. I. Nachweis.
Anopheles bifurcatus. L. Die Larve im Wasser, nach dem Typus der *Corethra*-Larve gebaut. Fischer Mém. d.
   l. Soc. imp. d. Nat. de Moscou. IV. Meigen VI. 242.
Corethra. Réaumur Mém. Tom. V. pl. 6. f. 4—18. Goring und Pritchard in Natural. hist. objects. micr.
   pl. 2. Westwood Introd. II. 516. f. 124. 12, 13. Slabber Naturk. Verlustig. 17. pl. 3. 4. Lyonnet
   Mém. posthum. pl. 7. f. 3, 4, 8. 14, 18. Die Larve lebt in stagnirendem Wasser von Daphnien.
   Brightwell. Zetterst. Dipt. Sc. IX. 3472. Leydig Anatom. und Histolog. der Larve von
   C. plumicornis. Zeitschr. f. wiss. Zoolog. 1851. T. 3. p. 435. Taf. XVI. f. 1 4. Weismann
   Zeitschr. f. w. Zoologie. T. XVI. 1866. und Ganin ebenda XXVIII. 386. J. Dogiel Mém. Péters-
   bourg. (7.) XXIV. Nr. 10. p. 37. 2 pl. Herz derselben. — *C. fusca.* Die Larve. Staeger in Krojer
   Tidsk. von Ent. 1840. p. 556.

Blepharoceridae.

Verwandlung der Familie: FritzMüller: eine unbewusste Entdeckung desselben; vom Verfasser in Carus
Zoolog. Anzeiger 1880, 22. März, p. 134 ff. Verwandlung einer brasilianischen Art, welche F. Müller
brieflich *Curupira torrentium* genannt hat. — (? = Gattung *Paltostoma* Schin.). F. Müller Kosmos.
IV. 1880. Hft. 7. p. 37.

Blepharoceridae, Simulidae, Psychodidae, Ptychopteridae, Rhyphidae.

Blepharocera fasciata. Westw.; Brauer in Carus Zoolog. Anzeig. 1880, p. 134. Die Nymphe in Gebirgsbächen. Meran.

Liponeura brevirostris. Löw; Dewitz. Berlin. Ent. Zeit. Bd. 25. p. 61; Larve und Nymphe.
  sp.: Wierzejski Zool. Anzeig. v. Carus 1881 Nr. 81. — Krakauer Akad. Sitzb. 1882.

Paltostoma torrentium F. Müller (siehe oben). Archivos de Museu Nacional. Vol. IV. p. 47. Tab. V—VII
  1881 Rio Janeiro. — Carus Zool. Anzeig. 1881. p. 499.   Osten-Sacken Ent. month. mag. 1880,
  p. 130 und 1881. 206 und Brauer Ent. month. mag. 1881 p. 186. Müller Ent. month. mag. V. XVII.
  p. 225. Brauer Wiener Ent. Zeitschr. I. Jahrg. I.

Simulidae.

Simulia reptans Verdat. Naturwissenschaftliche Anzeigen der schweizerischen Gesellschaft 1822. Fries Observationes Entomologiae 1824. Kollar Sitzb. d. kais. Akademie d. Wiss. math.-nat. Classe
  1848. Westwood in Gardener's Chronicle 1848. Introd. II.
  columbatzensis Schönbauer; Geschichte der schädlichen Kolumbatezer Mücken. Wien
  1795. — (Culex columbatzensis. S.)

Simulium sp. Barnard: Note on developm. of black fly in Ithaca. New-York. Americ. Entomgst. August.
  1880. 191.
  — *pictipes* mit merkwürdigem Puparium. Proc. Boston Soc. Nat. Hist. Vol. 20. p. III. p. 305—307. Hagen.
Simulia ornata Mg. Fig. 17, 17a. — Diese Abhand.

Psychodidae.

Psychoda phalaenoides. Perris: Ann. d. Sc. naturell. XIII 546. Taf. 6. B. 1840. Curtis journ. of the roy. agri
  cult. Soc. X. 1850.
  — *humeralis* Mg. Gimmerthal fand die Larve mit *Sciara vittata* zusammen (?) Bull Soc. imp. Nat.
  Moscou 1845. 300. Arb. d. naturh. Ver. Riga I. 327. (Nach Haliday eine *Pericoma*.)
  — *sexpunctata* Curt. (*phalaenoides* Bouché) Bouché Naturg. I. 28. Taf. II. 22. Zetterst. Dipt. Scand.
  IX. 3702.
Pericoma palustris Mg. Larven unter einem faulen Pilze. v. Roser. Württemb. Corr. Blatt. 1834. I. 264.
  nubila. Walker Brit. Dipt. IV. 254, 260. Larve unter Laub in Wassertümpeln.
Ulomyia hirta Walker Brit. Dipt. IV. 261. Larve in klaren Bächen. Larve mit zwei Reihen lanzettförmiger
  spitzen oder blattartigen Kiemenanhängen längs des Rückens i. e. ein Paar an jedem der drei Zwischen
  segmente, sonst gebaut wie die von *Pericoma.*

Ptychopteridae.

Ptychoptera Lyonnet Opera Posthum. Pl. XVIII. f. 1—7; Réaumur Mém. T. V. (*fasciata — paludosa.*)
  Taf. 6.
  — *contaminata* van d. Wulp. Mém. d'entomolog. publ. p. l. Soc. Ent. d. Pays Bas 1858. p. 15. — Grobben: Sitzb. d. kais. Akad. d. Wiss. zu Wien math.-nat. Cl. T. LXXII. p. 453. 1875. Taf. —
  Die ausführlichste Arbeit. — (d. Abh. Fig. 18, 19.)

Rhyphidae.

Rhyphus fenestralis. Réaumur Mém. T. V. p. 21—22. Taf. IV. f. 3—10. Leon Dufour Ann. d. l. Soc. Ent.
  Fr. 2. sér. T. 7. p. 195. Larve in Kuhfladen. Guerin Iconogr. du Règne animal. Larven im Wasser
  (Viehtränken und Teichen) oscillirend. Perris Ann. S. Ent. Fr. 4. s. T. X. p. 190. 1870. E. Hart Vinen:
  Linn. Soc. Journ. Proceed. Zool. Vol. VI. 1862 p. 1—5. Holzschnitt. Mundtheile und Kopf. Bouché
  Naturg. und Garteninsecten.

Rhyphidae. Cecidomyidae.

Rhyphus punctatus Curtis; Gardener Chronicle nach Schiner (?); *nigricans* L. Dipt.Brit. Walker. IV.311.
— *punctatus* F. und *fenestralis* Scop. Belirig Arch. f. Naturg. XXXVIII. Bd.1. p.48. Nach Beling in altem Kuhdünger.

Tribus OLIGONEURA — Fam. *Cecidomyidae* olim.

Fam. *Cecidomyidae*.   Fam. *Lestreminae*.

(Fig. 1—3.)

Cecidomyidae.

Eine vollständige Übersicht der Literatur d. Familien haben J. v. Bergenstamm und P. Löw. V. d. zool.-bot. G. 1876. gegeben. Ich beschränke mich hier auf Beispiele guter Larven-Abbildungen der verschiedenen Gattungen u. a. wichtigen Beobachtungen.

Heteropeza Winnertz. Stett. Ent. Z. 1846 p. 13. Die Larven leben in faulem Holze, sind aber nicht beschrieben (*H. pygmaea* W.).
— *transmarina* Schin. Novara Dipt. (Nov. Reise Zool. II.) p. 5. Port Jackson Sydney, in Auswüchsen auf Blättern von Callistemon. — Taf. I. f. 1.

Über vivipare Cecidomyiden-Larven:

Wagner Nic. Über spontane Fortpflanzung der Larven bei den Insecten. (russisch) 1862 Kasan. fol. 50. p. 72. Abhild. auf 5 pl. — Zeitschr. f. wiss. Zoologie 1863 T. XIII p.513 pl.35—36. ibid. 1865. T. XV. p. 106—118. pl. VIII.

Miastor metraloas Meinert. Die Larven leben unter der Rinde von faulen Buchenstämmen und vermehren sich durch Paedogenesis. Meinert Nat. Tidskrft. III. 1864. p. 106. Siebold Zeitschr. f. wiss. Zool. 1864. 394. Löw. H. Berlin. Ent. Zeit. 1864. p. VIII. Meinert l. c. p. 57 und 83. Packard Guide to the Stud. of Ins. 1870. p. 380. f. 297. E. v. Baer Bull. Akad. Sc. Petersburg 1863. T.VI. p. 239.; Über Prof. Wagner's Entdeckung von Larven, die sich fortpflanzen und über Paedogenesis überhaupt. Bull. Acad. Sc. Petersbourg 1866. T. IX p. 64. 137 pl. l. — Carus Nova Acta Acad.Leopold. Carol. Germ. Nat. Curios. Dresden 1867. T.XXXIII. Leopoldina Hft.V. p.95—97. Hanin; Zeitschrift. f. wiss.Zoologie 1865. T.XV. p.375. pl.XXVII. Leuckart; Arch. f. Naturg. Troschel 1865 T.XXXI. 286. 1 Taf. — Ann. and. Magaz. of Nat. H. 8.3. T. XVII. 161. pl. — Nachricht. d. Ges. d. Wiss. und Gel. Anzeig. Univ. Göttingen 1865. Nr. 8. p. 215.

Mecznikoff. Arch. f. Naturg. 1865. T. XV. 304 pl. XII. und Zeitschrt. f. wiss. Zool. 1866 T. XVI. 389. pl.23—30. — Pagenstecher Zeitschr. f. wiss. Zool. 1864 T. XIV. p.400—416. pl.39. 40.

Pero fasciata Meinert Naturhistorsk. Tidskrift. 3. R. 6. Bd. p. 463. Larva sub cortice Carpini betulae, prolifera.

Diomyza. Lebensweise unbekannt.

Lasioptera. Larven in Auswüchsen und Stengeln.
— *arundinis*. Heeger Sitzb. d. kais. Akad. Wien. Math. nat. Cl. T. XX. 1856.

Clinorhyncha chrysanthemi. Larven in Blüthen von *Chrysanthemum inodorum* und *Anthemis arvensis*. Löw Monogr. d. Gallmücken. Dipterol. Beitr. IV p. 30. 39.

Spaniocera. Verwandlung der Arten unbekannt.

Cecidomyia. Larven meist Pflanzenauswüchse erzeugend oder in Pflanzen lebend. Siehe Bouché Naturg. I. — Winnertz Linn. Entomol. Bd. VIII. Taf. I.
— *destructor*. Say. Balt. Wagner; Untersuch. über die neue Getreidegallmücke Fulda 1861 und Asa Fitch. The Hessian Fly etc. Albany 1846, 1847. — Hagen Canad. Entomgst. V. 12. 197 Packard Americ. Entomologst. 1880 p. 118. Juni 140, 111.

Diplosis pini De Geer Ins. VI. 1782. p. 156. pl. XXVI. f. 8—19 (*Tipula*). Ratzeburg Wiegm. Arch. VII. 1841 p. 233. pl. X. f. 1—11. Forstinsecten III. 1844. p. 159 pl. X f. 14. Perris Ann. Soc.

Cecidomyidae, Lestreminae, Tipulidae.

Ent. fr. 1870. p. 162 pl. 1. Fig. 28—31. Larven frei auf den Nadeln verschiedener *Pinus*-Arten und verpuppen sich in schmutzigweissen Harzcocons.

equestris Wagner: Stett. Ent. Z. XXXII. 1871. p. 414 pl. IV. f. 1—10. Larven innerhalb der Blattscheiden auf sattelförmigen Anschwellungen des Halmes von *Triticum.* Verw. in der Erde.

tritici und *aurantiaca* Stett. Ent. Z. 1866. T. XXVII. p. 65. 96. und 169—187 pl. III. B. Wagner.

Asphondylia verbasci. Dufour: Ann. d. Sc. naturell. V. 1846 p. 5. pl. II.

Hormomyia juniperina De Geer Ins. 1782. VI. p. 153. pl. 25. fig. 7—21 *(Tipula)*-Larve in Auswüchsen.

Colpodia angustipennis. Larven in faulem Buchenholze. Winnertz Linn. Ent. 1853 p. 293. Larve nicht näher beschrieben.

Epidosis. Larven in faulem Holz von *Fagus* oder *Carpinus,* nicht näher beschrieben. Winnertz l. c. *E. calcata* und *nodicornis.*

Asynapta lugubris. Larven in faulem Holz und in *Polyporus versicolor.* Winntz. l. c.

Lestreminae.

Campylomyza. Larven in faulem Buchenholz, nicht näher beschrieben. *C. aequalis, albicauda, antennata* und *analis* Winntz. l. c. Zool.-bot. G. 1870. — *C. viridis* Winnertz die Larve in der Erde l. c., *pumila* in Pilzen.

Catocha. Lebensweise unbekannt.

Lestremia. Lebensweise unbekannt.

Tribus POLYNEURA = Fam. *Tipulidae* olim.

Fam. *Limnobinae.*   Fam. *Tipulinae.*

(Fig. 4—11.)

Polyneura. Limnobinae.

Tipulidae. Ratzeburg Forstinsecten. III. 157.

Chionea araneoides Dalm. Brauer Verh. d. z.-b. Ges. Wien 1851. — Taf.

Anisomera nigra Ltr. v. Roser fand die Larven im Ufersande des Neckars. Württemb. Corr. Bltt. 1834. I. 262.

Trichocera hiemalis Curtis. Journ. of. the roy. agric. soc. VI. 1846. (Nach Haliday Nat. hist. review. Juli 1857. p. 182.). Haliday Mag. of. Nat. hist. Febr. 1840.

regelationis und *annulata.* Die Larven nach Leon Dufour in *Boletus bulbosus,* ebenso nach Scholtz. Ann. d. Sc. naturell. XIII. 161 und Ent. Zeit. Breslau 1—3. 26. Ferner Bremi in d. Isis v. Oken 1846. 175. — Perris Ann. d. l. S. Ent. Fr. Taf. I. Fig. 3. 2. sér. V. 1847. p. 37.

Limnophila lineola Mg. Beling. Verh. d. k. k. zool.-bot. G. XXVIII. 54. Nymphe.

dispar Mg. Larven in Stengeln von *Angelica sylvestris.* Perris Ann. d. la Soc. Ent. fr. 2. sér. T. 7. 331. Taf. IX. F. 5.

— *fuscipennis* Mg. Siehe diese Abh. Taf. I (Fig. 6—9). Larve in Sümpfen am Uferrande zwischen faulem Laube. März.

Amalopis Schineri Kolti. Beling Verh. d. k. k. zool. bot. G. XXVIII. 47. Larve in Quellenwasser.

Pedicia rivosa L. Beling Verh. d. k. k. zool.-bot. Ges. XXVIII. p. 45. Larve in klaren Gebirgswässern im Schlamme. — Ich fand sie am Fusse einer Felswand am grossen Koppenteiche der Schneekoppe im September.

Gnophomyia pilipes Fbr. Beling. Verh. d. k. k. zool.-bot. G. Bd. XXVIII. 48. Larven im Bachschlamme.

Dicyptera haemorrhoidalis Zett. Beling. Verh. d. k. k. zool.-bot. Ges. Bd. XXVIII. 48. Nymphe in der Erde.

Limnobinae. Tipulinae.

Trichosticha maculata Mg. Beling. Verh. d. k. k. zool.-bot. Ges. Bd. XXVIII. p. 49. Nymphe unter Buchenlaub.

— *flavescens* Meig. Beling Verh. d. k. k. zool.-bot. G. Bd. XXVIII. 50. Larven in sandiger nasser Erde.

Rhamphidia longirostris Mg. Gereke Verh. Naturw. Unterhalt. Hamburg Bd. VI. 1880. Puppe in *Ramex aquat.*

Symplecta punctipennis Mg. Beling Verh. d. k. k. zool.-bot. G. XXVIII. 51. Larven an Bachrändern.

Phalacrocera replicata De Geer. Ins. VI. 351 pl. 20. Westw. Introd. II. 527 f. 126. 10.

Cylindrotoma distinctissima. Larve auf Blättern von *Anemone nemorosa* (Zeller), *Allium ursinum* (Schiner Fauna.A) und *Stellaria nemorum* (Boie.) Bremi Isis v. Oken 1842. 808. und 1846. 174. Krøjers Tidskrft. 1838. 234. Zeller Isis v. Oken 1852. Osten-Sacken. Ent. Nachricht Bl. IV. p.5. 1878.

Cylindrotoma macroptera Perris vide *Ula pilosa.*

Rhipidia uniseriata Schin. Beling. Verh. d. k. k. zool.-bot. Ges. Bd. XXVIII. p. 53 Larve im Holze in nassem Moder.

— *maculata* Mg. Beling. Verh. d. k. k. zool.-bot. Ges. XXIII. 589. ff. und XXVIII 53.

Tricyphona immaculata Mg. Beling. Verh. d. zool.-bot. G. XXVIII. 47. Unter faulen Vegetabilien.

Ula pilosa. Stannius zog die Larven aus einem *Agaricus.* Schummel. Monogr. d. Limnobin. Stannius Beitr. z. Entom. Schlesiens. I. 202. Perris: Ann. d. l. Soc. Ent. d. fr. VII. 1849. 331 Taf. IX. f. 4. — (= *Cylindrotoma macroptera* Perris).

— *bolitophila* Löw. Larve in Buchenpilzen. Meigen Tom. VIII. 4.

Limnobia tripunctata. Beling Verh. k. k. zool.-bot. G. XXIII. 589. ff.

— *nigropunctata.* Beling Verh. k. k. zool.-bot. G. XXVIII. 54.

annulus. Die regenwurmartige Larve wohnt in ausgesponnenen Röhren im faulen Holze. v. Roser Württemb. Corr. Bltt. I. 262. — Beling Verh. k. k. zool.-bot. G. Wien. XXVIII. 589. ff.

xanthoptera. Larven in Schwämmen. Stannius Beitr. z. schles. Insectenk. I. 202. Bremi Isis v. Oken. Staeger (Zetterst N. 3846).

— *dumetorum.* Larven in faulem Buchenholz. Winnertz. Linn. Ent. VIII. 210. 281.

— *obscuricornis.* Beling. Verh. d. zool.-bot. G. XXVIII. 55.

?. — *clavata.* Bremi Isis v. Oken 1842.

?. *platyptera* Meg. Heeger Sitzb. d. kais. Ak. Wiss. Wien. m.-nat. Cl. XI. 1853. Nach Osten Sacken eine *Bolitophila.*

Rhicnoptila Wodzickii. Nowicki. Verh. d. k.k.zool. bot. Ges. 1867 p. 357. Larve in Algen auf feuchten Granit wänden in der hohen Tatra.

Poecilostola pictipennis Mg. Larve zwischen faulem Laube in Sümpfen. (März). Siehe diese Abb. Taf. I. Beling Verh. d. k. k. zool.-bot. G. XXVIII p. 51 — (Fig. 10, 11).

Epiphragma picta F. Beling. Verh. d. k. k. zool.-bot. Ges. XXIII. 589. ff.

Polyneura *tipulinae* s. str.

Dolichopeza sylvicola Curtis. Beling. Verh. d. k. k. zool.-bot. G. XXVIII. 44. (Nympha.) Die Puppe in lehmiger feuchter Erde in Fichtenbeständen.

Pachyrhina lunulicornis Schum. Beling. Verh. d. k. k. zool.-bot. G. XXVIII. 41.

— *histrio* F. Larven in faulem Holze. Zetterst. Dipt. Sc. X. 1000. — Beling. Verh. d. k. k. zool.-bot. G. XXVIII. 42.

— *iridicolor* Schum. Zetterst. Dipt. Sc. X. 3994. Beling. Verh. d. k. k. zool. bot. G. XXVIII. 39.

— *pratensis.* Larven unter faulen Blättern, sollen Graswurzeln zerstören. Zetterst. Dipt. Sc. X. 3990. et cit. Fabricius und Gmelin. Bouché Naturg. 1 32. Taf. 3. 1 -5.

Tipulinae.

Pachyrhina crocata. Larven in faulem Holze. Zetterst. D.Sc. X. 3988. — Beling: Verh. d. k. k. zool.-bot. Ges. XXVIII. 40.

— *maculosa.* Curtis Journ. of the royal. agricult. Soc. VI. 1846. Beling: Verh. d. k. k. zool.-bot. Ges. XXVIII. 36.

quadrifaria. Mg. Beling: Verh. d. k. k. zool.-bot. G. XXVIII. 37.

Nephrotoma. Bremi Isis v. Oken 1846. p. 164—175.

Tipula: Mehrere Arten beobachteten Réaumur Mém. T. V. pl. 1—3. D. Geer Insect. VI. 18. 19.25. Bouché Naturg. 1. Taf. 2. Fig. 24—29. Tf. 3. Fig. 1—4.

— *nigra.* Larven in fetter Erde. Linné. Zetterstd. Dipt. Sc. X. 3983. — Beling: Verh. d. k. k. zool.-bot. G. XXVIII. p. 28.

hortensis. Bouché. Naturg. 1 36. Larven in vermodertem Pappelholz und Weiden. Zetterstd. Dipt. Sc. X. 3924. — Beling: Verh. d. k. k. zool. bot. G. XXIII. 575. ff.

flavolineata. Larven in morschen Birkenstämmen. Staeger Dipt. Daniae in Krojer Tidskrft. 1840. 17. 23. Dipt. Sc. Zttst. X. 3958. Beling: Verh. d. k. k. zool. bot. G. Bd. XXIII 575 ff.

— *tuberculosa.* Bouché Naturg. 1. 33. Larve unter faulem Laube. Zetterst. D. Sc. X. 3920 Beling: Verh. d. k. k. zool. bot. G. XXIII. 575 ff.

ochracea. Bouché. Naturg. 1. 35. Larven unter faulem Laube und in faulem Weiden-Holze. Zetterst. D. Sc. X. 3917. Beling: Verh. d. k. k. zool. bot. G. XXIII. 575 ff.

oleracea. Larven in vegetabilischer Erde. Westwood. Introd. II. 525. f. 126. 4. 5. — Bouché Naturg. 1 36; Garteninsecten 124. 125. De Geer. Ins. VI. 339. 1 Taf. 18. Fig. 12. Bjerkander in d. Handl. d. k. Akad. Stockholm. 1779. p. 164. Curtis Gardeners Chronicl. 1845. Hammond J. Quek. Club. 1876. 139—148 pl. X—XI. Record. 1876. p. 193. (Imaginalscheiben) Cowper: Ent. Month. Mag. XV. 114.

oleracea. Anatomy of the crane fly. Hammond Scient. Gossip. 1875. p. 40; 171. 201. Fig. 7—15 107—114 und 129—138.

scripta. Beling. Verh. d. k. k. zool.-bot. Ges. XXIII. 575 ff.

pabulina. Beling. Verh. d. k. k. zool.-bot. Ges. XXIII. 575 ff.

caripennis. Beling. Verh. d. k. k. zool. bot. Ges. XXIII. 575 ff.

pulmosa. Beling. Verh. d. k. k. zool. bot. Ges. XXIII. 575 ff.

Winnetzi. Meq. Beling. Verh. d. k. k. zool.-bot. Ges. XXIII. 575 ff.

irrorata. Beling. Verh. d. k. k. zool.-bot. Ges. XXIII. 575 ff.

lutescens. F. Beling. Verh. d. k. k. zool.-bot. Ges. XXVIII. 22.

truncorum. Mg. Beling. Verh. d. k. k. zool.-bot. Ges. XXVIII. 24.

hortulana. Mg. Beling. Verh. d. k. k. zool.-bot. Ges. XXVIII. 25.

cremdis. Mg. Beling. Verh. d. k. k. zool.-bot. Ges. XXVIII. 25.

lateralis. Mg. Beling. Verh. d. k. k. zool.-bot. Ges. XXVIII. 26.

pagana. Mg. Beling. Verh. d. k. k. zool.-bot. Ges. XXVIII. 29.

pruinosa. Wiedm. Beling. Verh. d. k. k. zool. bot. Ges. XXVIII. 31.

signata. Staeg. Beling. Verh. d. k. k. zool.-bot. Ges. XXVIII. 32.

palüostigma. Schum. Beling. Verh. d. k. k. zool.-bot. Ges. XXVIII. 33.

Selene. Mg. Beling. Verh. d. k. k. zool.-bot. Ges. XXVIII. 34.

lunata L. Larve im Wasser. Brauer.

gigantea. Schrank. Die Larve in Waldbächen unter Laub und Steinen. März. Verpuppung am Laube. Am Analende nebst den 6 gewöhnlichen Fleischzapfen unten 2 wurmförmig geringelte Anhänge jederseits. Brauer.

cajana. Meig. Mik: Wiener Ent. Zeit. Bd. 1. p. 36. 1. 1882.

Tipulinae. Lonchopteridae, Stratiomyidae.

Ctenophora. Larven in faulem Holze. Zetterst. Dipt. Sc. X. 4011. — Weijenbergh: Beitr. z. Anatomie etc. der hemicephalen Dipteren-Larven, Harlem 1872. Diss. inaug. — Viallanes: Compt. rendus. Paris. T. XC. 1180. Anatomie.

- *atrata.* Perris. Ann. d. l. Soc. Ent. Fr. 2. s. T. 7. 333, in Erlenstöcken. Ann. d. Sc. natur. 1840 XIV. 92. T. 3 a. Fig. 29—37. Nördlinger Ent. Z. IX. 1848, in *Populus canadensis.* — Nachtr. z. Ratzeburg Forstinsekten. Larve in Lindenmoder; Gerke Verb. d. V. f. naturw. Unterhaltung Hamburg. Bd. VI. 1880.

— *bimaculata.* Zetterst. Sc. X. 4023. Bouché Naturg. I. 32. — Beling. Verh. d. k. k. zool. bot. Ges. XXIII. 575 fl. — Weijenbergh l. c.

— *pectinicornis.* Schrank. Ins. Austr. indig. 451. 853. Zetterst. Dipt. Sc. X. 4014. Bouché Naturg. I. 29. 31. T. II. Fig. 24—29. Fischer v. Waldheim Oryctogr. d. Moscou. 1838. Tab. XIII. — De Geer T. VI. Tab. 25. 3. Weijenbergh l. c.

Ctenophora flaccolata. Scheffer fand die Larven in alten Ahornstämmen. Zetterst. D. Sc. X. 4016. Réaumur Mém. T. V. T. 1. Fig. 9.

— *ruficornis.* Meig. Weijenbergh l. c. (siehe d. Gttg).

Tribus ACROPTERA.

Fam. *Lonchopteridae.*

Lonchoptera trilineata. Frauenfld. Verb. d. k. k. zool. bot. Ges. 1869. Bd. 19. p. 941. Larve, Nymphe. — Larve unter der Blattrosette von *Cirsium.* December.

— *(lutea?)* Lubbock. Trans. Entom. Soc. London 3. ser. I. p. 338—344 pl. 11. —

Tribus PLATYGENYA.

1. Gruppe *Homöodactyla.*
   a) *Notacantha.*
      Fam. *Stratiomyidae.*
      „ *Xylophagidae.*
   b) *Tanystoma.*
      Fam. *Tabanidae.*
      „ *Acanthomeridae.*
      „ *Leptidae.*
   c) *Bombylimorpha.*
      Fam. *Acroceridae.*
      „ *Nemestrinidae.*

2. Gruppe *Heterodactyla.*
   a) *Procephala.*
      Fam. *Mydaidae.*
      „ *Apioceridae.*
      „ *Asilidae.*
      „ *Bombylidae.*
   b) *Polytoma.*
      Fam. *Thereridae.*
      „ *Scenopinidae.*

(Fig. 22—71.)

Stratiomyidae.

Stratiomys. Leydig: Über Kalkablagerung in der Haut der Insecten. Larve von *Str. chamaeleon.* Troschel Arch. 1860, T. 26, p. 157, Fig. Berlin, Ent. Zeit. 1861. T. 5, p. XXXIX.

- *chamaeleon.* Réaum. Mém. T. IV. pl. 22. — Westwood J. mod. Class. of Ins. II. 532. — Swammerdam. Book of natur. pl. 39. 40. 41. Sparman Schrift d. schwedischen Akademie 1804. Schrank im Naturforscher Stück 27. Geoffroy, Entom. II. 17. Frisch: Beschreib. Vol. I. 5, 10. Die Fabel Knoch's bei Meigen III. 134. (Neue Beiträge zur Insecten-Gesch., Leipzig 1801. 193.) (Diese Abh. Fig. 22—24.)

— *furcata.* Zetterst. Dipt. Sc. I. 135. — Neusiedler See (Brauer. Fig. 23 a).

— *longicornis.* Scholz: Ent. Zeit. v. Breslau 4. 34. In Pfützen. — Friedenfels. Larve in Salzteichen Siebenbürgens. Mitth. d. Siebenbürg. Vereins f. Naturw. in Hermannst. XXX. p. 164. (Diese Abh. f. 23 b.)

Stratiomyidae.

— sp. Packard. Am. journ. Sc. Arts. 1871. New Haven (3) Vol. VII. p. 102. *Stratiomys*-Larven im Clear Lake in Californien. — *Stratiomyia*-Larve in heissem Wasser auf Euboea. Lucas Bull. Soc. Ent. Fr. (5). IX. p. CXLII.

Odontomyia ornata. Réaum. Mém. T. IV. Taf. 25, Zeller Isis Oken. 1842. Jaennicke Berlin. Ent. Zt. 1866, p. 218. Brauer (Larve im Neusiedlersee, diese Abh. Fig. 23 e.)

— *viridula.* Scholtz; Breslau. Entom. Zeit. 4. 34. in Pfützen unter Lemna. — Neusiedlersee (Brauer.)

— *hydroleon.* De Geer: Mém. T. VI. pl. 9. f. 4.

— *argentata.* Zeller: Isis. 1842. XI, 1846. III. Larve in feuchten Erlengehölzen, Herbst, Winter und Frühjahr unter faulem Laube, Taubnesseln u. a. Vegetabilien.

Chrysomyia polita Scholtz: Ent. Zeit. Breslau 1848 1—3. 10. Larve im Kuhdünger. — v. Roser, Larve unter Steinen. (Württemb. Corr.-Blatt 1834. I. 267.) — Bouché: Naturgesch. I. 49. — Beling: Arch. f. Naturgesch., Jhg. 48, Hft. 2, p. 188. -- Larve. Réaumur T. IV Taf. 14. fig. 6.

— *formosa* van Roser: Larve unter Steinen. (Württ. Corr.-Blatt. 1834. I. 267.?) Cornelius: Ent. Zeit. Stett. 1860. 202., Taf. II. Larve in *Brassica rapa.*

Sargus. Réaumur: Mém. T. IV. Taf. 14 f. 4. Vide infra. *Chrysomyia.* — (D. Abh. Fig. 24.)

— *cuprarius.* Lyonnet: (Mém. posth. Taf. 17. F. 21—24. 29.) Bouché: Naturg. I. 48. Taf. 4. F. 31—36. Westwood: Introd. II. 533. Bremi (Isis.) Larve im Kuhdünger. v. Roser. Württh. Corr.-Bltt. 1834. I. 267. Leon Dufour: Larve in Ulmengeschwüren. Comptes rendus, Acad. Paris. XXII. 318. -- Beling: Arch. f. Naturg. Jhg. 18, Hft. 2. p. 186.   (Larve.)

— *bipunctatus.* (G. *Chrysomyias* Lw.) Réaum. Mém. T. IV. Taf. 22. 5—8; Taf. 14. F. 4.

Oxycera. Bremi Isis: 1846. Haliday: Nat. hist. review. IV. 193. pl. 11. ? *Ox. Morisii.* Nr. III. 1857.

— *Meigenii.* Heeger: Sitzb. d. Akad. d. Wiss. Wien, XX. 1856.

— *triliniata.* Heeger: Sitzb. d. Akad. d. Wiss. Wien, XX. 1856.

Ephippium thoracium. Meigen III. 130. Westwood Introd. II. 533 F. 127. 8.) Zeller Isis. 1842, Scholtz: Breslau, Entom. Z. 4 (?). van Roser. Württb. Corr.-Blt. 1834. I. 267. Märkel (Larve bei *Formica fuliginosa.*) Germar's Zeitschft. V. 266. 478. 1844. Heyden (bei *Formica fuliginosa*). Berlin, Ent. Z. 226. 1866. X. — Larve mit kleinen Augen, wie bei jener von *Chrysomyia.*

Nemotelus uliginosus. Haliday: Nat. hist. review. 1857. Nr. III. p. 194. Larve im Wasser.

Hermetia illucens. L. Larve nach Bellardi (Ditter. Messic. I. 26.) häufig in Latrinen.

— *albitarsis.* Fab. Die Larve (von Bilimek im k. Museum) sieht der von *Sargus* ähnlich und ist hinten abgerundet. Leider fehlt der Kopf. — (Mexico.)

Pachygaster. Zetterst: Dipt. Sc. VIII. 2961. Westwood Introduct. II. 532. F. 127 9. *P. ater,* Curcek Encyclop. method. X. 779 (Vappo-)Larve in Moder von *Populus alba-* und *Ulmus-*Arten. Schilling: Entomol. Beitrg. 1829. Vol. I. 94 (unter Rinde von *Pinus silvestris*). Scholtz: Ent. Zeit. Breslau 1—3. 19. -- Bd. 4? — Macquart: Dipt. du Nord de France, Meigen VI. 344. Meigen VII. 104. Heeger: Sitzb. Wien k. k. Akad. X. 1853. Fig. — Leon Dufour: Ann. Scienc. naturell. XVI. 1841.

— *pini* Perris: Ann. S. Ent. Fr. X. 1870. 210.

-- *micromelas.* Leon Dufour: Ann. Sc. Naturell. ser. 2. T. XVI. 264. F. 17—19. 1841.

— *minutissimus.* Zetterst. Dipt. Scand. VIII. 2961 Nach Boheman die Larve unter der Rinde alter Tannen. —

Beris chalybeata. Först. Die Puppen wurden im Moose gefunden. Walker: Dipt. Brit. I. p. 11, 12. Schiner: Fauna austr. I. 24. Ich habe keine Beschreibung finden können. (Brauer.) Die Larve von *Chlorisops tibialis* ist der von *Sargus* ähnlich und wird demnächst von A. Handlirsch in den Verh. d. k. k. zool. bot. Ges. 1883 beschrieben werden. — ?Réaumur Mém. T. IV Taf. 13 f. 19, 20.

Subula citripes. Leon Dufour: Ann. Soc. Ent. Fr. 2. s. T. 4. XLVII.

Stratiomyidae, Xylophagidae, Tabanidae.

Subula marginata Wesmaël. (Nach Halid. Ann. Soc. Ent. fr. VI. 1837. p. LXXXIX *maculatus* Bull. de l'acad. d. Sc. a. b. l. de Bruxelles. 1837. 4. Band. Scholtz: Larve unter Rinde verschiedener Bäume. *Carpinus betul.* Ent. Zeit. Breslau Nr. 1—3. 8 u. 19. 1848, 49.

maculata. Sahlberg. Larve im faulen Pappelholz. Zetterst. Dipt.Scand. I. 130. 1. Westwood. Introd. II. 534. In Moder von Ahornbäumen und Rosskastanien. Ann. Scienc. Nat. VII. 1817. Dufour. — Wesmaël. Ann. S. Ent. fr. VI. 1837. p. LXXXIX.

- *curta* v. Rosen: Beiträge z. Naturg. d. Gatt. *Xylophagus.* Tübinger naturh. Zeitsch. in Meigen: VI. 319. Westwood: Introd. II. 534. F. 127. 14. Heeger: Sitzb. d. kais. Akad. d. W. Wien. math.-nat. Cl. XXXI. 307.

Xylophagidae.

Xylophagiden-Larven und deren Leben siehe Perris: Ann. S. Ent. d. France, 4. ser. T. X. p. 205. *X. cinctus.* p. 202. — Buchanan White: Ent. Month. Mag. XIII. p. 216 und 160. (*ater et cinctus*). — Diese Abh. Fig. 80—83.

Xylophagus ater. Württemb. Corr.-Bl. 1834. 264. Baumhauer Meigen II. 11. Drewsens Mittheil. in Krojer's Tidskrft. IV. 105. Damianitsch Verh. z.-b.G. XVIII. 117. Diese Art will Drewson, Kroyer's Naturh. Tidsk. IV. 1842 aus Larven von *Pyrochroa coccinea* unter Rinde im Splint der Erlen gezogen haben. Schilling fand Larven unter Fichtenrinde. Breslau Ent. Z. 1848. 1—3, 8—19. (*?cinctus*.) *ater* u. *cinctus.* Beling: Arch. f. Naturg. 1875 I. p. 31 ff.

- *cinctus.* Meigen II. 12. Zetterst. Dipt. Sc. I. 129. Perris: Ann. S. Ent. fr. X. 1870. 202. Larve bei jener von *Tomicus stenographus.*

Pachystomus syrphoides (?= *Xyloph. cinctus*?) Latreille beschreibt die Nymphe, gefunden unter Fichtenrinde (*Genera Crustac. et Insect.* IV. 286). Zett. Ins. lapp. 513. Westwood Introd. II. 535. Meigen VII. 57.

Xylophagus sp. N. America. Réaumur. Mém. T. IV. pl. 13. F. 12—16. Westwood Introd. II. 536 F. 127. 18.

Coenomyia ferruginea. Zetterstdt: Larven in faulem Pappelholz. Dipt. Scandin. I. 130. Meigen II. 174. Larve beschrieben von Beling. Verh. zool.-bot. G. 1880. p. 343. und Nymphe. Fig. Holzschnitt. In Erde, besonders bei alten Baumstümpfen in Buchenwäldern im Harze.

Tabanidae.

Tabanus-Larven und deren Nahrung (*Rhizotrogus*-Larven etc.) Perris: Ann. S. Ent. fr. 4. ser. X. 204. Siehe diese Abhandlung Fig. 26 ff.

- sp. Larven Zetterst. Dipt. Scand. I. 105.
- *quatuornotatus.* Kollar: Sitzb. d. k. Akad. d. Wiss. Wien math.-nat. Classe. XIII. 1854. p. 531—535. Ebenso *autumnalis.* — Eiablage. —
- *tropicus.* Scholtz: Breslau. Ent. Z. 1848.
- *solstitialis.* Schiner: (Nymphe im Wasser.) Brauer: Denkschft. d. k. Akad. d. Wiss. math. Cl. Bd. 42. p. 151.
- *bromius.* L. Beling: Arch. f. Naturg. 1875. 1. 31. ff. Larve.
- *autumnalis.* Scholz: Breslau. Ent. Z. 1848. 4. 28. (Am Rande einer Pfütze) Leben im Wasser. (Brauer.) —
  Larve in den Salzteichen Siebenbürgens. Friedenfels. Siebenbg. Verein d. Natur 1879. Krans: Zool. Anzeig. Carus. II. 229. 1879. Gehörorgan. — Graber: Arch. f. mikrosk. Anatomie v. Waldeyer. Bonn. Bd. XX. p. 506.
- *lucidus.* De Geer. Mém. VI. pl. 12. fig. 6. Larve in der Erde. — Westwood: Introd. II. 544. fig. 128. 9. 10.

Tabanidae, Leptidae, Acanthomeridae.

Tabanus glaucopis. Wahlberg: Larven in Noctuinen-Raupen. (k. Vet. Ac. förh. 1838).
— cordiger Mg. Diese Abh. Fig. 32—34.
stratus Fbr. Larve. Riley: Second Ann. Report of Insects. Missouri, p. 128. Packard: Injour. Insect 24. Nach Walsh lebt die Larve der grossen schwarzen amerikanischen Art von Schnecken im Wasser (*Planorbis*). Proc.Bost Soc. Nat. hist. Vol. IX. 1862—63. (1865) p. 302. Illinois.
— *sapolapterus.* Mg. Diese Abh. Fig. 26—31.

Heratoma pelluceus. Marno: Verh. d. zool. bot. Gesell. Sitzb. 1868 p. 74. Larve in Pfützen. Diese Abh. Fig. 35—40.

Haematopota pluvialis. Scholtz: Breslauer Ent.Zeit. 1848. l. c. Larve in Erde. Descript. Brauer: Verh. zool. bot. G. 1869. T. 13. p. 924. — Beling: Arch. f. Naturg. 1875. I. 31.

Chrysops. Nach Fabricius leben die Larven in der Erde. Zetterst. Dipt. Sc. I. 123. Fabric. Syst. Entom.
— *relictus.* Mg. Beling: Arch. f. Naturg. Jhr. 48. Hft. 2. p. 189. — (Nymphe) — An Bachufern.

Leptidae. Fig. 41—51 und Fig. 84—88.

Atherix Ibis. Entomol. Magaz. IV. 1837.? Walker: Dipt.Brit. I. 69, 70. Eierlegen und junge Larve. Brauer: Verh. d. k. k. zool.-bot. Ges. 1869 p. 922 (fragliche *Chrysops*-Larve). Leon Dufour: Ann. d. l. Soc. Ent. Fr. 1862. T. II. Fig. 2. p. 131 Consultation sur une Larve *aquatique.* Egger: Verh. d. k. k. zool.-bot. Ges. Wien Sitzb. p.2. Bd. 4. 1854. Tournier: Compt. rendns Soc. Entom.Belge. 17. p. LXXXIX. (Eierlegen.) De Borre: Compt. rend. Entom.Belg. XXII. p. CXX. (Eierlegen.) Perez: Act. Soc. Linn. Bordeaux. XXXII. et. XLIII. Diese Abh. Fig. 48—51.

Chrysopila atrata. Mg. Verwandlg. Beling: Archiv für Naturg. Troschel. 1875. I. 31.
— *lucta.* Zetterst. Beling: Arch. f. Naturg. Jhg. 48. Hft. 2. p. 190 (1882.) Larve in nasser Modererde einer Buche. Nymphe.
— *nigrita.* Fbr. Beling: Arch. f. Naturg. Jhg. 48. Hft. 2. p. 191. 1882. Larve in feuchter Erde an einem Bachufer. Nymphe.
— *imbecilla.* Fall. Beling: Arch. f. Naturg. Jhrg. 48. 2. Hft. p. 193. 1882. Larve in Buchenmoder.

Leptis scolopacea. Bouché: Naturg. I. 44. Tf. 4. F. 11—15. Zetterst. Dipt. Sc. I. 216. Beling: Arch. f. Naturg. 1875. I. 31.
lineola. Ratzeburg zog die Larve aus dem Abdomen eines eben verendeten Maikäfers. Forstinsect. III. 155. Note 4. — Beling: Arch. f. Naturg. 1875. I. 31.
— *tringaria* L. u. *latipennis.* Löw. Beling: Arch. für Naturg. 1875. I. 31. ff. Larven.
— *maculata.* Mg. Siehe diese Abh. Fig. 43—47.

Vermileo Degeeri. De Geer: Acta Acad. Snec. 1752 p. 180, 264. t. 5. Sand-Masken. Mém. VI. pl. 10. Réaumur: Mém. de l'Academie de Paris p. 410 (1753.) Taf. 17. — Herbst: gemeinnütz. Naturg. d. Thierreichs VIII. 105. Taf. 329. F. 6. Larve, Puppe. Westwood: Introd. II.552. F. 7. De Romand: Ann. d. l. Soc. Ent. Fr. II. 1833. 498. Die Larve springt 7—8 Linien weit (De Geer. l. c. 73.) Siehe die Abhandlung Fig. 84—88.

Ptiolina nigripes. Ztt. Brauer: Diese Abhandl. — Larve unter Moos auf Felsen. Januar. — Fig. 41, 42.

Symphoromyia crassicornis. Pz. Beling: Arch. f. Naturg. Jhrg. 48. Hft. 2. p. 193. 1882. Larve in Rasenerde. — Nymphe. —

Acanthomeridae.

Acanthomera Frauenfeldi Schin. Brauer: Denkschriften d. kais. Akad. d. Wissensch. math.-nat. Cl. Bd. XLIV. p. 60. Diese Abhandlung Fig. 25. (Bogota.)

Nemestrinidae. Acroceridae, Bombyliidae.

Nemestrinidae.

Hirmoneura obscura. Meig. Handlirsch: Wiener Entom. Zeit. 1. Jhrg. Sept. 1882 und 2. Jhrg. 1883.
Januar. Taf. 1, 1—15. Die Eier in den Bohrlöchern (Puppenwiegen) von *Anthaxia* sp. in Weisstannen.
Die reifen Larven und die Nymphen in den Puppenhäuten von *Rhizotrogus solstitialis* auf Viehweiden
im Juli und August. Brauer: Wiener Entom. Zeit. 2. Jahrg.; 2. Heft. Nachtrag. (Diese Abhandl.
Fig. 95—103.) Derselbe; Beleuchtung der Ansichten F. Wachtl's etc. über *Hirmoneura.* Wien 1883
bei Hölder. Ferner l. c. Hft. 4, p. 86.

— *exotica* Wied. — Aribalzaga (Lynch). El naturalista Argentino T. I. Ent. 8°. p. 275 ff. 1878. (Eiablage.)

Acroceridae.

Acrocera. Gerstäcker Stett. Ent. Zeit. Jhrg. 17. 1856. *Ogcodes zonatus* und *fuliginosus* Er. Stein; Jhrg. 10.
118.

sanguinea Latr. und *trigramma* Löw wurden von C. Koch aus den schön orange-gelben Cocons der
Tegenaria agilis gezogen. (Briefl. Mittheil. an Schiner aus Tirol.)

Henops marginatus Mg. oder *Ogcodes pallipes* Er.: Menge erzog sie aus einer Spinne, *Clubiona putris* K., in
deren Hinterleibe die Larve lebt. Schrift. d. Danzig. Naturf. Ges. n. Folge. T. I. 1863—66.

Astomella Lindenii Brauer: Verh. d. k. k. zool.-bot. Ges. 1869 Bd. 19 p. 737 ff. Taf. XIII. 1—6, im
Hinterleibe von *Cteniza ariana* Koch, in Corfu von Er ber gezogen. Diese Abh. Fig. 89—92.

Bombyliidae. Fig. 64—71 und Fig. 104—105. Diese Abh.

Anthrax. Die Larven sollen nach Zetterstedt in Schmetterlingsraupen leben. Dipt. Scand. 1. 195.   Larva
aut in terra degunt, ovis a matre corpore fere perpendiculariter erecto et oviductu in arena omisso
depositis, exclusis, aut parasitice in Larvis Lepidopterorum vivunt. Ratzeburg (Forstinsect III. 154)
vermuthet, dass seine *Anthraces* aus der Kien-Raupe ausgekommen seien. Nach Latreille die Larve
parasitisch. Gen. Crust. IV. 307. — Zetterst. fand Puppen unter Steinen. Ins. lapp. 521.

— *fenestrata* Curt. Schäffer: Abhandlungen II. pl. 5. Fig. 11, 12, 13. *Anthrax ornata* (? *fenestrata*)
parasitisch in *Megachile muraria.* — Westw. Introd. II. 544. F. 129. 1. — Laboulbène Ann. Soc. Ent.
fr. 3. S. VI CXIII. — Vide *Bombylius major.* Lynch Aribalzaga. Naturalista Argentino I. 225. 1878.
Riley: Proc. of the Amer. Ass. f. Adv. of Sc. Vol. XXIX. Boston meetg. 1880. Salem 1881 p. 33
separ.

— *morio* Réaumur. (Mém. T. IV. pl. 27. F. 13.) Die Fliegen aus einem „quid creusé". — v. Roser aus der
Puppe von *Bombus* (?) Württ. Landwirth. Corr. Bl. 1840, 52. — Giraud aus einem Nestklumpen von
Osmia, Megachile und *Odynerus parietum*).

hottentota De Roo van Westmaas in Snellen v. Vollenhoven's Continuat. von Sepps. Nederl. Insect.
(2). II. pl. XLII. Fig. *a* und *b* p. 195. Parasit von *Agrotis porphyrea.*

hottentota oder *flava* Meig. Wahlberg Stockh. königl. Vetensk. Akad. Handl. 1838. Larve in Noctuinen-
Raupen (*Mamestra brassicae*).

— *flava* oder *hottentota.* Mulsant: Mém. d. l'academ. de Lyon II 1853. p. 18 et Opuscules entomologiques
I. Cahier p. 178. 1852. Nymphe aus *Noctua aprilina.*

- - *flava* oder *hottentota.* Mg.: Ritsema Tijdschft. v. Entomologie T. XII. (2. ser. T. 4) 1869. Pl. 7. F. 2.
Verslag p. 192. Nymphe in Puppen von *Noctua porphyrea,* Walker Diptera Brit. I. 78. De Geer Mém. VI.

— *flava* im kaiserl. Museum aus *Agrotis segetum* und *forcipula.* Rogenhofer. Diese Abh. Fig. 104—105.
semiatra siehe *morio.*

— *modesta* von Schuler aus Puppen von *Agrotis signifera* S. V.

Argyromoeba lebt bei *Pelopaeus* u. a. Hymenopteren. Osten-Sacken Bull. Unit. Survey III. 225 ff.

62   *Friedrich Brauer.*

Bombyliidae.

Argyromoeba sinuata. Die Puppe von Percheron mit einer Zelle aus Erde abgebildet. Genera Insect. Dipt.

Sc p.100 — pl. 1) Westwood Introd. II. 544. — Die Larven aus *Megachile muraria* teste Bremi. Isis 1846.
III. Beitrag. Zettstd. Dipl. Scand. VIII. 2981. — Puppe unter Steinen Zettst. Ins. lapp. 521.
van Roser und Heeger aus Anthophorazellen. Württ. Corr. Blatt 1840. I. 52. — Laboulbène fand
die Puppen in Nestern von *Odyneras spinipes.* Ann. Soc. Ent. Fr. T. VI. 3. s. CXII. — Laboulbène Ann.
S. E. fr. 3. Ser. T. V. 1857 p. 781. Taf. 15 Nr. II. *A. sinuata* aus *Megachile muraria.* Nymphe.
sinuata, Jacquelin Duval. Bull. Soc. Ent. fr. 1851. p. 80. Nymphe bei *Megachile muraria.*

— *leucogaster* Mg. Frauenfeld V. zool.-bot. G. 1864. p. 688 in Rohrstengeln bei *Cemonus*-Larven.

— *tripunctata.* Larve in Bienennestern in Schneckengehäusen. *(Osmia andreuoides.)* Diese Abh.
Fig. 70. 71.
submotata Frauenfeld. V. d. zool. bot. Ges. 1864. 689 n. V. z. b. G. Bd. XI. p. 173. — Rogenhofer
aus *Calicodoma muraria.*

Systropus crudelis Westw. Trans. Ent. Soc. 1876. p. 571. Nymphe aus Cocons die auf einer *Mimosa*-Art
gefunden wurden und wahrscheinlich solche von *Limacodes* oder *Doratifera* waren. — Afrika. — Taf. X.
F. 6—9. — Vordere Kopfspitzen gerade, wie bei *Anthrax.*
macer Parasit in den Cocons von *Limacodes* (verw. mit *L. pithecium*) Walsh. Proc. Boston. Soc. Nat. hist.
Vol. IX. 300. Febr. 1864. Fälschlich für einen Conops gehalten. — Siehe Osten-Sacken Western
Dipt. p. 265.

Triodites mus O. S. Riley. Second Report of the Unit. Stat. Ent. Comiss. the years 1778/79. Rocky
mountain locust. p. 264. Taf. XVI. F. 4—7. In den Eikapseln der Henschrecke in Californien
Oedipoda (Camnula) pellucida. — Siehe auch Americ. Naturalist Vol. XV. Nr. 2.

Callostoma fascipennis Meq. Mr. Frank. Calvert. Trans. Ent. Soc. London 1881 tab. XIV. Proceedings.
1881 p. XIV. Larve typisch gebildet, Kiefer kurz. Lebt in Eiersäcken von *Caloptenus italicus* in den
Dardanellen. — Larve und Nymphe. — Kopfspitzen der Nymphe abwärts gebogen, wie bei *Bombylius.*

Bombylius. Latreille (Gen. Crust. et Insect.) vermuthet, dass die Larve parasitisch lebe.
Mac Leay (Annals of Nat. hist. 1858) bestätigt dass tropische Bombyliden parasitisch bei Bienen
leben. — Macquart (Suit. a Buffon I. 376) lässt sie im Boden leben. Zetterstedt in Pflanzenwurzeln
(Ins. lapp. 510). — Imhoff: Isis 1834. *(Bombylius major.* Nymphe bei *Andrena.*
sp. — Diese Abhandlung Fig. 64—69.
Biologie, Verwandtschaft etc. Allen und Underhill Scientif. Gossip. 1875. 79—81. F. 46—51.
Westwood Notae dipterologicae Tr. Ent. S. Lond. 1876. p. 497.
Bombyliden in Henschrecken-Eierkapseln. Osten Sacken Ent. Month. Mg. 9, 1880 p. 161 Vol. XVII.
und p. 206.
Bombylier bei Pompeji in Gesellschaft mit *Anthophora.* Olivier E. Proc. Ent. Soc. London 1877. p. II.

Sec p.100 — Westwood. Trans. Ent. Soc. London 1876. p 497. — Notae Dipt.

— *Bograciensis.* Lucas: Ann. Soc. Ent. d. France. ser. II. T. 10. 1852 (Nymphe) vermuthet, dass die
Larve nicht parasitisch sondern isolirt lebe. (p. 135. Taf. 1. II. Fig. 1a—d. Nymphe und Imago.
— sp. Parasit von *Colletes fodiens.* Schmidt Goebl. Stett. Ent. Z. XXXVII. 392.

— *major.* Leon Dufour. Ann. d. l. Soc. Entom. d. France 3. ser. T. VI. p. 503. Taf. 13. No. 3. in nidis
subterraneis Andrenetarum. — (1858).
Westwood: Introd. II. 542 Fig. 128. 14. Transact. of the Entom. Soc. I. 3. L. Pickering (in
Westwood) die Larve an sandigen Stellen.
In der Erde in den Fraternuen (Brauer), die Nymphe. — Chapman Algernon. Ent. Month.
Magaz. XIV. p. 196—200 1878. *B. major,* Verwandlung in den Zellen von *Andrena labialis.*
Allen und Underhill Scientif. Gossip. 1875. 79—81. F. 46- 51.
medius Parasit einer grossen *Andrena.* Westwood Tran. Ent. Soc. Lond. 1876 497—99.

Bombyliidae. Scenopinidae. Thereridae. Mydaidae. Asilidae.

Systoechus oreas O. S. Riley: Report of the Unit. St. Entom. Commission. Washington 1880. T. XVI. 1—3. Vide *Triodites mus.* Amer. Ent. III 279 F. 147—151. Lemmon u. Osten-Sacken: Ent. Moath. Mag. XVII. p. 161.

Toxophora fulva Gray: Parasit von Eumenes. Osten Sacken Bull. Unit. Stat. Geol. Survey. III. 225 und 267.

Eine nordamerikanische Art wurde aus dem Neste von *Eumenes fraterna* Say gezogen. Osten-Sacken Ent. Z. Stett. XXIII. 411. Nymphe mit langen dornartigen Fortsätzen an den Hinterleibsringen. Ibid. Beobachtet von H. Glover.

Scenopinidae.

Scenopinus fenestralis. Bouché. Larven in faulen Weidenschwämmen. Naturg. I. 16. Westwood Introduct. II. 554. 16. — Walker Dipt. Brit. I. 85. Leon Dufour Ann. d. l. Soc. Ent. Fr. II. ser. 8. 1849 p.493. *fenestralis.* Frauenfeld. Verh. d. k. k. zool.-bot. Ges. XIV. 65. — Perris. Ann. Soc. Ent. Fr. I. ser. X. p. 226 ff. 1870.

— *niger* De Geer. Damianitsch. Verh. d. k. k. zool. bot. Ges. XV. 237.

Thereridae. Diese Abh. Fig. 58—59.

Thereva nobilitata. Meig. Syst. Besch. II. 117. — (Boië Isis 1830. 256. Larve von einer Kranken erbrochen.) Larve in der Erde lebend. — Brauer. — Beling: Arch. f. Naturg. 1875. I. 31.

- *subfasciata.* Letzner. 32 Jahrb. d. schlesisch. Gesellsch. f. Vaterländ. Cultur p. 99.
- *annulata* (Nymphe). Zetterstdt. Dipt. Sc. I. 210.
- *plebeja.* Larve und Puppe. Frisch Beschr. pt. I. tf. 9. Bouché Naturg. 15. Tf. 4. f. 16—20. — Westwood Introd. II. 550, f. 129. 20. Frisch Insecten Deutschlands.
- *eximia* Wahlberg aus Noctuinen-Raupen? K. Vet. Akad. förh. 1838. — Wahrscheinlich mit Erde eingetragen.
- *melaleuca* Lw. von Bergenstamm aus Moder gezogen. Frauenfeld Verh. zool.-bot. Ges. XVI 419.
- Larven und Puppen. Zetterst. Dipt. Sc. I. 203. Westwood Proc. of the entom. Soc. 1859. 59. Die Larven sollen die Puppen von *Ateucis pictaria* und *Sphinx ligustri* angreifen.
- *cetula.* Larven in Schwämmen. Zettst. Dipt. Sc. VIII. 2984.
- *audilis.* Die Larven in Löcherschwämmen. Scholtz Ent. Zeit. Breslau, 1848. I—3. 20. Bouché Naturg.

Mydaidae.

Mydas. Nach Harris (Treatise Insects of New-England p. 407. 1842. — Insects of Massachusett. 407.) leben die Larven in faulem Holze. — New. Edit. 607. A treatise injour. to Vegetation. 1862.

- *filatus.* Packard guide t. th. Study of. Insects. (Nympha.) 1870 p. 395.
  tricolor. Westwood bemerkt, dass auf Cuba die Larve in grossen Prioniden Larven lebe. Introd. II. 550.
- *fulvipes* Walsh. Proc. Boston Soc. Nat. Hist. 1862—1863. Vol. IX. p. 306. Illinois. Im Moder eines Sycamore-Baumes. Holzschnitt. — Larve.
- *clavatus* Drury. Nymphe. Gerstaecker. Stett. Ent. Z. 1868. p. 71.

Asilidae.

Holopogon fumipennis. Frauenfeld Verh. d. k. k. zool.-bot. Ges. XVI. 976. Larve in trockenem Donausande. Sea p. 100

Laphria gilva. Larve bei jener von *Spondylis buprest.* und *Crinephalus rusticus* Perris Ann. S. Ent. Fr. 4. ser X. 1870. 212. pl. 3. p. 218—222. — Beling. Arch. f. Naturg. Jhg. 48. Hft. 2. p. 199. Larve unter Fichtenrinde.

- Leon Dufour. Ann. d. Scienc. Naturell. XIII. 1849. — Isis. 1842. Bremi.

Asilidae. Empidae.

Lophria maroccana. Lucas. Die Larve im Holze von *Cytisus spinosus* und *lentiscus.* Ann. d. la Soc. Ent. Fr. VI. 1848. Bull. LXXXII.

— *flava.* Zeller beobachtet das Eierlegen in die Spalten eines Fichtenstammes. Scholtz. Ent. Zeitg. Breslau. 1848. Hft. 1—3. 16.)

— *meridionalis.* Die Larve stellt jener von *Lampra mirifica* nach. Corsika. Mulsant und Reveliere. Ann. d. l. Soc. Linneen. de Lyon. 119. Opuscul. Entomol. XI. 81. — Perris hält sie für Parasiten von Longicorniern und Buprestiden. Ann. S. Ent. Fr. 4. ser. X. 1870. 219.

Andrenosoma atra. Larva. Perris Ann. Soc. Ent. Fr. 4. ser. T. X. 220. — Als Parasit von *Spondylis buprestoides* und *Criocephalus rusticus* Perris. pl. 3. p. 218—222.

Mallophora orcina. Eiablage. 2. Report Unit. St. Commiss. on Rocky mount. Locust. p. 262. — Riley.

Dioctria oelandica. L. Beling: Arch. f. Naturg. Jhg. 48. Hft. 2. p. 196. In Humuserde in Laubwäldern die Larve. Nymphe.

— *flavipes* Mg. Beling: Arch. f. Naturg. Jhg. 48. Hft. 2. p. 197. Larve in Humuserde. Nymphe.

— *linearis* Fbr. Beling: Arch. f. Naturg. Jhg. 48. Hft. 2. p. 199. Larve in Erde an Wiesenrändern.

Asilus. Larven in Erde. Westwood. Introd. II. 549. f. 129. 15. 16. Zetterst. Dipt. Scand. I. 16. (Harris. Expos. angl. Ins. t. 17.) — Diese Abh. Fig. 52—57. Hubbard: Amer. Entgst. III. 250. Eiablage.

— *forcipatus.* Frisch. Beschr. I. pl. 3. t. 7. 8. und De Geer Mém. t. VI. 236. pl. 14 f. 5—9. Leon Dufour. Ann. d. Sc. naturell. XIII. 1850.

— *crabroniformis.* Metamorphose. Frisch. Beschr. I. pt. 3. t. 7. 8. p. 35. 1721 (pl. I. Taf. 8. Fig. 1.)

— *germanicus.* Verwandl. Ratzeburg. Forstinsect. III. 155. Taf. X. Fig. 12. *ab.*

(*Itamus*) *cyanurus.* Larve in der Erde bei Erlen. Harris Expos. of. english. Insects. — Beling: Arch. f. Naturg. Jhg. 48. Hft. 2. p. 204. Unter faulem Laube. (Diese Abh. Fig. 52—53.)

Asilus aestivus. Harris Exposition of English. Insects. Walker Brit. Dipt. I. 51. Larven. Perris. Ann. Soc. Ent. Fr. X. 1870. 4. ser. p. 220.

— *atricapillus* Fall. Beling. Arch. f. Naturg. Jhg. 48. Heft. 2. p. 202. 1882. Larve in lehmiger Erde. Nymphe.

Erax bastardi. Riley Seed. Ann. Rep. Ins. Missour. p. 121. Nordamerica. Larve und Nymphe.

Laptogaster cylindricus Dg. Beling. Arch. f. Naturg. Jhg. 41. p. 41. Bd. I.; Arch. f. Naturg. Jhg. 48. 2. Heft p. 195. Larve in Erde auf Feldern.

Tribus ORTHOGENYA.

Fam. *Empidae.*	Fam. *Dolichopoda.*
(Fig. 77—79).	(Fig. 72—76).

Empidae.

Rhamphomyia spinipes. Bouché Naturg. I. 48. Fig. 26—30. Taf. 4. Westwood. Introd. II, 547. f. 129. 7. Larve in Erde.

sulcata Fall. Beling. Arch. f. Naturg. Jahrg. 48. Heft 2. p. 214. — Larve in feuchter Walderde. Nymphe.

nitidula Zttst. Beling. Arch. f. Naturg. Jhg. 48. Heft 2. p. 216. Larve in Humuserde. Nymphe.

dentipes Zttst. Beling. Arch. f. Naturg. Jhg. 48. Heft 2. p. 217. Larve in Bucheumoder. Nymphe.

Platypalpus Boié bei Scholtz. Breslau. Ent. Z. 1849.

Empis opaca. Nymphe. Macquart. Dipt. d. Nord d. France. (Suit a Buffon I. 326.) Westwood. Introd. II. 547. — Walker Brit. Dipt. I. 91.

trigramma Meig. Beling: Arch. f. Naturg. Troschel. XLI. 1. p. 39 und 40. Larve und Nymphe.

— *tessellata* Fbr. Beling: Arch. f. Naturg. Jhg. 48. Heft 2. p. 205. Larve in Erde in Fichtenwäldern. — Nymphe.

Empidae, Dolichopoda.

Empis stercorea L. Beling: Arch. f. Naturg. Jhg. 48. Heft 2. p. 206. Larve in feuchter Humuserde. Nymphe.

— *nodosa* Beling n. sp.: Arch. f. Naturg. Jhg. 48. Hft. 2. p. 208. Larve unter abgefallenem Buchenlaube. — Nymphe.

— *aestica* Löw. Beling. Arch. f. Naturg. Jhg. 48. Heft 2. p. 211. Larve unter abgefallenem Buchenlaube. — Nymphe.

Microphorus pusillus Meq. Beling: Arch. f. Naturg. Jhg. 48. Heft 2. p. 212. Larve unter Buchenlaub.

Ocydromia glabricula Fall. Beling: Arch. f. Naturg. Jhg. 48. Heft 2. p. 213. Larven bei faulenden Pflanzen. -- Nymphe.

Tachydromia sp. Von Boié aus Blüthen von *Bidens cernua* gezogen.? Stett. Ent. Z. 1847. 331. Nicht beschrieben

Hilara interstincta Fall. Beling: Arch. f. Naturg. Jahrg. 48. Hft. 2. p. 218. Larve in Humuserde von Laubwäldern. — Nymphe.

— *pilosa* Zttst. Beling: Arch. f. Naturg. Jahrg. 48. Hft. 2. p. 219. Nymphe unter Buchenstreulaub. *maura* F. Beling: Arch. f. Naturg. Jhg. 48. Hft. 2. p. 220. Larve in Maulwurfshügeln. Nymphe.

— *quadrivittata* Mg., *Hilara flavipes* Mg. aus der Erde eines Buchenwaldes gezogen, aber nicht beschrieben. Beling Arch. f. Naturg. Jhg 48. 2. Hft. p. 221. 1882.

— *matrona* Halid. Beling: Arch. f. Naturg. Jhg. 48. Hft. 2. 1882 p. 221. Larve in feuchter Erde neben einer Bachrinne im Fichtenwalde. Nymphe.

— *lurida*. Brauer d. Abh. Larve in Erlenmoder. — Fig. 77—79.

Dolichopodae.

Dolichopus aeneus De Geer. (*angulatus* aut.) Mém. VI. pl. 11 f. 19. p. 78—80. *Nemotelus aeneus* D. G. Larve f. 14, 15, 16.; Puppe 17 und 18. Larve in vegetabilischer Erde. Westwood Introd. II. 553. f. 130. 12. 13. (Diese Abh. Fig. 72—76.)

— *latilimbatus* Meq. Beling: Arch. f. Nat. xli. 1. p. 53. Larve.

discifer Stan. Beling: Arch. f. Naturg. Jhg. 48. Hft. 2. p. 227. Larve in Erde. Nymphe.

popularis Wdm. Beling: Arch. f. Naturg. Jhg. 48. Hft. 2. p. 228. Larve in Walderde.

— *trivialis* Halid. Beling: Arch. f. Naturg. Jhg. 48. Hft. 2. p. 229. 1882. Larve in Buchenmoder.

— *longicornis* Stann. Beling: Arch. f. Naturg. Jhg. 48. Hft. 2. p. 230. Larven in Ackererde.

Psilopus platypterus Fbr. Beling: Arch. f. Naturg. Jhg. 48. Hft. 2. p. 222. Larve unter faulem Buchenlaube. — Nymphe.

Neurigona quadrifasciata Fahr. Beling. Arch. f. Naturg. Jhg. 48. Hft. 2. p. 223. Larve unter faulem Buchenlaub. Nymphe.

Porphyrops fascipes. Heeger Sitzb. d. kais. Akad. d. Wiss. math. nat. Classe. IX p. 263. 1852. nur die Nympha. Taf. XIII. F. 3. (Die dort beschriebene Larve gehört zu der mit *Porphyrops* gesellschaftlich lebenden *Scatopse*; vide diese Gattung.)

— *crassipes* Mg. Beling Arch. f. Naturg. Jhg 48. Hft. 2. p. 226. 1882. Larve in Erde eines Buchenwaldes.

Machaerium maritimum Hal. Snellen v. Vollenhoven. Tijdsch. v. Entomol. XX 1876- 77. 56.—63. pl. IV. F. 1—5 Verwandlung. — J. Brown Entomologist. Vol. VII. 207. Economie. — Die Erdecocons desselben siehe bei Smith: Proc. Ent. Soc. London. 1874 p. XIX. In Salzpfützen.

Systenus adpropinquans Löw. Labonlbène: Ann. Soc. Ent. d. France. 5, s. T. III. 49—56 pl. V. 1. 1—11. Verwandlung in allen Stadien.

— *leucurus* Löw. Beling: Arch. f. Naturg. Jhg. 48. 2. Hft. p. 226. Larve in faulem Buchenmoder.

Medeterus tristis. Damianitsch. Die Larven unter Baumrinde. Verh. z. bot. Ges. XV. 238.

ambiguus. Perris: Ann. Soc. Ent. Fr. 1870 T. X. 4. s. 321 pl. 4. Larve Feind derjenigen des *Tomicus*.

Argyra restita. Wiedm. Beling: Arch. f. Naturg. Jhg. 48. Hft. 2. p. 225. Larve in sandigem Schlamme eines ausgetrockneten Baches. Nymphe.

Beispiele aus der Literatur, welche sich auf die Verwandlung und Biologie der *Diptera cyclorrhapha* bezieht, nach Familien geordnet.

Sectio A S C H I Z A.

Tribus HYPOCERA.

Fam. *Phoridae.*   Fam. *Platypezidae.*

Phoridae.

Phora. Leon Dufour. Recherches sur le métamorph. du genre *Phora.* Mém. de la Soc. d. Sc. de l'agricult. et des arts de Lille 1840. 414.

    Westwood: *Phora* der Gartenameise. Introd. II. 575. Coquerel Ann. d. l. Soc. Ent. d. Fr. 1848. Verral: Linn. Soc. Journ. V. XIII. No. 68. p. 258. 1877.

    Laboulbène: Bull. S. Ent. Fr. 5 s. V. p. CXXXI—CLVIII.

    rufipes Leon Dufour. Ann. d. Sc. naturell. 2. s. Bd. XII. 1839 p. 54. Tf. 3. F. 107—110. Marklin: Die Larven im todten Leibe von *Geotrupes (Oryctes) nasicornis.* Zetterst. Dipt. Scand. VII. 2858. — Gimmerthal: Die Larve in faulen Kartoffeln. Arbeit. des naturhist. Ver. Riga I. 324. Tf. III. F. 4. 5.

    Larve in Pilzen und Insectenleichen: Dufour Ann. Sc. Natrll. 1838. Laboulbène: die Larve in Trüffeln. Ann. Soc. Ent. Fr. 4. ser. IV. 69. ff. — Hartig: Die Larve in anderen Dipteren-Larven. Isis 1846. 173. Bouché: die Larve in verfaulenden Rampen Ent. Zeit. Stett. 1847. 8. 146. Boié: Die Larven zu tausenden in den verwesenden Puppen der Nonne (*B. monacha*) Ent. Z. v. Stettin. 1848. 146. Heeger: Sitzb. d. kais. Akad. Wien math.-nat. Cl. Bd X. 1853. Fig. — Schnabl: Deutsch. Ent. Z. XX. 1876. 217.

    heracleellae Bouché Naturg. I. 101. Larve bei *Tinea heracl.*

   — *fasciata.* Larve hängend an der Puppe von *Coccinella.* Westwood Introd. II. 575.

   — *scutillata.* Hartig. Isis. 1846 173. in den Rampen von *Sphinx pinastri.*

   — *pulicaria.* Scholtz. Larven in Kuhdünger. Ent. Zeit. v. Breslau. 4. 28. Ritsema. Die Larve in Nestern von *Vespa germanica.* Ann. Soc. Entomol. Neerland. 1871. 210. T. VI.

    lutea, flava und *pumila* zog Scholtz aus einem *Agaricus.* Ent. Zeit. Breslau. 4. 32.

    tuberivora. Frauenfeld. Die Larve in weissen Trüffeln. (*Choeromyces maeandriformis*) Verh. d. zool. bot. Ges. Bd. XVI p. 972.

    bovista. in *Lycoperdon bovista.* Gimmerthal: Abh. der naturh. Ver. Riga. I. 329. Isis 1848.

    sphingidis. Westwood Introd. II. 575.

   — *helicivora.* Larve in todten Schnecken. Leon Dufour: Mém. Soc. Lille 1841 p. 420 Taf. I. F. 15. Ebenso lebt *Phora Bergenstammi.* Schiner: Verh. d. k. k. zool.-bot. Ges. Wien XIV 793.

    caliginosa. Larve in Larven von *Crabro liberatus.* Gimmerthal: Abh. d. Naturh. Ver. Riga I. 324. — Scholtz l. c. 1. 5., Bremi Isis. 1846. 172.

    nigra. Hartig: die Larven bei *Bombyx pini.* Jahresbericht für Forstkunde II. Jhrg.

Conicera dauci (*atra* Mg.) Larve in faulen Rüben und Rettichen. Westwood: Introd. II. T. 132. F. 12. Bouché: Naturg. I. 101. Hartig bei *Bombyx caja.* Breslau. Ent. Z. 7.

    atra Leztner zog die Art aus *Agaricus ater.* Ent. Zeit. Breslau 20.

    Reinhard: Beiträge zur Gräber-Fauna. Larve in Menschenleichen. Verh. d. k. k. zool.-bot. Ges. 1881. p. 207.

Trineura. Die Larven in Cadavern von Lepidopteren u. a. faulenden Stoffen. Zetterst. Dipt. Scand. VII. 2845. 2848.

Platypezidae, Pipunculidae, Syrphidae.

Platypezidae.

Platypeza holosericea Mg. Leon Dufour: Larve in *Agaricus campestris*. Ann. d. Sc. naturell. XIII. 1840.

     v. Bergenstamm Verh. d. k. k. zool.-bot. Ges. Wien. 1870 p. 37. Taf. 3 A.   Larve. —
Perris: Ann. Soc. Ent. Fr. 5. ser. VI. p. 231.

   — *boletina* Fll. v. Roser Württb. Corr. Bltt. 11. 1854. 269. Larven in Röhrenpilzen (rotten Mushrooms).
Westwood Introd. II. 554. F. 130. 17.

   — *furcata* Fll. Zetterst. Dipt. Scand. 3199.

   — *fasciata* F. Frauenfeld Verh. d. k. k. zool. bot. Ges. XIV. 68. Larve in *Lepiota polymyces* P.

   — *subfasciata* Perris Ann. Soc. Ent. d. Fr. 5 ser. VI. 231. Larve in *Agaricus campestris*.

Tribus SYRPHIDAE.

     Fam. *Pipunculidae*. | Fam. *Syrphidae* s. str. *Pseudoneura*.

Pipunculidae.

Pipunculus fuscipes Boheman. Öfversigt af Kongl. vetensk. Akad Förh. XI. p. 304. 1854. — Larve
im Abdomen von Cicadellinen (nicht Cicindelen), Tonnenpuppe in der Erde. In *Cicadula virescens*
p. 302—305. Tab. V. F. 1—6 Larva u. 7—8 Pupa.

Syrphidae s. str. *Pseudoneura*.

Gruppe *Syrphinae*.

Bacha elongata F. Snellen v. Vollenhoven in den Handling. d. Nederl. Entomol. Vereinig. 1854. Larven
gleich denen von *Syrphus*, Blattlausfresser.

Doros conopseus F. — Mik: Verh. d. k. k. zool.-bot. Ges. Wien 1864. 14. Abh. p. 797. Larve unter Moos an
Eichen. Nach Bremi (Isis 1846 p. 164 ff.) die Larve in Moder, nach Scholtz in von Ameisen besetzten Bäumen. Ent. Z. Breslau. 1. 3. Bd.

Xanthogramma ornata Mg. Beling: Archiv. für Naturg. Troschel. Jhg. 48. 1Hft. 2. 1882 p. 232. Larven
in berasten Erdhaufen. — (? Ameisennestern).

Melithreptus scriptus L. Die aphidivore Larve und birnförmige Tonne fand Zetterstedt an Halmen und Blättern
kleben. Dipt. Scand. 11. 766.

     menthastri L. Die Larve auf *Vicia faba*, aphidivor gefunden. Zetterst. Dipt. Scand. 11. 770.

   — *taeniatus* Mg. Bouché Naturg. 1. 54. Taf. V. 4—6.

Syrphus. Rösel Insect. Belustig. T. 6. Schäffer Abh. v. III. F. 13. Swammerdam Book of natur. T. 45.
26—30. Trybom Filip Oefv. Ak. Förh. XXXII. No. 2 p. 75—89 pl. II. F. 1—13.

     pyrastri L. Réaumur Mém. III. 30. 31. Westwood Introd. II. 557. F. 130, 21. 131, 1. Vallot. Ann.
d. l. Soc. Ent. d. Fr. 1834. LXV. Zetterst. Dipt. Scand. II. 704. Ratzeburg Forstinsekt. III.
Larve aphidivor.

   — *seleniticus* Mg. Larve auf *Betula* Zetterst. Dipt. Scand. VIII. 3132.

     tricinctus Fll. Zetterst. Dipt. Scand. 11. 725.

   — *albostriatus* Fll. Zeller. Isis. 1841 p. 828. genau beschrieben.

     grossulariae Mg. Zetterst. Dipt. Scand. VIII. 3132.

     ribesii L. Larve bei *Aphis ribis* etc. Zetterst. Dipt. Scand. II. 708. De Geer Mém. VI. 47. pl. VI.
3—12. — Bouché Naturg. 1. 61.

     melanostoma Zetterst. Dipt. Scand. 11. 712.

     balteatus DG. Zetterst. Dipt. Scand. VIII. 3139. Bouché Naturg. 1. 5. F 1. 6. Taf. V. Zetterst.
Dipt. Scand. 11. 722. Vallot. Ann. d. l. Soc. Entom. de Fr. 1834. LXV. Bull. Weijenbergh Tijdsch.
v. Ent. XVII. 1873 74 p. 149 u. *S. corollae*.

     cinctus Fll. Zetterst. Dipt. Scand 11. 741.

Syrphidae.

Platycheirus scutatus Mg. v. Roser fand die Larve in faulen Schwämmen. Württemb. Corr. Bltt. l. c. West wood Introd. II. 559, Pl. *scambus* Ztt. Im menschlichen Darm (?). Malm Ent. Tidskr. 1. 170,
Pyrophaena rosarum F. Henneke. Bericht des naturw. Vereines des Harzes. 1844 45 40 *(Syrphus rosae)*.
Cheilosia, Boié Ent. Z. Stettin 1850 und Perris Ann. d. l. Soc. Entom. de Fr. 4. ser. T. X. 1870 p. 332.
— *variabilis* Zetterst. Dipt. Scand. II. 790. Tonne.
— *albitarsis* Zetterst. Dipt. Scand. II. 795. Tonne.
— *scutellata* Fall. Larve in Schwämmen *Boletus edulis* und *pinetorum.*
Leon Dufour. Ann. d. Sc. naturell. XIII 1840. 449. Taf.3. F. 1—4; IX. 1848. — Ann. d.l.Soc.
Entom. de France III. s. 1. Bd. 384. Frauenfeld Verh. d. k. k. zool.-bot. Ges. XVIII. 161. Larven
in *Polyporus.*
— *cynocephala* Lw. Frauenfeld. Verh. d. k. k. zool.-bot. Ges. XVI. 976. Larve lebt in Stengeln von
Carduus nutans.
— sp. Larve in Trüffeln. Laboulbène Ann. d. l. Soc. Entom. de Fr 4. ser. IV. 69.
— *nitidula* Mg. Kaltenbach Verh. d. nat.-wiss. Ver. d. preuss. Rheinl. XXI. 228 ff. Larve im Stengel
von *Matricaria chamomilla.*
— *chrysocoma* Weijenbergh. Tijdsch. XII. (2. ser. 4) 1869 Taf. 5 Larve in *Carduus crispus.*
— *flavicornis* F. Boie Ent. Z. Stett. 1850 212. Larven in Stengeln von *Carduus crispus.* — Westwood
Introd. II. 559.
— *chalybeata* Meig. Larve in Stengeln von *Sonchus oleraceus.* J. Hardy Scottland Naturalist. 1. 177 -80.
Record 1872 p. 387.
— *gigantea* Zetterst. *(velutina* Löw). Larve in Knollen von *Scrophularia nodosa.* Brischke Ent. Nachr.
VI. 56. 1880.

Gruppe *Voluccllinae,*

Brachyopa ferruginea. Fll. Zetterst. Larve in Moder. Dipt. Scand. II. 687.
— *conica* Pz. Larve an fliessenden Bäumen. Scholtz Ent. Z. Breslau 1—3. 18.
— *bicolor* Fll. Larven im Saftflusse der Rosskastanien. — v. Roser l. c. 1834 268. Westwood Introd.
II. 559. Leon Dufour Ann d. Sc. naturell, IX 1848, Larven mit einfachem hornigen Rohr am Ende.
— *vittata* Zetterst. Bohemann. Dipt. Scand. II. 88.
Rhingia rostrata L. Larve wahrscheinlich im Kuhdünger. Réaumur Mém. IV. Latreille Hist. nat. XIV. 352.
Westwood Introd. II. 559.
Volucella. Künckel Jules d'Herculais: Recherches sur l'organisation et le développement des
Volucelles. Paris 1875, mit Atlas T. I — XXVI. — Larven in Wespen- und Hummelnestern. —
Alle Arten abgebildet. Stone: Wasps and their parasites. Trans. Ent. Soc. London t. II. 1864 - 66.
Proceed. Jan. 1865, p. 65; 1861 Proceed. p. 23: t. 1. Proceed. 1862 p. 77.
— *bombylans* et var. *plumata.* Nach Boié die Larve im Neste von *Bombus lapidarius.* Krojer Tidskrt.
1838. p. 237. — Zetterst. Dipt. Scand. VIII 3411 (die Tonne); De Geer Mém. VI. Taf. 8. F. 4—9.
Réaumur Mém. T. IV. p. 481, pl. 33, F. 16—19. Westwood Introd. II. 558. F. 131. 4. Ormerod:
Ent. Month. Mag. X, p. 196 —200 F. 1—7. 1874.
— *inanis* L. Larve in Wespennestern. Schmitt. Stett. Ent. Zeit. 1842 p. 18. Isis 1842. — Guerin und
Lepelletier de St. Fargeau. Encycl. méthod. X. 785 u. 384. Erné Mitth. d. Schweiz. Ent. Ges. IV.
p. 561. 1876. Diese u. d. folg. Art.
— *zonaria* Poda. Réaumur Mém. IV. (Nach Künckel gehört die Larve zu *bombylans.*)
— *inflata* Bremi Isis. 1846 p. 164—175.
— *pellucens.* Henslow. Zoologist 1849. t. VII. p. 2584— 2586, Larve wahrscheinlich in Wespennestern
(V. vulgaris). — Stone: T. Ent. Soc. London 3. ser. T. I. 1862 p. 77 Proceed.

Syrphidae.

Gruppe *Eristalinae*.

Eristalis tenax L. Réaumur Mém. T. IV. pl. 30—32 Swammerdam. Book of Natur. pl. 38. F. 9 — West
wood Introd. II. 559. F. 131. 7, 8, 9. Bremi Isis 1846. Zetterst. Dipt. Scand. I. 654. Scholtz.
Ent. Z. Breslau I—3. -22 Letzner 34 Jahrb. d. schles. Ges. 117. Batelli Contr. Anatomie der
Larve. Bull. S. Ent. Ital. XI. 77—120 pl. I—V. Ann. Mag. Nat. hist. 5. ser. III, 94 ff. Larve in
Jauche von faulen vegetabilischen Stoffen, besonders in Aborten.
— *arbustorum* L. Bouché Naturg. I. 54. T. 5. 11. Larve in faulen Pfützen. Wagner. Stett. Ent. Z. Bd. 51.
p. 78. Larve im Menschendarm.
sepulcralis L. v. d. Wulp. Mém. d'entomolog. publ. p. I. Soc. Entomol. de Pays-Bas. I. 18. pl. I.
— *anthophorinus* Zetterst. beschreibt das Eierlegen. Dipt. Scand. VI. 666.
Helophilus: Réaumur Mém. T. IV. pl. 31.
— *latifrons* Löw. Riley- Americ. Entomolgst. II. p. 142. — (Larve.)
Mallota eristaloides Lw. Becher Ed. Wiener Ent. Z. Bd. I. 1882. p. 253. Larve in hohlen Weisspappeln,
Mai, Juni.
Merodon clavipes F. Réaumur Mém. T. IV. pl. 34 v. Roser l. c. Serville d. St. Fargeau Encycl. Méth.
Tom. X. 525. Westwood Introd II. 559. F. 131. 5. Bouché Naturg. I. Curtis in Gardener's
Chronicl. 1842.
— *equestris* F. Réaumur, T. IV. 12. 499 pl. 34. F. 1 —12. Bouché, Larve in Zwiebeln. Naturg. I
pl. 5. F. 7 —11. Ent. Z. Stett. 1842. van Roser l. c.
Spilomyia vespiformis L. Larve im Baummoder. Meigen Syst. Bd. III. 233.
Xylota: Perris Ann. Soc. Ent. d. Fr. X 1870. 330.
— *pigra* F. Tonne bei Westwood Intr. II 559. Perris Ann. Soc. Ent. d. Franc. 4. ser. T. X, 326. bei
Tomicus.
— *lenta* Mg. Larve an fliessenden Baumstämmen, Scholtz, Ent. Z. Breslau 4. 31.
— *florum* F. Exuvien d. Tonnen Westwood. Introd. II. 559, F. 131. 5. van Roser l. c.
— *segnis* L. Beling. Archiv. f. Naturg. XLI 1. 54—56.
Syritta pipiens L. De Geer Ins. VI. Larve in Pferdedünger. Westwood Introd. II. 559. Scholtz fand die
Larve im Kuhdünger. Ent. Z. Breslau. 1—3 Bd. 10.
— — Beling. Arch. f. Naturg. Jahrg. 48. Hft. 2. p. 253. Larve unter verwesendem Stroh in Menge
beisammen.
Brachypalpus valgus Pz. Bremi (Isis 1846) Larve in Weidenmoder.
Criorchina oxyacanthae Mg. Larven im Moder, zuweilen im Anspühlicht von Flüssen. v. Roser l. c. 1834.
Pocota St. F. *apiformis* Schrank. Enum. Ins austr. p. 459. 933. Westwood Introd. II. 559. Zetterst. Dipt.
Sc. VIII. 3115. (Tonne). — Becher: Wiener Ent. Zeit. I. 249. 1882. Larve in Pappelmoder.
Myolepta luteola Gmel. Larve in Ahornmoder. (Brauer), in Pappelmoder. Becher l. c. p. 252.
— *obscura*. Becher Wiener Ent Z. I. 250. Larve in Pappelmoder.
Eumerus lunulatus Mg. In Zwiebeln von Narcissen. Bouché: Ent. Zeit. Stett. 1847. p. 115, Curtis: Gar
dener's Chronicle 1842. Boié, Scholtz l. c. 1—3. 18.
Chrysochlamys ruficornis F. Larve am Stamme triefender Bäume — Rosskastanien. Ahorn, Pappeln u. a. und
sich dort verpuppend. Westwood Introd. II. 559.· Zetterst. Dipt. Scand. II. 780.

Gruppe *Chrysotoxinae*.

Orthoneura. Réaumur Mém. T. IV. Taf. 31 Fig. 13—16. Marno fand die Larve am Rande eines Sumpfes
zwischen dürrem nassen Laube: sie gleicht einer kleinen *Eristalis*-Larve. (*O. nobilis.*) — Die Gattung
gehört nicht in diese Gruppe.

Syrphidae, Anthomyzinae.

Pipiza vitripennis Mg. Larve aphidivor. Heeger Sitzb. d. kais. Akd. d. W. Wien. Math.-nat. Cl. Bd. XXXI. 295. T. 1. F. 2. — (Larven bei Coeciden.)

Pipizella virens F. Heeger l. c. 295.

Chrysotoxum festivum L. Larve in Holzabfällen v. Roser l. c. 1834. 267. Scholtz Ent. Z. Breslau. 1—3. 19. — *bicinctum* L. Die Larve in Compost Haufen. Beling. Arch. f. Naturg. Jahrg. 48. 2. Hft. 231. 1882.

Microdinae.

Microdon: Laboulbène: Ann. Soc. Ent. d. Fr. 6. s. T. II. XCVI— CVI.

Microdon mutabilis L. Schlotthauber. Isis 1840, Elditt Ent. Z. Stett: 1845, 384. T. 1. F. 6—14. Wisman Ent. Z. Stett: 1848. Larve in Ameisennestern oder in der Nähe derselben. — *devius* L. Zetterst. Tonne unter Rinde. Dipt. Scand. 1. 640.

Ceria conopsoides L. Leon Dufour Ann. d. l. Soc. Ent. d. Fr. 1847. II. T. V, p. 20—25. pl. 1. F. 1 -6. — v. Roser l. c. 1834. 267. Westwood Introd. II. 558. Larve im Saftfluss versch. Laubhölzer; Tonne zwischen Furchen der Rinde.

Sectio SCHIZOPHORA.

Tribus EUMYIDAE.

Gruppe *Schizometopa.*

Fam. *Anthomyzinae.*	Fam. *Tachininae.*	Fam. *Phasinae* s. str.
„ *Muscinae.*	„ *Phaninae.*	„ *Oestridae.*
„ *Sarcophaginae.*	„ *Ocypterinae.*	
„ *Dexinae.*	„ *Gymnosominae.*	

Anthomyzinae.

Coenosia fungorum D. G. Larven in Schwämmen. Scholtz Entom. Zeit. Breslau Bd. 1 -3, p. 20 und Bd. 4 p. 32. Westwood. Gardener's Chronicle 1853.

triangula Fll. Bremi Isis v. Oken. Larven zwischen Conferven. Scholtz Ent. Z. Breslau. 1- 3. Bd. p. 23.

cucarum Bouché, Larve in Kuhdünger, ähnlich der von *Musca domestica.* Bouché Naturg. 1. 92. Westwood Introd. II. 571. Nach Haliday ist letztere Art *C. tigrina.*

Lispe. Robineau-Desvoidy. Eierlegen auf *Nymphaea. Myolaires.* — conf. *Ephydrinae.*

tentaculata Bouché Naturg. 1. 95. (? De Geer Mem. VI. 42. 15. Westwood Intr. II. 571) Larve in Pfützen.

Myopina riparia Fall. Haliday Nat. hist. review 1857 p. 195. Taf. XI. F. 24—33. Larve im fliessenden Wasser bei Conferven.

Azelia Macquarti Zetterst. Gereke: Verh. d. V. naturw. Unterhalt: Hamburg. VI. 1880. Larve, der von *Homalomyia* ähnlich. Lebt mit einer unbestimmten *Hylemyia*-Art im giftigen, zum Fliegentödten verwendeten *Agaricus muscarius.*

Homalomyia canicularis L. Larve von faulen thierischen und pflanzlichen Stoffen lebend und von Vogelexcrementen. Bouché Naturg. 1. 89. Taf. VI. F. 3—6. Leonhard Jennyns in Trans of the Ent. Soc. II. 152. pl. XV. Westwood Introd. II. 571 F. 132. Swammerdam Book of nature pl. 38. Zetterst. Dipt. Scand. IV. 1344. De Geer Mém. VI die Larve in Cloaken. Scholtz Ent. Z. Breslau. 1.—3. Bd. p. 23. — Larve in Weidenschwämmen *Polyporus.* Laboulbène: d.e Larve in Trüffeln. Ann. Soc. Ent. Fr. 4. ser. IV. 69 ff. - Wie die folgende im Verdacht auch im Leibe des Menschen vorzukommen. Hagen *Homal.* sp. in der Urethra Proc. Boston Soc. N. H. XX. p. 107.

Anthomyzinae.

Homalomyia scalaris F. Larve in Excrementen. Bouché Naturg. I. 90 Taf. VI F. 7. — Im Leibe des Menschen(?) Mediz. Corr.-Blatt. 1832. — v. Roser. Würtemberg. Corr. Blatt. f. Landwirthsch. 1834. 27. — Westwood Introd. II. 571. Zetterst. Dipt. Scand. IV. 1375. Larve in Eingeweiden. Judd: Amer. Naturlst. X. p. 374.

— *manicata* Mg. Boheman entdeckte die Larve in besetzten Bienenzellen (Zetterst. Dipt. Scand. IV 157. Leon Dufour Ann. d. Sc. naturell. XIII. 1840.

— *armata* Mg. Larve mit *H. scalaris* zusammen lebend. Bouché Naturg. I. 90.

Anthomyia. Holmgren: Bladminirende Fluglarver auf Kulturen in Scandinavien. Tijdskrift f. Entomologie, Spangberg. Bd. I. Hft. 2 p. 88 und 111. *Anthomyza spinaciae* und *Acicia betae* Holmgr. *A. floralis* Ztt. I. 189.

?*pluvialis* L. Laboulbène fand die Larve im Ohr eines Kranken. Bull. Soc. Ent. d. Fr. 5. ser. T. VI p. XXII.

— *histrio* Zetterst. Eierablage in Fichtenstrunk. Dipt. Scand. IV. 1515.

— *ruricolar* Mg. Larve in *Boletus edulis*. Scholtz. Ent. Z. Breslau, Bd. 4, 32.

— *albescens* Zetterst. Die Larve lebt nach Dahlbom bei dem Pemphredoniden *(Hymenopt.) Diodontus pallipes.* Dipt. Scand. IV. 1521 Wahlberg und Boheman Arsber. om zool. framsteg. 1843 oder 1844. Zetterst. Dipt. Scand. VIII. 3290.

— *sepia* Mg. Larven nach Roudani in Getreidehalmen. Memoria V. p. 5, 1843. — Isis. 1845. 719. Stett. Ent. Z. 1847. p. 148. Nuovi Ann. Sc. Nat. Bologna T. 9 p. 151 Taf. 1.

— *solennis* Mg. (=*cunicis* Bouché) Naturg. I. Boié Krøjer Tidskrift III. 1841. — Goureau. Ann. d. l. Soc. Ent. d. Franc. IX. 1851. Rob.-Desvoidy. Revue et Magaz. zool. 1851 (cont. *A. mitis.*).

fulgens Mg. Nach Haliday und Scholz in Pilzen lebend. Westwood Introduct. II. 571. Ent. Z. Breslau 4. Bd. p. 32 *Boletus luteus*).

mitis Mg. Larve in faulen Blätterschwämmen. (Bouché Naturg. I. 78.)

— *nigritarsis* Zetterst. Frauenfeld: Die Larven in Blättern des Bilsenkrautes. Verh. d. k. k. zool. bot. Ges. XIV. Kriechbaumer fand die Larve im Bilsenkraute. Corr. Bltt. Regensburg XXX. 158. *bicolor* W. Larve minirend in den Blättern von *Rumex crispus*, Zetterst. Dipt. Scand.

— *exilis* Mg. Die Larve minirt in verschiedenen *Rumex*-Arten. Ent. Z. v. Breslau, I. 3, 11. Scholtz. *versicolor* Mg. Bremi Isis 1846.

— *hyoscyami* Robin. Desvoidy. Minirt in verschiedenen Pflanzen. Westwood Introd. II. 571. Réaumur Ins. III. 13 — 19. pl. 2 F. 13 — 17. Vallot Mém. de l'acad de Dijon. 1849. — Wahlberg Schrift d. schwedisch. Akad. 1838. Zetterst. Dipt. Sc. V. 1792.

atriplicis (Nach Haliday = *betae* Curtis). Goureau Ann. d. l. Soc. Ent. d. Franc. 1851. Robin. Desvoidy. Revue et Magaz. d. Zool. 1851.

— *lactucae* Bouché. Die Larve zerstört den Samen des Kopfsalates und anderer Lattich-Arten. Bouché Garteninsekten 132. Naturg. I. 77. (= *lactucarum* Kollar.)

— *pratensis* Mg. Von Prof. Haberlandt aus Getreidehalmen erzogen. (In litteris.)

— *antiqua* Mg. *(ceparum).* Die Larve in verschiedenen Laucharten. Bouché. Garteninsekten 129. Scholtz: Ent. Z. Breslau 1.—3. Bd. 18. — De Geer Mém. VI. Taf. 5. F. 2—7. — Westwood. Gardener's Chronicl. und Introd. II. 570. F. 132, 3. Bouché Naturg. I. 73.

— *rapiceps* Mg. Larve in der Erde an Kohlstrünken minirend. Bouché Naturg. I. 74 Taf. 5. 34. Scholtz: Ent. Z. Breslau 1—3, 18.

— *gnava* Mg. Curtis im Journ. of royal. Soc. of Agricult. 1849.

— *platura* Mg. Goureau fand die Larve in *Cepa esculenta*. Ann. d. l. Soc. Ent. d. Fr. II. s. 7. 81.

— *furcata* Bouché. Larven im Zwiebel. *Allium cepa*, Naturg. I. 71. Taf. V. 30 —33.

— *radicum* L. Larven in Menschenkoth. Bouché (Naturg. I. 75). Nach Bjerkander an den Wurzeln von *Brassica* und *Rhaphanus*. Zetterst. Dipt. Scand. IV. 1583.

72　　　　　　*Friedrich Brauer.*

Anthomyzinae.

Anthomyia radicum var. *calopteni* Riley. Report of the Insect. Missouri IX. 92—95. f. 23. Larve in den Eierkapseln des „Rocky mountain Locust."

— *Friesiana* Bouché. Larve in Menschenkoth. Bouché Naturg. I. 87.

- *intersecta* Mg. Larven in Excrementen, Bouché Naturg. I. 78.

— *floralis* Fll. Larve in *Rhaphanus sativus* Bouché. Naturg. I. 77. Weyenbergh: Tijdschrift v. Entomol. 2. S. VIII. 131. pl. VIII. F. 1—12. 1873.

striolata Fll. Larve in Düngerde. Zetterst. Dipt. Scand. VIII. 3292.

- *betae* Scholtz, Minirt in Blättern von *Beta trigyna.* Ent. Z. Breslau 1—3 Bd. p. 11. Curtis Journ. of the royal Soc. of Agricult. VIII. 1848. (Confer. *A. atriplicis* Gour. supra.) Fitch. Entomologist Newman p. 8. Vol. XIV. 1881. — vide Meade I. c. p. 71.

Damianitschi Schiner. Verh. d. k. k. zool.-bot. Ges. XV. 239. Damianitsch die Larve in einen *Agaricus.* — Holzschnitt. *a b c.*

conformis Nördling. Farsky Verh. d. k. k. zool.-bot. Ges. XXIX. p. 107—114. pl. III. F. 8—11.

— Larve in Blättern der Runkelrübe minirend. — Fichtner ebend. XXI. p. 56.

blephariptervides (? diese Familie conf. *Sapromyzinae*) lebt als Larve in Trüffeln (Ann. d. l. Soc. Ent. d. Fr. ser. III. T. 1. 384 Conf. Ann. d. Sc. naturell. 2. ser. 1839. T. 12 p. 42. Taf. 3. (*Sapromyza*).

— *buletina* v. Roser. Die Larven in *Boletus edulis.* Württemb. Corr. Blatt 1840. I. 59.

— *lychnidis* Kaltenbach. Larven im Wurzelstocke von *Lychnis dioica.* Verh. d. naturhist. Verein d. preuss. Rheinlande XIX. 101.

geniculata Bouché. Die Larven in *Polyporus*-Arten, Naturg. I. 81.

melania Leon Dufour. Larve in faulen Pilzen. Ann. d. Sc. naturell 1838.

-- *trimacula* Bremi in Kohlwurzeln (? beschrieben).

polygoni Kltb. Larven miniren in den Blättern von *Polygonum dumetorum* Kaltenbach. Verh. d. Ver. f. Naturhist. d. preuss. Rheinlande. XXI. 317.

pini Hartig. Die Larve lebt in *Bombyx pini* (?) II. Jahresb. f. Forstkunde.

-- (*Pegomyia*) *inanis* Fll. Nach Boheman und Henslow in Wespennestern. Schiner. Fauna austriaca I. 634. Petites Nouvelles Entomolog. VI. Nr. 92. 1874. p. 367. Ann. d. l. Soc. Ent. Néerland. (Tijdschrift 2. sér. T. IV. 1869. p. 185. pl. 7. f. 3,4. *Ritsema*. Vergl. Künckel bei *Volucella.*

— *melania* Leon Dufour (Gattung? *Homalomyia*). Leon Dufour. Ann. d. Soc. naturell. 2. S. T. XI und XII 1838—39. p. 35. Pl. II. F. 46 und 49.

- *muscaria* F. Larve in Weidenkätzchen. Perris; Ann. d. l. Soc. Ent. d. Fr. 5. ser. VI. 189.

spreta Meig. Giraud fand die Larve auf einem Pilz (*Sphaeria typhina* Dc.) auf Gräsern. Ann. d. l. Soc. Ent. d. Fr. 5. s. T. II. 502.

— *Haberlandti* Schin. Künstler Verh. d. k. k. zool.-bot. Ges. Beiheft. 1871. p. 38. Ebenda auch *A. brassicae* Bouché.

Hylemyia grisea Fll. Die Larven leben parasitisch bei Bienen Larven (*Bombus terrestris*). Förhandl. scand. naturforsk. tredje möte. Stockholm. 13—14. Jahrg. 1842. Stockholm. 1843. p. 229—35. Réaumur Mém. T. IV. p. 189. pl. 13. 1, 2, 3, 4. Ce ver se tient dans ces nids de bourdons, qui sont couvert de mousse.

conirostris Fll. Réaumur Mém. T. III. 16. Vallot. Mém. de l'acad. de Dijon 1849. 81. Von Taschenberg gezogen.

fuscula Fall. Nach Staeger in *Bombus*-Nestern. Zetterst. Dipt. Scand. VIII. 3311.

strigosa F. Larven in Dünger und Pilzen. Bouché Naturg. I. 71. Scholtz: Ent. Z. Breslau 4. Bd. 32.

quereeti Bouché. Larven in Eichenmoder. Naturg. I. 82.

— *caesia* Meq. Perris; Ann. d. l. Soc. Ent. d. Fr. 4. s. X. 336. Larve unter der Rinde der Fichten in den Excrementen von *Tomicus stenographus.*

Ophyra leucostoma W. Larve in faulen Vegetabilien. Bouché. Naturg. I. 87. Zetterst. Dipt. Scand. IV. 1437.

Anthomyeinae, Muscinae.

Hydrotaea dentipes F. Larven in Dünger und faulen Vegetabilien. Bouché Nat. 1. 84. Bremi Isis 1846.
  Zetterst. Dipt. Scand. IV. 1427.
— *armipes* Fll. Von Bremi und Bouché im Kuhdünger gefunden. Naturg. 1. 86.
— *meteorica* L. Sparman in den Schriften der Schwedischen Akademie. — 1778.
Lasiops turpis Zetterst. Zetterstedt und Perris fanden die Puppe unter Rinde von *Pinus*-Arten. Dipt.
  Scand. IV. 1491; Scholtz Ent. Z. Breslau 4. 32.
Spilogaster comituratinnis Robineau-Desvoidy. Ann. d. l. Soc. Ent. d. Fr. s. II. Bd. 7. XVII.
— *longicornis* Bouché. Die Larve in Kuhdünger. Naturg. 1. 85.
— *abdominalis* Bouché. Larve in Excrementen l. c. 83.
— *ulmicola* Laboulbène. Ann. d. l. Soc. Ent. d. Fr. 5. sér. Bd. 3. Taf. 8.
Aricia larduria F. Larve in Excrementen. — Rob. Desv. Myodair 402. (*Macrosoma.*)
— *laeta* Fll. Larve im Birkensaft. Bouché Naturg. 1. 78. Taf. V. 35. Scholtz Ent. Z. v. Breslau
  1—3. 18.
— *denominata* Zetterst. (*testacea* L. Duf.). Larve in faulen Pilzen. Ann. d. Sc. naturell. 1838 und
  XII. 1839.
— *floralis* Zetterst. (?) Holmgren Ent. Tidskrift 1. p. 189 u. 214. 1880.

Zweifelhafte Gattung:

Batrachomyia Gerard Krefft. Trans. of th. Ent. S. of New Southwales P. I. p. 100. Unter der Haut
  von *Uperolaia marmorata* und *Cystignathus sidneyensis*. Verh. d. k. k. zool.-bot. Ges. 1864. p. 894.
  (Brauer.)

Muscinae.

Cyrtoneura hortorum W. Larve in Kuhdünger. Scholtz Ent. Z. Breslau 1—3. 10; Bremi Isis. 1846; Bouché
  Naturg. 1. 70. Taf. V, Westwood Introd. II. 570.
— *pascuorum* Mg. Larve in *Agaricus citrinus*. Bremi Isis. 1846.
— *stabulans* Fll. Larven in faulen Vegetabilien und Pilzen. Zettst. Dipt.Scand. IV. 1345. Bremi l. c.
  (Hartig, Jahrb. II. f. Forstk. in Lepidopteren und *Lophyrus*). Leon Dufour fand sie in *Agaricus
  aurantiacus, Boletus edulis*. Ann. d. l. Soc. Ent d. Fr. 1840 p. 10; Zetterst. Dipt. Scand. VIII 3275.
  Bouché l. c. 68; Boie; Krøjer Tidskr. 1838. Scholtz l. c. 1. 6. Schilling Verh. d. schlesisch. G. f.
  vaterländ. Cultur 1829. 54. Laboulbène (in Trüffeln) Ann. d. la Soc. Ent. d. Fr. 4. ser. 4. Bd.
  69. p. 84. Gercke zog die Art aus einem nichtgiftigen Hutpilz. Verh. d. V. f. naturw. Unterh. Hamburg
  Bd. VI. 1880. Siehe auch Meade; Entomologist Vol. XV. 1882 p. 140. Die Larve ein Feind (?) des „Cot-
  ton worm". *Aletia argillacea* Hübner Nordamerika, siehe auch: v. d. Wulp Tijdschr. v. Ent. XII. 184
— *pabulorum* Fll. Von Ratzeburg aus Larven, die in (? todten) *Bombyx pini* und *monacha* lebten,
  gezogen. — Zetterst. Dipt. Scand. VIII. 3275.
— *caesia* Mg. Bouché Naturg. 1. 68. Gercke zog sie l. c. aus *Boletus edulis*. Bd. VI. 1880.
? *Laelia bufonivora* Moniez (? = *splendida* Zetterst., *sylvarum* Rond. nach Portschinski). II. Soc. Ent.
  Rss. XV. p. IV.) Gerard Bull. d. l. Soc. Ent. d. Fr. 1876. p. CCII. Ann. d. l. Soc. Ent. d. Fr. Bull.
  1877. p. XXVII. — Verh. d. k. k. zool.-bot. Ges. 1865 p. 241 Boië. — Zu unterscheiden von *Batrachomyia* (conf. *Anthomyeinae* und *Sarcophagidae*. — Taton Bull. S. E. Fr. XCIII in *Pelobates cultripes*
  bei Bordeaux. Laboulbène Ann. d. l. Soc. Ent. d. Fr. 4. s. III. p. 14. 1862.
— *caesar* L. Larve auf Fleisch. Westwood Introd. II. 569. De Geer Mém. IV. Bouché Naturg. 1.
— *rufipes* Mg. Bouché Naturg. 1. 65.
— *sericata* Mg. Larve in todten Vögeln. Bremi l. c. Zettst. Dipt. Scand. VIII. 3270. Scholtz. Ent. Z.
  Breslau 1—3. Bd. p. 9.

Muscinae.

Lucilia hominivorax Coquerel Ann. d. l. Soc. Ent. d. Fr. 3. s. 6. Bd. p. 173. Larve in der Stirnhöhle des Menschen. Cayenne. (= *Compsomyia macellaria* Fbr.)

Musca domestica L. De Geer Mém. VI. pl. 4. f. 1—10. Bouché Naturg. I. 65. Taf. V 20—24. Westwood Introd. II. 570. Gleichen g. Russwurm Keller) Geschichte der Stubenfliege. Nürnberg 1764. 1796. Packard A. S. jr. Transform. on the common House fly. Proceed. of the Boston Soc. of Nat. History. Vol. XVI. 1874. p. 137. Taf. 3. (In Amerika früher *M. Harpyia* Harris genannt.) Larve hauptsächlich in Pferdedünger und Excrementen. Krancher: Bau der Stigmen. Diss. inaug. Leipzig. 1881. p. 533. Zeitschr. f. wiss. Zool. XXXV.

— *corvina* F. Bouché Naturg. I. 69.

— *phasiaeformis* Meig. Bouché Naturg. I. 86.

Ochromyia anthropophaga Blanchard. Guérin. Meneville Revue et Magaz. d. Zool. (2) XXIII. p. 491. „Ver de Cayor". Unter der Haut eines Menschen am Senegal. - Béranger Férand: Recueil de Mém. de medecine etc. militaires. T. 28. 1872. 622. Conf. Idia.

Calliphora vomitoria L. — Rösel v. Rosenh. Ins. Belust. II. T. 9, 10. Réaumur Mém. IV pl. 12 F. 1—9. Newport Artiel. Insect. in d. Cyclop. of anat. 24. Westwood. Introd II. 570. F. 132. 1--2. Ent. Z. Breslau (Scholtz) I. Bd. 6. - Zetterst. Dipt. Scand. VIII. 3271. Bouché Naturg. I. 63. Weismann Embryologie und Nachembryonalentwicklung. Siebold: Zeitsch. f. wiss. Zoologie 1864. T XIII. Lenckart: Die Larvenzustände der Musciden. Archiv f. Naturgesch. v. Troschel 1864. p. 60. Packard: Proceed. of the Boston Soc. of N. II. Vol. XVI. 1874 Taf. III F. 6. Stigmen. Larve in Fleisch von todten Thieren. Krancher: Bau der Stigmen. Inaug. Diss. Leipzig 1881. p. 531.

erythrocephala Mg. Bouché: Naturg. I. 65. Mehrere der bei der vorigen Art angeführten Citate dürften sich zum Theile auch auf diese beziehen, da beide sehr nahe stehen und oft verwechselt werden. Larve auf gleiche Weise lebend.

-- *azurea* (*Lucilia dispar*) Fll. Die Larven fand Leon Dufour unter der Haut einer jungen Nestschwalbe Ann. d. l. Soc. Ent. d. Fr. 2. ser. T. 3. 205--214 Taf. 8. 1. Ich zog sie aus Larven die unter der Haut eines jungen Sperlings lebten.

chrysorhoea Mg. Ich zog die Fliege aus Puppen, welche sich in dem Neste einer Uferschwalbe fanden, während die jungen Vögel schon fast flugreif waren.

— *anthropophaga* Lesbini. Weyenbergh et Conil. „Myiasis." Act. Acad. Nat. Buenos Aires. T. III. Entr. 2. 41—98. Arch. d. Zool. experimental. T. 9. 289 (Conil) Ann. d. Scien. naturell. 6. ser. T. X. Nr. 4. = *Compsomyia* (Bond. 1875) *macellaria* F. conf. *Lucilia hominivorax* Coq. (*Lucilia* O. S., *Callitroga* Schin. *Musca* olim.) E. Lynch. Arribálzaga: Anales de la Sociedad cientifica argentina. Tome X p. 70—84.

(? *Musca*) *incurvata* Bouché Naturg. I. p. 68. Die Larve in Menschenkoth Nach der Beschreibung gehört diese Art in die Gattung *Myospila* oder *Cyrtoneura* (Gruppe *Caesia*).

- *parasita* Hartig. II. Jahresb. f. Forstkunde. Larve in *Bombyx pini*. Nicht gedeutet.

Geophomgia maculata Scop. Larve nach Meigen in Pferdemist lebend. Scholtz: Entom. Zeit. Breslau. 1.—3. Bd. 10.

Mesembrina meridiana L. Larve in Kuhdünger. De Geer Mém. VI.

— *mystacea* L. Larve von Heeger im Kuhdünger gefunden. Nicht beschrieben. Die Tonne im Wiener kais. Museum.

Idia Bigoti Coquerel. Larve in furunkelartigen Geschwüren der Neger am Senegal. Ann. d. l. Soc. Entom. de France 4. Ser. T. 2. p. 96 Note. Taf. Confer *Ochromyia*.

Rhynchomyia columbina Mg. Leon Dufour Ann. d. l. Soc. Entom. d. France 2 ser. T. 4. 327 pl. IX. No. II. 1 6. — Larve im Moder von *Pinus maritima*. Perris Ann. d. l. Soc. Entom. de France X. 1870. 340.

Muscinae. Sarcophaginae.

Stomoxys calcitrans L. Larven in Pferdedünger sehr häufig. Bouché Naturg. I. 53 Fig. Westwood Introd. II. 569. Scholtz Ent. Z. Breslau I 1—3. Bd. 10. Packard: Proceed. of the Boston Soc. of N. Hist. Vol. XVI. 1874. p. 135 Taf. III. F. 10, 12.

Sarcophaginae.

Cynomyia mortuorum L. Larve in Cadavern von Schnecken und Wirbelthieren. Robineau Desvoidy. *Myodaires.* — Zetterst. Dipt. Scand. IV. 1304. Portschinsky. Hor. Soc. Ent. Ross. VIII. Bull. XXII. Larve in Cadavern aller Wirbelthiere.

Sarcophaga Meig. Die Fliegen sind larvipar und deren Larven leben in lebenden und todten Thieren zuweilen parasitisch, von Fleisch, aber auch nach Zetterstedt in Pilzen. Nach Bouché lebt die Larve nie im Fleische, sondern in faulen Vegetabilien und Menschenkoth. — Thatsache ist, dass Sarcophagen ihre Maden auf Excremente setzen, ebenso aber kann man die Larven vieler Arten mit rohem Fleische leicht anfziehen. Sie sind also polyphag und manche Arten leben mit Vorliebe in lebenden Thieren und Menschen. — Die Fälle von *Myiasis* beziehen sich z. Th. auf diese Gattung und die damit verwandte *Sarcophila* (Europa) und auch *Calliphora* (Amerika). Siebold. Froriep Notiz. No. 66 p.337. Megnin und Girard. Bull. Soc. Ent. Fr. 5 s. VIII. p. III — V u XIII—XIV Jakobs: Compt. rend. d. Soc. Ent. Belgique 1882 u. Cl.

Auf Sarcophaginen beziehen sich wahrscheinlich die Angaben über Larven, welche im Magen von Fröschen gefunden werden und diese tödten. Sie gelangen durch das ovivipare Weibchen dahin, wenn selbes von einem Batrachier verschluckt wird. Bull. d. l. Soc. Zool. d. France 1877. Taton. Vide *Lucilia.* Hagen: Sarcophaga-Larve im Nacken eines Mädchens. Proc. of the Boston Soc. of Nat. Hist. Vol. 20. p. 409.

— *carnaria* L. Hartig fand die Larve in todten *Oryctes nasicornis.* Wesmaël in todten *Melolontha fullo.* Scholtz Ent. Z. Breslau. I. c. Tiedemann fand die Larve in der Nase des Menschen. Zetterst. Dipt. Scand. VIII. 3266.

De Geer Mém. VI. 31. s. Taf. III. F. 5—18. Réaumur Mém. IV. 29. F. 2 -8. Bouché Naturg. I. 60. Wesmaël: Bullt. d. l'academ. d. Sc. de Bruxelles 1837. 8. ser. 349. Packard. Proc. Boston S. N. H. V. XVI. p. 335, T. III. Fig. 7. 1874.

— *albiceps* Mg. — Gezogen aus Puppen von *Bombyx pini* u. *monacha* (?), aus todten *Oryctes* (Ratzeburg forstins.) Hartig II. Jahrb. f. Forstkunde.

— *vittata* Hartig l. c.

— *haemorrhoidalis* Mg. Bouché Naturg. I. 63. — Rob.-Desvoidy. Ann. d. l. Soc. Ent. France VII. 1849. Larve im Geschwür eines Menschen.

— *quadrata* Bouché Nat. I. 62 in faulen Zwiebeln von *Gladiolus.* — Wesmaël Scholtz l. c.

— *intricaria* in *Helix pomatia.* Reudiconti Soc. Ent. Ital. 1878. 24. Nov. (Camerano.)

Blaesoxipha grylloctena Lw. Larve parasitisch im Leibe von *Pezotettix alpinus* u.a. Akridiern. — Wiener Entom. Monatschrift von Lederer Löw. V. Bd. 1861 p. 384.

Sarcophila Rond. Die Dipteren-Maden, welche man im Ohre, in der Nase und an anderen Orten am lebenden Menschen gefunden hat, gehören fast ausschliesslich in diese Gattung und sehr selten zu *Sarcophaga.*

— *latifrons* Fll. Bouché. Larve in Ohrgeschwüren des Menschen. Scholtz. Ent. Z. v. Breslau 4.

— *Wohlfahrti* Portschinski. Hor. Soc. Ent. Rossiene. XI. 123—160 pl. III—V. Parasitirt an Menschen und Thieren in Gouvern. Mohilew. — Die Art ist wahrscheinlich = *magnifica* Schiner. — Wohlfahrt: De vermibus per nares exeretis. Nova acta phys. med. Acad. Caes. Leopold. Cur. I. IV. 1770 p. 277. T. IX F. 4. — Siehe auch Bericht in Troschel's Archiv 1876 p. 384. Gerstäcker: Sitzb d. Ges. der naturf. Freunde. Berlin 1875 p. 53 u. 108 *Sarcophila* in der Nase eines Menschen.

S. ruralis Mg. Méguin. Hor. S. Ent. Ross. XV. p. V.

76   *Friedrich Brauer.*

Sarcophaginae, Dexinae, Tachininae.

Thoria muscaria Mg. Perris, Mém. d. l. soc. d'agric. d. se. et d. Arts de Lille 1853.

Ich fand die Tonnenpuppen stets in Schneckengehäusen. Sie sind oval mit Dornengürteln und mit abgestutztem Hinterende, indem die Hinterstigmenplatten an der Hinterseite der sattelartig aufgeschlagenen Stigmenspalte frei liegen, wie bei den Tonnen der Oestridengattung *Cephenomyia*. Die Larve lebt offenbar von todten Schnecken. — Die Puppe überwintert.

Dexinae.

Dexia (Myocera R. D.) *ferina* Fall. Ich fand die Larve in mittelgrossen Lamellicornier-Larven in Holzstöcken (*? Dorcus*). Sie geht zur Verpuppung aus der Larve heraus.

Thelaira leucozona Pz. lebt in *Chelonia rubricipes*. Zetterst. Dipt. Scand. VIII. 3263. — Ent. Z. Breslau. Scholtz. 4. 31. Macquart. Ann. d. l. Soc. Entom. de Franc. 2. s. 7. 355.

Melanophora helicivora Gourean. Larve in *Helis conspurcata*. Ann. d. l. Soc. Entom. de France 2 ser. T. I. 1843 p 77 Taf. II. No. III. 1. 2. (Fliege.)

— *ruralis* v. d. Wulp: Tijdsch. v. Ent. XII 184. 1869. In *Asopia farinalis* L.

Morinia melanoptera Fll. Larven von Baumhauer in Weidenmoder gefunden. ? Aus Käferlarven.

Tachininae.

Tachininae: Robineau Desvoidy. Myodaires-Entomobies: Ann. d. l. Soc. Entom. de France 2. s. VIII. 1850 p. 157; Revue et Magaz. zool. 1851. — Ratzeburg Forstinsekten III. Bd. — Hartig Jahresb. f. Forstkunde II. 1838. — Lambert: A.S. Ent. Fr. 2. s. IX. 1851. Bull. p. XXII. Gimmerthal. Bull. de Moscou. I. 1829. 4. u. 5. Lacaze Duthiers. Ann. de se. naturell. XIX. 1853. Verloren in Brand: Tijdkr. voor Naturk. Vetensk. 1848. Gourean Ann. d. l. Soc. Entom. de France 1843. — Westwood Intr. II. 568. Robineau-Desvoidy Oeuvre posthume Hist. naturelle des Diptères Paris 1863. Zetterst. Dipt. Scand. Bd. III. Macquart Ann. d. l. Soc. Entom. de France 2. s. 7. 355. Ratzeburg: Die Waldverderbniss 1868. Bd. II. — v. Siebold Arch. f. Naturg. Wiegman 1838. I. p. 191 *Tachinariae viviparae.* — Réaumur Mém. II. pl. 36. — Schiner Fauna Austr. II. Diptera. p. 481. — Apetz Entom. Z. von Stett. 1849. p. 61. Ueber das Einwandern der Larven in Raupen. — Hagen Parasiten von *Attacus.* Bull. of the Buffalo S. Nat. Hist. Vol. II. N. 4. 201. Osten-Sacken: Psyche II. p. 23. Tachininen-Larven am Leibe von *Diapheromera femorata* und *Bacillus Rossii.* — Am. Natbl. IX. 519. Auf *Coreus.* Rondani Bullt. Soc. Entom. Ital. X. 3. trim. p. 91 Verzeichniss der parasitisch. Dipteren. Walker: Verzeichniss d. Tach. u. ihrer Wirthe Cistulae Entomol. 1874 p. 279.

Rhinophora: Nach Zetterstedt (Dipt. Scand. III. 1232) leben die Larven zum Theil in Käfern, zum Theil in Hautflüglern.

— *atramentaria* Mg. v. Roser fand die Larven in *Oniscus asellus*. Wurttemb. Corr. Bltt. 1840. 57.

Macquartia nitida Ztt. }

  — *praefica* Mg.   Verwandlung in *Chrysomela*, Rupertsberger. Verh. d. k. k. zool.-bot. Ges. XX. 842.

  — *trimaculata* Mg. }

Degeeria selecta Mg. Hartig zog die Art aus *Geometra piniariae.*

— *seria* Meig. Larve in der Made der *Ctenophora ruficornis* n. *pectinicornis*. Weyenbergh Tijdsch. v. Entomol. 2. ser. T. VII. p. LVIII. 1872.

Thryptocera bicolor lebt in *Bombyx quercus*. Entomologist Vol. XV. p. 140. 1882. Meade.

— *stipennis* Fll. Bohemann zog die Fliege aus dem Leibe von *Forficula auricularia* (Öfr. of K. vetensk. Akad. förh. 7. 1850. 211) Froriep's Tagsber. 1852. 436. 213. u. 443. u. 244.) Fischer *Orthoptera* Europ. 45). Löw fand hinter den Tonnen von *Agromyza lappae* in *Arctium lappa* die Puppen von *Thrypt. stipennis.* Ent. Z. Stett. 1850. 379. = *Biganichaeta Marietti* Rond. Wahrscheinlich lebten vorher in dem Marke auch *Forficula*-Arten. — (Conf. *Metopia forficulae*).

— *crassicornis* nach Ratzeburg l. c. in *Tortrix resinana*. Scholtz. l. c.

Tachininae.

Thryptocera pilipennis Fll. parasitirt in *Tortrix Buoliana* u. *resinana*. Ratzeburg l. c.; Scholtz l. c. Bouché fand sie in *Tinea evonymella*.

— *spinipennis* Mg. Bouché Natg. 1. 59. in *N. piniperda* u. in *Bombyx quercus*. Scholtz l. c.

— *exoleta* Meig. Parasitisch auf *Polia flavicincta (Lepidopt.)* Rondani Bull. Soc. Ent. Ital. IV. 210 ff.

Myobia sp. St. Fargeau beobachtete eine Art, die aus dem Leibe eines Curculioniden kam. Westwood Introd. II. 568.

Miltogramma conica Fll. Lebt nach v. Siebold im Neste von *Oxybelus uniglumis* parasitisch. Die Fliege ist larvipar und verfolgt die Grabwespe, wenn sie mit ihrer Beute zum Neste fliegt, um ihre Brut auf der Beute anzubringen und lauert ihr im Sande auf. Observationes quaedam Entomologicae pars posterior de *Miltogr.* Erlangae 1841. - p. 15 ff. Vergl. Fabre Souvenir d'Entomolog. I.

— *punctata* lebt bei *Ammophila hirsuta* Sep. Siebold. l. c. p. 20. Nach Curtis British Entomol. 529. bei *Colletes fodiens*.

oestracea Fll. verfolgt die *Megachile retusa*. Scholtz Ent. Z. Breslau 4. 27. Zett. Dipt. Scand. 3254.

Macronychia ananula Ztt. Giraud fand die Larve parasitirend in *Cemonus,* der in den Stengeln von *Phragmites communis* lebt. Verh. d. k. k. zool. bot. Ges. XIII. 1251 ff.

Metopia. Nach Robineau-Desvoidy u. Lepelletier de St. Fargeau leben die Larven in den Nestern von Grabwespen. Ann. d. l. Soc. Ent. d. Fr. ser. II. T. 8. 437.

— *tincta* Mg. soll nach Staeger (in litt.) in *Tinea cognatella* schmarotzen? Zett. Dipt. Scand. VIII. 3228.

— *forficulae* Newport. Larven parasitisch in *Forficula*. Proceed. of the Linn. Soc. 1853. p. 247. - (Conf. *Thryptocera setipennis* Fll. Boheman).

Frontina (Fabricia) pacta Mg. Die Larven leben in *Carabus violaceus, clathratus* und *cancellatus*. Boié in Kroj. Tidskr. 1838. — Winthem fand sie in *Carabus gemmatus* u. *viol.* Scholtz. l. c. l. 5. — Isis. 1831. 7.

Phorocera: Siehe Robineau-Desvoidy. Ann. d. l. Soc. Ent. d. Fr. 2 s. VIII. 420. Mehrere nicht ernährbare Arten aus Lepidopteren.

— *assimilis.* Zetterst. Dipt. Scand. III. 1124. — In *Bombyx carpini*. Macquart Ann. d. l. Soc. Ent. Fr. 2. s. T. 8. 420.

— *concinnata* Mg. In *Sphinx pinastri, Bomb. chrysorrhoea* u. *Salicis*. Bouché l.c.1.27. Tat.4 F.19. Scholtz l. c.; Ratzeb. Ent. Z. VIII. 1849.

— *lata* Ztt. In *Lophyrus pini*. Ann. d. l. Soc. Ent. d. Fr. II. s. T. 7. 355.

Ugimyia sericaria Rondani. Bull. S. Ent. Ital. II. 137. u. 217 Taf. III. F. 1. -22. 1870. *(Cornalia.)* Trans. Ent. Soc. London Proc. XI. XXII. 1870. Larve im Japanesischen Seidenspinner. — (1 Stück im kais. zool. Museum). Guerin: *Phorocera (?) Udyi* ol. *Tachina*. Compt. rendus. Paris T. LXX. p. 844.

Masicera flavoscutellata Ztt. In *Lophyrus pini*-Puppen. Ann. d. l. Soc. Ent. d. Fr. 2. s. 7. 355. Zetterst. Dipt. Scand. III. 1107.

— *pratensis* Meig. Lebt in *Gastropacha potatoria, Smerinthus populi* u. *Saturnia pyri*. — Mehrfach gezogen. Schiner F. A. I. 483.

— *sylvatica* Fll. Lebt in *Saturnia spini* u. *pyri*. — Schiner F. A. I. 485.

Lydella doryphorae Riley Americ. Entomologist Vol. III. (2 ser. Vol. 1) 1880. p. 190.

Blepharipeza adusta Löw. Gezogen aus *Spilosoma acrea*. Canadian Entomolgst. VII. p. 72.

Tachina Mg. s. str. Ausser den unter *Tachininae* angeführten Citaten gehören hieher die Angaben von Ratzeburg, Forstins. III., Waldverderbniss. Scholtz, Ent. Z. Breslau I. 5. u. 6.; Bouché Naturg. I. Robineau-Desvoidy l. c. — Die hier enthaltenen gezogenen Fliegen bedürfen jedoch, wie die der ganzen Familie einer gründlichen Revision und viele neubenannte Arten werden zu streichen sein, besonders jene, welche wegen eines anderen Wohnthieres für neue Arten gehalten wurden. Es erscheint hier nutzlos, nicht gedeutete und unvollständig beschriebene Arten mit ihren Wohnthieren aufzuzählen, da damit die Larvenkenntniss nicht erweitert wird.

Tachininae.

Tachina larvarum L. Larve in verschiedenen Schmetterlingsraupen. *Aretia caja, Bombyx salicis, quercus, neustria, Papilio polychloros* u. a. Ann. d. l. Soc. Ent. d. Fr. II. s. 7. 355. Zetterst. Macquart. — — *T. rillica* Laboulbène Ann. d. l. Soc. Ent. d. Fr. 4. ser. 1. Taf. 7. F. 1—3 1861. Larve etc. genau abgebildet. *nitidula* Meig. Die Larve lebt in den Larven von *Saperda populnea* in Aspentrieben. Smith: Trans. of the Entomol. Soc. London 2. ser. 2. vol. p. 82. Larve nicht beschrieben.

Meigenia bisignata. Parasit von *Lina tremulae.* Bull. Soc. de Sc. Natur. de Vaud. XVII. 84. 1. Sept. 1880 (Bugnion Dr. E.) Mem d. l. Soc. d. phys. et d'hist. naturell. (Arch. Science. et phys. Nat.) de Genève (3.) T. 6. Juli. 95—96.

   — *bombivora* v. d Wulp. Tijdsch. v. Ent. 1869 p. 187 pl. 4. F. 3—5, ebenda T. XIII. 1870. pl. 8. Ann. Soc. Ent. neerland. 2. ser. T. IV. p. 142 u. 187. Petit Nouvell. 1874 367. — Nach Portschinski Hor. Soc. Ent. Ross. T. XVII 1882 p. 3- 12 = *Brachycoma devia* Fall. Mg. — *(Tachina.)* — Die Originale von Meigen in der Coll. Winth. stimmen nicht mit der Abbildung v. d. Wulp's. *M. bombivora* hat das Gesicht einer *Macronychia.*

Exorista affinis Fll. Lebt in *Aretia caja.* Scholtz l. c. 6. 7. Meigen.

   glauca Mg. Lebt in *Orgya pudibunda* Lucas: Ann. d. l. Soc. Ent. d. Fr. ser. II. T. 7. Bull. XLIX.

   gnava Mg. In *Bombyx neustria.* Macq. Ann. d. l. Soc. Ent. d. Fr. II. 7. 363.

   — *vulgaris* Fll. v. Roser fand die Larve im Abdomen von *Procrustes coriarius.* Württemb. Corr. Blatt. 1840. 57. — Macquart zog sie aus *Plusia gamma.* Ann. d. l. Soc. Ent. d. Fr. II. 7. 363.

   — *lucorum* Mg. Lebt in *Bombyx salicis* und *dispar.* Hartig u. Ratzeburg l. c. Scholtz l. c. 5. Bd Macquart führt *Chelonia rillica* a. l. c. 2. s. 7. 363.

   libatrix Pz. Aus *Abrostola asclepiadis* Macquart. l. c. 363.

   — *gibbicornis* Meq. aus *Gastropacha potatoria* Bremi in Macquart l. c. 363.

   straminifrons Zetterst. — Puppe am Meeresstrande in ausgeworfenen Tangen. Dipt. Scand. III 1144.

   inclinata Meq. Aus *Vanessa polychloros* Macquart l. c. II. 7. 363.

   bombycivora Rob Desv. aus Lepidopteren-Puppen. Macquart l. c. 363.

   grandis Zetterst. In *Aretia caja, Bombyx pavonella* und *Saturnia pavonia.* Ann. d. l. Soc. Ent. II. 7. 355. Zetterst. Dipt. Scand. III. 1089.

   — *pavoniae* Zetterst. in *Saturnia pavonia* Dipt. Scand. III. 1092.

   acronyctarum Macquart. l. c. II. 7. 363.

   hortulana Mg. Larve in *Acronycta alni* lebend. Meade Ent. month. mag. p. 44. 1879. V. XVI. n. p. 95.

Belvosia (Tachina) bifasciata F. *(auricincta praeis.* p. 140) parasitisch auf *Anisota Lepidopt.)* Riley, Report Ins. Missour. V. p. 140 f. 68.

Nemoraea glabrata Mg. Lebt in *Noctua piniperda* Ratzeburg. Scholtz. l. c.

   — *quadripunstulata* F. In *Saturnia spini* u. a. Lepidopt. Zetterst. Dipt. Scand. III. 1105. Bouché (Larve u. Puppe) Naturg. l. 60. Macq. l. c. II 7. 355.

   puparum F. Ratzeburg zog sie aus *Noctua piniperda.* Scholtz l. c. 6.

   — *rudis* Fall. Lebt wie die vorige Art. Boië. Ent. Z. Stett. Jhrg. 9. Nr. 11. 338; 339.

   — *acridiorum* Weijenbergh, Conil. Periodico Zool. Argentino (Organ der Soc. Entom.) III. 215 pl. III. C. 16 - 22. Buenos-Aires (v. Record 1870).

Trixa Mg. Robineau-Desvoidy beobachtete, dass *Trixa*-Arten larvipar sind und die Larven auf Menschenkoth absetzen. Ebendasselbe beobachtete ich bei *Trixa alpina* Mg. Es scheint aber, dass die jungen Larven in den Excrementen andere coprophage Larven aufsuchen.

   oestroidea R. D. fand ich madengebärend unter Gras versteckt.

Gonia. Nach Zetterstedt leben die Larven in Apiden-Larven.

   — *fasciata* Mg. Zetterst. Dipt. Scand. VIII. 3252. Walker Dipt. Brit. II. 13. — Nach Zetterstedt werden die Eier auf die Larven von *Megilla retusa* gelegt. (Obs. Wahlberg.)

Tachininae, Phaniinae, Ocypterinae, Gymnosominae, Phasinae, Oestridae.

Gonia capitata. D. G. Hartig II. Jhrb. f. Forstkunde 1838.

Pachystylum Brauii Macq. Larve in *Lyda eufea* L. (*pratensis* F.) Wacht1: Arbeit aus d. Laboratorium d. forstl. Versuchsleitung Wien. Ent. biolog. Studien I. Ser. 1878.

Peteina erinacea F. Von Dahlbom aus der Puppe einer *Tephritis* aus Rosenfrüchten gezogen. Nach Schiner wahrscheinlich in *Acidia alternata* lebend. — Scholtz Ent. Z. Breslau 4. 26. Zetterst. Dipt. Scand. III. 107.

Erebia tenula Scop. Die Fliege ist larvipar. Ann. Soc. Ent. Belgique 1878. Se. 6. Juli. CXXXII.

Gymnochaeta viridis Fll. Larve parasitisch in *Noctua airae*. Boié in Krojers Tidskrft. 1838.

Echinomyia Dum. Apetz Ent. Zeit. Stettin 1849. 2. 61. — Fliegen ovivivipar. *Ech. grossa.*

— *grossa* L. Krause (Verh. d. Ges. f. vaterl. Cultur 1832) zog sie aus *Bombyx Trifolii*. Apetz siehe d. Gttg. De Geer Mém. VI. Taf. 1 f. 6. Tonne.

— *fera* L. In Raupen von *Bombyx monacha, Noctua piniperda* und *Bombyx quadra*. Ratzeburg, Scholtz, Hartig l. l. c. c.

Phaniinae.

Uromyia curvicauda Fll. Zetterstedt l. c. führt als Wohnthier *Harpalus anticus* und *ruficornis* an (siehe auch Mequ. Ann. d. l. Soc. Ent. d. Fr. II s. 7. 355).

Phania. Die Larven in Coleopteren leben?. Zetterst. Dipt. Scand. III. 1216.

Ocypterinae.

Ocyptera cassidae Leon Dufour. Die Larve im Abdomen von *Cassida viridis*. Ann. d. Sc. naturell. VIII. 1826. 5.

bicolor Oliv. Die Larven von Leon Dufour im Abdomen von *Pentatoma grisea* gefunden. Ann. d. Sc. naturell. X. p. 248. pl. 10. 1827. Westwood Introd. II. 567. f. 131. 16—19.

Gymnosominae.

Gymnosoma rotundata. L. v. Heyden beobachtete die Larven im Abdomen von *Pentatomen*. Amtsblatt der Naturforsch. Versamm1. in Mainz. 1842. Scholtz Ent. Zeit. Breslau. 1—3 Bd. 5. Künkel d'Herk. Ann. d. l. Soc. Ent. d. Fr. T. IX. 5. sér. 1879. p. 349 pl. 10. Fig. 1—6.

Phasinae.

Phasia crassipennis F. Leon Dufour fand die Larven im Hinterleibe von *Pentatoma punctipennis*. (*Rhaphigaster griseus* III.) Ann. d. l. Soc. Ent. d. Fr. II sér. Bd. 6. 427 1848 u. Bull. XCIV.

Alophora dispar Leon Dufour. Larve parasitisch im Leibe von *Brachyderus lusitanicus*. Ann. d. l. Soc. Ent. d. Fr. 2. sér. T. X. Taf. 8 Nr. 4. p. 445.

Oestridae.

Ich verweise in Bezug der Literatur auf das in meiner Monographie der Oestriden (herausg. von d. k. k. zool.-bot. Ges. Wien 1863) enthaltene Verzeichniss derselben (p. 6—18) und gebe hier nur eine Aufzählung der seither erschienenen Arbeiten und der Arten mit ihren Wohnthieren.

Ratzeburg. Gruner ts forstliche Blätter. Hft. V. p. 132—148. Bd. I. II. Kritik meiner Monograph.

Hildebrandt. Über Dasselbeulen bei *Cervus Alces*. Gruners forstl. Blätt. XIV. p. 155.

Bates H. W. Der Naturforscher am Amazonenstrom übers. 1866. — p. 265. Beim Guariba- oder Brüllaffen ist der Körper durch Stiche (?) einer Bremse (*Oestrus*) sehr entstellt. A. a. O.: Menschen bekommen Beulen von Oestriden-Larven.

Ercolani. Entwickl. d. Larve von *Gastrus equi*. Rendic. Acad. Sci. Bologna 1864. pp. 20—25.

Köse A. Zoolog. Garten. Brauch. Frankfurt a. M. Nr. 7. 1865. — Ebenda 1866 Novemb.

Glitsch: Bull. d. Soc. imp. d. Moscou 1865. Nr. 1 p. 229. Über den Hautöstrus der *Antilope Saiga*.

Oestridae.

Hering. Württemberg. Naturwiss. Jahreshefte. 1864. Nr. 1. Über Oestriden-Larven aus einer Feldmaus.

Keast John Lord. The naturalist in Vancouver-Island and brit. Columbia. 2 Volum. London 1866. 8°. Vol. II. p. 338. Smith. *Cuterebra approximata.*

Marie James. On a larval *Oestrus* found in *Hippopotamus.* Proceed. scient. meet. Zool. Soc. London of the year 1870. p. 77. Larve mit Mundhaken, oval. im Fettgewebe der Orbita, 40 Stunden nach dem Tode des Thieres am „River Ayi near Wayo in Moro". Lat. 4° 46" N; Länge, 30° 26 20 Öst. 30. Jänner 1863 gefunden. (? Muscidae.)

Ebenda ein Verzeichniss der Wohnthiere nach meiner Monographie, nur die Säugethiere anders systematisch gereiht.

Ch. Allen. Hypoderma an Menschen. Proc. Americ. Assoc. of the advancm. of Science. 20. Meetg. Michigan Aug. 1875 p. 232. Salem 1876.

Nordenskiöld: Umseglung Asien's und Europa's auf d. Vega. I. Bd. p. 119. 1882.

Brauer: Über Oestriden-Larven aus einer Feldmaus. Verh. d. k. k. zool.-bot. Ges. 1864. p. 891. Taf. 21 B. f. 1—5.

*Dermatobia-*Larve aus *Felis concolor.* Ebenda. 1864. p. 894.

Über eine *Oestromyia-*Larve aus *Lagomys Curzoniae.* Verh. d. k. k. zool.-bot. Ges. 1866. p. 647. Taf. 19. Fig. 2.

— Über eine Oestriden-Larve aus dem Rachen des afrikanischen Elephanten *(Pharyngobolus).* Verh. d. k. k. zool.-bot. Ges. 1866. Taf. 19 Fig. 1 p. 879.

— Die Oestriden des Hochwildes (populär). Jagdzeitung von Hugo. 7. Jhrg. Nr. 1 1864.

Mégnin: Ann. d. l. Soc. Ent. d. Fr. 5. sér. Tom. 8. Bull. LXXXIV. 1878 ebend. XLI. u. LIII. Ann. d. l. Soc. Ent. d. Fr. 5. sér. T. X. 2 Trim. Bull. LXX.

Cobbold T. Spencer: (? *Gastrophilus*) *elephantis.* Linn. Soc. Journ. Zool. Vol. XV. Oct. 1881 Nr. 87. p. 363. Trans. of the L. , Soc. 2. sér. Zool. Vol. II. p. 4. 1882. — Nur die Larve.

Brandt: Nervensystem der Oestriden. Hor. Soc. Ent. rossic. Sitzber. Vol. 16. 1881. p. 1—VII.

Troschel: *Cephenomyia stimulator* als Larve sehr schädlich. Ver. d. preuss. Rheinlande u. Westfalen. 38 Bde. Sitzb. 119.

Packard: Oestriden an Schildkröten. Americ. Naturalist. Vol. 16. Juli. p. 598. Wohnthier: *Cistudo carolina,* Larve am Nacken.

Mégnin: Les Parasites et maladies parasitaires Paris. G. Masson 1880.

Berg C. Naturg. der *Rogenhofera grandis* Guer. Stett. Ent. Zeit. Bd. XXXVII. p. 268. Larve unter der Haut von *Mus (Hesperomys) flavescens.* Wth. Buenos Aires. — Ebenda Jhrg. 42. p. 45 ff.

Balsamo Crivelli: Reale Institut. Lombardo di Scienz. et lettere. Rendiconti ser. 2 Vol. VII. fasc. XV., XVI. Milano 1874. p. 645. *Cuterebra* aus *Didelph. murinus.* vid. *Marie:* Proc. Zool. Soc. London. 1870. — Girard: Bull. Soc. Linn. d. Nord. Franc. VI. Nr. 3 (Guiana).

Schnabl: *Microcephalus Loewii* n. G. et sp. — Deutsch. Ent. Zeit. T. XXI. 1. 1877. T. I. Fig. 1 1—7. Jakuck. Gouvern. Sibirien. — Ebend. T. XXVI. 1882. p. 13.

Portschinsky: Dipt. minus cognita. Horae Soc. Ent. Rossicae. T. XVI. *Microcephalus Neugebaueri.* n. sp. Südtirol. Monte Brione, September.

Gerstäcker: Sitzb. d. Gesellsch. naturforschender Freunde zu Berlin. 19. Nov. 1867 p. 31. Über Larven der Gatt. *Dermatobia.* Nach Henzel die Larve auf Hunden u. am Rio Grande do Sul am rothen Reh (*Cervus rufus* Cuv.). — Es sind also *Felis concolor* und *Cervus rufus* die ursprünglichen Wohnthiere.

Brauer: Verh. d. k. k. zool.-bot. Ges. 1875 p. 75. *Hypoderma Clarkii* (olim Oestrus) vom Cap u. *Hypoderma Bonassi* aus *Bonassus americanus* (Larve). — ? = H. lineata. — *Cephenomyia Trompe.* L. (Larve.) — Ceph. stimulator aus *Cervus pygargus.*

Oestridae.

Lucas: Bull. d. l. Soc. Ent. d. Fr. 5. sér. VI. p. XCV (*Oestrus oris*. Larve).

Laboulbène: Larve d'Oestride (*Dermatobia*) d'un homme de Cayenne. Ann. d. l. Soc. Ent. d. Fr. IV. sér.
    T. 1, p. 249. Taf. 7 f. 19.

Kraucher O. Bau der Stigmen bei Insecten. Inaug. Diss. Leipzig 1881. Engelmann. Mit 2 Tafeln. —
    p. 538 ff. Siebold etc Zeitsch. f. wiss. Zool. Vol. XXXV.

Löw Franz. Zu Dr. Kirschmann's Aufsatz „Oestriden-Larven beim Menschen. Wittelshöfer's Wiener
    Medicin. Wochenschr. Nr. 9. 1882 p. 248—250.

Scheiber Dr.: Bericht über den sogenannten *Oestrus hominis* etc. Virchow's Arch. f. pathol. Anat. etc. Bd. 26.

Spring Dr. A.: Sur des Larves d'Oestre dans la peau d'un enfant. Bull. d. l'Acad. royale de médecine de
    Belgique. T. IV. 2. sér. Nr. 5. Bruxelles 1861.

v. Röder: Berliner Ent. Zeit. Bd. XXVI 1882. 386 (*Oestromyia*).

Voelkel Dr. A. (Leuckart) Berlin. Klin. Wochenschft. 2. April 1883. (*Oestr. hominis. Hypoderma.*)

In Betreff der am Menschen unter der Haut oder im Ohre etc. vorgefundenen Larven, die für Oestriden gehalten wurden, steht bis jetzt fest, dass die aus Südamerika bekannten Fälle sich fast ausschliesslich wirklich auf Oestriden-Larven beziehen und es sieh hier nur Larven der Gattung *Dermatobia* m. handelt, die normal unter der Haut verschiedener Thiere leben (siehe die Art.), oder um solche der Musciden-Gattung *Compsomyia* u. z. der *C. macellaria* F. — Die in Europa beobachteten Fälle haben sich aber meist als nicht hieher gehörend erwiesen. — Die im Ohre oder in der Nase oder unter der Haut, also auf verschiedene Art lebenden Larven, gehören fast ausschliesslich zu den Sarcophaginen, u. zw. gewöhnlich in die Gattung *Sarcophila*. (Siehe diese Gattung.) — Mir sind nur zwei Fälle bekannt und in diesen wurden mir die Larven zur Ansicht eingesendet, wo wirklich Hypodermen-Larven unter der Haut von Menschen gefunden wurden. In beiden Fällen waren die Larven im sogenannten ersten Stadium und stimmten mit meiner Abbildung (Monogr. der Oestrid. Taf. VIII f. 2) überein. Einer von diesen Fällen ist der von Allen veröffentlichte aus Nordamerika, der zweite ereignete sich in Europa. (Dr. Voelkel) — Wir müssen uns aber in diesen Fällen auf den Beobachter, der die Larve fand, verlassen. Jedenfalls sind besondere Verhältnisse erforderlich, damit Hypodermen-Larven unter die Haut eines Menschen gelangen. Die Fliege sucht unter normalen Verhältnissen den Menschen nicht zum Brutabsatze auf, aber die junge Larve könnte auf ihrer Wanderung, vom Ei bis unter die Haut, recht leicht bei Berührung von Thieren, beim Reinigen derselben oder beim Abziehen des Felles auf Menschen übertragen werden. Dass sich künstlich übertragene, neugeborene Larven sofort in die Haut einbohren, habe ich selbst an mir mit der Larve vom *Oestromyia* erprobt, die auf Feldmäusen lebt. — (Siehe Monogr. d. Oestriden p. 273.) — In manchen Fällen könnten bei Leuten, welche in Viehställen wohnen, die Fliegen zur Einblage durch den Geruch der Kleider angezogen werden und ihre Brut absetzen.

Compilationen aus meinen Arbeiten finden sich von A. Röse in d. Allg. Forst- u. Jagdzeitung Doppelb. VI. 1866. Neue landwirthschaftl. Zeit. v. Fühling IV. Jhrg. 1—4 Hft. 1867 u. Ergänzungs Blättern T. III. Hft. 1 p. 42 Taf. 1. Brehm u Rossmässler: Die Thiere des Waldes und Taschenberg in Brehm's Thierleben. — Brauer: Biologisches aus der Insectenwelt. Ver. z. Verbreitung naturwiss. Kenntnisse. Wien 1882.

Aufzählung der Oestriden-Larven, deren Wohnthiere bekannt sind:

Gastrophilus equi Fbr., im Magen u. Darm von *Equus Caballus*.
  — *equi* var. *asinina*, im Magen des Esels.
  — *inermis* Brau., im Magen und Darm des Pferdes.
    pecorum Fabr., im Magen und Darm des Pferdes.
  — *haemorrhoidalis* L., im Magen und Darm des Pferdes.
  — *nasalis* L., im Magen und Darm des Pferdes.
  — *flavipes*, Meq. im Magen des Esels

Oestridae.

? *Gastrophilus elephantis* Cobbold. Im Magen des afrikanischen Elephanten.

? — *Rhinocerontis* Owen. Im Magen von afrikanischen Rhinoceros-Arten.

Pharyngobolus africanus Brau. Im Rachen des afrikanischen Elephanten.

Hypoderma Loiseti Joly. Unter der Haut des Pferdes (conf. *Silenus*).

— *Silenus* Brau. (? Unter der Haut des Esels.)

— *Diana* Brau. Unter der Haut von *Cervus capreolus* und *elaphus*.

— *Actaeon* Brau. Unter der Haut von *Cervus elaphus*.

— *lineata.* Vill. ? Unter der Haut des Rindes u. Schafes. Siehe *Hypod. Bonassi*.

— *bovis* Fab. Unter der Haut von *Bos taurus*.

— *Clarkii* Shuck. Inter pecora majora Capensia. — Ist eine wahre *Hypoderma*, vide Verh. d. zool.-bot. Ges. 1875. p. 75 (olim *Oestrus*).

— *Bonassii* Brau. Unter der Haut von *Bonassus americanus*. (? *H. lineata*.)

— *alcis* Hildebrand l. c. unter der Haut von *Cervus Alces*. — Siehe Pallas.

— *Aegagri* Brau. unter der Haut von *Capra Aegagrus*.

— *corinnae* Crivelli unter der Haut von *Antilope Dorcas*.

— sp. unter der Haut von *Antilope Lalandii*.

— sp. unter der Haut von *Antilope redunca*.

— *saigae.* Unter der Haut von *Antilope Saiga*.

— *moschiferi* Pall. Unter der Haut von *Moschus moschiferus*.

Oedemagena tarandi. Unter der Haut von *Cervus tarandus*. — Fehlt im hohen Norden, z. B. auf Spitzbergen nach Nordenskiöld.

Oestromyia leporina Pall. Unter der Haut von *Lagomys alpinus* und *Curzoniae*.

— *Satyrus* Brau. Unter der Haut von *Hypudaeus arvalis*.

NB. Die mit *Oestromyia* und *Autacocephala* verwandte Gattung *Macrocephalus* (Schnabl) kommt in Sibirien (*M. Linei*) und Südtirol (*M. Nagelbaueri* Portsch. vor. Die Lebensweise der Larven ist nicht bekannt. Letztere Art wurde am Monte Brione gefangen. (Deutsche Ent. Zeit. 1882 T. XXVI. p. 14. Schnabl.)

Oestrus ovis L. In den Stirnhöhlen der Schafe.

— *purpureus* Brau. (? ebenda.)

— *Argali* (? = *ovis*) in *Ovis Argali*.

? — sp. in den Stirnhöhlen von *Antilope gutturosa*.

? sp. Larven unbekannter Arten in den Stirnhöhlen von *Antilope gnu, gorgon, lunata*.

Cephalomyia maculata Wied. In den Nasenhöhlen und im Rachen und dessen Nebenhöhlen des Kameels (und des Büffels Wedl.

Pharyngomyia picta Mg. Im Rachen des Edelhirschen.

Cephenomyia rufibarbis Mg. Im Rachen des Edelhirschen.

— *stimulator* Mg. Im Rachen des Rehs und der var. *Cervus Pygargus*.

— *Trompe*, im Rachen des Rennthieres.

— *Ulrichii*, im Rachen des Elennthieres.

— sp. Bechstein, im Rachen des *C. dama*.

auerotis, im Rachen von *Cervus macrotis* Osten-Sack. N.-Amer.

sp., im Rachen von *Cervus mexicanus* Durango.

Rogenhofera grandis Guer. Unter der Haut von *Mus (Hesperomys) flavescens* Waterh. Süd-Amerika.

Cuterebra emasculator Fitch. Larve im Hodensack von *Tamias Lysteri*.

— *cuniculi* Clk. In *Lepus* sp. unter der Haut.

Ausserdem sind Larven der Gattung *Cuterebra* aus *Geomys borealis, Lepus palustris, Sciurus aestuans* und *Sc. aureogaster, Didelphys philander* und *marinus* bekannt.

Oestridae. Conopidae.

Dermatobia noxialis Goud. und *cyanirentris* Meq. Larven auf verschiedenen Thieren und am Menschen unter der Haut vorkommend. — Als Wohnthiere werden angegeben: Hunde, Rinder, *Felis concolor* und *Cervus rufus* Cuv. — Auch Affen scheinen hieher zu gehören.

Die Larven, welche Robineau-Desvoidy im Magen des Dachses fand, sind zweifelhaft zu Oestriden gehörend.

Die Larven im Magen von *Hyaena* sind mit der Nahrung verschluckt, also verirrte *Gastrophilus*-Larven.

Die Larven aus Schildkröten und aus der Orbita des Nilpferdes sind mangelhaft bekannt. Siehe die Literatur.

Sectio SCHIZOPHORA Becher.

Tribus EUMYIDAE.

Gruppe *Holometopa*.

Fam. *Conopidae*.	Fam. *Helomyzinae*.	Fam. *Tanypezinae*.
„ *Dorycerinae*.	„ *Dryomyzinae*.	„ *Trypetinae*.
„ *Tetanocerinae*.	„ *Borborinae*.	„ *Sapromyzinae*.
„ *Sciomyzinae*.	„ *Phycodrominae*.	„ *Ortalinae*.
„ *Sepsinae*.	„ *Thyreophorinae*.	„ *Agromyzinae*.
„ *Chloropinae*.	„ *Scatophaginae*.	„ *Milichinae*.
„ *Ulidinae*.	„ *Geomyzinae*.	„ *Ochthiphilinae*.
„ *Platystominae*.	„ *Drosophilinae*.	„ *Heteroneurinae*.
„ *Ephydrinae*.	„ *Psilinae*.	„ *Cordylurinae*.

Conopidae.

Conopidae. Diese Abh. Fig. 106—110. Gerstaecker. (Ent. Z. Stettin XXI. Jhg. 1860 p. 257) zählt die bis dahin bekannten Fälle über die parasitische Lebensweise der Larven im Leibe anderer Insekten auf. Saunders: Trans. of the Ent. Soc. London IV. 285—291. Westwood Intr. II pl. 28. Audouin und Lachat 1818. Mém. d. l. Soc. d'hist. nat. d. Paris T. I. p. 519. 1823. Siehe auch Ann. d. l. Soc. Entom. de France I. ser. T. XI 1842. 114. u. Leon Dufour Ann. de scienc. naturell. VII. 1837. Boheman Ofvers. of k. vetensk. akad. förhandl. 1851. Kirschbaum Jahrb. d. Verein. d. Nat. Nassau IX. 1853. S. Saunders. Proc. Ent Soc. London 1875 p. XV. *Conops*-Larve in einer stylopisirten *Andrena*.

Conops rittatus Fb. (*Physocephala* Schin.) von Boheman aus *Oedipoda cyanoptera* Chp. gezogen. Gerstaecker l. c. zog denselben aus *Eurora antennata* Illg. Boheman siehe in Fischer's *Orthoptera* p. 45. — Nach Siebel auch in *Halictus*-Arten. Ann. d. l. Soc. Ent. d. Fr. 1862 p. Seeance 9. Juli 1862.

- - *rufipes* F. Mg. (*Physocephala*). Von Leon Dufour (Ann. d. Scienc. naturell. 1837.) u. Latreille (siehe Gerst. l. c. aus *Bombus terrestris* gezogen. Robineau-Desvoidy beobachtete wie eine *Conops*-Art einen *Bombus* verfolgte und oft an ihn heranflog. (Comptes rendus d. l'Acad. Paris. 1836. p. 23.)

auripes Robineau (Gerst. l. c.) lebt im Leibe von *Bombus*-Arten.

— *flaripes* L. (*Conops* s. str.) lebt in einer *Osmia*-Art. — Curtis.

— sp. aus einer *Vespa* gezogen. Gerst. l. c. (Lepelletier.)

— sp. aus einer *Odynerus*-Art gezogen. Gerst. l. c. Saunders (l. c.).

— sp. von Saunders aus *Pompilus audax* Smith gezogen. (Gerst. l. c.)

— sp. von Saunders aus *Sphex flaripennis* Lepell. gezogen. (Gerst. l. c.)

— *chrysorrhoeus* Mg. (*Physocephala*) von Kirschbaum l. c. aus *Bembex tarsata* gezogen. — (Gerstaecker l. c.).

— *quadrifasciatus* D. G. (*Conops* s. str.). Larve, nach Bremi, im Leibe von *Bombus lapidarius*. Scholtz Ent. Z. Breslau. I. 5., Isis 1846.

11 *

Conopidae. Dorycerinae, Tetanocerinae, Sciomyzinae, Sepsinae, Chloropinae.

Conops pusilla Mg. *(Physocephala).* Von Ritsema aus *Bombus lapidarius* gezogen Petit Nouvell. 1874. p. 367. 6. Jahrg.

— *dimidiatipennis* Sichel *(Physocephala)* Ann. d. l. Soc. Ent. d. Fr. 4. s. T. 2. 1862 p. 121. pl. 14. Imago Die Art lebt in *Bombus thoracicus* Sichel aus Montevideo.

— *niger* DG. *(Physoc. nigra).* In *Bombus muscorum* Zetterst. Dipt. Scand. III. 925.

Myopa. Die Larven in *Eucera* Arten. Bremi Isis 1846, Scholtz Ent. Z. Breslau I. 5. Zetterst. Dipt. Scand. VII. 3202. v. Heyden. Amtl Bericht d. Naturf. Versammlung Mainz 1842 p. 209. — Sichel Ann. d. l. Soc. Ent. d. Fr. 5. ser. Bd. VI 1856 Bull. LXIII. *Myopa* sp. in *Andrena pilipes* und *Vespa vulgaris.*

Zodion cinereum F. Von Ritsema aus *Hylaeus quadristrigatus* Latr. gezogen. Petit Nouvell. 1874. p. 367. 6. Jhg. — Tijdsch. v. Entom. XVII. Versl. p. LXVIII.

Stylogaster Westwood *(Stylogaster* Wlk. non Meq.) verfolgt mit ihrer Legeröhre Termiten. Bates: Der Naturforscher am Amazonenstrom.

Dorycerinae.

Dorycera graminum F. Die grüne Larve lebt in Blättern von Wasserpflanzen. Westwood: Introd. II. 572.

Tetanocerinae.

Tetanocera ferruginea; Leon Dufour; Ann. d. l. Soc. Ent. d. Fr. 2. ser. T. 7. 1849. p. 67. Taf. 3. N. III. Die Larve unter *Callitriche* u. *Lemna.*

Sepedon sphegeus et *spinipes* Gerke: Verh. d. nat. Unterhalt. Hamburg 1876. III. Bd. p. 145. Taf. III.

Sciomyzinae. Verwandlung nicht bekannt.

Sepsinae.

Piophila casei. Swammerdamm (Book of nature); Bouché: Naturg. I. 99. Germar: Ent. Zeit. 1841. 126. 27. — Larve in versch. alten Käsesorten. — Leon Dufour Ann. Sc. naturell. 1844. 365. Über das Sprungvermögen der Larve.

— *apii.* Larve im Fleische von *Sellery* Westwood: Gardeners chronicl 1848. 332 Schaum: Bericht f. Entom. 1848 p. 186. (291) Beschreibung der Fliege.

Themira putris. L. Zetterst. in Dipt. Scand. VI. 2290. 8.

— *Leachii* Mg. Bouché Naturg. I. 96. T. VI. 12. Larven in Excrementen.

Nemopoda cylindrica F. Bouché Naturg. I. 95. T. VI. F. 8—11; Westwood Introd. II. 572. Larve in menschlichen Excrementen.

Sepsis cynipsea. Larve und Puppe nach Haliday verschieden von *Nemopoda cylindrica* und *Themira Leachii* wie sie Bouché beschreibt. Westwood Introd. II. 572.

Madiza sordida Weijenbergh. Tijdsch. v. Entom. XVII. 1873, 74 p. 157. Larve in verwelkten Blättern der Stechpalme *(Ilex).*

Chloropinae.

Chloropinae u. a. *Diptera acalyptera,* welche schädlich sind und in Pflanzen leben; siehe Westwood: Trans. of the Entomol. Soc. London 1881 p. 605 ff. Pl. XXII.

Platycephala umbraculata F. Larven im Stengel von *Arundo phragmitis.* Boié in Krojers Tijdskrift 1838.

Chlorops frontosa Mg. (= *Scholtzii* Egg.) Löw: Zeitsch. f. Entomolog. im Auftrage d. Vereines f. schlesisch. Insectenkunde zu Breslau. 1857. 15. Jahrg. p. 20. Larve auf grösseren *Carex*-Arten zwischen Blatt und Halm, von der Gestalt der eigentlichen *Chlorops*-Arten.

musata Schrk. Larven in Getreidestengeln. Zetterst. Dipt. Scand. VII. 2599.

— *glabra* Mg Larve im Weizen. Westwood Gardener's (Chronicle) magaz. XIII. 289.

Chloropinae, Ulidinae, Platystominae, Ephydrinae.

Chlorops lineata F. Weizenverwüster. Büttner; Germar's Mag. IV. 411. Westwood; Gardener's chronicl. 1848. 48. 780. 796. Compt. rendus Paris. 1848 XXVII. 170.

— *taeniopus* Mg. Curtis in Gardener's chron. 1848 und Guerin in den Mém. de la Soc. d'agric. de France 1842.

tarsata Fll. Girand; Larve in den Stengeln von *Phragmites communis*. Verh. d. k. k. zool.-bot. Ges. XIII. 1254.

sp. Olivier; Mémoires sur quelques insectes qui attaquent les cereales. Paris 1813. (*lineata?*) in Roggenhalmen. Büttner Isis 1838. 361. — Linné Acten d. schwed. Akademie 1750. p. 182. 184. Jänn. 1777. p. 34. Zetterst. Dipt. Scand. VII. 2647.

Siphonella pumilionis Bjerkander; Abh. d. schwedisch. Akademie der Wissensch. 1778. 240 Zetterst. Dipt. Scand. VII. 2663. Markwick: Linnean Soc. Transact. Vol II.   Ann. d. l. Soc. Ent. de France I. ser. T. 8. XIII.

— *palposa* Zetterst. Larve zwischen den mit zerbissenem Gras (*Festuca ovina*) verklebten Eierballen von *Stenobothrus*. Frauenfeld. Verh. d. k. k. zool.-bot. Ges. XIII. 1231. 1863.

nucis. Perris. Ann. d. l. Soc. Entom. d. Fr. I. ser. T. 8. 1839. 39, pl 4, F.1—8. Larve in *Cirsium oleraceum* und *canum*. Frauenfeld; Verh. d. k. k. zool.-bot. Ges. XIII. p. 1231.

Oscinis frit. L. Westwood Introd. II. 574. Bjerkander; Verh. d. schwedischen Akademie 1777. p. 34.

— *avenae* Bjerkander, Westwood Trans. Ent. Soc. London 1881. p. 626. T. XXII. F. 2.

— *pusilla* Girand. Larve im Stengel von *Phragmites communis*. Verh. d. k. k. zool.-bot. Ges. XIII. 1254.

— *nigerrima* Goureau: Ann. d. l. Soc. Ent. de France. IV. 1847.

Elachiptera brevipennis Mg. Die Eier werden unter die Flügeldecken von *Nabis subaptera* gelegt. Smith; Proceed. of the Ent. Soc. p. 108. n. ser. T. III. 1. Oct. 1855.

Gaumpsocera numerata Heeger: Sitzb. d. kais. Akad. der Wien. math. nat. Cl. Bd XXXI. p. 302 Taf. IV. — Larve, Tonne, Imago. — In faulen Stengeln von *Althaea rosea*.

Lipara tomentosa Meig. (*rufitarsis* Löw). Perris; Mém. d. l. Soc. d. Sc. d. agric. et arts d. Lille 1855.

— *lucens*: Heeger Sitzb. d. kais. Akad. d. Wiss. Wien math. nat. Cl. XX. 1856 p. 342.

— *similis* Heeger, ebenda. — Alle drei Arten in Stengeln von *Phragmites communis* durch Verkürzung der Achse Blattknospengallen erzeugend. Girand; Verh. d. k. k. zool.-bot. Ges. XIII. 1254.

Ulidinae.

Chloria demandata. Bouché fand die Larven in altem Pferdedünger. Naturg. I. 98. Westwood introd. II. *Myodina vibrans* L. Larve in Pferdemist. Scholtz Ent. Z. Breslau. 1.—3. Band. p. 10.

Platystominae.

Platystoma umbrarum. Perris fand die Larve in der Erde. Mém. d. l. Soc. de Liège X. 1855.

Ephydrinae. Allgem. deutsche naturh. Zeit. II. 1847. — (Löw). — Gesell. Isis. Dresden.

Dichaeta caudata Fll. Bremi: Isis v. Oken. 1846.

Notiphila. Die Larven leben nach Zetterstedt, Dipt. Scand. I. 1. 59 und Bremi, Isis 1846. in Stengeln von Wasserpflanzen.

Discomyza incurva Fll. Bergenstamm: Verh. d. k. k. zool.-bot. G. XIV. 713. Larven in Schneckenleichen.

Hydrellia albaguttata Lw. Hofmeister, Scholtz: Ent. Z. Breslau Bd. 1 —3. p. 18. In Baumsäften.

— *albilabris* Mg. Frauenfeld: Verh. d. k. k. zool.-bot. Ges. XVI. 972. Larve und Puppe im Parenchym der Blätter von *Lemna minor*, im September. — Larve beschrieben.

— *mutata* Mg. Gercke Verh. d. naturf. Unterhaltung Hamburg. 4. Bd. 222.

Ephydrinae, Helomyzinae, Dryomyzinae.

Hydrellia fulviceps Steph. Gercke: Verh. d. Ver. f. naturf. Unterh. Hamburg. Bd. VI 1880. In *Alisma plantago.*

Halmopota salinarum Bouché. Naturg. I. 99, Taf. 6, F. 15.   Larve in Salinen. Westwood: Introd. II. 574. Taf. 132 F. 11. *Ephydra riparia* Creplin in Zetterst. Dipt. Scand. VIII 3330.

Ephydra riparia Fll. *Caenia halophila* v. Heyden: Larve in den Soolkästen der Gradierhäuser zu Nauheim. Entom. Zeit. Stettin 1844 p. 203, Dirnf. Ent. Zt. St. 1848 285.

     californica Packard und *gracilis*: Insects inhabiting Salt Water Nr. 2. Americ. Journ. of Science and Arts Vol. I Febr. 1871 p. 103. – Ann. Magaz. of Nat.-hist. (4) VII p. 230 ff.

     breviventris Löw. Gercke: Verh. d. Ver. f. naturw. Unterhalt. Hamburg Bd. VI 1880. Auf Wasserpflanzen (Conferven u. a.) in Süsswasserpfützen.

Pelina aenea Fll. Die Tonnen im Wasser, Weijenbergh. Tijdsch. v. Ent. XVII. 1874. p. 157. Taf. 10, Fig. 22. Verkehrt beschrieben.

Parydra sp. Gercke l. c. Larve lebt wie die vorige.

Teichomyza fusca Meq. Larve im menschlichen Urin. Rob.-Desvoidy Ann. d. l. Soc. Ent. d. Fr. VII. p. XCV. und 1848 T. VI p. XCIV und XCV. Revue et Magaz. d. Zoolog. 1849 T. I, 94. Macquart Suit. à Buffon 535.   Laboulbène: Ann. S. Ent. d. Franc. 4. S. T. 7. Pl. 5.

Lispe. Die hieher gehörende Gattung siehe unter *Anthomyzidae* ebenso *Mygopina*.

Helomyzinae.

Larven und Puppen einer *Blepharoptera* in Fledermausexcrementen in einer Höhle der Ariège. Abeille Ebend. Coleopt. Cavicol. p. 12. Record 1872 p. 389.

Leria serrata (*Blepharoptera*). Die Larven in *Fistulina hepatica*. Leon Dufour Ann. d. Sc. naturell. 2. S. T. XI und XII 1838 und 1839 Pl. III F. 80 p. 40.   Larven in Hühnermist: Bouché: Naturg. I. 100. Bremi – Perris: Ann. S. Ent. Fr. X 1870 p. 341. Larve bei *Cnethocampa pityocampa*. Ebenda 5. ser. T. VI. 1876 p. 177 (*Blephaript. fenestralis*).

     cuniculorum R. Desv. Nach Macquart in Kaninchenhöhlen. Scholtz Ent. Zeit. Breslau 1–3. 10.

—   *subterranea* R. Desv. Larve in Excrementen von Kaninchen und Hamster. Scholtz Ent. Z. Breslau 1–3. 10.

Helomyza-Arten in Trüffeln. Laboulbène: Ann. d. l. Soc. Ent. Fr. 4. ser. IV. 69. pl. 2.

-    *maxima* Schin. in Trüffeln. Réaumur Mém. T. IV. pl. 27. F. 13–16. Westwood Introd. II 572 Frauenfeld: Verh. d. k. k. zool.-bot. Ges. XVI 971 in *Chaeromyces meandriformis*.

—   *flava* Mg. aus modrigem, im Wasser erweichten Kiefernholz. Scholtz Ent. Z. Breslau 1–3. 19.

—   *ustulata* Mg. in Trüffeln. Lucas Ann. Soc. Ent. d. Fr. 2. ser. T. 6. 1848 p. L. — Leon Dufour Ann. d. Sc. naturell. XII. 1839.

—   *pallida* Lucas. l. c. Scholtz Ent. Z. Breslau 1–3. 33.

—   *lineata* Leon Dufour, Ann. d. l. Soc. Ent. d. Fr. III. 1. 384 1853 conf. Laboulbène Ann. d. l. Soc. Ent. d. Fr. 4. ser. T. I Taf. 2.

-    *penicillata* Leon Dufour l. c. und 1838. Ann. d. Sc. naturell. confer. Laboulbène l. c.

Dryomyzinae.

Dryomyza. Die Larven nach Macquart in Pilzen. Scholtz Ent. Z. Breslau 4. 32.

Neottiophilum fringillarum Frauenfeld. Larve in Nestern von *Fringilla coelebs*. Verh. d. zool.-bot. Ges. 1868. p. 894. = *Dryomyza praeusta* Meig. Mik: Wiener Ent. Z. I. 194.

Lucina fasciata Mg. Perris: Mém. d. l. Soc. d. Scienc. et agric. et arts de Lille 1853.

Actora aestuum Dr. Joseph. 57. Bericht d. naturf. Sect. d. schlesisch. Gesell. vaterländ. Cultur. 1879/80 p. 40. 202. Larve in Meeres-Tangen. Carus Zool. Anzeig. III 250—252.

Borborinae, Phycodrominae, Thyreophorinae, Scatophaginae, Geomyzinae, Drosophilinae.

Borborinae.

Cenchridobia. Siehe diese Denkschriften Bd. XLII p. 117 Anmerkung 3. Schiner Fauna Austriaca Dipt. II. 334.

Limosina limosa. Larve zwischen Conferven. Scholtz: Ent. Z. v. Breslan 1—3. 20. Bremi: Isis 1846.

— *crassimana (Ingubris* L. Duf.). Larven in faulenden Pilzen. Ann. d. Sc. naturell. 1838.

— *ochripes.* Nach Spazier die Larve in kranken Kartoffeln. — Scholtz: Ent. Z. v. Breslan 1—3 19.

— *stercu.* Waltl fand die Art an der Unterseite von *Ateuchus stterc.* Meigen Syst. Beseh. und Scholtz Ent. Zeit. Breslan. I. 8.

— *clunipes.* Larve in Weidenschwämmen. Scholtz: Ent. Z. Breslan. 4. 32.

— *acutangula.* Bremi: Isis. 1846.

— *Ingubris* Leon Dufour. Ann. d. l. Sc. naturell. 2. s. XII. 1839. p. 52.

— *salina* Heyden Ent. Z. Stett. 1844 p. 203 (*Borborus*) Anmerkung.

Sphaerocera. Larven bei Cocciden. Signoret Ann. d. l. Soc. Ent. d. Fr. 5. ser. T. V. p. 358—363.

— *subsultans* F. Die Larve in Pferdedünger. Scholtz: Ent. Z. v. Breslan 1—3. 10. Bremi: Isis 1846.

— *pusilla* Fll. In Kuhdünger und in alten Kartoffeln. Bremi. Scholtz Ent. Z. Breslan 1—3. 10. 19 Spazier l. c.

Borborus stercorarius. Bremi. Isis. 1846.

— *nitidus.* Larven in faulen Schwämmen. Robert in Macquart. Suit. à Buffon II. 566.

— *equinus.* Haliday Entom. Magaz. III 335. Westwood Introd. II. 574.

Phycodrominae.

Phycodrominae: Larven nicht bekannt.

Thyreophorinae.

Thyreophora cynophila. Die Larven auf Cadavern von Pferden und Eseln (nicht beschrieben). Rob. Desvoisd. Ann. d. l. Soc. Ent. d. Fr. 1. ser. T X. 1841. 273.

— *anthropophaga.* Larven auf todten Menschen. Macquart. Suit. à Buffon II. 498. 3.

— *furcata.* Auf todten Hunden Rob. Desv. Ann. d. l. Soc. Ent. d. Fr. 2. ser. T. 7. V. VI.

Scatophaginae.

Scatophaginae. Réaumur Mém. T. IV. 27. Bouché Naturg. I. 93, 94. — Westwood Introd. II. 572.

Scatophaga stercoraria. Larven in Excrementen. Scholtz, Ent. Z. v. Breslan. 1—3. 10. Bouché l. c.

— *merdaria* Bouché l. c.

— *serotina* Perris. Larven in Kuhdünger. Ann. d. l. Soc. Ent. d. Fr. 1. ser. T. 8. 48. pl. 5. 2 a, c.

Geomyzinae.

Leptomyza gracilis Fll. Perris: Mém. d. l. Soc. d. Sc. agric. et arts de Lille 1853 Die Larven im Stengel von *Phragmitis communis.* Die Tonne glänzend schwarz, mit tiefen Furchen zwischen den gewölbten Segmenten, an Blättern des Schilfrohres festhängend. Giraud: Verh. d. k. k. zool.-bot. Ges. XIII. 1251.

Drosophilinae.

Drosophila pallipes. Leon Dufour: Ann. d. l. Soc. Ent. d. Fr. 2. ser. T. 4. 325. pl. IX. l. F. 1—11. Die Larve im Safte der Ulmen.

— *nieeopunctata* Dufour ebenda.

— *aceti* Kollar. Heeger: Sitzb. d. kais. Akad. d. Wiss. zu Wien, math.-nat. Classe Bd. VII 1851. (? = *funebris* Fll.)

Drosophilinae. Psilinae. Tanypezinae. Trypetinae.

Drosophila funebris Fll. Heeger: Sitzb. d. k. Akad. d. Wiss. zu Wien math.-nat. Classe XXXI. 297. Larve in saurem Stärkekleister. (? = *phalerata*.) Scholtz: Ent. Zeit. Breslau 1—3, 19 und 4. 52. Haliday: Curtis brit. Ent. 473. Westwood, II. 574.

— *maculata* Leon Dufour Ann. d. Sc. naturell. 1838. XII. 839. XIII. 1840. Larve in *Boletus intricatus.*

fasciata Perris. Leon Dufour: Ann. Sc. naturell. 2. ser. XI. XII. p. 49, 1838. Larve in *Fistulina hepatica.*

— *flaveola* (*flaveolata* Heeger.) Heeger: Sitzb. d. ka.s. Akad. Wien m.-n. Cl. IX 1852. Perris: Ann. d. l. Soc. Ent. d. Fr. IX. 1850. Hardy: Proc. of Berwickshire naturalist. Club. 1849. Minirt in Blättern von *Tropaeolum canariense.* Gercke Verh. d. V. f. nat. Unterh. Hamburg. IV.

ampelophila und *amoena* Löw. Riley Ann. Report of the Depart. of Agric. 1881. Washingt. 1882 Taf. XV. XVI.

(*Scaptomyza*) *graminum* Fll. Hardy: Proceed. of Berwickshire naturalist. Club 1849.

— *nearum* Bigot. Ann. d. l. Soc. Ent. d. Fr. 6. s. T. l. Bull. XXIII. Lebt bei *Polistes.*

Aulacigaster rufitarsis Meq. Compt. rendus. Paris. XXII. 318. Leon Dufour: Ann. d. l. Soc. Ent. d. Fr. 2. ser. 4. 455. pl. 11. Nr. 1. F. 1—44. Conf. *Ephydrinae*, vielleicht in diese Fam. gehörend.)

Acletoxenus syrphoides Frauenfeld. Verh. d. k. k. zool.-bot. Ges. 1868. 895. Die Larven leben von *Aleurodes phillyreae* und *Jelinckii.*

Phortica variegata Fll. Heeger: Sitzb. d. kais. Akad. math. nat. Cl. IX. 1852.

Gitona distigma Mg. Von Löw und Scholtz aus Blüthenköpfen von *Sonchus arvensis* gezogen. Ent. Z. Breslau 1—3. 15.

Psilinae.

Psila rosae F. Die Larve in der Wurzel der gelben Rübe (*Daucus carota*). Kollar schädlich. Insekten p. 168. Scholtz Ent. Zeit. Breslau. Bd. 1—3. p. 17. Bouché Naturg. I. Nach Dahlbom die Larve in *Brassica rapa* und *napus.* Scandin. Insects. 322. 220. Curtis: Journ. of the royal Soc. of Agricult. IX. 1850. — Curtis Farm Insects 1860. p. 404.

nigricornis Mg. Curtis in Mortons Cyclop. of agricult.

Chyliza atriseta Perris. Mém. d. l. Soc. d. Sc. d'agric. et di arts de Lille 1853. — Larve im unterirdischen Stengel von *Orobanche rapum.* Kaltenbach: Verh. d. n. westphal. Vereins d. preuss. Rheinlande XXI. 228.

leptogaster Scholtz. Larven in wallnussgrossen Gallen am Stengel von *Spiraea opulifolia.* Ent. Zeit. Breslau Bd. 1—3. p. 43.

Tanypezinae.

Tanypezinae. Verwandlung unbekannt.

Trypetinae.

Trypetina. Da in dieser Familie nur die Lebensweise der Larven, weniger aber deren Körperbau berücksichtigt wurde, so führe ich wie bei den Cecidomyien nur einzelne Beispiele aus Gattungen an, oder solche Arbeiten, welche Larvenbeschreibungen enthalten und verweise in Bezug auf Lebensweise auf das von Schiner gegebene Verzeichniss der Pflanzen, auf welchen Trypeten leben. Verh. d. k. k. zool. bot. Gesell. 1868. p. 635—687 und v. Frauenfeld: Sitzb. d. kais. Akad. d. Wiss. XXII 529.

Dacus oleae F. Boyer de Fonscolombe. Ann. d. l. Soc. Ent. d. Fr. l. ser. T. 9 112. Larve im Fleische der Oliven. Guérin Meneville Ann. d. l. Soc. Ent. d. Fr. 2. ser. T. 3. LXIX. Passerini Giorn. agrar. Toscana Nr. 10 Briganti. Atti del real Instit. di Napoli T. III. 1822. Transact. of the Ent. Soc. I. p. VIII. —

Trypetinae.

Costa Ach. Degl' Insetti che attaccano l'arbero ed il frutto dell'Olivo etc. Napoli 1857. Tav. V. Abbildung der Metamorphose.

Ceratitis citriperda Brémé M'Leay. Die Larven im Fleische der Orangen, welche aus Madeira eingeführt waren. M'Leay Zool. Journ. T. 4 p. 475. 1829. Zool. illustr. No. 15, 17, 18, 1824. Westwood Gardener's Chronicle 1848. 37. 604. Brémé Ann. d. l. Soc. Ent. d. Fr. 1. ser. XI. 183. pl. VII. 1—5. Guérin Meneville Revue d. Zool. 1843. 194. Goureau Ann. d. l. Soc. Ent. d. Franc. 1859. Bull. 44. Die Art ist von Isle d. France und von den Azoren. (? = *hispanica* Brémé. — Nach Schiner).

Anomoia Wk. *antica* W. Larve in Früchten von *Crataegus oxyacantha*. Heyden, teste Löw. Linn. Ent. 1846. l. 498.

Euphranta Lw. *connexa* F. Giraud Verh. d. k. k. zool. bot. Ges. IX. 490; Frauenfeld ebenda. XIII. 213. Larve in den Früchten von *Asclepias vincetoxicum* L.

Platyparea Lw. *poeciloptera* Schrk. Die Larve in Stengeln von *Asparagus officinalis* in Gängen bis zur Wurzel, wo auch die Tonne bleibt. Bouché Ent. Zeit. Stett. 8. Jhg. 1847. 145. (*Ortalis fulminans* Mg.).

Aciura femoralis R. D. Frauenfeld Verh. d. k. k. zool.-bot. Ges. V. 17 und IV. 450. Sitzb. d. kais. Akad. d. Wiss. Wien m.-u. Cl. XXII. 541. Larve am Grunde der Blumenröhre von *Phlomis fruticosa*.

Hemilea Lw. Verwandlung nicht bekannt.

Acidia heraclei L. Die Larve minirt in den Blättern von *Rumex aquaticus* (*R. hydrolapathum*) Boié; Ent. Zeit. Stett. 1847. 326 (*Trypeta centaureae* Fb.) Curtis Farm Insects 1860 p. 424 Taf. IV. *Tephritis omporolinis* Fig. 22—29.

Spilographa Zoë Mg. Die Larve minirt in den Blättern von *Senecio vulgaris, Arctium lappa minor* und *major*. Löw. D. europ. Bohrfliegen. Wien 1862 p. 43. Stett. Ent. Z. 1847 p. 375. Bremi Isis 1846. Scholtz Ent. Z. Breslau. 11. 1848.

— *cerasi* L. Réaumur Mém. II. pl. 38. Larven in Früchten von *Prunus cerasus* und *Lonicera xylosteum*. Costa Degli Insetti dell' Olivo etc. Napoli 1857. Taf. V, Fig. 7. ff. Metamorphose (*Urophora cerasorum*).

Hypenidium Lw. (*graecum* Lw.) Verwandlung nicht bekannt.

Oedaspis Lw. (*multifasciata*) Lw. Verwandlung nicht bekannt.

Orellia R. D. *Wiedmanni* Mg. Larve nach Frauenfeld in den Früchten von *Bryonia Dioica*. — Verb. d. k. k. zool.-bot. Ges. 18. 154. — Andere Arten: *Orellia Buchichi* aus Früchten von *Ziziphus*. — *O. Schineri* in *Rosa spinosissima*. Perris: Ann. 8. Ent. Fr. ser. 5. T. VI. 238. Aus Samenknospen von *Rosa canina*.

Trypeta s. str. Larven in Stengeln und Blüthenköpfen.

— *onotrophes* Lw. In Köpfen von *Cirsium oleraceum, palustre* und *Centaurea jacea* und andere. Bouché Nat. I. Boié Ent. Z. Stett. 1847. 326. 1848. 81.

Urophora R. Dr. Die Larve im Blüthenboden und Stengelauswüchsen von Syngenesisten. *U. cardui* Réaumur Ins. III. 2. Taf. 44, 45. Larve in Stengelgallen von *Cirsium arvense* conf. Schiner l. c.

Myopites jasoniae Leon Dufour. Die Larve macht Gallen am Blüthenboden von *Jasonia glutinosa*. Ann. d. l. Soc. Ent. Fr. 4. ser. II. p. 143 pl. 2. F. 4.

Ensina Sonchi L. Larve in den Blüthen von *Sonchus oleraceus*. Boié Ent. Z. Stett. 1847. 328. Frauenfeld giebt 13 Nährpflanzen an l. c. — conf. *Trypetinae Familia*.

Rhacochlaena (*toxoneura* Löw) Verwandlung nicht bekannt.

Tephritis Ltr. Larven in Blüthenköpfen und Gallen an Stengeln und Wurzeln von Compositen, conf. Schiner und Frauenfeld l. c.

Oxyphora R. D. Die Larven in Blüthenköpfen von Compositen. Siehe Schiner etc. l. c.

Carphotricha guttularis Mg. Graham zog die Fliege aus Gallen an den Wurzeln von *Achillea millifolium*. Trans. of the Ent. Soc. London 3. ser Bd. III. p. 46. *C. pupillata* Fll. in der Blüthe von *Hieracium sylvaticum*. Boié. Ent. Z. Stett. 1847. Conf. Frauenfeld l. c.

Sapromyzinae, Ortalinae, Agromyzinae.

Sapromyzinae.

Sapromyza. Die Larven in faulenden animalischen Stoffen. Westwood Introd. II. 572. Ratzeburg Forstinsecten III.

— *(Toxoneura) fasciata* Meq. Perris Ann. Soc. Ent. Fr. 4. ser. X. p. 337.

— *quadripunctata* Perris Ann. d. l. Soc. Ent. d. Fr. 2. ser. T. 10, 594. Taf. 15. II. Fig. 9—11.

— *obsoleta.* Larve unter faulendem Laube. Bouché Ent. Z. Stett. 1847. 8 Jhrg. 145.

— *blepharipteroides* Leon Dufour: Ann. Sc. naturell. XI, XII. p. 42 ?diese Familie conf. *Anthomyia.*

Lauxania aenea. Nach Winnertz (mündliche Mittheilung an Schiner) lebt die Larve in *Viola tricolor.*

Lonchaea chorea F. Larve in Kuhdünger. Scholz Ent. Z. Breslau. 1—3 Bd. p. 10. Bouché fand die Larve unter alter Baumrinde. Naturg. I. 94. 84. Farsky Verh. d. k. k. zool.-bot. Ges. 29 p. 101. Larve in Runkelrüben. Ursache der Kernfäule Taf. III, Fig.

— *palposa* Scholtz: Ent. Z. Breslau. 1850.

— *tarsata* Larve unter Tannenrinde. Zetterst. Dipt. Scand. VI. 2354. Nach Weijenbergh, Tijdsch. v. Ent. XVII. 149. 1874, in Distelstengeln.

— *parvicornis* Larve in Stengeln von *Triticum repens.* Ann. d. l. Soc. Ent. d. Fr. 1. ser. T. 8. 1839 p. 20 fl. pl. 3 Fig. 1—4, 7—9, fl. 13. 14. Bouché Naturg. I. 94 Taf. VI. f. 1—2.

— *laticornis (Teremyia* Larve unter alter Rinde von Pappeln, Ahorn, Akazien. Perris: Ann. d. l. Soc. Ent. franc. 1. ser. T. 8. 29. pl. 3. f. 5, 6, 8, 10, 12. Zetterst. Dipt. Sc. VI. 2354. Perris. Ann. S. E. F. 1870 342. — *(Teremyia).*

— *nigra.* Larve in Stengeln von *Verbascum thapsus, pulverulentum, Angelica sylvestris* und *Carduus lanceolatus.* Perris Ann. d. l. Soc. Ent. de. Fr. II. T. 7. 62.

— *lasiophthalma* Giraud. Verh. d. k. k. zool. bot. Ges. Bd. XI. 1861 Taf. 17. p. 486.
Die Larve in Gallen an *Cynodon dactylon,* die durch Verkürzung des kriechenden Stengels entstehen und schuppenwurzartig aussehen.

— *albitarsis.* Larve unter Rinde. Zetterst Dipt. Sc. VI. 2351. 6.

Ortalinae.

Psairoptera. Die Larven leben nach Zetterst. (Dipt. Scand. VI. 2264) unter loser Rinde von Nadelhölzern.

Von den Gattungen *Herina* R.D., *Ricellia* R.D., *Myennis* R.D., *Ceroxys* Meq. *Tetanops* Fll., *Ortalis* und *Otites* ist die Verwandlung nicht bekannt.

Agromyzinae.

Phytomyza lateralis Fll. Harris entdeckte die Larve auf dem Blüthenboden von *Pyrethrum inodosum.* Curtis Brit. Ent. 393 und *Anthemis cotula.* Westwood Introd. II. 573. — Trans. of the Entom. Soc. 2. ser. 3. Bd. 43. Scholtz Ent. Z. Breslau 1—3 Bd. 15.

— *flava* Fll. Die Larve minirt in Blättern von *Scolopendrium officinale* und *vulgare.* Donbleday Entom magaz. 14. p. 415.

— *obscurella* Fll. Larve minirend in Blättern von *Lonicera xylosteum* (Goureau Ann. d. l. Soc. Ent. d. Fr. 1846. 225. Taf. 8, Fig. 1—9.) und in denen der Holly (Stechpalme). Haliday Entom. Magaz. Nr. 17. 147. Westwood Introd. II. 573.

affinis Mg. Larve im Fruchtboden von *Chrysanthemum inodosum.* Boié Krøjers Tidskrift 1838. 2. 3. 248. — Scholtz zog sie in verschiedenen *Aconitum*-Arten Ent. Z. Breslau 1—3 Bd. p. 11. Heeger giebt *Pastinaca sativa* an. — Sitzb. d. kais. Akad. d. W. Wien math.-nat. Cl. XXXI. 297 Taf. conf. Bouché und Curtis Gardener's Chron.

albiceps Mg. Larve in Blättern von *Arctium minor* und *tomentosum* Ent. Z. Breslau 1—3. 11. Scholtz, Heeger Sitzb. d. kais. Akad. d. Wiss. Wien math.-nat. Cl. IX. 1852.

Agromyzinae.

Phytomyza euphrasiae Kaltenbach. Larve im Stengel von *Euphrasia odontites* Verh. d. nat. Ver. preuss. Rheinlande XVII. 237.

— *glechomae* Kltb. l. c. In Blättern von *Glechoma hederacea*.
— *heliosciadii* — in Blättern von *Heliosciadium nodiflorum*.
— *heraclei* — in Blättern von *Heraclium spondylium*.
— *ilicis* — in Blättern von *Ilex aquifolium* vide Laboulbéne Ann. Soc. Ent. Fr. 5 ser. X. 95.
— *linariae* — in Blättern von *Linaria vulgaris*.
Alle 5 Arten siehe Kaltenbach Verh. d. nat. Ver. d. preuss. Rheinlande XIX. p. 21, 54, 56, 83.
— *lamii* Kltb. In Blättern von *Lamium album* und *Ballota nigra*.
— *bellidis* — in Blättern von *Bellis perennis*.
— *graminis* — in Blättern von *Brachypodium*.
— *bryoniae* — in Blättern von *Bryonia dioica*. Kltb. l. c. Bd. XV. 75.
— *milii* Kltb. In Blättern von *Milium*. Kltb. l. c. XXI. 228.
— *pisi* in Blättern von *Ononis spinosum* und *repens*. Kltb. l. c. XXI.
— *orobanchiae* Kltb. in den Fruchtknoten von *Orobanche rapum* l. c. XXI.
— *aquifolii* Gour. Laboulbéne Ann d. l. Soc. Ent. d. Fr. 5. ser. X. p. 95.
— *tropaeoli*. Leon Dufour. Blattminirend in *Tropaeolum adnncum*. Ann. d. l. Soc. Ent. d. Fr. 3. ser. V. 39. pl. 3. 1857.
— *nigra* Hardy. Ann. of Nat. Hist. IV. 1850.
— *flaviceps* Meq. In Blättern der Woodbine. Haliday: Entom. magaz. Nr. 17. 147. Revue et Mag. de Zool. 1850.
aquifolii Goureau. Robineau-Desvoidy, Revue et Magaz. Guerin 1851.

Agromyza lutea Mg. Larve minirt im Blatt von *Impatiens*. Kaltenbach. Verh. d. preuss. Rheinlande XIX. 21.
— *obscurella* Fll. Minirend in Blättern v. *Lonicera xyl*. Ann. S. Ent. Fr. II s. 4. 225.
— *pusilla* Mg. Blattminirend in *Euphorbia cyparias*. Ann. S. Ent. Fr. II s. 9. 131.
— *flavifrons* Larve minirend in Blättern von *Lychnis dioica*. Kalteub. XIX. 101. Verh. d. preuss. Rheinlande. conf. *Phytomyza*.
— *mobilis* Mg. Blattminirend in *Cynoglossum off*. Bouché Ent. Z. Stett. 1847. 143.
— *lateralis* Bouché ebenda, mit gleicher Lebensweise.
— *verbasci* Blattminirend in *Verbascum nigrum* und *lychnites* Bouché l. c. 143.
— *strigata* Mg. In *Campanula trachelium*. Bouché l. c. 142.
— *amoena* Mg. In Blättern von *Sambucus nigra* Bouché l. c. 142.
— *thapsi* In Blättern v. *Verbascum thapsus*. Bouché l. c. 143.
— *variegata* In Blättern v. *Colutea arborescens*. Bouché l. c. 143. Scholtz l. c. 1—3. p. 11.
nigripes. Goureau. In Blättern von *Medicago sativa*. Ann. d. l. Soc. Ent. Fr. II. s. 4. 227. Taf. 8 und VIII. 1850.
— *heraclei*. In Blättern von *Heracleum spondylium* und *Artemisia vulg*. Bouché l. c. 143. Scholtz l. c. 4. Bd. 29.
— *holosericea*. In derselben Pflanze wie d. vorige. Bouché l. c. 143. Scholtz l. c. 1—3. 11.
— *lappae*. In Gängen von Minirraupen auf *Arctium lappa*. Ent. Z. Stettin 1850 379. Löw.
— *nana*. In Blättern von *Iris pseudacorus*. Ann. d. l. Soc. Ent. d. Fr. II. 4. 230 und 9. 135. Goureau.
— *neurocentris*. Im Stengel von *Carduus nutans*. Rondani. Ann. d. l. Soc. Ent. d. Fr. II. 3. XLVII. — Tengström und Nylander fanden sie im Mark von *Lappa minor*. Zetterst. Dipt. Scand. VIII. 3364. — Scholtz gibt *Centaurea pratensis* an. l. c. 1—3. Bd. p. 16. Nylander Notitia pro Fauna et flora fennica 1847.
— *pulicaria*. In Blättern von *Ballota ruderalis*. Scholtz l. c. 4. Bd. p. 29.

Agromyzinae, Milichinae, Ochthiphilinae, Heteroneurinae.

Agromyza ornata Walker non Mg. (— *Acletoxenus syrphoides*) Larve auf *Crataegus*-Blättern, lebt von *Aleurodes phillyreae*. Walker Ins. brit. II. 243. Frauenfeld. Verh. d. k. k. zool.-bot. Ges. Bd. XVIII p. 150 — conf. *Drosophilidae*.

— *atra* Mg. Larve in Blättern von *Iris pseudacorus* Kaltenbach. Verh. d. preuss. Rheinl. XIX. 61. Frauenfeld Verh. d. k. k. zool.-bot. Ges. XVIII. 163.

— *papuli* Kaltenb. Die Larven in Blättern von *Populus nigra* und *dilatata*. l. c. Bd. XXI. 350.

-- *xylostei* Kaltenb. In Blättern von *Xylosteum periclymenum*, *Lonicera* und *Symphoricarpus racemosus*. Kaltenbach l. c. Bd. XIX. 93.

— *lonicerae* Kltb. In Blättern von *Lonicera periclym*. Kaltenbach l. c. XIX. 93.

— *orbona* Mg. In Blättern von *Ononis spinosa* und *repens*. l. c. Kaltenbach XXI. 228 ff.

— *Macquarti* Goureau. Ann. d. l Soc. Ent. d. Fr. II s. 9. 133. Larve in Blättern von *Verbascum thapsus*.

— *violae*. Curtis. Gardeners Chronicl. 1844.

Siehe ferner Kaltenbach: Die Pflanzenfeinde und Gercke, Verh. f. Naturw. Unterh. Bd. VI, Hamburg 1880. *Agromyza flava*. Larve in *Symphytum patens*.

Ceratomyza affinis. Larve blattminirend in *Sonchus oleraceus*. Scholtz Ent. Z. Breslau 4. Bd. 29.

Milichinae.

Milichia maculata Mg. Die Larven sollen in Schwämmen (*Polyporus*-Arten) leben. Nach Schiner soll J. Curtis (? Farm Insects) anführen, dass die Fliege von Miss Knight aus Schwämmen gezogen wurde.

Cacoxenus indagator Löw. Die Larven leben in den Nestern von *Osmia emarginata* und verzehren die Futtervorräthe Giraud: Verh. d. k. k. zool.-bot. Ges. XI. 489.

Ochthiphilinae.

Leucopis griseola Fll. Larven unter Blattläusen. *Chermes corticalis*. Bouché. Stettin. Ent. Zeit. 1847. s. Jhg. 144. Dahlbom in Zetterst. Dipt. Scand. VII 2711. Perris: Ann. d. l. Soc. Ent. de Fr. 1870. 348.

— *annulipes* Zetterst. Die weibliche Fliege legt die Eier auf die Wolle von *Lecanium vitis*, die Larven verzehren die Eier des *Coccus*. Ann. d. l. Soc. Ent. de Fr. Bull. IV ser. T. III. p. IV. Goureau. Bohemian, Öfers. ofk. vetensk. Akad. Förh. 1848. Bd. 9. 195.

— *argentata* Heeg. Isis v. Oken 1848. p. 998. Taf. IX.

— *albipennis* Mg. Bremi Isis Oken. 1846 Scholtz l. c. Bd. 1—3 p. 9.

Leucopis puncticornis Mg. Bouché Stett. Ent. Z. 1847. s. Jhrg. 143. Dewitz Sitzb. d. Gesell. d. Freunde der Naturforsch. Berlin 19. Juli 1881. Nr. 7 p. 103. (Holzschnitt.) Larve lebt bei *Tetraneura ulmi* D. Geer und kriecht egelartig oder nach Art der Spanner-Raupen. De Geer Mém. p. serv. l'hist. Insect. Goetze 1782. Bd. 6. p. 18. Taf. 2 Fig. 1—5.

-- *obscura* Haliday. Hartig Jahrb. f. Forstkunde II. (als *griseola*). — Larve parasitisch bei *Chermes piceae* und *corticalis*. Hardy: Scotland Naturalst. l. p. 256. Record 1872. p. 388.

Ochthiphila polystigma Mg. Larve in Gällen an der Triebspitze von *Triticum repens*. Giraud Verh. d. k. k. zool.-bot. Ges. XIII. 1289. Taf. XXII. Fig. 2.

Heteroneurinae.

Heteroneura albimana Mg. Larve in Bohrgängen von Käferlarven in Kieferstämmen. Ent. Zeit. Stett. 1847 331. Boié. - Perris: Ann. Soc. Ent. d. Franc. X. 1870. 344. Larve springend.

-- *geomyzina* Fll. Larven gesellig unter Kiefernrinde. Zetterst. Dipt Scand. VII. 2788.

Clusia flava Mg. Boié: Stett. Ent. Zeit. 1847. 331. Gezogen aus absterbendem Kiefernholze mit Wurmfrass.

Cordylurinae. Hippoboscidae. Nycteribidae.

Cordylurinae.

Norellia spinimana Mg. (Die Larven eben in Larven von *Anthomyia versicolor*. Isis v. Oken. 1846. 173). — Gercke Verh. d. Ver. f. Naturwiss. Unterh. Hamburg VI. Bd. 1880. Larve in Stengeln von *Rumex aquaticus*.

Cordylura convallariae Kaltenbach. Larve in den Stengeln von *Convallaria multiflora*. Verh. d. nat. V. preuss. Rheinlande XVI. 273.

Cleigastra apicalis. Mg. (Boié zog die Fliege aus der Raupe von *Noctua phragmitidis*. Krojer's Tijdskr. 1838) Gercke fand die Larve im Stengel von *Rumex aquaticus*. Verh. f. Nat. Unterh. Hamburg 1880 VI. Bd.

Hydromyza livens Fll. Verh. d. naturf. Unterhaltungen Hamburg. 5. Bd. 229 1878. (Gercke).—Larve minirend in *Nuphar luteum*. Taf.

Sectio SCHIZOPHORA Becher l. c.

Tribus PUPIPARA.

Hippoboscidae.

Hippoboscidae. Leon Dufour Ann. d. Sc. naturell. III. 1845. Leuckart Entwicklung der Pupiparen Abh. d. naturf. Ges. in Halle 4. Bd. (*Melophagus*).

Melophagus ovinus Ltr. Die Tonne in der Wolle der Schafe. Leuckart l. c.

Lipoptena cervi L. Die Tonne an den Haaren verschiedener Hirscharten *Cervus elaphus, capreolus, alces* u. a.

Ornithomyia avicularia L. Die Tonnen in Nestern verschiedener Vögel über Winter liegen bleibend. D. Geer Ins. VI. 114. Taf. 16. F. 21—27.

— *tenella*. Stett. Ent. Z. 1869 409.

Stenopteryx hirundinis L. Modeer Actis soc. litt. Gothenb. 1785. 3. 37. Zetterst. Dipt. Scand. VIII. 2909. Tonne in Schwalbennestern (*Chelidon urbica*) überwinternd.

Oxypterum pallidum Leach. Tonne in den Nestern von *Cypselus apus* und *melba*.

Olfersia Courtilleri Fairm. Ann. d. l. Soc. Linn. du Depart. de Maine et Loire I. 196. — Tonnen in Nestern und Lagern von *Tachypetis minor*.

— *ardeae* Meq. Tonnen in Nestern der Rohrdommel. Frauenfeld. Schiner Faun. A. II. 647.

Hippobosca equina. De Geer Insect. VI 275 Taf. 16 F. 1 – 20. Zetterst. Dipt. Scand. VII. 2897.

Nycteribidae.

— *Nycteribidae*: Westwood Trans. of the Zoolog. Soc. London 1835. T. 1 p 275. — 294, 1 pl. Osten-Sacken: On the Larva of *Nycteribia*. Trans. Entom. Soc. London 1881 Part. III p. 359.

Inhalt der Gattungen, welche in Bezug auf die Verwandlung oder Biologie hier aufgezählt wurden.

Tafelerklärung.

Bei allen Figuren sind folgende Buchstaben gleichbedeutend:

L. Oberlippe.
O. Oberkiefer.
U. Unterkiefer.
K. Kinn und Unterlippenrudiment.
T. Kiefertaster.
F. Fühler.
S. oder *Schlg.* Schlundgerüst.
Kp. Kieferkapsel.
P. Fuss.
Bf. Bauchfüsse.

H. Mundhaken.
A. Auge.
St. Stigmen.
Str. Strudelorgan.
Z. Gr. Zopfgräten.
Tr. K. Tracheen-Kiemen.
Zw. Zwischensegmente.
Sp. Speichelgefässe.
Lu. Lunge. Fig, 89, 90.

Fig. 1—3. *Cecidomyia*. Larve aus Weidenrosetten. Stark vergrössert. 1. Kopfende der Larve ³⁄, Profil, links Unterseite mit dem Fuss *P.*, rechts die Oberseite mit den Augen.

„ 2. Kopfende von der Unterseite. Der Fuss aus der Spalte des dritten Segmentes hervortretend.

„ 3. Kopfende von der Seite.

Fig. 4–5. *Tipula*. Larve aus Waldbächen. 4. Kieferkapsel der Larve von Oben [15].

„ 5. Kieferkapsel von unten, rechte Hälfte.

„ 6– 9. *Limnophila fuscipennis*. Meig. Zwischen faulendem Laube in Sümpfen. 6. Larve ([2]) von oben.

„ 7. Kieferkapsel der Larve von oben. Durchsichtig.

„ 8. Ober- und Unterkiefer derselben.

„ 9. Kopfende der Larve, Profilansicht.

„ 10—11. *Poecilostola pictipennis*. Meig. Larve zwischen faulem Laube in Sümpfen. 10. Kieferkapsel der Larve von oben [15].

„ 11. Letztes Segment der Larve [15].

„ 12–13. *Dixa* sp. (*Culex nemorosus* Heeg.) Larve aus Regenwasser. (12.) Larve von oben [15].

„ 13. Kopf derselben, durchsichtig, von oben.

„ 14–15. *Ceratopogon bipunctatus*. L. Larve unter faulen Baumrinden. 14. Larve von oben, c. [15]; 15. Kopfende von der Seite, st. vergr.

„ 16. *Diamesa culicoides* Hg. Larve von der Seite. – Aus Bächen.

„ 17. *Simulia ornata*. Meig. Larve von der Seite, aus Waldbächen.

„ 17 a. Kopf von oben.

„ 18. *Ptychoptera contaminata*. Larve aus Waldbächen, an nassen Orten [1].

„ 19. Kopf derselben; rechte Seite von unten, linke von oben.

„ 20. *Sciara Thomae*. Aus Erde und unter dürrem, faulen Laube. Kopf der Larve von oben [20].

„ 21. Kopf von unten.

„ 22 *Stratiomys*-Larve, aus Sumpfwasser. 22. Kieferkapsel von der Seite und 22 a schief von unten, 22 b von oben, 22 c Kiefer. 22 d Oberlippe von der Seite.

„ 23 a *Stratiomys furcata*; 23 b *Str. longicornis*; 23 c *Odontomyia ornata*.

„ 24. Larve von *Sargus*. Zwischen faulenden Vegetabilien in Erde. Kopfende derselben von oben.

„ 25. Larve von *Acanthomera Frauenfeldi* Schin. c. [1] über die nat. Gr. 25 a von der Seite, 25 b von oben, 25 c Kopfende, 25 d Stigmenspalte geöffnet von hinten. 25 e dieselbe von unten, geschlossen.

„ 26—31. Larve von *Tabanus spodopterus*. Unter dürrem Laube in der Erde. Mai. 26. Larve von der Seite [3].

„ 27. Larve von oben nat. Gr.

„ 28. Larve von der Seite nat. Gr.

„ 29. Analende derselben.

„ 30. Stigmenspalte am letzten Ringe.

„ 31. Kieferkapsel von der Seite.

„ 32—34. Larve von *Tabanus cordiger*. In der Erde in der Nähe eines Waldbaches. Mai. 32. Larve von oben, etwas vergrössert.

„ 33. Hinteres Körperende derselben.

„ 34. Querschnitt eines Ringes mit den Wülsten.

„ 35—40. *Hexatoma pellucens*. Larve aus Cisternen mit fauligem Wasser und Strassenabzugsgräben. Mai. 35. Larve von oben, etwas vergrössert. Die braunen Zeichnungen der Haut zeigend.

„ 36. Analende der Larve von oben.

„ 37. Ausgestreckte Athemröhre am Analende, zweigliedrig, und letzter Ring mit dem Bauchwulste (After). Links unten, rechts oben.

„ 38. Freies Ende der Kieferkapsel derselben v. d. Seite.

„ 39. Ober- und Unterkiefer derselben.

„ 40. Kieferkapsel von oben.

„ 41.—42 Smaragdgrüne Larve von *Ptiolina nigripes* Z. zwischen Moos auf Steinen. März. 41. Kieferkapsel schief von oben gesehen.

(Brauer.)

Fig. 42. Ober- und Unterkiefer derselben.

„ 43—47. Larve von *Leptis maculata* aus der Erde gegraben. Juli. 43. Kieferkapsel von der Seite. 44. Hintere Stigmenplatten am letzten Ringe.

„ 45. Larve von der Seite $^{15}_1$. — 46 Ober- und Unterkiefer. — 46a Kopfende von vorne gesehen.

„ 47. Kopfende von oben.

„ 48—51. Larve von *Atherix*. Aus dem Königssee und Gebirgswässern. Grün. 48. Dieselbe von der Seite $^2_1$. — 49. Ein Segment derselben. 50. Kopfende von der Seite. 51. Von vorne.

„ 52—57. Larve von *Asilus* (*Itamus cyanurus*) und einer grossen *Asilus*-Art. 52. Larve von *Itamus* $^2_1$; 53. Kopfende derselben.

„ 56. Kopfende und Kieferkapsel einer *Asilus*-Art (? *Epitriptus*) von der Seite.

„ 54. Kieferkapsel von unten, präparirt.

„ 55. Kieferkapsel von oben, die Theile in natürlicher Lage; stärker vergrössert.

„ 57. Larve einer grösseren Art von der Seite $^2_1$. Aus Erde.

„ 58, 59. *Thereva*. Larve in Sand oder Erde. 58. Kieferkapsel schief von unten. Kinnplatte entfernt 59. Dieselbe von oben.

„ 60—63. *Lophria*. Larve in Erlenstöcken, bei Käferlarven. 60. Larve von oben $^2_1$. — 61. Kopfende. 62. Unterkiefer. 63. Analende, Profilansicht.

„ 64—69. Bombyliden-Larve aus dem Erdneste von *Scropula rotundata* Panz. 64. Larve von der Seite $^{15}_1$. — 65. Kieferkapsel von der Seite. 66. Dieselbe von oben schief, mit abwärts beweg tem linken Kiefer. 67. Dieselbe von oben. 68. Ein Kiefer mit Taster, letzterer an der helleren Stelle (?Unterkiefer) festsitzend. 69. Vorletztes und letztes Segment von oben. ? *G. Bombylius*.

„ 70 *Pseudoanypha* von *Argyromoeba tripunctata* aus einem Bienenneste in einem Schneckenhause. *Osmia andrenoides*.

„ 71. Kopfende derselbe.

„ 72—75. Larve von *Dolichopus aeneus* aus faulem Holze und nassen Moder in Bäumen. 72. Larve von der Seite $^{15}_1$. — 73. Kopfende derselben von oben, stärker vergr. — 74. Dasselbe von der Seite. 75. Dasselbe schief von oben. Die Kiefer in Action. Die Unterkiefer ganz zurückgeschlagen. 76. Analende von oben.

„ 77—79. Larve von *Hilara lurida* aus faulem Weisspappelholz. 77. Kopfende von oben. 78. Dasselbe von der Seite. 79. Analende von der Seite.

„ 80—83. *Xylophagus cinctus*. Unter der Rinde von faulen Fichtenstämmen (August), die von Käferlarven durchlöchert waren. 80. Die reife Larve natürl. Gr.

„ 81. Kieferkapsel derselben von der Seite vergr.

„ 82. Die nebeneinanderliegenden Ober- und Unterkiefer derselben. Stark vergr.

„ 83. Letzter Ring derselben mit den Stigmenplatten.

„ 84—88. Larve von *Vermileo De Geeri* (*Leptis Vermileo* Ant.). 84. Larve von der Seite gesehen nach Réaumur.

„ 85. Larve von oben gesehen, nach Réaumur mit Verbesserung der Angaben. Dort sind Bauch- und Rückenseite theilweise verwechselt. P. Haftfuss am 5. Ringe unten, i. e. am 1. Abdominalsegment.

„ 86. Mundtheile und Schlundkapsel der Larve ×300 (kleiner gezeichnet) von oben, etwas nach der Seite geneigt.

„ 87. Dieselben Theile gerade von oben. ×150.

„ 88. Letzter Ring der Larve von oben. ×150.

„ 89—92. *Astomella Lindenii*. 89. Junge Larve in natürlicher Lage im Spinnenleibe mit den Stigmenplatten in ein Lungenstigma von *Cteniza Ariana* K. festgeklemmt, von der Rückenseite $^6_1$.

„ 90. Dieselbe von der Bauchseite, hinten an der Spinnenlunge festhängend.

Fig. 91. Kopfende der reifen Larve mit den rudimentären Mundtheilen und der Kieferkapsel von der Seite gesehen. Stark vergr.

„ 92. Dieselben Theile von vorne und unten gesehen.

„ 93—103. *Hirmoneura obscura.* — Larve aus der Nymphe von *Rhizotrogus solstitialis.* 93. Erwachsene Larve 5 von der Seite.

„ 94. Deren Kieferkapsel mit dem eingewachsenen Schlundgerüste.

„ 95. Dasselbe stärker vergrössert c. 50.

„ 96. Kopfende der Larve von oben etwas seitlich, vergr.

„ 97. Kopfende von unten, vergr.

„ 98. Letzter Ring derselben mit den Stigmen in der Spalte, vergr.

„ 99. Letzter Ring von unten, mit der Afterspalte, verg.

„ 100. Neugeborene Larve schief von unten gesehen, eingerollt. — *N.* Nervenknoten, *Tr.* Tracheen *Sp.* Speichelgefässe. Stark vergr.

„ 101. Kopfende derselben 150, von oben.

„ 102. Kopfende derselben 150 der Seite.

„ 103. *Pseudopod* mit Hakenborste.

„ 104—105. *Anthrax flava L.* - Larve aus der Puppe von *Agrotis segetum.* 104. Mundtheile und Kieferkapsel nach dem Larvenbalge gezeichnet, schief von oben. 150.

„ 105. Hinterstigmen der Larve am Wulste vor dem letzten Segmente. 150 (kleiner gezeichnet. In der Haut stachelige Chitinplatten.

„ 106. Larve von *Conops* aus dem Hinterleibe von *Bombus terrestris,* vergr.

„ 107.—108. Larve in verschiedenen Stellungen. 109. In nat. Gr. von der Seite.

„ 110. Kopfende derselben stark vergr.

Friedrich Brauer.

INHALT.

Zusätze und Berichtigungen.

Seite 4 Zeile 4 von unten, statt Kieferkapsel, lies: das Schlundgerüste.

„ 11 „ 13 „ oben statt *Orthorrhapha,* lies: *Orthorrhapha.*

„ 20 „ 11 „ „ „ den Pachyneurinen und bildeten, lies: und letztere bildeten.

„ 25 „ 1 „ „ „ schier, lies: schief.

„ 26 „ 21 „ „ der Satz „von den Larvengängen — Löcher bildenden" ist einzuklammern.

„ 26 „ 20 „ unten: *Hirmoneura œstica* legt ihre Eier in die verlassenen Nester etc. — Es wird zwar von dem Beobachter nicht gesagt, dass die Bienennester verlassen waren, aber aus der Analogie mit der europäischen Art scheinen die Eier nur zum Schutze in Holzgänge abgelegt zu werden. Auch sind volle Nester der Bienen in der Regel zugeschlossen. Nichtsdestoweniger lässt sich über die Lebensweise dieser anderen Art nichts vorhersagen. Siehe auch Osten-Sacken Wiener Ent. Zeit. 1883 Mai.

„ 35 „ 17 „ oben: hinter Athemrohr, schalte ein: (Siphon).

„ 35 „ 23 „ unten (Mitte) statt Syphon, lies: Siphon.

„ 46 „ 19 „ „ statt *Sciara œllata* O. S., lies: *Sciara œllata* Comstock. Die Galle und Larve gehören zu *Cecidomyia œllata* O. S. und nicht zu *Sciara.* Die *Sciara* wurde irrthümlich für den Erzeuger der Galle gehalten, und ist nicht die Imago der *Cecidomyia œllata* O. S.

„ 62 „ 3 „ oben adde: *tripunctata.* Aus dem Neste von *Odynerus murarius.* (Rogenhofer) und etc.

„ 62 „ adde: *Bombylius discolor.* Die Nymphe im kais. Museum von H. Rogenhofer, aus dem Neste von *Andrena pratensis.*

„ 65, Zeile 12 von unten, *Halopygus* etc. Die der richtigen Beschreibung beigegebene Zeichnung (Holzschnitt) ist sehr zweifelhaft und dürfte eine *Leptis*-Larve vorstellen.

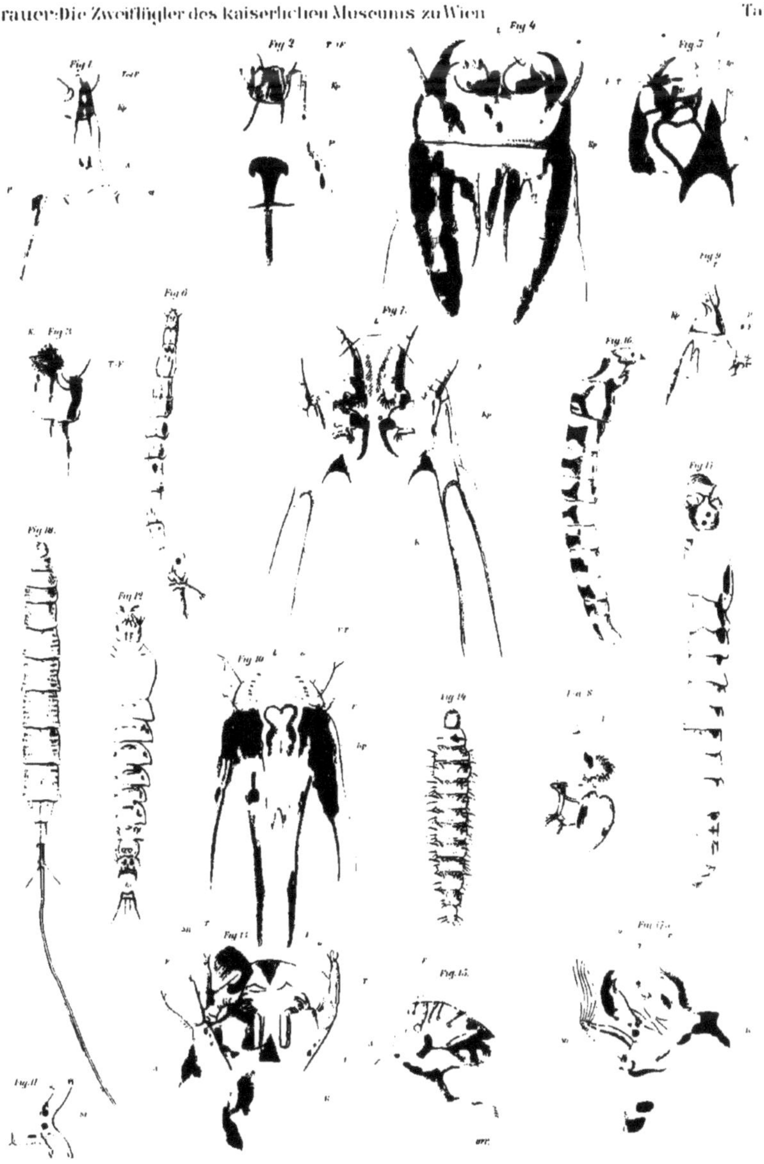

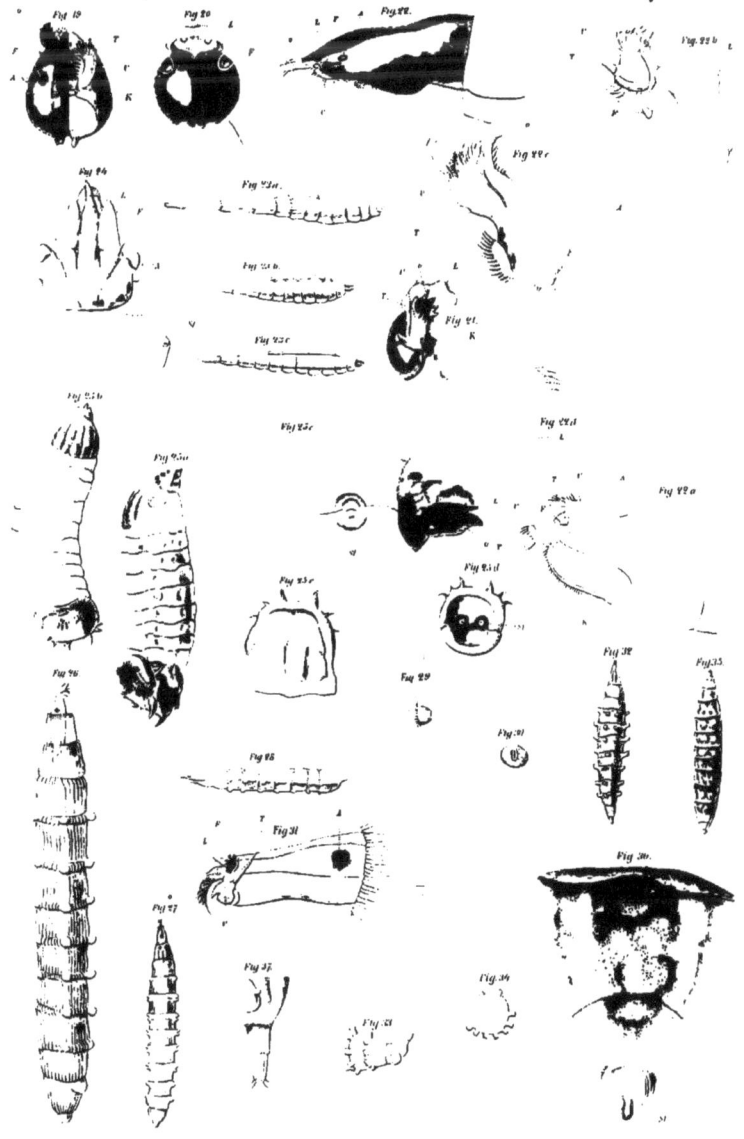

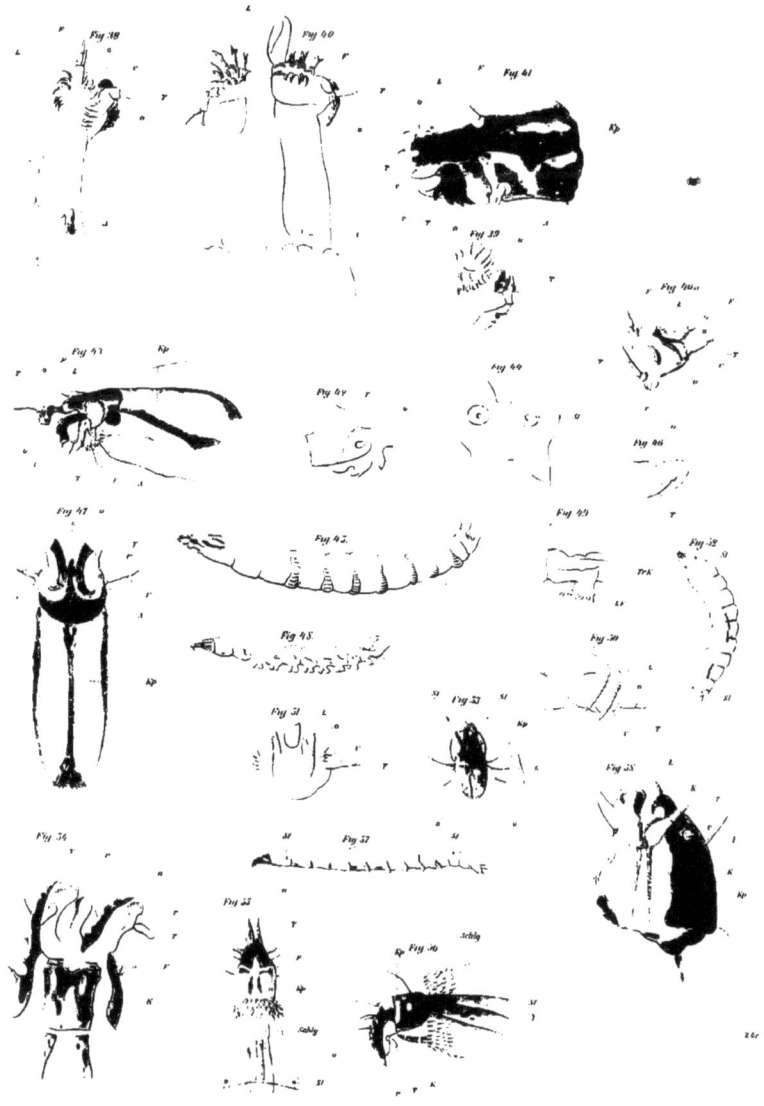

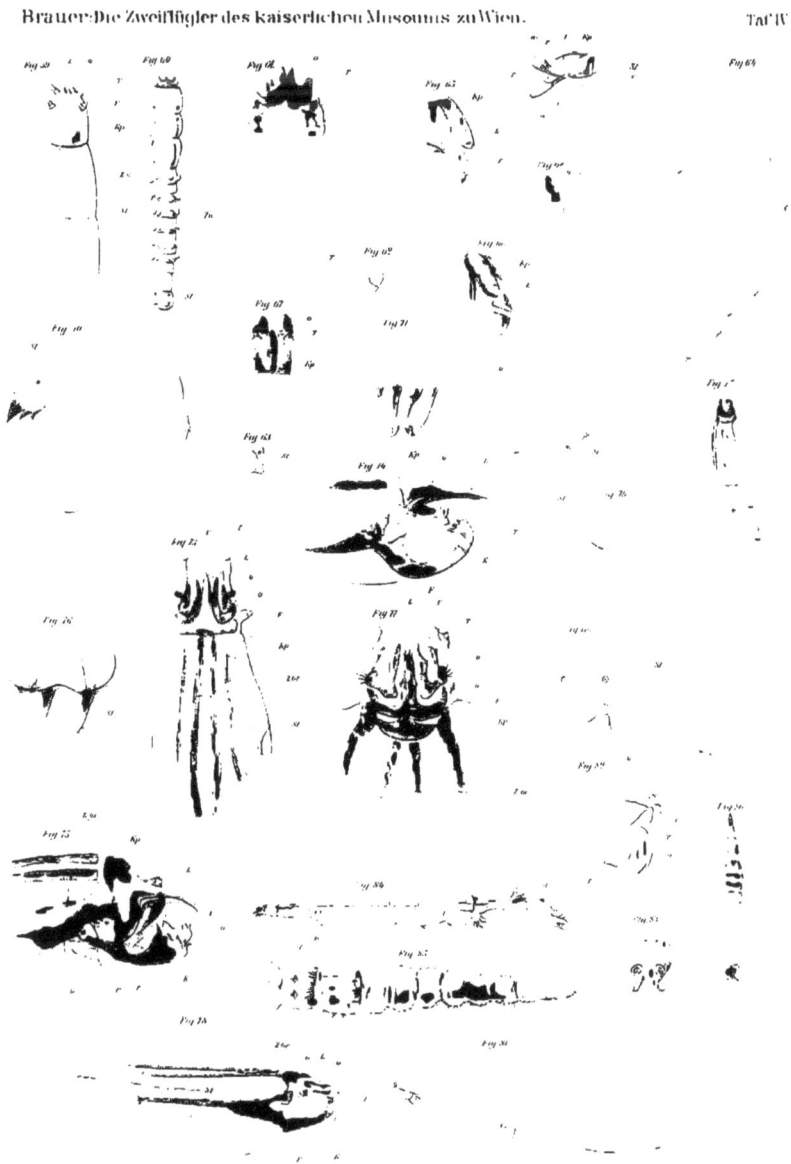